btb

Aus Freude am Lesen

Mit »Suite française« begann die weltweite Wiederentdeckung von Irène Némirovsky und ihrem Werk. Nun liegt endlich eine Biographie über diese Frau und Literatin, Tochter und Bürgerin vor. Sie liest sich wie der Roman eines abenteuerlichen Lebens.

Extreme Situationen und damit auch extreme Gefühle begleiten Irène Némirovsky von Kindheit an. Ihr Leben, das nur 39 Jahre währte und in Auschwitz endete, ist geprägt von den Stürmen des 20. Jahrhunderts, ihr Werk eine höchst eigenständige literarische Antwort darauf. Verlusterfahrungen und Einsamkeit sensibilisieren sie früh für Vergänglichkeit. Eine selbstsüchtige Mutter verweigert ihr Liebe und Wärme, das Russland ihrer Herkunft versinkt, Frankreich wird ihr zur zweiten Heimat. Dort entstehen Romane, in denen sie ihr atemloses Leben literarisch verdichtet.

Ihren Biographen Olivier Philipponnat und Patrick Lienhardt gelingen sensible Momentaufnahmen versunkener Epochen, verlorener Schönheit und literarischer Kraft. Souverän verzahnen sie historischen Niedergang und gesellschaftlichen Umbruch mit der Geschichte einer außergewöhnlichen Frau, deren Figuren sich zwischen Nüchternheit und großen Gefühlen, zwischen Illusionslosigkeit und Hoffnung bewegen.

OLIVIER PHILIPPONNAT, geboren 1967, ist freier Journalist und Publizist. Seit der aufsehenerregenden Entdeckung des Manuskripts »Suite française« von Irène Némirovsky beschäftigte er sich zusammen mit dem Publizisten PATRICK LIENHARDT intensiv mit dem Nachlass der Autorin.

Olivier Philipponnat
und Patrick Lienhardt

Irène Némirovsky

Die Biographie

*Aus dem Französichen
von Eva Moldenhauer*

btb

Die Originalausgabe erschien 2007 unter dem Titel *La Vie d'Irène Némirovsky* bei Grasset-Denoël, Paris.

Verlagsgruppe Random House FSC-DEU-0100
Das für dieses Buch verwendete
FSC®-zertifizierte Papier *Pamo House*
liefert Arctic Paper Mochenwangen GmbH.

1. Auflage
Genehmigte Taschenbuchausgabe Januar 2012
btb Verlag in der Verlagsgruppe Random House GmbH, München
Copyright © der Originalausgabe 2007 by Éditions Grasset &
Frasquelle und Éditions Copyright ©
Copyright © der deutschsprachigen Ausgabe 2010 by Albrecht
Knaus Verlag, München, in der Verlagsgruppe Random House GmbH
Umschlaggestaltung: semper smile, München
Umschlagfoto: Ullsteinbild
Druck und Einband: CPI – Clausen & Bosse, Leck
KR · Herstellung: BB
Printed in Germany
ISBN 978-3-442-74335-3

www.btb-verlag.de

Besuchen Sie unseren LiteraturBlog www.transatlantik.de.

«Wie andere Leben derselben Art, wie jedes Leben ist auch dieses eine Tragödie. Große Hoffnungen, edle Mühen. Hinter den stets wachsenden Schwierigkeiten und Hindernissen, steter Edelmut und tapfere Mühen, und als Ergebnis der Tod ...»

(Thomas Carlyle)

«Ich hätte gern, daß man dies als Epitaph nehme, wenn ich sterbe, aber das ist ein sehr eitler Gedanke. Und außerdem sind Grabinschriften teuer.»

(Irène Némirovsky, 1934)

Inhalt

Anhang

Vorbemerkung

Irène Némirovsky hat oft gesagt, dass sie, bevor sie zu schreiben anfange, ganze Hefte mit biographischen Hinweisen über alle ihre Personen fülle, was sie das «Vorleben des Romans» nannte. Dann las sie alles noch einmal durch, wobei sie sich zensierte und kommentierte und damit auch erregende Reflexionen über ihren Beruf als Schriftstellerin preisgab.

Von diesen Kladden voll persönlicher Erinnerungen und autobiographischer Notizen war im Jahre 2004 nur noch das Manuskript von *Suite française* vorhanden, eines, das für ihre Arbeitsmethode am wenigsten charakteristisch ist. Dabei hatte sie doch den größten Teil aufbewahrt. Glücklicherweise sind im Laufe des Jahres 2005 die Notizen zu *David Golder*, zu *Le Pion sur l'échiquier*, zu *Le Vin de solitude*, zu *Les Échelles du Levant (Le Maître des âmes)*, zu *Les Chiens et les Loups* wiederaufgetaucht, desgleichen die ersten Skizzen zu *Captivité*, dem dritten Teil von *Suite française*. Darunter auch ein unveröffentlichter Roman, *Chaleur du sang*, zahlreiche Novellen, Jugendtexte und einzelne Seiten.

Unter all den realen Personen, die ihr für ihre Figuren als Vorlage dienten, war sie selbst nicht die geringste. Viele Seiten des Arbeitsjournals von *Le Vin de solitude* enthalten Erinnerungen an Gespräche, zwanzig Jahre zuvor vernommene, mit einer bisweilen schmerzlichen Anstrengung ins Gedächtnis zurückgerufene Bemerkungen, die wir im ersten Teil dieses Buchs gewissenhaft wiedergeben. So dass das «Vorleben» von Irène Némirovsky im zaristischen und revolutionären Russland, das ihrer Eltern und Großeltern, ihr Exil in Finnland und dann in Schweden, das bisher nur anhand weniger administrativer Dokumente und einiger Presseinterviews aus den 1930er Jahren bekannt waren, mit einem erstaunlichen Reichtum an Details dem Vergessen entrissen wurden, zuweilen erhärtet durch neue archivistische Quellen und unveröffentlichte Familienzeugnisse.

In der vorliegenden Biographie weisen wir auf die Herkunft aller aus Irène Némirovskys veröffentlichtem Werk stammenden Zitate hin. Sollte die Quelle der meist autobiographischen Zitate nicht genannt werden, dann stammen sie aus diesen Manuskripten, Zeitungen und Arbeitsheften, die alle im Institut Mémoire de l'Édition Contemporaine (IMEC) in der Abbaye d'Ardenne in der Normandie aufbewahrt werden und in der Bibliographie am Ende dieses Werks aufgeführt sind.

Prolog

Ich glaube, daß wir heute abfahren ...
(17. Juli 1942)

«Daß Kinder, Frauen, Männer, Väter und Mütter wie eine gemeine Herde behandelt wurden, daß Mitglieder ein und derselben Familie voneinander getrennt und mit unbekanntem Ziel abtransportiert wurden, dies traurige Schauspiel war unserer Zeit vorbehalten.»

Mgr. Jules Saliège, Erzbischof von Toulouse
Hirtenbrief *Et clamor Jerusalem ascendit*,
23. August 1942

Es ist ein Waggon mit einer Schiebetür, der für Viehtransporte bestimmt ist. Man hat Stroh hineingeworfen und einen Eimer Wasser hineingestellt. Die Fensterluken sind mit Stacheldraht versehen, so dass man nicht entkommen kann, sobald die Tür geschlossen wird. Ein rollendes Gefängnis, an ein anderes angehängt, das ein drittes zieht und so fort. Dieser Transport vom 17. Juli 1942 ist der sechste, der Frankreich verlässt. Seine neunhundertachtundzwanzig Fahrgäste haben nicht darum gebeten, die Reise anzutreten, sie haben keine Fahrkarte, sie haben nur einen Koffer und ein paar Gepäckstücke. Sie kennen ihr Reiseziel nicht, und ihre Angehörigen wissen nicht, dass sie wegfahren.

Einige dieser Reisenden sind aus Anlass der Razzia vom 14. Mai 1941 in Paris irreführenderweise «vorgeladen» worden, zwecks «Überprüfung ihrer Situation». Seitdem hocken sie in jenem behelfsmäßigen Lager, dem sie so leicht hätten entkommen können, wenn sie nicht befürchtet hätten, ihre Familien Repressalien auszusetzen. Seit einigen Wochen werden auch Frauen und Kinder festgenommen. Eine umso leichtere Aufgabe, als sich fast alle bei den Behörden gemeldet haben: Was riskierte man denn in Frankreich, wenn man sich an die gesetzlichen Vorschriften hielt? Andere, wie sie, sind erst vor einigen Tagen aus ihrer Wohnung geholt worden. Ihre Verhaftung hat sie nicht überrascht: Seit Oktober 1940 ist die Staatsgewalt berechtigt, die Juden in «Sonderlagern» zu internieren, je nach Ermessen der Präfekten.

Denn sie alle sind Juden, alle Ausländer: was im besetzten Frankreich ein Delikt ist. Sie sind, einen Koffer in der Hand, im Gänsemarsch durch Pithiviers gegangen, unter den Fenstern der Bewohner. Sie sind an der Zuckerfabrik vorbeigekommen, haben die Schienen überquert, sind durch das von einem Gendarmen bewachte Holztor gegangen. Nach ihrer Registrierung sind sie in große Militärbaracken gebracht worden, wo mit Stroh bedeckte Pritschen etwa hundert Erwachsene aufnehmen konnten. «Natürlich hätte das Loiret gern auf dieses Geschenk verzichtet!», bedauerte L'Écho de Pithiviers am 24. Mai 1941. «Doch werden die ausländischen Juden, da gut bewacht, nicht allzu gefährlich sein. Und alles in allem ist es vorzuziehen, sie hinter Stacheldraht zu wissen als an der Spitze unserer Rathäuser und unserer großen Verwaltungen (...). Die Säuberung Frankreichs hat also ernsthaft begonnen. Gestehen wir, daß sie notwendig war und schon viel zu lange auf sich hatte warten lassen.»[1]

Die zur Bewachung des Lagers eingesetzten französischen Gendarmen sind nicht besonders bösartig. Nur diszipliniert. Einige erleichterten die Besuche, den Empfang von Päckchen, posierten mit den Inhaftierten für ein Erinnerungsfoto. Doch seit dem Sommer 1941 hat sich das Reglement verschärft. Einige hundert Häftlinge, die die Zwangsarbeit auf den benachbarten Bauernhöfen ablehnten, hatten schließlich das Weite gesucht. Als Vergeltungsmaßnahme wird keine Ausgangserlaubnis mehr erteilt, und alle Besuche sind abgeschafft worden. Jetzt ist es illusorisch, der Beobachtung der auf Wachtürmen hinter den Zäunen postierten Bewachern zu entgehen. Die wiedereingefangenen Flüchtigen werden einige Tage in der prallen Sonne in einem kleinen Gefängnis aus Wellblech eingesperrt. Die deutsche Verwaltung hat beschlossen, diesen Komplex von Baracken sowie die von Beaune-la-Rolande, die 1940 errichtet worden waren, um hypothetische Kriegsgefangene aufzunehmen, in ein Durchgangslager zu verwandeln, von wo aus die Häftlinge ins Arbeitslager Auschwitz-Birkenau in Polen transportiert würden. Dort können alle diese Juden, den Blicken entzogen, zu Zehntausenden zusammengepfercht und zum gegebenen Zeitpunkt – manchmal auch sofort – in den Gaskammern ermordet werden, was seit 1942 ein operatives Verfahren war.

Am 25. und 28. Juni 1942 haben also zwei erste Transporte von jeweils etwa eintausend Personen das Lager mit unbekanntem Ziel verlassen. Und um diese Zahl aufrechtzuerhalten, kam es in der besetzten Zone zu immer mehr Verhaftungen, die bürokratisch als «Umsiedlungsoperationen» bezeichnet wurden. Zwischen den Neuzugängen und den Abtransporten ähnelt das Lager von Pithiviers in diesem beginnenden Sommer einer Bahnhofshalle. In dem Brief, den sie gleich nach ihrer Ankunft am Mittwochnachmittag, dem 15. Juli, an ihren Mann schreibt, erwähnt sie im Übrigen auch dieses Durcheinander:

Liebster,
mach dir um mich keine Sorgen. Ich bin gut angekommen. Im
Augenblick herrscht große Unordnung, aber die Verpflegung ist
sehr gut. Das wunderte mich sogar. Einmal im Monat darf ein
Päckchen und ein Brief geschickt werden.
Beunruhige dich vor allem nicht. Es wird schon gut werden, mein
Geliebter. Ich umarme dich und die Kinder von ganzem Herzen,
mit all meiner Liebe.

Irène

Sie wird erst am nächsten Morgen, am 16. Juli, registriert von Leutnant Le Vagueresse, «vorübergehend Kommandant von Pithiviers», dem es auf Genauigkeit nicht ankommt und der in seine Liste einträgt: «Epstein Irène Nimierovski, Literatin.» Diese Liste enthält die hundertneunzehn Frauen, die in wenigen Stunden den Transport Nr. 6 nach Auschwitz besteigen werden. Wozu also sich bemühen? Niemand kennt diesen Bestimmungsort, aber man hat ihnen nicht verschwiegen, dass sie in der Nacht abfahren werden. Jukiel Obarzanek, ein polnischer Strickwarenhändler, der sich 1939 als Freiwilliger gemeldet hatte, schreibt an seine Familie: «Ich muß euch sagen, daß ich heute abend abreise. Ich glaube, daß wir zum Arbeiten fahren. (…) Es gibt unter uns auch Frauen, etwa hundert, und auch sie sind sehr tapfer.»[2] Eine von ihnen ist «Irma Irène Epstein, Literatin», wie auf ihrer Lebensmittelkarte angegeben, die nach ihrer Verhaftung beschlagnahmt wurde. Auch sie schreibt einen Zettel an ihre Angehörigen, den letzten, den sie erhalten:

Donnerstag morgen
Mein Geliebter, meine kleinen Herzliebsten,
 ich glaube, daß wir heute abfahren. Mut und Hoffnung. Ihr seid in
 meinem Herzen, meine Vielgeliebten. Möge Gott uns allen helfen.

Die Abfahrt ist für den nächsten Tag, den 17. Juli, um 16.15 Uhr festgelegt, unter dem Kommando des Leutnants der Gendarmerie Schneider. Im Morgengrauen ist alles diskreter. Irène Némirovsky ist nicht einmal zwei Tage in Pithiviers geblieben. Man muss schnell Platz schaffen für die Tausenden von Juden, die am Vorabend und am selben Tag in Paris festgenommen und vorläufig im Vélodrome d'Hiver zusammengepfercht werden.

Die Deportierten, «den Besatzungsbehörden übergeben», werden jeweils zu achtzig, manchmal auch mehr, in die Waggons gezwängt. Die Frauen wahrscheinlich nur in einen einzigen. «Wir wußten nicht, wohin wir fuhren, aber wir wußten, daß wir deportiert wurden», erzählt Samuel Chymisz, ein Überlebender. «Es ging der Scherz um, daß wir zur Arbeit fuhren. Nur hat man uns zu hundertzehn pro Waggon zusammengepfercht. Und schnell ging uns ein Gedanke durch den Kopf und machte im ganzen Waggon die Runde: ‹Wenn wir in Deutschland arbeiten sollen, warum hat man uns zu hundertzehn pro Waggon zusammengepfercht? Wir werden in Lumpen ankommen!› Und man hat uns keinen Tropfen Wasser gegeben. Und das im Juli, in geschlossenen Waggons!»[3] Diesmal fangen sie an zu begreifen. Es fallen Abschiedsbriefe aus den Luken. Einige werden ihre Adressaten erreichen.

Samuel Chymisz erinnert sich, dass der erste Halt der Bahnhof von Chalon-sur-Saône war, sechzig Kilometer Fluglinie von Issy-l'Évêque entfernt. In diesem Weiler im Departement Saône-et-Loire hat Irène Némirovsky die ersten beiden Jahre der Besatzung verbracht und ihre letzten Romane geschrieben. Genau in diesem Augenblick verschickt Michel Epstein, von den Gesetzen des Vichy-Regimes an seinen Wohnort gefesselt, Appelle, Telegramme und Briefe, um seiner Frau mit allen Mitteln zu Hilfe zu kommen. Er erhält nur beunruhigende Antworten, wie dieses Telegramm, das ihn über einen Mittelsmann des Roten Kreuzes, einen Klempner aus Pithiviers, an diesem 17. Juli erreicht: «Unnötig, Päckchen zu schicken, da ich Ihre Frau nicht sehen konnte.»

Der Transport Nr. 6 sollte drei Tage und zwei Nächte brauchen, bis er in Auschwitz-Birkenau ankommt. Samuel Chymisz: «Wir streckten unsere Hände durch die Gitter, es standen Franzosen auf den Bahnsteigen … ‹Wasser, bitte, ein bißchen Wasser!› Kein Franzose hat sich gerührt, um uns ein bißchen Wasser zu geben. Kein einziger. Sie hatten Angst, oder es war ihnen egal, ich weiß es nicht.»[4] Und kein einziges Mal etwas zu essen, während doch der letzte Waggon seltsamerweise mit Lebensmitteln beladen war. Hinter der Grenze lachen die Zivilisten auf den Bahnhöfen, wenn sie die Hände und Gesichter durch die Luken sehen. Manche spucken aus.

Nicht alle kommen am 19. Juli gegen 19.00 Uhr lebend bei der *Judenrampe* von Auschwitz-Birkenau an. Die einen sind – erstickt, zertrampelt oder verdurstet – unterwegs weggeschafft worden. Andere sind unter den Kugeln der SS gefallen, die auf die Waggons geschossen haben, um das Klagegeschrei zum Verstummen zu bringen. Die Überlebenden, erschöpft vom Stehen, vom Schlafmangel, von der Hitze, vom Gedränge, von den unvermeidlichen Prügeleien und dem stickigen Gestank, können kaum noch laufen. Trotzdem müssen sie die Strecke bis zum Lager unter Stockschlägen, Peitschenhieben und Gebell zurücklegen. «Man wollte uns unser Gepäck wegnehmen. *Keine bagage nicht!* Wir mußten es im Zug zurücklassen. Als wir ausstiegen, sahen wir so etwas wie wandelnde Leichname in gestreiften Anzügen, einen lächerlichen kleinen Hut auf dem Kopf, die in die Züge kletterten und das Gepäck hinauswarfen. Dann hat man uns sofort in Reihen aufgestellt. *Links, rechts!*»[5]

Die Frauen werden von den Männern getrennt. Ihr Schmuck, ihre Eheringe werden beschlagnahmt. Sie werden durchsucht, geduscht, rasiert, in gestreifte Kleidung gesteckt, mit den Nummern 9550 bis 9668 tätowiert. Die Männer mit den Nummern 48 880 bis 49 688. Etwa zweihundert unterstanden der Präfektur von Dijon, doch die meisten waren Pariser Handwerker: Schneider, Schuhmacher, Jahrmarktshändler, Lederwarenhändler, Juweliere, Färber, Heizungsmonteure, Tischler, Tuchmacher, Fleischer, Nieter, Kürschner, Friseure, Krankenpfleger, Trödler, Schrotthändler … Wirklich niemand, der irgendetwas mit den von der Propaganda angeprangerten «allmächtigen» Juden zu tun hatte, die «sich in die höchsten Stellen geschlichen» haben sollen.[6]

Unter diesen Männern befand sich auch ein Komponist, Simon Laks, den die SS mit der Leitung des Chors im Lager betraute. Und unter diesen Frauen eine Romanautorin, Irène Némirovsky, die keine Sekunde daran gedacht hatte, aus Frankreich, «dem schönsten Land der Welt»[7], zu fliehen, weil sie die Stütze ihrer Familie war und schon seit langem auf Französisch träumte. Sie sollte dieses neue Sachalin keinen Monat überleben. Kein Tschechow, um von ihrem Elend zu zeugen, dieser mit vollen Händen ausgestreuten «Saat des Wahnsinns, der Grausamkeit, des Hasses und des Todes», die «zu so furchtbaren Ernten aufgegangen» war.[8] Am 19. August 1942 um 15.20 Uhr erliegt Irène Némirovsky, laut dem Totenschein von Auschwitz, einer «Grippe». In der Sprache der Konzentrationslager: einer Typhusepidemie. Sie war neununddreißig Jahre alt und Asthmatikerin.

«‹Also bereue ich nichts›, dachte sie. ‹Also bin ich glücklich gewesen. Ich wußte es nicht, aber ich bin mit Glück überschüttet worden. Ich bin geliebt worden. Ich werde noch immer geliebt, ich weiß es, trotz der Entfernung, trotz der Trennung.›»[9] Sie hinterlässt einen Mann und zwei zärtlich geliebte kleine Mädchen sowie einen unvollendeten Roman, *Suite française*, dessen dritter Teil *Captivité* heißen sollte, *Gefangenschaft*.

Erster Teil

Ein Vorleben

(1903–1929)

1

Das schönste Land der Welt

(1903–1911)

*«Aber es waren legendäre Zeiten, als in den Gärten
der schönsten Stadt unserer Heimat eine sorglose
junge Generation lebte. In den Herzen dieser Generation wurde damals die Zuversicht geboren, daß das
ganze Leben so still und geruhsam verlaufen würde,
in weißem Licht, mit Sonnenaufgängen und Sonnen-
untergängen, mit dem Dnjepr, dem Krestschatik, den
sonnigen Straßen im Sommer, der nicht gar so grimmigen Kälte im Winter, dem großflockigen, sanften
Schnee … Doch es kam ganz anders.»*

Bulgakow, «Kiew – Die Stadt»
Nakanune, 6. Juli 1923

Um das Jahr 1910 verkaufte ein Gärtner mit dem Aushängeschild *Die
Blume von Nizza* in Kiew Hortensien und Weihnachtssterne. Ging
das Geschäft gut? In der ukrainischen Hauptstadt waren die Straßen
«von so vielen Linden gesäumt, daß man im Frühling unter einem
Blütengewölbe und auf einem Blütenteppich schritt».[1] Und sobald der
Winter zu Ende ging, trotzten Hyazinthen und Löwenzahn den letzten
Schneestürmen. Innerhalb weniger Tage überzogen sich die Linden des
alten Rewni-Parks wieder mit weißen Federn, und der Mariinski-Park,
oben auf den roten Lehmklippen, die steil zum Fluß abfielen, schmückte sich mit malvenfarbenen Sträuchern. Dann gab es eine Explosion
von Pollen, die den Kreschtschatik, den größten Boulevard der Stadt,
wie mit Watte bedeckten.

Kein Autor, der nicht beeindruckt war von dieser Pflanzenflut, die alljährlich das Petschersk-Viertel überschwemmte, das hochgelegene Herz Kiews. Als im Jahre 1923 Michail Bulgakow, der drei Jahrzehnte früher hier geboren wurde, in die von vier Jahren Angriffen und Plünderungen verwüstete Stadt zurückkehrt, hat er den fröhlichen Frühlingsglanz nicht vergessen: «Im Frühling waren die Gärten ein weißes Blütenmeer, der Zarengarten kleidete sich grün, die Sonne brach in alle Fenster und zündete Lichter darin an.»[2] Und Irène Némirovsky: «Wie schön ist der Frühling in diesem Land! Die Straßen waren von Gärten gesäumt, und die Luft roch nach Lindenblüten und nach Flieder, eine sanfte Feuchtigkeit stieg aus all diesen Rasenflächen, diesen aneinandergedrängten Bäumen, die abends ihren süßen Duft verströmten.»[3] Wozu also brauchte man einen Gärtner aus Nizza in der Stadt Kiew, die doch von Düften so gesättigt war, dass man jeden Abend vor dem Freiluftkonzert im Kupetscheski-Park die Levkojen- und Tabakblütenbeete zuerst besprengen musste, um deren Ausdünstungen abzumildern und Hustenanfällen vorzubeugen?

Der Geruch der Ebenen

In diesem großen botanischen Garten, den breite Avenuen durchzogen und Musikpavillons sowie Terrassen mit gestreiften Markisen schmückten, erblickte am 11. Februar 1903 ein Mädchen das Licht der Welt, das – für die Synagoge – Irma und – wie die Nichte des Zaren – Irina genannt wurde. Von den zahllosen, im Herzen der Stadt bewahrten Grünanlagen erwähnt dieses zur Romanschriftstellerin gewordene kleine Mädchen unter anderen auch den Botanischen Garten, der ihr, riesig und verwittert, einen starken Eindruck hinterlassen hat, vielleicht weil er in der Nähe der Puschkinstraße lag, wo, als sie sieben Jahre alt war, ihre Eltern wohnten. «Es war ein ziemlich verwahrloster Ort. In den Eisenkäfigen lebten ein paar schläfrige Tiere; ein von Ungeziefer zerfressener Kaukasus-Adler, Wölfe, ein vor Durst hechelnder Bär.»[4] Man könnte noch den Nikolaus-I.-Platz erwähnen, den hundertjährigen Park des Gymnasiums Nr. 1 oder auch die über dem Dnjepr hängenden begrünten Terrassen, den Dwortsowy und den Kupetscheski, von wo aus man einen Blick auf die Unterstadt des Podol hat. Ohne die mit nummerierten Bäumen bepflanzten Brücken zu vergessen oder jene im Herzen der Stadt bewahrten Brachen, lauter nostalgische Erinnerungen an die Steppe, aus der immer wieder ein Geruch von Heu aufstieg.

Nun litt Irotschka, so nannte man sie in der Familie, aber an Asthma. Es war eine Erbkrankheit. Immer werden ihre Anfälle häufig und heftig sein. Ein Blumenstrauß genügt, sie zu betäuben. Nie wird es bei ihr mehr als eine einzelne Tulpe in einer Vase geben oder Gartenwicken auf dem Balkon. In Paris muss sie Inhalationsapparate aus der Schweiz kommen lassen. Und die Geruchserinnerungen an ihre Geburtsstadt sind die eines Kindes, das imstande ist, instinktiv «den besonderen Duft der Luft»[5] zu analysieren, eine Sensibilität, die sie für Prousts subtile Beobachtungen so empfänglich machen sollte. In Kiew, so erinnert sich also die Erzählerin von *Le Vin de solitude*, einer 1933 begonnenen, «kaum verhohlenen Autobiographie», dass «die von Staub getrübte Luft nach Pferdeäpfeln und Rosen roch».[6]

Die Rokokokuppeln der Andreaskathedrale und der Mariinski-Palast, den Rastrelli jr. 1762 für die Stadt errichtet hatte, die Fülle von Theatern oder der 1892 eingeweihte Trolleybus konnten nicht darüber hinwegtäuschen, dass Kiew die Hauptstadt eines sehr ausgedehnten Roggen- und Buchweizenfeldes war. Während der Erntezeit drang einem am Abend der Staub von Stroh in die Kehle. «Ein trübes rotes Licht irrte tief am Himmel; der Wind trug den Geruch der ukrainischen Ebenen in die Stadt, einen schwachen, herben Duft nach Rauch, und brachte die Frische des Wassers und der Binsen mit sich, die an den Ufern wuchsen.»[7] Der Dnjepr strömte in riesigen Mäandern unentschlossen durch diese Scholle. Das jähe Aufbrechen der Eisdecke rückte das gegenüberliegende Ufer weit hinter den Horizont. Von dem Hügel aus, auf dem das Denkmal von Fürst Wladimir sein mit elektrischen Birnchen übersätes Kreuz emporreckte, um die Schiffer zu leiten, dehnte sich ein sonnenblindes Meer. Bernard Lecache, der 1926 hierhergekommen war, um die Zeugnisse von Juden zu sammeln, die die dreizehnhundert Pogrome des Bürgerkriegs überlebt hatten, konnte nicht umhin, einen Augenblick lang Kiews Pracht anzuschauen, einer Stadt «voller Bäume, hügelig wie ein weiblicher Körper, schön, wie eine Stadt es nur sein kann».[8]

Für das kurzatmige kleine Mädchen Irina Nemirowski* sollte dieses botanische Paradies für immer ein erstickendes Treibhaus sein, die olfaktorische Variante des berühmten russischen Übermaßes. «Die warmen Sommertage, die Glocke des Eisverkäufers, die unter den Füßen zertretenen, zwischen den Händen zerdrückten Blumen, zu viele Gräser, zu viele Blumen; ein zu süßer Geruch, der den Geist verwirrt und einlullt, zu viel Licht, ein wilder Glanz, das Vogelgezwitscher am Himmel: das war ihre Heimat.»[9]

Die Ukraine. In Kiew, ihrer Hauptstadt, wurde das Russland der Zaren geboren. Sogar Andrej Belyj, gebürtiger Moskauer, dem Herzen nach Petersburger, für den die anderen russischen Städte lediglich «ein elender Holzhaufen» sind, hat es unumwunden zugegeben: «Die Mutter der russischen Städte ist Kiew.»[10] Fürst Oleg setzte hier nach einer siegreichen Belagerung im Jahr 882 die erste Dynastie der *Rus* ein. Ein Jahrhundert später unter der Herrschaft Wladimirs, der, zum orthodoxen Christentum konvertiert, sein ganzes Volk durch Eintauchen in den Dnjepr taufte, erlebte Kiew Kriege, Plünderungen, doch nie geriet es in Vergessenheit: Als natürliche Verbindung von der Ostsee bis Konstantinopel hat der Fluss nie aufgehört, der Stadt immer wieder Menschen zuzuführen und den Handel aufrechtzuerhalten. Darum auch wurde ihr der Status als Wiege Russlands, und sei es des alten und rückständigen Russlands, niemals streitig gemacht.

---

* Die Schreibweise des Namens Nemirowski wurde später im französischen Exil zu Némirovsky geändert

Paris wiedersehen

War diese Wiege wirklich die ihre? Im Oktober kündigte die Abfahrt der Schiffe zu ihren Winterhäfen die Fröste an. Dann packten die Nemirowskis die Koffer und reisten in ein fernes Land. Vichy, Plombières, Vittel, Divonne … Die Badeorte, wo ihre kleine Tochter ihr Asthma behandeln lassen konnte, boten den Eltern, Anna und Leonid, die unvergleichlichen Wohltaten des Casinos. Und da sie außerdem einem jener Nizzaer Zirkel den Vorzug gaben, wo Paul Bourget gerade sein *Piège* angesiedelt hatte, zögerten sie nicht, das Kind der Obhut einer Gouvernante zu überlassen, um sich an die Côte d'Azur zu begeben. Irène Némirovsky erinnert sich, dass ihr Geschäfte machender Vater, wenn er nach Kiew zurückgekehrt war, «stundenlang mit einem alten Roulette spielte und jonglierte, das er aus Monte Carlo mitgebracht hatte», Symbol seiner Spielernatur. Was ihre Mutter angeht, so suggeriert eine Fotografie – die sie mit durchgedrücktem Rücken in einem Satinkleid zeigt, Arme und Haar mit schwarzen Perlen bedeckt und die Stirn mit einer Aigrette geschmückt –, dass sie in den Palasthotels und Spielsälen das Vergnügen suchte: Sie begehrte andere Blicke als die ihres Mannes, die mehr vor Intelligenz und Willenskraft als vor Sinneslust funkelten. Doch ein zufriedenes Lächeln verrät ihren Wunsch. Ebendieses Porträt wird ihre Tochter 1928 beschreiben: «Mütterchen, im Ballkleid, mit nackten Schultern, ihrem naiven, triumphierenden Lächeln, das zu sagen schien: ‹Seht mich an! Bin ich nicht schön? Und wenn ihr wüßtest, wie mich das freut!›» Kurzum, eine «entzückende Puppe».[11]

Diese französischen Winter zogen sich manchmal über vier Jahreszeiten hin. Sie begannen in Paris, wo Irina, das Einzelkind, mit Eltern und Dienstboten aus dem Zug stieg. «Seit ich vier war, bin ich bis zum Krieg regelmäßig jedes Jahr hierhergekommen. Beim ersten Mal bin ich ein Jahr lang geblieben. Ich bin von einer französischen Lehrerin erzogen worden, und mit meiner Mutter habe ich immer Französisch gesprochen.»[12] Deshalb darf man wohl lächeln, wenn Henri de Régnier

1935 nach der Lektüre von *Le Vin de solitude* sagen zu können meint, dass «Némirovsky auf Französisch Russisch schreibt»[13]. Denn sie war eine französische Schriftstellerin, die zufällig in Kiew geboren wurde, und ihr Russisch, weniger angeboren als aus Büchern bezogen, sollte immer mangelhaft bleiben. Für Irène Némirovsky («ein sehr schwer auszusprechender russischer Name»[14]) bleibt das Russische jene ungesittete «wilde und sanfte Sprache»[15] des Ostens, wo sie geboren wurde. Im Vergleich zum Pariser Überschwang, dem immerwährenden Theater der Riviera, der Mannigfaltigkeit der französischen Landschaften erschien ihr die Ukraine, deren Name die Randbezirke bezeichnet, als eine Wüste aus Ackerland oder Schnee, durch das Fenster eines Autos gesehen, «ein sehr flaches Land, wo der Blick nicht so rasch wie in Frankreich von einem Hügel oder den Dächern eines Dorfs aufgehalten wird»[16]. Man könnte schwören, dass Tschechow an die Nemirowskis dachte, als er schrieb: «Für sie ist Paris die Hauptstadt, Residenz, das übrige Europa ist die langweilige, stumpfsinnige Provinz, auf die man nur durch die herabgelassenen Gardinen des Grand Hôtel oder vom Proszenium hinabschauen kann.»[17] In Frankreich dagegen herrschte ein ewiger Frühling. Und so sind die ersten bekannten Worte von ihrer Hand, an einem 12. August 1912 oder 1913 auf die Rückseite einer im Bahnhof von Vichy abgestempelten Postkarte gekritzelt, in Französisch geschrieben: «Ich schicke Euch die Source Chomel, wo ich jeden Morgen trinke. Mama dankt Euch für euren Brief, aber ich glaube, daß wir nach Biarritz fahren. Auf bald. Irène Nemirovsky.»[18]

Kiew ist das Gedächtnis der Sinne. Paris die Sehnsucht der Seele. Denn «Kiew war damals ein trübseliges, ruhiges Provinzstädtchen»[19], während Irène «bei der Erinnerung an Paris, an die Tuilerien ihr Herz dahinschmelzen fühlte», an «jenen gelben Mond, der langsam über der Vendôme-Säule aufging».[20] In Kiew ruhten undeutliche, geheimnisvolle, ja beängstigende Erinnerungen: «An die Schreie des Teppichhändlers. (…) Und an die rothaarigen kleinen Kinder, die Akrobaten, die im Winter kamen und unter den Fenstern Kunststücke machten (…). Und an den verrückten Alten, der Opernsänger gewesen war und noch immer zu singen meinte, der sich mit Flitter behängte, einen Kranz trockener Blätter auf dem Kopf, der große Gesten machte und sich einbildete, er sänge, obwohl kein Ton über seine Lippen kam.»[21] Vom Paris ihrer Kindheit bewahrte Irène Némirovsky 1934 die nicht weniger schwache Erinnerung «an die Affen im Jardin des Plantes und an ihr scharlachrotes Geschlecht …»; vor allem aber hatte sie dort in den Tuilerien oder auf den Champs-Élysées mit kleinen Franzosen gespielt. «Mama, das ist nicht möglich», wird ihre Tochter Denise 1936 einwenden. «Das kannst du früher nicht erlebt haben, weil du doch Ausländerin bist …»[22] Und so hatte ihr Leben, «wie jedes Leben seinen lichtdurchfluteten Hafen. Jedes Jahr kehrte sie mit ihrer Mutter und Mademoiselle Rose nach Frankreich zurück … Wie glücklich war sie, Paris wiederzusehen! … Sie liebte es so sehr!»[23]

Zézelle

Mademoiselle Rose? Als Irène Némirovsky ihr diesen zarten Namen gab, wollte sie, wie sie 1936 präzisiert, ihre ehemalige Erzieherin «so treu wie möglich porträtieren». «Ich sage ‹so treu wie möglich›, denn diese nach der Wirklichkeit gezeichnete Figur hat mich weit mehr Mühe gekostet, als wenn ich sie erfunden hätte.»[24] Nicht dass die Erinnerung sich hätte bitten lassen, aber sie fürchtete, das Andenken ihrer armen französischen Gouvernante zu beflecken, der sie am Ende gegrollt hatte. Wie musste sie ihre Undankbarkeit bereut haben! «So viele Jahre habe ich absichtlich ihren Namen nicht ausgesprochen. Meine unbeholfenen Lippen weigerten sich, ihn zu sagen. (…) Ich habe keine Lust mehr, sie Zézelle zu rufen, das ist zu heilig. Ich werde sehen. Mademoiselle Rose, auch das ist gut …»

Vielleicht hatte Zézelle einen Bruder. Vielleicht war sie im Ursulinenkloster aufgewachsen. Vielleicht war ihre Haut zart: Selbst wenn in *Le Vin de solitude* die Erfindung dem Gedächtnis zu Hilfe kommt, so verrät sie sie nicht. Als Südländerin «war sie ordnungsliebend, genau, akkurat. Französin bis in die Fingerspitzen, etwas reserviert, etwas spöttisch. Niemals große Worte. Wenige Küsse.»[25] Sie war so klein, dass Irotschka mit zwölf Jahren ihr fast über den Kopf gewachsen war. Dem Zeitgeschmack folgend, hatte Anna Nemirowski diese schmächtige, rechtschaffene Frau im Home français von Kiew eingestellt, einer Vermittlungsstelle, die die Bourgeoisie Kiews mit französischen «kleinen Dienstmädchen» versorgte.

Dem Kind, das ihr anvertraut wurde, übermittelte Marie – so hieß sie in Wirklichkeit – die Grundlagen ihrer Sprache. «Sie sang mit leiser, aber überaus klarer und richtiger Stimme. Sie lehrte mich: ‹La tour prends garde›, ‹Malbrough› und ‹Les bas noirs, les bas noirs …›, dann ‹Nous n'irons plus au bois›, ‹Valsez, fillettes, valsez coquettes, marionnettes du gai Paris›.» Aber auch die französischen Sprichwörter: «Aide-toi, le ciel t'aidera» («Hilf dir selbst, dann hilft dir Gott»). Ein schadhaftes Foto zeigt sie schwarz gekleidet, eine Pariser Zeitung auf den Knien, obwohl ihre Hände häufiger mit einer Handarbeit beschäftigt waren. Zwar sieht man ihr goldenes Halskettchen nicht, aber sie ist genau so, wie Irène Némirovsky – die man hinter ihrer rechten Schulter erkennt, ein bedauerndes Lächeln auf den Lippen und zwei schmale weiße Bänder im Haar – sie zwanzig Jahre später zu beschreiben versucht: «Fast immer die plissierte weiße Bluse, englische Weißwaren oder Stickerei und manchmal eine Schürze aus schwarzem Baumwollsatin, zarte Füße in schwarzen Halbstiefeln mit Knöpfen. Um den Hals ein Samtband. (…) Ein Gesicht, das einmal hübsch gewesen sein muß, von der anmutigen, zarten Schönheit einer Grisette, der schnell vergangenen ‹Schönheit des Teufels›, und das noch die Herzform des sehr hübschen, lächelnden Mundes bewahrte. Kleine Mäusezähne. Die übrigen Züge fein und unregelmäßig, die das Alter, um die fünfzig, mit leichten ‹Krähenfüßen› überzieht, müde schwarze Augen, und das Haar trotz des Alters von leichtem Dunkelbraun, schwarz mit bläulichem Schimmer, das nach der damaligen Mode in weichen Ringellocken in die Stirn fällt.» Das Gesicht Frankreichs, tugendhaft und reserviert.

Feine Seife und Veilchenessenz

Irina fühlte, dass die Mutter ihr nicht ihr dreißigstes Jahr opfern würde. Ihr Ehemann, dieser Selfmademan, ein unermüdlicher «Goldsucher», versprach, reich genug zu werden, um ihr die Jugend zurückzukaufen. Wäre sie, wenn ihre Eitelkeit dieses Vermögen hätte vorhersehen können, so töricht gewesen, sich mit einem kleinen Mädchen zu belasten, «das man durch Europa mitschleppen musste», einem lebenden und kostspieligen Vorwurf, der ihr ständig in Erinnerung riefe, dass sie keine junge Frau mehr war? Gott oder der Abtreibung sei Dank, sollte Irina das einzige Kind dieser launischen Mutter bleiben.

Schon bevor sie zehn war, verstand Irotschka, dass sie Zärtlichkeit nur von Zézelle erwarten konnte, während ihre Mutter sich zwanzigmal am Tag Schelte und Ermahnungen vorbehielt: «Du frierst, und du sagst es nicht, dumme Gans! Zieh deine Jacke an! Sofort, hörst du, sofort! Laß deinen Puls fühlen … Es fehlte gerade noch, daß du krank wirst … Rümpfe deine Nase nicht, wenn man dich rügt … Halt dich gerade!!! Wie oft soll ich dir das denn sagen? Ich schwöre dir, du bringst mich noch um …»[26]

An Liebkosungen war nicht zu denken, es sei denn, um ihre Verzeihung zu erkaufen, denn diese «zänkische Mutter» wollte großmütig sein. Als Irina sah, dass sich nur Zézelle um sie kümmerte, übertrug sie all ihre Zärtlichkeit auf sie und hegte gegen Anna einen lustvollen Hass, genährt vom «befremdlichen Geruch» der Bluse, «in dem sich der verhasste Duft ihrer Mutter mit einer Ausdünstung von Tabak und einem kostbareren, wärmeren Geruch vermischte, den sie weder zu erraten noch wiederzuerkennen vermochte, jedoch mit Erstaunen, Unbehagen und einer Art wilden Scham einatmete».[27] Zézelle dagegen roch «nach feiner Seife und Veilchenessenz», dem Duft des Hinterlands von Nizza. Sie verzieh alles. «In meiner Kindheit war sie die Zuflucht, das Licht. Wie oft hat sie mich getröstet, wenn ich zu Unrecht bestraft, angebrüllt, gerügt worden war. Sie beruhigte mich, sie war sehr maßvoll und klug …»

Anna war eifersüchtig. Da sie wusste, wo sie zuschlagen musste, bediente sie sich jedes Mal der gleichen «feigen Lüge»: «Es ist wirklich an der Zeit, dass wir eine Engländerin für dich finden, die dir beibringt, dich anständig zu benehmen!» Irotschka war tief gekränkt. «Kann ich nach so vielen Jahren wirklich beschreiben, was in meiner Seele vorging, welcher Sturm an Ressentiments, Schmerz, verletztem Stolz in mir tobte? Es lag nicht so sehr an den Worten, die, sanft und mit einem Lächeln ausgesprochen, erträglich hätten erscheinen können, es war der gehässige Tonfall, den ich nicht wiedergeben kann, der Tonfall, der die Mutter von vornherein als Feindin auswies.» Und wenn man bedenkt, dass man diese kreidige Wange, «die man am liebsten zerkratzt hätte», auch noch küssen und sagen musste: «Verzeih mir, Mama, ich bereue es, ich werde es nicht wieder tun.» Auch mehrere Romane werden dieses von bitterem Groll erfüllte, zur Komödie gezwungene Herz nicht erleichtern.

Von ihrer Mutter erbte Irina den kleinen Wuchs, die braunen Augen, den matten Blick. Doch während sie von ihrem Vater den großen Mund hatte, den sie nie mochte, war der von Anna schmal und klein vom ständigen Zusammenkneifen, und ihre Lippen waren «bleich, niemals ruhig, niemals natürlich, außer beim Schreien». Sie hatte einen blassen Teint und jenes «Raubtiergebiss», das ihr eine «hassenswerte Schönheit» verlieh.

Bei ihren ersten Parisaufenthalten konnten die Nemirowskis noch nicht in den Luxushotels absteigen. Doch selbst wenn Anna einen Teil des Jahres in Paris verbringen konnte, während sie Leonid seiner hartnäckigen mühevollen Arbeit überließ, wurden Irotschka und ihre Gouvernante separat, meist in einem zweitklassigen Hotel, einquartiert. Die Schriftstellerin sollte viel Zeit haben, sich in *L'Ennemie*, einem ihrer ersten Romane, eine Boheme-Kindheit auszumalen. «Sie wußte, daß es nicht immer ratsam war, Mama ins Gehege zu kommen, wenn sie mit einem unbekannten Herrn langsam unter den Bäumen verschwand.»[28] Dabei war sie jene Halbwaise, auch wenn die Vernachlässigung ihr ein unbekanntes Lustgefühl verschaffte: nämlich ihr eigenes Leben aus der Distanz zu beobachten. Noch 1938 wird sie sich an die Cité du Retiro im Faubourg Saint-Honoré erinnern, wo ihre Mutter sie in einem schlecht geheizten Zimmer untergebracht hatte, denn ihr Vergnügen litt keinen Zeugen. «Von allen Hotels, die ich in meiner Kindheit gekannt habe, war dies das gräßlichste, gerade weil sein Elend kalt und dezent war (…) Es war ein … nun ja … großartiges Viertel (die Madeleine, das sagt alles), Gitter am Ende eines Hofs, die nachts geschlossen wurden, eine Art schwärzlicher Pavillon. (…) Hier aber wurde aus Sparsamkeitsgründen tagsüber der Strom abgestellt, der Geruch von schlechtem Essen stieg einem in die Nase, und man sah Schatten vorbeihuschen, die Treppe herabkommen und durch den kleinen Salon gehen.» Ein Balzac'scher Dekor, der in *Le Maître des âmes*[29] dazu dienen wird, die kümmerlichen Anfänge des Doktors Asfar zu begleiten.

Doch in all dieser Schäbigkeit: Zézelle. «Sie besaß eine innere Fröhlichkeit, die ihr unter der Traurigkeit und dem Schmerz lange Zeit erhalten geblieben war. (…) Ich liebte wirklich nur sie auf der Welt.» Anna musste diesen traurigen Engel hassen, während sie selbst sich bemühte, ihr cholerisches Naturell zu verbergen. In dieser geheimen Rivalität sollte Zézelle ihre Rolle als Ersatzmutter teuer zu stehen kommen …

Karneval in Nizza

Von Paris aus beendeten die Nemirowskis, via Vichy, die tote Saison in Cannes oder Biarritz – «Jeder Russe in Biarritz», sagt Tschechow, «beklagt sich darüber, hier seien zu viele Russen».[30] 1906 konnten Mutter und Tochter in Nizza den Festlichkeiten des Karnevals beiwohnen. Das Thema war in jenem Jahr der Sonnenharlekin. Seine Majestät, von dem extravaganten Mossa gezeichnet, stellte den auf einem blauen Adler reitenden Harlekin dar. Doch vor allem das Defilee der Masken auf der Promenade des Anglais beeindruckte die kleine Irotschka, die gerade ihren dritten Geburtstag gefeiert hatte, das Alter der ersten bleibenden Erinnerungen. Als Irène Némirovsky im Dezember 1932 am Rande ihres Romans *Le Pion sur l'échiquier* die «Masken» ihrer Helden in ihrem Gallia-Heft skizzierte, tat sie es in Erinnerung an die grimassierenden Köpfe[31], Figuren, bei denen nur die Knöchel und die Füße herausragten. Kein Wunder, dass die ersten Leser von *David Golder* 1930 beeindruckt waren von den derben Gesichtszügen dieser ausgeprägten Balzac'schen Typen, von denen Theodore Purdy, der renommierte Chronist von *The Nation*, sogar meinte, es «seien eher Karikaturen als lebende Gestalten, jedoch mit welcher Stärke, welcher Grausamkeit gezeichnet!»[32]. Ganz zu schweigen von den jüdischen Personen ihrer ersten Texte, die ganz aus Pappmaché geformt zu sein scheinen.

Wenn die Nemirowskis in Nizza ihr Winterquartier bezogen, folgten sie lediglich der 1856 von der Zarin Alexandra eingeführten Mode – wenngleich einige Literaten wie Gogol oder Lermontow ihr vorausgegangen waren. Seit die Bucht von Villefranche-sur-Mer 1860 an Frankreich gefallen war, war sie eine kleine Krim geworden, und in der orthodoxen Kirche von Nizza ruhte seit 1865 der Zarewitsch. Ironischerweise frequentierten der russische Adel und der kaiserliche Hof hier die Nihilisten im Exil, die doch auf deren Abschaffung hinarbeiteten, sehr zum Nachteil der überwinternden Engländer. Im Zuge des politischen Tauwetters sollte man nach 1905 das Hin und Her zwischen Aristokraten in der Sommerfrische und ins Land zurückgekehrten Anarchisten mit ihren Taschen voller Flugblätter und Sprengstoff beobachten. Irène Némirovsky wird sich in *L'Affaire Courilof* daran erinnern.

Zwischen 1900 und 1914 gelangt die russische Kolonie an der Côte d'Azur zur vollen Blüte. Die Nemirowskis gehören nicht zu den im Jahr 1914 erfassten etwa sechshundert Grundbesitzern. Sie ziehen den Komfort des Terminus Hôtel oder des Ruhl vor, das die Nachfolge das ehemaligen Hôtel des Anglais angetreten hatte und für welches das *Journal de Saint-Pétersbourg* – das seit fast einem Jahrhundert in französischer Sprache erscheinende Finanzblatt, in dem man bisweilen ausgewählte Seiten von Alfred de Vigny und Maurice Barrès lesen konnte – unermüdlich Reklame machte. Diese Paläste gaben Bälle, organisierten Hutwettbewerbe oder Blumenausstellungen, die Anna um nichts auf der Welt versäumt hätte. Bei den Pferderennen von Nizza weihten die feinen Damen ihre Jackenkostüme ein, deren Mode auf das Jahr 1906 zurückging. Dort konnte man auch die Prinzessinnen Paléologue oder Faucigny-Lucinge sehen, den Prinzen von Bourbon, den Herzog von Choiseul-Praslin, die Breteuils oder die Montebellos und einen Augenblick glauben, dass an der Baie des Anges die Privilegien nicht abgeschafft waren. Jener Schauder, der sie das Judenviertel von Odessa, wo sie geboren wurde, und das Jiddische vergessen ließ, das ihr über die Lippen kam, wenn sie sich ereiferte, wog alle russischen Weihnachten der Côte d'Azur auf. Dann hielt sich Anna Nemirowski für eine Französin, sie fügte ihrem Vornamen ein «j» oder ein «f» hinzu und ließ sich Jeanne oder Fanny nennen.

In *La Vie mondaine*, einem «Highlife-Journal», das im Sommer monatlich, im Winter jedoch wöchentlich an der Riviera erschien, konnte man die «Liste der Ausländer» konsultieren, die in Nizza, Cannes oder Menton wohnten. Wir wollen nur einige von ihnen nennen, mit denen sich die Côte d'Azur zwischen 1880 und 1910 schmückte: die Großherzöge Wladimir, Alexis, Serge und Paul, Brüder von Alexander III.; der Graf Serge Tolstoi, Kammerherr des Zaren; Madame de Durusow, die einen sehr gefragten Salon führte; die ukrainische Künstlerin Marie Bashkirtseff, die sich mit ihren Katzen die Villa Acqua-Viva an der Promenade des Anglais teilte; oder auch Joseph Kessel, Gymnasiast im Lycée Masséna. Vergessen wir nicht, all diesen Namen den von Anton Tschechow hinzuzufügen, der sich aus gesundheitlichen Gründen im März 1898 in der Pension Russe (dem heutigen Hôtel L'Oasis) aufhielt; «der Karneval, die französischen Bücher bis hin zu den Almanachs, die er mit Vergnügen las, alles interessierte ihn»[33], wird Irène Némirovsky in Erinnerung ihres Entzückens über die Riviera schreiben. «Nizza. Der Rasen des *Négresco* … Nicht den Luxus bewundert man. Man stellt sich ein vollkommenes Leben vor, in dem alles Ordnung und Schönheit ist … das Paradies eben!»

Und deshalb hatte sich um 1910 in Kiew, das blumenreicher war als ein Karnevalswagen, ein Gärtner niedergelassen und sein Geschäft *À la Flore de Nice* genannt: Frankreich war in der ukrainischen Hauptstadt en vogue, so wie in Sankt Petersburg, wo «es zum guten Ton gehörte, seine Wäsche zum Waschen nach Paris oder nach London zu schicken», während die gute Gesellschaft «vorgab, Französisch zu sprechen, und das Russische mit einem fremdländischen Akzent aussprach».[34] In Kiew ging eine Frau von Geschmack zum Teetrinken ins *À la marquise* und machte ihre Einkäufe *Au chic parisien* in der Teatralnaja-Straße. An einer Stelle von *Les Chiens et le Loups* erwähnt Irène Némirovsky auch *Aline*, eine Pariser Modistin, auf dem Boulevard. So viel Eleganz musste Anna Nemirowski einfach verlocken, die sich gern Anna Iwanowna nennen ließ, wie die Nichte von Peter dem Großen. Die deutschfreundlichste der Zarinnen – aber laut Remisow «die russischste aller russischen Zarinnen»[35] –, die das Reich von 1730 bis 1740 mit eiserner Hand regierte, blieb berühmt wegen der Tausende Oppositioneller, die unter ihrer Herrschaft verhaftet, gefoltert oder nach Sibirien deportiert wurden, aber auch wegen der Gunst, in der bei ihr die Künste – besonders das Ballett – standen.

Das flotte Leben

«Raffiniert und autoritär»[36], so sollte «Fanny» im Familiengedächtnis haften bleiben, und so hat ihre Tochter sie im Roman ihrer bitteren Kindheit beschrieben: «Sie war groß, gut gewachsen, mit der Haltung einer Königin.»[37] Dabei war sie klein, höchstens einen Meter sechzig. Bis ins hohe Alter stets gepudert, fürchtete sie, die Küsse ihrer Tochter könnten sie derangieren, auch stets munter, denn «Kummer macht alt und ruiniert die Figur»[38]. Obwohl ihr Personenstand als Geburtsdatum den 1. April 1887 angibt, wurde Anna Margulis um 1875 geboren.[39] Dank diesem Kunstgriff gelingt es ihr, einige Liebhaber, dann einige Gigolos, schließlich einige Erbschleicher zu täuschen. Aber zur Lüsternheit und zur Lüge kam bei ihr noch die Käuflichkeit hinzu. Schon in Kiew hätte sie sich beinahe von Leonid scheiden lassen, denn sie hatte sich in einen reichen Russen verliebt. Dessen Geliebte, eine junge Frau von achtzehn Jahren, die Tochter eines jüdischen Schneiders, die in einem Zwischengeschoss ein kümmerliches Dasein führte, musste sie erst anflehen, ihr diese Partie zu überlassen, damit Anna erschrocken einwilligte, auf ihre Laune zu verzichten.[40]

Anna Nemirowski schätzte es vermutlich gar nicht, dass eine junge Jüdin auf diese Weise um ihre Solidarität bettelte. Denn zu ihrem großen Leidwesen waren ihre Eltern Juden, ebenso wie Leonid. Seit Katharina II. wurden nun aber den Juden Wohnbezirke zugeteilt, außerhalb deren sie Gefahr liefen, festgenommen zu werden. Und im Russland von Nikolaus II. waren ihre Bürgerrechte noch immer nicht anerkannt. Diese demütigenden Einschränkungen wurden «Untauglichkeit» genannt. In Kiew zum Beispiel waren nur die jüdischen Kaufleute und Bankiers berechtigt, falls man nicht das Glück hatte, Apotheker oder ehemaliger Soldat zu sein – hochgeschätzte Partien –, in der Stadt statt in den Vororten zu wohnen. Dies war bei dem Bankier Leonid Borisowitsch Nemirowski wie bei dem 1873 in Kiew geborenen Juwelier Aron Simanowitsch der Fall, der es bis zu Rasputins Finanzsekretär bringen sollte. Solche Privilegien waren den gesellschaftlich fortgeschrittensten Juden vom liberalen Alexander II. gewährt worden, doch dessen Ermordung im Jahr 1881 hatte die jüdisch-russische Welt von Neuem der Willkür und Ausnahmeregelungen ausgesetzt.

Sich dieser Apartheid bewusst, achtete Anna darauf, ihre Liebhaber unter den Christen zu wählen. Auch verbot sie, dass man unter ihrem Dach Jiddisch sprach oder jüdische Speisen zubereitete, archaische Sitten, die unvereinbar waren mit den französischen Möbeln aus dem Faubourg Saint-Antoine, mit den französischen Romanzen, die sie, sich selbst am Klavier begleitend, sang, mit den in der Rue Auber gekauften und in Biarritz zum ersten Mal getragenen französischen

Toiletten, mit dem Magazin *Femina* und anderen in Paris gedruckten Modezeitschriften. Darin unterschied sich Anna kaum von vielen Emporkömmlingen aus der Oberstadt, die «aufgeblasen ob ihrer Wichtigkeit», einzig damit befasst waren, die Bürger hinters Licht zu führen, so wie Scholem Alejchem, der in der Belle Époque in Kiew lebte, sie scherzhaft – auf Jiddisch – beschrieben hat: Man «fährt baden ins ‹Ausland›. Ihre Damen gehen eingewickelt in Gold und Silber, die Kinder fahren auf ‹Lozipeden›, in der Wohnung halten sie ‹Kuhfernanten›, sie sprechen auch ‹Französisch› ‹und spielen Piano›, essen ‹Eingemachtes› und trinken ‹Likör›. Ein Rubel heißt bei denen nichts; da heißt es: Leben, leben, bis man draufgeht …»[41]

Mademoiselle Libellule

Anna hatte von ihren Eltern eine ausgezeichnete Erziehung erhalten. Da sie mit der Goldmedaille des Kiewer Gymnasiums – der höheren Mädchenschule – ausgezeichnet worden war, konnte sie dort eine Zeit lang unterrichten. Lehrer des Konservatoriums hatten ihr Klavierspielen beigebracht. Sie war kokett und liebte Pelze, Parfüms sowie das Konfekt des Petschersk, der berühmten *Zukernias* mit ihren Pyramiden aus Lokum und kandierten Früchten. Daher vermutlich ihre «Neigung zum Embonpoint, den sie mit Hilfe von Korsetts in Form von Panzern bekämpfte, wie die Frauen sie damals trugen und bei denen die Brüste in zwei Satinmulden lagen wie Früchte in einem Korb»[42]. Eine von ihrem Vater, Ionas Margulis, geerbte Naschhaftigkeit.

Auf ihn wenigstens konnte sie stolz sein. 1847 in Odessa geboren, erinnerte sich auch Ionas – den man lieber Iona oder Johann nannte – nostalgisch an den Karneval von Nizza, an die Pariser Oper, für die er schwärmte, und nicht weit davon entfernt, auf den Boulevard des Italiens, an das *Maison dorée*, bis zur Schließung im Jahr 1902 das beste Restaurant Frankreichs, wo er sein Erbe verprasst hatte. Nachdenklich lauschte ihm Irina, wenn er von dieser gesegneten Zeit erzählte:

«Jeden Nachmittag ging ich auf den Boulevard, um Luft zu schnappen. Er ist mit Bäumen bepflanzt, dort trifft man die schönsten Frauen, sich lässig in Kaleschen räkelnd ...»

Noch viele Jahre später sprach er perfekt Französisch, wenn auch mit einem leichten Akzent: «Er sagte: ‹Ma petite *file*›, wobei er die derart veränderte letzte Silbe stark betonte ... Seine Unterhaltung war die einzige, in der sich ein Bemühen um Bildung bemerkbar machte ...» Er hatte Racine, Voltaire, Hugo gelesen und konnte noch «Le Songe d'Athalie» oder «La Feuille» von Arnault aufsagen, sich in der Ferne nach Frankreich sehnend[43]:

> *De ta tige détachée*
> *Pauvre feuille desséchée,*
> *Où vas-tu? – Je n'en sais rien ...*[44]

Iona hatte nicht nur Französisch und Musik gelernt. Er hatte auch die Handelsschule Nikolaus I. in Odessa besucht, aus der er mit einem Diplom in der Tasche abgegangen war. Zu jener Zeit «war er jung, gesund, mit seinen schönen Zähnen, seinen lebhaften Bewegungen, der Flamme seiner vor Intelligenz sprühenden Augen (...) unter den dichten Brauen». Schon damals ein Stutzer, über die Maßen gepflegt, trug er einen Kinnbart wie der Zar. Seine Ehefrau, Rosa Schtschedrowitsch, genannt Bella, eine sehr sanfte, schüchterne und fromme kleine Frau, trennte sich nie von ihrem Gebetbuch. Von ihr bewahrte Irène Némirovsky die Erinnerung an eine ängstliche und untätige, weißhaarige kleine Alte, ungeliebt von ihrer Tochter und ihrem Mann, vom Kummer und den Hausarbeiten verbraucht, wie eine Dienstbotin behandelt, die nie jung gewesen war. «Eine arme Frau, klein, dünn, schmächtig, die in meiner Vorstellung immer 75 Jahre alt zu sein schien, rasch auf einem Bein hinkend, ein wie eine alte Fotografie verblichenes Gesicht mit verschwommenen, vergilbten, in Tränen zerfließenden Zügen ...»

Rosa wurde 1854 in der «neuen Stadt» Jekaterinoslaw, der Kornkammer der Ukraine, geboren, aber ihre Familie stammte aus Alexandrowsk[45], hundert Kilometer weiter südlich am Dnjepr. Ihre Eltern, «reiche Getreidehändler», mit zwölf Kindern gesegnet, von denen eines ihr Zwilling war, hatten sie mit einer ansehnlichen Mitgift versehen. Nichtsdestoweniger räumte sie bereitwillig ein, dass die Margulis von weit höherem Rang waren: «Als ich heiratete, hat dein Urgroßvater in Alexandrowsk eine Synagoge bauen lassen … Mein Brautkleid wurde in Odessa bestellt und auf dem Fluß mit einem eigens gemieteten Schiff gebracht …»

Anna, ihre älteste Tochter, war schon achtzehn Jahre alt, als Rosa geruhte, ein zweites Kind zur Welt zu bringen, Victoria genannt. Diese junge Tante war für Irina gleichsam die große Schwester. Und als solche wurde sie im Übrigen auch aufgezogen. Wenn Anna und Leonid ihre Tochter Irotschka nicht nach Frankreich mitnahmen, wurde sie den Großeltern anvertraut und dort genauso behandelt wie Victoria.

Diese wiederum erhielt die gleiche sorgfältige Erziehung wie ihre ältere Schwester. Sie lernte Französisch. Man schrieb sie im Gymnasium in der Funduklejew-Straße ein, im Herzen Kiews, etwa zur gleichen Zeit wie Anna Achmatowa. «Es war eine reizende und umgängliche, sehr kokette Person», erinnert sich Tatjana, ihre Enkelin. «Man hatte ihr den Spitznamen ‹Mademoiselle Libellule› gegeben. Weil man sie auf einem Offiziersball in der Uniform ihrer Schule gesehen hatte, war die Anstalt gezwungen, deren Modell zu wechseln. Und als sie mit Blumen zurückkam, sorgte sie im ganzen Haus für einen Skandal!»[46] Irène Némirovsky bestätigt diesen Charakterzug in «Le Sortilège», einer unverhüllt autobiographischen Novelle: «Meine Tante war hübsch, hatte eine zarte Haut und eine schlanke Taille und nicht mehr Verstand als eine Blume.»[47] Doch Iona hatte so viel Geld ausgegeben, um Anna vor ein Klavier zu setzen, dass er, als Victoria es ihr nachtun wollte, ihr antwortete: «Wir haben schon zu viel für deine Schwester aufgewendet. Du kannst deinen Mann bitten, dir Klavierstunden zu bezahlen, sobald du verheiratet bist.»

Victoria heiratete also sehr jung und sehr schlecht einen älteren

Mann. Anna beklagte sich nicht darüber: Es war ihr lästig, mit ihrer Schwester und ihren Eltern die große Wohnung zu teilen, die Leonid schließlich in der Puschkinstraße für sie gefunden hatte. Hätte es nur an ihr gelegen, so hätte sie ihren Mann davon abgebracht, Iona und Rosa aufzunehmen, die sie am liebsten allein in Odessa zurückgelassen hätte, wo alles den Juden jeglichen Standes das Ghetto in Erinnerung rief, in dem ihre Sippe wurzelte. In *Les Chiens et les Loups* wird Irène Némirovsky einen solchen Emporkömmling beschreiben, der «seine Ehre daransetzte, sich möglichst weit von denen zu entfernen, die man (und wie verächtlich!) die einfachen Juden, die armen Juden nannte»[48]. Victoria wiederum sollte ihren eigenen Kindern untersagen, Juden zu heiraten, um ihnen das Leben zu erleichtern. Und dennoch frequentierten die Nemirowskis kraft der Gewohnheit nur ihresgleichen – eine Heuchelei, über die Irène in *Le Bal* spotten wird, indem sie viele jüdische Namen – Nassan, Moissi, Birnbaum, Rothwan, Levinstein und andere Levy de Brunelleschi – auf die Einladungen setzt, die von den Kempfs, den Phantomen Annas und Leonids, verschickt wurden …

Schlamm und schwarze Schweine

In Odessa, als sie noch bei ihren Eltern lebte, hatte Anna um die Jahrhundertwende die Bekanntschaft von Leonid Nemirowski gemacht. Er hatte am 1. September 1868 in Jelisawetgrad das Licht der Welt erblickt, einer Provinzhauptstadt, die im 18. Jahrhundert als Bollwerk gegen den Ansturm der Türken und der Krimtataren gegründet worden war. Im Jahr davor war dort die Mutter einer anderen französischen Schriftstellerin geboren worden, jüdisch-russisch wie Irène Némirovsky: Nathalie Sarraute. 1885 wartete die Stadt mit den grünen Dächern, erst vor Kurzem elektrifiziert, auf ihren ersten Wasserturm. Jelisawetgrad, das waren noch «Schlamm und schwarze Schweine», niedrige Läden mit frostverbeulten Scheiben, eine «freie und elende Kindheit»[49], die Leonid heraufbeschwor, wenn er dazu aufgelegt war

41

oder wenn er sich, wie David Golder, nach hartem Brot sehnte: «Ein dunkles Stück Straße mit einem erleuchteten kleinen Laden (...), eine Kerze hinter einer eisverkrusteten Glasscheibe, Abend, fallender Schnee und er selbst ...»[50] Er lachte immer noch, wenn er Irotschka von dem Tag erzählte, an dem er, um ein brennendes Haus zu löschen, mit anderen Kindern hinaus auf die Straße gegangen war, um eine Kette zu bilden.

«Wir gossen das Wasser auf die Füße der Nachbarn, auf die Röcke der Frauen, dann auf uns selbst!»

Doch in Jelisawetgrad starb jedes zweite Kind vor der Pubertät. Die Juden machten ein Viertel der fünfzigtausend erfassten Einwohner aus. Keiner ging im Jahre 1860 aufs Gymnasium; zwanzig Jahre später waren sie von insgesamt hundertvierunddreißig Schülern hundertvier, Zeichen eines großen sozialen Aufstiegs. In den letzten Jahren des Jahrhunderts bildeten die Juden bereits ein Drittel der ukrainischen Bevölkerung. Häufig waren ihre Vorfahren keine Kinder Israels, sondern ferne Nachkommen der Khasaren, eines im 8. Jahrhundert zum Judentum übergetretenen türkischsprachigen Stamms. Weil die Khasaren Mischehen tolerierten, hatten sie in Südrussland eine außerordentliche Entfaltung des Judentums ermöglicht, und zwar eines mehr geistigen – und materiellen – als ethnischen Judentums.

Leonid Nemirowski gehörte wahrscheinlich nicht zu den glücklichen jüdischen Schülern von Jelisawetgrad. Noch als Kind verlor er seinen Vater, Boris, den Irina also nicht kennenlernte. Leonid erwähnte ihn übrigens nie, begnügte sich mit einem schamhaften: «Als ich zehn war, hat mich mein Vater rausgeworfen ...»[51] Er blieb allein mit seiner Mutter, Eudoxia, seinen Brüdern und seiner Schwester Anna Borisowna. Sehr bald musste er arbeiten und für sie sorgen. Zuerst war er Laufbursche in einem Hotel, dann Lehrling in einer Fabrik in Lodz, in Polen, einem der wichtigsten Textilzentren Osteuropas, das für sein bedrucktes Tuch und sein elendes Ghetto berühmt war.[52] Eines Nachts brach in der Fabrik Feuer aus. Er versuchte nicht, den Brand einzudämmen, da er erraten hatte, dass «das Feuer gelegt worden war, um die Versicherungssumme einzustreichen». Mit zwanzig hatte dieser durchtriebene Junge schon alle Berufe ausgeübt, war durch Moskau gestreunt und hatte Russland bis zum Pazifik durchquert, wobei er sich mit viel Schnaps kurierte. Von diesen Jahren des Fiebers hatte er ein Loch in der Lunge davongetragen, das später seinen Untergang verursachen sollte. In Irinas Augen verkörperte ihr Vater stets die Kühnheit, in ihren Augen charakteristisch für den jüdischen Geist, mit dem er das Schicksal unter seinen Stolz zwang, wenn andere dem Zufall, dem Genuss oder dem Verhängnis nachgaben. Für einige Autoren ist dieses erobernde Temperament das Erbe der «Juden aus der Steppe», der Nachfahren der fernen Khasaren, die den Riten untreu sind – das Merkmal eines Trotzki oder eines David Golder; während die Karikatur des Ghettojuden, der sich unter dem jahrhundertelangen Joch krümmt, jedoch Gott für sein Unglück dankt – diese «resignierte Mittelmäßigkeit»[53], wie Irène Némirovsky sie 1927 nennt –, ein älteres, von zwanzig Jahren Verfolgung geformtes Modell ist.[54]

Ein namenloser kleiner Jude

Was nur mochte dieser Leonid Nemirowski mit seiner niederen Herkunft von der distinguierten Anna Margulis wollen, die von ihren Eltern in der Verehrung der in Odessa noch so prägnanten französischen Kultur erzogen worden war? Er sprach nur Russisch und Jiddisch. Mit einem Wort, er war ein «ungehobelter Mensch»[55], der sein Glück nicht verdiente. Er stammte nicht aus «guter Familie», sondern aus einer jener Sippen ohne erkennbare Wurzeln, «die verschlungen, launenhaft in die Höhe wachsen wie bestimmte Wasserpflanzen», bis sie «die grüne, dicke und schlammige Oberfläche des Teichs durchstoßen». Wenigstens war er emporgekommen. Er hatte gerade die Geschäftsführung einer Kattunfabrik übernommen, an deren grelle Muster sich Irotschka noch lange erinnern sollte. Ebenso bewahrte sie die Erinnerung an eine Fabrik in Schlüsselburg, im Osten von Sankt

Petersburg, sowie an eine Teerfabrik mit «niedrigen, dunklen Räumen und einem Boden aus gestampfter Erde», deren Arbeiter in ihren Kinderaugen nur «wesenlose Schatten ohne Stimme» waren.

Leonids Wagemut, sein «Ausdruck von Kraft und Feuer» verfehlten nicht, Anna neugierig zu machen. «Er hatte plötzlich genügend Geld verdient, und man bot ihm eine gute und sichere Stelle an. Er hatte das junge Mädchen gesehen, hatte es schön gefunden, hatte bei einem Trinkgelage eine Wette abgeschlossen, hatte es geheiratet und damit, ohne es zu wissen, das Unglück eines ganzen Lebens verursacht.» In Ermangelung eines russischen Aristokraten hätten sich die Margulis für ihre Tochter doch eine weniger fragwürdige Partie gewünscht. Aber Anna hatte bereits eine recht pragmatische Vorstellung von einer «guten Familie»: «Wenn drei Generationen hindurch niemand gestohlen hat oder im Gefängnis gewesen ist, und wenn man lesen und schreiben konnte.» Und vor allem Geld nach Hause bringen konnte. Doch ungeachtet seines unleugbaren Erfolgs sollte Leonid in den bürgerlichen Kreisen von Kiew immer fehl am Platz sein. Wenn Anna den «alten glanzlosen Wasserkessel» betrachtete, mit dem sie vorliebnahm, konnte sie nicht umhin, ihn mit den silbernen Service ihrer Bekannten zu vergleichen. «Sind sie reicher oder weniger reich, mehr oder weniger angesehen? ... Ein einziges, aber sehr lebhaftes Gefühl. Sie sind anders, sie sind etwas Besonderes und seltsamerweise ein wenig am Rande.»

Um 1902 steckte Leonid also einen dicken Ehering an ihren Finger. Victoria, die die Manöver des Bewerbers bei ihrer älteren Schwester ausspioniert hatte, war ihre Brautjungfer. Leonid erklomm eine neue Stufe. Anna war nach seinem Geschmack, robust und drall. Doch in den Stolz, sein Schicksal zu schmieden, sollte sich die Kränkung mischen, von Annas Eltern, dann von ihr selbst nur geduldet zu sein. Wegen seines tabakfarbenen Teints hatte man ihm den Spitznamen «der Araber» gegeben, wie Puschkin, der abessinisches Blut besaß. Irène wird den dunklen Teint von ihm erben. An ihrem rechten Handgelenk wird ein bräunlicher Fleck wie ein Stempel sie immer daran erinnern, dass sie von ihrer Mutter zwar einen verderblichen Anflug von Snobismus hatte, ihrem Vater jedoch, diesem «namenlosen kleinen Juden», ihre Hartnäckigkeit, ihren großen Stolz, ihren Witz und vor allem ihre rätselhafte Fähigkeit zum Erfolg verdankte.

Nach und nach wurde Leonid, der mit Aktien jonglierte, reich. Er besaß eine Zündholzfabrik im Baltikum, neben dem Gouvernement Nowgorod eines der ersten Zentren für phosphorfreie Zündhölzer.[56] Die Zeit war für Unternehmer günstig, seit Sergei Witte, von 1894 bis 1902 Finanzminister, das Reich für ausländisches Kapital geöffnet hatte. Innerhalb von zehn Jahren erlebte die Öl- und Stahlproduktion eine spektakuläre Expansion. Die Erweiterung des Bahnnetzes und die Transsibirische Eisenbahn machten den Fernen Osten zu einem neuen Amerika. Die Ukraine war ein Eldorado der Industrie geworden. Hier wurde die Hälfte des Roheisens und der Steinkohle ganz Russlands gefördert. Die Spekulation begünstigte die Entstehung eines blühenden Bürgertums, das sich auf die Gründung der konstitutionell-demokratischen Partei – oder «Kadetten» – stützte, loyal zu den neuen Institutionen stand, jedoch für liberale Reformen westlichen Typs eintrat. Wie in den revolutionären Parteien zählte man in den Reihen der Kadetten im Übrigen zahlreiche Juden, eine Folge des unveränderlichen Antisemitismus der Zaren. Und die reaktionären Orthodoxen sollten nicht versäumen, diese optische Täuschung anzuprangern.

Die Menschen sind Wölfe …

Der Liberalismus der Kadetten war in etwa die geistige Schule von Leonid Nemirowski, dessen einzige Beschäftigung darin bestand, ungehindert zu prosperieren und zwischen sich und seiner Kindheit einen goldenen Schutzwall zu errichten. Unter einem «schmalen amerikanischen Schnurrbart» à la Douglas Fairbanks begann er einen entmutigenden Schmollmund zu kultivieren. Wenn er große Geschäfte machte, dann nicht wegen des lockenden Gewinns, sondern aus der sehr früh erworbenen Gewohnheit, ums Überleben zu kämpfen, die Rechte, die ihm nicht gewährt wurden, zu kaufen und dem Wunsch, seiner Tochter die Kindheit zu bieten, die er nicht gehabt hatte.

«Ich hatte keine Zeit, mich zu vergnügen. Ich mußte arbeiten. Du weißt ja gar nicht, was das ist … Du hast alles. *Du bist ein glückliches Kind* … Du hast genug zu essen, im Winter hast du es warm … Du lernst, du wirst eine gebildete Frau sein …»

Und wenn er sich wenig um Annas Eskapaden scherte, so deshalb, weil es ihn nicht interessierte. Gewiss, «er verabscheute die Frauen nicht, aber er behandelte sie mit Verachtung. Das einzige, was ihm auf der Welt gefiel, war das Gold, die schreckliche Gier nach Gold verzehrte ihn». Neben dem französischen Vokabular der Mode war das Börsenkauderwelsch die erste Sprache, die Irène Némirovsky vernommen hat. Dieses Rumoren begleitete ihre Kindheit: «Nur Zahlen … Der Kurs des Zuckers und des Weizens … ‹Millionen, Millionen› … (…) ‹Zehn Millionen …› ‹Eine Million.› ‹Hundertfünfundzwanzigtausend Millionen› … dann zwei Wörter … ‹Wechsel› und ‹Millionen›. Bald herrschte das eine vor, bald das andere. Doch gewöhnlich begleiteten sie einander, wie ein Wechselgesang.»

Weil er arm gewesen war und alle seine Angehörigen ernährt hatte, sollte Leonid sogar für das Studium seiner Nichte Jekaterina und seines Neffen Grischa aufkommen. Er sollte den immer kostspieligeren Launen von Anna nachgeben und schließlich sogar ihre Liebhaber beherbergen und aushalten. Nachdem er sein Leben lang geschuftet hatte, welch anderer Daseinsgrund blieb ihm denn noch, als sich weiterhin bis zur Erschöpfung abzurackern, vorausgesetzt, man lebte auf seine Kosten? «Die einzige Pflicht, die er gegenüber Gott und den Menschen anerkannte, war diese. Die Seinen zu ernähren, die Kinder großzuziehen, die Greise zu unterstützen und denen, die ihrem Alter nach noch arbeiten konnten, Geld zu geben – mit Sarkasmus, Ironie, oft mit verletzenden Worten (…), jedoch immer zu geben, bis zum letzten Sou.» Aber er täuschte sich nicht über die Schmarotzer.

«Meine Tochter», wiederholte er täglich, «die Menschen sind Wölfe. Wenn du stark bist, haben sie Angst vor dir, sie schmeicheln dir, und sobald du am Boden liegst, fressen sie dich …»

Dabei war er ein fröhlicher junger Mann gewesen, voller Hoffnung und Kraft. «Manchmal sang er und zupfte dabei die Saiten der Gitarre, nur zum Spaß, denn er hatte keine andere musikalische Erziehung als die seines für die Harmonie empfänglichen Ohrs. Die Zigeunerlieder, die ukrainischen Weisen und vor allem die wunderbaren Melodien aus Moldawien.»

Das Gespenst des Ghettos

Nach Irinas Geburt hatte sich Leonids Situation verbessert. Er besaß Lagerhäuser in Odessa. Lange war die Stadt von den griechischen Reedern und dem Kornhandel beherrscht gewesen, einer Tätigkeit, die Annas Großeltern mütterlicherseits reich gemacht hatte. Um 1900 war der große Hafen der Ukraine, auf halbem Weg zwischen Athen und Sankt Petersburg von Katharina II. gegründet, ein südliches Babel von vierhunderttausend Seelen geworden, denn die Bevölkerung hatte sich innerhalb von zwanzig Jahren verdoppelt. Mühelos vermischten sich hier nicht nur alle Völker Südrusslands und des Mittelmeers, «Völker der Levante, die nach Knoblauch, nach Ebbe und Flut und nach den Gewürzen riechen, und die das Meer aus allen Ecken der Welt eingesammelt und hierhergespült hatte wie Schaum»[57], man konnte hier auch nahezu mit allem handeln, mit Weizen, Wolle, Kolonialwaren, Heringen, Nüssen und Wassermelonen, sogar mit den ersten zionistischen Flugblättern.

Die Juden von Odessa, fast ein Drittel der Stadt, lebten zum größten Teil im ihnen vorbehaltenen Viertel der Moldawanka. Sie sprachen Russisch, und der Schulbesuch ihrer Kinder war fünfmal höher als in Kiew. Doch seit 1870 hatte sich ihre Situation verschlechtert. Mit der Entwicklung der Eisenbahn bekam Odessas Hafentätigkeit Konkurrenz durch Rostow und Sewastopol. Die Rezession erfasste die Stadt, drängte die Arbeitslosen und die Neuankömmlinge in die Ghettos, während die reich gewordenen Kaufleute fürchteten, der jüdische Fluch könne sie treffen.

Denn es war nicht ausgeblieben, dass die Verfolgungen über diese etwas zu zahlreich gewordenen Juden hereinbrachen. Im Mai 1871 hatte ein erster Sturm des Hasses das Judenviertel verwüstet, wobei sechs Personen zu Tode kamen und Tausende Obdachlose auf der Straße landeten. Diese irrationalen Repressalien bezweckten, den Volkszorn auf Schreckgespenster zu lenken, und trugen den Namen *pogrom*, was «Plünderung» bedeutet. Regelmäßig entfesselte die Regierung den Sturm über dem Ghetto. Jeder Vorwand war gut: «der Friede, der Krieg, ein Sieg, eine Niederlage, die Geburt eines lange erwarteten Zarenerben, ein Attentat, ein Prozeß, revolutionäre Wirren oder ein großer Geldmangel ...»[58]. In diesem apokalyptischen Karneval wurde zu den schlimmsten Gräueltaten ermutigt, der Conquista würdig. Führen wir nur ein Zeugnis, das von Zangwill, zum Pogrom von Milowka an: «Ein mit einer scharfen Kelle skalpierter Greis; ein weißglühender Schürhaken, der einer Frau das Auge ausbrannte; ein vom Absatz eines echten Russen zertrampelter Kinderschädel.»[59]

Diese Metzeleien hatten sich noch verstärkt, nachdem Alexander II. am 1. März 1881 von den Kugeln eines Revolutionärs ermordet worden war. Zur Vergeltung musste das «Judengewurle» – wie man es damals nannte – von Jelisawetgrad, Odessa, Kischinjew und hundertsechzig anderen Ortschaften die schlimmsten Wahnsinnstaten über sich ergehen lassen. Es waren keine spontanen Aktionen: Meist wurden die «Aufrührer» von Emissären der Regierung angeführt, indes die Feuerwehr während der Dauer der «Wirren», als welche sie der zaristischen Macht schamhaft zur Kenntnis gebracht wurden, in den Kasernen blieb. Häufig genügte es, ein Gerücht zu verbreiten, um Lösegelder einzuheimsen und Großmut zu heucheln. Doch in regelmäßigen Abständen musste man der Drohung einfach Taten folgen lassen. Alles in allem waren die Pogrome eine völlig absurde Regierungsmethode, der letzte Ausdruck eines zurückgebliebenen Staates.

Innerhalb von dreißig Jahren ruinierte diese Plage Odessa, die erste jüdische Stadt Russlands, indem es Unsicherheit schuf und die Juden ins Exil trieb. Es ist kaum eine Karikatur, wenn Irène Némirovsky, als sie 1927 an die in ihrer Kindheit erblickten Kinder des Ghettos erinnert: «Sie wurden auf der Straße groß; sie bettelten, sie zankten sich, beschimpften die Passanten, wälzten sich halbnackt im Schlamm, ernährten sich von Küchenabfällen, stahlen, bewarfen die Hunde mit Steinen, prügelten sich, erfüllten die Straße mit einem Höllenlärm, der sich nie legte, (…) sie verkauften gestohlene Wassermelonen, baten um Almosen und gediehen wie die Ratten, die rings um alte Schiffe auf dem Strand herumliefen.»[60] Der Vergleich scheint infam zu sein; genau denselben verwendet Isaak Babel im selben Jahr, 1927, um die von Ratten heimgesuchte Synagoge der Fuhrleute zu zeigen.[61] Außerdem ist es ein Anklang an Gogol, der in *Taras Bulba* das «Judengewurle» von Warschau in fast identischen Worten beschrieben hat.[62]

Im Jahr 1910 hatte eine Choleraepidemie die Moldawanka dezimiert. In Odessa übertraf die Realität wahrhaftig jede Karikatur. In *David Golder* wird Irène Némirovsky in derselben Weise das jüdische Viertel des Marais in Paris beschreiben, mit seinem «Geruch nach Staub, Fisch und verfaultem Stroh, der aus den schwarzen kleinen Ladenlokalen drang»[63]. Der Erste, der diesen Weg vorzeichnete, war Israël Zangwill, Sohn eines lettischen Einwanderers, der 1892 ohne Verachtung und ohne falschen Stolz das Ghetto von Whitechapel im Londoner East End beschrieb, seine «schmutzigen Männer», seine «ungewaschenen Frauen», seine Kinder, «die in den Gossen oder den Gäßchen (…) im Schlamm und in den Abfällen herumkrochen», ein ganzes «Volk halber Barbaren», das das seine war. «Noch nie sind die Juden so schlecht behandelt worden wie von diesem Juden», schreibt André Spire über ihn. «Und dennoch gleicht nichts weniger als sein Werk dem der professionellen Antisemiten.»[64] Ebenso wird sich Irène Némirovsky schon in ihren ersten Schriften jede Bemitleidung versagen, ohne indes die Augen abzuwenden von dem, was Spire «das ernste Gesicht des Ghettos» nennt. Es war auch das Bemühen der «aufgeklärten» jiddischen Schriftsteller – Sforim, Peretz, Alejchem –, keinerlei Nostalgie nach dem *shtetl* und den Orten des jüdischen Elends an den Tag zu legen, auf die Gefahr hin, sie schwarzzumalen.

Unter diesen Umständen versteht man, dass die Margulis beunruhigt waren, als sich ihrer Tochter Anna ein Waisenknabe ohne Vergangenheit näherte, ein Lasttier, das seine Gesundheit mit suspekten Arbeiten von Lodz bis Wladiwostok ruiniert hatte. Sogar sein Name, Nemirowski, derjenige, «der den Frieden nicht kennt», fasste Jahrhunderte Verunglimpfungen zusammen, die sich auf den Juden Russlands türmten. Nemirow, eine alte Festungsstadt in Podolien, war lange stolz auf die Gelehrsamkeit ihrer Rabbiner gewesen. Das war vor dem 10. Juni 1648, als der Hetman Chmielnicki, Anführer der Saporoger Kosaken, denen die polnischen Fürsten in der Ukraine relative Autonomie zugestanden hatten, dreihundert seiner Banditen, die als Köder polnische Fahnen schwangen, den Befehl gab, unter Mitwirkung der Griechen der Stadt die sechstausend Juden von Nemirow einen nach dem anderen abzuschlachten, Männer, Frauen und Kinder. Viele der Unglücklichen wurden in den Dnjepr geworfen; es überlebten nur diejenigen, die konvertieren wollten. Die Synagoge wurde in Brand gesteckt, die heiligen Bücher zertrampelt oder zerschnitten, um als Sandalen zu dienen. Die Kosaken behaupteten, sich damit von dem Pachtzins zu befreien, der den Juden von den polnischen Grundherrn gewährt wurde, die sie zynischerweise beauftragt hatten, Gebühren zu erheben, einschließlich auf Eheschließungen und Taufen, und ihnen dazu die Schlüssel der Kirchen ausgehändigt hatten – obwohl diese von Sholem Asch in seiner Romanchronik des Falls von Nemirow kolportierte Legende auf keinerlei historischem Dokument beruht. Die Erinnerung an das Pogrom von Nemirow, das schrecklichste jener Zeit, bleibt dennoch so lebendig, dass die Juden Polens seiner noch immer mit einem Fastentag am 20. des Monats Siwan gedenken.[65]

Das Gesindel

Vom Ghetto machte sich Anna eine ekelerregende Vorstellung: Dreck, Elend und Laster, in einem klebrigen und dichten jiddischen Stimmengewirr. Leonid würde nie genug verdienen, um dieses Gespenst zu verscheuchen. Als Reaktion darauf kultivierte sie ein bis zur Neurose gesteigertes Reinheitsideal, von der eine Form der Geiz war – im Haus sparte Anna an der Butter und am Zucker –, eine andere die krankhafte Eitelkeit und die Vorliebe für makellose Kleidung. Nicht altern, um nicht hässlich zu werden. Ihr Gesicht war immer eingecremt, ihr schwarzes Haar glänzend gebürstet, ihre Brauen nachgezogen. «Ich erinnere mich sehr gut an das Bild meiner Mutter», schreibt Irène Némirovsky 1934. «Seltsam, daß ich dieses Wort bis jetzt nicht ohne Haß schreiben kann.» So wie Benja in den *Geschichten aus Odessa* von Isaak Babel dachte Anna sicherlich: «War es denn seitens Gottes kein Fehler, Juden in Rußland anzusiedeln, damit sie dort wie in der Hölle leiden? Wäre es nicht besser gewesen, diese Juden lebten in der Schweiz, umgeben von erstrangigen Seen, von Bergluft und lauter Franzosen?»[66] Sie sollte immer mehr Schmuck brauchen, um die Zwangsvorstellung der «Rasse» zu überwinden. «Denn», erklärte sie Irotschka, «wenn Papa aufhören würde zu arbeiten, wenn er keine Geschäfte mehr machte, dann würden wir alle wieder zu kleinen Provinzjuden, wer weiß? Vielleicht so wie die Juden des Podol.» Das war die große Angst der russifizierten Juden, ob sie nun aus Kiew oder aus Sankt Petersburg stammten.[67]

Der Podol, am Ufer des Flusses gelegen, stellte das historische Herz der ukrainischen Hauptstadt dar. Seitdem war es das Viertel der Juden geworden, die von den Anhöhen Kiews verbannt wurden, da diese den Aristokraten und hohen Beamten vorbehalten waren sowie den durch Verdienste, Schlauheit oder mit Hilfe der Brieftasche arrivierten Juden: das Wohnviertel der Nemirowskis. Im Podol konnte man das Hämmern der Schuhmacher hören, die Räder der das Mehl ausfahrenden Karren, die Rufe der Straßenhändler und das Geschrei der nachlässig gekleideten Jungen mit Schirmmütze und Schläfenlocken, bewaffnet mit Steinschleudern, die unter den Wäschegirlanden durch die holprigen Straßen rannten. «Seltsame Bilder … Diese ekelerregende Straße und diese herumrennenden braungebrannten Kinder in schmutzigem Hemd, das ihnen aus dem Hosenschlitz hing …» Während Leonid und Anna seit Langem vergessen hatten, den rituellen Verpflichtungen nachzukommen – weil ihnen dafür die Zeit gefehlt hatte, weil sie Besseres zu tun hatten –, traf man im Podol gläubige Juden mit Pelzmütze und langem Überrock, die streng an ihren Bräuchen festhielten; der jüdische Glaube «war so stark in ihnen verwurzelt, daß es ebenso unmöglich zu sein schien, ihn abzulegen, wie ohne sein Herz im Leib zu leben»[68]. In *Les Chiens et les Loups* wird Irène Némirovsky sie so zeigen, wie die «reichen Israeliten» der oberen Stadt sie sahen, anders gesagt, wie Anna sie sah: Es war «das Gesindel, die Juden, mit denen man nicht verkehrte, die kleinen Handwerker, die Mieter schäbiger kleiner Läden, die Landstreicher, eine Horde Kinder, die sich im Schlamm wälzte …»[69]. Unberührbare.

Bei ihrer Beschreibung des jüdischen Kiews ihrer Kindheit hat Irène Némirovsky das vertikale Drama erkannt, das sich zwischen den Ausgeschlossenen und den Erwählten abspielte, wobei Letztere durch einen unangenehmen Instinkt der Blutsverwandtschaft mit Ersteren verbunden waren. «Vielleicht», so schreibt sie, «betrachteten sie die Wirren und den Schrecken des Ghettos wie im Theater mit jenem oberflächlichen leichten Schauder, der den Zuschauer eines Dramas ergreift, jedoch alsbald einem behaglichen Gefühl der Sicherheit weicht: ‹Mir wird so etwas niemals passieren. Niemals.› Sie würden nicht hinuntergehen.»[70]

Leider brauchte niemand zum Podol hinunterzugehen: Bisweilen kam es vor, dass er sich selbst ins Herz der Stadt einlud, in einem Strudel aus Blut und Feuer. Irotschka konnte sich nur erinnern, dass das Pogrom im Oktober 1905 seine Dämme durchbrach und bis in die Straßen des Petschersk flutete. Seine Gewalt war so groß, dass sie Scholem Alejchem, den «jüdischen Mark Twain», zwang, den Weg ins Exil einzuschlagen. Was war bloß geschehen, das ihm das Leben in Yehupets – das heißt in Kiew – unmöglich machte? Nach der militärischen Niederlage Russlands gegen Japan im Jahr 1905 (die zwei Nemirowskis mit ihrem Leben bezahlt hatten) konnte nur ein Schleier jüdischen Bluts den Zerfall des Zarismus, die Unfähigkeit seiner Generäle und die Korruption kaschieren, die den Staat zerfraß. Denn diesmal nahm die Unzufriedenheit des Volkes die Form eines Aufstands an. Von Odessa aus breitete sich der Generalstreik auf alle Städte des Reichs aus. In Sankt Petersburg musste sich die gute Gesellschaft in den Cafés selbst bedienen und eigenhändig die Post verteilen. In Kiew eröffnete das Bataillon der Pioniere unter den Kugeln der Kosaken das Feuer auf die Kasernen und den Palast des Gouverneurs, bevor es sich in den Sümpfen und Wäldern zerstreute. Am 17. hatte die Ansteckung so weit um sich gegriffen, dass Nikolaus II. widerstrebend das Manifest veröffentlichen musste, das die Reichsduma einsetzte und seinen Untertanen Gleichheit und die bürgerlichen Freiheiten garantierte. Doch schon am nächsten Tag verwüsteten in Odessa unter dem Schutz der Polizei Lastträger und Docker methodisch die Moldawanka und steckten sie in Brand. Es war das siebte Pogrom seit 1821, aber es übertraf alle an Intensität: dreihundertzwei Tote, darunter ein Sechstel aus den Reihen der *Samooborona*, der jüdischen Selbstverteidigungsgruppe, in der sich die Pioniere des bewaffneten Zionismus auszeichneten. In Kischinjew, in Jekaterinoslaw und sämtlichen Städten der Ukraine und Russlands kamen innerhalb von weniger als acht Tagen achttausend Juden ums Leben.

Gott war fern …

In Kiew gab General Bessonow an diesem 18. Oktober nur eine Losung aus: «Ihr könnt zerstören, ihr sollt nicht plündern.» Es ging darum, zu zeigen, dass die antijüdische Wut nur von dem Willen beseelt war, die vom «jüdischen Gesindel» verbreitete Anarchie zu bekämpfen, so wie der Zar es in einem Brief vom 27. seiner Mutter erklären sollte:

«Das Volk hat sich über die Unverschämtheit und Vermessenheit der Revolutionäre und Sozialisten empört, und da neun Zehntel Juden sind, hat sich der ganze Haß gegen sie gerichtet – daher die jüdischen Pogrome.»[71] Aufgrund dieser politischen Pflicht wurden die Häuser des Podol eines nach dem andern, Straße für Straße, mit berechneter Grausamkeit verwüstet und ihre Bewohner der Willkür preisgegeben. Auch der Petschersk wurde nicht vergessen. «Die Straßen Kiews hallen wider von Wehklagen», berichtet ein Augenzeuge, «die Kosaken, die Hooligans erschlagen, schlachten unsere Brüder, und niemand ist da, um uns zu verteidigen.»[72] Da dieser Sturm der Apokalypse sich nicht darum scherte, ob diese Juden nun zur ersten oder zur zweiten Gilde gehörten oder ob sie ihr Wohnrecht zu Geld gemacht hatten, es fanden sich viele Kiewer, die ihre Nachbarn, um sie zu schützen, der Obhut der an den Fenstern ausgestellten Ikonen anvertrauten. In einem gestrichenen Kapitel von *Les Chiens et les Loups* stellte sich Irène Némirovsky vor, dass Ada, die ihr so stark ähnelnde Heldin, eine Woche lang bei einer orthodoxen Familie in einem verfallenen alten Haus Zuflucht findet, wo Geldsorgen unbekannt sind. «Bei ihnen traf man die traditionelle Haltung der guten russischen Gesellschaft an, die die Umstände in Verbindung mit den Juden brachten: ‹Alle Juden sind Schweinehunde, aber wir sind arme Sünder. Jeder hat seine Fehler, und Salomon Wronowitsch, mein Arzt, oder Arkadi Israelitsch, mein Geschäftsmann, sehen in keiner Weise einem Juden ähnlich.›» Irina Nemirowski selbst hatte diese Chance nicht: Es war Mascha, die Köchin, die ihr ein orthodoxes Kreuz um den Hals hängen und sie hinter einem Bett verstecken musste, damit das Schicksal sie verschonen möge.[73] Was es auch tat.

Damals war das kleine Mädchen Irène erst zweieinhalb Jahre alt und konnte nicht aufgrund eigener Erinnerung, sondern dank den späteren Erzählungen ihrer Eltern oder Großeltern die barbarische Jagd in *Les Chiens et les Loups* rekonstruieren. «Das da, das sind eingeschlagene Fensterscheiben. Hörst du die Splitter, die herabfallen? Und das da, das sind Steine, die gegen die Mauern, die Rolläden der Geschäfte fliegen.

Das da, das ist die Menge, die lacht. Und eine Frau schreit, als wollte man ihr den Bauch aufschlitzen. Warum? ...»[74]

Man schätzt die Zahl der zerstörten Gebäude auf vierzigtausend und die Zahl der russischen Juden, die in den zwölf Monaten Unterdrückung, die den Wirren von 1905 folgten, das Exil wählten, auf zweihunderttausend. In Kiew wurden innerhalb von vier Tagen im Oktober vom Gouverneur ungefähr achttausend Pässe ausgegeben. So konnten die Nemirowskis trotz Annas Bemühungen, ihr Heim zu «entjudifizieren», nicht vergessen, wer sie waren und dass sie in den Augen der fanatischen Popen und der skrupellosen Politiker immer Juden bleiben würden. Zumal der doktrinäre Antisemitismus, von dieser ersten revolutionären Züchtigung gestählt, nun eine unerhörte Radikalisierung erfuhr. Es entstanden mehrere Propaganda- und Erpressungsorganisationen: Die militantesten waren der Bund des Erzengels Michael des Abgeordneten Purischkewitsch sowie der Bund des russischen Volks des ehemaligen Kiewer Chefs des Geheimdiensts Peter Ratschkowski – bekannter unter dem Namen der Schwarzen Hundert –, dessen Ehrenmitglied der Zar persönlich war. Der Slogan dieser antijüdischen Templer, der durch Tausende Flugblätter im ganzen Imperium verbreitet wurde, lautete ohne jede Haarspalterei: «Lyncht die Juden, rettet Russland.»

Weit davon entfernt, Annas und Leonids jüdische Gefühle zu festigen, erstickte die antijüdische Bedrohung schließlich jede traditionelle und erst recht jede religiöse Äußerung. «Gott war fern.» Denn für sie wie für viele Juden, die im Begriff waren, sich zu assimilieren, sollte die Emanzipation nur möglich sein, wenn sie auf den Glauben verzichteten. «Deutlich herausstellen, daß die Religion in Hélènes Leben nicht existierte», notiert Irène Némirovsky am Rand von *Le Vin de solitude*. «Abgesehen von dem Abendgebet war die religiöse Seite des Lebens nicht vorhanden.» Jeden Abend erschien also Leonid im Zimmer seiner Tochter, kniete sich mit ihr auf den Teppich und sprach folgendes materialistisches Gebet: «Wir müssen Gott bitten, deinem Vater und deiner Mutter Gesundheit und das tägliche Brot zu geben ...»[75]

Mit gefalteten Händen beobachtete Irotschka die schwarzen Augen ihres Vaters. «Mein unglücklicher Papa … Der einzige, bei dem ich gespürt habe, daß ich von ihm abstamme, mein Blut, meine unruhige Seele, meine Stärke und meine Schwäche. Sein silberweißes Haar, ein wenig grünlich schimmernd wie ein Mondstrahl, das sogar in seiner Jugend etwas faltige, eingefallene Gesicht, durch die Anstrengung, das Nachdenken schon zerfurcht, die tiefliegenden, ich wollte sagen die brennenden Augen (…), dieser Glanz, dieses Feuer an Intelligenz und Leidenschaft läßt sich gar nicht beschreiben.» Diese Entschlossenheit war auch bitter nötig, um sich aus der Falle zu befreien, die ein im Sterben liegendes Regime den Juden gestellt hatte.

Der sonntägliche Müßiggang

Leonid und Anna waren also mitten ins Petschersk-Viertel gezogen, wohin ihnen bald auch Victoria, Iona und Rosa folgten. Mit einem vergoldeten Gitter bewehrt, ähnelte das in *Les Chiens et les Loups* beschriebene «mit Säulen geschmückte geräumige, vornehme Haus im Schatten der alten Lindenbäume»[76] ziemlich genau dem reich verzierten Gebäude in der Puschkinstraße 11[77], in dem die Nemirowskis um 1910 eine geräumige Wohnung bezogen, die freilich nicht eben luxuriös war, da dieser Aspekt Leonid nicht interessierte. Von dem mit Blumenkästen gesäumten Balkon aus, der so breit war, dass man hier das Abendessen einnehmen konnte, sah man über die Stadt und den Dnjepr bis zu den Hügeln.

In dem düsteren Esszimmer mit abgenutztem Parkett ließ Irotschka, ohne mit der Wimper zu zucken, die Vorhaltungen ihrer Mutter über sich ergehen, die es sich auf einem Sofa bequem machte, aus dessen aufgeplatztem Leder der Werg quoll. «Wie viele unter Tränen beendete Mahlzeiten, der salzige Geschmack der Tränen, die den Blick trübten und am Gesicht hinab in den Teller rannen, vermischte sich mit dem Geschmack des Fleisches …» In der Küche ließen sich Leonids Gäste nieder, um in der Wärme des Ofens Karten zu spielen. Hier schlief Mascha nachts hinter einem alten Wandschirm. Es war eine «sehr rechtschaffene Frau» mit nur einem Fehler, den niemand überprüft hatte: nämlich dass sie mit ihrem Sohn schlief. Irotschka wagte sich nur während des «sonntäglichen Müßiggangs» in ihren Bereich, zwischen all «die Fischschuppen, die dicken Bündel schwarzer Rettiche auf den Tischen und das Messer, das die Kerne aus den Wassermelonen pulte».

Die Puschkinstraße war wirklich eine «der reichsten und friedlichsten Straßen der Stadt»[78]. Der Lärm des Kreschtschatik-Boulevards ebbte langsam ab, je mehr man sich nach Süden entfernte. Weiter unten nahm er wieder zu, in der ehemaligen Straße der Kadetten, die 1869 zu Ehren eines Gouverneurs in Funduklejew-Straße umbenannt wurde und als erste in Russland den Namen Lenins erhielt. Es war die Straße der Studenten, die das Viertel «Kleine Schweiz» nannten, wegen der Mietbungalows im Grünen, im Westen, in der Nähe der anatomischen Fakultät. Auf dem parallelen Bibikowski-Boulevard, entlang des Botanischen Gartens, reihten sich die Alexandrowski-Gymnasien. Sonntags trafen die jungen Mädchen «mit flachem Strohhut, die Schürze über der keimenden Brust gespannt, mit über den Hüften sich bauschendem Kleid» am Musikpavillon die «Knaben in hellen Kitteln, den mit dem Zarenadler geprägten Gürtel um die Taille geschlungen und das Käppi mit siegesgewisser Miene in den Nacken geschoben»[79].

An der Kreuzung der Puschkinstraße erhob sich das Bergonier-Theater, nach seinem französischen Architekten benannt, wo man seit Kurzem den ersten «Illusions»-Vorführungen beiwohnte, kleinen Lumière-Filmen, die auf eine aufgespannte Leinwand projiziert wurden. Nicht weit von hier die Terrasse des Café François, wohin Iona, eine französische Zeitung entfaltend, Irotschka mitnahm, um, in Erinnerung an Tortoni auf dem Boulevard des Italiens, Eis zu essen. Dabei lauschten sie dem *Scharmanschtschik*, der, einen Papagei auf der Schulter, die Kurbel seiner Drehorgel betätigte, oder dem von einem barfüßigen Jungen geführten blinden Lautenspieler, der alte ukrainische Sagen verbreitete, übertönt vom Quietschen einer klapprigen

Straßenbahn. Ein kahler Zahnstocherverkäufer beschwatzte die Kunden. Doch die bekannteste Bettlerin war eine zahnlose italienische Akkordeonspielerin, die für ein paar Münzen die *Marseillaise* spielte.

Leonid beugte sich bei sich zu Hause gern der von seiner Frau aufgenötigten französischen Etikette. Wenn zu Ostern Iona das Verlangen nach einem gefüllten Hecht überkam, musste er Leonid in ein jüdisches Restaurant schleppen, da Anna diesen Geruch nicht tolerierte. Tagsüber jedoch fand man Leonid meist an einem Marmortisch bei Semadani sitzen, einer Teestube auf dem Kreschtschatik, die damals in Mode war und in der sich die Geschäftsleute lieber als in der Handelsbörse trafen, um über Geld zu reden.

Dies war die tägliche Umgebung von Irène Némirovsky während der ersten zehn Jahre ihres Lebens. Sie wurde nicht wie ihre Mutter und ihre junge Tante im Gymnasium erzogen. Anna lag zu sehr daran, ein vorbildliches kleines Mädchen aus ihr zu machen, als dass sie ihr Schulkameradinnen gestattet hätte. Schon in zartestem Alter erlebte Irotschka «langweilige Unterrichtsstunden, die Tyrannei der Lehrerin, die einen ebensowenig aus den Augen läßt wie ein Kerkermeister, eine Gefängnisdisziplin, die täglichen Schulaufgaben, die man am Ende hätte mögen können, die einem aber wegen des törichten Zwangs verhaßt geworden waren»[80]. In ihrem Zimmer, allein mit ihren großen Büchern «voller Schatten», schuf sie sich «einen Gebirgspaß zwischen Felsgeröll, wo die Armee sich verkroch»; dort sagte sie aus dem Gedächtnis «Sätze aus dem *Mémorial de Sainte-Hélène* auf, ihrem Lieblingsbuch, das sie auswendig kannte»[81]. Sie spielte *Krieg und Frieden* in Miniatur nach, bekriegte den sonntäglichen Feind an der Spitze einer französischen Armee, ein Werk – die Große Armee Napoleons – das sie, vielleicht im Gedanken an das «Leben der Kaiserin Joséphine», eines Tages in Angriff nehmen würde ...[82]

Sprach sie mit vier Jahren wirklich Russisch, Deutsch, Englisch und Französisch, und schrieb sie diese Sprachen mit fünf Jahren?[83] Eines steht fest: Das Französische war ihre bevorzugte Sprache, denn es war diejenige von Zézelle und, ihrem Großvater zufolge, die Sprache des verlorenen Paradieses. «Ich habe französisch gesprochen, noch bevor ich russisch sprach», sagte sie 1940. «(…) Ich denke und träume sogar französisch. Das alles hat sich so sehr mit dem vermischt, was von meiner Rasse und meinem Land in mir geblieben ist, daß ich beim besten Willen nicht erkennen kann, wo das eine endet und das andere anfängt.»[84]

Ein Vogel, der aus Frankreich kommt

Anna hatte ihren Anteil an dieser Neigung. Weil sie sowohl auf die mondäne Welt als auch auf die französische Kultur versessen war, sah man sie im Bergonier-Theater den letzten Schöpfungen von Edmond Rostand applaudieren. Seit der Pariser Weltausstellung von 1900 verehrte Iona Sarah Bernhardt, die er in der aufreibenden Rolle des Aiglon[85] im Théâtre de la Renaissance gesehen hatte. Bei ihrem ersten Besuch in der ukrainischen Hauptstadt im Jahr 1882 musste die Tragödin von berittenen Kosaken bis zu ihrem Hotel begleitet werden, um sich durch die auf ihrem Weg versammelte Menschenmenge einen Weg zu bahnen; dieser schwärmerische Empfang ersparte ihr dennoch nicht einige Hohnreden – weil das Publikum, anders als die amerikanischen Massen, so perfekt Französisch sprach, dass es sich für befähigt hielt, die Truppe zu rügen.[86] In Odessa hatte man sie mit Steinen empfangen, damit niemandem ihre jüdische Herkunft unbekannt blieb.[87] Inzwischen erzog Anna ihre Tochter in der Verehrung des französischen Verses. Sie ließ ihr Unterricht in Musik und Deklamation erteilen, in der eitlen Hoffnung, sie eines Tages die Bretter betreten zu sehen.

Die Familienlegende behauptet, 1911 habe Sarah Bernhardt während ihrer neuerlichen Tournee durch Russland Irotschka persönlich angehört. Doch wenn das Mädchen Verse von Rostand recht gut deklamierte, dann geschah es in Wirklichkeit beim jährlichen Benefizfest im Home français, in Anwesenheit von General Suchomlinow.[88] Der Militärgouverneur von Kiew, Wolyne und Podolien, seit 1905 sozusagen der «unangefochtene König des Landes», war von allen Juden der Stadt gefürchtet, da er unumschränkte Macht über sie hatte. Angetan mit einer Kopie des weißen Gewandes mit dem schwarzen Kragen, das von dem blutjungen Paul Poiret für Sarah Bernhardt kreiert worden war, deklamierte Irina vor diesem Helden des Kriegs gegen die Türken die Tirade des Herzogs von Reichstadt. Sie setzte seinen «Traum von Blut und Ruhm» allein in ihrem Zimmer fort, wobei sie ihre Holzsoldaten zwischen den zu einer Festung aufgetürmten Bänden manövrierte:

> *Oui. Chaque jour, un livre.*
> *Dans mon chambre, le soir, je lisais: j'étais ivre …*[89]

«Damals war ich acht Jahre alt», wird sie später erklären, «ich war vernarrt in Edmond Rostand. (…) Nach der Vorstellung wollte mich der Generalgouverneur, der ihr beiwohnte, beglückwünschen und mich sehen. Ich war sehr aufgeregt, vor diesem Menschen zu stehen, der für uns Terror, Tyrannei und Blutgier symbolisierte. Zu meiner großen Überraschung sah ich einen charmanten Mann, der meinem Großvater ähnelte und überaus sanfte Augen hatte. Er fragte mich, wie es komme, daß eine kleine Russin so gut Französisch spreche; ich erklärte ihm, daß ich mit meinen Eltern jedes Jahr nach Frankreich führe. Da sagte er mir wörtlich: ‹Ah, mein kleines Kind, wie sehr ich euch beneide, und wie gern würde ich dorthin zurückkehren und dort friedlich mein ganzes Leben verbringen.›»[90]

Andere nicht nach ihrem Aussehen beurteilen: Die Schriftstellerin wird die Lektion behalten und sich von dieser Erinnerung für die Szene des großen Laienspiels der Alliance Française in *Les Chiens et les Loups* inspirieren lassen: «Die Mütter hatten starke Nacken, dicke schwarze Haarknoten und an den Ohren Diamanten, die je nach dem Rang und dem gesellschaftlichen Erfolg des Ehemanns mehr oder weniger weiß waren. Unter der Stellung eines Bankiers hätte ein Perlenhalsband als impertinent gegolten, Diamanten dagegen waren ab der untersten Kategorie zugelassen – jener, zu der die Händler der zweiten Gilde gehörten.»[91] An jenem Abend sangen fünfundzwanzig kleine Mädchen im Chor auf der Bühne das Lied von Soubise und Boissière:

> *Sentinelles, ne tirez pas,*
> *C'est un oiseau qui vient de Fra-a-nce!*[92]

Da fühlte sich Irotschka, wahrscheinlich zum ersten Mal, unter den blau-weiß-roten Girlanden und Fähnchen mit vollem Recht als Französin, dem Recht, das die Liebe zu einer Sprache und einer Kultur verleiht. Und wieder zu Hause: «Bitte, singen Sie, Mademoiselle Rose. Singen Sie die *Marseillaise*. Sie wissen doch? Der Refrain der Kinder: ‹Wir werden des Lebens Weg weiter beschreiten ...› Oh, wie gern wäre ich Französin!» – «Du hast recht», stimmte Zézelle nostalgisch zu. «Es ist das schönste Land der Welt ...»[93]

2

Eine vage und mörderische Hoffnung

(1912–1917)

> «Noch immer ergoß hier der Kanal in die Newa sein
> Cholera-Wasser; und krümmte dasselbe Brückchen
> sich hinüber; noch immer lief hinaus auf das Brück-
> chen allnächtlich ein weiblicher Schatten, um – sich
> in den Fluß hinabzustürzen? ... Der Schatten Lisas?
> Nein, nicht Lisas, einfach nur einer Petersburgerin;
> die Petersburgerin lief bis hier und stürzte sich nicht
> in die Newa; den Kanal überquerend, floh sie eilig
> von einem gelben Haus am Gagarin-Ufer ...»
>
> Andrej Belyj, *Petersburg*

Um 1912 trugen Leonids Tätigkeit und sein Geschick für die «*combinazione*» Früchte. «Von einer Art langem und wirrem Ehrgeiz zerfressen», sollte er seine Visitenkarte bald schmücken können mit den
schmeichelhaften Titeln eines Ratspräsidenten der Handelsbank von
Woronej und Aufsichtsrats der Union-Bank von Moskau, die Filialen
in ganz Russland hatte. Er begann Geld zu machen wie eine Gold-
mine, zuerst aus Existenzgründen, dann aus Gewohnheit, schließlich aus Neigung. «Spielt man denn, um zu gewinnen?»[1] Doch die
Quelle seines Reichtums und die Art seiner Geschäfte blieben für sie
«einigermaßen verworren».[2] «Er hatte eine Stelle als Goldminenver-
walter in Sibirien gefunden, in der asiatischen Taiga»[3], heißt es in *Le
Vin de solitude*. Doch ging es vielleicht eher um den Handel mit dem
Holz von Irkutsk und Jenisseisk, die damals in voller Entfaltung waren,

und um dessen Export nach Europa. Wir wissen nicht, ob dieses Exil eine Wette oder im Gegenteil die Folge eines Rückschlags in seiner Karriere war. Für Irina änderte sich allein der Ton der Gespräche, ebenso rätselhaft wie das Jiddische, das er manchmal benutzte, um nur von den Erwachsenen verstanden zu werden: «Kupfer, Silberminen, Goldminen ... Phosphate ... Millionen, Millionen, Millionen ...»[4], alles ohne jede Leidenschaft ausgesprochen. «Diese ermattete Glut, diese feurige Nüchternheit, genau das muß man wiedergeben. Nur die materielle Seite des Lebens interessierte ihn.» So hatte Irina zu ihrem Geburtstag, wie zu Ostern und zu Weihnachten, das die Nemirowskis feierten, Schmuck bekommen, mit der Ermahnung: «Bewahre ihn gut auf, gib acht, daß du ihn beim Spielen nicht verlierst. Er ist erst vorige Woche gekauft worden und schon jetzt doppelt so viel wert.»

Eine lebende Geburtsurkunde

Sie ging auf ihr zehntes Lebensjahr zu. Ihr volles Haar wurde von einem Band zusammengehalten oder unter einen Hut gesteckt. Sie trug «ein weißes Kleid aus englischer Spitze mit drei Volants, verziert mit einem Moiré-Gürtel, zwei breiten zarten Schleifen, die mit Sicherheitsnadeln an ihrem Unterrock aus gestärktem Tarlatan befestigt waren»[5], und Lackschuhe. Sie lernte Klavierspielen, ohne es Anna in *Erotik* von Edvard Grieg gleichtun zu können. Und wie ihre Mutter sehnte sie sich nach Frankreich. «Dort geboren sein und aufwachsen ... in Paris zu Hause sein (...). Nicht fünf Tage im Eisenbahnwaggon fahren, um in ein barbarisches Land zurückzukehren, wo sie sich auch nicht ganz zu Hause fühlte (...), weil ihre Kleider nach Modellen aus Paris geschneidert waren ...»[6]

Während Anna ihre Nägel feilte, seufzte sie: «Manche Leute haben eben Glück. Die Porjes[7] haben drei Monate in Paris verbracht, welch glückliche Frau ...» Leonid schimpfte: «Nie bist du zufrieden, verdammt noch mal ... Das Geld, das Geld ... Sich wegen so was abzurackern ...» Die Großmutter, schmächtig und leicht hinkend, versuchte unbeholfen, ihre Tochter zu trösten: «Ich verstehe nicht, worüber du dich beklagst ... Du bist jung und schön ... Du hast deine Tochter ... Mich hast du immer getröstet.» Nie wird Irotschka das zerknirschte Lächeln ihrer kleinen *babuschka* vergessen, die überglücklich war, unter dem Dach der Familie geduldet zu sein, ebenso wenig wie ihre tränengeröteten Augen: «Immer hob sie die Hand an ihre flache Brust, als bräche ihr jedes Wort das Herz ...» Und was für Worte: «Das Kind! Ach ja, das Kind ... Nein, ich vergesse es nicht. Großer Gott, es besteht doch wirklich keine Gefahr, daß man sie vergessen könnte ... Darf ich denn nie an mich denken, an mich, nein? ...»

Rosa sah nicht, dass Irina, weit davon entfernt, ihre Mutter zärtlich zu stimmen, sie im Gegenteil älter machte, auch nicht, dass die Mutterschaft ihrem Traum von ewiger Verführung hinderlich war. Ganz offensichtlich war dieses Kind unerwünscht. In *David Golder* erwähnt sie später «die Angst, die furchtbare Angst, die sie [ihre Mutter] davor hatte, ein Kind zu bekommen»[8], aber auch den quälenden Zweifel an Leonids Vaterschaft. Da Irina stets zwischen ihr und ihren Phantasmen stand, war sie für Anna die Erinnerung an ihre Ehe, das Maß ihres Alters, eine «lebende Geburtsurkunde»[9]. Schlimmer noch, eine Rivalin: «Ich fragte mich nicht viel», bezeugt Irène Némirovsky 1934. «Aber heute ist mir klar, daß ich ihr auch einiges wegnahm, zuerst Geld, dann Aufmerksamkeit ...» Aus diesem Grund beharrte Anna darauf, ihre Tochter bis zur Volljährigkeit in Kleinmädchenröcke zu stecken. Hätte es Leonid nicht gegeben, dann wäre Irina ohne Weiteres in ein französisches Pensionat abgeschoben worden, wie es Nathalie Sarraute widerfuhr.

Eine erdrückende Traurigkeit

In Kiew wartete Irina im Sommer auf die Abenddämmerung, um im benachbarten Park zu spielen. Wenn sie zurückkam, fand sie «kalte Milch in einer alten, schartigen blauen Schale auf dem Toilettentisch»: unvergesslicher Duft. Oder sie nahm in Begleitung von Victoria die Straßenbahn, um die Datiews zu besuchen, Bekannte ihrer Eltern, in *Le Vin de solitude* Manassé genannt, die in einem Vorort voller Bäume eine Datscha aus Holz bewohnten, die in «Le Sortilège» genau beschrieben wird. Die Datiews waren Orthodoxe und von alter russischer Abstammung. «Noch nie hatte ich ein so altes Haus gesehen», schreibt Irène Nemirowski. «(...) Überall machten sich Unordnung, Verfall und Nachlässigkeit bemerkbar (...). Das Haus roch nach starkem Tabak, nassem Pelz und Pilzen, denn es war feucht.» Zu jeder Tageszeit in ihrem Zimmer essen, nach Mitternacht zu Bett gehen, mit bloßen Füßen auf dem Holzboden oder im Garten herumlaufen: zusammen mit Nina, dem jungen Mädchen des Hauses, genoss Irina, die manchmal für zwei oder drei Tage eingeladen war, bei den Datiews die volle Freiheit eines sorglosen Lebens nach russischer Art, zur großen Empörung von Zézelle: «Aber arbeiten sie denn nie?»[10]

In den Sommerferien entschied man sich für die Badeorte auf der Krim, dem bevorzugten Aufenthaltsort der Petersburger Bourgeoisie. Die Reise erschien länger als die nach Paris. «Zu jener Zeit gab es keine Bahnverbindung zwischen Simferopol und Jalta, unserem Nizza. Die Fahrt im Pferdewagen dauerte zwölf Stunden, und man übernachtete in Simferopol.»[11] Nach einigen Tagen begab man sich in den weniger belebten Kurort Aluschta im Süden der Halbinsel. Es war eine kleine felsige Bucht unterhalb schrundiger Hügel, gesäumt von weiß gekalkten niedrigen Häusern, wo es nichts anderes zu tun gab, als die nach Thuja duftende, salzhaltige Luft einzuatmen und den Flug der Fledermäuse zu enträtseln. Die Kieselsteine waren mit Wassermelonenschalen übersät, um die sich die Ratten stritten. Diese spärlichen Erinnerungen ans Schwarze Meer sollten sich 1940 für die Szenerie ihres

Buchs *La Vie de Tchekhov* als nützlich erweisen: «Es ist eine Mischung aus Riviera und Asien. (...) Das Obst ist herrlich, die Luft rein und leicht. Auf dem Wasser schimmern am Abend die Lichter der Schiffe. Die Krim ist unvergeßlich.»[12] Selbst hier erinnerte sie alles an Frankreich: die Konditorei Chez Florin in Jalta und jener atemberaubende Duft nach Côte d'Azur in der Luft, eine Mischung aus Jod, Oleander und Pinien, der von den Gipfeln herabwehte.

Doch wenn der Herbst gekommen war, musste man wieder nach Kiew zurückkehren, in «die Stille dieser verschlafenen, in der Tiefe Rußlands verlorenen Provinzstadt, (...) schwerfällig, unergründlich, von erdrückender Einsamkeit»[13]. In drei Monaten würde man schon um sechzehn Uhr die Straßenlaternen anzünden. Die Butiken würden «phantastisch und geheimnisvoll wirken, ein wenig erschreckend mit ihren wenigen kleinen Lampen, die unter dem Ladenschild baumelten»[14]. Irotschka würde das langweilige Ballett der behüteten Freizeit und der Privatstunden wiederfinden, das traurige Privileg eines reichen kleinen Mädchens. «Wenn ich meine Kindheit in Rußland während des Niedergangs des zaristischen Regimes betrachte, sehe ich eine Folge von Unterrichtsstunden und Lehrern. Nie war Zeit zum Träumen oder zum Entspannen. Keine frivolen Zerstreuungen. Sonntags eine Stunde Schlittschuhlaufen, das war alles. Ich glaube, daß von dieser recht traurigen Kindheit die pessimistische Färbung herrührt, die Ihnen in meinen Büchern aufgefallen ist.»[15]

Ein undeutlicher Schauder

Um sich abends zu zerstreuen, stets dieselben Spiele, Zeichnen oder Scherenschnitt, während sie Zézelle alte französische Lieder trällern hörte, «Malbrough s'en va-t-en guerre» oder «Plaisir d'amour». Sonntags entführten die begierig verschlungenen Bücher sie wieder nach Frankreich: kleine Bände von Stendhal, Balzac oder Maupassant, die man sich in der Buchhandlung Idzikowski besorgen konnte, an der

Ecke der Funduklejew-Straße; Bahnhofsromane, die ihr die Illusion gaben, ihre Mutter zu durchschauen; «Reiseberichte, ein paar libertine Erzähler des 18. Jahrhunderts und viele moderne Romane, sehr gute und sehr schlechte»[16], gierig unter der Nachtlampe gelesen, heimlich unter dem Kopfkissen oder im Schneidersitz auf dem Fußboden, eine Hand im Haar, im Schein eines Lichtstrahls, der durch die leicht geöffnete Küchentür fiel, beim Geräusch der Mäuse in den Zwischenwänden. Welche Dämonen befreite die Langeweile in ihrem einsamen Herzen? Welche Antworten, wahre oder falsche, fand sie in den Büchern auf ihre Rätsel? Und überhaupt, «wo nur mochte ihre Mutter mit so zerzaustem Haar und glänzenden Augen herkommen»[17]?

«Es stimmt, daß die übermäßige Lektüre zuweilen wie eine schwere Trunkenheit auf sie wirkte.»[18] Einmal fand sie beim Herumstöbern «einige erotische Bücher, die vermutlich nach der Hochzeitsreise ihrer Eltern dort hingeworfen worden waren». Vergilbt, aber unversehrt. Im Verlauf der Seiten zeigten sich vor ihren Augen Frauen im Korsett, halbnackte Männer, obszöne Paare mit chinesischem Schmuck. «Zwei auf einem Bett liegende Frauen mit ineinanderverschlungenen Armen küßten sich mitten auf den Mund.» Lauernd blätterte Irotschka die Seiten um, ohne Hast und ohne Scham. Auf die Neugier folgte die Belustigung: «Wie häßlich, wie komisch sie sind …» Dann der Widerwille beim Anblick eines Mädchens «mit den Socken und der Schürze einer Schülerin, langen nackten Beinen oberhalb der heruntergerollten Strümpfe, und vor ihr ein riesiger dickbäuchiger Mann in Unterhose». War das hier, diese «Bilder von trauriger, dumpfer Unzucht», der Unflat, den ihre Mutter Liebe nannte, dieser von den Frauen so heiß begehrte Schatz? «Die Liebe … Was für ein Schmutz.»

Dennoch wühlte ein «undeutlicher Schauder» ihre Eingeweide auf, «der Anflug eines unbestimmten, heftigen Lustgefühls, das sie jäh irritierte», da es sie zur Komplizin machte. «Sie ist eine Frau, sie ist für die Liebe geschaffen», sagte Anna zuweilen. Wenn das die Liebe war, dann wusste Irotschka genug darüber. Zu früh über das «schändliche Geheimnis» des Fleisches aufgeklärt, fühlte sie sich einer Erziehung des Herzens enthoben. Das sollte nicht ihr geringster Vorwurf gegen ihre Mutter sein – da diese sich, das stand außer Zweifel, zu diesen Maskeraden hergegeben hatte. Seitdem graute ihr vor den «schönen weißen, gepuderten Armen», den «untätigen weißen Händen», den «geschminkten Wangen»[19] von Anna, Deckmantel ihrer Verderbtheit. Umso mütterlicher erschien ihr die keusche Zézelle, und ihre «geölte, zerknitterte, zarte» Haut kam ihr sanfter vor als Annas «schneeiges Fleisch». Um vor ihrer Mutter zu verbergen, was sie erfahren hatte, willigte Irotschka ein, das kleine Mädchen zu spielen, verkniff sich die in den Büchern gelernten Begriffe der Erwachsenen und benutzte im Familienkreis nur kindliche Wörter. Daraufhin Anna: «Dieses Kind ist idiotisch ...»

Als zu ihrer freudigen Überraschung Leonid lange Monate aus der Wohnung verschwand, glaubte Anna den Zenit ihrer Weiblichkeit zu erreichen. Diese Frau, die nach Sinnenfreuden lechzte wie ihr Mann nach Gewinn, hielt sich nicht dafür geboren, «eine leidenschaftslose, zufriedene Bürgersfrau zwischen ihrem Gatten und ihrem Kind zu sein»[20]. Bis zum Frühjahr 1914 lebte sie fast ständig in Frankreich, zwischen Paris, Biarritz und Nizza, und glaubte, vor Irina das Geheimnis ihrer Jugend verbergen zu können. Diese zählte zwar nicht mit, aber jedes Mal war es ein «fetter Levantiner» oder ein «fetter, finsterer Armenier» mit «glattem blauem Haar, gebogener Nase, dicken Erdbeerlippen»[21] und den Manieren eines Erdnussverkäufers. Also all das, was Anna in Russland angeblich nicht duldete und was die Franzosen damals mit dem Namen «*métèques*», unliebsame Ausländer, bedachten. Doch wie konnte man Edelsteine, Gold oder Perlen ablehnen?

Wenigstens ersparte diese Lebensweise Irotschka alle häuslichen Szenen und Vorhaltungen, da Anna sich nicht mehr um sie kümmerte. Wenn sie sie morgens in der Allée des Acacias oder im Bois de Boulogne traf, entschied sich Irina, «ihre Mutter nicht zu sehen, wie sie mit ihrem Jackett aus Irland, ihrem getüpfelten Hutschleier, ihren über das tote Laub fegenden Röcken und, wie die Frauen von damals, mit Federn geschmückt wie ein ‹Leichenwagenpferd› ihrem neuen

Liebhaber entgegenging»[22]. Doch am Abend ersetzte sie in dem von Leonid gelernten Gebet von nun an den Namen «Mütterchen» durch den Namen von Zézelle, «in einer vagen, mörderischen Hoffnung»[23]. Zerstreut dachte sie manchmal an das ferne Sibirien, wo ihr Vater Gott weiß was im Schilde führte. Dann vergaß sie ihn. Sie schloss die Augen, um besser träumen und «in der Tiefe ihrer Seele jene Musik des Windes hören zu können, die sie später so sehr lieben sollte ... und die ihren Schlaf mit einer weiten, tiefen Dünung durchzog, sie wogend hinwegtrug, sie in ihren Falten begrub, sie beruhigte, in ihrem Herzen verharrte wie das silberne Zittern einer Flöte und sie in den Schlaf wiegte». Wie allein sie war!

Ein fader Geruch nach fauligem Wasser

Als Irina in irgendeinem französischen Hotel in ihrem Bett träumte, wusste sie nicht, dass sie den rötlich schimmernden Dnjepr, die Sorbets des Café François und das flammende Schwert Wladimirs nie wiedersehen würde. Eines Tages im März 1914 tauchte nach zwei Jahren Abwesenheit Leonid als gemachter Mann in Nizza wieder auf und verkündete, dass sie alle drei noch vor dem Herbst nach Sankt Petersburg umziehen werden, der Hauptstadt des Reichs, samt den Großeltern und den Domestiken. «Er war kräftiger, hatte einen gebräunten Teint und rote Lippen. (...) Wenn er lachte, erhellte sich sein Gesicht wie durch eine Art Geistesblitz und maliziöser Fröhlichkeit.»[24] Auf einem vermutlich damals in einem Palasthotel von Nizza aufgenommenen Foto sieht man Anna mit entblößten Armen, mehreren Ketten auf ihrer perlmuttweiß umspannten Brust, zusammengekniffenen Lippen, mondfahlem Teint und selbstgefälliger Miene, ein Glas Wein in der Hand. Leonid, im Smoking mit Revers aus Glanzseide, knipst gelangweilt eine Zigarre ab. Er scheint gleichgültig zu sein gegen den mondänen Tänzer mit falschem Kragen und schmalem Schnurrbart, der, alle Zähne zeigend, zweifellos seinen Fuß auf den von Anna setzt. Falls er am Ende seiner Geduld sein sollte, verbirgt er es gut. Und Irotschka? Im Hotel, mit ihrer Gouvernante, «im seelischen Zustand eines in der Gepäckaufbewahrungsstelle vergessenen Koffers …»[25]

Diesmal sollte Leonid sie nicht vergessen. Er war gerade in den Verwaltungsrat der Privat-Handels-Bank von Sankt Petersburg eingetreten. Beim Lesen der Adresse muss Anna ganz blass geworden sein: Newski-Prospekt Nr. 1. Dabei gehörte dieses Etablissement in keiner Weise zu den ersten Banken Russlands. Schon im Sommer nahm Fanny, von ihrer Eitelkeit besiegt, das Haus in Besitz, das Leonid auf dem Anglijskij-Prospekt erworben hatte, ein paar Wochen später gefolgt von Zézelle und Irina, die das Ende der Ferien – oder die Kriegserklärung – aus Frankreich vertrieb. Sie tauschten den mediterranen Sommer gegen den Herbst eines nordischen Florenz, das aufgrund der einstigen finnischen Sümpfe von innen her verschimmelte. Man hatte Dostojewskis Warnung nicht beachtet: «Es gibt kaum einen Ort, wo die menschliche Seele so düsteren und befremdlichen Eindrücken ausgesetzt ist.»[26] Irotschka wusste sofort, was sie zu erwarten hatte; ihr genügte es, sich auf ihren Geruchssinn zu verlassen: «Es war einer der dunkelsten, feuchtesten Tage einer tristen Saison, in der sich in dieser Klimazone kaum die Sonne zeigt. (…) Wie stark doch blies an jenem Tag der schneidende Nordwind, und welch fader Geruch nach fauligem Wasser stieg aus der Newa auf!»[27]

Seit der Niederschlagung der ersten Revolution und der Auflösung der Duma im Jahr 1906 war Russland schlicht und einfach wieder zu jenem «barbarischen Land» geworden, an das sich gewöhnen zu wollen sinnlos war, zumal wenn man wie Leonid ein geschäftlich erfolgreicher Jude war. Als 1911 in Kiew ein dreizehnjähriges Kind erstochen worden war, hatte man das Verbrechen sofort einem jüdischen Arbeiter angelastet, und die Anklage lautete, er habe rituell christliches Blut «verunglimpft», um es den österlichen *Matzen* beizumengen; dank der hartnäckigen Propaganda der Schwarzen Hundert fand der Prozess gegen Mendel Beiliss im Jahr 1912 ein nachhaltiges Echo.

In der Hauptstadt der Zaren waren die von den Juden geforderten Bürgschaften noch drakonischer als überall sonst. Hier konnte man den Mönch Iliodor den Kreuzzug gegen die *Jids* predigen hören. 1911 betrug der Anteil der jüdischen Kinder in den Primärschulen der Stadt nicht mehr als ein Prozent. Und dass man in den Straßen keine armen Juden sah, lag daran, wird Gorki später sagen, «dass die Polizei den Juden nicht erlauben würde zu betteln; außerdem beruht es, glaube ich, darauf, dass die liebreichen griechisch-orthodoxen Christen einem jüdischen Bettler statt eines Brotes einen Stein oder eine Schlange in die Hand drücken würden»[28].

Auch wenn die antisemitische Propaganda in Petersburg bösartiger war, so forderte sie doch weniger Opfer, denn es handelte sich vor allem um einen Exportartikel, der in den reaktionären Büros der Union des russischen Volks eigens für die «verjudeten» Provinzen des Reichs fabriziert wurde. In Petersburg waren 1903 die nebulösen *Protokolle der Weisen von Zion* gehandelt und veröffentlicht worden, vorgestellt als klarer Beweis für die «jüdische Weltverschwörung»; doch in Kiew, Kichinjew oder Odessa wurde die abgekartete Heraufkunft eines «jüdisch-freimaurerischen Königreichs mit einem Zar als Antichrist an der Spitze» ernst genommen. Es nützte nichts, dass 1910 eine vom Premierminister Stolypin angeordnete Polizeiuntersuchung nachwies, dass dieses «Dokument» eine reine Fälschung war; und in der Oper von Kiew wurde im Jahr darauf ebendieser Stolypin ermordet, der Iliodor seines Amtes enthoben hatte und drohte, Rasputin, den liederlichen Parasiten des zaristischen Hofs, zu vertreiben. Der Premierminister wurde von einem umgedrehten Agenten der Ochrana (der Geheimpolizei) am 1. September 1911 erschlagen. Und wen beschuldigte man? Die Juden.

Den Kriterien des Aufenthaltsrechts zu genügen bedeutete dagegen, sich in Petersburg eines friedlichen und sicheren Daseins zu erfreuen. In dieser noch jungen Stadt ohne archaisches Ghetto hatte man keine Überfälle betrunkener Kosaken zu befürchten. Aus diesem Grund lebte in «Piter» der größte Anteil an privilegierten Juden: Rechtsanwälte,

Unternehmer, Industrielle, reiche Kaufleute und Bankiers, wie der Baron Moses Gunzburg, Boris Kamenka oder Dimitri Rubinstein, Präsident des Verwaltungsrats der frankorussischen Bank. Letzterer, der damals als reichster Mann Russlands galt, war ein Intrigant, in Regierungskreisen gut eingeführt, der 1915 nicht zögern sollte, den Mietzins des Muschik Rasputin zu übernehmen, ohne dessen Segen in Russland nichts Wichtiges mehr getan werden konnte. «Mitka» Rubenstein gelangte 1915 ebenfalls an die Spitze der Bank, in der Leonid gerade seine Eintrittskarte erworben hatte.[29] Schließlich war er Bevollmächtigter des Großherzogs Andrei Wladimirowitsch, dessen Liaison mit der Ballerina Matilda Kschesinskaja, der ehemaligen Favoritin von Nikolaus II., allgemein bekannt war. Und ebendieser hatte Leonid sein Haus im Herzen der Hauptstadt abgekauft. An diesem Netz von Verbindungen sieht man, dass der «namenlose kleine Jude» aus Jelisawetgrad die Stufen zum Erfolg erklommen hatte. Sollte er im Pariser Exil nicht die Großherzöge Alexander und Boris empfangen?

Eine absurde Behausung

Am Anglijskij-Prospekt 18 im Kolomna-Viertel stand ein einstöckiges Gebäude aus gelbem Backstein, zehn Fenster breit, an beiden Enden von zwei Kapitellen gekrönt und von einer Garage flankiert – da Leonid, ein seltener Luxus, nun über ein Automobil verfügte. Dieses Viertel war das der neuen Synagoge, deren Errichtung allein schon die Situation der Juden von Sankt Petersburg zusammenfasste: Ihr erster Stein hatte mehr als fünfhundert Meter von jeder Kirche entfernt nur unter der Bedingung gesetzt werden können, dass zuvor alle anderen jüdischen Gotteshäuser abgerissen wurden. Das Petersburg-Viertel, in dem über sechzig Prozent der «Bürger mit privilegiertem Status» wohnten, war zwar vornehmer, doch auf dem Anglijskij-Prospekt hatte bis 1910 der junge Strawinsky gewohnt, der gerade Paris in Erstaunen versetzte, dann seit Oktober 1913 der Starez Rasputin persönlich, der in der Nummer 3 einen Salon führte, wenn er nicht auf der Suche nach Prostituierten durch das Viertel streifte.

In Irène Némirovkys Erinnerung sollte dieses Haus ohne Charakter dennoch «ein großes, schönes Haus» bleiben. Das Innere hatte etwas von einem «Diebesnest»: eine Folge von Zimmern, die so angeordnet waren, dass man vom Vestibül aus «durch halbgeöffnete breite Türen eine Flucht von weiß-goldenen Salons» sehen konnte. Irinas Zimmer war ruhig «mit seinen rosa Wänden, seinen lackierten Möbeln, seiner in einer Ecke brennenden kleinen Porzellanlampe». Stör, Kaviar, Domestiken, Bedienung *à la française* … «Das Gold funkelte, der Wein floß», doch ebenso wenig wie in Kiew scherte man sich um die Herkunft oder die Anordnung der Möbel aus zweiter Hand. Das Geschirr, die Nippes, die Bücher waren stapelweise im Auktionslokal erworben worden. Überall häufte sich ein verstaubter Plunder, der diese Wohnung zu einer «absurden Behausung» machte.[30] Inmitten dieser kapriziösen Existenz saß Irotschka an einem Klavier, das ebenso weiß war wie die Toiletten ihrer Mutter …

Gesunde Geschäfte

Nach Sankt Petersburg gelangten die edlen Weine der Champagne, die Nelken der Riviera und die Parfüms von Grasse. Warum noch nach Paris fahren, wenn es doch L'Ours, Le Palmyre, La Fontanka und die vielen Vergnügungslokale der Inseln gab, wo man so gut sein Geld verschleudern konnte? Außerdem befand sich Frankreich im Krieg. Seit dem 18. August hieß Leonids Bank wieder Privat-Handels-Bank von Petrograd, nach russischer Art. Dieser geheuchelte Patriotismus tat so, als wüsste er nicht, dass General Suchomlinow, der Kriegsminister, nicht hinter dem Sieg her war oder dass Mitka Rubenstein der Zarin half, Gelder zu ihrer Familie nach Deutschland zu transferieren, um ihr die Entbehrungen ein wenig zu erleichtern.

Für die aufgeklärte Bourgeoisie wie für einen Teil der Intelligenzija weckte dieser Krieg die große Hoffnung, dass er den kranken Körper der Autokratie wiederbelebe, indem er ihr liberales Blut zuführte. Für die Juden – von einigen Intellektuellen wie Gorki unterstützt – bestand die Aussicht, aufgrund ihres zur Schau getragenen Patriotismus bald in den Genuss der normalen Rechte zu gelangen und sich gleichzeitig eine Revolution zu ersparen, die viele zuerst herbeigesehnt hatten. Am 8. August hatten die jüdischen Repräsentanten aus Russland, unter den anderen «fremdstämmigen Völkern» des Reichs, der Duma ihre absolute «Ergebenheit gegen den Staat und das russische Volk» verkündet. Und nicht weniger als siebenhunderttausend Juden waren in die Armee eingetreten. Diese Berechnungen waren nicht Leonids Sache, der lieber die Millionen zählte. «Es handelte sich um Pfund Sterling, Reichsmark, Werte mit verschrobenen Namen.» In Irotschkas Ohren Sanskrit, aber Anna «hörte aufmerksam zu und übersetzte alles in Zahlen sowie in präzise Bilder von Kleidern und Schmuck»[31].

Der schöne patriotische Elan verhinderte nicht, dass viele Juden füsiliert oder an die vorderste Front geschickt wurden, da die in Galizien eindringenden Truppen sich beeilten, sie für Deutsche zu halten, nur weil sie Jiddisch sprachen. Das Gleiche taten sie, als sie einige Monate später den Rückzug antraten, doch diesmal hatten die Juden zu ihrer Rolle als Sündenböcke zurückgefunden. Spione, Saboteure, Spekulanten, Anarchisten, Kriegsgewinnler: Nach der militärischen Niederlage – eine Million Tote! – schien alles besser zu sein, als die zuweilen willentliche Inkompetenz des Generalstabs, die organisierte Knappheit oder die Korruption der großen Kaufleute einzugestehen, die unvoreingenommen alle kriegführenden Parteien belieferten. Wurde Leonid Nemirowski, Bankier und Geschäftsmann, «aufgefordert, dem Komitee der Kriegsindustrien beizutreten, das versuchte, die Fabrikation von Rüstungsgütern und vor allem deren Transport zu beschleunigen», wie seine Enkelin Élisabeth Gille vermutet?[32] Oder gehörte er zu den Mehl-, Waffen- und Stiefelspekulanten, wie es *Le Vin de solitude* sowie Irène Némirovskys ständige Neugier für Waffenfabrikanten wie Basil Zaharoff[33] glauben macht, die ihren Gewinn seelenruhig aus den riesigen kommerziellen Aussichten zogen, die durch diesen in der menschlichen Geschichte beispiellosen Konflikt eröffnet wurden? «Seit dem Krieg war er sehr reich, und jeder schmeichelte ihm …»[34]

Doch Boris Karol, das Romandouble von Leonid, war auch imstande zu erklären: «Ich verstehe nicht, warum man nicht lieber saubere Geschäfte macht.»[35] Eines dieser Geschäfte ergab sich Mitte September 1915, als Fürst Alexander Nikolajewitsch Obolenski, zum Regionalkommissar für die Verpflegung der Stadt ernannt, damit beauftragt wurde, eine regionale konsultative Konferenz im Hinblick auf die Lebensmittelversorgung der Hauptstadt einzuberufen. Es ist durchaus möglich, dass Leonid dazu eingeladen wurde, da seine Tochter darauf hinweist: «Als wir in Petersburg wohnten, hatte mein Vater aufgrund seiner Stellung häufig mit den Gouverneuren zu tun, und ich sah alle diese Leute aus der Nähe.»[36] Alexander Obolenski war seit 1914 der Zivilgouverneur der Stadt. Als Generalmajor im Gefolge Seiner kaiserlichen Majestät hatte er direkten Zugang zu Nikolaus II. 1872 in Sankt Petersburg geboren, war er vor dem Krieg Generalgouverneur von Kiew gewesen. Nachdem er 1916 Polizeipräfekt von Petrograd geworden war, stand er in bestem Einvernehmen mit dem französischen Botschafter, der in seinem Tagebuch über ihn sagt: «Er ist ein hervorragender Diener des Zaren, und ich bin ihm sehr freundschaftlich verbunden.»[37] Welch ein Zusammentreffen: Sein Sohn heiratete 1924 in Paris Irinas beste russische Freundin und machte sie damit ihrerseits zu einer Prinzessin …

Für die Finanziers war es eine gesegnete Zeit. Seit Pawel Bark, einer der Ihren, im Januar 1914 ins Finanzministerium berufen worden war, subventionierte der Staat großzügig die Privatbanken, womit er der Spekulation auf Baisse und den waghalsigsten Börsenoperationen Vorschub leistete. Die Privat-Handels-Bank von Petrograd war in dieser Hinsicht eine der dynamischsten. Vom 30. November 1912 bis zum 1. November 1915 war ihr aktives Kapital von 137 auf 200 Millionen Rubel angewachsen. Im August 1917 sollten es 319 Millionen sein. Gewiss, fünfzehnmal weniger als die ersten russischen Banken. Ins Trödellager, das den Nemirowskis nunmehr als Wohnung diente, «kamen morgens und abends Männer, zogen Geldbündel aus ihren Taschen» wie in einer Spielbank. Diejenigen, die Irène Némirovsky in ihren Erinnerungen wiedersieht, waren Juden, doch befand sich unter ihnen auch «der Sohn eines der kurzlebigen Kriegsminister der damaligen Zeit»[38]. Am 31. Mai 1916 sah Maurice Paléologue die Stadt bereits in den Händen einer «Bande jüdischer Finanziers und anrüchiger Spekulanten, Rubinstein, Manus usw.», die es mit Rasputin hielten und «bekanntermaßen für Deutschland» arbeiteten.[39] In Russland steckten die antisemitischen Vorurteile sogar die französischen Botschafter an.

Gefühl der Unsicherheit

Als Mann mit Herz hatte Leonid nicht vor, sein Vermögen allein zu genießen. Anna war einverstanden, dass er Iona und Rosa eine Rente zahlte, um zu vermeiden, dass sie bei ihnen einzogen. Irina sollte sie erst 1922 wiedersehen, aber die Revolution von 1917 hätte sie ihr fast geraubt. Was Victoria betrifft, so lag ihr zu viel daran, ihrer älteren Schwester nichts zu schulden, trotz Leonids Versuchen, ihr zu Hilfe zu kommen.

Armer Großpapa Iona! «Es ist komisch, ich sehe ihn vor allem als alten Mann, der sich versteifte, um nicht krumm zu wirken (...) noch lebhafte Augen, weißes Haar rings um seinen großen kahlen Schädel.» Und die arme Rosa, so verhuscht, so mager, «mit ihrem dürren, welken Hals, ihrem immer gelösten, weiß werdenden Haar, das üppig durch die Stahlzinken des Kamms glitt». Ihre verzagte Stimme, wenn sie fragte: «Mascha, tragen Sie rasch den Samowar auf, Mascha, geben Sie mir die Koteletts ... Komm, gib deiner Großmama einen Kuss, mein Kleines ... Ja, meine Tochter, du hast ja recht. Genieße das Leben, solange du kannst. Man wird alt, und nichts bleibt. Iß, möchtest du dies?

Möchtest du das? Willst du meinen Platz, mein Messer, mein Brot, meinen Anteil? Nimm es. Nehmt, Leon … nehmt … Nehmt meine Zeit, meine Bemühungen, mein Blut, mein Fleisch …»

Vergebliche, so schlecht vergoltene Opfer.

In Petersburg fand sich Irotschka ebenso allein wieder wie vor dem Krieg in Nizza, nur ohne Sonne. «Ohne die Lektüre wäre sie vor Langeweile krank geworden. Die Bücher ersetzten ihr das wirkliche Leben.»[40] Ihr Leben war eintönig. «Morgen, was würde morgen sein? Ja, natürlich, die Englischstunde, der Spaziergang, die Algebraaufgaben, das Mittagessen, die Tasse Schokolade um fünf Uhr, lauter Dinge, die es von jeher gegeben hat, die es auch weiterhin geben würde, so wie sich die Erde weiterhin drehen würde.» Die Sonntage waren lang, vor allem im Winter, der sechs Monate dauerte. Ihre Nachbarinnen, zwei große schwindsüchtige Schwestern, so mager und so traurig, dass Irina nur einmal das Wort an sie richtete, lebten allein mit ihrem Vater, doch dieser, ein kleiner Notar, zog es vor, sie einzusperren, um ein flottes Leben zu führen.

Und wenn Anna ihre Erpressung nun wahrmachte und Zézelle durch eine strengere englische *Miss* ersetzen sollte, um dieses hochmütige Kind, das Stendhal und Tolstoi gelesen hatte, zu disziplinieren? Irotschka war jetzt groß: zwölf Jahre! «Wie alt man doch mit zwölf sein kann …»[41] Würde sie noch lange eine Gouvernante brauchen? Diese vage Furcht hatte den Modergeruch dieser «mistigen, nebligen Stadt», die sich in den galligen Wassern des Meerbusens halb zersetzt hatte, wie ein Nerval'scher Albtraum.

Die Zeit war unsicher. Ein debiler Minister folgte dem andern, bis zu jenem Protopopow, der Mitte September 1916 zum Innenminister ernannt wurde. Fürst Obolenski selbst war gerade abgesetzt worden, aus dem ehrenrührigen Anlass, Schmiergelder angenommen zu haben – wahrscheinlicher, weil er seinerseits Vorbehalte gegen Rasputin geäußert hatte. Seit Ende 1915 stand Petrograd unter der ständigen Drohung einer deutschen Belagerung. Es fehlte an Holz, Lebensmitteln, Brot, und der Winter 1916 war besonders streng gewesen. An der

Front häuften sich die Fälle von Fahnenflucht. Man befürchtete, dass die in der Hauptstadt beobachteten sporadischen Streikbewegungen eine aufrührerische Wendung nehmen könnten – was am 31. Oktober in den Baranowski-Fabriken, dann in der Renault-Fabrik auch eintrat, wo die unerhörten Schreie laut wurden: «Nieder mit den Franzosen! Schluss mit dem Krieg!» Während Irotschka betete: «Mach, daß die Franzosen den Krieg gewinnen …»[42], da sie ja eine halbe Französin war.

Ein abscheulicher Hass

«Jetzt, da ich daran denke» schreibt sie 1934, «ist es nicht verwunderlich, daß mir diese Angst, dieses Gefühl der Unsicherheit und der Bedrohung mein Leben lang geblieben sind. (…) den Geschmack bestimmter Tränen vergißt man nie … Nur muß man warten, bis der Wein alt geworden ist.» Noch bitterer aber ist eine vorzeitige Weinlese.

Manchmal hörte Irotschka ihre Mutter am frühen Morgen heimkommen. «Von ihr sehe ich vor allem ein Bild, wenn sie abends mit Offizieren ausgeht und wenn das Dienstmädchen ihr eine riesige, schwere, weite [*Pelerine*[43]] aus Tuch überwirft, (…) und Schellengeläut im Schnee.» Bei der in *L'Ennemie,* sodann in *Le Vin de solitude* schroff berichteten Szene, in der Irina ihre Mutter in unziemlicher Gesellschaft überrascht, hat man allen Grund, sie für authentisch zu halten. Dieses Vergehen, während man sogar den Kriegsminister wegen Hochverrats verurteilte, machte Anna endgültig zur Feindin, die von nun an mit stummem Groll verfolgt wurde. Irina fühlte sich beschmutzt. Lange danach sollten die Seiten von *Le Bal, David Golder, Jézabel* von diesem «abscheulichen Haß»[44] widerhallen, der mit einem Schlag in ihrem Herzen freigesetzt wurde.

Wie sich noch enthalten, diese Frau zu verurteilen? Wie ihr gehorchen? «Ich, ich, Napoleon, soll wie ein Kind um Verzeihung bitten!» Mit acht oder zehn Jahren war Irotschka untröstlich, nicht die für ihren Stolz so teure mütterliche Absolution zu erhalten; jetzt war es an ihr, Rechenschaft zu fordern. Das kleinste körperliche Indiz von Anna empörte sie, «das vage Parfüm, das sie hinter sich zurückließ, oder sogar die Form ihrer Handschuhe». Das Herz dieses kleinen Mädchens, in dem Zézelle einen Dämon erraten hatte, füllte sich nun mit bitterer Galle, die in jedem Augenblick überlaufen konnte, «rachsüchtig, gereizt, haßerfüllt, den Gesetzen trotzend». Wenn sie das Porträt ihrer Mutter als Kind betrachtete, das ihre Eifersucht noch erhöhte, überkamen sie Mordgelüste: «Sie spürt so deutlich, daß sie dieses Kind verprügelt hätte, sie wäre die Stärkere gewesen, sie hätte ihre Fingernägel in die dicken weißen Arme geschlagen. Und wegen einer unerhörten Laune des Schicksal ist sie *ihre* Tochter und muß ihr gehorchen. Warum ist sie nicht tot? (...) Tot, tot ... Welch ein Glück ...»

«Was hätte ich empfunden, wenn ich meine Mutter hätte sterben sehen?», fragt Irène Némirovsky 1938. «Das, was ich sage: Mitleid, Grauen und Entsetzen angesichts meiner Herzlosigkeit. Da ich im Grunde meiner Seele verzweifelt wußte, daß ich keinen Kummer hatte, daß ich kalt und gleichgültig war und daß es für mich leider kein Verlust war, sondern im Gegenteil ...»

Auf den Verrat antwortete Irina mit Verrat. Mit dreizehn konnte noch nicht die Rede davon sein, Anna mit ihrem eigenen Spiel zu überlisten, indem man ihr einen Liebhaber ausspannte, wie es in *L'Ennemie* und in *Le Vin de solitude* geschieht, sondern man konnte nur zeigen, dass man sich nicht täuschen ließ. In *L'Ennemie* lässt die kleine Bragance ihren Vater Léon durch einen Brief wissen, dass seine Frau ihn betrügt. In *Le Vin de solitude* erfährt Bella durch eine anklagende Kritzelei auf der Seite einer deutschen Grammatik, dass ihre Tochter sie durchschaut hat. «In jeder Familie gibt es nur den Profit, die Lüge und gegenseitiges Unverständnis. Es ist überall dasselbe. Und auch bei uns ist es so. Der Ehemann, die Frau und der Liebhaber.»[45]

Diese befreiende Szene hatte – falls es sie gegeben haben sollte, was ihr obsessiver Charakter nahelegt – die unerwartetsten Folgen. Irotschkas Triumph sollte nicht dauern: Abgesehen von einem vorhersehbaren Wutausbruch ging das ganze Gewitter über der armen

Zézelle nieder. Sie war es, diese Scheinheilige, von der Irinas Frechheit herrührte! Nun gut, sie sollte «das reizende, sanfte und verknitterte Gesicht von Mademoiselle» nie wiedersehen! Sie von Irina trennen, die fast ihre Tochter war, sie, die nie ein Kind gehabt hatte? Zézelle, deren Verstand unter dem krankmachenden Klima von Petrograd und der Vorstellung des Krieges in Frankreich gelitten hatte, konnte das nicht ertragen.

Ich möchte am liebsten sterben …

Irène Némirovsky hat sich in *Le Vin de solitude* dafür entschieden[46], ihre von den «ersten Blitzen der Revolution» in Schrecken gesetzte sanfte Gouvernante im Nebel versinken zu lassen. In *Les Mouches d'automne* hat sie sie, in Gestalt einer alten russischen *njanja*, die durch das Exil verrückt geworden war, ganz langsam in die Seine steigen lassen. «Es muß deutlich gezeigt werden, was ich in ihr zu spüren glaubte, wie sehr diese ganze absurde Behausung, all diese Leute, diese Schreie, bis hin zu diesem maßlosen Land sie schockieren, erschrecken mußten, und auch mich selbst, meine Seele, alles, was in mir (…) an Wildheit, Ungestüm war. Ja, das alles mußte sie traurig machen, sie entsetzen.»

Zu französisch für dieses «barbarische Land», stürzte sich Zézelle im Laufe des Jahres 1917 in das eisige Wasser der Moika. Victoria erinnerte sich noch fünfzig Jahre später daran. Doch schon 1931 lüftete Irène Némirowsky, im Wunsch, daß *Les Mouches d'automne* besprochen werden, den Schleier:

> *Auf etwas möchte ich hinweisen. Diese* Mouches d'automne *sind in einer limitierten Auflage erschienen, und die Kritiker, die darüber gesprochen haben, haben das unwahrscheinliche und «melodramatische» Ende getadelt. Es scheint mir wissenswert zu sein, daß der Selbstmord der alten Tante Tatjana das einzig authentische, absolut reale Faktum der Erzählung ist.*

Auf diese Weise starb meine Gouvernante, eine Frau mit ein-
fachem, ergebenem Herzen, die ich wie eine Mutter liebte. Zu
Ehren ihres Andenkens und weil ich glaube, daß man für seine Irr-
tümer einstehen muß, habe ich an der vorliegenden Ausgabe nichts
ändern wollen.

Gabri, der in *L'Ennemie* aus dem Fenster springt ... David Golder,
der im Sterben «schwarzes schlammiges Wasser» sieht[47] ... Tatjana
Iwanowna gleitet unbemerkt in die übel riechende Seine[48] ... Éliane
denkt in «Film parlé» daran, ins Wasser zu gehen ... Der Teich der
Berche, in dem in «La Comédie bourgeoise» Henris Geliebte verschwindet ... Die «dunklen Wirbel»[49], in die sich Ginette in «Les
Rivages heureux» stürzt ... Die «Angst vor dem Wasser», die Colette
eingesteht, und der «tiefe Fluß», in dem Jean Dorin in *La Chaleur du
sang* verschwindet ... Der «dünnflüssige, grünliche Schlamm»[50], der
Grayer in «Le Spectateur» verschlingt ... Und der Teich, in dem Abbé
Picard in *Suite française* unter einem Steinhagel versinkt ... Im Werk
von Irène Némirovsky tötet man sich oder ertrinkt häufig, in einem
immer kälteren, schwärzeren und stinkenderen Wasser: in dem auf
ewig fauligen Wasser von Sankt Petersburg, dessen «giftiger Geruch»
für sie «der Atem der Stadt selbst»[51] war.

Zézelle überlebt im Werk von Irène Némirovsky unter dem fragi-
len Namen Mademoiselle Rose. Dieser Selbstmord verwandelte Anna
endgültig in eine Kriminelle. Und Leonid in einen Komplizen, da er
sich angesichts von Irotschkas verzweifelten Alarmrufen – «O Papa,
Papa, wenn du wüßtest! ...» – hinter Leugnen verschanzte: «Genug ...
du weißt nicht, was du sagst, mein Kind ...»[52] Sie musste das schwere
Geheimnis, das niemand hören wollte, in ihrem Herzen begraben. Bis
zu dem Tag im Jahr 1934, an dem ihr, ihre Erinnerungen zurückrufend,
um sie in einem großen Entwicklungsroman in Szene zu setzen, dieses
schlecht erstickte Geheimnis plötzlich zu Bewusstsein kam. Und wenn
nun Irène Némirovskys ganzes Werk auf einem unterdrückten Geständnis beruhte?

An diesem Punkt der Verlassenheit wäre es verwunderlich gewesen, wenn sie nicht den Wunsch gehabt hätte, sich Zézelle anzuschließen. «Lange betrachtete sie das Wasser des Kanals. – Ich könnte mich hineinstürzen, dachte sie, ich möchte am liebsten sterben …»[53] Aber sie hatte das Wort «der Liebhaber» ausgesprochen oder geschrieben, hatte es wie einen Talisman zur Schau gestellt. Sie hatte die schlechte Ehekomödie verhöhnt und sie mit einer Entgegnung in eine Tragödie verwandelt. Das machte es ihr zur Pflicht, diese «Karikatur eines Heims»[54] anzuprangern. Leonid hatte resigniert? Also war es an Irina, den mütterliche Schimpf zu bestrafen. In ihren Adern floss das mütterliche Blut, sie hatte den dunklen Teint des Vaters, in ihrer Seele regte sich ein «Erbübel»[55], das sie eitel, anmaßend und eifersüchtig machte; aber sie besaß den Stolz, es zu wissen, die Erwachsenen bei einem Fehler zu ertappen und sie aus der Distanz zu manipulieren. Denn «ihre Seele war älter als ihr Körper, und es war ihre Seele, die man beleidigte». Im Traum wurden ihre Eltern zu ihrem gehorsamen Spielzeug. Welche Rache! Welcher Trost! «Ein kleines Mädchen erzählt sich abends beim Einschlafen Geschichten. Es verbindet die Erwachsenen ihrer Umgebung mit tausend seltsamen Abenteuern, in denen ihre vertrauten Gesichter zuweilen phantastische Züge annehmen. Dieses kleine Mädchen verzaubert sich jeden Tag mit ihrer Phantasie. (…) Madame Irène Némirovsky scheint es genau zu wissen. Denn so begann sie zu schreiben.»[56]

Dezember 1916. Die Kriegsindustrie hatte die russische Wirtschaft erschüttert. Der Hunger umzingelte die Städte. Ein verrückter Mönch zog das Zarenpaar magnetisch in seinen Bann. Der Staat wechselte von einer Hand in die andere. Die Zeitungen waren voll leerer Spalten, so dass man darauf gefasst war, sie am nächsten Tag verschwinden zu sehen. «Natürlich ‹wußten› die Erwachsenen; sie warteten auf etwas. Worauf?» Bald sollte Irina Némirovskys geistige Revolte mit «brutaleren, albtraumartigeren Realitäten» konfrontiert werden. Doch wie an das Wort «Revolution» glauben, wenn man schon nicht mehr an das Wort «Liebe» glaubt?

3

Die Erschütterung eines ganzen Lebens

(1917–1919)

«O du, meine ungreifbare Stadt,
Warum bist du auf einem Abgrund entstanden?»
Alexander Blok, *Die Nemesis*, 1914

Das Jahr 1917 brach jäh in Irinas erträumtes Leben ein und schleuderte sie in eine zuckende Gegenwart. Mit fast vierzehn trug sie noch immer jene unförmigen, hässlichen weiten Kittel, die vor dem Krieg in Berlin gekauft worden waren. Aber ihre Kette bestand aus echten Perlen, was sie tröstete. «Wann hat das Leben mit einem Mal aufgehört, alltäglich zu sein? Als die Politik die Zeitungen verließ und in unser Dasein Einzug hielt? Als man endlich bis in die Knochen spürte, daß die Geschichte, ‹die historische Zeit› nicht nur das Privileg der vorhergehenden Generationen war, (…) sondern sich so sehr in dein eigenes Leben einmischen konnte, daß es dir den Schlaf raubte, die Zukunft veränderte, dich von allen Seiten umgab, dich umzingelte wie dunkle Fluten?»

Das Jahr eins der Revolution

Wann? Leonid Nemirowski wusste zweifellos, dass sich seit dem 10. Februar in den Vororten eine Streikbewegung, ausgehend von den Putilow-Werken, ausgebreitet hatte. Der Winter war außergewöhnlich streng, vierzig Grad unter null. Einige Bäckereien, die zumeist leer waren, wurden regelrecht gestürmt. Jeder war auf eine herbe Wiederholung von 1905 gefasst. Am 14. war auf dem Newski-Prospekt die *Arbeiter-Marseillaise* erklungen, gesungen von jungen Frauenstimmen: «Wir sagen nein zur alten Welt ...» Der Zar wurde in Flugblättern, die zum Generalstreik aufriefen, offen verhöhnt: «Legt die Arbeit nieder und geht auf die Straße – fordert Frieden und Brot und die Abdankung des Zaren – zum Teufel mit der ganzen Bourgeoisie!»[1] Man ahnt, wie diese Forderungen von Leonid und Anna aufgenommen wurden.

Am Donnerstag, dem 23. Februar, erreichten die Demonstrationen einen stattlichen Umfang. Unter dem Vorwand des «Internationalen Frauentags» zogen am Nachmittag Tausende von Textilarbeiterinnen und Müttern wohlgeordnet durch die Straßen der Stadt und riefen Slogans von bestürzender Nüchternheit: «Unsere Kinder verhungern! Wir haben nichts zu essen!» Die Passanten, die Beamten und sogar die Kosaken sahen sie ohne Feindseligkeit vorbeiziehen, mit ernster Neugier, wie früher die Prozessionen zerlumpter Wandermönche, die dreitausend Kilometer zu Fuß zurücklegten, um die heiligen Mumien der Laura in Kiew zu küssen. Eine Vielzahl schwarzer Pelerinen versammelte sich in so dichter Menge vor der Duma und auf dem Newski-Prospekt für eine Kirmes ohne Brot und ohne Musik, dass die Automobile anhalten mussten. In einem von ihnen saßen Leonid, Anna und Irina. Eine Arbeiterin beugte sich zu ihrem Fenster. «Sie trug einen Schal aus grober Wolle auf ihrem Haar und in einem Zipfel ihres Schals, in der Beuge ihres Arms ein schlafendes kleines Kind. Ich betrachtete das Kind, und da ich es nett fand, sagte ich es laut, und die Frau lächelte ein wenig, es war ein unfreiwilliges Lächeln, wie jenes, bei dem sich kaum die Mundwinkel bewegen und die Augen aufleuchten, ein sowohl stolzes als auch scheues Lächeln, das alle Frauen der Welt haben, ob reich oder arm, wenn auf der Straße ein Passant vor ihnen ihr Kleines betrachtet hat.»

«Was wollen sie? Was sagen sie?»

Keine Antwort auf Irinas Neugier, außer dass diese Versammlung von Frauen zwar nicht die erste war, die vorherigen jedoch an Größe übertraf. «Auch wenn ich mich auf die Fußspitzen stellte und in die Ferne sah, erblickte ich nur Frauen mit Kopftüchern, Frauen in grauen Röcken, Frauen mit Kindern auf ihren Schultern, die alle mit dem gleichen langsamen Gleichschritt vorüberzogen. Wir sahen nicht das Ende des Zugs. Die Polizei ließ unseren Wagen in eine Seitenstraße schieben, und wir fuhren nach Hause.»

Am nächsten und übernächsten Tag wiederholten sich die Umzüge, jedoch fordernder. Die Hälfte der Petrograder Arbeiter – zweihunderttausend Menschen – traten in den Streik und strömten ins Zentrum, wobei sie die zugefrorene Newa überquerten, um die auf den Brücken postierte Polizei zu umgehen. «Nieder mit dem Krieg! Nieder mit der Autokratie!» Die Frauen, wiederum sie, flehten die Truppe an, ihre Waffen niederzulegen. Auf dem Newski-Prospekt konfiszierten Banden von Studenten und jungen Mädchen am helllichten Tag die Schlüssel der Straßenbahnen. Die Wohnviertel wurden von den Demonstranten überflutet. Als die ersten Granaten explodierten und Schüsse fielen, ließen die Kosaken wie in alten Zeiten die Nagaika (Peitsche) niedersausen. Die Truppe löste die «Pharaonen» ab, tötete und verhaftete, in Wirklichkeit aber war sie im Begriff, zu den Aufrührern überzulaufen, die eine unheimliche Ruhe bewahrten. Lediglich die frisch disziplinierten Unteroffiziersschüler sahen nicht, was sie durch Ungehorsam hätten gewinnen können.

Für die Nacht des 25. wurde die überstürzte Rückkehr des Zaren angekündigt, nicht etwa, um Brot zu verteilen – «Es war dasselbe, wie von einem Bock Milch zu verlangen», schrieb Trotzki später[2] –, sondern um ans Bett des kränkelnden Zarewitschs zu eilen. Auch Irina, der man nichts erklärt hatte, war sich über den Ernst der Ereignisse nicht im Klaren. Doch am Nachmittag des 26. Februar, an einem jener Sonntage der ewigen Langeweile, als sie gerade allein zu Hause an ihrem Klavier übte, schlug die Revolution an ihr Fenster. Auf der Straße ertönten «Schreie und Pfiffe». Nur allzu froh, ihre Tonleitern aufzugeben, lief sie zum Fenster. «Zuerst sah ich Frauen, die sich, wie mir schien, vor der Tür einer geschlossenen Bäckerei zankten. Plötzlich begannen diese Frauen zu lachen und in die Hände zu klatschen. Gegenüber unserem Haus stand eine Kaserne. Oben auf der Mauer erschienen ein, zwei, drei, zehn Soldaten mit dem Gewehr in der Hand, und unter Schreien und Scherzen sprangen sie, von den Frauen bejubelt, auf die Straße, wo sie von Kindern umringt wurden. So sah ich, wie die ersten Soldaten sich den Revolutionären anschlossen, und diese ganze Menschenmenge schwoll augenblicklich an, rannte zum benachbarten Platz und verschwand.»

Am Abend war ganz Petrograd auf den Straßen voll von Plakaten, auf denen die gewaltsame Niederschlagung der Unruhen versprochen wurde. Der Justizpalast hatte gebrannt. Die Maschinengewehre befanden sich auf den Dächern in Stellung. Einzunehmen blieben noch das Arsenal, die Admiralität, die Ochrana, die Peter-und-Paul-Festung, der Winterpalast und vor allem die großen Kasernen. Irina hatte sich, noch nicht beunruhigt, aber neugierig, schlafen gelegt, voller Vertrauen in die scheinbare Heiterkeit der Erwachsenen. Da hörte sie zum ersten Mal Schüsse. Es war das Pawlowski-Regiment, das, von Maschinengewehren unter Beschuss genommen, das Feuer erwiderte. Die Armee hatte ihre Kanonen gegen den letzten repressiven Trumpf des Regimes gerichtet.

«Hast du keine Angst?», erkundigte sich Leonid nach seiner Rückkehr in die Wohnung.

Nein, sie hatte keine Angst. Die Franzosen hatten die Bastille gestürmt, und seitdem war Frankreich ein Paradies. «Es waren ja die allerersten Stunden der Revolution. Man glaubte, zu Hause in Sicherheit zu sein. Gegen Mitternacht verstummte alles.» Am nächsten Tag meuterten sämtliche Regimenter. Die politischen wie die normalen Häftlinge verließen die Gefängnisse. Panzerwagen fuhren durch die Stadt. Ein Arbeiter- und Soldatensowjet trotzte der Macht, die zu übernehmen die Duma zuerst gezögert hatte, und verkündete den Sieg der Revolution. Seit dem 23. behaglich in ihrem Zimmer hockend und noch immer von den schönen Gesichtern der Arbeiterinnen beeindruckt, erachtete Irina dieses Schauspiel als wunderbar. «Die Stadt war rot beflaggt, und an diesem Zeichen erkannte man, daß die Revolution ausgebrochen war. (…) Es wurde kein Blut vergossen, kein Haus zerstört; die Sonne schien; auf den Straßen verkaufte man rote Papierblumen, und die Straßenbahnen schmückten sich mit scharlachfarbenen Banderolen. Das Volk war fröhlich, großherzig, voller Hoffnung.» Im Übrigen stimmte man die *Marseillaise* an, und Fürst Lwow, Ministerpräsident der am 2. März gebildeten provisorischen Regierung, ließ seine Visitenkarten in französischer Sprache drucken. Am 10. März wurde die Todesstrafe abgeschafft, was jedoch standrechtliche Erschießungen nicht verhinderte. Und am 14. richtete Russland einen brüderlichen «Friedensappell an die Kämpfenden der ganzen Welt». In Russland wiederholte sich also ein universalistisches, großzügiges 1789. Damit verkannte man freilich Engels' Vorhersage, dass einem russischen 1789 «notwendigerweise ein 1793 folgen wird».

Ein Schrei des Hasses und des Wahnsinns

Das Märchen fand ein jähes Ende. Plötzlich begriff Irina, «‹daß etwas passierte›. Etwas Erschreckendes, Erregendes, Befremdliches, nämlich die Revolution, die Umwälzung des ganzen Lebens». Es geschah an dem Tag, an dem sie vom Studierzimmer aus sah, wie die unerbittlichen Maschinengewehre auf den Dächern ratterten und in die müßige Menschenmenge schossen, die Besitz von der Stadt ergriffen hatte, «die Woche zum Sonntag machte» und die Revolution für ein Volksfest hielt. «Zum ersten Mal hörte ich die Entsetzens- und Schmerzensschreie der Verwundeten und das langgezogene Heulen, das aus der Menge aufsteigt und nach Blut verlangt, diesen unvergeßlichen Schrei, der nichts Menschliches mehr hat, diesen finsteren Schrei des Hasses und des Wahnsinns.» Dann begann die Jagd. Auf den Dächern verfolgten Soldaten und Studenten mit roter Armbinde die im Hinterhalt liegenden Schützen, um sie der Lynchjustiz auszuliefern. Bestürzt betrachtete Irina durch das Fenster diese entfesselte Bestialität, als sie innerhalb der Mauern selbst eine Kavalkade vernahm. Man suchte den *dwornik* Iwan, denn er hatte seine Tochter mit einem Polizisten verheiratet. Dieser gefürchtete Hausmeister, «ein beleibter alter Mann in weißem Russenkittel», hatte unter dem Bett seines Schwiegervaters Zuflucht gefunden. Dort wurde er von einem Trupp spottender, aber unzugänglicher Soldaten hervorgezerrt und dann in den Hinterhof geschleift. Bleich wie ein Leintuch rannte Irina zum Flurfenster.

«Schau nicht hin!», schrie Anna.

Sie schaute trotzdem hin, denn sie hatte noch nie irgendetwas gesehen. Man hatte Iwan an eine Mauer gestellt und forderte ihn auf, sich von seinen Kindern, schluchzenden kleinen Buben, zu verabschieden, verband ihm dann die Augen, und die Gewehre feuerten. Der *dwornik* sackte zusammen, das Gesicht voller Blut. Dann öffnete er die Augen und lächelte töricht. «Man hatte ihm nur Angst machen, ihn bestrafen wollen, oder vielleicht hatten die Soldaten schlecht gezielt.» Nach dieser grausamen Bestrafung wurde der Wiederauferstandene verbunden und von seinen Henkern getröstet, als hätte der Regisseur dieser makabren Farce vergessen, den Vorhang herabzulassen. Aus den Kulissen kommend, brachte Iwans Frau den lachenden Soldaten zu trinken. An ihrem Fenster zögerte Irina, dieser Posse zu applaudieren. Wie nur konnten sich die glücklichen Massen vom Februar in wilde Horden, die Unschuldigen in Rasende, die Rächer in Komödianten verwandeln? «Erst sehr viel später begriff ich, daß ich die Revolution hatte entstehen sehen. Ich hatte den Augenblick gesehen, in dem der Mensch die Gewohnheiten des Menschlichen noch nicht abgelegt hat, wo er noch nicht vom Dämon besessen ist, doch dieser nähert sich ihm bereits, verwirrt und umzingelt seine Seele. Welcher Dämon? Alle, die von nah oder fern den Krieg, den Aufstand gesehen haben, kennen ihn; jeder gibt ihm einen anderen Namen, aber er hat immer dasselbe stiere, irre Gesicht, und alle, die ihn einmal erblickt haben, werden ihn nicht mehr vergessen.»[3]

Als Irène Némirovsky diese Episode in *Le Vin de solitude* kurz streift, gibt sie dem *dwornik* Iwan keine Chance: «Er war hingefallen, man hatte ihn mitgenommen, so wie man an einem anderen Tag eine unbekannte tote Frau, die in ihren schwarzen Schal gewickelt war, auf einer Bahre weggetragen hatte.»[4] Mit eigenen Augen die perversen Auswirkungen der Freiheit zu sehen, wenn sie in der Trunkenheit, sich zu entfalten, zur Willkür wird, macht sie skeptisch gegenüber den Wohltaten des «Großen Abends». Nicht dass sie die feudale Verknöcherung der Autokratie verkannte: «Eine stupide Zensur, bestialische Sitten, Revolutionäre und Regierung, die im Angriff und in der Unterdrückung miteinander wetteiferten – das war in etwa das Bild der russischen Gesellschaft in den 80er und 90er Jahren.»[5] Doch dieser Wirrwarr menschlicher Leben veranschaulichte die Zerbrechlichkeit der gerechten Sache und die Triftigkeit des alten russischen *nitschewo*: «‹Für das Glück der Mehrheit die Ungerechten vernichten.› Warum? Und wer ist gerecht? Und mir, was tun die Menschen mir an?»[6] Ja, wozu eigentlich auf Blut bauen? Wozu das Böse durch das Böse wiedergutmachen? So war das «Erbübel», das die kleinen Mädchen zu den hassenswerten Kopien ihrer Mütter machte, sofern sie sich nicht vorsahen, also ein allgemeines Prinzip, da die armen Leute sich ihrerseits in Mörder verwandeln konnten und es bald «bolschewistische Kleinbürger» geben würde?[7] «Die Revolution verschaffte mir Ferien … regte mich jedoch zum Nachdenken an»[8], fasst Irène Némirovsky 1935 mit einer vollendeten Kunst der Litotes zusammen.

Ein Absteigequartier in Moskau

Während der ganzen Zeit der provisorischen Regierung, ging Leonid Nemirowski, durch die autoritäre Wendung des neuen Regimes beruhigt, seinen Geschäften nach, «zuerst zaghaft», dann mit Schwung. Der Justizminister, der Sozialist Kerenski, ein großer Volksredner, von dem die wohlgeborenen Seelen geflissentlich versicherten, er heiße in Wirklichkeit Aaron Kirbis[9], erfreute sich beim Volk einer Zuneigung, die fast der des abgesetzten Zaren gleichkam. Während kein zaristischer Adler, keine Statue von Nikolaus II. mehr unversehrt war, begannen mit dem Frühling die Porträts von «Alexander IV.» zu florieren. Im April war es Mode geworden, sich «Kerenski-Bonbons» zu schenken, schauderhafte, nach seinem Ebenbild hergestellte Süßigkeiten auf der Basis von Zimt und Schokolade.[10] Am 7. April hatte die *Prawda* die April-Thesen von Lenin veröffentlicht, der, aus dem Exil zurückgekehrt, die «sofortige Fusion aller Banken des Landes zu einer Nationalbank, die der Kontrolle des Arbeiterdeputiertenrats untersteht», empfahl. Aber Kerenski schien zuverlässig zu sein. Nacheinander Kriegsminister und Regierungschef, zeigte er im Juli sein wahres Gesicht, unterdrückte die Demonstrationen der Matrosen und Arbeiter, trat den Bolschewiki entgegen und zwang Lenin zu einem abermaligen Exil. Ende August vereitelte er den Versuch eines Militärputsches und rief die Republik aus.

Wurde Russland, dem Krieg zum Trotz, endlich ein vernünftiges Land? Wie in Frankreich unter dem Konvent wurden die antijüdischen Bestimmungen aufgehoben. «Ein blutiger, schmutziger Fleck der Infamie», schreibt Gorki[11], war endlich getilgt worden. Im Geist der bolschewistischen Führer, die auf den Moment warteten, die bürgerlichen Institutionen zu unterminieren, existierte das «jüdische Problem» schlichtweg nicht: Es würde mit der Emanzipation der gesamten Gesellschaft von selbst verschwinden.[12] Aber sogar hier verließ sich Irina auf ihre Nase: Seit Februar war der Gestank der Kanäle, «die seit der Revolution nicht mehr gereinigt wurden»[13], unerträglich geworden. Was ließ sich Gutes vorhersagen für eine Stadt, die sich vernachlässigt? «In Petersburg wird gestohlen und geplündert», schrieb die Lyrikerin Sinaida Hippius, von deren Wohnung aus – einem Vorzimmer der Duma – man auf das Taurische Palais hinunterblickte. «In der Armee herrscht allgemeine Auflösung, Disziplinlosigkeit und Aufruhr.»[14] Und wie stets in derartigen Fällen wurden, ungeachtet der Reformen und Erklärungen, die Juden für alle derzeitigen Übel Russlands verantwortlich gemacht, so wie sie schon für die vergangenen

Übel verantwortlich gemacht worden waren. Wenige Tage vor dem Oktober konnte man ohne Verwunderung auf den Mauern Petrograds den erstaunlichen Slogan lesen: «Nieder mit dem Juden Kerenski, es lebe Trotzki!»[15]

War das eine Revolution? Die Bolschewiki, die sich auf die ungeduldige Masse der Matrosen, der Anarchisten, der Sträflinge und des untätigen Pöbels stützten, hatten für den 25. Oktober einen allgemeinen Krawall versprochen mit dem Ziel, die Übergabe der Macht an die Sowjets vorzubereiten. So kam es auch. Beim Vorbeizug der im Winterpalast verhafteten und zur Peter-und-Paul-Festung gebrachten Minister skandierte eine Menschenmenge: «Ins Wasser!» Zensierte Zeitungen, abgestellte Telefone, eine vom Feuer der Panzerwagen und Panzerkreuzer eingeschlossene Stadt, Verwüstung des Winterpalasts, Plünderungen, Raub, Abrechnungen … «In Kriegen und Revolutionen gibt es nichts Verrückteres als diese ersten Augenblicke, in denen man atemlos von einem Leben in ein anderes geschleudert wird, als fiele man völlig angekleidet von einer Brücke in einen tiefen Fluß, ohne zu verstehen, was einem geschieht, aber noch immer eine absurde Hoffnung im Herzen.»[16]

Eine Apokalypse senkte sich über Petrograd und setzte die Todestriebe frei. Die Kerenski treu ergebenen Offiziere und Junker, Opfer unerhörter Folterungen, wurden ertränkt, zusammen mit den Fürsten, die nicht geflohen waren oder sich nicht als Rote getarnt hatten. Auf die Februar-Kirmes folgte eine höllische Fastnacht: Schränke durchsuchende bewaffnete Buben, zu Kommandanten der Gebäude aufgestiegene Pförtner, als Inquisitoren verkleidete Räuber, willkürliche Enteignungen, kleine Ganoven, die öffentlich, vor den Augen der Kinder und der machtlosen Stadtmiliz aus Studenten, die nicht imstande waren, einen Revolver zu laden, gelyncht wurden.

Die Nemirowskis hatten keine Zeit zu erfahren, ob der *dwornik* Iwan so wie seinesgleichen zum Gebäudekommissar ernannt worden war. Am 3. November verfügten die neuen Machthaber die Schließung sämtlicher Finanzhäuser und ließen vier Tage später die Staatsbank plündern. Lenin hatte versprochen, der «Macht der Bankiers» ein Ende zu setzen: Also war es für Leonid Nemirowski höchste Zeit, aus Sankt Petersburg zu fliehen. Doch in dem Zustand der Auflösung, in den das Land innerhalb einer Woche geraten war, konnte keine Rede davon sein, nach Teheran oder Konstantinopel zu gelangen. Um dem Dringlichsten abzuhelfen, nahm Leonid Kurs auf Moskau, in der Hoffnung, nach Petrograd zurückzukehren, sobald die Unruhen abgeklungen wären oder Kerenski, zur Zeit unauffindbar, *manu militari* die Ordnung wiederhergestellt hätte. Denn Leonid verfügte in der Hauptstadt des alten Russlands über ein «Absteigequartier, eine Wohnung, die er möbliert an einen Gardeoffizier untervermietete, der damals nach London, vermutlich in die Botschaft beordert worden war». Schon dieses einfache Faktum zeugt von seinem Geschick sowie von dem Widerwillen, den er gegen die bolschewistische Revolution hegen musste, denn das Garde-Reiterregiment, das seit Katharina der Großen zum Schutz der Zarenresidenz diente, war ein prächtiges Elitekorps, das sich durch seine zivilisierten Sitten auszeichnete. Ein untrügliches Zeichen: Seine Hymne stammte aus einer französischen Oper, *Die weiße Dame* von Boieldieu.

Man darf sich also nicht wundern, wenn Irina, zu Hause eingesperrt, bei diesem Leutnant «Huysmans, Maupassant, Oscar Wilde und Platon» entdeckte. Vielleicht ist dies ein Katalog ihrer Bibliothek, den sie kunterbunt in einem kleinen schwarzen Notizbuch anlegte, das sie bis 1942 nicht mehr aus der Hand legen sollte: *Das Bildnis des Dorian Gray*, *Ein Granatapfelhaus*, *À rebours*, *Das Dschungelbuch*, Verse von Ronsard, du Bellay, Vigny, Verlaine, *Les Fleurs du Mal*, *Claudine en ménage*, *Aphrodite* und die *Chansons de Bilitis* von Pierre Louÿs, *Les Hors-Nature* von Rachilde … *À rebours (Gegen den Strich)*, wovon sie nicht alles verstand, lieferte ihr ein Vokabular, um den Plunder ihres Petersburger Hauses zu inventarisieren, «dennoch war mir dieses Buch eine Offenbarung: Es führte mich mitten in die höchste zeitgenössische französische Literatur ein»[17]. *Mont-Oriol* konnte sie über die Geschäfte des Vaters informieren, *Bel-Ami* über die Sitten der

Mutter, Oscar Wilde über die bürgerliche Komödie, dessen Aphorismen sie in ihr Notizbuch eintrug: «*Men marry because they are tired, women because they are curious; both are disappointed ...*»[18] Dennoch sollte sie 1932 Kipling als denjenigen nennen, der ihre Kindheit am meisten geprägt habe.[19]

The aim of my life ...

Die Moskauer Wohnung bot jedwede Sicherheit. Sie lag in einem «Innenhaus», in das man gelangte, indem man nacheinander durch zwei Reihen von Wohnhäusern hindurchging, von denen sie umschlossen war wie «der Donjon in einer alten französischen Burg». Leonid hatte es nicht an Intuition gefehlt, als er eine Festung zum Unterschlupf wählte, als hätte er einen Sturmangriff befürchtet. Denn in Moskau entfesselte sich der «Hooliganismus», wie man sagte, noch brutaler als in Petrograd. In der Nacht vom 26. zum 27. Oktober hatte der Kreml unter dem Beschuss der auf den Sperlingsbergen aufgestellten Geschütze gelegen. Seitdem lieferten sich Junker und Rotgardisten täglich offene Gefechte. Am 31. schossen die Aufständischen in den Straßen mit schweren Waffen. «Das Bombardement war so entsetzlich, daß Soldaten, die im Krieg waren, mir versicherten, es sei erschreckender als an der Front», erinnert sich Irène Némirovsky.[20] Am 4. November hatten die Bolschewiki gesiegt. «Aber das Leben», schreibt Gorki, «nahm nichtsdestoweniger seinen normalen Gang: Gymnasiasten und Gymnasiastinnen besuchten die Schule; man ging spazieren; man stand Schlange vor den Läden; Schaulustige versammelten sich zu Dutzenden an den Straßenecken, um herauszufinden, woher geschossen wurde.»[21]

Während einer Feuerpause stieg Prinzessin Irina von ihrem «Donjon» herab, um Hülsen und Patronen aufzusammeln, die Überreste der äußeren Verwüstung. Dann stieg sie wieder hinauf und lernte weiter, wappnete sich mit lateinischer Grammatik, um im Text «die

Autoren der Dekadenz zu entziffern, an denen der Held von Huysmans sich delektierte». Gelegenheitslektüren: In den Straßen wurden die Weindepots ebenso belagert wie Waffenkammern und die Hotels wie militärische Ziele geplündert. Triumph der Anarchie. «Auf einem Sofa kauernd, war ich sehr stolz, *Das Gastmahl* zu lesen, während draußen die Schießerei tobte. Meine Mutter war außer sich über meine Gleichgültigkeit und machte mir jedesmal Vorhaltungen, wenn sie an mir vorbeikam.»[22] Doch mehr als jedes andere Buch erfreute ihre Seele *Das Bildnis des Dorian Gray* und gab ihrem Kummer Konturen. «Die Leidenschaften, über deren Ursprung wir uns selbst täuschen, beherrschten uns gerade am heftigsten. Unsere schwächsten Motive waren die, deren Natur uns bewußt war. Es kam oft vor, daß, wenn wir an anderen zu experimentieren gedachten, wir in Wahrheit an uns selbst experimentierten.»[23] In ihr schwarzes Notizbuch schrieb sie: «*The aim of my life is self-development.*»[24] Es gab also einen Ausweg aus dem geistigen Labyrinth, in dem Anna sie eingesperrt hatte. Gab es auch einen aus der Festung, in der Leonid seine Familie in einer sonderbaren Inspiration in Sicherheit gebracht hatte? Denn im November 1917 überstanden die Nemirowskis fünf Tage lang eine regelrechte Belagerung: Sie konnten ohne Weiteres ausgeraubt, denunziert oder von irgendeinem pflichteifrigen Kommissar verhaftet werden. «In Moskau lebten wir eingeschlossen in unser Haus mit einem Sack Kartoffeln, ein paar Dosen Kakao und Sardinen. Glücklicherweise hatten wir treue Dienstboten, die uns nicht verrieten.»[25]

Am 10. November erreichten die Bankkonfiszierungen, die in Petrograd unternommen wurden, auch Moskau. Man beschlagnahmte das Gold. Offenkundig war kein Platz mehr sicher. Leonid beschloss, ihre Flucht vorzubereiten und seine Guthaben ohne Aufhebens ins Ausland zu transferieren. «Sobald wir konnten», sagt Irène Némirovsky, «kehrten wir nach Sankt Petersburg zurück, doch bald wurde ein Kopfgeld auf meinen Vater ausgesetzt; er mußte sich verstecken und konnte nicht länger bei uns wohnen.»[26] Mitte Dezember wurde das Bankwesen zum Staatsmonopol erklärt. Die Privatbanken existierten nicht mehr. Wenn Leonid in Russland bliebe, brauchte er nur seine Visitenkarten zu verbrennen. Und wenn er noch abwartete, würde man sein ganzes Aktienpaket, das heißt das Herzstück seines Vermögens, einziehen. Aber ein «Kopfgeld»? Hatte er sich denn wie «Mitka» Rubinstein während des Kriegs auf betrügerische Weise bereichert? War er mit dem alten Regime derart kompromittiert? Wir wissen es nicht.

Weinrausch

Einen Monat nach dem Aufstand war Petrograd nicht wiederzuerkennen. Die Leute begannen zu verhungern. «Wollte man (…) Licht haben, so war man auf Kerzen angewiesen, die fast zwei Rubel das Stück kosteten. Petroleum war kaum zu haben. Dabei war es von drei Uhr nachmittags bis zehn Uhr vormittags finster», berichtet John Reed. «Überfälle und Einbrüche nahmen zu. (…) Um Milch und Brot, Zucker und Tabak mußte man stundenlang im kalten Regen anstehen.»[27] Und außerdem gab es jene Orgie, die *pianka*: Tag und Nacht ein ständiges Pogrom der Lebensmittelläden, der Weinhändler, der Spirituosenlager der Restaurants, der bürgerlichen Weinkeller, nicht zu vergessen des Eldorados der Trunksucht, der sagenumwobenen Keller der Zaren. Offiziell ging es darum, das flüssige Opium zu «sozialisieren» und «die Plünderer zu plündern», nach Lenins berühmtem Ausspruch; in der Praxis begann in den letzten Novembertagen ein ununterbrochenes Bacchanal, das erst im Januar 1918 zu Ende ging. Zwei Monate lang lenkte die Freiheit das Volk und der Wein die Soldateska. Die *Prawda*, über diese beklagenswerte Propaganda besorgt, mochte zwar behaupten, es handle sich um «bürgerliche Provokationen»: Die Leichen von Menschen und Flaschen lagen zu Hunderten in der Moika, das Krachen der Fässer zerriss die Nacht, man verwüstete sogar die Apotheken und Parfümerien, um sich dort mit Alkohol vollzulaufen zu lassen. «Alle öffentlichen Wege wurden mit Wein besprengt, und ich habe selbst gesehen, wie man eine Straße mit Champagner abgewaschen hat», berichtete ein Augenzeuge.[28] In einigen Kellern mit riesigen Lagerbeständen fand man, so wurde berichtet, Ertrunkene und Erstickte. Sogar die Stufen des Smolnypalasts, des Regierungssitzes, waren mit Glatteis aus vorzüglichem Bordeaux bedeckt. Ein muffiger Geruch nach abgestandenem Wein und Erbrochenem schwebte über der Stadt. Vor allem aber war das kaltblütige Morden mit heißem Kopf sehr viel leichter. Und jeder Bürgerschädel war ein Korken. Wie viele friedliche «Konterrevolutionäre» wurden umgebracht, ausgeraubt, niedergeschlagen, nur weil Betrunkene sie doppelt sahen?

Noch siebzehn Jahre nach diesen Ausschweifungen roch Irène Némirovsky den Gestank jener Herbsttage, als sie sie in «Les Fumées du vin» in Szene setzte. «Durch den Rausch der Trunkenheit war die ganze Stadt von Fieber geschüttelt»[29], so fasste es der Militärgouverneur von Petrograd in seinen *Notes sur la guerre civile* zusammen, um an jenen Tag zu erinnern, an dem auch die prächtigen Preobraschenski- und Pawlowski-Regimenter der Trunksucht verfielen. Die Art, wie in «Les Fumées du vin» die «Genossen», die aufgerufen waren, die Keller aufzubrechen und «den verfluchten Alkohol, der eure Väter versklavt hat», zu vernichten, bald darauf «sich balgen, sich auf den Boden werfen, sich in den Schnee legen, den Wein zusammen mit dem eisigen Wasser des Rinnsteins trinken»[30], verrät Irène Némirovskys Skepsis gegenüber der Revolution, die sich zur Geschichte verhält wie die Jugend zum Leben: ein sich aufbäumender Stolz, der die Bürde des Erbes erträglich macht. Gleich den väterlichen Zügen auf dem Gesicht des revoltierenden Kindes kann der «rote Terror» den Tribut an «Nikolaus den Blutigen» nicht lange verhehlen. Auf die Deportationen nihilistischer Terroristen durch die Autokratie folgen die Deportationen von Menschewiki durch die Lenin'sche Macht. Wann begriff Irène Némirovsky, dass die Revolution ihre Ideale verhöhnte? Denn hierin liegt das Sakrileg, das diese Orgie zusammenfasste: «Da sind Männer, die Flaschen eines in der Sonne Frankreichs gereiften Burgunders in die Runde werfen.»[31] Natürlich endet in «Les Fumées du vin» das «widerwärtige, wilde Fest» damit, dass viele Menschen ertrinken. Der junge Offizier Iwar, von den eifersüchtigen beiden Fräulein Illmanen verraten – ein Analogon der tristen Nachbarinnen von Irina in Petersburg –, versinkt im Wasser der Bucht, zusammen mit den Zigeunerinnen und den jungen Männern, die vor der weinseligen Horde geflohen waren. «Genossen, ertränkt nicht die beginnende Revolution im Wein», hatten die Plakate mit dem roten Stern gemahnt.

Auch wenn die Schriftstellerin diese Szenen der Dekadenz in Finnland ansiedelt, so war sie doch in Petrograd deren Zeugin gewesen, worauf die folgende Notiz am Rande von «Mercredi des Cendres» hinweist: «Die Revolution und alles, was sie in den Seelen hervorruft, und diese <u>irrwitzige</u> Seite der Revolution, die zu zeigen man sich fast schämt und die es gegeben hat (…). Abends und nachts das Gefühl, daß alles zu Ende geht, und die Nacht, in der sich die Flut der Roten mit ein paar Soldaten über die in Schrecken versetzte Stadt ergießt (…) der Alkohol in den Straßen (…).» Tatsächlich jedoch verlassen die Nemirowkis spätestens im Januar 1918 Petrograd endgültig und fliehen nach Finnland, wie bis zum Jahr 1922 über vierzigtausend Russen; denn am 12. Januar wurde die damals etwa vierzig Kilometer entfernte Grenze geschlossen.[32] Noch kurz vor diesem Zeitpunkt versuchte Leonid, von der russischen Außenhandelsbank beauftragt, die Anteile von Jonas Lied, dem Direktor der sibirischen Gesellschaft und Konsul Norwegens in Sibirien, zu hundertfünfzehn Prozent zurückzukaufen, Anteile an den Binnenschifffahrtsgesellschaften des Ob und des Jenissei im Wert von drei Komma eins Millionen schwedischer Kronen. Vergebliches Pokern eines «optimistischen Spekulanten»[33], der sich erst in allerletzter Minute entschloss, Russland zu verlassen.

Mustamäki

Im Jahr 1808 annektiert, hatte sich Finnland einer gewissen Autonomie erfreut, die zu Beginn der Herrschaft von Nikolaus II. stark einge-
schränkt und dann 1905 gewaltlos zurückerobert worden war. Doch
seit März 1917 träumte das Land, das Alexandre Dumas mit einem
Schwamm verglich, von seiner Unabhängigkeit, da es sich nicht länger
auspressen lassen wollte. Dieser Traum zerplatzte, denn für Kerenski
hätte ein rotes Finnland im Nordwesten von Petrograd die Abschnü-
rung bedeutet. Da die finnischen Sozialisten sich für verraten hielten,
liefen sie ins aufständische Lager über. Von da an war ein Bürgerkrieg unvermeidlich. Doch ab November 1917 rief die bürgerliche
Macht nach Unabhängigkeit: Vierzigtausend russische Soldaten waren
damals im Land stationiert und nun ohne bolschewistisches Kommando. Dennoch gewährte Lenin, damit beschäftigt, Friedensverhand-
lungen mit Deutschland zu führen, die Unabhängigkeit, ohne darauf
zu verzichten, den Hinterhof der Zaren zu sowjetisieren. Doch General
Mannerheim täuschte sich nicht über das Manöver und eröffnete die
Feindseligkeiten gegen die Roten in der Nacht vom 27. zum 28. Januar
in Ostrobotnien. Der «nationale Befreiungskrieg» begann.[34]

Vor dieser neuerlichen Konfrontation hatten die Nemirowskis ihre
Wohnungen mitten in der Nacht verlassen. Sie nahmen nur das Aller-
notwendigste mit, Annas Schmuck, im Revers ihrer abgetragensten
Kleider versteckt. Leonid würde sehr rasch zurückkehren, um seine
Geschäfte in Petrograd abzuwickeln und zu retten, was noch zu retten
war. Doch «jede Reise nach Petersburg war ein Kraftakt und grenzte
an Wahnsinn und Heldentum»[35]. Ihr Weg bis zur Grenze steht nicht
genau fest: «Zuerst erinnere ich mich», vergegenwärtigt sich Irène Némirovsky 1933, «an die Abreise aus Petersburg, an den ersten Tag, die
Nacht, das Gefühl von Stößen in einem Gedränge, an den Schnee (…),
an einen Geruch von Verlassenheit, Kälte, ich hinten im Schlitten, und
an die Empfindung des Schals an meinem Mund, aber es ist sonderbar
vage. Dann an die Ankunft in Mustamäki, den Bahnhof. Hier erinnere

ich mich vor allem an die schneidende Kälte, das Eis und den schräg fallenden Schnee ...»

Mustamäki, dessen Name auf Finnisch «schwarzer Hügel» bedeutet, war ein Grenzort in Karelien, wo viele Petersburger vor der Revolution eine Datscha besaßen. Nina Berberova, die sich 1915 dort aufhielt, hat in ihren Memoiren die zugefrorenen Teiche, die Schneewehen und die aneinandergereihten Behausungen entlang der Bahnstrecke beschrieben, «wo die Eisenbahnschienen schliefen und ein Fensterchen am Bahnhofsgebäude leuchtete»[36]. In dem nahe gelegenen Weiler Neivola hatte sich Lenin vor dem Oktoberaufstand mehrere Male im Sommerhaus der Bontsch-Brujewitschs aufgehalten. Und in Mustamäki hatte sich der expressionistische Romancier Leonid Andrejew eine imposante schwarz-rosa Datscha bauen lassen, in der er am 12. September 1919 den Tod fand. Später wurde dieses Haus verwüstet. Und in einem dieser von den Roten in Brand gesteckten «Lusthäuser» entdeckt die Erzählerin von «Aino»[37] – einer stark autobiographischen Erzählung – von Maeterlinck zurückgelassene Bücher: Wilde und Henri de Régnier. Und in diesem mehr russischen als finnischen Dorf stellten die Nemirowskis an einem Januartag im Jahr 1919 ihr Gepäck ab. Die Wahl von Mustamäki – heute Jakowlewo, etwa zwanzig Kilometer von Terjoki entfernt, dem heutigen Selenogorsk[38], am Finnischen Meerbusen – beweist zudem, dass Leonid weiterhin die Hoffnung hegte, so bald wie möglich nach Petrograd zurückzukehren. Ein weiterer Exilant befand sich zur selben Zeit dort: der zwölfjährige George Sanders, der ebenfalls mit seinen Eltern aus Petersburg geflohen war. Er sollte einer der berühmtesten britischen Schauspieler des 20. Jahrhunderts werden.[39]

Wie Sanders und seine Familie kamen auch die Nemirowskis mit dem Schlitten nach Mustamäki. Irina entdeckte bei der Ankunft «ein Dorf, das aus nur einem Haus und einem Geschäft bestand»[40], sowie eine alte Herberge, «ein langgestrecktes, niedriges, gelbliches Haus», in dem Leonid zwei Zimmer gefunden hatte. Der elektrische Strom war seit November unterbrochen. Sofort wurde Irina von dem süßen Duft des Harzes gepackt, der aus den Rundhölzern sickerte. Im Erdgeschoss konnte man in einem schlecht beleuchteten kleinen Salon mit vereisten Fenstern den auf riesige Tannen fallenden Schnee erahnen. «Selten habe ich etwas gesehen, das so armselig, so *sickety* war, abgewetzte Samtsessel mit Spitzenschonern am Kopfteil, ein Schaukelstuhl aus Bambus, eine verdorrende Grünpflanze, ein Tisch unter einer Petroleumlampe, ein hauchdünner Teppich. Ein stets geöffnetes Klavier, ein kleines Bücherregal aus schwarzem Holz oder Bambus mit zerrissenen Büchern. Nebenan der Speisesaal, die Table d'hôte, alles sauber, ein Fußboden aus Eschen- oder Birkenholz. Ein hölzerner Balkon, auf dem mannshoch der Schnee lag.»[41] Irinas Zimmer im oberen Stock, in Form einer Rotunde, mit altersschwachen Möbeln bestückt, ging auf einen Garten mit einem roten Pavillon. Schlittenspuren im Schnee, der glänzte «wie eine Wand aus Diamanten oder Glimmer», eilten der Nacht entgegen. In der Ferne konnte man den Kanonendonner hören und das Feuer sehen, das die Grenzstadt Terjoki verwüstete.

Finnische Landschaft

Dieses Provisorium dauerte viele Monate, doch in Mustamäki herrschte ein erholsamer Friede. «Eine finnische Landschaft», schrieb Irène Némirovsky 1939, «ist eine Steppe von funkelndem Weiß; da gibt es Zauberwälder, denn das Eis scheint jede Tanne, jede Birke in ein zartes, wundersames Gebilde zu verwandeln, das aus Zucker, aus Spiegel- und Diamantsplittern zu bestehen scheint; es herrscht ein Geruch nach frisch geschnittenem Holz, nach Rauch, der aus einem einsamen winzigen Haus am Rande eines großen Schneefelds aufsteigt.» Und wie das Gleiten der *potkukelka*, eines auf langen Holzstäben befestigten Stuhls, unter dem wolkenlosen Himmel vergessen? Und die tiefen Schlitten, in denen man sich unter den Pelzen wie in seinem eigenen Bett im Schimmer riesengroßer Sterne ausstreckte?

«Ich hatte keine Freunde», bedauert die Erzählerin von «Aïno».[42] Dabei waren die Nemirowskis nicht die einzigen Bewohner der Her-

berge, mit denen man wohl oder übel sympathisieren musste. Einige
von ihnen scheinen keinerlei Spur im Werk von Irène Némirovsky hinterlassen zu haben: so die Tobias', Doktor Rabinowitsch oder
Simon, Bleaky und Isaak Lievshitz (oder Liepschitz), es sei denn in
Gestalt jener in *Le Vin de solitude* beschriebenen «Juden aus guter Familie, die untereinander Englisch sprachen und mit stolzer Demut die
Riten ihrer Religion befolgten»[43]. Andere hingegen haben überdauert:
der raffinierte Baron Roehmer und sein Ehedrache, die in «Lenn-
art» umgetauft wurden, jüdische Russen schwedischer Herkunft; der
«dicke Salomon Levi» unter seinem eigenem Namen; schließlich Rudolf und seine Frau Bluma, die im Prisma des Romans zu Fred und
Xenia Reuss wurden. «Jammerschade, wenn man die Namen ändern
muß», bedauert Irène Némirovsky 1933.

Alle diese Leute, die sich in Petersburg ignoriert hätten und die das
Exil und die Langeweile verband, waren gezwungen, bei einer Partie
Bridge zu fraternisieren. Bei einbrechender Dunkelheit, das heißt gegen drei Uhr nachmittag, spielten Irina, Blumas Kinder und die anderen jungen Leute wie in «Magie» Tischrücken.[44] Man vertrieb sich die
Zeit damit, durch die Fenster das Kommen und Gehen der Holzfäller
oder der bummelnden Soldaten zu beobachten. Bluma klimperte auf
einem alten verstimmten Klavier. Der Geruch nach frischem Holz erinnerte an «einen Sarg auf dem Land». Manchmal kündigte die junge
Bedienstete einen Dorfball an. Irina ließ sich von dem stürmischen,
schönen Rudolf – mit Spitznamen «Rudia» – begleiten, um zuzuse-
hen, wie die roten Garden in der weißen Nacht ihre Waffenmagazine
leerten. Rudia war ein großes Kind von dreißig Jahren mit einem spöttischen Gesicht und schönen, vor Begierde brennenden schwarzen Augen. Einmal nahm er sie zum Tanzen in eine Scheune oder einen Stall
aus Tannenholz mit. «Die Musik? Ich erinnere mich nicht mehr. Ich
weiß nur noch, daß die Fenster hoch und lang waren und daß wir durch
die Scheiben die Nacht sahen. Ich vermute, daß ein Ofen es geheizt hat,
und ich erinnere mich an die Mädchen, die in roten Röcken tanzten,
und an die Jungen, die vor Waffen starrten wie die Banditen im Kino.»

Märchen

Am 1. Februar 1918 hatte der russische Kalender, um sich dem im Westen üblichen gregorianischen anzupassen, seinen Rückstand von dreizehn Tagen beseitigt. Folglich gab es keinen 11. Februar, was nichts daran änderte, dass Irina fünfzehn wurde. Für ihre Eltern war sie immer noch ein kleines Mädchen, «mager, brünett, mit braunen, viel zu mageren Armen», das, wenn sie das Haus verließ, Stiefeletten sowie einen dicken Kamelhaarpullover trug; die beiden langen braunen Zöpfe wurden «über die Ohren gelegt, damit sie vom Schnee nicht naß wurden», und, sobald sie in die Herberge zurückgekehrt war, mit schwarzen Bändern zusammengebunden. Doch für den kecken Rudia hatte dieses Kind bereits die Reize einer Frau: «Eine braune Haut, ein unauffälliges Gesicht, so schmal, daß man es gar nicht bemerkt, zu blaß, der olivenfarbene Teint der Kinder von Petersburg. Doch wenn man näher hinschaut, sagt man sich: Was für eine Haut! Es ist wunderbar! Große und lange grüne Augen, heller als die Haut, mit hübsch geformten Brauen, ein zusammengepreßter kleiner Mund, der sich mühsam öffnet über einer engen Reihe feiner, zarter Zähne, wirklichen Perlen, die oben leicht durchsichtig waren.»

Irina achtete zunächst nicht auf das Interesse, das dieser Teufel von Rudia ihr entgegenbrachte, ein verheirateter Mann, aber «verrückt nach jeder Frau, die in seine Nähe kam». Sie war zu sehr damit beschäftigt, Dumas, Gautier und ein paar alte Bände Balzac zu lesen, die im Schrank des Salons neben «leider meist leeren» Konfitüretöpfen[45] standen. Es gelang ihr sogar, ein paar Brocken Finnisch zu lernen und zu behalten. Aber aus Langeweile, die reiner und intensiver war als in Kiew oder Petersburg, fing sie an, sich Geschichten zu erzählen, «alle möglichen Geschichten», präzisiert sie später, «die mich erfreuten und die ich Tag für Tag weiterspann. Ich begann sie aufzuschreiben, und seitdem bin ich dabeigeblieben»[46]. Will man ihr Glauben schenken, dann waren es lediglich «formlose Sachen», die sie nie wieder aufgriff, «weil es sich nicht lohnte»[47]. «Es war nicht sehr originell: Märchen,

Oscar Wilde imitierende Prosagedichte ...»[48] Dennoch zerriss sie nicht alle. In ihrem schwarzen Notizbuch stehen zaghafte Gedichte in russischer Sprache, von denen einige vermutlich aus dieser Zeit stammen, andere eher aus dem Jahr 1920. Natürlich berücksichtigen sie in keiner Weise die Orthographiereform vom 11. Mai 1917, um die sie sich nie scherte. Es geht um Liebesbriefe, die in Koranexemplaren oder in mit Seide ausgeschlagenen Schmuckkästchen versteckt sind, um vor Verlangen schmachtende Kalifen, um grüne Katzen, gestiefelte Elfen und geradewegs der nordischen Folklore entstiegene Kobolde:

> *Dunkelheit hinter dem Fenster*
> *Dämmerung herrscht im Salon*
> *Der Gnom mit langem Bart*
> *Geht über das Parkett.*

In einem dieser Gedichte träumt die verdammte Seele einer Marquise, die sich im 20. Jahrhundert im Exil befindet, melancholisch von Maskenbällen, Menuetts und ovalen Porträts:

> *Und jetzt nach so vielen Jahrhunderten*
> *Unter all diesen anderen Leuten geboren*
> *Kommt es, daß ich mich fremd hier fühle*
> *Und ein anderes Schicksal hätte haben können*
> *Das Schicksal, dem all meine Träume gelten.*

In einem anderen mit dem Titel «Märchen» erfindet sich Irina, die sich angewöhnt hat, mit sich selbst zu sprechen, um ihre Einsamkeit zu überlisten, «fünfzehn, zwanzig, hundert kleine Geschichten», um ihre Nächte mit Wunderdingen zu bevölkern:

> *Ich will euch erzählen, wie der schwarze Ritter*
> *Auf dem Parkett zerschellt ist*
> *Man legte ihn in einen kleinen Sarg aus Watte*

Und die Mäuse begruben ihn in der Nacht
In einer Lade des Büfetts, einer geheimen, weichen Nische
Bevor sie ihre Spuren verwischten.[49]

Irène Némirovsky begeht also nur eine lässliche Sünde, wenn sie 1931 gesteht: «Verse zu schreiben scheint mir ein Sport zu sein, für den ich keinerlei Geschick besitze … Nein, zuerst schrieb ich Märchen … In meiner Phantasie ließ ich sie kommen und gehen. Dann schrieb ich diese Gebilde auf.»[50] Denn diese vereinzelten Verse, voller Langeweile und Phantasie, sind sowohl Poesie wie Märchen. Was die «mehr oder weniger langen Novellen» und die Romane angeht, denen sie sich «sofort» gewidmet haben will[51], so sind es Erzählungen, die sie für sich selbst erfand, indem sie Beispiele aus der «kleinen Kolonie» von Mustamäki behandelte: Die Entbindung der «blutüberströmten» Bluma, die 1933 erneut in «Nativité» vorkommen wird; die Diamanten von Lievshitz; «die Juden, die Karten spielen und fiktive Geschäfte machen, um nicht aus der Übung zu kommen»; vor allem aber die unerwartete Berührung einer «frischen, vom eisigen Wind geröteten Wange», dann der «brennende Kuß von der Farbe des Feuers», den dieser unverschämte Rudia ihr im verschneiten Vestibül der Herberge raubte, Lippen, die mit einem Mal «alle möglichen poetischen und schwärmerischen Empfindungen der Liebe» in ihr weckten.

Diese Gunst eines reifen Mannes empörte sie zuerst, machte sie dann ratlos. «Jemanden den Kopf verlieren zu lassen ist das zweite Vergnügen der Welt, ihn selbst zu verlieren das erste», wird sie auf Französisch in ihr Notizbuch schreiben. Im Journal zu *Le Vin de solitude* lässt uns Irène Némirovsky über die Folgen dieses keuschen Kusses im Ungewissen: «Seine sanften, langen Frauenhände konnten so gut liebkosen, einschläfern.» Und im fertigen Roman: «Sie ließ sich küssen, streckte ihm sogar ihr Gesicht, ihre Hände, ihre Lippen entgegen und genoß diese Wogen der Lust, diese Wellen der Glückseligkeit, die ihren Körper durchströmten.»[52] Das Echo dieses ersten Flirts sollte noch lange in ihrem künftigen Werk nachhallen: «Wahrscheinlich haben seinetwegen alle meine Helden einen hübschen Mund und schöne Hände.» Flüchtig hatte sie die wollüstigen Empfindungen verspürt, nach denen ihre Mutter suchte, und eine unlautere Waffe gefunden, sich an ihr zu rächen. Eine weibliche Waffe, der die über vierzigjährige Anna nicht immer ihre Salben würde entgegensetzen können: die herrliche Frische einer jungen Frau.

In Helsinki

Irina hatte nicht die Zeit, ihren Plan in die Tat umzusetzen. Anfang des Frühjahrs 1918 bog die Frontlinie, die sich seit Januar kaum verändert hatte, plötzlich nach Süden ab. Am 12. April, während die Deutschen in Helsinki einzogen, umzingelte General Mannerheim, ohne auf deren Verstärkung zu warten, die Russen auf dem Isthmus von Karelien, wo sich die Kämpfe intensivierten. «Bei Einbruch der Dämmerung wurden die Waldwege gefährlich: Flüchtende Rebellen verbargen sich hinter den Bäumen, in den zugeschneiten Schluchten, und die Soldaten der gegnerischen Armee verfolgten sie von einem Dickicht zum andern. Es gab Schußwechsel, und wenn eine verirrte Kugel einen russischen Reisenden traf, der vor seiner eigenen Revolution in dieses Land geflohen war … nun ja, wir hatten keinen Konsul, der uns verteidigte oder unsere Familie von einem vorzeitigen Todesfall benachrichtigte.»[53] Durch die Fenster der Herberge sahen die in Mustamäki Gestrandeten, wie Frauen im Schnee nach Leichen suchten. Im Mai waren sechzigtausend rote Garden zur Kapitulation gezwungen; achttausend andere wurden hingerichtet; zwölftausend waren verhungert oder ihren Wunden erlegen. Am 16. wurde Mannerheim im Triumph durch die Straßen Helsinkis getragen. Es wurde eine monarchistische Regierung eingesetzt.

Zu diesem Zeitpunkt waren die Nemirowskis klugerweise in die finnische Hauptstadt gezogen, am Ende einer bewegten Reise durch Wälder und Seen in einem immerwährenden Morgengrauen. *Le Vin de solitude* lässt vermuten, dass Irina «bei der Witwe eines Pastors» mit Namen Martens in Pension gegeben wurde, die ihr Deutsch beibrachte und ihr «mit lauter Stimme» *Mutter Sorge* von Hawel vorlas.[54] 1939 erinnerte sie sich vor allem an den «nordischen Komfort» dieser «sauberen, schönen und kalt wirkenden» Stadt, an die «schönen Geschäfte» und «die überall angebrachten Telefone», die sie mit ihren fünfzehn Jahren in Erstaunen versetzten. Unvergesslich aber blieb ihr «eine Buchhandlung, so groß und so reichhaltig, wie ich andernorts wohl noch keine je gesehen hatte», mit einem breiten Sortiment an französischen Büchern, «von den klassischen bis zu den modernsten». Da sie etwa ein halbes Jahr in Helsinki verbringen sollte, würde sie in Kenntnis der allerneuesten Entwicklungen des französischen Romans bald den Fuß auf den Boden von Paris setzen. Trotzdem tilgten die Bücher nicht die Erinnerung an Rudias Lippen, seine Arme. Am 9. September 1918 schrieb sie auf Russisch in ihr Heft:

> *Schwer zu lesen (zu träumen), diese trunkene Nacht*
> *Voller Sehnsucht und Hitze*
> *Und Liebesverlangen*
> *Beunruhigt die Seele.*

Es war keine Rede mehr davon, nach Sankt Petersburg zurückzukehren. Zuerst waren durch einen Erlass vom 1. April 1918 die Verwaltungsräte des Banksektors aufgelöst worden; jedem Inhaber russischer Aktien drohte nun der Tod, falls er sich weigerte, sie der Staatsbank auszuhändigen. Sodann war das Haus am Angliiski-Prospekt beschlagnahmt worden und diente als Militärkommissariat.[55] Und auch wenn der russische Antisemitismus bekämpft wurde, so konnten die von den Bolschewiki ergriffenen Maßnahmen doch niemanden beruhigen. So versicherte am 27. Juli folgendes von Lenin unterzeichnete repressive Dekret: «Die jüdischen Bourgeois sind nicht deshalb unsere Feinde, weil sie Juden sind, sondern weil sie Bourgeois sind.» Am 30. August löste ein Attentat auf den Führer der Revolution den «Roten Terror» aus, der in der *Krasnaja Gazeta* mit folgenden Worten angekündigt wurde: «Tausend Köpfe von Bourgeois für den eines Bolschewiken! Genug mit der Geduld! Tod den Bourgeois – das ist die Losung des Tages!» Russland trat in einen Bürgerkrieg ein, dem wegen der Hungersnot, die er zur Folge hatte, innerhalb von drei Jahren mehrere Millionen Menschen zum Opfer fielen.

In der Ukraine waren die Zusammenstöße am mörderischsten. Die rasch vorstoßenden deutschen Streitkräfte setzten zwar bald eine falsche Republik unter der Leitung des Hetmans Skoropadski ein, wozu die Vereinbarungen des Friedensabkommens von Brest-Litowsk sie berechtigten. Doch gleich nach dem Waffenstillstand vom 11. November wurde die evakuierte Ukraine zu einem Schlachtfeld, auf dem bis 1922 antagonistische Armeen aufeinanderprallten, die wegen des niedrigen Brotpreises, denn das Brot war hier weniger knapp als in Moskau, ständig Nachschub an Kämpfern erhielten. Am 26. Januar hatten die Roten dem General Petliura, dem Verkünder der Unabhängigkeit, Kiew wieder entrissen. Wie war es vorstellbar, dass diese strahlende Stadt im Lauf des Bürgerkriegs siebzehnmal eingenommen, verloren, zurückerobert und von vier Apokalyptischen Reitern vergewaltigt wurde: den Roten von Budjonny, den Weißen von Denikin, den Nationalisten von «Väterchen» Petliura, den Anarchisten von Nestor Machno – ganz zu schweigen von den polnischen Truppen Pilsudskis? Und nach Kiew, der Hauptstadt des Orkans, strömten aus Moskau und Petrograd die Gegner des Bolschewismus zu Tausenden. «Es flüchteten grauhaarige Bankiers mit ihren Frauen, es flüchteten erfolgreiche Geschäftsleute, die in Moskau Vertrauensleute zurückgelassen und ihnen aufgetragen hatten, Kontakt zu halten mit dem Neuen, das im Moskauer Reich im Entstehen war», erzählt Bulgakow in *Die weiße Garde*.[56] «Fast überall kämpfen Truppen», hält Irène Némirovsky fest. «Eine Anarchistin kämpfte zwei Tage lang in den Straßen von Jelisawetgrad zusammen mit der konterrevolutionären Bevölkerung. Banden weißer Offiziere durchquerten auf dem Weg zur rumänischen Front die Ukraine, um sich dem Kubun (der Truppe von Drosdowski[57]) anzuschließen. Die von Maschinengewehren starrenden Dörfer verteidigten sich grimmig gegen alle Welt. (...) Innerhalb von vier Jahren, 1918–1922, eine Folge von Invasionen und Aufständen in Kiew.»[58] Und während oder nach jedem Durchzug der verschiedenen Armeen kam es zu systematischen wüsten Pogromen von bislang unbekanntem Ausmaß. So wurden im Juni 1920 in Piatigori alle Juden der Stadt in der Synagoge zusammengetrieben, mit Benzin übergossen und angezündet. Diesen häufig zu Übungszwecken begangenen Gräueltaten fielen mehr als dreihunderttausend Juden zum Opfer.

Ein schrecklicher Sturm

Im März 1919 war Kiew unter bolschewistische Herrschaft geraten, und die Nemirowskis waren von Helsinki nach Stockholm in Schweden gezogen, die letzte Station ihres Exils vor Paris. Vermutlich reisten sie in der Zwischenzeit kurz nach Kontinentaleuropa, vielleicht nach Lodz, wo Leonid möglicherweise noch Anteile besaß, oder in die baltischen Länder, wo sich seine Zündholzfabrik befand. Dies scheint das Interview von 1931 nahezulegen, in dem Irène Némirovsky die Etappen ihrer Odyssee erwähnt: «Ja, ich hatte schon ein bewegtes Leben. Rußland, Schweden, Mitteleuropa … und Paris. Aus dem, was mir widerfahren ist, könnte man ein überaus handlungsreiches Drehbuch machen.»[59] Von Finnland, «dem geheimnisvollsten Land der Welt»[60], nahm sie die Erinnerung an «schöne Jünglinge» und «gesunde, starke Männer» mit, Menschen, die grausam patriotisch waren, imstande, einem Dieb die Hände abzuschlagen, wie sie es mit eigenen Augen gesehen hatte; und unabhängige, emanzipierte Frauen, die «genauso wie die männliche Jugend auf jede Stellung, jedes Diplom Anspruch erheben konnten», was keine geringe Lehre war.

In der schwedischen Hauptstadt hatten bereits viele russische Exilanten Zuflucht gefunden, die kümmerlich von ihren bei den Antiquaren hinterlegten Gemälden, Porzellanservicen, Bronzen oder

Teppichen lebten. «Ich bin an einem stürmischen Wintermorgen in Stockholm angekommen, an dem sich eisiger Regen mit Schnee vermischte», erzählt Irène Némirovsky 1930. «Ich kam aus Finnland und hatte noch das Bild eines leuchtenden Winters im Gedächtnis. Stockholm kam mir dunkel, kalt und trist vor. Ich erinnere mich an meinen ersten Spaziergang in der Drottninggatan, einer langen, breiten und gut beleuchteten Straße, wo ich nach Monaten der Revolution, des Hungers und eines ganzen in einem abgelegenen Dorf in Finnland verbrachten Jahres – zu meiner großen Verblüffung! – Europa wiederfand, den Reichtum, den Komfort, die Zivilisation. (In den Schaufenstern sehe ich noch die riesigen scharlachroten Langusten, auf die wir wie Schiffbrüchige gierig starrten.) Das alles war fast zu schön und machte uns ein wenig angst. Daher näherte ich mich Stockholm mit einer Art Feindseligkeit und Mißtrauen.»[61]

Die Nemirowskis stellten ihr Gepäck im Grand Hotel ab, einem auf den Hafen gehenden monumentalen Palast, für den das *Journal de Saint-Pétersbourg* seit Anfang des Jahrhunderts Reklame machte. Von dieser Festung mit Hunderten von Zimmern aus sah Irina die Studentinnen mit weißer Mütze vorübergehen und lauschte den in den Hinterhöfen singenden «kleinen Dienstmädchen» mit ihren Häubchen, die sie bald *fröken* zu nennen lernte. Zu diesem Zeitpunkt hatte Leonid von Bergen aus bereits Skandinavien verlassen, um die Ankunft seiner Familie in Paris vorzubereiten. Dies jedenfalls lassen die rätselhaften Daten vermuten, die Irina auf den letzten Seiten ihres Notizbuchs eingetragen hat: Helsinki 5. Januar, Bergen 8. Januar, Frankreich 9. Februar 1919. Andere sind schwieriger zu interpretieren: «Jerusalem? 9. Mai» und «Di. 1. März 1920 Petrograd». Freilich ruinierte Leonid sein Leben mit Reisen, so wie es sein Abbild David Golder tun wird und, in *Le Vin de solitude*, Boris Karol, der «durch Finnland gereist war, fünf Millionen schwedische Kronen beim Umtausch verloren, zwei zurückgewonnen hatte und nach Paris aufgebrochen war, wohin seine Frau, seine Tochter und Max ihm folgen sollten»[62].

Zu Beginn des schwedischen Frühlings, der wirklich erst im Mai beginnt, bedeutete Leonid seiner Frau und seiner Tochter, nach Paris zu kommen. Wie jedes russische Kind wusste Irina, dass der nordische Frühling «plötzlich, heftig, trunken» ist und dass «man sich beeilen muß, ihn auszukosten, ihn zu trinken wie Wein». Und das tat sie auch vor der Abreise, die für die Zeit um den 20. Juni geplant war, indem sie durch die Straßen der Stadt streifte, die sich binnen einer Nacht mit lila Flieder bedeckt hatten. Dann besichtigte sie Uppsala, seinen Dom und seinen Flieder sowie «ein sehr altes steinernes Denkmal, das, wie ich glaube, das Grab der ersten Könige von Schweden ist, Tannen, das ruhige Wasser ...»[63] Die aus Helsinki mitgebrachten Rudimente an Finnisch konnte sie durch ein paar Brocken Schwedisch ergänzen, und die ersten Takte der Nationalhymne blieben für immer in ihrem Gedächtnis haften.

Der Frühling ging zu Ende. Anna und Irina nahmen ein erstes Schiff nach Norrköping, hundert Kilometer im Süden von Stockholm, wo sie ein nach Frankreich fahrender «kleiner Frachter» erwartete. «Ich habe dieses Land sehr gemocht»[64], murmelte sie wohl, als sie der sich entfernenden Küste nachblickte. Die Überfahrt war rau: «Zehn Tage ohne Zwischenstation bei einem entsetzlichen Sturm, an den ich mich wohl in *David Golder* erinnert habe.»[65] Zu ihrer Panik vor dem Ertrinken gesellte sich jedenfalls das Entsetzen vor dem Wasser. Wie sie selbst gestand, blieb die Erinnerung an diese gefährliche Schiffsreise zusammen mit den Szenen der Anarchie in Petersburg die tiefste Narbe dieser jungen Seele. «Angst? Angst? Aber ich habe nie Angst gehabt ... Ich habe nie Angst gehabt. Außer einmal in Rußland während der Revolution ... Und ein anderes Mal auf einem kleinen Frachter, der mich von Schweden nach Rouen brachte. (...) Wir gerieten in einen schrecklichen Sturm, das Schiff tanzte, ich hatte Angst, ins grüne Wasser zu fallen ...»[66] Da der Frachter wegen des stürmischen Wetters nicht in Le Havre anlegen konnte, gelangten Anna und Irina von Rouen aus nach Paris, quer durch die während der Zeit der Blüte so freundliche Normandie. Irina war nach Arkadien zurückgekehrt, «in dieses sanfte Land, das schönste auf der Welt»[67]. Und zwar für lange Zeit.

Leonid erwartete sie am Bahnhof. Er hatte jene Körperfülle eingebüßt, die man bei ihm auf den Vorkriegsfotos sieht, und wirkte ausgemergelt, mit herabhängendem Schnurrbart, ergrauten Schläfen, schlaffem, teilnahmslosem, fast traurigem Blick. Schuld daran waren die letzten zwanzig Monate, die er damit zugebracht hatte, seine Vermögenswerte zusammenzuklauben, die durch einen Orkan, wie ihn die Alte Welt noch nie erlebt hatte, zerstreut worden waren. Viele davon hatten sich in Luft aufgelöst, wenn sie nicht von den Bolschewiken geraubt worden waren. Dabei steht er seit Juli 1919 im Verdacht, zugunsten der Roten auf den Rubel und auf Edelmetalle spekuliert zu haben – was viel über den Ruf der russischen Bankiers in Paris aussagt.

Irina war sechzehn. Ein Alter, in dem man in Russland eine Frau war. Als Anna das Pariser Pflaster betrat, wurde sie zu Fanny und Leonid zu Léon. Und Irma Irina wurde Irène Némirovsky.

4

Miss Topsy und Mademoiselle Mad
(1919–1924)

«Möge das Echo dieser frenetischen Nächte die tau-
ben Mauern der Jahre durchdringen.»

Joseph Kessel, *Nuits de prince*, Vorwort

Als sie in der Nacht mit dem Auto über die Place Vendôme fuhren, um sich in das Hotel zu begeben, in dem Léon sie vorläufig untergebracht hatte, kamen sie am Hôtel Vendôme vorbei, in dem sich drei Monate zuvor jener Mann, der ohne es zu wollen den Niedergang des zaristischen Russland beschleunigt hatte, Fürst Jussupow, in einem komfortablen Exil niedergelassen hatte, zusammen mit seiner Verlobten Irina, einer Nichte des verblichenen Zaren, der mit seiner Familie in Jekaterinburg erschossen worden war.

Soeben war in Versailles der Friedensvertrag unterzeichnet worden. Der 14. Juli 1919 versprach der schönste seit Langem zu werden, trotz der zahlreichen zerstörten Wohnungen und Kriegsversehrten. In den Straßen von Paris war die jubelnde Menge so dicht, dass die Autos auf der Fahrbahn stecken blieben. Allenthalben erklang die *Marseillaise,* die viele Russen nicht mehr hören konnten, ohne zu erschauern. Zwar hatte die Regierung Aristide Briand für die Weißen Partei ergriffen und ein Expeditionskorps von zwanzigtausend Mann nach Odessa geschickt, aber sie hatten den Rückzug antreten müssen. Und unter dem Arc de Triomphe wehte nicht die russische Fahne, obwohl vor und nach dem Februar 1917 Millionen von Soldaten an der Ostfront gegen den gemeinsamen Feind gefallen waren.

Närrische Ausländer

Fanny klagte, dass Paris sich verändert habe. Das lag daran, dass sie gealtert war. Nach dem Sturm schätzte Léon den Schaden. Er hatte «das Glück gehabt, die Filiale einer seiner Banken wiederzufinden, und konnte von hier aus sein auf null geschmolzenes Vermögen wiederaufbauen»[1]. Als er seine Geschäftsreise ankündigte, hielt Fanny ihn nicht zurück: Sie fühlte sich nicht mehr an die Fesseln der Ehe gebunden. Bevor er abfuhr, schenkte ihr Léon verständnisvoll einen hübschen Wagen, um ihr zu ermöglichen, sich im Bois de Boulogne zu brüsten, im Pavillon Dauphine ein paar Gläser zu trinken, die Schneider zu plündern, im Ritz zu speisen, sich zweimal am Tag umzuziehen. Es war die große Neuheit der Nachkriegszeit: Im Bois de Boulogne gab es mehr Luxusautos als Reiter. Irène, die das Treiben ihrer Mutter mit bösen Blicken beobachtete, erinnerte sich an alles, an die Denkmäler, die Parks, das Licht, den Invalidendom, den Jardin des Plantes, den Geruch der Seine. «Ich war schon als Kind in Paris gewesen. Als ich ankam, habe ich die Erinnerungen, die mich erwarteten, wiedergefunden.»[2] Dieses verlorene Paradies versetzte sie viele Jahre zurück, fast ins vergangene Jahrhundert, bevor 1914 der Vorhang gefallen war. «Kaum ein paar Schatten in all dieser Helligkeit: Kinder in Trauer, ein blinder Soldat, ein anderer in einem Wägelchen, hastende Frauen; ihr langer Trauerflor flatterte in ihrem Rücken. Das war schon alles, was vom Krieg übrigblieb.»[3]

Um sich noch freier bewegen zu können, gab Fanny ihrer Tochter eine englische Anstandsdame zur Seite, eine alte Drohung, die aufgrund der Ereignisse von 1917 vertagt worden war. Von Anfang an war Irène das «lange Pferdegesicht»[4] von Miss Matthews zuwider, ebenso ihre tief liegenden Augen, ihr geiziger Mund und ihre finstere Miene. Ganz zu schweigen davon, dass der Englischunterricht nun von morgens bis abends dauerte, drinnen wie draußen! «Es war eine typische Engländerin, sehr rassig, sehr britisch, sehr mager: ein Sack voll Knochen», erzählt Denise Epstein. «Ich habe nie einen Mann an ihrer

Seite gesehen. Sie folgte Mama wie ihr Schatten.»[5] Durch den Umgang mit ihr erwarb Irène einen Anflug von Benehmen, eine gewisse Zurückhaltung ihrer Gefühlsäußerungen, «eine gewisse Schlichtheit in Worten und Gesten, die ihren Charme vollendeten»[6]. Im Lauf der Zeit erwies sich Miss Matthews im Übrigen als nicht ganz so finster und sogar als ausgezeichnete Gesellschafterin, da Irène Némirovsky sie auch nach ihrer Heirat noch in ihren Diensten behielt. Eines ihrer Laster, das sie nicht verheimlichen konnte, war die Äthersucht. Als sie einmal in einer Klinik lag, überraschte man sie dabei, wie sie eine Flasche Eau de Cologne leerte, um ihre Entzugserscheinungen zu lindern.

Eine weitere «Gesellschaftsdame», groß und ein wenig hinkend, war aufgetaucht. Irène und Fanny sahen sie nicht lange, denn Léon nahm sie sofort mit nach New York, wohin seine Geschäfte ihn riefen. Von nun an sollte Julienne Dumot seine Sekretärin bleiben. Diese vierunddreißigjährige Frau aus den Landes besaß ausgezeichnete Referenzen: 1902 hatte sie bei einem der petersburgischsten französischen jungen Theaterautoren gearbeitet, Sacha Guitry, der sie sodann dem Autor von *Triplepatte*, Tristan Bernard, empfohlen hatte. Nachdem Léon seine Vorkehrungen getroffen hatte, konnte er seine Familie dem heterokliten Komfort eines Appartements überlassen, das er im Westen von Paris, in der Rue de la Pompe 115, gegenüber dem Gymnasium Janson-de-Sailly ausfindig gemacht hatte. Diese möblierte Wohnung war nicht weit von Passy, vom Étoile und von der Muette entfernt, wo Tausende von exilierten Russen in Familienpensionen Zuflucht gefunden hatten, seien es Ärzte, Journalisten, Offiziere, Schriftsteller, Studenten oder Prinzen von Geblüt, so dass sie ein Fünftel der Einwohner dieses Viertels bildeten.

«Auch die Verrücktheit des Hauses nicht vergessen. In Paris.» Diese Notiz aus dem Jahr 1934 am Rande von *Le Vin de solitude* lässt vermuten, dass die Beschreibung, die Irène Némirovsky hier vom ersten Pariser Domizil ihrer Eltern gibt, nicht übertrieben ist. Mit Samtsesseln versehen, die das Wappen eines mit einer Amerikanerin verheirateten italienischen Herzogs trugen, verriet es einen schlechten Geschmack und eine Nachlässigkeit, die Léon und Fanny ebenso wenig zu korrigieren gedachten wie in Petersburg. Die verdreckten Glühbirnen des Kronleuchters waren zur Hälfte durchgebrannt. «Die Rosen, die niemand pflegte, verwelkten in ihren Vasen; ein Klavier, auf dem keiner jemals spielte, war in eine Ecke geschoben worden, zwischen die zerschlissenen Spitzenvorhänge, die tausend Francs der Meter kosteten und von Zigarettenspitzen versengt waren. Asche übersäte die Teppiche; der verachtungsvolle, schweigsame Domestike schenkte den Kaffee an einer Ecke des Schreibtischs ein und verschwand mit einem säuerlichen Lächeln, das ‹diese närrischen Ausländer› streng verurteilte.»[7] Ein derartiges Provisorium hatte Irène schon in Russland erlebt, aber wozu jetzt, da sie «das schönste Land der Welt» wiedergefunden hatten? Wartete Léon wie alle Russen in Paris, die auf ihren Koffern saßen, auf eine letzte Wende des Bürgerkriegs? Im Lauf des Jahres 1920 sollte Frankreich als einziges Land der westlichen Nationen noch eine letzte Hoffnung keimen lassen, indem es Wrangels Siege feierte und dann seine Regierung anerkannte. Das erklärt vermutlich, warum die Némirovskys vor der vollständigen Niederlage der Weißen Armee es nicht für notwendig hielten, diesen idiotischen Schlupfwinkel in der Rue de la Pompe zu verlassen. Irène dagegen hatte bereits ihre Vorkehrungen getroffen und sich auf die französischen Bücher gestürzt, vor allem auf die modernen: Proust, Larbaud, Chardonne, Maurois …

Ships that pass in the night …

Im Februar 1920 brachte Léon seine Frau und seine Tochter nach Nizza, um dort den Winter und das Frühjahr zu verbringen. Aus dieser Zeit stammt eine auf der Promenade des Anglais aufgenommene Reihe von Fotos, die sowohl einer Modenschau als auch einem Markt der Eitelkeiten glich. Vor einem heute verschwundenen Kasino, das eher an Isfahan als an die Baie des Anges gemahnt, trägt Léon eine Melone und einen schönen zweireihigen Mantel, Handschuhe sowie zweifarbige Schuhe mit Lackvorderblatt, Gamaschen, wie sie vor dem Krieg Mode waren. Miss Matthews, in schwarzem Mantel, beaufsichtigt Irène voller Nachsicht. Diese, ein Täschchen in ihren weiß behandschuhten Händen, dicke braune Korkenzieherlocken unter einem schwarzen Hut, die Füße in unbequemen Louis-Quinze-Schuhen, setzt ein schalkhaftes Lächeln auf, dem man nicht trauen darf. Eine ihrer Kameradinnen wird sie bald beschuldigen, «die Leute anzulächeln und dabei hässliche Dinge über sie zu denken»[8]. Dieses Lächeln gilt wohl ihrer Mutter, die, einen Sonnenschirm auf der Schulter, unerschrocken einen weißen Kaftan mit geometrischem Muster trägt. Ein drittes Foto vereint Vater, Mutter und Tochter: Irène Némirovsky hat es zerrissen, um ihrer Tante Victoria nur ihr eigenes Bild nach Moskau zu schicken; in taillenlosem weißem Kleid unter einer mit Triskelen verzierten Jacke, einen schwarzen Bob auf dem Kopf, geht sie mit festem Schritt. Auf der Rückseite stehen die schlichten Worte: «Meiner lieben Tante Vika von ihrer sie liebenden Nichte.»

Im Excelsior Hôtel Regina, einem 1896 zum Empfang von Königin Victoria errichteten Koloss mit vierhundert Zimmern, begegnete Irène einer zwei Jahre jüngeren russischen Schulkameradin, die nach der Ermordung ihres Vaters am 30. August 1918 in Kronstadt aus Sankt Petersburg geflohen war. Walerian Buturlin war erst vierunddreißig, und seine Frau hatte, um in Frankreich leben zu können, in Paris eine Schneiderwerkstatt aufmachen müssen, wenn man der Novelle «Destinées» glauben darf, in die Irène Némirovsky viele wahre Details über ihre Freundin Olga Walerianowna Buturlin hat einfließen lassen.[9] Später sollte die ältere Olga in einer anderen Novelle von 1940 auftauchen, «noch immer schön, mit schwarzen Augen, mageren Wangen und schroffer, schüchterner Miene»[10], aber mit einer im Exil gewonnenen «slawischen Mystik, wie man es in Frankreich nennt»[11]. Die beiden Freundinnen versprachen, sich in Paris wiederzusehen. Obwohl abergläubisch wie alle Zeugen der Revolution, schrieb Olga am 5. Februar 1920 folgende Zeilen von Longfellow in Irènes Notizbuch:

Ships that pass in the night, and speak each other in passing, only
a signal shown, and a distant voice in the darkness;
[So on the ocean of life, we pass and speak one another[12],]
only a look and a voice, then darkness again und a silence.

Olga blieb bis zum Zusammenbruch von 1940 Irènes liebste russische
Freundin. Ihre anderen Kameraden und Kameradinnen sind meist
nur mit Nachnamen oder Vornamen aus ihrem Notizbuch oder ihren
Briefen bekannt: Sonja, Musja, Dichran, Vidoff, Mademoiselle Lütolff,
Nirode, Tanja, der schöne Schura Lissianski und Mila Gordon, ein un-
tersetztes junges Mädchen in Irènes Alter, das während der Revolution
in einem Fabrikkeller versteckt war. Ihr Vater, Boris Gordon, der *Les
Nouvelles de la mer d'Azov* geleitet hatte und einen Benz fuhr, besaß unter Nikolaus II. das Quasimonopol des Tabakhandels. Mila war
auf den Wohltätigkeitsbällen gleichsam das «snobistische junge Mädchen», das in den Armen des alten Fürsten Gagarin lag und das Irène
«furchtbar hässlich und alt» fand. Auch ihre ältere Schwester Hélène
durfte keinen Schritt ohne ihre englische Gouvernante tun, «wie in
den Stücken von Tschechow»[13]. Wieder in Paris, verkehrte Irène mit
allen beiden, in der großen Wohnung auf der Avenue d'Iéna, einem der
Treffpunkte der vornehmen russischen Diaspora, jener der Geschäftswelt, die am wenigsten unter dem Exil gelitten hatte und auf das Ende
des sowjetischen Abenteuers spekulierte, mit begehrlichen Blicken auf
die riesigen Märkte – insbesondere die Ölmärkte – schielte, die sich
dann den Investoren öffnen würden.

Im Tanzzirkel

Nicht alle Staatsangehörigen «Phantom-Russlands» – 1921 fünfzig-
tausend Flüchtlinge – lebten auf so großem Fuß. In der französischen
Hauptstadt grassierte ein regelrechter Parallelmarkt an Juwelen und
Silberwaren, die zumeist zu Schleuderpreisen von ruinierten Aristo-

kraten verkauft wurden, aber auch direkt aus «Bolschewien» stammten, aus den Museen gestohlen oder Beutestücke der allgemeinen Plünderung im Jahr eins der Revolution waren. Die Schneiderei von Madame Buturlin war also kein Einzelfall. Michel Tolstoi, der Sohn des Autors von *Krieg und Frieden*, leitete ein Vokalensemble, das in den mondänen Gesellschaften und den Music Halls auftrat; ganz zu schweigen von den Gräfinnen in Livree, den Großherzögen als Hotelportiers, den Offizieren in den Overalls der Citroën-Werke, den Perlenauffädlerinnen wie Elsa Triolet oder dem volkstümlichen «*Iswoschtschik!*», mit dem nicht selten eines der dreitausend russischen Taxis in der Hauptstadt herbeigerufen wurde. Den Gipfel des Pittoresken erreichen die Erzählungen von Joseph Kessel, der es verstanden hat, in den winzigen Kabaretts von Montmartre ein ganzes Volk von jüdischen Geigern, *dschigitischen* Reitern, Gitarristen von den «Piter»-Inseln, Zigeunersängerinnen, adligen Hauslehrern, im Exil halb verrückt gewordenen Fürsten zu versammeln, lauter Deklassierte, die sogar ihre Seele in *Pigal* verkauft hatten, dem Zentrum dieses «Stammes ohne Vaterland und ohne Stadt».[14]

Von Miss Matthews von Palasthotels in Seebäder begleitet und zurechtgemacht wie eine Modepuppe, schien Irène Némirovsky recht weit entfernt zu sein von dem «hysterischen, perversen und naiven Volk außerhalb der Menschheit, dem schieren Vergnügungsmaterial»[15] des Russlands von Montmartre. Am 8. November 1920 schrieb sie sich, ein dem Bakkalaureat gleichwertiges Dokument in der Tasche, für russische Literatur in der Universität ein, voll lernbegieriger Absichten: «Und endlich war es Paris, der Ausbruch, die aus freien Stücken akzeptierte Arbeit, die Atmosphäre der Sorbonne, das Lizentiat in Literatur und der unstillbare Durst nach einer der Adoleszenz angemessenen Lektüre.»[16] Paradoxerweise entdeckt sie in der Sorbonne, unter den duftigen Fresken von Puvis de Chavanne, mit Entzücken die große russische Literatur – Turgenjew, vor allem aber die Dichter des Silbernen Zeitalters. Die junge Studentin nennt in ihrem Heft die Namen einiger dieser «ewigen Sputniks»: Mereschkowski, der Anfang

1920 aus Finnland gekommen war; Balmont, ebenfalls im Exil in Paris; und einen dritten, Kljujew, den dekadentistischen Muschik-Dichter. Weiter unten auf diesen schmalen Seiten mit schwarzem Einband erhebt sie sich ungeniert auf ihre Höhe: «Der einzige Fehler von Genies wie Oscar Wilde, Nietzsche, Mereschkowski, der Aristokraten des Denkens, war nicht, daß sie sogenannte amoralische Bücher schrieben, sondern daß sie sie veröffentlichten. Sie hätten sie eifersüchtig für sich behalten sollen, wie ein Geizhals es mit einem kostbaren Schatz tut, statt sie wie ‹margaritas ante porcos› zu werfen.»

Natürlich war Irène nicht nur zu jung und zu französisch, sie gehörte auch einer viel zu besonderen Sphäre an – dem Finanzmilieu –, um mit der frenetischen russischen Intelligenzija von Paris zu verkehren, den Saizews, Bunins, Kuprins, Remisows, Ossorgins, Schestows, Weidles, dem Salon der Winawer oder von Michail Zeltin, schließlich all jenen, die Lenin 1919 als «Exkremente der Nation» bezeichnet hatte. Für die nachrückende Generation – Zwetajewa, Chodassewitsch und Berberowa – waren die Eheleute Mereschkowski vergangene Glanzlichter. Nicht so für Irène Némirovsky, die ihre Gedichte entdeckte, als stammten sie nicht aus der Zeit vor dem Krieg. «Auf Russisch habe ich nie etwas anderes geschrieben als Schulaufsätze», sagt sie 1940.[17] Dennoch verfasste sie in einem synkopischen, entschieden modernistischen Stil die folgenden Verse auf Russisch, melancholische Zeugen ihrer Ausflüge in die Nachtlokale von Montmartre:

Nur Überdruß und Mattigkeit
Auf ihrem so schönen Gesicht
Doch bei den Klängen der verrückten Musik
Funkelt jedesmal der Opal an ihrem Ring

Blaue Ränder unter ihren Augen
Sprechen von einem Leben in Schande und Entbehrung
Wahrhaftig kaum zu glauben
Daß sie dem Foxtrott nicht widerstehen können

Ihre Zigarettenspitze aus Bernstein
Zittert zwischen ihren zarten bleichen Lippen
Der schmissige Tanz, der Schrei der Jazzband a-a-a-a
Verlockt sie und zieht sie an

Einzig aus Gewohnheit
Kommen sie allabendlich hierher und
Sehen den Paaren beim Tanzen zu
Und träumen, daß er vielleicht kommt

Vor langer Zeit sind sie und er
Eingetreten in den Tanzzirkel
Vergessend, daß man in der nächtlichen Bar
Auf die ergreifende Stimme wartete.[18]

Diese Stimme war die der Zigeuner, bei deren Schluchzen alle Russen von Paris, vor Verblüffung hin und her gerissen, ihr Blut kochen spürten wie bei einem Steppenbrand. Und Irène, die in Kiew nur ihre Mutter auf dem Klavier hatte klimpern und ihren Vater zur Gitarre hatte summen hören, die nie den Schoß ihrer Gouvernanten verlassen hatte, wurde bei dem elementaren Furor des Zigeunergesangs von einem «nervösen Schauder» ergriffen; zwar verstand sie ihren Sinn nicht, aber «diese fieberhafte, traumhafte Musik ähnelte in nichts irgend etwas, was sie bis zu diesem Tag gehört hatte»[19]. In diesem Drängen, diesem unbezähmbaren Lodern erkannte sie jene angeborene poetische Gabe, die das Thema von *L'Enfant génial* ist, einem ihrer ersten veröffentlichten Texte. Wo nur hörte sie diese «barbarische Musik, der nichts auf der Welt gleichkommt»[20]? In einem Konzert zugunsten der notleidenden Russen, wie sie es sich in *L'Ennemie* vorstellt? Damals ging Irène noch, wie alle Exilierte ihres Alters, auf die Bälle des russischen Zirkels; oder sie verkaufte beim russischen Neujahrsfest oder auf den Wohltätigkeitsbällen des Cirque de Paris für bedürftige Flüchtlinge Tombolalose. Aber sie ging auch zum Tanzen auf die Kostümbälle, die ihre neuen Freunde gaben und wo sie in folgendem Aufzug erschien: «... einen Kranz aus Münzen auf der Stirn, in einem mit Gold gepaspelten schwarzen Leibchen, einer mit Talmischmuck bedeckten Spitzenkorsage und geblümten Röcken, in der einen Hand ein Tamburin, die andere anmutig zum Himmel erhoben»[21], nach Zigeunerart.

Gefahrlose Wollust

In Irène war eine Leidenschaft für das Tanzen erwacht. Noch nie wurden so viele neue Schritte und Hüftverrenkungen gewagt wie seit dem Auftauchen der schwarzen Jazzbands, der hauptsächlichen Eroberungswaffe der amerikanischen Befreier. «Glauben Sie nur nicht», sagt sie 1935, «daß meine Jugend nur aus Hörsälen und Prüfungen bestand ... Ich habe die Vergnügungen der Jugend in keiner Weise verschmäht, ich bin viel gereist und ... habe viel getanzt!»[22] Foxtrott, argentinische Tangos, von den Blasinstrumenten der Schwarzen aus Übersee gespielte *shimmies*: Der Aufruhr, der nach dem Sieg in Paris losgebrochen war, erregte eine ganze Generation und übertönte das Echo der Granaten. «Die ganze Welt tanzte nach diesem kurz nach dem Krieg aufgekommenen Rhythmus, der zwischen 1930 und 1931 ebenso jäh endete wie in einem Nonstopkino der Hauptfilm.» Immerhin tanzte Katherine Mansfield, deren köstliche Novellen Irène damals entdeckte, den Ragtime wie keine andere ...

Sie begann also die Orte zu frequentieren, wo man sich amüsierte, das Château-Madrid, die Bühnen von Paris-Plage in Touquet, wo man sich mit gelöstem Haar als Krabbenfischerin verkleidete, die Music-Halls, die Gesangstourneen der «unvergleichlichen Mistinguett mit 60 000 Frs Aigretten», die von Miss Matthews heimlich gerauchten Zigaretten, der letzte und immer komischere Chaplin ... Vor allem aber der Tanz: «Für dieses unverdorbene kleine Mädchen war der Tanz fast die Liebe, die es nicht kannte. Diese Umschlingungen, diese aneinandergepreßten Körper, dieses langsame rhythmische Wiegen, die Berührungen, das Schweigen der Tänzer und diese wilde Musik, das alles war gefahrlose, poetische, verhohlene Wollust.»[23] Dieser Jerk-Flirt war auch eine Revanche für das verhasste Privileg von Fanny: Indem sie auf diese Weise ein paar Herzen höher schlagen ließ, hatte sie die Illusion, ihr einen Zaubertrick zu rauben. Bald wäre diese Macht ganz die ihrige.

Diese Neigung führte sie an die zweifelhaftesten Orte, durch die sie ging, ohne etwas anderes zu sehen als die Zähne und die Arme der Tänzer, das Gold der Saxofone auf den schwarzen Gesichtern, die prächtigen Kleider der Frauen. Sie musste sich an die Mischung aus Brillantine, Champagner, Rauch und Schweiß gewöhnen, an den Geruch dieser «verrückten Jahre». In den Nachtlokalen, den russischen Restaurants und den Kabaretts, die sie zu frequentieren begann – im Perroquet, im Caveau, im Café de Paris, im Poisson d'or, dem Lokal von Kessel, und im Pré Catelan, wo halbechte Zigeuner auftraten –, mischte sich ein Publikum aus betrunkenen Amerikanern, Verkäuferinnen russischer Puppen aus Lumpen, Kokainsüchtigen, Zuhältern im Sonntagsstaat, «seltsame Paare, die sich zu umarmen schienen» und «geschminkte dicke Damen, die mit der erschreckenden Zärtlichkeit von Menschenfresserinnen allzu gut gekleidete Jünglein an sich preßten»[24]. Und dann «natürlich die deutschen Kunden, die Boches. Die alten Amerikanerinnen mit den Goldzähnen! Die Gigolos, sämtliche Gigolos». Diese, abgebrannte Studenten, die sie auf den privaten Abendgesellschaften wiedertraf, vollgestopft mit «Gänseleberpastete und Kaviarsandwiches»[25], waren beleidigt, wenn Irène, die ihre gute Laune liebte, sich anschickte, sie zu bezahlen. Denn mit ihr tanzten sie zum Vergnügen. «Eine Zeit schierer Freude.»

Besonders für die Russen waren die ersten Jazzklänge gleichsam die Entdeckung eines Kontinents; «sie empfanden eine Art vages Entsetzen, irrsinniges Entzücken. Es war eine andere Welt ...»[26] Zu Beginn der 1920er Jahre stand Irène Némirovsky der Sinn zu sehr nach Tanzen, als dass sie den verfluchten Ball um sich herum hätte erahnen können, den Verfall der Sitten, diese Verhöhnung des Todes, die auf die vier Jahre Schlamm folgte, in dem die Alte Welt versunken war.

In Vichy oder Plombières genoss die Jeunesse dorée die Bäder und die gesunde Luft; wieder in Paris, sog sie Tabak und *sherry-goblers* in sich auf, betäubte sich mit *strides* in den einschlägigen Kellern. Kokotten in Fannys Alter, deren Kleider nach fünf im Schrank verbrachten Jahren nur noch zum Wegwerfen taugten, trotzten der Natur, dem Gelächter und dem Rheumatismus und reckten «ihren vom Rock gebändigten runden kleinen Hintern» – einen jener «*white bottoms*», die Sem 1927 in seinem letzten Album skizzieren sollte. Im Februar 1934, als Irène Némirovsky einige Erinnerungen im Hinblick auf eine große Novelle über die Zeit der Kabaretts zu Papier bringt, entsteht unter ihrem Stift die Skizze eines Gemäldes von George Grosz, eine Vanitas im grausamen Licht der Rezessionsjahre:

> (...) *Die Herrschaft der alten Frauen hat begonnen. Sie haben die langen Röcke, die Haarknoten, die Korsetts, alle Behinderungen abgelegt. (...) Sie denken «fünfzig Jahre ... sechzig Jahre ... Bah, wer weiß es? Was bedeutet die Geburtsurkunde, wenn das Herz jung ist? Wie viele Schauspielerinnen und Stars sind sechzig und mehr?» Sie bemalen ihren faltigen Mund mit Lippenstift (...), zünden die Zigarette an – wenn sie den Arm zu dem Feuerzeug ausstrecken, zeichnet sich unter dem Schlüsselbein ein Schatten ab, und einen Augenblick lang scheint im Tageslicht, das durch die Tür des* Caveau *dringt (...), die Maske des Todes auf ihren Zügen zu liegen und verschwindet langsam ...*

Diese wenigen Zeilen sollten dazu dienen, das erbauliche Porträt von Fanny anzufertigen, von «Ida», einer Novelle, in der sie den – realen und übertragenen – Zusammenbruch der Leiterin eines Nachtlokals erzählt, die das Alter und der Fremdenhass eingeholt haben – «ein Gesicht, um Phädra spielen zu können»[27], zugekleistert mit Cremes, aber besessen vom Dämon eines unter der Schminke noch immer heißen, jugendlichen Bluts. Der Maske des roten Todes gelingt es am Ende immer, auf den Bällen zu erscheinen, die Irène Némirovsky für die faustischen Personen ihres Werks gibt, all jene, die dazu verdammt sind, ihr Alter zu verleugnen, oder einfach, wie Ida, dazu genötigt werden durch den Schwur einer gedemütigten Jugend, einer hungrigen Kindheit – einer jüdischen Kindheit.

Die Vergangenheit existiert nicht mehr

Im Februar 1921 war Irène achtzehn geworden. Ein Alter berauschender Spritztouren im gemieteten Auto oder Landauer, Ausflüge aufs Land oder ländliche «vikendes» – die alle aufzuzählen eine lange Liste ergäbe: der Froschteich von Ville-d'Avray, die Felsen von Fontainebleau, die Strände von Deauville, Trouville oder Honfleur in der Normandie («ein zauberhaftes Nest»), Juan-les-Pins, Saint-Jean-de Luz und, immer, die Palasthotels: das Rond-Royal von Compiègne; das luxuriöse Hôtel du Palais von Biarritz, für die Kaiserin Eugénie errichtet, nach dem Brand von 1903 wiederaufgebaut und wegen seines Ehrenhofs in falschem Versailles-Stil von den russischen Aristokraten hoch geschätzt; die hundertfünfundzwanzig Zimmer des Eskualduna von Hendaye-Plage im neobaskischen Stil, umgeben von Ladengalerien unter Arkaden, genau gegenüber dem Kasino, eingezwängt zwischen dem Meer und der Bucht von Chingoudy … «Diese kurzen Reisen waren wundervoll. In Paris erstickte man, die Stadt dampfte wie ein Schwitzkasten, eine Art Schirokko versengte die Kastanienbäume. Aber sobald die Tore von Paris hinter uns lagen, sah man richtige grüne Bäume voller Schatten und Vögel, klare und kalte Flüsse.»[28]

Ihre Freunde hießen jetzt Lili, Marc, Albert, Mademoiselle Renaud und Jouarre, Suchard, Adrienne, lauter sanft auszusprechende französische Namen, die sie gerne selbst getragen hätte: «Jeanne Fournier zu heißen oder Loulou Mansard oder Henriette Durand, ein leicht zu verstehender, leicht zu behaltender Name …»[29] Einer ihrer Kameraden hatte so einen Namen: René Avot. Er war Student der Naturwissenschaften, besuchte aber auch die Sorbonne, «vielleicht um eine kulturelle Ergänzung zu haben»[30]. Wie Irène 1903 geboren, war er der Erbe einer strengen Dynastie von Papierfabrikanten aus dem Pas-de-Calais. Er war ein vernünftiger, disziplinierter, kaum zu Exzessen neigender Junge. Aber er war schlank, fröhlich, heiter, ergeben, und vor allem tanzte er aufs Vollkommenste den Onestep, «damals eine wertvolle Eigenschaft, die ebensoviel galt wie die größte Intelligenz und die höchste Tugend …»[31]. Fügt man hinzu, dass das Anwesen der Avots nur wenige Kilometer von Paris-Plage entfernt war und René ein Side-car besaß, lässt sich seine unmittelbare Anziehungskraft ermessen. Irène wird 1933 das «scharfe, feingeschnittene» Gesicht, das «Fuchsprofil»[32] von René Ponsard beschreiben, das haargenaue Porträt ihres Modells.

In jener Zeit tauchen in ihrem Heft Sentenzen auf, die sowohl ihre Trunkenheit wie ein frühzeitiges Bewusstsein der Vergänglichkeit widerspiegeln, das daher rührte, dass sie geliebte Menschen in Russland verloren oder zurückgelassen hatte: ihre sanfte Zézelle, ihre junge Tante Victoria, ihre Großeltern. Diese maliziösen Aphorismen, Parodien von La Rochefoucauld oder Anstandsbüchern, verkünden ein *carpe diem* im Geschmack der Zeit: «Lerne, eine große philosophische Wahrheit und die ungewöhnliche Form einer Korsage nach ihrem genauen Preis zu bewerten.» Andere, etwas konventionelle, geben sich weise: «Erinnere dich jeden Morgen beim Aufstehen und jeden Abend beim Zubettgehen daran, daß die Minute, in der du lebst, vielleicht die letzte ist, und daß der Tod an jeder Ecke deiner Tage auf dich lauert. Die Vergangenheit existiert nicht. Wozu sich um eine ungewisse Zukunft sorgen? Genieße die Gegenwart und erkenne den Wert der Liebelei.» Wieder andere sollten ihr nichts nützen: «Erinnere dich daran, daß die Freunde von gestern die Feinde von morgen sind.» Schließlich, als Folge dieser Moral, deren Formeln weiterhin ihre künftigen Romane füllen werden, ein Entschluss, der den Lauf ihres Lebens bestimmen sollte: «Auch wenn das Glück nicht existiert, so gibt es zumindest hienieden eine ziemlich genaue Nachahmung desselben – erschaffen; Leben oder Kunst erschaffen, gleichviel, erschaffen ist ein mehr als menschliches Vergnügen, es ist der Zeitvertreib der Götter …»

Nonoche und Louloute

Aus Untätigkeit, nicht aus Vergnügen, kritzelte Irène Némirovsky im Lauf des Jahres 1921 nachts ihre ersten Prosatexte. Diese überaus komischen kleinen Komödien lassen zwei durchtriebene Garçonnes aufeinander los, die man sich mit Glockenhut, einer langen Perlenkette um den Hals und einer vulgären Sprache vorzustellen hat und die in einem Hispano herumflitzen und Grimassen schneiden, wenn die SDRC, die «Société de la Régénération par la Chasteté», erwähnt wird: die «Gesellschaft der Regeneration durch Keuschheit». Wenn Nonoche – nach dem Namen einer berühmten Katze von Colette? – mehr als einen gemeinsamen Zug mit der Autorin aufweist, so ist Louloute vielleicht nach einer gewissen Loulou de Vignoles gezeichnet, die in ihrer Jungmädchenkorrespondenz erwähnt wird, wahrscheinlich das Vorbild der beschwingten Figur der Babette in *L'Ennemie*.

Schon in «Nonoche au vert» schildert Irène Némirovsky die zwielichtige Fauna der «Neureichen» von Biarritz, ein Gemälde, das in *David Golder* dann ätzend geraten sollte. In «Nonoche au ciné» wendet sich eine kleine Dirne im kläffenden Ton von Arletty an ihren Ritter: «Ich bin von nach dem Krieg, wo's schnell geht und wo man's eilig hat … Sich lieben, sich's sagen, sich's beweisen, sich drauf stürzen, dafür braucht's nicht so viel Gedöns wie zu deiner Zeit … Und das ganze

Theater, das ist von vorgestern, armer Junge … Da läuft's doch immer sachte, sachte … eben im Bummelzug …» Alles im Pariser Jargon, Irène Némirovskys sechster Sprache!

In «Nonoche au Louvre» bleibt die von ihrer Kameradin geführte einfältige Louloute plötzlich vor dem *Johannes der Täufer* von Leonardo da Vinci stehen, da sie in ihm die berühmteste ukrainische Jüdin von Paris zu erkennen glaubt, die Tänzerin Ida Rubinstein.[33] Eine rein schulmäßige Variante desselben Besuchs im Louvre taucht in sechs Punkten in Irènes Heft auf: «5. *Bildnis eines Bildhauers* von Bronzino und schließlich vor allem der *hl. Johannes der Täufer* (6) von Leonardo da Vinci, ein wahres Juwel, irgendwie androgyn, das mich an Ida Rubinstein erinnert.» Mit achtzehn verstand es Irène Némirovsky also, über die Dinge, die ihr am meisten am Herzen lagen, mit Ironie zu sprechen, damit sie der Literatur würdig seien. Mürrische Kritiker, die 1930 die Soifers, Fischls und andere groteske Juden aus *David Golder* frisch vorgesetzt bekommen sollten, wissen nichts von diesem Charakterzug. Aber es stimmt, dass Irène Némirovsky mit jugendlicher Sorglosigkeit ihre Selbstironie auf alle Gegenstände ausdehnte und darauf achtete, sich selbst nicht zu schonen. «Das Leben ist eine Komödie; töricht der, der ein Drama daraus macht», liest man unter ihren Jungmädchenmaximen.

Die Dialoge von «Nonoche und Louloute» zeugen von einer erstaunlichen Weltkenntnis: «Siehst du, mein Wolf, da ist etwas, was du dir nicht klarmachst, die Spanier, die Russen, die Amerikaner, das ist alles Bluff! Das gibt's doch gar nicht! Zeig mir einen guten ‹Neureichen›, einen wohlhabenden Bürger, der in Zucker oder in Kohle macht. Kein Großmaul, kein Aufschneider, sondern was Besseres; kein kleines Hotel, sondern eine schöne Wohnung im Sechzehnten, keine Perlen, sondern schöne Diamanten, die sie durchaus aufwiegen …» Kein Wunder, dass diese Zeilen am Ende die Signatur von «Topsy» tragen, was so viel wie «unbesonnen, zerstreut, kopflos» bedeutet: Es war der Spitzname, den Miss Matthews für sie gefunden hatte! Dass Irène Némirovsky diesen Spitznamen sofort übernommen hat, zeigt ein weiteres Mal ihren Hang zur Selbstironie, aber auch die Zuneigung, die sie schließlich der Engländerin entgegenbrachte, die doch ausersehen war, ihr die Leviten zu lesen.

Ein fröhliches Magazin

Dem vierten dieser Dialoge war ein anderes Schicksal beschieden als den drei ersten, die nicht veröffentlicht wurden. «Nonoche chez l'extralucide» erschien ohne Änderungen am 1. August 1921 in der Halbwochenschrift *Fantasio*, dem «fröhlichen Magazin» für Liebhaber «junger Mädchen», nach der Vorstellung des dicken Monsieur Prud'homme, der auf jedem Umschlag abgebildet war. Eher eine Art Rauchzimmerliteratur für eingefleischte Klubbesucher, wie Léon einer war, der auf alles ein Auge hatte, um nicht getäuscht zu werden. So konnte man in derselben Nummer 348, in der der Dialog von «Topsy» auf einer ganzen, von Del Marle diskret illustrierten Seite erschien, eine vielsagende Zeichnung mit folgender Unterschrift bewundern: «Wozu Kleider? Ein Hemd genügt.» Andere Seiten waren einer spitzbübischen Reportage über «die Liebe in Venedig» oder auch «galanten Fotos in Stereo» gewidmet. Entkleidete Modelle, Reklamen für die aphrodisische Creme Minos oder das Einpflanzen von Ziegenbockdrüsen wandten sich unzweideutig an reifere Herren; doch zeigen Reklamen für die «orientalische Pille» («innerhalb von zwei Monaten entwickelte, wiederhergestellte, gefestigte Brüste»), dass diese kleine Publikation auch Ehefrauen umwarb wie Fanny, die noch mit vierzig aussehen wollten wie Jungfrauen. Außerdem war darin der letzte Klatsch von Biarritz, Deauville oder Trouville zu lesen. Kurzum, *Fantasio* war «ein überaus pariserisches Magazin», wie Irène Némirovsky 1931 beschönigend sagt[34], um nicht zu sagen ein freizügiges.

Man stelle sich die Verblüffung von Felix Juven vor, alias Félix Potin«, alias »La Potinière«, dem Direktor, Berichterstatter und Herausgeber von *Fantasio*, Gründer der berühmten Wochenschrift *Le*

Rire, als er die junge Autorin der »Dialogues comiques«, die sie ihm mit der Post geschickt hatte, die Räume der Zeitung in der Nummer 1 der Rue de Choiseul betreten sah, um ihre fünfzig oder sechzig Francs Honorar in Empfang zu nehmen. »Ich war noch eine Göre«, sagte Irène Némirovsky 1935 lachend, »ich trug die Haare nach hinten gekämmt, und eine respektable Engländerin begleitete mich überallhin. Können Sie sich vorstellen, wie ich in diesem Aufzug bei *Fantasio* aufkreuzte? Zuerst mußte ich einen Vorwand finden, um die Engländerin loszuwerden, was gar nicht so einfach war, dann im Treppenhaus die Haare unter den Hut stopfen!«[35]

Aus einem unerklärlichen Schamgefühl entschied sich Juven, dessen Mitarbeiter alle Männer waren, den am wenigsten frivolen dieser Dialoge zu veröffentlichen, irrigerweise mit «Popsy» signiert. «Es war kindisch und fröhlich ... Bedenken Sie ... ich war erst siebzehn.»[36] In Wirklichkeit achtzehn: zwei Jahre jünger als Tschechow, als in der Zeitschrift *Strekosa* («Die Libelle») seine erste Humoreske erschien. Im Übrigen verbarg sich hinter *Fantasio* und seinen Anzüglichkeiten zuweilen eine ansehnliche literarische Zeitschrift, die Novellen von Louis Delluc, Maurice Dekobra, Henry Bataille, Louis Guilloux oder auch Pierre Veber und Jean-Jacques Bernard (dem Schwager und Sohn von Tristan Bernard) veröffentlichte.

Noch ein weiterer Aspekt dieser Publikation konnte den Némirovskys nicht missfallen: ihr spöttischer Antisowjetismus. Lenin wurde hier als «der größte Massenmörder» bezeichnet, den die Welt je gesehen habe. Und was die Rubrik «Tête de Turc» betrifft, so wurde sie von Barrère illustriert, dem Schöpfer des berühmten struppigen Bolschewiken mit dem Messer zwischen den Zähnen. In stets scherzhaftem Ton war *Fantasio* auch antimodern, Anti-Dada, Anti-Freud, Anti-Proust, Anti-Mode, Anti-Neger, Anti-«Gna Koués», Anti-«*Métèques*» und folglich von einem schlüpfrigen, aber ausgeprägten Antisemitismus, der meist dem Antibolschewismus entsprang. Denn die «Bolschewisten», nicht wahr, waren doch «allesamt Juden».[37] Charles Rappoport, ein französischer Kommunist gewordener russischer Anarchist, hatte natürlich «das gräßliche rollende R und den krächzenden Singsang der galizischen Ghettos»[38]. Wenn man sich die Nummern vor dem 1. August 1921 ansieht, die Irène Némirovsky vor Augen haben konnte, sowie die vielen Beispiele, die «das fröhliche Magazin» für diese Tendenz lieferte, so hatte man im November 1920 aus der Feder des ehemaligen Frontkämpfers René Benjamin folgende erbauliche, in einer Straße des Marais aufgesammelte Reportage lesen können: «Lange Nasen, lange Bärte, lange Beine, große Füße. Sind es Boches? Sind es Russen? Stammen sie aus dem Land Zion? Wie sind sie hergekommen? Mit welchem Gesindel treiben sie Handel? Plötz-lich zieht noch einer von ihnen eine Mütze aus einer seiner Taschen. Ah! Trotzki! Sollte also er der Nachfolger des großen Mannes aus Moskau sein?»[39] Immerhin war es die Prosa eines Goncourt-Preisträ-gers. Jean Bastia und Félix Juven steuerten Kalauer und Vulgarität bei. In diesem spielerischen Massaker blieben einige Köpfe ungeschoren, namentlich der des Siegers von Verdun, Maréchal Pétain, den Juven besonders verehrte.

Irène Némirovsky, die noch mit allerlei Firlefanz bekleidet war, musste ganz besonders unbesonnen gewesen sein, als sie meinte, sie könne kleine frivole Texte in einer derart chauvinistischen Zeitschrift veröffentlichen. Doch welche Zeitung außer *L'Humanité,* welche Par-tei war im Frankreich von 1921 nicht ein wenig antibolschewistisch, ein wenig antisemitisch? Von *La Croix* bis zur *Revue des Deux Mon-des* hatte das Gerücht die Runde gemacht, sogar Lenin heiße in Wirk-lichkeit Zederblum. Die Brüder Tharaud verbreiteten in mehr als hun-derttausend Exemplaren die Idee, Moskau sei das «neue Jerusalem» der revoltierenden Juden. In der Sorbonne erhoben die Studenten der extremen Rechten und die «Camelots du Roi» regelmäßig die Faust gegen die revolutionären «*Métèques*». Die im November 1919 ge-wählte Kammer wurde von einem «Bloc national» beherrscht, der das gesamte politische Spektrum, von der nationalistischen Rechten bis zu den sozialistischen Republikanern, unter dem Banner des Patriotis-mus und des Antikommunismus vereinte. Im Schutz dieser Koalition hatten im Übrigen so notorisch antisemitische Literaten wie Léon Daudet ins Palais Bourbon Einzug gehalten. Im Senat wurde darüber diskutiert, ob der Bazillus der in Aubervilliers bekannt gegebenen Pest nicht «der Existenz eines regelrechten Ghettos mitten in Paris» zu verdanken sei, bevölkert mit nicht assimilierbaren Orientalen – im Unterschied zu den alteingesessenen französischen Israeliten – aus «allen Ländern, in denen der Hunger und die Pogrome ihnen das Leben unerträglich machten: aus der Ukraine, Rumänien, Polen, Ungarn, dem sowjetischen und dem antisowjetischen Rußland»[40]. In der *Action française* kündigte Charles Maurras die Invasion der aus Mitteleuropa herbeiströmenden «neuen Zigeuner» an, Träger «krankheitserregender Mikroben»[41]. Und die Brüder Tharaud (wiederum sie) gaben in *L'Ombre de la Croix*, 1920 mit riesigem Erfolg neu aufgelegt, dann in *Un royaume de Dieu*, im selben Jahr veröffentlicht, dem französischen Leser Einblick in das archaische «Judengewurle» von Ungarn, Galizien und der Ukraine und popularisierten nebenbei das Klischee des zerlumpten, aber von religiösem Hochmut durchdrungenen Juden im Kaftan, der sich gegen die bürgerlichen Gesetze sperrt.

Wir sagten bereits, was von diesen Ghettos in Paris oder anderswo zu halten war: Es waren Ghettos, keine Klubs. Doch der Publizist Urbain Gohier hatte soeben in *La Vieille France* die verstaubten *Protokolle der Weisen von Zion* veröffentlicht, dieses betrügerische «jüdische Programm zur Eroberung der Welt», das den absurden Kriegsjahren einen Sinn gab. Sogar Albert Londres huldigte in den Spalten des *Excelsior* dem Antibolschewismus, dieser großen Angst der 1920er Jahre, Vorwand unzähliger Phantasmen: «Wer also regiert?», schrieb der große Reporter. «Es regieren: Sibirien, die Mongolei, Armenien, Asien und hinter der Biegung sämtlicher Kommissariatsflure, hinter den Wandschirmen, zwischen zwei Löschblättern, unter dem Papierkorb, der König: der Jude.»[42] Die antisemitische Intoxikation ist im Frankreich von 1921 so weit verbreitet, dass Félix Juven sich wohl totgelacht hat, als er folgende harmlose Antwort der «entzückten» Nonoche las: «Habe ich etwa kein Talent? Und dieses Schwein von

Moses weigert sich, mir in der Februar-Revue eine Rolle zu geben ...»
Der angehende Karikaturist, im Glauben, Sem nachzuahmen, imitierte
ohne es zu wollen Caran-d'Ache. Und sein wirkliches Talent war vor
allem die Mimikry.

Trübsinn

Das Jahr 1921 war überdies das Jahr, in dem für die russischen Exilanten jede Hoffnung auf Rückkehr starb. Im März war der unerwartete
Aufstand der Matrosen von Kronstadt, der Speerspitze der Revolution,
den angeblich die französische Gegenspionage angezettelt hatte, grausam niedergeschlagen worden. Im September beschloss Léon, sich auf
bürgerlichere Weise in einem Herrenhaus mit der Nummer 18 in der
Avenue du Président-Wilson an der Place d'Iéna niederzulassen. Von
den Fenstern aus konnte man auf dem Eiffelturm die sieben riesigen
Buchstaben des Wortes «C.I.T.R.O.Ë.N.» leuchten sehen. Irène Némirovsky beschreibt in *Le Vin de solitude* einen Dekor, der nicht weniger närrisch, wenngleich noch stärker ins Auge fallend war als der
in der Rue de la Pompe: «Es war die Herrschaft des Stucks; der blau-
weiß-karierte Teppich ahmte einen Fliesenboden nach; die künstlichen
Blumen steckten in Urnen aus Marmor und verströmten einen leicht
beißenden Geruch nach Staub; Alabasterfrüchte in einer Muschel-
schale waren von innen elektrisch beleuchtet. Der Marmortisch unter
dem Spitzentuch ließ die Finger gefrieren.»[43] An diesem Tisch nahmen
die Némirovskys am Abend Hummer und Champagner zu sich. Eine
ganze Etage, wahrscheinlich das Erdgeschoss, in falschem Directoire,
«krapprosa und wassergrün», durchlässig für die Geräusche der Stadt,
wurde nur von Irène und ihrer Gouvernante bewohnt. Madeleine
Avot, Renés junger Schwester, die zu ihrer Vertrauten geworden war,
schilderte sie indes ihre Einrichtung mit einem gewisser Überschwang:
«Zur großen Bestürzung der Concierge um 2 Uhr morgens angekommen, fanden wir das Haus leer, die Laken in einer Truhe eingeschlos-

sen, die man mit Kohlezangen aufbrechen mußte, da mein Vater die
Schlüssel nicht finden konnte, die im übrigen, wie wir am nächsten Tag
feststellten, in seiner Tasche waren. Oh, diese Männer!» Im folgenden
Jahr suchten ihre Eltern, um ihr neues Heim voll und ganz genießen
zu können, ihr im selben Stadtviertel eine eigene Wohnung.

Im Herbst 1921 schrieb sich «Irma Némirovsky» in die geisteswis-
senschaftliche Fakultät ein, um ihre Kenntnisse in russischer Literatur
in ein Diplom zu verwandeln. Zur Besiegelung ihrer Freundschaft
hatte Madeleine sie eingeladen, Allerheiligen auf ihrem Familiensitz
in Lumbres-lez-Douais zu verbringen. Wenn nicht durch das Sam-
melsurium, in dem sie und das schlecht zusammenpassende Ehepaar
Léon und Fanny lebten, so war «Topsy» durch nichts darauf vorbereitet, die bürgerliche, provinzielle und dennoch gastfreundliche
Atmosphäre des Hauses Avot in einem Weiler von eintausend Ein-
wohnern zu genießen. Doch welche Erholung mussten diese wenigen
Tage der Ruhe in einem «wild bewegten, bedrohten, aufregenden Leben»[44] bedeuten, dem es lediglich an einem beständigen, liebevollen
und warmherzigen Heim fehlte … Sicherlich wollte Irène Némirovsky in «Nativité» ein Porträt dieses Hauses mit den «persischrosa und
grau» bespannten Wänden zeichnen, einer Erzählung, die das Chanson
Always von Irving Berlin im Jahr 1925 anzusiedeln erlaubt und in der
sich hinter den kraftvollen Zügen von Yvonne Armand Madeleine zu
zeigen scheint. «Ihr strahlend blondes Haar war kurzgeschnitten, aber
so fein und so üppig, daß man nicht umhinkonnte, es sich nach dem
Wunsch der Natur zu einem dicken Knoten zusammengebunden vorzustellen. Sie hatte einen hellen Teint, rote Wangen mit schöner Haut,
eine etwas zu große Nase, klare graue Augen.»[45] Dieses gütige, treue
Gesicht war das Gesicht eines Frankreichs, das sie nicht kannte und
das sie lange in Illusionen wiegen sollte – das Gesicht des ländlichen,
katholischen, fleißigen Frankreichs, des Frankreichs der Kirchtürme,
der Pflugscharen und Fabriken, Schauplatz von Maurice Barrès letzten
Romanen. Dieses Potemkinsche Dorf, das bei uns in Mode war, sollte
beim ersten Unwetter der Geschichte zusammenbrechen.

«Sie können sich gar nicht vorstellen, welche Leere ich spürte, als ich vom Bahnhof heimfuhr», schrieb Irène ihrer neuen Freundin am 11. November, sobald sie wieder in Paris war. «Das Haus kam mir traurig und mürrisch vor, und ich fühlte mich allein.» Verständnisvoll luden die Avots sie zu Weihnachten von Neuem ein. «Miss», die die Festtage in England verbringen sollte, würde sie in Boulogne auf der Landstraße nach Calais absetzen. Seit Allerheiligen empfand Irène eine affektierte Langeweile, ohne sie zu erkennen. «Mein Leben ist immer dasselbe: Spaziergang, Tee, Sorbonne. (…) Ich habe den ganzen Mittwoch im Bett verbracht, und seitdem schlage ich mich mit Trübsinn herum. Der Grund? Ich habe keine Ahnung! Herzenskummer oder Magenverstimmung, das weiß ich noch nicht genau.» Madeleines Einladung machte sie überglücklich. Nach dieser ersten christlichen Weihnacht war ihr Herz verändert. Im russischen Zirkel, auf dem Neujahrsball, fühlte sie sich mit einem Mal «heimatlos, fast fremd» – was sie in keiner Weise davon abhielt, sich bis halb drei Uhr morgens in den Armen von sieben Kavalieren auszutoben! Das junge Blut in ihren Adern siegte am Ende immer. Aber in Lumbres, so gestand sie ihrer Freundin gleich nach ihrer Rückkehr nach Paris, hatte sie jene unbekannte Heimat entdeckt: einen Familienkreis. «Lange werde ich mich liebevoll an euch alle erinnern, seien Sie dessen gewiß.» Madeleine dagegen war nicht unglücklich, einige Tage der steifen Atmosphäre von Lumbres und der Aufsicht ihres Großvaters entronnen zu sein, eines unausstehlichen Industriekapitäns, der bis zum Alter von neunundachtzig Jahren über seine Fabriken herrschen sollte. Im Kasino von Paris-Plage oder auf den Brettern des Touquet bekam Madeleine den liebevollen Spitznamen «Mad», den «Topsy» für sie erfand: zwei Schreckschrauben inmitten der verrückten Jahre!

Flirts

Irène ging ins Theater, immer eskortiert von Miss Matthews. Im Théâtre de l'Œuvre applaudierte sie 1922 der *Hedda Gabler* von Ibsen, deren starrköpfige Heldin diejenige von *Le Vin de solitude* ankündigte. Ausflüge ins Hinterland von Nizza, Empfänge im Zirkel des *Negresco*, und Bälle, Bälle, Bälle … «In diesem gesegneten Land vergehen die Tage so schnell, daß man keine Zeit hat, nichts zu tun. Ich bin immer in Bewegung wie eine Irre, und ich schäme mich deswegen. Ich tanze abends und morgens. Jeden Tag gibt es in verschiedenen Hotels eine überaus schicke Gala, und da mich mein guter Stern mit ein paar Gigolos bedacht hat, amüsiere ich mich gut.» Aber was immer sie «Mad» darüber erzählen mochte, der Luxus wurde fade. Andere Briefe, offensichtlich geschrieben, um der «kleinen Madeleine» Eindruck zu machen, ähneln mehr den Dialogen von «Nonoche»: «Ich habe meinen Tänzer, Mademoiselle, und einen guten obendrein! Nächstes Jahr in Paris wird man sich seiner bedienen müssen. (…) Wenn Sie wüßten, wie toll er ist! Ich könnte mich glatt in ihn verlieben, wenn er jemand aus meiner Welt wäre, das schwöre ich. (…) Aber ich will Sie nicht länger ‹shoking›, Liebe.» Die prüde «Mad» wird sich bei der Lektüre solcher Geständnisse krankgelacht haben. Was auch ihr Zweck war.

Das Studium weckte ihren Wunsch zu schreiben. Ohne es zu ahnen, entfernte sich Topsy bereits von der «immer sehr braven» Mad, die sie mit folgenden Worten aufklärte: «Ich könnte singen ‹Meine einzige Freude, mein einziges Glück ist die Sorbonne› nach der Melodie von ‹Mon homme›. Man arbeitet viel, langweilt sich dabei nicht allzusehr – wir sind eine sympathische kleine Bande, junge Männer und junge Mädchen, alles Russen. Flirts zeichnen sich ab im Schatten der Wörterbücher, wenn ich so sagen darf.» Bei diesem bewegten Leben waren Mila und Schura die beharrlichsten. Doch abgesehen von ein paar «gepfefferten Orgien», zu denen sie nicht wagte René einzuladen, «aus Angst ihn zu schockieren und zu verderben», schickte Irène sich an, für die Prüfungen im Juni 1922 zu büffeln. Im Juli erhielt sie ihr

«Certificat d'études pratiques supérieures» – das heißt ihr Lizenziat in Sprache und russischer Literatur – mit den Noten «gut» und «sehr gut». Im Fach Sprache waren ihre Noten bei der mündlichen Prüfung beachtlich, nämlich 18 und 16 Punkte. Bei der schriftlichen Prüfung in Literatur bekam sie nur 13 Punkte, aber in ihrem Kurs war sie die Erste. Ein ausschweifendes Leben führen und gleichzeitig schuften: Madeleine konnte es nicht fassen!

Im Hôtel de la Paix in Plombières setzt Irène bis Mitte August ihre Marivaudagen fort, zwischen zwei Gläsern Fluorwasser, einer Dusche und einer Massage, während Léon seinen Geschäften und Fanny in irgendeiner Suite der Riviera ihren Anproben nachging. Die Schrifstellerin hat den altmodischen Dekor dieses «trostlosen, zwischen zwei friedhofsgrünen Bergen eingeklemmten kleinen Bade-orts in den Vogesen»[46] beschrieben, mit seinem altmodischen Kino, seinen schauerlichen Sälen und seinem Kasino, «blaßgelb und weich wie ein Sorbet», das «unter dem strömenden Regen sanft zu leuchten schien»[47]. Doch mit neunzehn Jahren fehlte es ihr nicht an Mitteln gegen die Langeweile: «Das Kasino ist scheußlich, die Tänzer sind er-bärmlich. Ich habe beschlossen, keinen Fuß mehr hineinzusetzen. Dort würde ich nur meinen Tanz verderben, und ich ziehe es vor, sparsam zu sein und mir in Saint-Jean-de-Luz eine tüchtige Orgie zu geneh-migen. (…) Gott, der neben das Übel immer auch das Heilmittel stellt, hat eine Fabrikantenfamilie aus den Vogesen in unser Hotel geschickt. Die Mama, die kleine Schwester und zwei Söhne, fünfundzwanzig und achtzehn. Sie sind beide sehr nett, haben ein schönes Auto, fahren mich jeden Tag spazieren und flirten auf Teufel komm raus. Ich habe ein Faible für den Jüngeren. Wie Sie wissen, finde ich einen über mein Alter weit hinausgehenden Geschmack an Knaben. Und außerdem ist er schön zu malen, ein kleines freches Pagengesicht.» Yvonne Co-messe, die Schwester dieses «kleinen Fabrikanten», hatte noch 1992 den «sanften kurzsichtigen Blick» von Irène Némirovsky nicht verges-sen, ihre «so musikalische Stimme», ihre «anmutige Gestalt, gekrönt von einer schwarzen Mähne, die zwar mit Hilfe von Kämmen und

Haarnetzen gebändigt war, aus denen aber immer wieder eine wilde kleine Locke entwischte», und vor allem nicht ihre strahlende gute Laune: «Sie war lebhaft, lachlustig, schlicht, vor allem gesund, und hatte im Nu alle Hotelgäste fasziniert und die jungen Leute zu einer Gruppe zusammengetrommelt, mit der sie intelligente und phantasievolle Spiele und Ausfahrten organisierte. Keine Minute Langeweile mit ‹Großmama›, wie sie sich zum Spaß gern nennen ließ (...).»[48]

Als sie von der baskischen Küste, wo sie sich wohl mit Fanny getroffen hatte, nach Paris zurückkehrte, war Herbst. «Wir waren eine sympathische Bande, die ihre Zeit zwischen der Sorbonne, dem Tanzlokal und den Ausflügen ins Grüne aufteilte», hatte sie Madeleine im Juni 1922 geschrieben, als sollte sie nie mehr einen Fuß in die Universität setzen. Doch ehrgeizig geworden, schrieb sie sich am 28. Oktober wieder ein, diesmal in vergleichender Literatur, unter der Leitung des ehrwürdigen Fernand Baldensperger, der sich in seiner Darstellung der modernen Literatur an sie erinnern wird.[49] Auch ein anderer ihrer Professoren war kein Spielverderber: Fortunat Strowski, geachteter Akademiker, Mitglied des Institut de France, von seinen Studenten sehr geschätzt, war auch Literaturkritiker bei *Paris-Midi* und sehr bewandert im literarischen Leben seiner Zeit. Da er ein hervorragender Kenner von Montaigne war, verdanken wir vielleicht seinem Unterricht ein Echo von dessen *Essays* in *L'Ennemie*[50], Folge einer geduldigen Akklimatisierung an die klassische Literatur. Irènes neue Freunde hießen in diesem Jahr Walter («der ewige Verehrer»), Édouard, Maurice, Jules. Ihre Nachbarin im Hörsaal, Jeanne Reuillon, künftige Übersetzerin von Keats und Spender, Autorin von Essays über Proust und Colette, sollte ihre Kommilitonin 1934 unter dem Rundfunkpseudonym Marie Jeanne Viel interviewen.

Das Exil der Niania

Gleichzeitig trübt ein unvorhergesehenes Ereignis «Topsys» Sorglosigkeit: Iona und Rosa, ihre Großeltern, sind in Frankreich einge-
troffen. Léon, der ihnen immer Geld geschickt hatte, hatte es geschafft,
ihnen Schiffskarten zu besorgen. Doch Victoria, die mit ihrem zweiten
Ehemann in Moskau lebte, war es wohl gelungen, dem Außenminister
Worowski persönlich die Genehmigungen für sie zu entlocken, das
sowjetische Paradies zu verlassen, indem sie argumentierte: «Haben
Sie den Tod dieser beiden alten Leute denn nötig?»

Iona und Rosa waren zwar erst fünfundsiebzig und achtundsechzig
Jahre alt, aber die Einsamkeit hatte sie geschwächt. Iona, der an einer Lungenentzündung litt, musste auf einer Trage an Bord gebracht
werden.[51] Fanny sah es nur ungern, dass der Bettlägrige und die alte
Babuschka, die ihre Eltern geworden waren, wieder in ihr Haus kamen, und obwohl sie durchaus in der Avenue du Président Wilson hätten wohnen können, war Léon daher gezwungen, sie in Nizza unterzubringen. Iona wird seine Tage in einer Pension in Neuilly beenden.
Und Fanny blieb wohl taub gegenüber Victorias Bitte, ihren Sohn
Jakow aufzunehmen, damit er weiterstudieren konnte. Bis August
1939 korrespondierte Irène regelmäßig mit ihrer jungen Tante, die in
der sowjetischen Falle saß. Umso mehr verfluchte sie Fanny.

Iona und Rosa, die vier Jahre Bürgerkrieg und Entbehrungen hinter
sich hatten, hatten befremdliche Erinnerungen zu erzählen. «Aber
wer unter den nach Paris geflohenen Russen hatte keine Geschichte,
die einen ganzen Roman hätte ergeben können?», wird Kessel sagen.[52]
Alle aus der Krim Evakuierten konnten berichten, wie im Winter 1918
in Jalta die Leichen weißer Offiziere, die mit Eisenkugeln aneinander-
gekettet ins Meer geworfen worden waren, wieder an die Oberfläche
kamen und den Hafen verstopften. Als Irène diesen Berichten lauschte,
begann sie, sich eine zeitlose Erzählung auszumalen, die die Vereinsamung einer in Paris exilierten alten *Niania* à la Tschechow wiedergeben sollte, weit weg von dem Schloss, in dem sie immer gedient

hatte. Die Erinnerung an die Revolution, «die man nie erwartet, eben-sowenig wie den Tod», sollte zum ersten Mal der Vorwand sein, ihre panische Angst vor dem Ertrinken in Worte zu fassen: «Eines Nachts warf man noch warme Leichen in den Teich, darunter die von zwei geliebten Söhnen; das melancholische Wasser, dunkel wie ein trüber Spiegel, spiegelte nur noch das schwarz gewordene Skelett des Hauses, eine verkohlte Ebene und ein altes verlassenes Boot, das zwischen den weißen Seerosen vermoderte.» Das kleine Mädchen der Herren sollte Natascha heißen, jedoch Vorlesungen an der Sorbonne hören und in einer Wohnung «im fünften Arrondissement, in der Nähe der Ternes» wohnen. Was die *Niania* betrifft, so sollte sie genau die Züge von Großmama Rosa haben, «klein und mager, über ihren Stock gebeugt», ihre «blassen Augen (…), angegriffen von all den Visionen, die sie widergespiegelt, all den Tränen, die sie vergossen hatte». Und tatsächlich hatte Rosa begonnen, das Augenlicht zu verlieren, als Irène sie in Nizza aufsuchte, nach acht Jahren der Trennung weiß und klapp-rig geworden. Am Ende der Erzählung sollten Verzweiflung und der trügerische Geruch der Seine die *Niania* unter die Räder eines Taxis locken.

Hat Irène diese grausame, wehmütige Erzählung, der erste litera-rische Ausdruck von Zézelles Selbstmord, 1923 dem *Matin* geschickt, ohne zu vergessen, zum Schluss ihre Adresse hinzuzufügen: «Irène Némirovsky, 18, Avenue du Président Wilson. Paris»? Es war die Zeit der erbaulichen Zeugnisse aus dem ehemaligen russischen Reich, ob nun aus der Feder von weißen Offizieren oder von französischen Schauspielerinnen ohne Publikum. Die Presse wimmelte von Enthül-lungen über das Gemetzel von Jekaterinburg, Rasputins Eskapaden oder die ausschweifenden Sitten der neuen Herren Russlands. In *Le Matin* vom 21. Oktober 1923 konnte man folgende sensationelle Nachricht lesen: «Die Köpfe des Zaren, seiner Frau und seiner Kinder sollen abgeschlagen, in Alkohol gelegt und nach Moskau gebracht worden sein.» Der «russische Geschmack» erstreckte sich immerhin bis zu den pittoresken Erzählungen über die sibirische Taiga voller

Muschiks, Barins und Isbas. In *Le Matin*, dessen literarische Rubrik Colette herausgab, waren Liberty, Arthur Toupine und Nina Mdivani die Experten dieses modischen Genres, das sie gelegentlich mit verliebten Nachtigallen und Phantomliebhabern ausschmückten.[53] Doch Irène Némirovskys naive, obzwar schlichte und klare Miniatur wurde ihr, sorgfältig gefaltet, an die angegebene Adresse zurückgeschickt. Eine einfache Durchsicht der täglichen Rubrik «Mille et un matin», in der damals Kurzgeschichten weiblicher Autoren wie Colette, Whip oder Marguerite Morena veröffentlicht wurden, liefert die Erklärung dafür: «La Niania» war zu lang. Doch um zwei Drittel gekürzt erschien sie schließlich am 9. Mai 1924 unter ihrem Namen in *Le Matin*.«[54] Irène Némirowsky war sehr stolz auf ihre »Niania«, die erste ehrgeizige Erzählung, die sie zu Ende gebracht hat und der man ihre Russischstudien anmerkt. Sie lag ihr so sehr am Herzen, dass sie sie einige Jahre später von Grund auf überarbeitete, um sie in einer vollendeten Fassung von *Les Mouches d'automne*, einer ihrer schlichtesten und erschütterndsten Erzählungen, dem Verleger Kra zu schicken.

Ein Sabbat der tausend Teufel

Als seine Tochter zwanzig wurde, brachte Léon sie in einer möblierten Wohnung in der Rue Boissière unter, fünf Minuten Fußweg entfernt. In dieser ruhigen, fast provinziellen Straße abseits der großen Avenuen befand sich unter der Nummer 24 ein Mietshaus. Hier sollte Irène im ersten Stock die «Wohnung eines alten Junggesellen» beziehen. Selig über diese neue Freiheit begann sie ein Lotterleben zu führen. Mehrmals wurde «Mad» gebeten, bei ihr zu wohnen, vergeblich. «Topsy» hatte indes eine nicht zu widerlegende Entschuldigung: «Keine Prüfung für mich in diesem Jahr. Letztlich habe ich nichts getan und will mich keinem sicheren Mißerfolg aussetzen. Also fahre ich tapfer fort, nichts zu tun.» Sie stand gegen Mittag auf, ging einkaufen, kam um vier Uhr zu Fuß mit René zum Teetrinken zurück, empfing dann jeden Abend bis zum frühen Morgen ihre russischen Freunde und veranstaltete ihren «Budenzauber». Wenn sie nicht gerade mit ihrer «kleinen Bande» von Angebern nach Marokko reiste, die ein Foto aus der damaligen Zeit mit Krawatte und in weißer Hose zeigt, sangen fünfundzwanzig glühende Kehlen bei ihr zu Hause bis zum Morgengrauen slawische Weisen ... «In einem russischen Haus denkt nachts niemand an Schlafen», wird sie schreiben. «(...) Die russische Gastfreundschaft kennt keine Grenzen.»[55]

Im Zwischengeschoss, in einer völlig weißen Wohnung, in der dennoch tagsüber Licht gemacht werden musste, lebte nun aber seit 1911 ein höflicher, diskreter Sechzigjähriger, der freilich sehr neugierig war auf zwanzigjährige Jungfrauen, mit denen er seine freizügigen Romane im Geschmack des 18. Jahrhunderts bevölkerte. Irène begegnete ihm zuweilen, wenn sie die Treppe hinunterrannte, ohne ihn zu erkennen. Wie Paul Léautaud schreibt, war er «ein großer, magerer, etwas watschelnder Mann (...) mit vorspringenden Wangenknochen, einem schmallippigen Mund und einem langen Schnurrbart darüber sowie einer bereits kahlen Stirn und einem sehr ausgeprägten Kinn», während sich das linke Auge hinter einem Monokel verbarg, das er vor jeder Reinigung manisch zu versichern pflegte. «Wenn man ihn sah, hatte er nichts von einem Literaten.»[56] Léon Daudet, der die Verse dieses Parnassiers nicht mochte, sagte, dass ein zerstreuter Mörder diesen «Leichnam mit dem vorspringenden Kinn (...) im Gewand eines Akademikers im Regen vergessen haben musste»[57]. Wer mochte er sein, um derartige Liebenswürdigkeiten zu verdienen? Irène, die nicht die geringste Ahnung hatte, setzte ihr wildes Leben fort. Wie groß sollte ihre Verwirrung sein, als sie am 21. Juni 1934 in Le Figaro auf folgenden Artikel stieß, der das Erscheinen von Le Pion sur l'échiquier begrüßte:

Vor einigen Jahren wurde die Wohnung über der meinen, die gerade frei geworden war, von einer «russischen Familie» gemietet. Ein Mieterwechsel ist in einem Haus immer ein nicht unwichtiges kleines Ereignis, vor allem wenn diese Mieter «oben» wohnen und ihr Parkett in unmittelbarem Kontakt mit der eigenen Decke ist. Zwangsläufig nimmt man an ihrem Leben teil. Ohne einander zu kennen, hängt man ein wenig voneinander ab, und bald wurde mir klar, daß ich mit diesen Neuankömmlingen würde rechnen müssen und daß sie keine ruhigen Mieter sein würden. Denn kaum waren sie eingezogen, so machte sich ihre Anwesenheit durch ein beängstigendes Kommen und Gehen bemerkbar, durch lautes Türenschlagen, lärmende Unterhaltungen, durch Getrampel, ungeheuren Lärm und erbarmungsloses Gerenne, und zwar nicht nur tagsüber, sondern bis spät in die Nacht. Welchen Übungen mochte sich die furchterregende «russische Familie» wohl hingeben?

Ich wußte es nicht, aber ich begann, sie aus vollem Herzen zu verabscheuen und in all meiner gestörten Ruhe zu verfluchen. Doch so turbulent sie auch war, sie blieb nahezu unsichtbar. Die einzige Vertreterin, der ich im Treppenhaus begegnete, war ein bezauberndes junges Mädchen mit diskretem, scheuem Auftreten. War sie es, die fast täglich all den Tumult veranstaltete, dessen Opfer ich war und der glücklicherweise nicht sehr lange dauerte, denn nach einigen Monaten verließ die russische Familie das Haus. Ich vergaß meine Drangsal und das junge Mädchen im Treppenhaus, und als ich später Madame Irène Némirovsky kennenlernte, gestand mir die bewunderte Autorin von David Golder, daß sie meine Nachbarin gewesen sei und ihre jugendlichen Schandtaten einsehe. Selbstverständlich habe ich ihr verziehen.

Der freundliche Herr in der Rue Boissière war Henri de Régnier, eine Persönlichkeit des literarischen Lebens in Frankreich und Schwiegersohn von Heredia, wegen seiner Verse ebenso berühmt wie wegen der Untreue seiner illustren Gattin.[58] Und auf diesem erlauchten Akademiker war «Topsy» des Nachts monatelang herumgetrampelt, hatte über seinem Kopf «ein Höllenspektakel» veranstaltet! Überfließend vor Reue und Dankbarkeit, ließ sie ihm noch am selben Tag ein beschämtes Billett zukommen: «Lieber Meister (...) Ich hege große Bewunderung für Sie. Jedes Lob, das Sie mir spenden, erfüllt mich mit sehr tiefem, sehr angenehmem Stolz ... und auch mit Scham, wenn ich an die verabscheuungswürdige Göre denke, die vor zehn oder zwölf Jahren in der Rue Boissière Ihre Ruhe störte ...»[59] Henri de Régnier wiederum begrüßte in *Le Figaro* jeden neuen Roman von Irène Némirovsky.

1923 konnte sie aus dieser Nachbarschaft keinen Nutzen ziehen. Sie benahm sich noch wie ein verwöhntes Kind. Das beste Porträt von ihr aus jener Zeit ist die Skizze, die sie selbst zehn Jahre später von Hélène Karol zeichnete, ihrem Double aus *Le Vin de solitude*: «Sie schien in ihrem Wachstum stehengeblieben zu sein und hatte noch mit zwanzig Jahren den zarten, schmächtigen Körper eines Kindes. (...) Ein bewegliches, ausdrucksvolles Gesicht, jedoch von runder, kindlicher Form, eine hübsche feine Nase, einen häßlichen Mund, strahlendweiße Zähne, scharfe, sanfte Augen. (...) Ich möchte den Eindruck eines stillen Wesens vermitteln, bei dem alles im Innern geschieht, das den anderen nur die seltenen, recht ironischen Ausbrüche ihrer Heiterkeit zeigt, gerne ein schlichtes weißes Kleid trägt, sich immer mit nackten Armen zeigt, nur glücklich, wenn sie nach einer durchtanzten Nacht in aller Frühe das Hotel verließ, durch die feuchte Frische des Morgens lief, die nackten Beine in Espadrilles, in blauem Rock, die Baskenmütze auf dem Kopf und dabei in einen Apfel biß. Was das Übrige betraf, so glich sie den anderen, sie tanzte, ließ sich auf der Terrasse streicheln, gehörte zu jenen geschminkten jungen Mädchen, die sich im Vorzimmer des Privaten tummeln, noch zu jung, um Zutritt zum Spielsaal zu haben, die zu schönen Schmuck besitzen, die rauchen, ihre Beine zeigen, ihre Brüste, ihren Rücken, zu jenen halbnackten Mädchen, die tagsüber in der Sonne schmoren, nachts von Tänzen und Liebkosungen ermattet sind und mit einer Art verrücktem und vergeblichem Eifer ihren Körper und ihre Zeit verausgaben. Sie hätte so etwas wie falsche Scham empfunden, hätte sie es ihnen nicht gleichgetan.»

Eine schreckliche Freude

Dieses späte Selbstporträt, fast dasjenige von Joyce, der frechen Tochter von David Golder, kommt der Wahrheit so nahe, dass 1924, um die Jahreswende, dieses Getändel in ein Drama umzuschlagen drohte. Im Juli 1923 hatte Irène ein paar Tage in Deauville, Plombières, Hendaye, dann im Hôtel du Palais von Biarritz verbracht, bevor sie für den restlichen Sommer in Vittel landete und ihre Eltern in Vichy zurückließ. Noch immer genauso «überspannt», schlief sie nur jede zweite Nacht und stellte Madeleine ihre letzte Flamme vor, einen gewissen Henry La Rochelle: «Wenn Sie wüßten, welche Dummheiten wir gemacht haben!» Darunter verstand sie die ausgedehnten Flirts im Heu, in einer Scheune, wohin sich ihr kleiner Freundeskreis von einem entgeisterten Dienstmädchen den Nachmittagsimbiss bringen ließ. «Miss sagt, ich sei eine richtige Rumtreiberin geworden!»

Doch Anfang 1924 scherzte Irène nicht mehr, als sie Madeleine berichtete, dass ihr «zwanzigjähriger Flirt» sie in der Rue Boissière aufgesucht habe, «bleich, mit hervorquellenden Augen, finsterer Miene und einem Revolver in der Tasche», und sie fügt hinzu: «Bei diesem kleinen Hirnverbrannten bestand die Gefahr, daß er entweder mir eine Kugel in den Leib jagt oder sich selbst durchbohrt. Zum Glück sind schließlich Freunde gekommen, und er ist gegangen.» Was war geschehen? Vielleicht hatte dieser verliebte Junge daran Anstoß genommen, dass Miss Topsy ihn als Sommergigolo benutzt hatte und nur noch ihre Sorbonne und ihre Spanischkurse im Kopf hatte. Eine ähnliche Episode dient in *L'Ennemie* als Prüfstein: Graf Génia Nikitof, mondäner Tänzer der Place Pigalle, erträgt es nicht, von der kleinen Gabri abgewiesen zu werden, die er erobert zu haben glaubt. Er droht: «Sie kennen mich nicht … Ich werde Ihnen wehtun …» Doch folgt diese Kehrtwendung auf einen «langen, brutalen, abscheulichen Kampf»: Gabris Vergewaltigung durch dieses «böse Tier» Génia. «Es war etwas Furchtbares, Unsägliches, Schmerzhaftes, wie ein Alptraum … (…) Ein Brechreiz verursachender Ekel.»[60]

In *L'Ennemie* hat sich Irène Némirovsky im Alter von fünfund-zwanzig Jahren mit ungewöhnlicher Bitterkeit all den seit der Kindheit angestauten Groll gegen ihre selbstgefällige, eitle, genusssüchtige und boshafte Mutter von der Seele geschrieben. Da sie ihr ihren Hass nicht ins Gesicht schleudern konnte, hat sich ihre Wut gegen sie selbst gewandt. Bis zu welchem Punkt? Die Entwürfe zu *Le Vin de solitude*, in denen sich die erste Person von Irène Némirovskys introspektivem Roman andeutet, lassen in dieser Beziehung kaum einen Zweifel: «In der Nacht nach der Vergewaltigung unbedingt Hélènes Qual und Ent-setzen deutlich machen. Seltsam, ich fühle die Leiden von David, *dear old man*, oder von Courilof viel intensiver als alles, worunter ich doch selbst so gelitten habe. Ich erinnere mich nur noch an ein physisches Unbehagen, den körperlichen Schmerz, das Fieber, aber nicht das ist interessant, sondern man muß <u>den kategorische Imperativ</u> zu zeigen versuchen. Das heißt, sie fühlt, daß sie schuldig ist, daß sie unrecht hat, sich so zu verhalten. Es muß – o wie schwer das ist – <u>einen haßerfüll-ten Kampf</u> in ihr geben zwischen dem, was sie als gut empfindet und <u>was gleichsam von einer unsichtbaren Gegenwart diktiert wird</u> und ihren <u>prüfenden Fragen</u>: ‹Aber warum? Was ist böse? Was ist gut? Das hat man mir nie beigebracht … Da es mir Spaß macht, sie zu ernie-drigen, (…) warum es dann nicht tun?›»

Was aber tat sie anderes seit ihrer Ankunft in Paris, als durch ihre hemmungslosen Flirts Fannys körperlichen Niedergang herauszu-streichen, sich an dieser flatterhaften, herablassenden Frau mit deren eigenen Waffen zu rächen? «Oh, vielleicht die schreckliche Freude zeigen, die sie überkommt, sie, die friedfertig und brav geworden ist, von allem losgelöst, wenn sie den entsetzlichen Verfall der Mutter sieht», fragt sie sich 1933 prüfend. «Dies ist wirklich eine Autobiogra-phie. Doch wie der Narr heute morgen sagte: ‹Ich habe genug darunter gelitten, um es zu verwenden.›»

Obwohl die erniedrigende Erfahrung der Vergewaltigung sie anwiderte, fand sie es weniger abstoßend als Fannys Verantwortung. Denn die Tochter war gedemütigt, weil sie die Irrtümer der Mutter wiederholte. Und wenn sie nun genussvoll Fannys «verwüstetes, welkes Gesicht» betrachtete, das eifersüchtig zu machen sie so viel Mühe gekostet hatte, konnte sie sie fast schreien hören: «Muttermord, Muttermord.»[61] Was sie ihr niemals verzeiht: dass sie ihr das Gen der Unbeständigkeit vererbt hatte. Daher in *L'Ennemie* der Name «Génia», «Bestie», der den Erbfluch verkörpert. «Ich habe mein Leben damit zugebracht, ein verhaßtes Blut zu bekämpfen, aber es ist in mir. Es fließt in meinen Adern, (...) und wenn ich nicht lerne, mich zu besiegen, dann wird dieses bittere, verfluchte Blut der Stärkere sein ...»[62] Weil sie auf diese Weise von Arm zu Arm geflattert war, sich dessen gerühmt hatte, indem sie die unschuldige Madeleine zum Zeugen machte, auch wenn sie sie damit «schockierte», hatte Irène plötzlich das Gefühl, ihren Vater verraten zu haben. Man versteht, dass Gabri am Ende von *L'Ennemie*, außer sich vor Scham, aus dem Fenster springt. Und es ist fast sicher, dass Irène Némirovsky im Alter von zwanzig Jahren dieser Versuchung ausgesetzt war: «Oft habe ich mir gewünscht, ebenfalls tot zu sein ...»[63] Zumal sie am 24. Februar 1924, ihrem Geburtstag, vom Selbstmord des ehemaligen Gouverneurs von Petrograd erfuhr, Alexander Nikolajewitsch Obolenski, mit dem Léon früher in Beziehung gestanden hatte. Dieser brutale Tod konnte ihr nicht gleichgültig sein: Alexander Alexandrowitsch, der Sohn des Gouverneurs, hatte sich mit ihrer Freundin Olga verlobt ...

Nur eine Anwandlung von Stolz konnte sie retten. Kraft eines Wunders der Vererbung fehlte es ihr nicht daran. Vor allem blieb ihr, um sich von dieser Schändlichkeit fernzuhalten, das Schreiben. Zuerst handelte es sich nicht um einen Roman, sondern um ein paar Sentenzen, noch desillusionierter als die vorherigen: «Es heißt, daß man eine Frau nur dann vergewaltigt, wenn sie es will: Ich würde hinzufügen, daß meiner Meinung nach nie der Mann die Frau vergewaltigt, sondern die Frau den Mann.» Von dieser feministischen Moral durchdrungen, die sie wieder zur Herrin ihres Schicksals machte, schlug Irène von Neuem den Weg der Sorbonne ein. Am 2. Januar 1924, drei Wochen bevor sie ihre Großeltern in Nizza besuchte, kündigte sie Madeleine an, wieder «mühsam den Weg der Pflicht» zu nehmen. Am 10. Juli schaffte sie mit knapper Not das Certificat d'études supérieures in vergleichender Literaturwissenschaft. Bei der mündlichen Prüfung über die Ursprünge der russischen Romantik und Puschkin erzielte sie nur leidliche 11 beziehungsweise 13 von 20 Punkten.

Zwei Umstände halfen ihr, diese vier Jahre der Ausschweifung zu verschmerzen: zuerst Madeleines Verlobung, die sie im April mit einem Anflug von Kälte zur Kenntnis nahm («Ich freue mich sehr über Ihr Glück; ich wünsche Ihnen aufrichtig alles Gute»); dann am 25. August die Heirat von Olga und Alexander Obolenski, eine Verbindung, die ihre Freundin zu einer russischen Prinzessin machte. Irène nahm an Madeleines Trauung nicht teil, der sie, wahrscheinlich 1925, distanziert schrieb: «Es ist schon eine Weile her, daß ich nichts mehr von Ihnen gehört habe. Wie geht es Ihnen? Bei uns ist die Zeit der Feste endgültig vorbei. Ich tanze nicht mehr. Ich begnüge mich damit, im engsten Kreis zu empfangen.» Dieser letzte Satz bedeutete, dass nach vier Jahren der Zügellosigkeit nun das Studium und die Treue zu ihren Haupttugenden geworden waren. Aber auch, dass sie ihrerseits einem jungen Mann begegnet war, der nicht nur ihr «zwanzigjähriger Flirt» sein sollte.

5

Der Dämon des Hochmuts

(1925–1929)

> «*Was der Wurm für den Leichnam ist, das sollten sei-
> ne Sünden dem gemalten Bildnis auf der Leinwand
> werden. Sie würden seine Schönheit Stück für Stück
> zerstören und seine Anmut zerfressen. Sie würden es
> besudeln und es so schänden. Und doch würde es wei-
> terleben. Er würde immer lebendig sein.*»

Oscar Wilde, Das Bildnis des Dorian Gray

«Ich weiß nicht, ob Sie sich an Michel Epstein erinnern, einen kleinen Brünetten mit sehr dunklem Teint, der mit Schura und uns im
Taxi zurückgefahren ist in jener denkwürdigen Nacht oder vielmehr
jenem denkwürdigen Morgengrauen des 1. Januar?», schrieb Irène
Némirovsky ihrer Freundin Madeleine Anfang 1925. «Er macht mir
den Hof, und ja, meine Güte, ich finde ihn nach meinem Geschmack.
Und da im Augenblick die Verliebtheit sehr heftig ist, darf man mich
nicht bitten zu verreisen, verstehen Sie?»

Michel Epstein war achtundzwanzig Jahre alt und tatsächlich nicht
groß. Er trug einen der ältesten jüdisch-russischen Namen. Hätte
Irène ohne ihn beschlossen, ihre Existenz einer bizarren Immigrantin
zu verändern? Sie war noch ein Kind, kaum größer als ihre Katze:
allerhöchstens anderthalb Meter. Sie lebte mit gefährlicher Ungeniert-
heit und wehrte sich in den mütterlichen Fängen gegen den Einfluss
eines «bitteren, verfluchten Bluts». Wie sehr ähnelte sie Marion, der
wahnsinnigen Jungfrau, die Morand soeben in *L'Innocente à Paris* dar-

gestellt hatte und die von Papa und Mama so wenig frei war! Michel
ermöglichte es ihr, in die Zukunft zu blicken und sich der zwar fernen,
aber tyrannischen Kontrolle von Fanny zu entziehen; die es gar nicht
schätzte, von einem Spaßvogel zu erfahren, dass ihre Tochter im Begriff war, sich zu verloben, wovon diese sie geflissentlich nicht unterrichtet hatte. Eine verheiratete Tochter bedeutete, dass sie bald Großmutter wäre. Unterdessen war Léon auf Geschäftsreise in Polen. Ihm
machte die Nachricht wohl weniger zu schaffen: Er konnte nicht ignorieren, dass Michel Epstein der Sohn eines bedeutenden russischen
Bankiers war, der weit bekannter war als er.

Exile

Michel Epstein wurde am 30. Oktober 1896 in Russland geboren und
lebte seit dem Winter 1920 mit seinen Eltern, seinem Bruder und seiner Schwester in Paris in einer sehr großen Wohnung in der Avenue
Victor-Emmanuel III (der heutigen Avenue Franklin Roosevelt). Mit
zwanzig hatte er sein Studium in der physikalisch-mathematischen
Fakultät von Sankt Petersburg begonnen. Als er 1918 zurückgezogen
in Kiew lebte, hatte er die dortige Hochschule besucht, war dann gerade als Attaché ins Finanzministerium eingetreten, als der Bürgerkrieg ausbrach und die Hauptstadt der Verwüstung preisgab. Vom 17.
bis 20. Oktober 1919 blutete ein noch schrecklicheres Pogrom als das
von 1905 nach denen von Petliura das Herz der Hauptstadt aus, diesmal das Werk der Freiwilligen von Denikin, Überreste der ehemaligen
zaristischen Armee. Ihre blinde Gewalt und die systematische Plünderung Kiews durch die widerstreitenden Armeen beschleunigten das
Exil von Michel und seiner Familie: das seines 1887 geborenen Bruders
Samuel, der mit seiner Frau Alexandra Ginsburg und ihrer Tochter
Natascha nach einer abenteuerlichen Flucht in Frankreich eintraf; das
seiner 1896 geborenen Schwester Sofia, genannt Mawlik, mit ihrem
Sohn Viktor; schließlich das seines 1900 geborenen kleinen Bruders

Paul, eines persönlichen Freundes von Großherzog Dimitri, der Angestellter bei der Bank Lazard werden sollte.

«Micha» hatte das spitze Kinn, den lachenden Blick und das scharfe Lächeln seines Vaters, Efim Moisejewitsch Epstein, Lehrbeauftragter der Handelshochschule von Moskau und Sankt Petersburg, Geschäftsführer der mächtigen Asow-Don-Handelsbank mit zweiundsechzig Filialen, was es ihm nach dem bolschewistischen Putsch ermöglicht hatte zu überleben. Efim Epstein war ein persönlicher Freund des Grafen Kokowtzow, des ehemaligen Finanzministers von 1904 bis 1914. Im August 1917 belief sich das Gesamtvermögen der Bank auf 1,289 Milliarden Rubel, so dass sie zu einer der fünf ersten Banken Russlands gehörte. Im Oktober hatte ihr Präsident Boris A. Kamenka, Finanzberater der Regierungen Lwow und Kerenski, der sich in Finnland aufhielt, nicht nach Petersburg zurückkehren können, wo sich der Sitz der Bank in der Morskaja-Straße 3–5 befand, in einem monumentalen Jugendstilgebäude aus anthrazitfarbenem Granit. Von der französischen Regierung als «Spezialist für russische Wirtschaftsprobleme» nach Paris berufen, hatte er sich dort luxuriös in der Avenue du Parc-Monceau niedergelassen und seinen Mitarbeitern in Moskau, August Kaminka und Efim Epstein, alle Vollmachten übertragen. Letzterer wurde zum Vizepräsidenten des Zentralkomitees der Banken von Petrograd ernannt, dessen sechs Mitglieder den Auftrag erhielten, mit der bolschewistischen Führung in Verhandlungen zu treten, um zu erreichen, dass die Verwalter auf ihren alten Posten bleiben konnten, in Zusammenarbeit mit der neu gegründeten Volksbank. Eine letzte Zusammenkunft Mitte April 1918 endete mit der vollständigen Niederlage: Von diesem Tag an flohen die Geschäftsführer der Privatbanken in Scharen aus Petersburg. Seitdem hatte Efim Epstein zum Preis mehrerer Festnahmen die Existenz der Bank aufrechterhalten. Nachdem er sich nach Kiew, Rostow und dann nach Odessa zurückgezogen hatte, konnte er freilich nicht verhindern, dass die Bolschewiki von der Stockholm-Enskilda-Bank die 12,5 Tonnen Gold zurückforderten, die die Asow-Don-Bank wenige Tage vor dem Oktober als Bürgschaft für einen Kredit in Höhe von dreißig Millionen schwedischer Kronen dort deponiert hatte.

Im März 1920, als seine Aufgabe aufgrund des Debakels der Weißen unmöglich geworden war, brach Efim Epstein mit Michel, Paul und Sofia nach Frankreich auf. Am 20. dieses Monats fand am Square du Trocadéro in Paris die erste Versammlung des Verwaltungsrats der Asow-Don-Bank im Exil statt. Bis 1925 sollte die Asow-Don-Bank, zur Transferierung ihres Kapitals auf die Banque des Pays du Nord gestützt, unablässig ihren ehemaligen Mitarbeitern, Angestellten oder Kunden im Exil finanziell zu Hilfe kommen, häufig mit Verlust, wobei sie weiterhin auf den Zusammenbruch der UdSSR setzte. In dieser Hoffnung feilte Efim Epstein innerhalb des Komitees der russischen Banken unter dem Vorsitz des Grafen Kokowtzow an seinem Plan einer Reprivatisierung der russischen Banken und der Wiederherstellung der Wertpapiere. Doch 1924 erkannte Frankreich die Sowjetunion an und gewährte den exilierten Russen den Status von Flüchtlingen. Und auch Lenins Tod – seit 1921 regelmäßig angekündigt[1] – hatte das bolschewistische Gebäude in keiner Weise rissig werden lassen, ganz im Gegenteil. Die Epsteins sollten nie wieder nach Russland zurückkehren.

In einem kleinen, im August 1925 mit einem Vorwort des einstigen Ministers Yves Guyot – des ehemaligen Direktors von *Le Siècle*, eines Dreyfuß-Anhängers der ersten Stunde – veröffentlichten Werk, in dem Efim Epstein zur Schaffung eines Äquivalents des Federal Reserve Board für Russland aufrief, glaubt er noch immer an eine mögliche Rückkehr. Sein von kalter Wut erfülltes Büchlein ist vor allem ein Zeugnis aus erster Hand über die «Konfiszierung» der russischen Banken – denn der Autor lehnt es ab, von «Verstaatlichung» zu sprechen. Epstein spottet über die Inkompetenz der Sowjets, die beim Öffnen der Banktresore meist nur entwertete Wertpapiere und Diskont-Portefeuilles statt der erhofften Goldberge darin fanden. Nebenbei verrät er seine Finanzphilosophie: die eines Befürworters des Freihandels, der davon überzeugt ist, dass die Fehler des Kapitalismus weniger dauerhaft gewesen wären als die der «bolschewistischen Tyrannei» auf dem «unendlich langen Weg zum höchsten Ziel», das heißt zum sozialen Fortschritt, zur politischen Freiheit und zum allgemeinen Wohlstand. «Und deshalb führen die Elemente, die den natürlichen Verlauf der kapitalistischen Entwicklung mit Gewalt unterbrechen wollen, unter dem Vorwand der angeblichen Notwendigkeit, diesen Anreiz auszumerzen, die in Wirklichkeit jedoch ein egoistisches Rachegefühl antreibt, das bei ihnen monströse Formen annimmt – diese Elemente führen die Menschen unweigerlich in die fürchterlichste ökonomische und soziale Katastrophe, die die Welt jemals erlebt hat. Möge das, was Rußland zustößt, der zivilisierten Welt als Warnung dienen!»[2]

Ungeachtet dieser Prophezeiungen war Efim Epstein ein vergnügter kleiner Mann mit Zwirbelbart. Er hatte eine mollige Frau geheiratet, das genaue Gegenteil von Fanny Némirovsky: zärtlich, mütterlich und freundlich. In Sankt Petersburg, wo die Epsteins am Moika Kai wohnten, hatte Efim anscheinend konsistoriale Aufgaben wahrgenommen, doch sein Sohn Michel hatte seine Religiosität nicht geerbt. Raissa Timofeijewna, eine nahe Verwandte, dagegen hatte einen zum Protestantismus übergetretenen Juden geheiratet, Alfred Adler, «den einzigen Psychoanalytiker, den ich gekannt habe», sollte Irène Némirovsky 1938 schreiben. Als Feministin, Sozialistin und Atheistin, die mit Trotzkis erster Frau liiert gewesen war, hatte «Tante Raissa» ins Exil nach Zürich gehen müssen, um dort Biologie und Zoologie zu studieren, da die russische Universität ihr diesen Luxus verwehrte. Später ließ sie sich mit Adler, dem prominenten Freud-Schüler, in Wien nieder.

Was Samuel Epstein betrifft, den ältesten der Brüder, so hatte er sich gleich nach seiner Ankunft in Paris mit Alexander, dem ältesten Sohn von Kamenka, dem ehemaligen Direktor der Schauspielschule von Petersburg, zusammengetan. Gemeinsam finanzierten sie die Filme der Studios Pathé Albatros in Montreuil, so genannt, weil ihr Gründer Jermoliew mit seiner ganzen Truppe und seinem Material an Bord der *Albatros* aus Jalta geflohen war. In den ersten Jahren waren die Filme des Albatros-Studios noch auf den slawischen Orientalismus

spezialisiert, indem es große Regisseure im Exil herausbrachte. Sie erzielten sogar wirkliche Erfolge dank dem expressiven Talent von Iwan
Mosjukin, dem berühmtesten russischen Schauspieler des Stumm-
films. Ab 1925 konnte das Albatros-Studio, das seine ursprüngliche
Devise, «aufrecht auch im Sturm», beibehalten hatte, Feyder und Mar-
cel L'Herbier herausbringen, in Erwartung von René Clair und Jean
Renoir Ende der 1920er Jahre. Auf diese Weise nahm Samuel an einem
der erregendsten Abenteuer des französischen Kinos vor der Flut des
Tonfilms teil.[3] Und die Familie Epstein fasste nach und nach im Pariser
Wirtschaftsleben Fuß.

Ein Träumer des Ghettos

Bevor sie Michel begegnete, hatte Irène 1923[4] eine neue Erzählung
im russischen Stil der «Niania» geschrieben, wobei sie sich diesmal
allein ihrer Phantasie bediente. Doch wie soll man den kleinen Dichter
Ismael Baruch, dessen Name das jiddische Äquivalent von Boris ist,
dem Vornamen ihres Großvaters mütterlicherseits, nicht mit Irma
Némirovsky vergleichen? An einem «Märztag» im jüdischen Viertel
«einer großen See- und Handelsstadt im Süden Rußlands» geboren,
trägt er die *pajes*, die Schläfenlocken, während Irina bis zum Alter von
zwanzig Jahren ihre langen Korkenzieherlocken behalten hat. Ismaels
Vater, ein Schrotthändler aus dem Ghetto, sollte seine Schläfenlocken
schließlich abschneiden und «einen kurzen Schnurrbart nach amerika-
nischer Art» tragen, um sich, wie Leonid, Spekulationsgeschäften zu
widmen. Das «geniale Kind» hat angefangen, Verse zu schreiben, ohne
sich dessen bewusst zu sein. Er verdirbt sein Talent in den «berüch-
tigten» Nachtlokalen und berauscht sich an «tückischen Liebkosungen». Wie sie selbst wurde er von der elementaren Ausdruckskraft des
Zigeunergesangs gepackt. Als ihm plötzlich seine Begabung bewusst
wurde, glaubte er sie durch das Studium der Meister anzuregen; bei
ihm sind es Puschkin und Lermontow, bei ihr die Dichter des Silbernen

Zeitalters. Auch er hat ein «bequemes, luxuriöses Leben geführt», das ihn nicht gegen Unglück wappnete. Denn auch er weiß, dass er Jude ist, so schwer «die unbestimmte Angst», wieder ins Ghetto zurückzufallen, auch zu tragen ist, so vergeblich der «unbekannte Hochmut», seiner Sippe zu entrinnen.

Die fragwürdigsten Beschreibungen von *L'Enfant génial*, die jener Juden «in ihren speckigen Mänteln, geschwätzig, unterwürfig, die wie alte Vögel, gerupfte Stelzenläufer herumhüpften und alles verstanden, alles kannten, alles verkauften und noch mehr kauften», verdanken sich ein wenig Irotschkas verstörter Erinnerung an das «Judengewurle» des Podol und der Moldawanka, doch viel mehr noch Gogol und den volkstümlichen Klischees der Brüder Jean und Jérôme Tharaud, die sie nach eigener Einschätzung «in die allererste Reihe» der französischen Autoren stellte.[5] Wahrscheinlich hatte sie 1920 das Bild des jüdischen Russlands gelesen, das die Reporter-Brüder aus der Ukraine mitgebracht hatten; darin war sowohl von den antijüdischen Wutanfällen des Gouverneurs Trepow wie von den Juden des *shtetl* die Rede, «einem mageren, ausgehungerten, verkrampften, krummen, unter der Last seines Schicksals tief gebeugten Volk, das überall seinen Plunder, seine dreckigen schwarzen Kittel herumschleppt, mit langen Schritten vom Markt in die Synagoge und von der Synagoge zum Markt geht, auf der Jagd nach einem mageren Gewinn».[6] Ebenso erinnerte sie sich, in *Das Bildnis des Dorian Gray* jenem albtraumhaften Theaterdirektor von Whitechapel begegnet zu sein, einem «scheußlichen Juden» mit «fettigen Ringellöckchen».[7] «Habe ‹Dorian Gray› wiedergelesen», notiert sie um 1933. «(…) Die schreckliche Realität der Häßlichkeit nicht vergessen. In diesem Buch, das ich so geliebt habe, ein einziges Kapitel, das mich zutiefst berührt – das der Docks von London (…).» Warum berührte sie diese Stelle so sehr, wenn nicht deshalb, weil sie sie an die faszinierende Hässlichkeit der Ghettos erinnerte, die sie in ihrer Kindheit kurz gesehen hatte?

Diese Art von Bildern in *L'Enfant génial* ist niemals eine Meinungsäußerung wie bei Binet-Valmer. So befand sich in der Lieferung der

Œuvres libres, wo im April 1927 endlich dieser «große unveröffent-lichte Roman» erschien, auch der letzte «unveröffentlichte, vollstän-dige Roman» des Autors von *Les Métèques*. Darin begegnet man der Figur eines jüdischen Bankiers, dem Baron Kaufmann, dessen hüb-sche Tochter den Antisemitismus mutlos machen würde, wäre dieser nicht politisch angesagt. Denn, so versichert eine französische Figur von Binet, «wir sind die Gegner dessen, was existiert. Die jüdische Kraft existiert, also sind wir ihre Gegner»[8]. Von diesem Postulat, dem der Action française und der Jeunesses patriotes, findet sich im Werk von Irène Némirovsky nicht die geringste Spur. In *L'Enfant génial* ist, in der Atmosphäre einer Parabel, im Gegenteil eine reale Kennt-nis der jüdischen Riten und Gebräuche sowie der sozialen Wirklich-keit des Ghettos zu erkennen. Dort werden die jungen Mädchen von den Offizieren der Goj «ohne Angst und Reue» entehrt, und was die Unterwürfigkeit des Vaters betrifft, so entspricht sie dem Überlegen-heitsgefühl der Russen, diesen Trunkenbolden «mit ihren verlausten langen Bärten und ihren sanften Augen in schlichten Gesichtern».

Ob reich oder arm, verfolgt oder arriviert, die Juden in Irène Né-mirovskys Werk werden für immer «Träumer des Ghettos» sein. Wie André Spire de Zangwill 1913 sagte, «ihre Juden gehören nicht zur Clique des Parc Monceau»[9]. Und ihre Karikaturen, zuweilen aus einer Presse ausgeschnitten, in der keine Schere ihnen ausweichen konnte, sind alles in allem lediglich *ghetto comedies* ohne verborgene Ab-sicht.[10] Im Übrigen war sie mit *L'Enfant génial*, dieser «kleinen sym-bolischen Erzählung», nicht zufrieden, vielleicht weil das Symbol, das ihrer Verwandlung, darin allzu offensichtlich war. «Sprechen Sie nicht davon», murrte sie 1930. «Ich habe vorhin einen Blick darauf gewor-fen und das Buch ganz schnell wieder zugeklappt: Ich finde es ja so schlecht!»[11] Benjamin Crémieux, einer der wenigen Kritiker, der sich die Mühe gemacht hat, dieses Jugendwerk zu lesen, entschuldigt es mit der Frühreife: «*L'Enfant génial* war ein vor Romantik brodelndes Jugendwerk.»[12] Denn worum geht es darin wirklich? Von der Witwe eines ehemaligen Militärgouverneurs seinen Eltern weggenommen, seinem Blut entrissen, dem Ghetto entzogen, durch das zu flanieren seinem Hochmut gefiel, ist Ismael, ohne es gewusst zu haben, zum Hofdichter geworden. Jede Inspiration hat ihn verlassen. Er findet in sich nicht mehr «das unbewußte Echo der traurigen jüdischen Lieder, die wie ein ungeheures, von Generation zu Generation stärker gewordenes Schluchzen vom tiefsten Grund der Jahrhunderte bis zu meiner kindlichen Seele emporgetaucht sind». Auch wenn *L'Enfant génial* eine Fabel ist, so ist seine Moral kristallklar: Es ist die Moral der verderbten Anmut. Seine Gene machen Ismael zu einem «genialen kleinen Kind». Wahre Kunst gibt es nur dort, wo sie im Blut wurzelt, und sei dieses schwer und bitter.[13] Es war die Zigeuner-Lektion. Da er nicht früher begriffen hat, dass kein Mineral an Reinheit dem goldhaltigen Schlamm des langen jüdischen Gedächtnisses gleichkommt, wird sich Ismael am Ende den Strick um den Hals legen. Und deshalb auch wendet sich Irène Némirovsky von diesem Moment an von den literarischen Übungen ab, um sich dem zu widmen, was ihr eigenes Genie ausmacht: dem Roman.

Ein Gefühl von Luxus

Aphorismen, Pastiches und autobiographische Anklänge findet man auch in *Le Malentendu*, Irène Némirovskys erstem Roman. So die folgende Sentenz, die ihr als Devise dient: «Die Liebe, die der Angst vor der Einsamkeit entspringt, ist traurig und stark wie der Tod.»[14] In diesem Sittengemälde, «in diesem Monat August des Jahrs der Gnade 1924»[15] am Strand von Hendaye konzipiert, stehen sich eine Frau von Welt und ein unvermögender Angestellter gegenüber, die sich dank dem baskischen Sommer, der sie einander «leichtfüßig und entkleidet» wie Adam und Eva gezeigt hatte, ineinander verliebt haben. Wieder in Paris, überlebt ihr Flirt die Wechselfälle der Nachkriegszeit nicht. Yves Harteloup, der Archetyp des Bürokraten, der durch die Trägheit eines mittelmäßigen Komforts in seiner Karriere gebremst wird, lernt das opulente Leben von Denise Jessaint, das fröhliche Paris, die kostspieligen Nachtlokale hassen, «all diese idiotischen Kindereien, diese forcierte Fröhlichkeit, alles, bis hin zu Denise»[16], die er aufgrund seiner leeren Taschen mit dem mürrischen Auge des Moralisten sieht. Bei seinem Leben im Büro und seiner Geldverlegenheit ist ihm die Liebe eher eine Sorge als ein Trost, ja sogar eine Aufforderung zum Selbstmord: «Eine kleine Anstrengung ... der Sturz ... das Ende von allem ... es war ganz einfach.»[17] Denise dagegen begreift nur langsam, dass der Beamte von 1920, vom Gewitter der Schützengräben ausgelaugt, in Wirklichkeit der «neue Arme»[18] ist: Yves ist schon pleite, als das plötzliche Mitleid seiner Geliebten die Demütigung noch verstärkt. Diese gegensätzlichen Liebenden stoßen einander gerade wegen ihrer Anziehungskraft ab. Bald ist Yves, in seiner Schwermut versunken, nur noch eine Figur unter Denise' Spielzeug. Der gesellschaftliche Determinismus wird sie wieder zu einer Kokotte und ihn zu einem Versager machen, der vor seiner Hörigkeit wie ein Emigrant nach Finnland fliehen muss.

Die Moral der Fabel ist pessimistisch: Die reine Liebe verkümmert im modernen Leben, die gesellschaftlichen Konventionen ersticken sie, was diesen realistischen Roman in die Nähe des Films *Die Nächte einer schönen Frau* (1923) von Chaplin rückt, einem ihrer Lieblings-cineasten. «Ach, die Liebe ist ein Luxusgefühl, meine Teure ...»[19] Irène Némirovsky sieht genau, dass dieses «schäbige *mal du siècle*» eine Folge des Großen Krieges ist, der die Müßiggängerinnen der Belle Époque verschont hat, um sie in die Arme junger Veteranen zu treiben, die das Gemetzel von Verdun verbittert hat. Aus diesem Grund erneuert *Le Malentendu* den bürgerlichen Roman: «Die Zeit der Helden von Bourget, die Frauen und Krawatten sammelten und nichts taten, ist vorbei. Nichts tun! Die Helden von Bourget verhungerten!»[20] Dieser scharfe Blick, den eine junge Ausländerin auf die französische Gesellschaft wirft, ist die Gabe, die ihren ersten erfahrenen Leser, Frédéric Lefèvre am meisten erstaunen sollte: «Ich bewundere, daß Sie mit zwanzig Jahren genügend über das Leben nachgedacht haben, um diese komplexen Probleme so hellsichtig zusammenfassen zu können.»[21] Diese Fähigkeit besaß auch ein debütierender jüdischer Autor ukrainischer Herkunft, Emmanuel Bobovnikoff, genannt Bove, dessen Erzählungen, zur selben Zeit entstanden wie die von Irène Némirovsky, schildern, wie wenig das moderne Leben zu den erhabenen Gefühlen passt, die im französischen Roman noch immer unerlässlich sind.[22] Wie er interessiert sich Irène Némirovsky für den Verfall der Werte in einem feindseligen Milieu, ob es sich nun um die Arbeiterklasse in *Le Pion sur l'échiquier* oder um den Patriotismus in *Suite française* handelt. Das in jedem ihrer Werke auftauchende Thema des sittlichen Verfalls materialisiert sich in der Metapher des verräterischen Spiegels, die hier, in direkter Linie von *Das Bildnis des Dorian Gray*, ihre erste Abwandlung findet: «Ihre Seele war in diesen Morgenstunden derjenigen der strahlenden Morgen ihrer Kindheit so ähnlich, daß das Bild, das der Spiegel zurückwarf, ihr eine peinsame Überraschung bereitete.»[23]

Hinter seiner Maske eines Sittenromans birgt *Le Malentendu* vieles, was Irène Némirovskys Leben entlehnt ist. Yves' Onkel, «ein schwerreicher Industrieller aus dem Norden», dessen Fabrik unter den Bombenangriffen von 1915 gelitten hat, trägt Züge des Patriarchen Prudent Avot, des Gründers der Papier- und Kartonagenfabrik desselben Namens. Die Postkarten aus Paris vermeiden zwar nicht das Klischee, umgehen jedoch sehr hübsch die Besichtigung von Montmartre mit dem Fremdenführer: «Ich werde morgen wiederkommen.»[24] Von dieser Sorge um Adaptation zeugen auch der Mädchenname von Denise, Franchevielle und der Vorname ihrer Tochter Francette. Wahrheitsgetreuer sind die bewunderten Landschaften des Baskenlandes mit ihrem «Duft nach Zimt und Orangenblüten, den die Winde aus Andalusien herüberwehen».[25] Von nun an wird Irène Némirovsky bis 1939 fast jeden Sommer dort verbringen. Die Überquerung der Bidassoa, die Prozession von Fuenterrabía, die Pfade an den Berghängen, der «wunderbare Wein Spaniens», «das kleine Haus von Pierre Loti mit seinem dicht belaubten Garten und seinen verblichenen grünen Fensterläden»[26]: lauter nach dem Motiv gemalte pittoreske Details.

Der kosmopolitische Jahrmarkt

War Michel Epstein eine gute Partie? Nichts weist darauf hin, dass er ein überragender Bankier werden könnte. Mitte der 1930er Jahre sind die Einkünfte der Schriftstellerin Irène Némirovsky doppelt so hoch wie die ihres Mannes bei der Banque des Pays du Nord. Boris Kamenka, der in Vertretung von Horace Finaly seit April 1914 im Verwaltungsrat dieses Unternehmens saß, hatte «Micha» den Eintritt erleichtert, worum er sich am 26. März 1925 offiziell mit einem Ersuchen beworben hatte, das mit den Worten endete: «Ich beherrsche sehr gut die französische und die russische Sprache und auch die englische und die deutsche ziemlich gut.» Diese sprachlichen Trümpfe sicherten Michel Epstein schließlich eine ehrenwerte Stellung in der Direktion, wo ihm besonders «die französischen und ausländischen Beziehungen sowie die Dokumentenkreditabteilung» mit einer «Zeichnungsberechtigung erster Klasse» oblagen.[27] Wenn man weiß, dass die Banque des Pays du Nord im Oktober 1926 unter der Leitung ihres Präsidenten Charles Laurent beschloss, das Comité franco-allemand d'information et de documentation zu beherbergen, das von dem Industriellen Émile Mayrisch gegründet worden war, um die beiden Völker einander näherzubringen und einem neuen Krieg vorzubeugen, dann versteht man, dass Michel Epstein während der Besatzung keinerlei Schwierigkeiten oder Vorbehalte hatte, den deutschen Offizieren als Dolmetscher zu dienen, die in Issy-l'Évêque stationiert waren, dem Dorf im Burgund, wo seine Familie Zuflucht gefunden hatte.

1912, ein Jahr nach ihrer Gründung durch den schwedischen Bankier und Politiker Knut Wallenberg, mit dem Ziel, französisches Kapital in die Industriezentren Nordeuropas und Skandinaviens umzuleiten, hatte die Banque des Pays du Nord – oder Norebank-Paris – ihren Sitz an der Ecke der Avenue de l'Opéra und der Rue Gaillon. 1920 war sie innerhalb der Europäischen Union für Industrie und Finanzen von der Schneider-Gruppe übernommen worden. Gleich nach seiner Ankunft stand Michel Epstein unter der Leitung von Gabriel Brizon, dem Vizepräsidenten des Vorstands, und seiner vier stellvertretenden Direktoren Ferdinand Prior, Henri de Sigalas, Joseph Koehl und Cyrille Besson.[28] Zunächst waren seine Aufgaben nicht sehr bedeutend. Hat sich Irène von Michels zwangsläufig bescheidenen Anfängen inspirieren lassen, um in *Le Malentendu* die geschäftige Atmosphäre des Büros wiederzugeben, «das Klappern der Schreibmaschinen» und jene «sich aneinanderreihenden und stets wachsenden Zahlenkolonnen»?[29] Das ist umso wahrscheinlicher, als sie diesen im Jahr zuvor begonnenen Roman erst 1925 abschloss.

Am 28. Oktober 1924 hatte sie sich ein letztes Mal an der Sorbonne eingeschrieben, doch anscheinend war sie eifriger mit ihrer «heftigen Verliebtheit» beschäftigt, denn nun verliert sich ihre Spur im Labyrinth der Universität. Jeden Abend traf sie Michel nach seiner Arbeit in einer Kneipe, Chez Martin, Avenue George V, wo häufig Paul Epstein und Schura Lissianski auf sie warteten. «Es war eine winzige englische Bar, die vor Sauberkeit glänzte, mit einem ‹ehrbaren›, seriösen Anstrich»[30], deutet *Le Malentendu* an. Michel war zwar gesetzter und vernünftiger als Irène, jedoch in keiner Weise eine Schlafmütze. Er liebte Mistinguett, Josephine Baker, den Champagner, den Weinbrand und seine Freunde. Unter ihnen Daria, die Tochter von Boris Kamenka, die als literarische Übersetzerin Karriere machte. Und «Micha» wusste zu leben: Als er Mademoiselle Ginoux, seine Sekretärin, einmal zu lange festgehalten hatte, ließ er sie mit einem Strauß Rosen im Taxi nach Saint-Mandé nach Hause fahren.

Der Sommer 1925 war vermutlich der letzte, den Irène bei ihren Eltern verbrachte, in einem jener Palasthotels an der baskischen Küste, die sie jetzt verabscheute, da sie sie ebenso gekünstelt fand wie das Ehepaar Fanny und Léon. Dort traf sich, aus dem ganzen Erdball gestrandet, eine dekadente Gesellschaft, die sie nur noch mit Mühe ertragen konnte, denn sie erinnerte sie an ihre vergangenen Exzesse. In Biarritz, der «Königin der Strände und dem Strand der Könige», sah man zwar Chaplin und Guitry, aber auch Banditen und von der Sonne Spaniens verweichlichte Politikaster. Einer der seltenen Vögel dieser

Voliere war ein Ganove großen Stils, dessen Eltern vor den Pogromen von 1889 geflohen waren. Man wusste, dass er viel Geld in das kolossale Hotelkasino von La Roseraie gesteckt hatte, das 1926 bis 1928 in Ilbarritz bei Bidart errichtet worden war. Einige Jahre später hätte der sonderbare Selbstmord dieses Mannes – Stavisky – beinahe die parlamentarische Republik selbst in Verruf gebracht.

In *Le Vin de solitude* werden einige Exemplare des goldenen Aquariums aufgezählt, in dem ihre Eltern herumschwammen: «Erdölhändler, internationale Finanziers, Waffenfabrikanten, Berufstänzer, einst Schüler des Pagenkorps, teure oder billige Frauen, Opiumhändler und kleine Mädchen …»[31] In *Le Malentendu,* unter das sie den Schlusspunkt setzte, bevor sie es mit einfacher Post an *Les Œuvres libres* schickte, bezeichnete sie Biarritz, neben San Sebastián, als eines der «beiden liebenswertesten Zentren des kosmopolitischen Jahrmarkts»[32]. Was so richtig beobachtet war, dass sich dieser Roman, als er im Februar 1926 in der Zeitschrift der Éditions Fayard erschien – einer «literarischen Monatsschrift, die nur Neues veröffentlicht» –, in der Nachbarschaft einer mondänen Komödie von Alfred Savoir befand, *Un homme,* die namentlich im Hôtel du Palais in Biarritz spielt!

In ebendiesem Etablissement, wo sie sich noch zwei Jahre zuvor aufgehalten hatte, sollte Irène die junge Heldin von *L'Ennemie,* Gabri, in einem Zimmer unterbringen, das «auf den magischen Ozean geht, voll von Schatten und Spiegelungen, salzigen Düften und rauhen Gesängen»[33]. In diesem zweiten Roman ist Biarritz ein neues Sodom, einer «Menge von Marionetten» ausgeliefert, die mit entwaffnender Sorglosigkeit tanzten und liebten, im Rhythmus der «Negermusik, die immerzu unter dem allzu blauen Himmel vibrierte und das Gehirn in eine Art leere klingende Schelle verwandelte»[34]. Diesen künstlichen Vergnügungen wird die Heldin von *Le Vin de solitude* den morgendlichen Strandlauf vorziehen; ebenso entdeckte Irène, auf der Flucht vor der Maskerade, bei langen einsamen Spaziergängen ein Heilmittel gegen den Ekel vor dieser falschen Welt. «Der beste Augenblick war der frühe Morgen, vor allem im noch schlafenden Palasthotel, wenn sie mit gelöstem, wehendem Haar, in einem blauen Rock und einem Lacoste-Hemd, in Sandalen und mit nackten Beinen und Armen die Hügel hinaufstieg (…).» Dann genoss sie einfach das unentgeltliche Glück, das der Materialismus ihrer Eltern ihr vorenthalten hatte.

David Town

Eine der auffallendsten Gestalten 1926 in Biarritz stach aus der durchschnittlichen Masse der Neureichen hervor. Seine luxuriöse Villa Bégonia, unübersehbar am Rand der Felsenküste gelegen und von einem Flugzeughangar flankiert, konnte keinem Spaziergänger entgehen. Dieser belgische Magnat, gottlos, aber jüdischer Herkunft, hatte sein Vermögen mit Kunstseide und Stromnetzen erworben. Alfred Lœwenstein, schon vor dem fünfzigsten Lebensjahr verbraucht, war wegen seines kranken Herzens an die baskische Küste gekommen und nicht, um sich «in der Menge dieser Mittelmäßigen zur Schau zu stellen, die sich für reich halten, weil sie ein paar hunderttausend Francs zu verschleudern haben»[35]. Da er seine Regierung nicht davon hatte überzeugen können, ihm das Eisenbahnmonopol zuzugestehen, verfolgte Lœwenstein in Chiberta, zwischen Biarritz und Bayonne, ein gewaltiges Bauprojekt, eine Art kollektives Xanadu, mit Rennbahn, Kasino, Tanzlokalen, Golf- und Tennisplätzen sowie Luxusboutiquen. In diesem Garten Eden, so erzählt Daniel Halévy, sollten nur «die wirklichen Könige und Fürsten des Goldes zugelassen» werden.[36] Und um dieses neue Monte Carlo zu lancieren, wollte er zu Werbezwecken zwanzig angesehenen Persönlichkeiten zwanzig superluxuriöse Villen zur Verfügung stellen.

Dieses unvollendet gebliebene Projekt ging durch die gesamte Presse. Es fiel mit den ersten Anzeichen von Lœwensteins Niedergang zusammen, der als einer der drei reichsten Männer der Welt gegolten hatte. Sein utopischer Charakter könnte in Verbindung mit Leonids Abenteuern Irène Némirovsky auf die Idee eines neuen Romans gebracht haben. Die Hauptfigur, David, ist ein jüdischer Finanzier, der, nachdem er mit zwanzigtausend Rubel Lebensversicherung, die er nach dem Tod des Vaters erhielt, das Elternhaus verlassen hatte, in New York sein Glück gemacht hat und sich in ein gigantisches Immobilienprojekt stürzt, das darin besteht, auf einem großen trockengelegten Sumpfgelände eine Stadt mit Namen «David Town» aus dem Boden zu stampfen. Dieser David hat schon alles Mögliche gemacht: «... im Kohlenbunker der Wolgaschiffe geschlafen», Zucker, Gerste, Weizen und sogar Kautschuk von Polen bis nach Sibirien verkauft. Seine Frau hat nur eines von ihm verlangt: sie weit aus der Ukraine wegzubringen und Bella zu nennen statt Ruth, «mit diesem gräßlichen jüdischen Namen». Ihre Tochter, ein leichtsinniges hübsches Geschöpf, das weder Rücksicht noch Dankbarkeit gegenüber ihrem arbeitswütigen Vater kennt, heißt Joy, oder auch Joyce. Sie schleudert ihrer Mutter, die ihr nicht zuhört, Sätze entgegen wie: «Mummy, ich komme mit Salvador und Pachito nach Hause!» Aber Davids Geschäfte sind wechselhaft, denn «der Jude ist heute reich und morgen arm». Am Ende wird der unermüdliche «Daviduschka» im Alter von vierundfünfzig Jahren und vom Schatten des Todes erstarrt, die Situation wiederherstellen und in Biarritz sogar Gast des Fürsten Stephany werden, eines ehemaligen russischen Gouverneurs. Die Ehegatten, die nun ein großes Haus führen, werden seufzend die grausame Zeit der Pogrome heraufbeschwören können, als sie kein Geld hatten. «Weißt du noch? ... Du warst klein, arm ... Wir hatten Träume ... und das Deck des Schiffs, und die Emigranten, weißt du noch?» Das Ganze ist eine Parabel: eine entwurzelte jüdische Familie, durch Reichtum und Karrierismus entzweit, die die Erinnerung an die Demütigungen jedoch wieder zusammengeschweißt hat. Leider vertragen sich Glück und Krankheit nicht gut, und «wenn der liebe Gott uns Nüsse gibt, hat man keine Zähne mehr, um sie knacken ...»

Diese Entwürfe, Auszüge aus einem mit einem rosa Band zusammengehaltenen Manuskript von hundertsechzig Seiten, sind die Skizze einer Satire, an der Irène Némirovsky von 1925 bis 1929 arbeiten

wird, bis sie eine Variante des Buchs Koheleth in der Welt der Hochfinanz daraus macht. In *David Golder* – diesen Titel gibt sie schließlich
dem Roman – wird ein brutaler und weltlicher Bankier, von seinen Angehörigen gehasst, umschmeichelt oder verspottet, durch den Tod an
den Schwur seiner elenden Kindheit und an den Glauben seiner Väter
erinnert, der unter dem goldenen Mantel noch immer zuckt. «Ich habe
ihn mehrmals umgeschrieben», wird Irène Némirovsky erläutern. «Ich
kann sagen, dass ich vier Jahre daran gearbeitet habe. Er ist in Biarritz
aus dem Schauspiel all dieser verschrobenen, verdorbenen Müßig-
gänger hervorgegangen, dieser ganzen zusammengewürfelten Welt
aus Finanziers, suspekten Bankiers, Frauen auf der Suche nach dem
Vergnügen und neuen Eindrücken, aus Gigolos, Kurtisanen usw.»[37]
Es ist erstaunlich, dass unter all den Literaten, die diesen Roman 1930
begrüßten, nur Benjamin Crémieux und André Maurois, beides Juden, seine moralische Tiefe erfasst haben, statt bei der augenfälligen
Niedertracht seiner Personen stehen zu bleiben, die alle unter dem
Einfluss eines Cocktails aus Sünden stehen. «Man denkt an bestimm-
te Sätze von Proust über Swanns Alter, der ebenfalls beim Nahen des
Todes zum Nihilismus des Buchs Kohelet zurückkehrte»[38], schrieb
Maurois, während Crémieux deutlicher wird und verrät, dass diese
modernisierte Form der Nichtigkeit, die der Finanzspekulation und der
Ausschweifung, auch eine Allegorie der «jüdischen Seele» ist: «David
Golder bringt sowohl die Gier wie den Überdruss des Juden zum Ausdruck, wenn er sich ganz dem Irdischen hingibt: Er will alles, obwohl er
weiß, dass alles eitel ist. Deshalb kann er alles erringen und allem ent-
sagen, abwechselnd den Ehrgeiz des biblischen David und die Gleichgültigkeit des Koheleth an den Tag legen.»[39] Genau das wollte Irène
Némirovsky: einen Komtur zum parasitären Festmahl von Biarritz
einladen. Mit Léon persönlich in der Rolle der rächenden Statue, der
dank seinem Geld, sogar seinem Leben, die gedeckten Tafeln umstößt.
David Golder, «der Goldmacher», der sich auflehnende Samson, der die
goldenen Ketten an seinen Händen zerreißt, mit denen eine habgierige
Gattin und eine flatterhafte Tochter ihn ans Laster gefesselt hatten …

Irène Némirovsky erkannte erst allmählich, welchen Nutzen sie aus Léons absurdem Schicksal ziehen konnte, wenn sie ihm die Züge eines Schwerarbeiters verlieh, der sieht, wie seine letzte Würde – die Vaterschaft – durch abscheuliche Enthüllungen verhöhnt wird. Alle Kritiker haben in *David Golder* den Zynismus von Joyce hervorgehoben, die dem illegitimen Vater die Komödie der Tochterliebe vorspielt, um ihm ein Auto oder fünfzig Tausendfrancscheine zu entlocken. Niemand hat erkannt, dass es ein strenges Selbstporträt war. Denn Joyce ist Nonoche, die kleine Dirne, die zwar nichts im Hirn hat, aber rechnen kann. Im Übrigen wurde gemunkelt, dass Joyce keine fiktive Figur sei. So schrieb der höhnische Kritiker von *Chantecler:* «Es heißt, Ihr eigener Vater, ebenfalls ein jüdischer Bankier, habe Ihnen für *David Golder* Modell gestanden, und daß er Ihnen, da er sich wiedererkannt habe, beharrlich grolle, daß Joyce wirklich existiert habe, ebenso hübsch, ebenso ‹zügellos› wie Ihre Heldin, und daß sie im Alter von achtzehn Jahren Selbstmord begangen und damit folgerichtig einem außergewöhnlichen Leben ein Ende gesetzt habe …»[40] Der Autor dieser Zeilen konnte nicht wissen, wie sehr er ins Schwarze traf. «Ich bedaure, Joyce nicht sympathischer geschildert zu haben», gestand sie 1930.

Die Methode Turgenjew

1925 bis 1926 steckte *David Golder* noch in den Kinderschuhen. Er hatte noch nicht den bündigen Ausdruck, den bissigen Ton gefunden, weder die harte Sprache noch die moralische Größe, die ihre Leser einschüchtern sollten. Es war noch die Geschichte eines Abenteurers in Geschäften, die dem wirklichen Leben von Irène Némirovsky nur die sichtbarsten Aspekte entlehnen sollte. Am Ende des Jahres, «noch immer ohne Einschreiben»[41], schickte sie das Manuskript von *Le Malentendu* an *Les Œuvres libres*. Die Zeitschrift von Arthème Fayard, die sowohl Proust oder Carco als auch Morand, Guitry und Bernstein vorabgedruckt hatte, war einverstanden, diesen «unveröffentlichten Roman ungekürzt» am Ende eines Bandes vorzustellen. *Le Malentendu* erschien im Februar 1926. Es war nicht üblich, dass die Kritik sich dieser Art von Publikation annahm. Daher konnte Frédéric Lefèvre erst nachträglich, 1930, die Verheißungen dieses Werks erkennen, das einen Blick voll bitteren Verständnisses auf die strengen Gesetze der «Welt» warf, wobei er außerdem betonte, wie ungebührlich dieses Melodrama unter der Feder einer jungen Russin doch sei, die sich der x-ten Klage über das verlorene Paradies versage: «Durch seine Mäßigung und seinen geringen gesunden Menschenverstand ist dieser Roman sehr französisch. Er wiederholt uns eine Wahrheit, die die jungen Verliebten allzu leicht vergessen: daß nämlich die reinste, die intensivste, von allen Zufälligkeiten losgelöste Liebe zu zerbrechen droht, wenn sie ebendiesen Zufälligkeiten nicht Rechnung trägt. Daß zum Beispiel eine Liebe die meiste Zeit ihren Todeskeim in sich trägt, wenn sie es sich einfallen läßt, zwischen zwei Wesen aufzutauchen, die allzu verschiedenen gesellschaftlichen Klassen oder Milieus angehören.»[42]

Irène und Michel waren dieses Risiko nicht eingegangen: Sie stammten genau aus demselben Milieu, dem Milieu jüdischer Finanziers, die es durch die bolschewistische Revolution nach Paris verschlagen hatte. Ihre Vermählung fand am 31. Juli 1926 im Rathaus des 16. Arrondissements nach dem Prinzip der Gütertrennung statt. Irène, deren linke Hand bereits ein Verlobungsdiamant zierte, trug ihren Ehering auf russische Weise an der rechten Hand. Der Ehevertrag präzisiert, dass Michel noch «ohne Beruf» war, was vermuten lässt, dass seine Dienste bei der Banque des Pays du Nord zuerst freundschaftlicher Art waren. Am nächsten Tag folgte eine religiöse Trauung im Gotteshaus in der Rue Théry[43], einer nicht konsistorialen Synagoge. Keiner der beiden Gatten war religiös, doch Efim Epstein und seine Frau, die es waren, hatten Gründe, den Schein zu wahren. Die zehnjährige Natascha erinnerte sich später, dass es ihrem Onkel Michel nicht gelang, das eingewickelte Glas, das den Jungvermählten Glück bringen soll, mit seinem Absatz zu zertreten.

Sobald sie verheiratet waren, zogen die Gatten in eine ruhige Wohnung am linken Seineufer, zwischen Montparnasse und dem Invalidendom, am Ende einer kurzen Sackgasse mit Blick auf das staatliche Blindeninstitut, neben den Überresten des ehemaligen Gefängnisses der Oiseaux, das 1904 abgerissen worden war. Die Nummer 8 der Avenue Daniel-Lesueur – Schriftstellername einer 1921 gestorbenen Dame – war ein schönes, 1923 fertiggestelltes modernes Gebäude. Das junge Paar hatte zwei Hausangestellte: eine Putzfrau und eine baskische Köchin, Joséphine Arozamena, denn Michel kam so oft wie möglich, das heißt fast täglich, zum Mittagessen nach Hause. Neben dem Badezimmer und der Küche bestand die Wohnung aus drei Zimmern, einem Esszimmer und einem großen Salon «von raffiniertem Luxus, in dem die Möbel und die wertvollen Gegenstände, geschickt verteilt, um so besser zur Geltung kamen». Tagsüber richtete Irène hier ihr Arbeitszimmer ein und gab bei Gelegenheit Empfänge als Frau von Welt, «überaus freundlich und zuvorkommend»[44].

Wenige Blumen oder aber eine einzige langstielige Tulpe in einer Vase. Noch keine Schreibmaschine vor der Fensterfront. Weder Tisch noch Schreibpult, jedoch ein breiter Diwan, auf dem sie im Liegen, ein Heft auf den Knien, das frühere Leben von David Isakitsch Golder beschrieb, des Helden ihres nächsten Romans, der inzwischen an der Spitze einer bedeutenden Gesellschaft stand, der «Franko-Amerikanischen Gesellschaft für Ölförderung und -vertrieb, Aktiengesellschaft mit einem voll eingezahlten Kapital von 60 000 000 Frs». «Ich mache nie einen Plan», erklärt sie später. «Ich fange an, nur für mich allein das Aussehen und die Biographie aller Figuren, auch der unwichtigsten, zu notieren. Auf diese Weise kenne ich, noch bevor ich die eigentliche Niederschrift in Angriff nehme, alle meine Figuren von Grund auf und, wie mir scheint, sogar ihren Tonfall. Ich weiß, wie sie sich verhalten werden, nicht nur im Buch, sondern in allen Lebenslagen. Wenn das getan ist, beginne ich zu schreiben.»[45] Auf die gelochten und linierten Seiten schreibt sie mit schwarzer Tinte ganze Absätze aus Spezialabhandlungen ab: über den Bankrott und den Geschäftskonkurs, über

Erbrecht und Herzkrankheiten. Sie notiert: «David Golder *kann* Asthma haben (Dr. Périneau), nur den Schmerz, die Angst hervorheben ... Ich meine, man sollte vermeiden, das Asthma beim Namen zu nennen, sondern von ‹Atembeschwerden›, ‹Anstrengung› usw. sprechen.» Dann skizziert sie tastend das Porträt von Marcus, Golders Teilhaber.

Wie heißt er? Natürlich darf dieser Vorname kein einziges Mal ausgesprochen werden, aber man soll wissen, daß er einen hat. Jacob. Jacques. Isaac. Noé. Ézekièl. Israël. Léon. Rodolphe. Oder Rudolf. Rodolf Marcus? Rudolf Marcus. Nein, das klingt zu deutsch. Rodolphe Marcus ist besser. Ich will nicht wissen, woher er kommt. Wahrscheinlich haben Golder und er sich vor zwanzig, fünfundzwanzig Jahren kennengelernt. Aber vorher? Dunkle Nacht. Finsternis. Die berühmte jüdische Assimilation. Er ist jemand, der es in den letzten Jahren «zu etwas gebracht hat». Er besitzt ein paar schöne Gemälde, luxuriöse Beziehungen, <u>vor allem Mätressen, die Frauen sind sein Laster, sein orientalischer Hunger nach Frauen</u> und das Verlangen, sich welche zu beschaffen, Schmuck usw.

Vorerst ist es noch ein Gedankenspiel. Aber das Aussehen von Golder, dem Papiergeschöpf, das Léon seine Würde zurückgeben sollte, wird ihr seltsam vertraut. Schließlich fasst sie Golders Profil in wenigen Worten zusammen: «Er muß einen Eindruck von massivem Stein vermitteln.» Auf diese Weise systematisiert sie ihre Kunstgriffe aus der Kindheit und verwandelt die Langeweile in Zerstreuung. Jedoch noch ohne die Absicht, es zu ihrem Beruf zu machen. «Ich bin keine Literatin», sagt sie. «Ich will nicht schreiben, nur um zu schreiben. Schreiben ist für mich ein so seltenes Vergnügen, daß ich mir nicht vorstellen kann, mich ihm aus Pflichtgefühl zu widmen oder weil ich es beschlossen hätte.»[46] Doch Turgenjews Methode – zuerst die Figuren bis ins letzte Detail mit Bleistift, die hervorstechenden Züge mit Tinte zu notieren und sie dann zu beleben – sollte ihr noch oft nützlich sein.

Außerdem muss sie mit ihren dreiundzwanzig Jahren noch viel

lesen. Eine ganze Wand des Salons ist mit Büchern bedeckt. Ihre Lieb-
lingsautoren: die Brüder Tharaud, Valéry Larbaud und *L'Épithalame*
von Chardonne in der Ausgabe von 1921, dessen gemächlicher Erzählfluss sie an «die großen Russen» erinnert. *Les Demi-Vierges* von
Marcel Prévost mit ihren schnippischen Frauenzimmern à la 1900,
deren Erbinnen Nonoche, Joyce und Loulou sind. Marcel Proust, den
sie «leidenschaftlich bewundert»: «Ich kenne sein Werk in allen Einzelheiten. Ich könnte Ihnen Odettes Toilette haargenau beschreiben,
ebenso die junge Liebe von Gilberte und Marcel.»[47] Die *Climats* von
André Maurois, deren psychologische Quintessenz sie 1928, auf die
Le Malentendu abzielte, atmen wird. Aber auch *La Fin de Chéri* von
Colette und die parfümierten Romane von Gérard d'Houville, alias
Marie de Régnier. Schließlich die *Contrerimes* des Basken Paul-Jean
Toulet, die sie zu Golder zurückbringen.

> *Sur l'océan couleur de fer*
> *Pleurait un chœur immense*
> *Et ces longs cris dont la démence*
> *Semble percer l'enfer.*[48]

Niemand störte sie außer dem riesigen Kater Kissou, der so schwarz
war wie ein Panther, «lang, breit, struppig und närrisch»[49]. Dann die
Rückkehr von Michel, der ihr, sogar zur Zeit des Erfolgs, am Abend
nur eine halbe Stunde Schreiben zugesteht. Diese Klausel des Ehe-
vertrags sollte auch nach neun Jahren des Zusammenlebens noch rei-
bungslos funktionieren: «Mein Mann ist in der Bank, er arbeitet wie
jeder Mann vormittags und nachmittags. Was tut eine Frau unterdessen? Sie klappert die Läden ab, geht zu Anproben, achtet auf die Mode.
Statt dessen schreibe ich. Wo ist der Zeitverlust? Es gibt keinen. Mein
Mann kommt nach Hause. Ich höre mit meiner Arbeit auf; von diesem
Moment an bin ich die Ehefrau und sonst nichts (…). Dank dieser Verbindung meiner Arbeitszeit mit meiner Zeit als Ehefrau gelange ich zu
einem vollkommenen Gleichgewicht.»[50]

Paul und Irène

Unter all ihren Lektüren erwähnt Irène Némirovsky nie Paul Morand, den stilvollsten Badegast des *Eskualduna*. Dabei hatte ihr, die nach allem Neuen gierte, das mit großem Tamtam angekündigte Erscheinen von *Lewis et Irène* bei Bernard Grasset – das Musterbeispiel einer Reklame, die bei Gallimard in der Rue Sébastien Bottin Anstoß erregte – nicht entgehen können. Ein ebenso trügerischer wie lockender Slogan («sind Irènes Hüte von Lewis?») auf den Anzeigen in allen Tageszeitungen, sechzigtausend verkaufte Exemplare innerhalb von zwei Monaten im Winter 1924: gute Arbeit! Für den Helden dieses barschen und kurzen, oft nachgeahmten «Geschäftsromans» hatte Morand «ein wenig israelitisches Blut» in den Adern seines unerschrockenen Businessman fließen lassen. Nach eigenem Eingeständnis hatte er sich auch von bestehenden Vorbildern inspirieren lassen: von dem schwedischen Streichholzkönig Ivar Kreuger; dem Magnaten der amerikanischen Presse Randolph Hearst; dem der Royal Dutch Petroleum Company Henry Deterding; aber auch von Alfred Lœwenstein, denn Lewis war «der uneheliche Sohn eines belgischen Bankiers». Bernard Grasset schätzte insbesondere den lakonischen, ungezwungenen Anfang des Romans: «‹Fünfzehn›, sagte Lewis.» Nach einigem Zögern erinnerte sich Irène Némirovsky wohl daran, als sie schließlich als erste Zeile ihres eigenen Romans niederschrieb: «‹Nein›, sagte Golder.» So konnte sie sicher sein, Grasset zu ködern.

Im April 1925 hatte Paul Morand in der Zeitschrift *Demain* eine antibolschewistische Posse veröffentlicht, «Je brûle Moscou», in der er über die große jüdische Revolution spottet, die Eurasien zu einem neuen Gelobten Land machte, «dem großen Laboratorium der Welt». Dort siedelte er die Figur eines Dichters an, Ioseph Antonovitch Izrailoff, fünfzehn Jahre alt, den «Däumling von Odessa», der gekommen war, um in Moskau die Cholera zu verbreiten. In Morands Skizze sind die Juden, die aus den «großen Reservoiren» der Ukraine die Welt überschwemmen, «glühend, intolerant, talmudisch»[51]; in *L'Enfant génial,* die *Les Œuvres libres* im April 1927 veröffentlichen, sind sie nur elend und «gierig», denn mit zwanzig will sich Irène Némirovsky ebensowenig wie mit dreißig mit Politik befassen.[52]

In *Le Malentendu* jedoch war der Tropus des «jungen reichen Israeliten» aufgetaucht, des geizigen und berechnenden Bankangestellten, sowie der seines Bürochefs, der «deutsche Akzent», «die schlaffe, behaarte Hand», «eine fast unziemliche Nase und ein schmutziger grauer Bart»[53], groteske Karikaturen, bei denen man in diesem überaus realistischen Roman unweigerlich zusammenzuckt. Heilsame Selbstverspottung? Bestreben, unparteiisch zu wirken? Spöttischer Hochmut?[54] Jedenfalls kurzatmige Klischees ohne narrative Funktion. Aber antisemitische Klischees? Fast gedankenlos hat Irène Némirovsky dieses stilistische Beiwerk den Brüdern Tharaud entlehnt als eines der Ingredienzien des französischen Geistes, nach dem es sie verlangte – auf die Gefahr hin, auch dessen Geschmacklosigkeiten zu übernehmen. Dass eine Französisch schreibende junge Emigrantin die Mimikry so weit getrieben hat, Vorurteile zu übernehmen, bewies nur eines: die Banalität des antisemitischen Klischees. Sonst wäre das Arsenal eines französischen Schriftstellers nicht vollständig gewesen. Denn es versteht sich von selbst, dass sie diese abgedroschenen Stereotypen, die auf den Seiten von *Fantasio* Blüten trieben, nicht erfunden hat. Im Übrigen sollte sie später bereuen, diese Verfahren benutzt zu haben, und sich bei der Beschreibung zwielichtiger Personen zu größerer Nuancierung ermahnen.

Der Apfel fällt nicht weit vom Stamm!

Von April 1927 bis Dezember 1929 erscheint kein Buch unter ihrem Namen. Am 4. Juli 1928 gab eine unerklärte Meldung unter den vermischten Nachrichten ihrem *David Golder* vielleicht einen neuen Anstoß: Alfred Lœwenstein, der in London an Bord seiner privaten Fokker gestartet war, befand sich bei der Landung nicht mehr in der Maschine.

Er war aus ungeklärter Ursache ins Wasser des Ärmelkanals gefallen. Um dieses Verschwinden rankten sich viele Hypothesen. Noch im März 1933 interessierte sich Irène Némirovsky dafür, denn sie hatte die Sondernummer des *Crapouillot* über «die mysteriösen Todesfälle», die einen Artikel über die Affäre Lœwenstein enthielt, gelesen und aufbewahrt.

Hat sie sich von diesem Ertrinken inspirieren lassen für David Golders Todeskampf mitten auf dem Meer, an Bord des Schiffs, das ihn in den Westen zurückbringen sollte? Die ersten Leser des Romans erwähnten zuweilen den Namen des belgischen Finanziers.[55] Irène Némirovsky hat diese oberflächlichen Vergleiche stets zurückgewiesen. Nicht dass ihre Figuren reine Erfindung wären; ihre Vorbilder sind im Gegenteil vielfältig: «Gewiß habe ich mich authentischer, jedoch verstreuter Elemente bedient.»[56]

Nach ihrem eigenen Bekunden sind nur zwei Figuren aus *Golder* aus einem Guss: der alte Geizhals Soifer, der unfreiwillig für Golders Rückkehr zur Tradition sorgt, und der schlüpfrige Fischl, dem sich Joyce am Ende resigniert verkauft. «Damit meine ich, daß Soifer und Fischl wirklich existieren. Ich kenne sie.»[57] Was Golder betrifft, so verdankt er seine Züge sowohl Lœwenstein als auch Léon Némirovsky oder Deterding, einem weiteren Konquistador, den sie gern sezierte, um ihren Helden zusammenzusetzen. Wie David Golder, der ohne Vater aufgewachsen war, hatte Deterding eine schwere Kindheit und war um die ganze Welt gereist. Indem er 1907 die Kontrolle über die Shell erlangte, hat er seinen größten Konkurrenten, Marcus Samuel, ausgeschaltet, indem er ihn zu seinem Gesellschafter machte. Ebenso wird Golder mit Simon Marcus verfahren, seinem Alter Ego in der Golmar, bevor er ihn 1926 strangulierte, als er ihn übers Ohr hauen wollte. Anfang der 1920er Jahre hatten sowohl Golder als auch Deterding auf die Niederlage der Bolschewiki spekuliert, indem sie Ölaktien erwarben, die diese ihren rechtmäßigen Besitzern geraubt hatten. Was sie in keiner Weise an dem Wunsch hinderte, mit den Sowjets über einen Nutzungs- oder Lieferungsvertrag zu verhandeln.

Über diese komplexe Materie hat sich Irène Némirovsky, wie sie es immer tun wird, gründlich informiert und ein zuvor erschienenes Werk von Louis Fischer mit zahlreichen Anmerkungen versehen, «einen dicken Band, wohl aus dem Englischen übersetzt, *L'Impérialisme du pétrole*, mit dem ich viele Stunden verbracht habe»[58], sowie alte Nummern der *Revue pétrolifère* durchforstet. Das war im Herbst 1928 ihre hauptsächliche Arbeit. Doch sind deshalb die in *David Golder* beschriebenen Öltransaktionen realistisch? Irène Némirovsky versichert, dass ihr Vater, dem sie im November 1929 die Druckfahnen zu lesen gab, nichts daran auszusetzen hatte: «Nun, ja, der Apfel fällt nicht weit vom Stamm! Ich kann keine allzu großen Dummheiten erkennen.»[59] Der gewöhnliche Leser wird von dem Zahlenwirbel, von der Lawine an Titeln und dem Börsenjargon geblufft. Der anonyme Chronist der *Revue pétrolifère*, der den Roman 1930 entdeckte, äußerte eine professionellere Meinung und würdigte Irène Némirovskys illusionistisches Talent. Zwar scheint ihm das Bild des Ölmarkts etwas phantastisch zu sein, die Figur des Golder dagegen, des Spekulanten, der die Wirklichkeit der Industrie verkennt, mehr als realistisch: «Solche Männer hat es gegeben. Sie wußten alles über das Öl und arbeiteten nur mit dem Schein, mit Fiktionen, Trugbildern von Vorkommen, in diesen wahnhaften Phantasien einer Goldgrube vergleichbar. (…) Die letzten Vertreter dieser Abenteurer sind im übrigen verschwunden, und die moderne Wirtschaft wird gewiß nichts tun, um sie wiederzuerwecken.»[60] Desgleichen hat Irène Némirovsky für das Kapitel, in dem Golder, von Soifer in die Rue des Rosiers geschleppt, zuerst Widerstand leistet und sich dann der sanften Nostalgie überlässt, die in ihm die Pelzmützen und die Gerüche nach gefülltem Hecht weckten, zum ersten Mal das jüdische Viertel des Marais besichtigt, von dem man ihr erzählt hatte. Doch bevor sie *David Golder* wie gewohnt in *Les Œuvres libres* erscheinen ließ, musste sie sich noch von einer toten Last befreien, sich einen «gehässigen Traum»[61] erfüllen: nämlich den Traum, Fanny den Spiegel ihrer Sünden vorzuhalten. Dieser Exorzismus nahm die Form eines mitleidlosen Romans an, geschrieben um 1927 bis 1928, dessen Titel, *L'Ennemie* (Die Feindin) sie einem berühmten Sonett von Baudelaire entlehnte:

> *Ma jeunesse ne fut qu'un ténébreux orage*
> *Traversé çà et là par de brillants soleils;*
> *Le tonnerre et la pluie ont fait un tel ravage*
> *Qu'il reste en mon jardin bien peu de fruits vermeils …*

> (Die Jugend war für mich Gewittersturm und Nacht,
> Die dann und wann einmal ein Sonnenblick durchstreifte;
> Der Regen und der Blitz rasten mit solcher Macht,
> Daß kaum noch Purpurfrucht in meinem Garten reifte …[62])

Es war ihre Unschuld, die durch Fanny, mehr Rivalin denn Mutter, zerstört worden war. In dem Psychodrama, in dem ihre Tochter sie mit den Zügen von Francine Bragance, der kindesmörderischen Rabenmutter, auftreten lässt, hat Irène Némirovsky ihr allerlei süße Demütigungen zugedacht, insbesondere diejenige, ihren stolzesten Trumpf zu brandmarken: «Wie oft hatte sie sich mit bitterer, finsterer Wonne den Tag vorgestellt, an dem Mütterchen endlich alt wäre, und häßlich, und ihrerseits allein … Sie hatte von ihrer ersten Runzel geträumt, von ihrem ersten weißen Haar, und stets hatte sie das beruhigt …»[63] In *L'Ennemie* wird der Konflikt zwischen Mutter und Tochter auf eine Gegnerschaft in der Liebe reduziert: um sich an Francine zu rächen, versucht Gabri, ihr den Liebhaber auszuspannen. «Endlich habe ich sie, meine Rache … Es ist doch gar nicht so schwierig!»[64] Doch dieses dialektische Spiel befreit sie nicht, sondern macht sie zur Erbin. Eine Falle des Bluts schnappt zu, die sie in den Selbstmord treiben wird. Denn wie soll man leben, wenn man ein verderbtes Blut übernimmt? Wie eine Frau hassen, deren Kopie man ist, ohne sich selbst zu hassen? «Wie könnte ich sie verurteilen? Bin ich ihr denn nicht ähnlich?»[65]

Der Dämon der Rache

Die Ehe mit Michel hatte sie von Fanny entfernt und somit diese freiwillige Auflösung ermöglicht. Daher die analytische Kälte von *L'Ennemie*. «Ihr schien, als wäre eine monströse Gallenblase, die über viele
Jahre in ihrer Seele angeschwollen war, mit einem Mal geplatzt ...
Und das war so neu und angenehm ...»[66] Diese Katharsis gipfelt in
einem Wortwechsel von Bernstein'scher Brutalität zwischen Mutter
und Tochter:

«Du hast also weder Würde noch Schamgefühl, noch Prinzipien ...»

«Mein Gott, nein, ich glaube nicht ... Wo sollte ich sie denn herha-
ben, das frage ich mich.»

«Gabri, verstehst du denn nicht, daß das, was du getan hast, böse
ist?»

«Was ist böse? Was ist gut? Ich schwöre dir, daß ich es nicht weiß ...
Niemand hat es mir je beigebracht ...»

«Und ich hatte solches Vertrauen zu dir!»

«Das war falsch ... Man soll nie Vertrauen zu jemand haben, den
man nicht kennt.»[67]

Freilich war Irène Némirovsky nicht so grausam, dieses Massaker
unter ihrem Mädchennamen erscheinen zu lassen. *L'Ennemie* sollte
verborgen bleiben wie das Bildnis des vor Schändlichkeiten aufgequol-
lenen Dorian Gray hinter seinem roten Vorhang. Und da der Roman
unter dem nicht zu ermittelnden Pseudonym Pierre Nerey – dem
Anagramm von Yrène – erschien, würde Fanny diesen verräterischen
Spiegel nie erdolchen können.

Wie kein anderes Buch von Irène Némirovsky bringt *L'Ennemie* die
Furcht vor dem Wiederauftauchen erblicher Merkmale, des geneti-
schen Leims, der sexuellen Triebe, der angeborenen, vom mütterlichen
Gebrauch irregeleiteten Eigenschaften zum Ausdruck. In ihren Romanen werden der Atavismus, die Begierde, die Trunkenheit entweder
gezähmt oder tragen den Sieg davon. Warum muss die «schwebende,
heftige, fröhliche Anmut der allerersten Jugend»[68], die für die Liebe

sorgt, sie auch zum Ehebruch, zur Schändung und manchmal zum Verbrechen treiben? Diese Ambivalenz steht im Mittelpunkt ihres Werks.

L'Ennemie – das nicht immer die Konventionen des Melodrams vermeidet – erschien im Juli 1928. «Pierre Nerey» befand sich diesmal in der Nachbarschaft von Henry Bernstein und André Foucault, dem ersten Leser von *L'Enfant génial* und *Le Malentendu*. Doch war sie nie zufrieden mit diesem Freudianischen Roman, in dem sie weniger ihrem Hochmut als ihrem Groll gefrönt hatte. In dieser Hinsicht wäre Oscar Wildes Epigraph deutlicher gewesen, wenn sie es bewahrt hätte: *Children begin by loving their parents; after a time they judge them; rarely, if ever, do they forgive them.* Der Hochmut! Dabei fehlte es ihr nicht daran, ihr, die einst ihrer Freundin Madeleine empfahl: «Auch ich könnte traurig sein. Ein kleiner Freund von mir ist fortgegangen, aber ich habe zuviel Willenskraft, um zu flennen, auch zuviel Hochmut. Man muß ‹wollen›, nicht mehr an ihn zu denken, Mad. Man muß hochmütig sein.» Aber vermutlich musste man zuerst den Sadismus über sich ergehen lassen. «Natürlich», schreibt sie 1934, «lenkt *L'Ennemie* die Aufmerksamkeit zu sehr auf das Drama der Mutter, die wiederum nur ein Symbol für die Isolation, die Vernachlässigung, die moralische Einsamkeit des Kindes ist.» *L'Ennemie* war also ein Fehlschlag: Irène hatte sich im selben Gefühlsschlamm auf das Gefecht mit ihrer Mutter eingelassen. Wäre es nicht würdevoller gewesen, den Kampf zu verweigern? Ebendiesen Sinn muss man *David Golder* geben, den sie niemals zu Ende gebracht hätte ohne die tägliche Ermutigung von Michel, ihrem ersten Leser, der ihr nahelegte, in einem Roman, in dem die Autobiographie ein Material wie jedes andere sei, über sich selbst hinauszuwachsen. «Dämon des Hochmuts oder Dämon der Rache, wir werden ja sehen, wer der Stärkere ist!»[69]

Nachdem sie ihre Aufgabe erfüllt hatte, konnte sich Irène Némirovsky während des zweiten Halbjahrs 1928 endlich an die erste wirkliche Abfassung von *David Golder* machen. Sie war sich nun der hoffnungslosen Verderbtheit von Fanny bewusst, aber auch der feigen

Blindheit von Léon, der es vorzog, sich mit Champagner zu betäuben und am Spieltisch zu versacken. Sie sah deutlich, dass ihr Vater kein russischer Bankier mehr war, sondern einer, der mit Wertpapieren Geschäfte machte, an der Börse spekulierte und seinen körperlichen Verfall in einer Orgie von Verlusten und schnellen Gewinnen verleugnete, genauso wie Fanny sich in einem Reigen von Liebhabern selbst betrog. Was gab es sonst noch zwischen diesem Ehemann und dieser Frau? Eine Tochter und Geld. Welch ein Sujet für einen sowohl modernen wie sentimentalen, trivialen wie moralischen Roman! «Sie wollen wissen, warum die Geschäftswelt soviel Raum in meinen Romanen einnimmt? Weil ich einfach viele persönliche Erinnerungen daran habe. Mein Vater war Bankier. Und unter dem Aspekt der Geldkonflikte haben sich mir die ersten Dramen gezeigt, deren Zeuge mein Geist gewesen ist.»[70]

David Golder beginnt mit einer harten Verhandlung, einer eisernen Hand. David, ein Herkules der Finanzwelt, hat indes nicht vergessen, dass er früher ein Lumpensammler gewesen ist, «ein kleiner magerer Jude mit rotem Haar, durchdringenden blassen Augen, löchrigen Stiefeln, leeren Taschen …» Eine elende Jugend als Schrotthändler zwischen Moskau und New York hat ihn die Gemeinheit gelehrt. Seine Manieren sind rüpelhaft. «Nie ein Lächeln, eine Liebkosung …» 1926 ist der ausgehungerte Emigrant ein gnadenloser Geschäftsmann geworden, imstande, seinen eigenen Partner in den Selbstmord zu treiben. Golder hat keinen Feind, der ihm gewachsen wäre – nicht einmal seine Frau, Tochter eines Wucherers aus Kischinew, begierig nach Schmuck «wie ein barbarisches Idol», die nicht mehr weiß, daß ihr Vorname auf Jiddisch Havke lautete. In seiner Villa in Biarritz, umgeben von Schmarotzern, die ihm auf der Tasche liegen, häuft Golder fluchend Erfolge an. «Geld zu machen für die anderen und dann zu krepieren, nur deshalb bin ich auf dieser dreckigen Welt …» Aber auf Golder lauert eine bösartige Krankheit: die Lungenentzündung, die ihn in einer Nacht der Agonie sein Ende vor Augen führt: «Es war, als drückte man ihm den Kopf unter Wasser, und das dauerte Jahrhunderte.» Angesichts des Todes wird Golder wieder zum verschreckten kleinen Juden. Nur eine blödsinnige Liebe hält ihn noch am Leben, die zu seiner Tochter Joyce, einem perversen, materialistischen Geschöpf, das an seinem «alten Dad» mit fast inzestuösem Charme nur die Brieftasche liebt …[71]

Der Gipfel der Bücher, die böse enden

Auf dem Höhepunkt dieses Dramas – ihrer auf die Spitze getriebenen familiären Vorgeschichte – unterbricht Irène Némirovsky es plötzlich. Den Rahmen enger fassend, bewahrt sie nur drei Personen, die eine Kurzfassung von *L'Ennemie* in einem Akt und sechs Szenen ergeben werden, ebenso grausam wie das Original, jedoch mit einer Zutat, die ihr fehlte: der befreienden Ironie. David schrumpft hier auf die Maße eines durch Zufall reich gewordenen Börsenspekulanten, der anfangs nur der Portier der Banque de Paris war. Alfred Kampf ist ein César Birotteau von 1926, völlig verblüfft, «arriviert» zu sein, nur dass er «ein hagerer kleiner Jude mit feurigen Augen» ist.[72] Seine Frau Rosine ist eine ehemalige Stenotypistin, die unentwegt ihr Alter vertuscht. Die Kampfs bekennen sich zu christlichen Werten, ziehen die Snobs und Wichtigtuer hinter sich her, doch zu dem Ball, den sie geben wollen, um «in der Welt vorwärtszukommen»[73], finden diese Neureichen keine anderen, die sie einladen können, als eine Partygängerin, einen geadelten Gigolo, etwa hundert Zuhälter und alte Dirnen sowie ein halbes Dutzend Emporkömmlinge mit gerade erst französisierten Namen. Irène Némirovsky karikiert hier eine Erinnerung aus ihren ersten Jahren in Paris, im Trompe-l'œil-Dekor der Rue de la Pompe: «Papa spielt mit Papier und stellt sich vor, es sei Geld … Man empfängt sämtliche internationalen Hochstapler von Paris und nennt das die vornehme Welt …»[74] Ihre vierzehnjährige Tochter Antoinette täuscht sich nicht über die Lächerlichkeit ihrer Eltern. «Dumme Egoisten, Heuchler, alle miteinander …» Aber ein schreckliches Wort aus dem

Mund von Rosine – «diese Göre, diese Rotznase will auf den Ball!» – verwandelt den mütterlichen Blick in den kalten Blick einer Feindin … Zutiefst gedemütigt, dem Selbstmord nahe («Ich möchte sterben …»), entschließt sich das Mädchen dazu, ein Verbrechen zu begehen: «Ach, ich wünschte, sie wären tot.»[75] Sie wird diese mondäne Farce auffliegen lassen und die Einladungen in die Seine werfen, von der Brücke Alexandre-III – des von den Juden verfluchten Zaren, der die Kampfs ein Vierteljahrhundert nach seinem Tod verfolgt und ertränkt!

Madame Kampfs Ball wird nicht stattfinden. Die Uhr des Kirchturms schlägt die Stunde ihrer Eitelkeit. Antoinette jedoch, in das Böse eingeweiht, ist ihrerseits zur Frau geworden. Wenn sie will, kann sie die Tränen des «Mütterchens» trocknen, das ihren Hirngespinsten nachweint wie ein launisches Kind. Am Ende dieses Kampfes wird sie ihr ihr Mitleid schenken – «Arme Mama …»[76] –, und dieser letzte Schlag ist der wiedergefundene Stolz der Schriftstellerin, die allein berechtigt ist, ihre Geschöpfe zu bestrafen oder zu begnadigen.

Die Personen dieses mörderischen Vaudevilles mussten wohl derart kenntlich sein, dass Irène Némirovsky daran denkt, sich vor ihnen zu schützen – oder sie zu schonen –, indem sie ein zweites Mal ein Pseudonym verwendet. Diese «neue Novelle», *Le Bal*, erschien im Februar 1929 in *Les Œuvres libres* unter dem Namen Pierre Nerey. Irène Némirovsky befreit sich hier von dem zuweilen pathetischen Ton von *L'Ennemie*, um ihr Schluchzen in einem grausamen Gelächter zu ersticken. Dieser Sarkasmus, diese Kunst des trivialen, aber unerbittlichen Dialogs, das karikaturhafte Porträt à la Grosz[77], das moralische Fundament dieser bösen Satire werden von nun an bis Mitte der 1930er Jahre das Siegel ihres Stils sein. Für Charles de Noailles, Fürst der vornehmen Gesellschaft und Wohltäter der Künste und der Literatur, bildete *Le Bal*, Cocteau zufolge, «den Gipfel der Bücher, die böse enden». Nachdem er es 1930 gelesen hatte, verlangte er, in Zukunft das Ende eines jeden Romans zu erfahren, bevor er sich dafür einsetzte! Cocteau musste zugeben, dass Irène Némirovsky mit *Le Bal* einem Albtraum Gestalt gegeben habe, denn «ein mißglückter Ball ist entsetzlich für einen Mann von Welt, auch wenn er die Seelengröße von Charles hat»[78]. Und Cocteau empfiehlt seiner Mutter augenblicklich die Lektüre dieser «Art Meisterwerk».[79]

Ein Kind

«Ich habe *Le Bal* zwischen zwei Kapiteln von *David Golder* geschrieben»[80], sagt Irène Némirovsky. Leicht lässt sich erraten, an welcher Stelle der Erzählung die Unterbrechung stattfand. Nämlich mitten im Buch, wenn der genesende Golder türenschlagend seine Abreise kundtut: «Die kristallenen Wandlampen über dem Kamin klingelten im Luftzug hastig und silbern in der Stille.»[81] Und als Rosine Kampf das Studierzimmer betritt, heißt es auf der ersten Seite von *Le Bal*: Sie «zog die Tür derart schroff hinter sich zu, daß der Kristallüster im Luftzug klingelte wie reines, leises Glöckchenengeläut».[82]

Nachdem sie die Parenthese von *Le Bal* geschlossen hatte (da unter Pseudonym veröffentlicht, rief diese Novelle keinerlei Reaktion hervor), konnte Irène Némirovsky den Faden von *Golder* an der Stelle wiederaufgreifen, wo sie ihn unterbrochen hatte. Von einem Scharlatan behandelt, der dafür bezahlt wird, dass er ihm den Ernst seiner Krankheit verschweigt, wird sich David plötzlich bewusst, dass Gloria weniger seinen Tod fürchtet als das Versiegen seines Goldes. Er ist ein fünfundsechzigjähriger Gatsby, der die Falschheit der Gefühle entdeckt. Vom Bankrott bedroht, will der alte «Sklave des Erfolgs», so wie der Samson von Henry Bernstein[83], seine letzten Kräfte aufbieten, um das Gebäude seines Vermögens über seiner Frau zusammenbrechen zu lassen. Doch wie kann er hinnehmen, dass seine geliebte Joyce, auch wenn sie seine uneheliche Tochter ist, aus Not den schändlichen Fischl heiratet, einen Schurken, der die Kerker dreier Länder kennengelernt hat? Um sie den Klauen dieses mit Kaviar vollgefressenen «alten Schweins» zu entziehen, wird der todgeweihte Golder bis nach Moskau reisen, um den Sowjets die Ölkonzession zu entreißen, die Joyce vor jeglicher Prostitution bewahren soll. Sein letzter Einsatz.

Golder wird nicht nach Europa zurückkehren: In einem kleinen schmutzigen Hafen am Schwarzen Meer soll ihn ein schauriger griechischer Dampfer nach Konstantinopel bringen. Der Tod hindert ihn daran, seiner Kindheit ein letztes Mal den Rücken zu kehren. Der einzige Zeuge seines Sterbens ist ein ausgehungerter junger jüdischer Emigrant, gierend nach Illusionen, wie er selbst ein halbes Jahrhundert zuvor, als er Russland für immer verließ. Golder verscheidet mitten im Sturm, nachdem er das Wort «Gott» ausgesprochen hat, in einem Wahn, der ihm die Bilder seines heimatlichen *shtetl* und die erstickte Stimme seiner Mutter zurückbringt, die ihn im Schnee bei seinem Vornamen ruft. «Das war der letzte irdische Laut, der zu ihm drang.»[84] Golder ist bereits Citizen Kane.

Das sind die letzten Worte des Romans. Irène gab ihn zuerst Michel zu lesen, dann schickte sie ihn Ende des Sommers 1929 ganz selbstverständlich an André Foucault, den Chefredakteur von *Les Œuvres libres*. Dieses neue Werk von zweihundert Seiten war sehr viel umfangreicher als die vorherigen: Es kam nicht infrage, ihn als Ganzes zu veröffentlichen, es sei denn, man kürzte ihn um fünfzig Seiten. Ebendies versuchte Foucault, der bei Fayard mehrere Romane und Reportagen veröffentlicht hatte, der jungen Autorin begreiflich zu machen:

«Was sagt Ihr Mann zu Ihrem Roman?»

«Er sagt, daß die Hauptperson von Anfang bis Ende immer wieder dasselbe sagt.»

«Nun, Madame, Ihr Mann hat recht.»[85]

Irène Némirovsky ließ es sich gesagt sein. Aber im Bewusstsein, ein Buch geschrieben zu haben, dessen Kühnheiten den engen Normen von *Les Œuvres libres* nicht mehr entsprachen, wollte sie es um kein Jota kürzen, auch nicht es zum fünften Mal umschreiben. Im Übrigen hinderten sie unerwartete Übelkeiten daran, lange mit sich zurate zu gehen: Das Kind, das sie seit Ende des Winter erwartete, würde bald zur Welt kommen. Seit mehreren Monaten hatte sie in Voraussicht des großen Ereignisses *La Semaine de Suzette* abonniert, jedoch unter dem Namen Cécile, ihrer Amme aus dem Morvan: Wenn Fanny erfahren sollte, dass Irène im Alter von sechsundzwanzig Jahren die Abenteuer von Bécassine las[86], wären alle ihre Phantasmen einer jungen Mutter bestärkt worden!

Sie schickte ihr Manuskript an Bernard Grasset, einem der wenigen Pariser Verleger, bei denen sie sicher war, dass er sich nicht an Wörtern wie «Scheiße», «krepieren», «futsch» und schlüpfrigen Anspielungen – «oh, Alec, wie kalt deine Knie sind» –, die ihr neues Werk durchzogen, stoßen würde. Sie hatte kaum Zeit, auf eine Antwort zu hoffen: Im Oktober musste sie das Bett hüten wegen der Entbindung, die schwer zu werden verhieß, jedoch wie viel köstlicher als die herbe Rache ihrer ersten Bücher! Das Kind, das zur Welt käme, würde geliebt und umhegt werden, wie sie es selbst nie erlebt hatte, denn «es ist ein Verbrechen, Kinder in die Welt zu setzen und ihnen kein bißchen Liebe zu geben!»[87] Wirklich, welch größere Veränderung ihres Lebens konnte sie vom Jahr 1930 erwarten?

Zweiter Teil

Im literarischen Wald

(1929–1939)

6

Ein Körnchen Glück
(1929–1931)

«Verstehen wir uns recht. Ich verlange nicht, gleich auf der ersten Seite geblendet zu werden: Das ist die Ausnahme, das Wunder, die Gunst des Zufalls.»

Bernard Grasset, *La Chose littéraire*, 1929

«Wenn ein Manuskript in mein Haus gelangt», erklärt Bernard Grasset 1929 den Lesern des *Journal*, «legt man es mir auf den Schreibtisch. Ich zerschneide eigenhändig die Bindfäden, ich schlage die erste Seite auf, und im allgemeinen lese ich diese erste Seite unverzüglich. Hier muß ich Ihnen ein Geständnis machen. Ich bin ein unverbesserlicher Idealist: Immer erwarte ich das Meisterwerk; mehr noch, von der ersten Seite an erwarte ich von ihm die Offenbarung.»

Seit wann hat kein Blitz mehr in der Rue des Saints-Pères eingeschlagen? Im vorigen Jahr hat *Climats* zwar die Schwelle von hunderttausend Exemplaren überschritten, aber das ist weder eine Offenbarung – Maurois ist über vierzig – noch der Skandalerfolg, den sich der Diaghilew des Verlagswesens seit dem sechs Jahre zurückliegenden Tod von Radiguet erhofft. Als der Komet des Jahres 1928 angekündigt, blieb dem unzüchtigen Bekenntnis von Jean Desbordes, *J'adore*, trotz Cocteaus Patenschaft die Gunst des Publikums versagt. Und Bernard Grasset wartet vergeblich auf seinen neuen *Diable au corps*. Doch nichts vermag ihn zu entmutigen: «Ich warte auf das Meisterwerk, aber ich bin immer auf die ärgste Enttäuschung gefaßt. (…) Deshalb nähere ich mich stets mit großer Hoffung und großer Furcht jener

geheimnisvollen Sache, die das Werk eines unbekannten Autors darstellt.»

Das in der Rue des Saints-Pères vorgefundene Manuskript

Der erste Leser des Manuskripts, das unter dem Namen Epstein in den
Verlag Grasset gelangte, zusammen mit einer postlagernden Adresse
Paris-Louvre – «damit für den Fall des Mißerfolgs meine Angehörigen
nichts von meinem Schritt erfahren»[1] –, ist nicht der Verleger persönlich, sondern sein Angestellter Henry Muller. Er war 1923 auf Empfehlung in den Verlag gekommen und hat in humorvollen Memoiren
erzählt, wie es ihm an einem Nachmittag beschieden war, *David Golder* zu entdecken. «Man hatte mir einen Stapel Aktendeckel auf den
Tisch gelegt und mich gebeten, sie durchzusehen und vermutlich
‹wegzuwerfen›, da die Manuskriptabteilung mit Arbeit überlastet war.
Ab vier Uhr las ich, den Kopf auf die Hand gestützt, die Zigarette im
Mund, gähnend und gelangweilt und fluchte auf die Leute, die glauben,
sie hätten etwas zu sagen, eine Botschaft zu verkünden! Nach einem
Blick auf meine Uhr hatte ich beschlossen, daß das nächste Manuskript
das letzte sein sollte. Der Name des Autors, Epstein, sagte mir nichts,
sein Werk trug keinen Titel. In einer letzten Anstrengung holte ich es
aus dem Aktendeckel und begann darin zu blättern; ich gedachte, ihm
eine knappe Viertelstunde zu widmen. Und plötzlich machte es klick.
Was ich las, war bemerkenswert kraftvoll und talentiert. Wenn das
Schreiben eines Romans bedeutet, wie ich meine, Leben zu schaffen,
dann war derjenige, der diese Seiten ersonnen hatte, ein erstklassiger
Romancier. Bis acht Uhr war ich in die Lektüre vertieft und vergaß
alles um mich herum. Ganze Passagen las ich noch einmal, war immer
mehr überzeugt und schrieb einen begeisterten Bericht.»[2]

Ohne auf den nächsten Tag zu warten, vertraut Henry Muller – ein
Sohn aus gutem Hause, den sein Vater für das Bankwesen bestimm-

te – dieses überraschende, ungewohnt schroffe Sittengemälde dem
«Chef» an. Es ist ein «Geschäftsroman», dessen Ungestüm an Morand
erinnert, jedoch von biblischer Moral geprägt und mit schnörkellosen
Antworten durchsetzt: «Ist dir jetzt klar, daß Ölfelder in Rußland im
Jahr 1926 für dich reiner Dreck sind? Hä?»[3] Eine Reihe von Upper-
cuts, die in der großen sadistischen Szene gipfelt, in der Gloria sieht,
dass ihr Schlaraffenleben durch den Zorn Davids, ihres revoltierenden
Sklaven, bedroht ist: «Ich habe dich nicht betrogen … Denn man betrügt einen Ehemann … Einen Mann, der mit einem schläft … der
einem Lust schenkt … Du aber! Seit Jahren bist du doch ein kranker
Mümmelgreis … eine Jammerfigur …»[4] Diese Mischung aus Moderne, Hysterie und Trivialität ist umwerfend. Keinerlei Verschnaufpause in dieser zuckenden Agonie von zweihundert Seiten, vor allem
aber keinerlei Abstand: Wenn *David Golder* eine Parabel ist, darf man
nicht auf die Autorin zählen, um ihr Motiv zu enthüllen. So hat Irène
Némirovsky zwischen der ursprünglichen Fassung des Romans, in
der Gloria noch Gladys hieß, und derjenigen, die sie Grasset schickte,
den Satz gestrichen, mit dem sie ihren Roman zuerst beenden wollte: «Er ging in den ewigen Frieden ein.» Und zweifellos deshalb lässt
sich dieser Roman nicht einordnen: ob erbauliche Abschreckung oder
Gipfel des Zynismus, es ist ein Buch ohne Fluchtpunkt, dessen sich die
Polemiker aller Schattierungen bemächtigen werden, um sich gegenseitig damit zu erschlagen, Reaktionäre gegen Moderne, alte Knacker
gegen Feministen und Juden gegen Antisemiten.

Grasset liest es noch in der Nacht. Am Morgen schreibt er «Monsieur Epstein» einen enthusiastischen Brief und bittet ihn dringend,
rasch zu kommen, um einen Vertrag im Hinblick auf eine Veröffentlichung zu unterzeichnen. Golders Beharrlichkeit hat alles, um diesen
Autodidakten zu gewinnen, dessen brutale Methoden als Geschäftsmann der Dramatiker Édouard Bourdet 1927 lächerlich gemacht hat.
Denn David Golder ist ungeachtet seiner Verächter weder ein Geizhals
noch ein Nabob: Wenn er so viel Geld macht, dann um zu überleben.
Sobald er aufhört, sich zu rühren, wird er untergehen und alle mit

ihm. «Es ist das Drama seines Lebens, daß er keinen Augenblick verschnaufen kann: Wenn er aufhörte, Geld zu machen, hätte er kein Geld mehr!»[5] Auch Bernard Grasset schwört auf die Tat. Zu diesem Thema hat er 1928 einen kleinen Band, *Remarques*, veröffentlicht, in dem zu lesen ist: «Für einen, der sich für die Tat begeistert, hat das Geld nur den Wert eines Zeugnisses.» Da ihn Langeweile und Routine erschrecken, führt er im Übrigen ständig dieses Wort im Mund: «Die Tat ist das wirksamste Heilmittel, der Trost, der nie trügt, die beste Ablenkung.»[6] *Golder* wird ihm Gelegenheit geben, eine neue Indianerlist zu testen.

Seit 1923 und dem Erscheinen von *Le Diable au corps* von Raymond Radiguet verkörpert Bernard Grasset in Frankreich den Verlag amerikanischen Stils, jenen, der sich seinen Markt schafft, seine Kundschaft erfindet und ihr seine Produkte verschreibt, wie Doktor Knock seine Arzneien. Als Korsar des Verlagswesens – ähnlich wie es Industriekapitäne gibt – ist er vor Kurzem von der Literaturbeilage der *New York Times* als «größter Verleger» bezeichnet worden. Als Ingenieur des «Mediencoups», der nur den Gesetzen der Konkurrenz gehorcht, vermochte dieser Theoretiker der literarischen Spekulation schon vor der *Nouvelle Revue Française* die Bedeutung von Proust zu erahnen; dennoch erregt ihn der Inhalt eines Werks weniger als sein Verkauf, den er als sportliche Disziplin betrachtet. Und in diesem Bereich erringt Grasset seit *Maria Chapdelaine* (1921) einen Rekord nach dem andern. «Wer ein verkannter Künstler sein will, den überlasse ich meinen Kollegen»[7], lässt Bourdet in seinem Theaterstück dieses «Krokodil» mit echten Zähnen und echten Tränen sagen. Denn dieser Kannibale hat auch seinen Schwachpunkt: zerrüttete Nerven, so daß er abwechselnd der Tobsucht oder der Depression verfällt. Egozentrisch, anspruchsvoll, maßlos, macht er seinen Mitarbeitern das Leben zur Hölle. «Neben ihm kann man nicht mehr atmen, man existiert nicht mehr», bezeugt Chardonne. «Er selbst erstickt in dem Raum, den er ausfüllt, und sucht schnell anderswo nach ein wenig Luft. Was er Tat nennt, ist die Möglichkeit, laut zu sprechen. Er muß sich einfach durchsetzen.»[8] Mit einem Wort, ein Despot, der in der Politik den unerschütterlichen Nationalismus der Action française teilt, so dass er *Die Protokolle der Weisen von Zion* oder *Die jüdische Gefahr* von Roger Lambelin (1929) drucken lässt. Jedoch ein aufgeklärter Despot, der den überaus christlichen François Mauriac ebenso veröffentlicht wie dieses Monument der Sünde: *David Golder*.

Denn Grasset ist nicht von gestern: Der «Geldroman» liegt im Trend. Ohne bis zu *Bonheur d'être riche* von Léon Daudet (1917) zurückzugehen, hat ihm dieses Genre 1924 *Lewis et Irene* von Morand beschert sowie 1928 *Inhumains* von Jacques Sahel, der für den Knock-out zu höflich war. 1926 hat Giraudoux in seinem Schlüsselroman *Bella* den «Geschäftsjuden» geadelt, indem er die Gestalt von Emmanuel Moïse schuf; dieser ist «auf orientalische Weise fettleibig» und ebenfalls von der «Liebe zum Gewinn»[9] beseelt, jedoch loyal und ein Idealist. Alle diese Bücher sind unter dem Etikett Grasset erschienen, doch 1929 erschien bei Kra auch *Le Grand Homme* von Philippe Soupault. Das Thema von *David Golder,* in dem der Geldrausch der «Verrückten Jahre» auf die uneigennützige Liebe und die Würde prallt, liegt so sehr «in der Luft», dass Stefan Zweig es 1927 zum Stoff einer ergreifenden Novelle macht. In *Untergang eines Herzens* beschließt der kranke alte Salomonsohn, vom Handel und den Reisen ausgelaugt, sich aus den Geschäften zurückzuziehen, auch wenn er damit seine undankbare Frau und eine «schamlose Tochter» des Luxus beraubt. Denn er fühlte sich von dieser verraten und glaubt, sie sei ein liederliches Geschöpf geworden. Seine Verwünschungen gegen die Welt der «Schurken» und Tagediebe, in der sich die beiden von Fatalismus durchdrungenen Frauen tummeln, kündigen diejenigen des *dear old* Golder an: «Niemand ist da (…), wie ein Hund werde ich einmal krepieren … denn ich weiß ja, was da weh tut, das ist nicht die Galle … das ist der Tod, der in mir wächst (…). Was war das für ein Leben: immer nur Geld gescharrt, Geld, Geld, immer nur für andere, und jetzt, was hilft es mir jetzt?»[10] Kurioserweise erschien die französische Übersetzung dieser Erzählung im April 1928 in *Les Œuvres libres*. Hat Irène Némirovsky – die im

Übrigen fließend deutsch liest – diese ergreifende «Wiener Novelle» gekannt, in der ein in Gold schwimmender alter Löwe alles aufgibt und verdrießlich in der Tradition versinkt? Das wäre nicht unwahrscheinlich. Aber der den Kräften der Seele entgegenstehende Kult des Materialismus ist ein zentrales Thema der 1920er Jahre. «Niemand kann zwei Herren dienen, Gott und dem Mammon»: Über dieses Wort des Evangelisten hat Mauriac höchstselbst einen Essay christlicher Moral veröffentlicht.[11]

Schwieriges Wochenbett

Drei Wochen vergehen, ohne dass der geheimnisvolle Autor von *David Golder* seine Post durchsieht. Drei Wochen, innerhalb derer die Finanzchronik zwei heftige Erschütterungen verzeichnet, die erste im Wirtschaftsbereich, die andere in der Politik. Die Schockwelle des Schwarzen Freitags in der Wall Street am 24. Oktober sollte sich in Frankreich erst einige Jahre später wirklich bemerkbar machen und Tausende von Arbeitslosen zur Folge haben. Doch der betrügerische Bankrott der auf spekulative Werte spezialisierten Oustric-Bank liefert den Antiparlamentariern erste Waffen, um die Korruption der Republik zu geißeln. Diese Affäre, im November 1929 von *Le Canard enchaîné* enthüllt, bildet ein sonderbares Echo auf Golders Abenteuer. Sie beschert ihm im Übrigen eine ärgerliche Publizität: Einige möchten in ihm den Typ des glaubens- und vaterlandslosen Finanziers sehen, der auf räuberische Weise auf der nationalen Erde prosperiert. Denn seit der Anklage gegen die Bankerin Marthe Hanau Ende 1928 und dem Konkurs der Levy-Bank, die die Staatsgelder, die zur Entschädigung der Ausgebombten des Großen Kriegs bestimmt waren, verschleudert hat, haben die jüdischen Bankiers in Frankreich eine schlechte Presse.

Der Oktober geht zu Ende, und der rätselhafte Epstein hat sich noch immer nicht zu erkennen gegeben. «So daß einer von uns», erzählt

Muller, «angesichts des ungewohnten Stillschweigens vorschlug, eine Zeitungsanzeige aufzugeben: ‹Suche Autor, der unter dem Namen Epstein dem Verlag Grasset ein Manuskript geschickt hat.›»[12] Anscheinend waren die Druckfahnen des Romans bereits verteilt worden, als sich Irène Epstein endlich in der Rue des Saints-Pères einfand, nach einem «schwierigen Wochenbett», denn, so sagt sie, «die Presse war alarmiert worden» und «alle suchten nach mir».[13] Außerdem hatte am 9. November die Entbindung stattgefunden, und die junge Mutter musste «mehrere Wochen» das Bett hüten, bevor sie erfuhr, dass sie gesucht wurde. Doch «schon hatte die Werbung die Neugierde geweckt»[14]. Hatte man nicht gewartet, sie kennenzulernen, bevor man mit dem Druck begann?

In *Les Chiens et le Loups* hat sich Irène Némirovsky an diese schmerzhafte und vorzeitige erste Geburt erinnert: «Warum habe ich nur solche Schmerzen? Mein Gott, soll das denn nie enden? Der schlimmste Augenblick war gegen Ende der Nacht jener Moment, wo die Schmerzen unerträglich zu sein schienen, wo man den Tod fürchtet.»[15]

Es ist ein Mädchen. Ihre Eltern geben ihr drei entschieden französische Vornamen: Denise, France, Catherine. Bevor sie sich in der Rue des Saints-Pères vorstellt – es ist ihr erster Ausgang seit der Geburt –, vertraut sie das Kind Cécile an, der jungen Frau, die in ihre Dienste getreten war und die man «Néné» rief, so wie es sich für eine Amme geziemt. Sie hatte sie bei ihrer Nachbarin und Freundin wirken sehen, der Tochter des berühmten Radiologen Félix Lobligeois. Die ersten Monate aber wird Denise – «oder im vertrauten Kreis Minouche»[16] – von ihrer Mutter gestillt. «Sie sieht mir überhaupt nicht ähnlich», schreibt sie ihrer einstigen Freundin Madeleine am 22. Januar 1930, «sie ist fast blond und hat graue Augen, aber ich glaube, das wird sich noch ändern.»

Cécile Michaud wohnt in der Rue Monge, wurde jedoch in einem Weiler des Morvan geboren, in Issy-l'Évêque, und zwar am 24. Februar 1904, das heißt am selben Tag wie Irène Némirovsky nach dem gregorianischen Kalender, nur mit einem Jahr Unterschied. Dieses Zusammentreffen sollte sie einander noch näherbringen.

«Wissen Sie, ich bin nicht reich», sagte Cécile zu ihr, womit sie auf ihre Herkunft verwies.

«Aber meine kleine Néné», antwortete Irène, «Sie sind doch auf der Seite derer, die in Russland waren!»

Diese Komplizenschaft sollte sehr weit gehen: Néné wird gut bezahlt und trägt keine Uniform, begleitet ihre «Chefin» ins Theater, ins Kino, in den Urlaub nach Megève oder Villars-de-Lans, sogar in ihr Arbeitszimmer. Denn ebenso wie Michel ist sie unmittelbar der Zeuge literarischer Verwandlung. «Ich las alle ihre Bücher und erkannte die Leute wieder … Sie sagte mir: ‹Sie werden mir sagen, an wen Sie das erinnert› … Sie schrieb zu jeder Tageszeit, ganz ohne Aufhebens. Und während des Lesens strickte sie immer. Ich kannte ihre Freundinnen, zum Beispiel Madame Hélène Lazareff …»[17]

Will man der Legende von *David Golder* Glauben schenken, soll sich Irène Némirovsky drei Wochen nach der Entbindung, also Ende November 1929, beim Verlag Grasset vorgestellt haben. Die ersten, so brutalen Seiten des Romans, die kraftvollen Dialoge, das Börsenvokabular, das Fehlen jeglicher Gefühlsduselei haben auf einen neuen Morand hingedeutet, einen zwar weniger süßlichen, schrofferen, jedenfalls aber auf einen Mann. Aber es ist eine Frau, die man ins Büro des Verlegers bittet, «eine schüchterne Dame, wie in der Geschichte der Schwestern Brontë»[18]. Sie beginnt:

«Entschuldigen Sie, daß ich nicht früher gekommen bin … Ich habe gerade ein Kind zur Welt gebracht. Ich bin die Autorin von *David Golder*: Irène Némirovsky.»[19]

Klein, schmal und von der Geburt sicherlich mitgenommen: Bernard Grasset sah in ihr jenen «ausgeprägten jüdischen Typus, ohne Schönheit», wie einige auf seltsame Weise unterrichtete Kritiker hervorhoben. «Die von schweren Lidern verschleierten Augen drücken eine Art schelmischer Sanftmut aus, sonst nichts. Das kurzgeschnittene, anliegende Haar betont die Kleinheit des hinten länglichen Kopfes.

Die fleischigen Lippen lächeln geradeheraus. Ihre Umgangsformen sind von ungezwungener Eleganz, Ergebnis einer tadellosen Erziehung.»[20] Eine glückliche, verlegene junge Mutter, ein illusionsloser Roman von grausamer Schwärze, eine russische Emigrantin, die sich auf Französisch ausdrückt, schließlich eine Jüdin, die die Ihren nicht schont: Grasset begreift augenblicklich, welchen Profit er aus diesem Wunder schlagen kann. Kurzerhand verkündet er der jungen Frau, dass ihr Buch in der Reihe «Pour mon plaisir» veröffentlicht wird, einem der Veranschaulichung seines persönlichen Geschmacks vorbehalteten Gehege, wo soeben *Les Varais* von Chardonne, *Les Enfants terribles* von Cocteau und *Un de Baumugnes* von Giono erschienen sind. Zwischen zwei Zigarettenzügen reicht ihr der Schmeichler mit dem kleinen Schnurrbart und der in die Stirn fallenden Haarsträhne die zu unterzeichnenden Verträge und sagt etwa Folgendes:

«Ein Verlagshaus ist ein großer Ameisenhaufen oder, wenn Sie lieber wollen, ein großer Bienenstock, dessen Leitung mich sehr in Anspruch nimmt. Tatsächlich bleibt kaum Platz für Träume … Es liegt mir nicht, etwas x-Beliebiges aufzunehmen, und ich habe mich immer bemüht, daß ich nach dem beurteilt werden kann, was ich publiziere … Ich glaube an das Talent der Frauen, zumindest bestimmter Frauen …»[21]

Binnen einer halben Stunde hat sie ihr Schicksal an den unberechenbarsten aller Verleger geknüpft. Nur eine Woche nach dieser Begegnung, am 5. Dezember, sind die ersten Exemplare des Buchs gedruckt und gebunden: Ganz entschieden macht Grasset die Dinge gut, vor allem aber macht er sie … schnell. Ein Exemplar widmet Irène in vertraulichem Ton Fanny: «Meinem lieben Mütterchen, in Erinnerung an Riri.»

Die Goriot-Strategie

Bernard Grasset hat seinen Coup bereits vorbereitet. Am 7. Dezember lässt er, ein Werbereflex, in *Les Nouvelles littéraires* zur Vorstellung des Buchs eine Notiz erscheinen, um es ins Gespräch zu bringen. Er verbürgt sich mit seiner Unfehlbarkeit und wirft der literarischen Chronik den Namen Balzacs zum Fraß vor, da er sicher ist, dass man ihm zustimmen oder widersprechen wird, was auf dasselbe hinausläuft:

> *Dies ist ein Werk, das es meines Erachtens sehr weit bringen muß. Es ist nicht nur eine Romanschöpfung von hohem Wert, sondern auch ein eindringlicher Blick auf unsere Zeit und die besonderen Merkmale, die der Kampf ums Dasein darin annimmt.*
>
> *Eine ganze Philosophie der Liebe, des Ehrgeizes, des Geldes entwickelt sich in diesem Roman, der aufgrund seiner Kraft und seines Themas an* Le Père Goriot *erinnert und dennoch überaus neu ist.*

Und so wie er den Autor von *Le Diable au corps* jünger gemacht hat, nur um dem Klatsch Nahrung zu geben, schlägt er der Autorin von *David Golder* vor, von nun an 1905 geboren zu sein, eine Lüge, die Irène Némirovsky ehrenhaft auf sich nimmt, wobei sie die Daten nur selten durcheinanderbringt. Schon in den folgenden Tagen erscheinen neben zahlreichen anderen Titeln Auszüge aus dem Roman in *L'Intransigeant*, *L'Œuvre*, *La Volonté*, *L'Ami du peuple*, meist unter derselben Überschrift, die ihn mit der «pittoresken» Seite Balzacs verbindet, aber auch mit dem Naturalismus von Dickens oder Zola. Das ist übertrieben, aber fair: Die Kritik wird einhellig in die Falle tappen. Mirbeau, Daudet, Bernstein, Shakespeare, Dostojewski, Tolstoi, die Brüder Tharaud, Giraudoux, Proust, Morand, Kessel, Martin du Gard und sogar Malraux: Selten wurden so viele Namen von Schriftstellern in die Debatte geworfen, um sich um Grassets Fund zu streiten und das Talent einer Autorin zu beurteilen, die nur ihr Buch besitzt, um sich zu wehren. «Grasset ist ein Meister der Werbung», gibt sie zu. «Das werde ich selbst als letzte bestreiten und mich nie darüber beklagen.»[22] Damals hatte sie im Übrigen *Le Père Goriot* noch nie gelesen!

Vier Tage vor Weihnachten steht das Buch zum Verkauf. Preis: fünfzehn Francs. Zwei Wochen lang nimmt die Mund-zu-Mund-Propaganda ihren Lauf, ohne dass das Publikum etwas Genaues über die geheimnisvolle Autorin von *David Golder* erfährt, deren Namen so schwer auszusprechen ist, dass einige, die ihn mit dem von Hélène Iswolsky[23] verwechseln – Autorin einer *Vie de Bakounine,* bei Gallimard erschienen, sowie eines Bandes russischer Erinnerungen –, sich auch in ihrem Vornamen irren. Die ersten Berichterstatter sind natürlich darauf bedacht, das von Grasset inszenierte Getöse anzuprangern. Doch fast alle tappen in die gleiche Falle, indem sie sich auf das Spiel der Verwandtschaften einlassen. Wenn die meisten von ihnen im französischen Bereich danach suchen, so ist der Scharfsichtigste zweifellos Gaston de Pawlowski, der im *Gringoire* Golders Todeskampf mit dem von Iwan Iljitsch vergleicht. Und tatsächlich kann sich in Tolstois Novelle Iljitschs Frau nicht dazu durchringen, mit ihrem Ehemann auch ihre Einkünfte dahinschwinden zu lassen, wenngleich sie insgeheim seinen Tod wünscht; während dieser selbst, als es mit ihm bergab geht, entdeckt, dass sein ganzes Leben nur ein gemalter Dekor war, um sein eigenes Ende zu verschleiern. Fügen wir hinzu, dass Golders letzte Augenblicke an die von Wassilij Andrejitsch in *Herr und Knecht* erinnern, der seine Kindheit vorüberziehen sieht, bevor er das Zeitliche segnet. 1933 sollte Irène Némirovsky diese Schuld anerkennen: «Was Rußland betrifft, so geht für mich nichts über Tolstoi, in ihm ist alles enthalten. Ich glaube, daß die Franzosen im allgemeinen Dostojewski den Vorzug geben, aber diesen Geschmack teile ich nicht: Dostojewski ist ein rein russisches Genre. Tolstoi ist menschlich. *Der Tod des Iwan Iljitsch* zum Beispiel kann von jedem Menschen verstanden werden, der alt und krank ist und Angst vor dem Tod hat, während man, um sich in Raskolnikow oder den Idioten hineinzuversetzen, eine besondere Geisteshaltung haben und im Grund selbst ein wenig verrückt sein muß ...»[24]

Die anderen messen sie an Balzac. In *Liberté* lässt sich ein bereits berühmter Kritiker, Robert Kemp, einer der Ersten, die *David Golder* besprechen, wie ein Anfänger aufs Glatteis locken: «Vorzüglicher Balzac'scher Roman. Alle Charaktere sind kraftvoll gezeichnet. (...) Wirklich ein starkes Werk.»[25] Auch die scharfsichtigsten Kritiker schlagen in dieselbe Kerbe und sprechen, wie Maurois, von einem «illegitimen Père Goriot» oder, wie Crémieux, «von Balzac'scher Überspitzung». Und wenn sie sich der von Grasset erarbeiteten «Goriot-Strategie» entziehen, vergleichen sie Golder mit Nucingen oder Gobsek, was auf das Gleiche hinausläuft. Und wenn sie es vorziehen, sich zur Bekräftigung ihrer Darlegungen auf Daumier, Dickens oder Zola zu berufen, dann wiederum, um Irène Némirovskys erbarmungslosen Realismus zu betonen. Sogar Henri de Régnier, der es ablehnt, sich von den «maßlosen Kniffen der Werbung» täuschen zu lassen, erörtert nichtsdestoweniger in *Le Figaro* «das schmeichelhafte Epitheton ‹eines Balzacs würdig›», das Grasset auf der Rückseite dieses Romans dem «robusten Talent» und dem «sicheren Handwerk» angeheftet hat.[26]

Dennoch weiß man immer noch wenig über die Autorin, außer dass sie Jüdin, Russin und sehr jung und ihr Vater Bankier ist – lauter herausdestillierte Details, die den Spekulationen über die offenkundigen Paradoxa eines Werks Nahrung geben, in dem es keine Nächstenliebe gibt. Henry Muller stimmte unter dem Eindruck seiner Entdeckung in der Pariser Welt Lobeshymnen an, «um alle an seiner Überzeugung teilnehmen zu lassen, allen seinen Geschmack aufzudrängen und sie mit seinem Vergnügen anzustecken»[27]. Mit Erfolg, denn Anfang 1930 schreibt Marcel Thiébaut: «Innerhalb weniger Tage ist *David Golder* in den Salons zur Würde eines ‹Gesprächsstoffs› erhoben worden. (...) Hier und dort sprach man von ‹stürmischer Kraft›, von ‹außerordentlicher Kraft›, von einem ‹Balzac'schen› Werk und von ‹Meisterwerk›.»[28]

Dieses letztere Wort fließt schwarz auf weiß zum ersten Mal aus der Feder des berühmten André Thérive in seiner Wochenbeilage in *Le Temps* vom 10. Januar 1930: «Kein Zweifel, *David Golder* ist ein Meisterwerk.» Sein langer Artikel ist in diesem Klima der Indiskretionen und der Erregung ein Muster an Scharfblick und Gelassenheit. Als Einziger nennt er den Namen von Morand und weist den Vergleich mit Vater Goriot zurück. «David Golder, der menschlicher ist (ich scheue mich nicht, es zu sagen), hat die Vergeblichkeit seines Daseins, die Nichtigkeit seiner Illusionen erkannt. Seine Geschichte ist so grausam, so brutal, von so erschreckender Traurigkeit, daß ihm keinerlei epische Majestät bleibt, und doch frage ich mich, ob die wahre Größe nicht gerade dort zu suchen ist, wo das Grandiose fehlt.»[29] Als einer der wenigen, dem auffällt, dass Golder dem Geld gegenüber gleichgültig ist, so wie man gegen die umgebende Luft gleichgültig sein kann, weigert sich Thérive, in diesem Buch ein Bild der jüdischen Hochfinanz zu sehen; für ihn ist es vielmehr «die Agonie eines wirklichen Menschen, der nicht zu leben vermochte und nicht zu sterben wagt». «Ich glaube versichern zu können», schließt er, «daß das Leben und die Geschichte dieses Buches gerade erst beginnen.»

Dieser Artikel wird allen weiteren als Maßstab dienen. Bis zum Herbst 1930 wird dieses Wort unaufhörlich erörtert: ein Meisterwerk. Seinen «Abscheu vor den darin behandelten Themen» überwindend, lobt der populäre Daniel-Rops die «herrliche Technik»[30] der Erzählung. Der Rechtsanwalt und Schriftsteller Pierre Lœwel lässt im jüngsten Organ der nationalistischen Presse, L'Ordre, das Wort «Wunder» fallen.[31] Edmond Jaloux schreibt, er sei «starr vor Staunen»[32]. André Maurois kapituliert vor diesem «Ton beinahe schmerzhafter Wahrheit»[33]. Paul Reboux weist in Paris-Soir auf ein «erstrangiges Gemälde» hin und begrüßt den «außergewöhnlichen Wert» und die «überraschende Begabung» von Irène Némirovsky. Sogar die ultranationalistische Action française muss sich ungeachtet eines wenig ansprechenden Themas – dieser «Spiele von Fürsten, deren Kosten wir Christen zu tragen haben» – durch das Temperament der Autorin geschlagen geben: «David Golder wendet sich nicht an die hohen Gefilde unseres Intellekts, und der Stil ist nicht einmal dazu angetan, uns erlesene Genüsse zu bereiten, aber dieser Roman hat das, was einen Roman als erstes ausmacht: Er ist lebendig.»[34]

Ein «schönes Buch, das stinkt»

Ab dem 18. Januar kann Grasset, der unter den vielen Zeitungsaus-
schnitten schier zusammenbricht, in die Tagespresse Beilagen mit
Siegesmeldungen einfügen: «Man muß schon weit zurückgehen, um
ähnliche Lobreden der Kritik zu finden, die mit einer ebenso großen
Begeisterung seitens des Publikums einhergehen. (…) Das Publikum,
das keine großen Worte macht, stellt fest, daß es der ergreifendste,
erregendste Roman ist, der seit zehn Jahren veröffentlicht wurde.»[35]
Ein umso realerer Erfolg, als Irène Némirovsky, die darauf bedacht ist,
jedem Kritiker, der sich positiv über ihren Roman äußert, persönlich
zu danken, bisher noch keinen erlebt hat. «Unter diesen Umständen
des Mangels darf man doch gestehen, daß man noch keine Würdigung erfahren hat.»[36] In dem kurzen Brief, den sie Henri de Régnier
schreibt, erwähnt sie zu Recht das «ungewöhnliche Gefühl des Stolzes
und der Freude», das ihr der Artikel im *Figaro* bereitet habe, lässt aber
auch ihre Verlegenheit über die begeisterte Aufnahme in der französischen Presse durchblicken:

> *Gewiß hätte ich mir nie träumen lassen, daß der große Schrift-*
> *steller, den ich aus so großer Ferne bewunderte, ein Werk von mir*
> *nicht nur lesen, sondern auch so wohlwollend besprechen könnte.*
> *Ich schreibe Ihnen das alles sehr schlecht. Ich weiß nicht, ob meine*
> *Karriere als Schriftstellerin glücklich sein wird oder nicht, aber*
> *seien Sie versichert, daß ich den Eindruck, den mir Ihre so wert-*
> *volle Ermutigung gemacht hat, nicht vergessen werde.*

Alle teilen ihre Ungläubigkeit. Manche wollen schlicht nicht glauben,
dass die Autorin dieser «schwarzen, harten, granitenen und einsamen
kleinen Insel inmitten des Ozeans des Lebens»[37] eine vierundzwan-
zigjährige junge Frau sein könne, wie behauptet wird. «*David Golder*
trägt die Signatur einer Frau, folglich muß man annehmen, daß der
Autor eine Frau ist»[38], räumt André Billy widerstrebend ein. Es war

also nicht nur ein Zufall, dass *L'Intermédiaire des éditeurs, impri-meurs, libraires, papetiers et interessés de la presse et du livre* am 5. Januar angekündigt hat, dass der Autor in Wirklichkeit René Némi-rovsky heißt! Die weibliche Presse ist nicht im Geringsten von diesem verzweifelten Buch verwirrt, das Colette an Kühnheit bei Weitem übertrifft. Männlichkeit, Stärke, Zynismus, Schärfe, Düsternis, Grau-samkeit, Pessimismus, Härte, «männliche Entschlossenheit», ja sogar «Muskelkraft» – das sind die Termini, die am häufigsten wiederkeh-ren, um die Verblüffung der Berichterstatter wiederzugeben, die es kaum gewohnt sind, sich von einer jungen Ausländerin Gewalt antun zu lassen. Das Magazin *Fantasio*, in dem Irène ihre ersten Texte ver-öffentlicht hat, fragt mit seiner üblichen Frauenfeindlichkeit, «wie eine Frau ein Buch hat schreiben können, in dem keine einzige Albernheit, keine Weichlichkeit, kein überflüssiges Adjektiv zu finden ist», eine Frau, die ihre Sätze aufs Papier presst, «wie ein Dampfhammer auf das Straßenpflaster fällt».[39] Die *Quatre portraits* der Prinzessin Bibesco, die gleichzeitig erschienen sind, aber auch alle anderen Bücher von Frauen, werden sechs Monate lang in den Hintergrund gedrängt. Irène Némirovsky weiß genau, warum: «Die jungen Französinnen haben im allgemeinen nicht die menschliche Erfahrung, die mir die Umstände zu sammeln ermöglichten: das Milieu der israelitischen Hochfinanz mit allen Dramen, Zusammenbrüchen, Katastrophen, die sich dort täg-lich ereignen, Reisen, die Revolution …»[40]

Für die traditionalistischsten oder reaktionärsten Leser wie André Bellessort zeichnet sich *David Golder* vor allem durch sein monströ-ses Thema – diese Welt von «Halunken» und «Straßendirnen» – so-wie durch seine anstößige, einer jungen Frau unwürdige Sprache aus. Und er meint, man lege Garçonne-Figuren wie Irène Némirovsky missbräuchlich männliche Eigenschaften bei, denn sie entliehen den Männern lediglich deren Vulgarität: «Wir kehren zu einem Zustand wie im Mittelalter und im sechzehnten Jahrhundert zurück, als sich die Frauen in ihrer Sprache, ja sogar in ihren Schriften der gleichen Derbheit befleißigten wie die Männer.»[41] Eine ganze mittelmäßige oder verklemmte, häufig provinzielle Presse[42], die dieses Thema des Unflats ausschmückt, prognostiziert den Niedergang der Literatur, Symptom einer verderbten Gesellschaft. «Steuern wir auf eine Welt zu, die in ihrer Realtität wie in ihrem Ausdruck derart häßlich sein wird?»[43], schnurrt die Tageszeitung der Künste *Comœdia*. In der kränkelnden *Revue française*, in der Brasillach und seine Freunde debütieren, geißelt der alte Antoine Redier ein «abstoßendes (…), gefährliches und schädliches Buch»[44]. Sogar Thérive musste, wiewohl mit einem geheimen Schauder, seine Leser darauf hinweisen, dass nicht alles in den so suggestiven Repliken der Joyce von «gutem Geschmack» zeuge, vor allem als sie Golder verkündet, dass Hoyos – ihr Erzeuger – dabei zusah, wie sie mit ihrem Gigolo schlief …

Man muss zugeben, dass *David Golder* in puncto Karikatur und Trivialität nicht seinesgleichen hat. Für einen Teil der katholischen Zeitungen hat dieses Pandämonium, von dem sie den jungen Leserinnen abrät, zumindest den Vorzug, dass es abschreckt: «Man klappt es zu und haßt das Geld.»[45] Für eine politisiertere Presse dagegen besitzt dieses abstoßende Bild des «Misthaufens der Finanz»[46] den Wert eines Dokuments: «Irène Némirovsky untersucht eine heruntergekommene, verfaulte Gesellschaft wie ein Untersuchungsrichter; ihr Buch ist ein Prozeß gegen den Luxus, den Genuß um jeden Preis.»[47] Und mittels einer Reihe mehr oder weniger diskreter Anspielungen versäumten die meisten nicht zu betonen, die Personen dieser «Ansammlung wilder Tiere»[48] seien ein «lüsterner alter Jude»[49] und «die Frau eines Finanziers, die zur entsetzlichen Rasse Jesabels gehört»[50].

Die Linke ist nicht minder streng gegen die «abstoßende Welt der Vergnügungen und Geschäfte, die dieses «schöne Buch, das stinkt» naturgetreu schildert.[51] Im reinsten proletarischen Stil gibt *Le Libertaire* nicht vor, das moralische Geschwür der Hochfinanz zu entdecken, mäkelt jedoch über die «unflätige Sprache» und «die lange Liste an Zoten»[52], die die Autorin ihm aufgebürdet habe. Nur die rechtsgerichtete Presse verwendet für dieses Bild der Geschäftswelt die Wörter «jüdisch» oder «kosmopolitisch», je nachdem, ob sie Samthandschuhe anzieht oder nicht. André Bellesort, der die Dinge beim Namen nennt, fasst die allgemeine Meinung ungeniert zusammen: «Es ist ein krasses Gemälde der millionenschweren, amerikanischen und jüdischen Gaunerwelt, die sich an Verschwendung überbietet und das Gold, das sie auf allen Märkten der Welt zusammenrafft, in Juwelen anlegt.» Und so kommt es, dass *David Golder* in bestimmten Zeitungen nicht als eine von der Phantasie verzerrte Familienchronik betrachtet wird, sondern als eine Satire der jüdischen Finanzwelt und des «hartnäckigen Geschicks der Söhne des Ghettos, Eroberer und Herren des Goldes, bei der Verfolgung ihrer Beute»[53]. Aufgrund desselben Missverständnisses möchte die marxistische Presse darin «eine kleine Tirade gegen die UdSSR» lesen[54], ausgestoßen von der Erbin eines Bankiers des alten Regimes. Kommunisten und Antisemiten haben beide denselben Hund zu begraben: Also bezichtigen sie *Golder* der Tollwut ...

Eine authentische Legende

Seit dem 11. Februar jedoch ist das «Geheimnis Némirovsky» zum Teil gelüftet. «Schwerer, sinnlicher Mund, rußschwarzes Haar, harte Züge»[55] – endlich ist ihr Gesicht auf der ersten Seite der *Nouvelles littéraires* erschienen, skizziert von dem Karikaturisten Jean Texcier, dessen *Conseils à l'occupé* im August 1940 einer der Gründungstexte der Résistance sein werden. Dieses Porträt illustriert das erste Interview der Autorin von *David Golder* mit einem Veteranen des literarischen Gesprächs, Frédéric Lefèvre, der seine Interviews führt, wie ein General eine Schlacht liefert, wobei er es manchmal unterlässt, selbst in Erscheinung zu treten – daher häufig die Auslassungspunkte statt der Fragen, die er nicht gestellt hat. In der Avenue Daniel Lesueur wird Lefèvre von einer «schönen Israelitin» empfangen: «Sie ist mittelgroß, und ihre schlanken Formen ragen aus einem violetten Samtfutteral. Ihr pech- oder rabenschwarzes Haar – jedenfalls so schwarz, wie man es sich nur vorstellen kann – hat einen Garçonne-Schnitt. Ihre Augen sind ebenso schwarz wie ihr Haar; sie haben die seltsame, bisweilen ein wenig blinzelnde Sanftmut, wie eine leichte Kurzsichtigkeit sie verleiht.»[56] Das ganze Jahr 1930 wollten sich zahlreiche Journalisten dem Phänomen mit eigenen Augen nähern, und sie entdeckten statt «einem wilden Mannweib, einer mit Zahlen gesättigten Intellektuellen, einer maskulinen Sufragette»[57], auf die ihr Roman hindeutete, «eine fast zerbrechliche Erscheinung von überaus weiblichem Charme mit sanftem, klarem Gesicht»[58], so heiter und natürlich, dass man sich die Augen reibt, wenn man ihren Roman wiederliest.

Der Artikel von Lefèvre, «Une heure avec Irène Némirovsky», wird im Lauf des Jahres gründlich ausgeschlachtet. Darin nennt die Autorin das Dreigestirn ihrer Lieblingsschriftsteller: Proust, Larbaud, Chardonne. Und wenn sie in großen Zügen ihre Biographie skizziert, betont sie schelmisch das von Grasset empfohlene Geburtsdatum, denn «ich weiß, daß Sie präzise Angaben schätzen». Lefèvre, der sich nichts vormachen lässt, betet die Zweifel nach, die an dem Märchen der Frühgeburt und des in der Rue des Saints-Pères niedergegangenen Meteors aufgekommen sind. Zwei Monate später präzisiert Claude Pierrey in *Chantecler* die Zweifel eines großen Teils der Presse:

«Es heißt, Madame …»

«Was denn? Klären Sie mich auf …»

«Zunächst, daß Sie sehr reich sind, daß die von Ihnen bezahlte Reklame lediglich die geschickte Legende der ‹postlagernden Adresse› und das anrührende Märchen des *Wochenbetts* ausgeschlachtet hat …»

«O mein Gott, wie amüsant … Reich? Wie man's nimmt … natürlich bin ich nicht arm. Aber sollte das für das Talent unabdingbar sein? Und was die *Legende* angeht, so ist sie, mit Verlaub, authentisch.»[59]

Nicht alle halten diese Antworten für befriedigend. Bald ironisch, bald verärgert prangern einige Kritiker offen den von Grasset ausgeübten Druck der Werbung an – während der Verleger soeben vom Handelsminister zum Ritter der Ehrenlegion ernannt worden ist. Sie weigern sich, seine Anweisungen zu befolgen, und taufen seine Reihe um in: «Notre bon plaisir»[60]. Ihnen zufolge hat sich der «Verleger auf der Suche nach einem Autor»[61] nicht damit begnügt, Suchanzeigen zu veröffentlichen, er hat auch zur Mitwirkung aufgerufen und die Neugier der Berichterstatter geweckt, indem er sie in einer Reihe an die Presse geschickter «Noten» bat, ihm zu helfen, den geheimnisvollen «Monsieur Epstein» aufzuspüren. Schon Anfang Dezember 1929 nahmen einige Lokalreporter kein Blatt vor den Mund und schrieben voller Ironie über den sich bereits abzeichnenden internationalen Erfolg: «Das kommt von der Neugier! Weil das Manuskript mit dem Titel *David Golder* einige Wochen lang seinen Autor verloren hatte, wird es, noch bevor es auf Französisch vorliegt, bereits ins Englische, Deutsche und Ungarische übersetzt.»[62] Doch selbst diejenigen, die sich über diese Methoden am meisten ereifern, wie Noël Sabord[63], müssen Irène Némirovskys Talent anerkennen.

Die *great attraction*

Die einen verheißen dieser «pikanten Israelitin», die innerhalb eines Monats zur «*great attraction* aller Empfänge» geworden war, bereits den Prix Femina. Ungerührt antwortet sie lächelnd: «Vielleicht hat Monsieur de Rothschild bis dahin einen Preis gestiftet!»[64] Letztlich sollte *David Golder* überhaupt keinen Preis erhalten. Für Paul Reboux ist das der Bewies für seinen Wert. 1928 hat Grasset zu Mauriac gesagt: «Heute verlege ich nur noch Bücher, die sehr gut auf den Goncourt verzichten können!» Und da seine Methoden von Erfolg gekrönt sind, kann er die Nörgler bald mit Verachtung strafen.

Obwohl Irène Némirovsky ihren Triumph lächelnd begrüßt, ist sie selbst davon ein wenig überfordert. Madeleine, die von ihrer plötzlichen Berühmtheit alarmiert ist und Anstoß daran nimmt, daß sie von «Topsy» kein Exemplar mit Widmung erhalten hat, antwortet sie mit falscher Bescheidenheit und heuchelt Entrüstung: «Wie können Sie nur annehmen, daß ich meine alten Freundinnen eines Buches wegen vergessen könnte, über das man vierzehn Tage spricht und das ebenso schnell wieder vergessen sein wird, wie in Paris alles in Vergessenheit gerät. So etwas zu denken ist gar nicht nett.»[65] In Paris empfängt sie die Huldigungen von Jacques-Émile Blanche, dem Porträtisten von Proust, Gide, Anna de Noailles und der ganzen Pariser Gesellschaft, der ihr seinen letzten Roman schickt und sie einlädt, ihn in seinem Haus und Atelier in Auteuil aufzusuchen. Und dem Romancier Gaston Chérau aus dem Berry, sehr distinguiert mit seinem Schnurrbart eines Kavallerieoffiziers, der sich der Freundschaft von Léon Blum und von Léon Daudet rühmen kann, ist es eine Ehre, Irène Némirovsky der Société des Gens de Lettres zu empfehlen, die 1838 gegründet worden war, um die Interessen der Schriftsteller zu vertreten. Das Gesuch wird von Roland Dorgelès unterstützt, dessen Empfehlung aus zwei Zeilen besteht: «Braucht man Paten, wenn man *David Golder* geschrieben hat? Ich freue mich sehr, das Gesuch von Madame Irène Némirovsky zu unterstützen.»

Alle diese Gunstbeweise müssten ihr schmeicheln. In Wirklichkeit fordert die plötzliche Berühmtheit ihren Stolz heraus. Wird sie imstande sein, dieses Meisterstück zu wiederholen und sich auch der Hochachtung der Presse würdig zu erweisen? «Ich warte», gesteht sie dem Reporter von *Paris-Midi*. «Ich habe Angst …»[66] Dieser Skrupel hindert sie fast drei Jahre daran, einen zweiten Roman zu schreiben. Sie hat es sogar schon Lefèvre wissen lassen: «Ich bin keine Literatin. Ich will nicht schreiben, nur um zu schreiben. Schreiben ist für mich ein so seltenes Vergnügen, daß ich mir nicht vorstellen kann, ihm aus Pflicht nachzugehen oder weil ich es so beschlossen habe. Daher werde ich nach *David Golder* vielleicht mehrere Jahre warten, bevor ich etwas anderes in Angriff nehme.» Tatsächlich ist *Le Bal* – an dem sich Grasset am 4. April vertraglich die Exklusivrechte sichert – bereits geschrieben. *Le Malentendu*, von Fayard in seiner «Collection de bibliothèque» in aller Eile wiederaufgelegt, ist keine Neuheit. *Les Mouches d'automne* ist aus «La Niania» hervorgegangen. Man muss also auf *L'Affaire Courilof* Ende 1932 warten, um sich eine gelassenere Vorstellung von Irène Némirovskys wirklichem Talent zu machen. 1930 steht sie im Übrigen im Mittelpunkt einer Kontroverse, durch die ihre widersprüchliche Gestalt einer zurückhaltenden jungen Mutter und einer skrupellosen Schriftstellerin noch komplizierter wird. Von der israelitischen Presse geäußert, hat es den Anschein, als wäre der Vorwurf des latenten Antisemitismus in *David Golder* der Preis der Berühmtheit. Denn dieser Verdacht ist weniger durch die Lektüre des Romans entstanden als durch die Reaktionen, die er hervorrief. Daher wird dieser Prozess wirklich erst im Februar gegen sie angestrengt, als fast alles über *David Golder* gesagt worden ist.

Ein jüdischer Roman?

Natürlich ist niemandem entgangen, dass alle Personen des Romans – vom alten Golder bis zu dem jungen Emigranten, der ihm an der Schwelle des Todes beisteht, Gloria, seine Tochter Joyce, Tubingen, Marcus, Soifer und Fischl – Juden sind. Für die einen zählt *David Golder* aufgrund dieser Besonderheit zu den «jüdischen Romanen», häufig beschwerliche – doch aufschlussreiche – Veranschaulichungen der «jüdischen Seele», wie sie ein Jacob Lévy in den 1920er Jahren populär gemacht hat. Doch warum, so fragt beispielsweise Marcel Thiébaut, glaubte Irène Némirovsky, die Schablone der Habgier illustrieren zu müssen, verkörpert durch den geizigen alten Soifer, den der Gedanke krank macht, seiner Frau einen Hut kaufen zu müssen, «wo die Juden doch im Gegenteil im Ruf stehen, einen weniger eigennützigen Familiensinn bewahrt zu haben»[67]? Sogar diejenigen, die befürchten, dass die Figuren aus *Golder* den Juden Unrecht tun, bestreiten nicht die Wahrheit so abgestandener Klischees wie «die Liebe zum Geld», «die Angst vor dem Tod» oder «der Familiensinn», die *Le Courrier littéraire* unter anderen Merkmalen für seine Leser aufzählt.[68] Bald mit Ahasvérus verglichen, bald mit Moses oder König David, ist Golder entweder eine Modernisierung des pittoresken ukrainischen Juden oder des «Pilgers in der Wüste», einer Erzählung der

Brüder Tharaud entsprungen, mit denen man sie häufig (nicht ohne Hintergedanken[69]) vergleicht, oder ein Patriarch, der auf die Güter dieser Welt verzichtet hat: «David Golder sorgt sich nicht um sich selbst, um sein Glück. Sein Glück bestand zuerst darin, seine Frau, später seine Tochter im Gelobten Land zu sehen. Dafür zögert er nicht, sich zu Tode zu arbeiten, sein Leben selbst dann zu erfüllen, als er sich verurteilt weiß, und man darf sich fragen, ob dieser ewige *Wunsch* nach künftiger Freude, den die jüdische Rasse so stark zum Ausdruck bringt, im Grund nicht der Wunsch ist, der alle Menschen beseelt.» In fast allen Fällen ist Golder ein Balzac'scher «Typ» und der Roman «die Studie einer Rasse» *(La Voix)*, «ein genaues und packendes Gemälde der internationalen Israeliten – insbesondere derjenigen, denen man in Biarritz begegnet»[70]. Für die Antisemiten ist dieser Typus derjenige des Geldmenschen, «der in der ganzen Welt dem Besitz aller irdischen Reichtümer und Freuden mit der gleichen Gier nachjagt, die sie bei der Verfolgung der himmlischen Güter an den Tag legten»[71]. Diese Absicht scheint umso auffälliger zu sein, als Irène Némirovsky sich nicht verbirgt und sich, wie sie sagt, damit begnügt hat, ihr Herkunftsmilieu mit der Lupe zu beobachten.

«Daß ich die jüdische Seele wiedergeben konnte, liegt daran – Sie haben es erraten –, daß ich selbst Jüdin bin. Ich kenne die Finanzkreise von jeher, und ich meinte, das sei ein verlockendes Thema. Und dann sind die französischen Romane meines Erachtens zu sehr mit jungen Helden angefüllt. Auch mit zuviel Romantik … Die ausländische Literatur, insbesondere die englische, schenkt dem alten Menschen mehr Aufmerksamkeit …»[72]

Viele sind davon nicht überrascht. André Billy findet, dass *Golder* den *Métèques* des «sympathischen Binet-Valmer» näbersteht als dem *Père Goriot*: «Außerdem höre ich, Madame Némirovsky sei Israelitin. Das wundert mich nicht. Nur eine Jüdin konnte über den jüdischen Goldwahn eine derart schreckliche und hellsichtige Anklageschrift verfassen.»[73] Von der *Action française* bis zu *Comœdia* wird diese Stammtischpsychologie weitgehend geteilt. Aber wieder ist es *Fanta-*

sio, der sich am ausgiebigsten über etwas freut, was er für eine Satire der Parvenüs in der Figur von Fischl hält, einem «lüsternen alten Juden». Sein Rezensent – wahrscheinlich Juven – hat sich nicht die Mühe gemacht, den Roman genau zu lesen, sondern sich damit begnügt, darin zu finden, was er wollte: «Vermutlich ist Glorias wirklicher Vorname Agar, Sephora oder etwas in dieser Art, und der von Joyce ist Ruth oder Bathseba; aber man sagt es uns nicht. Die schönen jüdischen Damen verbergen nichts so gern von sich selbst wie ihre palästinischen Vornamen. Diese sind schrecklich! Immer brauchen sie Geld.»[74]

Sogar die dem «jüdischen Roman» wohlgesonneneren Autoren, die Irène Némirovsky mit Panait Istrati, Elissa Rhaïs und Lacretelle vergleichen, sehen in *Golder* lediglich eine Übung in «Partikularismus», da die ganze Kunst der Autorin darin bestanden habe, in der Hauptperson «eine Synthese des jüdischen Geistes» abzubilden.[75] Dabei hat sie doch, bevor sie letzte Hand an ihr Manuskript legte, diesen Tropismus sorgfältig abgemildert und gleich auf der ersten Seite die Anspielung auf Marcus' «flinke, bleiche jüdische Hände»[76] gestrichen. Aber das französische Publikum ist von den Brüdern Tharaud, Binet und vielen anderen darauf dressiert worden, an kaum wahrnehmbaren Stereotypen, so alt wie die Literatur, von vornherein das Arsenal des mittelalterlichen Juden zu erkennen. Auch wurde wenig hervorgehoben, dass das Klischee des Finanziers als «König der Welt» hier das Gleiche ist wie der Gundermann in *L'Argent* von Zola oder der Andermann in *Mont-Oriol* von Maupassant. Auch wenn *David Golder* nicht antisemitisch ist, läuft er in gewisser Weise Gefahr, als solcher aufgenommen und sogar geschätzt zu werden. Jean Blaize hat die Gefahr in *La Dépêche* durchaus erkannt: «Wenn Madame Némirovsky keine Jüdin wäre, würden die Leute in diesem Werk Antisemitismus sehen. Und manche werden es trotzdem tun.»[77] Dieses Phänomen nennt man eine Halluzination.

«Das israelitische Publikum wird *David Golder* mit Leidenschaft lesen», hatte Lefèvre prophezeit. Nur mit dem Unterschied, dass sich die zionistische Presse aufgrund der Heftigkeit der Reaktionen davon distanziert. In *L'Illustration juive* ist Pierre Paraf einer der Ersten, der in dem Geschäftemacher Golder die exemplarische Figur des «Juden für Antisemiten» sieht. Im *Réveil juif,* einer in Tunesien veröffentlichten Wochenschrift revisionistischer Prägung, räumt die Schriftstellerin Ida-Rosette See gerne ein, dass *Golder* «ein Meisterwerk» ist, jedoch ein Meisterwerk der Verleugnung, «denn wie groß Madame Irène Némirovskys stilistische und technische Qualitäten auch sein mögen, alle Juden, die sie in *David Golder* schildert, sind unsympathisch. (…) Wir wissen, daß dieses Bild der Juden als ‹Könige des Golds oder des Erdöls› vielen Antisemiten zusagt, und wir haben nicht genügend Sinn für Lobhudelei, um unsere dürftigen Schmeicheleien denen so vieler hochgestellter Personen hinzuzufügen und eine Israelitin (?) zu beglückwünschen, Juden, und zwar abscheuliche Juden, so gut beschrieben zu haben!»[78]

Was wird ihr vorgeworfen? Das Bild um des Dramas willen geschwärzt zu haben, unter dem Vorwand, dass mit schönen Gefühlen keine Literatur zu machen sei. «Und was ist außerdem lächerlicher, als sich selbst zu verherrlichen?», plädiert später die Journalistin Janine Auscher 1935. «Ich verstehe gut, daß das, was wir einem Zangwill oder einer Némirovsky vorwerfen, die Tatsache ist, daß sie den anderen unsere Schwächen zeigen, indem sie sie öffentlich machen. Es liegt auf der Hand, daß wir, wenn diese Bücher unter uns blieben, nicht daran denken würden, es ihnen nachzutragen …»[79] Doch dass sie der Arglosigkeit den Sarkasmus vorzog und sich lieber über sich selbst lustig machte als über das Cliquenwesen, ebendies erscheint vielen als unverständlich – und erklärt außerdem den literarischen Wert von *David Golder*. Diese künstlerische Berechnung ist nicht der geringste Vorwurf, den man ihr machen kann. Aber Irène Némirovsky will nur ihr Werk in Betracht ziehen. «Wenn es Hitler schon gegeben hätte, dann hätte ich *David* Golder ganz bestimmt stark abgemildert und ihn nicht im selben Sinne geschrieben», sagte sie nach dem Aufkommen des Nazismus. «Und doch hätte ich Unrecht daran getan, es wäre eine Schwäche gewesen, die eines Schriftstellers unwürdig ist!» Dieser Stolz, ihr Stolz, ist in ihren Augen das beste Erbe, das sie von ihrem Blut erhalten hat. So dass sie im Gegenteil meint, mit *Golder* habe sie die jüdische Seele in all ihrer Furchtlosigkeit und letztlich ihrer Un-eigennützigkeit verherrlicht: «Wie ungerecht zu behaupten, ich hätte nur ihre Fehler geschildert. Mir scheint im Gegenteil, und darauf bin ich stolz, daß ich einige wahre Rassenmerkmale aufgezeigt habe: Mut, Hartnäckigkeit, Stolz – aber ja, in der höchsten Bedeutung –, in einem Wort: ‹Schneid›.»[80]

Diese Tatsache wird vom «israelitischen Publikum» völlig ignoriert, das ihr vorwirft, Charaktere geschaffen zu haben, die bestenfalls Mit-leid und schlimmstenfalls Abscheu erregen. *L'Univers israélite* war im Gegensatz zu den zionistischen Zeitungen eine halbamtliche Publika-tion des Zentralkonsistoriums von Paris und als solches eher Befür-worter der republikanischen Assimilation und des blau-weiß-roten Judentums. Dennoch äußert das Blatt ernste Vorbehalte und schickt Ende Februar eine verwirrte Journalistin zu Irène Némirovsky, um sie peinlich zu befragen. Entrüstete Antwort der Schriftstellerin:

«Man wirft mir Antisemitismus vor? Das ist einfach absurd! Ich bin doch selbst Jüdin und sage es jedem, der es hören will!»

«Aber wissen Sie, dass unsere Feinde sich Ihrer Typen bemächtigt haben und ihnen Argumente gegen die Juden entnehmen?», fährt Nina Gourfinkel fort. «(…) Fürchteten Sie denn nicht, ihnen eine Waffe gegen die Juden an die Hand zu geben? (…) Wie kommt es, daß es in Ihrem Buch keine einzige Anspielung auf eine sympathischere jüdische Gesellschaft gibt?»

Jedem dieser Vorwürfe hält Irène Némirovsky konsterniert die Kraft ihres Zeugnisses entgegen: «Aber so habe ich sie gesehen …»[81]

Diejenigen, die sie so bezeichnet, sind nicht die Juden insgesamt, sondern diejenigen, die sie in dem «verderbten kosmopolitischen Milieu» der Palasthotels und der Kasinos beobachtet hat. Hoyos und Alec, so argumentiert sie, sind nicht viel besser, so dass *Golder* mehr die Schilderung eines gesellschaftlichen Milieus ist als einer Rasse, nach der herrschenden Terminologie. Sie hat sich erlaubt, niemanden zu schonen, und durch den Zufall ihrer Geburt fühlt sie sich zu keiner Treue, keiner Nachsicht verpflichtet. «Was würde François Mauriac sagen, wenn alle Bürger des Landes sich plötzlich gegen ihn stellten und ihm den Vorwurf machten, sie in so grellen Farben gezeichnet zu haben? (…) Identifizieren sich die Bürger des Marais etwa mit den Leuten aus dem ‹Milieu› von Francis Carco? Warum wollen sich die französischen Israeliten denn in *David Golder* wiedererkennen? Das Mißverhältnis ist das gleiche.»[82] Und man solle ihr bloß nicht Silbermann entgegenhalten, den sympathischen Helden von Lacretelle, der in seiner jüdischen Identität nicht durch die Herkunft, sondern durch die Erfahrung des Widerwillens bestärkt wird. «Ich mag Lacretelle sehr. Er ist ein großer Romancier. Aber kennt er die Juden aus der Nähe?»[83] An dieser Antwort sieht man, dass Irène Némirovsky versucht war, ihre eigene Erfahrung zu verallgemeinern, ohne sie beschönigen zu wollen. Hätte sie mehr Rücksicht auf das Publikum genommen, wenn sie ihren Erfolg hätte voraussehen können?

Diese Verteidigungslinie – «ich habe sie so gesehen» – hatte bereits Henry Bernstein bevorzugt, als ihm 1908 Juden und Antisemiten vorwarfen, er habe in seinem Stück *Israël* eine doppelte Karikatur ihrer jeweiligen Parteien gezeichnet. «Ich bin sehr froh, Jude zu sein», hatte ihnen der Dramatiker in *Le Matin* kühn geantwortet. «(…) Ich spüre genau, daß ich jenes zusätzliche geheime Leben, das man Temperament nennt und das den Künstler ausmacht, zum großen Teil meiner Herkunft verdanke. (…) Ich fühle mich vollkommen unfähig, etwas anderes auf die Bühne zu bringen als ein wenig Menschlichkeit, und sei sie verwirrt, zitternd, blutend … Ich sehe sie so … Es ist nicht meine Schuld!»[84] Sicher nicht nur wegen ihrer Kunst des rüpelhaften Dialogs und ihrer unbändigen Energie haben zahlreiche

Kritiker *David Golder* mit *Israël* und *Samson* verglichen: Kein Autor seit Bernstein hatte es wie Irène Némirovsky mit so viel Eklat abgelehnt, sich den vermeintlichen Gemeinschaftsreflexen zu fügen, und auf ähnliche Weise den Mythos von der jüdischen Solidarität zunichte gemacht, indem sie das Verhalten eines dekadenten Teils übertrieb, den sie mit letzter Kraft verwarf, da sie an seinem Materialismus gelitten hatte. «Eine harte und frühzeitige Erfahrung, eine partielle, eintönige und einseitige Erfahrung»[85], die jedoch ausreicht, vieles zu erklären, wie Nina Gourfinkel schließlich einräumt, als sie sich von ihrer Gastgeberin verabschiedet.

Irène Némirovsky ist Schriftstellerin, keine Predigerin. Daher war sie bestrebt, jeden moralischen Wink aus ihrem Buch zu tilgen. Und während Bernstein so ernste Themen wie den Antisemitismus *(Israël)* oder die Kastenvorurteile *(Samson*[86]) behandelte, fügt sie eine fast unerträgliche Ironie hinzu, eine Verachtung, die darauf hindeutet, wie sehr das Thema sie berührt. Jetzt zahlt sie für diese Freiheit des Tons. Überdies kann sie auf keinen Fall verraten, dass in *Golder* viel von ihr selbst eingeflossen ist, und noch mehr von ihrer Mutter, so dass man besser daran täte, ihr ihre töchterliche Unverschämtheit vorzuwerfen. Auch wenn sie, behauptet Paul Reboux in *Paris-Soir*, treuherzig gesagt haben soll: «Ich weiß nicht, warum man von diesem kleinen Werk so viel Aufhebens macht ... Ich habe einfach das Bild von Papa und Mama gezeichnet ...»

Letztlich war die von Bernard Grasset entwickelte «Goriot-Strategie» der Grund für den gegen die junge Schriftstellerin angestrengten Hexenprozess. Denn die überwiegende Mehrheit der Kritik, aufgefordert, in dem Buch nach «Typen» zu suchen, die nicht darin zu finden sind, wollte in ihm eine Physiologie des «Geldjuden» erkennen statt der Tolstoi'schen Fabel, zu der ihr eigenes Leben die Autorin inspiriert hat. Oder aber, wenn es einen «Typ» geben sollte, den des unerschrockenen Selfmademan, der sich aus seinem Elend emporgearbeitet hat und hier in der Umgebung auftritt, die sie am besten kennt – Realismus verpflichtet –, den man jedoch unter vielen anderen Aspekten in ihrem weiteren Werk wiederfinden wird, bis hin zu jenem Daguerne, dem überaus französischen Waisenknaben aus *La Proie*, den allein sein Ehrgeiz an die Spitze der politischen Geschäftemacherei katapultiert. Denn David und Gloria treibt nicht die Goldgier, sondern die bedrohliche Erinnerung an ihr Elend, das er unermüdlich bekämpft und das sie voller Entsetzen von sich weist. Wie könnte Irène Némirovsky die totalitären Pogrome vorhersehen, die Albert Londres in einer langen, einen Monat vor *Golder* erschienenen Reportage prophezeit und sowohl Auschwitz wie Babi Yar angekündigt hat: «In Rußland warten die Juden darauf, umgebracht zu werden. An dem Tag, wo die Sowjets verschwinden, kann das Rote Kreuz die Sanitätswagen vorbereiten. Die arische Meute wird Fangen spielen.»[87]

In diesem giftigen Klima musste man ein überaus scharfsichtiger und sehr gelassener Leser sein, um zu erkennen, dass Irène Némirovsky lediglich ein universelles Thema aus ihrer Sicht behandelt hatte – die «Angst vor dem Tod»[88], allenfalls das «jüdische Entsetzen vor dem Tod»[89] und die Panik, die er seinen Opfern einflößt, ob man es nun Hochmut nennt (David) oder Gier (Gloria). Vermutlich war das der Grund, warum Henri de Régnier mit so herzlichem Dank bedacht wurde – weil er nämlich erkannt hatte, dass ihr Roman keinesfalls war, was zu sein man ihn beschuldigte:

> Mit ihrem David Golder *führt uns Irène Némirovsky nicht etwa in die jüdische Hochfinanz ein, sondern in jene Klasse von Geschäftsleuten, Spekulanten, Geldmenschen, die außerhalb und unterhalb ihrer operieren und gleichsam ihre Gischt und ihre Wirbel sind. (…) Von nichts ausgegangen, von einem Elend zum andern, von Stufe zu Stufe, ist er [Golder] zur Macht aufgestiegen, kraft seiner Intelligenz, seiner Aktivität, seines Wagemuts, seiner Hartnäckigkeit, ohne Mitleid mit sich selbst und mit anderen. Er hat hart gelebt und verbissen gearbeitet. Er hatte Erfolg. Viel Gold ist durch seine Hände gegangen, aber David Golder ist kein Geizhals, er hat es nicht gehortet. Er ist ein Spekulant, ein Abenteurer, ein Spieler,*

der den Gewinn immer wieder für eine neue Partie einsetzt. (...)
Gewiß, die Welt, die Madame Némirovsky behandelt, ist eher ab-
stoßend, aber sie hat sie mit leidenschaftlicher Neugier beobachtet,
und es ist ihr gelungen, uns diese Neugier zu vermitteln, so daß wir
sie teilen. Das Interesse ist stärker als der Abscheu.[90]

Um sich besser gegen die unerwünschten Wirkungen von *Golder* zu
wappnen, ist Nina Gourfinkel zu demselben Schluss gekommen. Der
Roman beruht auf einem großen Missverständnis: Golder, ein ent-
wurzeltes und amoralisches Wesen, hat kein jüdisches Körnchen mehr
in sich. Er ist einer jener Auswürfe, die in Biarritz gestrandet sind,
«jenem ultrakosmopolitischen Badeort, Wohnsitz der Internationale
des Geldes, die den Traditionen, der Rasse, der Erde abgeschworen hat,
allem, was die Ehre der Menschen ausmacht». Das Thema des Romans
ist weder der jüdische «Geist» noch der jüdische Partikularismus, sondern der universelle Geist des menschlichen Verfalls. «Golder ist, was
er ist, nicht weil er Jude ist, sondern weil er aufgehört hat, es zu sein.»[91]
Nach ihrer Begegnung mit der Schriftstellerin, von ihren Argumenten
überzeugt, plädiert Nina Gourfinkel in *L'Univers israélite* zornig für
einen Freispruch: «Antisemitisch ist Irène Némirovsky ganz gewiß
nicht. Ebensowenig wie jüdisch. Denn so wenig man die Franzosen
nach jenen Pariser Vierteln beurteilen kann, die nach dem mutmaß-
lichen Geschmack der ‹Fremden› hergerichtet wurden, so wenig kann
man eine Rasse nach den wenigen Individuen beurteilen, denen jede
moralische Gesinnung fehlt und deren wirkliches Vaterland ein mo-
discher Badeort ist, in dem sich der Abschaum aller Nationen trifft.»[92]
Ende 1930 hat sich endlich die Idee durchgesetzt, dass jede ideologische
Lektüre von *David Golder* unangebracht ist. Dieses Buch ist in erster
Linie eine schriftstellerische Großtat, und allein dieser Aspekt interessiert die amerikanische Presse, deren Meinung die *New York Herald
Tribune* wie folgt zusammenfasst: «Diese machtvolle Erzählung geht
weit über den rassischen oder geographischen Charakter hinaus und
entfaltet sich mühelos mit großer Kraft von seinem fieberhaften An-

fang bis zu seiner unvermeidlichen Auflösung.»[93] Eine regelrechte Theatermaschine, die auf ihrem Weg jedwede moralische Erwägung erstickt ...

Ein Bernsteins würdiges Drama

Antisemitischer Roman, jüdischer Roman, unsittlicher Roman: Keine dieser Verkürzungen entsprach der Wahrheit, aber alle machen Irène Némirovsky zu einem anderen Bernstein, dem Fürsten der Unmoral. Thérive, Crémieux und Lœwel haben diese Parallele gezogen, womit sie auf die wütenden Dialoge, die Halsstarrigkeit der Hauptpersonen und das Verblassen der Nebenrollen zielten. Mit anderen Worten, auf eine gewisse «dramatische Leichtigkeit» sowie «theatralische Übertreibungen»[94], auch wenn Némirovsky nie so locker ist wie Bernstein. Viele Kritiker haben auch, als Kontrapunkt zu Golder, den Isidore Lechat aus *Les Affaires sont les affaires* (1930) von Mirbeau genannt, einem weiteren Geldmenschen mit trockenen Augen, den seine Tochter verleugnet und der herausgefordert ist, will er nicht Bankrott machen, seine Feinde zu besiegen. Diese Vergleiche unterstreichen, wissentlich oder nicht, Irène Némirovskys dramatische Ader. Pawlowski hat sogar empfohlen, *Golder* auf die Bühne zu bringen, «um ein Bernsteins würdiges Drama aufzuführen». Las Fernand Nozière den *Gringoire*? Knapp einen Monat nach diesem guten Rat, am 19. Februar, erwarb Nozière, der die Pariser Bühne seit der Belle Époque regelmäßig mit Stoff belieferte, die Bearbeitungsrechte an *David Golder*.

Der fünfundfünfzigjährige Nozière ist ein kahler, pausbäckiger und kurzsichtiger Mann, der eine große Krawattenschleife trägt. Seit er sich 1927 den Bart abrasiert hat, erkennt seine Exgattin ihn nicht wieder. Er ist ein Intimus von Ida Rubinstein, und seine Stücke werden ebenso geschätzt wie seine Theaterrubrik, nicht nur in *L'Intransigeant*, sondern auch in *Le Matin*, in *Gil Blas* und in ... *Fantasio*. Letzterem hat er von 1923 bis 1924 Kabarettchroniken mit dem Titel «Miousics» geliefert. Dann ist sein Name verschwunden, vielleicht weil er Vorbehalte über *Le Juif errant* von Jean Bastia – der Säule des «fröhlichen Magazins» – geäußert hatte, ein mit antisemitischen Kalauern gespicktes Stück, das bei den jüdischen Zuschauern des Théâtre du Perchoir ein gewisses Unbehagen hervorgerufen hatte, zumindest bei denen, die nicht in das Gelächter des Parketts einstimmten. Denn Fernand Nozière ist Jude, und für Paul Léautaud, dem es nicht gelingt, ihn zu hassen, braucht man den Grund seines Genies nicht woanders zu suchen: «Er ist wie jene kleinen Schneider, die kein Kleidungsstück zustandebringen und sich mit Umänderungen und Ausbesserungen zufriedengeben. Unmöglich, etwas von sich aus, etwas Persönliches zu schaffen. Er bearbeitet die Sachen der anderen.»[95] In etwas mehr als zwanzig Jahren Flickwerk hat sich Nozière immerhin seine Sporen als Arrangeur verdient. Als er 1907 in *Le Baptême* eine Familie von Juden auf die Bühne brachte, die aus Karrieremacherei konvertiert ist, zog er sich den Vorwurf sowohl des Antisemitismus als auch des Philosemitismus zu, je nachdem, ob man darin eine Satire oder eine Parabel sah. Seitdem hat er Bearbeitungen für die Bühne angefertigt: *Une épisode sous la Terreur* von Balzac (1908), *La Maison de danses* von Reboux (1909), *Bel-Ami* von Maupassant (1912), *Der ewige Gatte* (1912) und *Der Idiot* von Dostojewski (1925) und so weiter bis hin zu *Golder*. Er hat sich so sehr darauf spezialisiert, dass er schon vor dem Krieg in der *Revue des X* in den Bouffes-Parisiens selbst zur Witzfigur geworden war, wo sein Doppelgänger auf der Bühne erschien und sang:

> *Je profane et dénature*
> *Nos plus illustres auteurs,*
> *Rien n'est plus doux, je vous jure*
> *Quand on est adaptateur.*[96]

Golder vor Augen, ahnt Nozière, dass er hier eine harte Nuss zu knacken haben wird, aber er bebt vor Erregung: «Ich befand mich vor einem wunderbaren ‹Geschichtsroman›», erinnert er sich. «(...) Ich

sollte nach einem herrlich gebauten literarischen Werk einen Theater-
dialog schreiben. Welcher Stoff für einen Dramatiker! Ich nahm *meine*
Figur aus dem amerikanischen Westen, als er ‹nichts› war und danach
trachtete, ‹alles› zu werden. Ich führte ihn zwanzig Jahre später zur
Place Vendôme, als seine Situation endgültig gesichert ist. (...) Welch
ein Fresko! Welch schönes Geschäftsdrama.»[97] Ohne zu zögern nimmt
Nozière drastische Eingriffe vor und bemüht sich, nur die pittoreskes-
ten Teile stehen zu lassen, jene, die er wegen ihrer Derbheit aufgreift.
Der jüdische Charakter von *Golder* wird noch verstärkt, so wie er
selbst einräumt: «Es gibt den Juden Fischl und seine beängstigenden
Spekulationen. Es gibt den Juden Soifer, der hinter seinem scheinbaren
Elend Millionen versteckt. (...) Es gibt Golders Teilhaber Marcus, der
aufgrund niedrigster Vergnügungen verbraucht ist und nicht mehr die
Energie hat, sich gegen einen Vermögensverlust zur Wehr zu setzen.
Diese Personen sind schrecklich, aber sie sind auch komisch. Oft können und sollen sie Fröhlichkeit auslösen.»[98] *David Golder* wird also ein
kurzatmiger Vaudeville sein, der Geschrei, Gelächter und Applaus hervorrufen soll. Aus Gründen des Lokalkolorits werden für die Szene der
Verhandlung in Moskau, dem Clou der Darbietung, russische Schauspieler rekrutiert.

Um ihn bei seiner Aufgabe zu unterstützen, hat sich Nozière der
Mitarbeit des großen Komödianten Harry Baur versichert, der nicht
nur die erdrückende Rolle von Golder, sondern auch die Aufgabe übernimmt, die Schauspieler zu leiten, in der «bewundernswerten Sorge,
jenes Fieber des Finanzabenteuers wiederzugeben»[99]. Alles ist bereit
für einen netten Erfolg, aber zuvor muss Nozière noch *Cette vieille
canaille* beenden, eine recht frivole Komödie, die das Théâtre Michel
für November bei ihm bestellt hat. *David Golder* sollte im Dezember
im Théâtre de la Porte Saint-Martin darauf folgen. Dieses Theater, in
Künstlerkreisen «la Sublime Porte» genannt, das Mitte der 1920er
Jahre an Zulauf einbüßte, wurde von Maurice Lehmann übernommen, der ihm von Neuem Erfolg bescherte, indem er die Rolle des
jungen Aar zum ersten Mal einem Mann anvertraute, eine Kühnheit,

die nach Sarah Bernhardts Tod im Jahr 1923 möglich geworden war. 1929 hat Lehmann gerade eine Erinnerung an das tragische Ende der Romanows ins Programm genommen, *Le Dernier Tsar*, ein Achtungserfolg, der für *Golder*, insbesondere dank seiner russischen Szenerie, auf einen begeisterten Empfang seitens des Publikums hoffen lässt. Doch drei Monate nach Nozières ersten Einschnitten erfährt man bei *Comœdia*, dass eine zweite Bearbeitung von *David Golder* in Arbeit ist, diesmal für den Film, und zwar durch einen dreiunddreißigjährigen Regisseur, der schon *Poil de carotte* von Jules Renard auf die Leinwand gebracht hat, mit … Harry Baur. In Wirklichkeit ging das Gerücht schon seit mehreren Wochen um.

Julien Duvivier, der eine zehnjährige Berufserfahrung hat, hatte soeben *Maman Colibri* von Bataille und *Au Bonheur des dames* von Zola adaptiert. Der poetische Realismus seiner Filme hat ihm einen Namen verschafft, doch erst mit dem Tonfilm sollte er sich in den 1930er Jahren durchsetzen. Wie alle hat er *David Golder* gelesen und war davon «hingerissen», mehr noch, verblüfft: «Ich habe das Buch abends in die Hand genommen und konnte es nicht weglegen, bevor ich es ausgelesen hatte. Das ist eine Empfehlung.»[100] 1933 jedoch gestand er, dass die ursprüngliche Idee, den Roman zu verfilmen, von seinem Produzenten kam, Marcel Vandal. Immerhin weigert er sich, darin «den Schmutz» zu sehen, mit dem der Journalist von *Comœdia* den Roman befleckt zu sehen glaubt. «Man hat übertrieben», sagt er. «Sicher, die Geschichte ist düster, aber es gibt Stellen, wo die Sonne durchbricht, und nicht immerzu sieht man Schmutz. Ich jedenfalls bin der Überzeugung, daß ein schöner Film daraus werden kann, mit Substanz und Ideen.» Das Gegenteil der Bearbeitung von Nozière, einem Mann des Boulevards, dem es vor allem darum geht, seinem Publikum zu schmeicheln. Duvivier dagegen verdeutlich seine Sicht des Romans und dessen geistiger Dimension, ohne ein einziges Mal das Wort «Jude» auszusprechen. Denn ihm zufolge ist *Golder* eine universelle Fabel: «Im Grund ist David Golder mit all seinen Millionen ein armer Mann. Aus einem nicht genau definierten Mitteleuropa nach Paris gekommen, hat er durch

Mühe und Zähigkeit ein Vermögen erobert. Die Geschäfte und seine Tochter, nur das ist sein Leben. (…) Sie sehen, was man aus einem solchen Thema machen kann.»

Im Lauf des Frühjahrs hat Duvivier, in Begleitung von Vandal, Irène Némirovsky aufgesucht, um sie über seine Absichten zu beruhigen. Er hat vor, bestimmte Szenen «recht weit, sogar sehr weit weg» zu drehen, und sagt voraus, dass «diese Neuheit in Landerneau Aufsehen erregen wird», denn *David Golder* wird sein erster Tonfilm sein. Die Schriftstellerin, «zögernd, bescheiden, von ihrem Erfolg überrascht, die ‹ja› sagt, wie sie ‹nein› gesagt hätte»[101], ist jedoch auf der Hut und weist sogleich darauf hin, sie werde nicht zulassen, dass man ihr Buch abändere. Duviviers Antwort beruhigt sie nur halb:

«Aber nein, Madame, nicht alle Regisseure ‹verhunzen› notgedrungen ihren Stoff, und diesen hier werde ich respektieren! Auf der Leinwand wird es genauso enden wie auf dem Papier, Sie haben mein Wort!»[102]

Ende Mai versichert Duvivier, er wisse noch nicht, welcher Schauspieler Golder, diese Naturkraft, spielen könnte. Es ist eine fromme Lüge, denn im vertraulichen Gespräch verrät er gern den Namen, es ist … Harry Baur! Nozière und Lehmann, die es nicht wissen, arbeiten noch mit nicht ganz ungetrübtem Optimismus, ein wenig besorgt über die Konkurrenz, die ihnen das Kino bereiten wird. Denn der Tonfilm, der im Lauf der 1920er Jahre auf der Leinwand erschienen ist, bedroht das letzte Privileg des Theaters unmittelbar. Weil dieses noch unvollkommene Verfahren Außenaufnahmen, Schreie und Streitigkeiten, Kunststücke, allzu verworrene Szenen und das Getümmel des Lebens fürchtet, beschränkt es sich häufig auf geschlossene Räume und gedämpfte Wortwechsel mit zwei oder drei Personen. Gefilmtes Theater.

Zudem erkennt Irène Némirovsky bereitwillig den Einfluss des Kinos an. Einige Kritiker – Daniel-Rops, Reboux – haben dem Buch im Übrigen vorgeworfen, es sei im Hinblick auf eine Adaptierung geschrieben worden. Sie sorgt sich nicht um diese Veränderung der Romanverfahren. An Vorführsäle gewöhnt, begrüßt sie sie voller Vertrauen, aber sie meint, dass die große Umwälzung vor allem dann stattfinden wird, «wenn die Kinder, die heute zwölf, fünfzehn sind und mit dem Kino aufgewachsen und von klein auf mit Filmen gefüttert worden sind (…), ihrerseits Schriftsteller werden»[103].

Der Schmerz der Unverstandenen

Dennoch verfolgt sie die Fortschritte von Nozière und Duvivier nicht allzu genau. Beim Nahen des Sommers drängt es sie vor allem, sich von dem Rummel zu erholen, der seit Erscheinen ihres Romans nicht nachgelassen hatte, und sich um ihr sieben Monate altes Baby zu kümmern, dem sie am 26. Juni ein erst später zu lesendes «Ehrenexemplar» widmet: «Meiner Tochter Denise, wenn sie groß ist.» Das kommerzielle Leben von *David Golder* ist natürlich nicht zu Ende, und Grasset bemüht sich, es zu verlängern, indem er in der Presse «Empfehlungen des Buchhändlers für Ihre Ferien» erscheinen lässt, in denen Némirovsky neben Mauriac, Maurois und Chardonne steht. In Übersee bereitet der Verleger Horace Liveright für den Herbst die amerikanische Ausgabe von *Golder* vor. Unterdessen sieht sie die Neuausgabe von *Le Bal* durch, die unter ihrem richtigen Namen erscheinen soll; sie begnügt sich mit der Korrektur kleiner Irrtümer[104] und ändert den Namen von Alfred und Rosine Kemp in «Kampf», vielleicht aus Rücksicht auf den Kritiker von *Le Temps*, vielleicht um darauf hinzuweisen, dass die Assimilation der Juden in die französische Gesellschaft ein ständiger Kampf ist. Im Hotel Eskualduna von Hendaye, wo sie bis 1932 weiterhin absteigt, verbringt sie die Tage zusammen mit Michel, Paul, Schura und Cécile am Strand, in luxuriöser Schlichtheit. «Dorthin brachte man uns den Aperitif und den Champagner», erinnert sich später die vortreffliche Amme. «Paul sagte zu mir: ‹Na, ein kleiner Schluck gefällig, Néné?›» Wenn das Wetter stürmisch ist, begibt sich die kleine Schar nach Biarritz oder Urrugne, um das aufgewühlte Meer anzuschauen. Irène befindet sich noch in Hendaye, als Nozière

Mitte August seine Bearbeitung abgeschlossen hat. In *L'Intransigeant* wird am 28. September ein Urlaubsfoto erscheinen; darauf sieht man Denise auf den Knien ihrer Mutter. Auf einem anderen, weniger familiären Foto erkennt man neben Irène Némirovsky die Gräfin Marie-Laure de Noailles, Förderin der Surrealisten, in schwarzem Badeanzug mit ihrem weißen Hündchen. Die strahlende Irène trägt einen langen Plisseerock und weiße Sandalen.

Le Bal, fälschlich als neuer Roman von Irène Némirovsky vorgestellt, kommt Anfang August heraus. Als Vorschuss hat die Autorin sechstausend Francs erhalten. Pierre Tisné, der Generalsekretär der Éditions Grasset, der seit *Golder* ihre vorherigen Werke gelesen hat, meint nicht ohne Grund, dass *Le Bal* «die Quintessenz von *L'Ennemie*» ist, denn die Autorin hat darauf geachtet, die Bitterkeit durch die Farce zu ersetzen und die Rache zugunsten des weit grausameren Mitleids aufzugeben. Ohne diesen ätzenden Humor würde das Unglück von Antoinette, die spielt, ihre Mutter zu foltern wie eine Puppe, die man zerstückelt und wieder zusammennäht, wirken wie eine Gardinenpredigt der Comtesse de Ségur. Doch hier bereut die infantile Rosine ihre Eitelkeit, während ihre Tochter eine verhaltene Rache auskostet. Nebenbei veranschaulicht Irène Némirovsky die Idee, dass die bürgerliche Komödie, diese unbändige Gier nach Bällen und Toiletten, ein Schutzschild gegen die erotische Angst ist und dass für ein Ehepaar von Parvenüs der mondäne Niedergang den ersten Anzeichen des Todes gleichkommt. Daher wird der körperliche Verfall von Rosine Kampf so nachdrücklich betont, eine Parallele zum sinnlichen Erwachen von Antoinette, die nach gesellschaftlichem Leben dürstet. «Das war die Sekunde, der flüchtige Augenblick, da sich ihrer beider Wege ‹auf der Straße des Lebens› kreuzten – nun würde die eine aufsteigen, die andere im Schatten versinken. Doch das wussten sie nicht.»[105]

Das ungeduldig erwartete Buch wird sofort von der Kritik vereinnahmt, die meist nicht weiß, dass es sich um eine zwei Jahre zuvor geschriebene lange Novelle handelt, und sich enttäuscht zeigt von diesen hundertdreißig, mit großen und gefällig auseinandergezogenen

Buchstaben bedruckten Seiten, die quasi entschuldigt sind durch die «Collection des œuvres brèves», wo sie erscheinen. Nach dem Faustschlag von *David Golder* war man nicht auf diese grausame, als pessimistisch und deprimierend erachtete kleine Erzählung gefasst, die einen ungesättigt zurücklässt: «Man versprach uns ein Hauptgericht, und man gibt uns ein Stück Gerstenzucker.»[106] Eugène Langevin findet in der *Revue française*, dass hier für ein so karges, obendrein unmoralisches Resultat Talent verschwendet wurde, denn wie soll man Antoinette, «einer perversen Heranwachsenden, die alles leidenschaftlich verachtet, was nicht das allerfleischlichste Vergnügen ist, mildernde Umstände zugestehen»[107]? Auf der Anklagebank sitzt wieder einmal Bernard Grasset, der verdächtigt wird, «die Produktion zu forcieren, um von einem Erfolg zu profitieren», aber auch Irène Némirovsky, die sich nicht gescheut habe, «alles irgend Verwertbare zusammenzukratzen»[108]. Dabei hat sie dafür gesorgt, diesem Vorwurf in einer Pressemitteilung zuvorzukommen:

> *Ich habe* Le Bal *zwischen zwei Kapiteln von* David Golder *geschrieben oder, genauer, nachdem ich den Bericht von David Golders erstem Anfall seiner Krankheit im Schlafwagen zum dritten Mal überarbeitet hatte. Es ging nicht voran, und ich konnte meinen Roman nicht mehr sehen. Eines Tages bemerkte ich auf der Brücke Alexandre-III ein kleines Mädchen, das am Geländer lehnte und das dahinfließende Wasser betrachtete, während die Person, die sie begleitete und die eine Gouvernante zu sein schien, mit sichtlicher Unruhe auf jemanden wartete, der nicht kam. Das kleine Mädchen hatte einen unglücklichen und harten Gesichtsausdruck, der mich beeindruckte. Während ich sie anschaute, stellte ich mir alle möglichen Geschichten vor.* Le Bal *ist eine davon.*

Nur so wenig zu beeindruckende Leser wie Reboux, die das Talent nicht nach der Seitenzahl beurteilen, vergleichen dieses «Juwel», dieses «ergreifende, vom Schmerz der Unverstandenen inspirierte Gedicht», mit *Paul und Virginie, Manon Lescaut,* mit *Un cœur simple* von Flaubert, *Yvette* von Maupassant, *Aphrodite* von Pierre Louÿs und sogar *Adolphe* von Benjamin Constant! Und Reboux begrüßt in seinem schwärmerischem Überschwang das Erscheinen einer neuen Colette am Firmament der französischen Literatur: «Kein anderer Stil unter denen der zeitgenössischen Schriftsteller (...) scheint mir diesen Tonfall, diese Rasse, diese Klasse zu besitzen.»[109]

Für viele andere ist *Le Bal* lediglich eine weitere Geschichte über Juden, noch zynischer und bissiger als *David Golder.* Ihre Personen «sind ekelhaft aufgrund ihrer Sitten, ihres Verhaltens, ihrer Lebensauffassung».[110] «Wieder eine Familie durch die Börse reich gewordener, nach mondäner und gesellschaftlicher Geltung lechzender Juden aus dem Orient», klagt der Rezensent der *Fiches du mois.* «Dennoch möchte ich gerne glauben, daß die Autorin sich nicht vorgenommen hat, ausschließlich die Kinder Israels zu beschreiben, und daß sie uns auch andere Personen vorstellen wird: ein solches Temperament begnügt sich nicht endlos mit immer demselben Fund.»[111] Sechs Monate nach dem *Golder*-Prozess ist die Presse um so geneigter, den ätzenden Charakter von *Le Bal* zu unterstreichen, als dieses Divertissement zum Verwechseln einer Satire auf das nach Anerkennung gierende jüdische Kleinbürgertum ähnelt. Aber sollte es sich überhaupt um Sarkasmus handeln, dann ist er wiederum eine Anleihe: Eine der eingestandenen Reminiszenzen von *Le Bal, Les Demi-Vierges* von Marcel Prévost, war aus mondänem Antisemitismus gesponnen.

Dabei ist *Le Bal* nur eine neuerliche Übertragung des Jugendkonflikts von Irène Némirovsky. Antoinette ist pervers, weil sie die Tochter von Rosine ist. Doch weil das Buch kürzer ist, sind auch die Urteile schärfer. Der *Mercure de France* sieht darin beinahe eine antisemitische Schmähschrift und erkennt in der Figur der Antoinette «Genußsucht», aber auch «die Heftigkeit, den Hochmut und die Vorstellung von Verfolgung, wie sie ihrer Rasse eigen sind»[112]. Irène Némirovsky befindet sich also erneut in der Falle der von der «Affäre *Golder*» ausgelösten leidenschaftlichen Debatte. Sie wird ihr nicht mehr entkommen.

Dieser heiße und kalte Empfang ist zu vergleichen mit dem sehr viel einhelligeren, der *Lévy et Cie* zuteil wurde, dem heute vergessenen «sensationellen jüdischen Tonfilm mit Wort und Gesang» von André Hugon, der am 24. Oktober in die Kinos kam. Vom nationalistischen *Gringoire* bis hin zur zionistischen Zeitschrift *Menorah* loben alle an diesem phantastischen Schmarren übereinstimmend eine wohlwollende und humoristische Karikatur der französischen Israeliten, die nichtsdestoweniger ihre heuchlerischen Klischees über sie verbreitet. So viel darf man von Irène Némirovsky nicht verlangen, die zu viele Rechnungen mit ihrer Vergangenheit zu begleichen hat und der Pomade den Essig vorzieht. Daher findet Nina Gourfinkel, in keiner Weise überrascht, in *Le Bal* «keinen einzigen Zug des Wohlwollens, keinerlei Mitleid, nicht den Hauch eines erfrischenden Gefühls»: Man wird weder die Autorin von *David Golder* noch ihr «kaltes, grausames Talent» ändern können: «Irène Némirovsky ist ein Seziermesser.»[113]

Die Affäre Kino – Theater

Zur selben Zeit beginnt Duvivier mit den Dreharbeiten. Im September war der Beginn zunächst verschoben worden, weil man noch keine ideale Besetzung für die Rolle der Joyce gefunden hatte. Es erschien sogar eine Annonce in der Presse im Hinblick auf eine Sprechprobe: Unter hundert jungen Mädchen, die sich im Studio vorstellten, sollte Golders uneheliche Tochter schließlich von Jackie Monnier verkörpert werden, vierundzwanzig Jahre alt, also älter als die Rolle. Harry Baur, der zwei Fliegen mit einer Klappe schlägt, indem er sich vor den Kameras im Hinblick auf die Theaterpremiere warmläuft, ist der Partner von Paule Andral, großartig als ungezähmte Megäre. Sie wird im Dezember auch im Stück von Nozière mitspielen! Nach einigen Ende September in Biarritz gemachten Aufnahmen beginnen die wirklichen Dreharbeiten mit den Schauspielern im Oktober und enden am 9. November ohne Zwischenfall.

Die Bühnenbilder dieses «großen Tonfilms», eines der ersten in Frankreich produzierten, sind das Werk von Lazare Meerson, diesmal unterstützt von einem blutjungen ungarischen Studenten namens Alexandre Trauner, der sich vorerst nur in René Clairs Film *Sous les toits de Paris* geübt hatte. Mit der Musik wird Walter Goehr beauftragt, ein Schüler von Schönberg, der soeben die allererste Funkoper, *Malpopita*, komponiert hat. Getreu dem Versprechen, das er der Schriftstellerin gegeben hatte, den Film auf der Leinwand genauso enden zu lassen wie auf dem Papier, hat Duvivier mit der Rolle des jungen Emigranten Charles Goldblatt betraut, einen fünfundzwanzigjährigen Schauspieler, der mit dem Dichter Max Jacob liiert ist und den man noch nicht unter dem Namen Charles Dorat kennt. Wie man sieht, ist *David Golder* in keiner Weise eine Produktion der Arrieregarde.

Die Montage erfolgt innerhalb von zwei Wochen im November. Ende des Monats wird Irène Némirovsky, die bei der Besetzung und der Inszenierung kein Mitspracherecht hatte – obwohl gemunkelt wird, sie habe bei der Abfassung der Dialoge ihre Hand im Spiel gehabt –, eingeladen, sich einige Szenen anzuschauen. Besonders das Spiel von Harry Baur erscheint ihr sehr überzeugend. Der Schauspieler spielt einen bis auf die Knochen erschöpften Golder, in dem jedoch eine brutale Kraft schlummert, entsprechend dem müden Titan des Romans. Einer der seltsamsten Aspekte des Films ist sein Expressionismus, der innerhalb weniger Aufnahmen jeden Bezug auf den Balzac'schen Realismus hinwegfegt. Die wenigen stumm gedrehten Szenen werden schließlich fallen gelassen. Um den Zuschauer besser ins Bild zu setzen, hat man den Schauspielern der russischen Szene die Gesichter von Lenin und Trotzki verpasst. Nur die Leistung der haarsträubenden Jackie Monnier lässt zu wünschen übrig. Aber es herrscht in diesem *Golder* ein Klima seelischen Terrors, der unweigerlich an *Das goldene Zeitalter* erinnert, den surrealistischen Film, den Buñuel gerade fertiggestellt hat. Vor allem aber verleugnet der Film nicht die tiefe Bedeutung des Romans: das Wiederaufleben der jüdischen Kindheit des sterbenden Golder. Die letzten Aufnahmen enden im Sturm auf dem Schwarzen

Meer, zu den Klängen eines gefühlvollen hebräischen Gesangs. «Also werden wir demnächst einen schönen Film zu sehen bekommen.»[114] Am 14. November kann Irène Némirovsky gegenüber Bernard Grasset ihre doppelte Dankbarkeit zum Ausdruck bringen:

> *Ich freue mich, Ihnen verkünden zu können, daß unser «David» um Weihnachten im Théâtre de la Porte St-Martin mit Harry Baur aufgeführt werden wird. Hoffen wir, daß alles gut verläuft. Jedenfalls vergesse ich nicht, daß ich es zum großen Teil Ihnen zu verdanken habe, wenn ich ihn sowohl im Kino als auch im Theater sehen kann (...).*

Völlig beruhigt kann sie Ende des Monats, vor der großen Voraufführung des Films, für ein paar Tage Paris verlassen, um in der Schweiz ihr Asthma zu kurieren. Als sie am 9. Dezember zurückkehrt, erfährt sie benommen von dem neuerlichen Prozess, der in ihrer Abwesenheit angezettelt worden war: Diesmal bezichtigt man sie, sie habe Nozière von Duviviers Drehbuch profitieren lassen! Ein Brief, in dem Letzterer seine Vorbehalte gegen die in der Theaterbearbeitung vorgenommenen Anleihen äußert und von dem eine Kopie an die Société des auteurs dramatiques übermittelt wurde, gelangte über Raymond Berner auch an *La Cinématographie française*. Die Schriftstellerin, so versichert der Journalist, habe den Film «für sehr viel besser erachtet als das Stück» und gewünscht, «daß letzteres abgeändert werde»[115]. Er versichert auch, er habe diese Information von Harry Baur, der beide wohl am besten vergleichen könne. Duvivier, der für seinen schwierigen Charakter bekannt ist, bringt die Angelegenheit vor Gericht und beschuldigt den Direktor der Porte Saint-Martin, ihm sein Skript gestohlen zu haben.

Dieses Geplänkel ist lediglich eine Zuckung der fälschlichen Agonie des Theaters in seinem Überlebenskampf gegen das Anbranden des Tonfilms unter den lüsternen Blicken der Fachpresse. Scheint nicht sogar Marcel Pagnol das Theater an den Nagel zu hängen und sich dem

Film zuzuwenden? Die Presse zählt die Punkte und erwartet viel von dem Streit um *David Golder*, der damals für den Prix Goncourt im Gespräch ist. Der Vergleich könnte diese Auseinandersetzung vielleicht beenden, die noch dadurch verschärft wurde, dass sich Nozière, der früher begonnen hatte, vom Filmstudio hat einholen lassen. Im Dezember kündigen *Les Nouvelles littéraires* sogar an, dass sich eine zweite Kraftprobe um *Le Bal* abzeichne, der angeblich von Steve Passeur verfilmt und von Lugné-Poë für das Theater bearbeitet werden soll! Ein überaus aufschlussreiches Gerücht über das «Phänomen Némirovsky». Zwischen Theater und Kino hin- und hergerissen, verwahrt sich diese humorvoll gegen die Unterstellung, sie habe irgendjemanden bevorzugt, und bereitet dem Klatsch ein Ende, indem sie einen offenen Brief an den Direktor von *La Cinématographie française* erscheinen lässt:

> Ich bedauere sehr, daß Ihr Mitarbeiter kein Gespräch mit mir führen konnte, wie es wohl in seiner Absicht lag.
> Tatsächlich entspricht die Rolle, die er mir in der Affäre Kino–Theater zuweist, in keiner Weise der Realität (...)
> Ihr Mitarbeiter bezichtigt meine Handlungsweise, die darin bestanden haben soll, das Theater von den Erfindungen des Kinos profitieren zu lassen, mit viel Nachsicht der «Leichtfertigkeit». Ich selbst hätte eine solche Handlungsweise, die nicht einmal die von ihm erwähnte «Begeisterung» hätte entschuldigen können, als unredlich bezeichnet.
> Deshalb verwahre ich mich energisch gegen diese Anschuldigung. Ich habe gegenüber den Herren Lehmann und Nozière nie das geringste Wort über das Drehbuch gesagt, ebensowenig wie ich auf den Gedanken gekommen wäre, den Herren Vandal und Duvivier etwas von dem Stück zu erzählen.
> Im übrigen erlaube ich mir, daran zu erinnern, daß am Ursprung des Theaterstücks und des Films trotz allem mein Roman steht und daß es infolgedessen einfacher war, im Buch nach den nötigen «Ideen» zu suchen.[116]

Dennoch schlägt die Kontroverse Wellen. Am 17. Dezember wird der Film im Théâtre Pigalle einem ausgewählten Publikum vorgeführt. Duvivier hat einige Theaterkritiker eingeladen und ihnen eine Notiz überreicht, in der Nozière und Lehmann ein weiteres Mal vorgeworfen wird, «einen großen Teil unserer Besetzung übernommen zu haben». Die Beschuldigten antworten am nächsten Tag in *Comœdia* und erinnern daran, dass das Stück schon seit vier Monaten fertig sei. Als noble Spieler wünschen sie Duviviers Film dennoch viel Erfolg, in der Gewissheit, dass ein kommerzielles Scheitern ihnen nur schaden würde: «Wir müssen alle in gutem Einvernehmen handeln und die Persönlichkeit von Madame Irène Némirovsky respektieren, der Sie Ihren Film und wir unser Stück verdanken.»[117] Keinen einzigen Augenblick denken Nozière und Lehmann daran, dass ihr Stück noch vor der Filmpremiere zurückgezogen werden könnte …

Der aufsehenerregendste Reinfall des Jahres

Die Proben beginnen an der Porte Saint-Martin am 20. Dezember. Am Freitag, dem 26., dem Morgen der Premiere, rührt Nozière die Werbetrommel in *L'Écho de Paris* und verspricht eine moderne, bunte Darbietung: «Ich sehe auf dem Theater gern starke, pittoreske Personen. Auf der Bühne scheue ich die graue Farbe. (…) Wir wünschen uns, daß die Betrachter des Films, so wie die Leser von Madame Némirovsky, David Golder und seine Angehörigen so sehr lieben, daß sie den Wunsch verspüren, sie auf der Bühne leben zu sehen.» Wenige Stunden später wohnt Irène entzückt der Aufführung bei – am selben Abend, an dem im Théâtre du Gymnase *Le Jour* von Bernstein Premiere hat. Sie hat Cécile Michaud gebeten, sie zu begleiten, und beide amüsieren sich köstlich über dieses düstere Drama in drei Akten und sieben Bildern, dessen Kniffe sie besser kennen als jeder andere.

Zwar begrüßen die Kritiker einhellig die Leistung von Harry Baur, dessen cholerischer Charakter sich wunderbar in dem aufbrausenden

David verkörpert, doch vermissen die meisten die «Muskeln, die quasi Balzac'sche Kraft des Romans»[118]. Trotz allem Geschick fehlt es dem Stück an Rhythmus, es zieht sich in die Länge, die herbe Größe des Romans ist zusammengeschrumpft. Vor allem aber hebt das von No- zière vorgenommene Abspecken seine karikaturhaftesten Züge her- vor. Lefèvre findet das Stück schlichtweg «dürftig».[119] Auf der Bühne, beklagt Franc-Nohain, «bleibt nur die Schändlichkeit dieser jüdischen Familie übrig, die einzig das Geld zusammenhält (…). Alles ist da, die Herkunft, die Rasse, die Genußsucht, das Gewinnstreben, die erblühte Schönheit, der Zynismus und der unverschämte Egoismus, die beide triumphieren.» In *L'Écho de Paris* wird Golder vom Zeichner Sennep skizziert, wie er an einem seiner Hüfte aufgepfropften goldenen Was- serhahn dreht, und Gloria, die mit dem Rücken zu ihm verächtlich das Manna auffängt. Mitten im Oustric-Skandal ist das Publikum zu- dem übersättigt von «diesen Geschichten über Industriewerte, Erdöl- und Grundstückgeschäfte und Börsencoups»[120]. Ein Gefühl, das von *L'Humanité* geteilt wird, die nur mäßig Gefallen findet an der Szene, in der die «Delegierten des machthabenden Proletariats» und der Ban- kier Golder gegeneinander kämpfen, dieses Symbol der «Erbärmlich- keit der kapitalistischen Gesellschaft» und verantwortlich für «die sich häufenden Konkurse, die ausbrechenden Kriege, die Arbeitslosigkeit und das Elend».[121]

Von der Presse und der Mund-zu-Mund-Propaganda im Stich ge- lassen, kann sich das Stück nicht lange halten: höchstens zwanzig Aufführungen. Es war, wird Philippe Soupault später sagen, «der auf- sehenerregendste Reinfall des Jahres»[122]. Nicht für Nozière, dessen Stück in Deutschland und in Mitteleuropa gespielt wird und der sich sogar den Luxus eines kleinen Streits mit Grasset leistet, weil er mit Italien verhandelt hatte, ohne ihn davon in Kenntnis zu setzen! Frei- lich hat er nur noch drei Monate zu leben.

Im Lauf des Januar findet in mehreren kleinen Pariser Sälen die Vor- aufführung des Films statt, insbesondere am 28. im Gaumont Palais Rochechouart, als die Bühnenausstattung des Stücks schon lange ausrangiert ist. Ebenfalls im Lauf dieses Monats, am 14., stirbt Irènes Großvater im 16. Arrondissement. Er wird im jüdischen Geviert des Friedhofs Père-Lachaise in der Erbgrabstätte beigesetzt, die Léon für seine Schwiegereltern gekauft hat. Zwei Jahre zuvor war Iona von einem Wagen angefahren worden. «O mein Gott», schreibt Irène Némirovsky 1934, «wie soll ich diese beiden Jahre seines Martyriums vergessen und zu dem Augenblick zurückkehren, als er jung und gesund war mit seinen schönen Zähnen, seinen lebhaften Bewegungen, der Flamme seiner vor Intelligenz sprühenden Augen (…).» Sie bewahrt von ihm nur eine goldene Uhr und die Erinnerung an die französischen Gedichte, die er auswendig aufsagte.

Eine Eigenbrötlerin

Die offizielle Premiere des «großen französischen Tonfilms» findet am 6. März 1931 um fünfzehn Uhr im Élysée Gaumont auf den Champs-Élysées statt. Ein doppeltes Ereignis, denn auch dieser Saal, «der eleganteste» der Hauptstadt, öffnet dem Publikum zum ersten Mal seine Pforten. Am Eingang wird den Journalisten und Gästen von Pagen ein taufrisches Exemplar des *Figaro* oder des *Écho de Paris* übergeben, die das Loblied einiger renommierter Künstler singen, die Duvivier genialerweise zu den Voraufführungen geladen hatte. Der Direktor der *Annales* Pierre Brisson fürchtet nicht, zwischen zwei Zügen aus seiner Lucky Strike reißerisch Reklame für ihn zu machen: «Meiner Meinung nach ist es der beste französische Tonfilm seit *Sous les toits de Paris*.» Gaston Chérau von der Académie Goncourt sieht in dem Ende des Films «eines der grandiosesten Kapitel, die je verfaßt wurden (…), einen Meilenstein auf der langen Straße, die die Leinwand eingeschlagen hat». Fernand Gregh, ehemaliger Mitschüler von Proust am Lycée Condorcet, ist ein Freund, dem Irène Némirovsky jedes ihrer Bücher widmen wird; auch er ist, mehr noch als andere, von Davids Tod berührt und von den «Schwarzweißaufnahmen, den israelitischen

Chören, dem klaren Ton». Die Komponisten Arthur Honegger und Maurice Ravel betonen die «machtvolle Schlichtheit» und «die Vollkommenheit der Technik». Der Dichter Jules Supervielle ist von der sowjetischen Szene beeindruckt. Der Maler Van Dongen lobt eine «sehr schöne künstlerische Produktion». Paul Morand, der sonst mit Komplimenten geizt, ist beinahe eifersüchtig: «*David Golder*, ausgezeichnet. Es ist keine zum Preis der geringsten Mühe abfotografierte Komödie, sondern eine Schöpfung und einer der schönsten Tonfilme. Es ist auch eine große menschliche Reise, vom polnischen Ghetto zum Luxus von Biarritz, von der Armut zum Reichtum, vom Leben zum Tod. An den Film, nicht an das Theater muß ein Romancier sich wenden, wenn er nicht verraten werden will.» Nur Colette äußert einen Vorbehalt: «Eine unnötige kleine Übertreibung der Inszenierung: das Zimmer, in dem Golder bei der Ankunft seine Toilette macht, und die Emailleschüssel mit dem Wasserkrug. In einer Villa wie der von Golder haben alle Dienstbotenzimmer ein Waschbecken mit fließendem Wasser.» Doch diese Zeilen wurden von Duvivier weggelassen, da er nur ihr nachdrückliches Lob für den Schauspieler wiedergeben will. Léon Werth, Charles Vildrac, Maurice Rostand fügen dem Konzert ihre Stimmen hinzu.[123]

Diese Kaskade an Lobeshymnen bringen die *Action française* und ihren Kritiker Lucien Rebatet in Harnisch: «Nehmen wir an, daß es Almosen der Literatur und der Musik für ihre Bastarde sind und daß sie die nachsichtigen Spender nicht sehr kompromittieren.»[124] Zwar ist Irène Némirovsky innerhalb von wenigen Monaten zum Liebling der feinen Pariser Gesellschaft geworden, dennoch bewahrt sie ihre reizende Schlichtheit, wenn sie Jacques-Émile Blanche zu seinem letzten Roman beglückwünscht:

Stellen Sie sich vor, daß ich schon ein oder zwei Seiten davon gelesen hatte, als Sie ihn mir gaben, aber der düstere Ton des ersten Kapitels war mir allzu schmerzlich: Mein Großvater war gerade gestorben. (…) Das alles wollte ich Ihnen sagen, aber bei Ihnen

sind immer so viele Leute, und ich bin eigenbrötlerisch geblieben,
wie Sie sehen konnten.[125]

«Eigenbrötlerisch»: Das ist auch die Ansicht von Tisné bei Grasset, den das argwöhnische Interesse, das Irène Némirovsky am Verkauf ihres Buchs zeigte, unwillig macht. Anfang Januar waren die vierundfünfzigtausend aufgelegten Exemplare noch nicht verkauft, aber die irreführende Zahl von hundertvierzehntausend, die gerade auf den Umschlag gedruckt worden war – ein «Werbetrick», den Grasset nicht als Einziger anwendet –, verwirren die Autorin, die sich unweigerlich darüber beklagt. Schließlich platzt Tisné der Kragen:

Jetzt sollten Sie nicht mehr versuchen, mich zu «ärgern», wie
Sie sagen, und anzudeuten, daß wir Ihnen die Auflagenzahl Ihrer
Bücher nicht oder erst verspätet mitteilen.
Als ich kürzlich Ihre diesbezüglichen Anspielungen hier zur Spra
che brachte, bekam ich, wie ich Ihnen versichere, ein gewaltiges
Gepolter zu hören, und das Mindeste, das man mir sagte, war, daß
die Literaten, mit denen Sie verkehren, selbst höchst sonderbare
Ansichten haben müssen, falls Ihr ungerechtfertigtes Mißtrauen
von ihnen herrühren sollte.[126]

Im Lauf des Frühjahrs 1931 verkündet Tisné, dass *David Golder* die fünfundzwanzigste Auflage überschritten habe. Irène Némirovsky achtet auf die Zahlen. Als sie am 1. Juni erfährt, dass Ferenczi elf Monate vor der vertraglich vereinbarten Frist seine eigene, mit farbigen Holzschnitten illustrierte Ausgabe des Romans zu 3,50 statt zu 15 Francs auf den Markt gebracht hat, ist sie die Erste, die bei der zuständigen Stelle auf die Vertragsverletzung hinweist!

In Bildern denken

Unterdessen hat Duviviers Film diverse Erfolge zu verzeichnen. Schon am 18. März wurde er im Berliner Capitol präsentiert, zugunsten des Werks der deutsch-französischen Annäherung. In Frankreich wird das von allen gelobte realistische, ungekünstelte Spiel von Harry Baur oft mit dem von Emil Jannings verglichen, dem Fetischschauspieler von Murnau und Sternberg. Marcel Carné sah in dem Film «ein mächtiges, herbes, hartes (…), hochinteressantes und gelungenes Werk». Die Fachzeitschrift *La Revue du cinéma* bedauert den Pietismus der im Baskenland gedrehten ländlichen Szenen. Die zu theatralische Jackie Monnier wird boshaft aufgefordert, zu ihrem Studium zurückzukehren. Über eine Szene indes herrscht Einmütigkeit: diejenige, in der Golder mit den Sowjets über die Ölfelder verhandelt. Nur die Interpretationen weichen voneinander ab. Für die *Poslednie Nowosti* («Letzte Nachrichten»), die Tageszeitung der Weißrussen im Exil, ist es eine spaßige Satire der bolschewistischen Sitten.[127] Für *La Revue du cinéma* ist sie im Gegenteil «eine regelrechte Anklage gegen den Kapitalismus», die es rechtfertigen würde, dass Frankreich endlich Eisensteins *Der Kampf um die Erde* das Visum erteilt. Diese Ansicht wird von *L'Humanité* nicht geteilt, die darin nur ein «ungemein phantasievolles» Bild voll bürgerlicher Stereotypen über die wirtschaftliche Strategie der UdSSR sah; und was Golder betrifft, so «mag dieser Mann krepieren wie ein Hund, sein Todeskampf sollte uns keine Träne entlocken. Wir täuschen uns nicht in diesem theatralischen, mit jüdischen Gesängen untermalten Tod als Apotheose. (…) David Golders Ende heißt für uns zwölf Kugeln ins Fell – und Schweigen»[128]. Amüsant, wenn man bedenkt, dass *Le Peuple,* das Organ der CGT (der Arbeitergewerkschaft), soeben die Veröffentlichung des Romans in Fortsetzungen abgeschlossen hat!

Doch wenn *David Golder* ein jüdischer Film ist – worin sich alle einig sind –, dann steht er weit über der neuen Produktion von Hugon, *Galeries Lévy & Cie,* die im Januar 1931 in die Kinos kam und deren

Plakat zwei zumindest fragwürdige Karikaturen zeigte.[129] Während die Plakate zu *David Golder* entweder Harry Baur mit einem Schal um den Hals und der ihn anflehenden Joyce darstellen oder ihn auf seinem Totenbett mit einem bei ihm wachenden jungen Emigranten zeigen, der eine Chapka trägt und Schläfenlocken hat. Einer von Duviviers Erfolgen besteht darin, dass er es verstand, die Karikatur zu vermeiden, im Gegensatz zu den meisten seiner Kollegen, die im Lauf des Jahres 1931 alle mehr oder weniger bewusst in diesen Fehler verfallen: Edmond Gréville in seinen kurzen *Histoires juives,* Abel Gance in *La Fin du monde,* wo er einen kriegslüsternen jüdischen Finanzier namens Schomberg in Szene setzt, und Jean Kemm in *Le Juif polonais* mit Harry Baur, einem «Meisterwerk an Schwachsinn», wie Antonin Artaud meinte.[130] Auch ist Lucien Rebatet nicht so sehr wegen des alles in allem banalen jüdischen Charakters des Films verstimmt, sondern wegen Duviviers allzu nachsichtiger Behandlung des Romans: «Im übrigen wissen wir, daß eine ganze zweitrangige Literatur in letzter Zeit die Juden verwendet, so wie sie früher gern Vatermorde und Pechnasen verwendet hat. Was immer der Roman von Madame Némirovsky sein mag, der Film hat ein Melodram daraus gemacht.»[131] Doch diese Einschränkung hindert die Antisemiten nicht daran, die Dinge nur durch ihre Brille zu sehen. Für *La Petite Illustration* ist Duviviers Film lediglich ein bebildertes Kapitel der «jüdischen Gefahr», die Frankreich bedroht, und David Golder einer «aus der schäbigen, übelriechenden Herde seiner Glaubensbrüder, die der Köder des Gewinns und die Eroberung des Abendlands anlockt».[132]

Die Schriftstellerin dagegen war, wie sie gesteht, einfach «erschüttert», als sie sah, dass die Figur, die vier Jahre lang ihre Phantasie beschäftigt hatte, plötzlich in Fleisch und Blut vor ihren Augen erstand. Und was den Tonfilm angeht, so sieht sie in ihm nichts als Vorteile: «Der Stummfilm bescherte uns lediglich Reisen zu Phantomen … Vielen Dank! Der Tonfilm ist eine wunderbare Bereicherung. (…) Das Kino ist die Kunst, die dem Leben und der Wahrheit am nächsten kommt …»[133] Sie liebt es so sehr und räumt den Einfluss, den es auf ihre Kunst hat, so bereitwillig ein – Schnitt der Szenen, Kunst des Bildausschnitts, Lebhaftigkeit der Dialoge, Vorrang der Suggestivität, Abneigung gegen den Kommentar –, dass sie sogar daran denkt, wirkliche Drehbücher zu schreiben und den Roman vorübergehend zu vernachlässigen, denn, so gesteht sie am 1. Mai der russischen Tageszeitung *Poslednie nowosti*, «ich liebe über alles den Film, in dem gesprochen, getanzt und gesungen wird. (…) Zur Zeit schreibe ich keinen neuen Roman und bereite auch nichts für das Theater vor. Ich denke vielmehr über Themen für neue Filme nach, denn wie immer denke ich in Bildern …»[134] Im Übrigen glaubt Bernard Grasset nicht mehr an den Roman. «Man muß zugeben, daß das Publikum des Romans überdrüssig ist», sagt er. «Ich für meinen Teil bin sogar entschlossen, auf die brutalste Weise alle falschen Talente zu entmutigen. Damit meine ich natürlich neun Zehntel derer, die Romane schreiben.»[135]

Im Juli 1931 erscheint in *Les Œuvres libres* das erste Ergebnis dieses neuen Kurses, eine lange Novelle mit dem Titel «Film parlé», die den Anspruch erhebt, dem Tonfilm seine auffallendsten Methoden zu entlehnen: Telegrammstil in Nachahmung des Skripts, Überblendungen, Flashbacks und zeitliche Verkürzungen, Jazz und modische Amerikanismen. An versteckter Stelle trifft man die Figuren von Louloute und Nonoche wieder, wobei Letztere «heiße Tränen vergießt».[136] Und was Anne betrifft, die rachsüchtige Tochter der alten Animierdame Éliane, so erinnern ihre Anklagen stark an jene von Gabri in *L'Ennemie*: «So lassen Sie mich doch in Ruhe, warum quälen Sie mich? Was habe ich Ihnen denn getan? Mein Leben lang haben Sie mich im Stich gelassen … Wenn man ein Kind hat, dann behält man es, zieht es auf …»[137] Könnte die Novelle «Film parlé», die mit «Nizza, 1931» datiert ist, schon vor 1930 skizziert worden sein?

Niedergang

Die Autorin von *David Golder* gewährt der russischen Presse nicht nur Interviews, sie liest sie auch. Wie immer um ihre Rechte besorgt, hält sie es zum Beispiel am 1. Juni 1931 für geboten, Grasset darauf hinzuweisen, dass eine unerlaubte Bearbeitung ihres Romans in einem Theater von Kischinew in Moldawien vorbereitet werde! Und obwohl sie meint, dass die sowjetische literarische Produktion zum größten Teil «Werke von verstiegener Abgeschmacktheit» hervorbringt, bemüht sie sich dennoch, die jungen russischen Autoren kennenzulernen, und der bemerkenswerteste von ihnen ist ihrem Geschmack nach der Satiriker Walentin Katajew, von dem Gallimard einen Gogol'schen Roman, *Rastratschiki* (Die Betrüger), veröffentlicht hat. 1933 wird sie wiederum einen Satiriker, Soschtschenko, «über Tschechow» stellen und bedauern, dass seine Erzählungen, «Wunderwerke feiner Satire»[138], noch nicht ins Französische übersetzt wurden. Selbst wenn sie sich über die Schwerfälligkeiten des sowjetischen Romans «auf dem rechten Weg des Marxismus» nichts vormacht, so findet sie darin doch «das Vergnügen, überaus fremdartige Sitten kennenzulernen», auch auf die Gefahr hin, «dabei auf jede rein ästhetische Befriedigung zu verzichten».[139] Denn Irène Némirovsky, von Frankreich gefeiert, bleibt nichtsdestoweniger von der russischen Kultur durchdrungen. «In Zukunft wird ein sehr großer Teil der zeitgenössischen Literatur wohl gleichsam einen russischen Stempel tragen», prophezeite Brasillach am 26. Februar in der *Action française* und erkannte unter den in der jungen französischen Literatur wahrnehmbaren slawischen Motiven «die Neigung zum Bekenntnis, zu alten und entstellten gottesfürchtigen Erinnerungen, bisweilen eine Art unbewußten Sadismus, die feste Überzeugung, daß alle Mühe sinnlos ist und daß der Mensch möglicherweise gar nicht existiert»[140]. Damit sind *Les Mouches d'automne* und *L'Affaire Courilof* recht gut charakterisiert, zwei Bücher, die Irène Némirovsky 1931 und 1933 veröffentlicht.

Les Mouches d'automne, die vollendete Version von «La Niania», erscheint im Mai 1931 bei Simon Kra, einem ehemaligen Bevollmächtigen der Rothschild-Bank, der nach sechzehn Jahren Buchhändlerdasein 1919 seinen Verlag gründete. Kra, der Verleger der Surrealisten, ist ein Entdecker von Talenten mit einem außergewöhnlichen und überaus modernen Verlagsverzeichnis: Max Jacob, Alfred Jarry, Pierre Mac Orlan, Emmanuel Bove ... Er hat auch einige zeitgenössische russische Autoren veröffentlicht, wie Gorki, Kuprin oder Schklowski. Unerklärlicherweise hat Léon Pierre-Quint, der Hauptverleger des Hauses, die ursprüngliche Version der *Mouches* im Juni 1930 auf Englisch gelesen. Er verlangt nur eines: dass dieser erdrückend wehmütige Roman «nicht weniger als *mindestens* 61 500 Zeichen» enthält[141], so dass er an sechster Stelle der Reihe «Femmes» platziert werden kann, neben Paul Morand *(L'Innocente à Paris ou la Jeune Fille de Perth),* Jean Giraudoux *(La Grande Bourgeoise ou Toute femme a la vocation),* Joseph Kessel *(Lui ou les Femmes et l'amour)* und Colette *(Sido ou les Points cardinaux).* Diese zur Subskription stehende Luxusreihe, die Ende 1927 begonnen wurde, sollte «die verschiedenen Typen der Frau von heute» veranschaulichen, und zwar mit Hilfe der «vom Publikum am meisten geschätzten Schriftsteller»[142]. Ein schmeichelhaftes Angebot, das man nicht ablehnen kann, vor allem nicht für sechstausend Francs, zumal Kra die Exklusivrechte an diesem Buch nur bis Ende des Jahres behalten wird.

Irène Némirovskys Erzählung erscheint unter dem rätselhaften Titel *Les Mouches d'automne ou la Femme d'autrefois.* Die Metapher bezeichnet jene Russen aus Neuilly und Passy, die mit verzweifeltem Bedauern in kleinen möblierten Wohnungen dahinsiechen wie im Herbst die im Haus gefangenen dicken Fliegen, die lange brummen, bevor sie am Ende ihrer Kräfte herabfallen. «Wenn es diese Erinnerungen auf dem Grunde des Herzens nicht gäbe, wäre das Dasein erträglich ...»[143] Vom Nebel getäuscht, den sie für den ersten Schnee hält, verlässt Tatjana Iwanowna, die zärtliche alte *niania,* das Haus, um durch die Straßen zu gehen, so wie Irène Némirovsky es selbst immer tat, wenn es schneite. Doch bei strömendem Regen versinkt sie im eisigen Wasser der Seine, einem kalten Regen, der in Irène Némirovskys Erzählungen immer eine Katastrophe, einen Verfall, eine Deklassierung, eine Demütigung, einen Ausschluss, ein Exil, einen Konkurs, einen Tod ankündigt. Und wie vor ihr Golder und Francine Bragance beobachtet die Hausherrin Jelena Wassiljewna in einem Spiegel die innere Verwüstung des Exils auf ihrem Gesicht, einem jener Spiegel, die im Werk Némirovskys die Rolle einstiger Eitelkeiten spielen. «Déclins» (Niedergänge): Diesen Titel wollte sie im Übrigen diesem Buch geben, bevor es in die Reihe «Femmes» aufgenommen wurde.

Das Erscheinen der *Mouches* bei Kra wird kaum kommentiert, da das Buch den Subskribenten vorbehalten ist. Frédéric Lefèvre weist immerhin auf die «wunderbare Reife» und die «unübertreffliche Strenge» hin[144], von denen diese großartige Erzählung zeuge. Dennoch ist die Allegorie des ewigen Russlands für den Geschmack des unzugänglichen Lesers der *Nouvelle Revue française* zu rührselig, und er verreißt sie in zwei Zeilen: «Sentimental. Das, was bei Tolstoi am schwächsten ist, ins Jahr 1930 verlegt; würde notfalls genügen, die russische Revolution zu erklären und zu rechtfertigen.»[145] Daher sollte Irène Némirovsky, als diese *Mouches* im Dezember bei Grasset wiedererscheinen, dem Buch einige Zeilen vorausschicken, um ihr Pathos zu entschuldigen:

Als ich im Augenblick der Veröffentlichung Les Mouches d'automne *noch einmal las, empfand ich eine Art von Unbehagen, die Scham, die man verspüren würde, wenn man von einem persönlichen und darüber hinaus exzessiven und melodramatischen Ereignis spräche. Diese kleine Erzählung besteht zum Teil aus Erinnerungen, zum Teil aus rein subjektiven Empfindungen; Erinnerungen an die Revolution, an die ersten Jahre des Exils; Wehmut zur Zeit des ersten Schnees usw.*

Nun nimmt die Kritik dieses kleine Buch als das, was es zu sein scheint, eine «russische Erzählung», die «uns mehr über die Zerrüttung der Emigranten und die russische Seele sagt als lange Romane und dicke

Bände»[146], die jedoch noch zu anekdotisch, zu persönlich ist, um die Erwartungen, die *Golder* geweckt hatte, zu erfüllen oder zu enttäuschen. Durch so viele Tolstoi'sche Familiennamen verwirrt, übersehen alle die Reife des Stils, die Kraft der Imagination, die Meisterschaft der Erzählung, seine morbide Bedeutung, alle außer André Thérive, der in diesen sowohl durch ihre Prägnanz als auch durch ihre Fülle bemerkenswerten Seiten «den bitteren Geruch des Todes und der Einsamkeit» wahrnimmt.[147] Kraft der Verkürzungen: Aus der jüdischen Autorin von *David Golder* und *Le Bal* ist die russische Autorin der *Mouches d'automne* geworden. Wie viele sehen, dass Irène Némirovsky keine russische Schriftstellerin ist, die sich auf Französisch ausdrückt, sondern eine französische Schriftstellerin, die ein russisches Thema behandelt hat? Ein weiteres Mal bedauert Robert Brasillach, den französischen Schriftstellerinnen eine junge Frau «sowohl russischer wie israelitischer Herkunft» als Vorbild nennen zu müssen, die besser als diese «die Geheimnisse unserer Rasse» zu erfassen vermochte. Es handle sich hier nicht, wie der Draufgänger der *Action française* meinte, um ein neues Wunder der jüdischen Assimilation: *Les Mouches d'automne* sei, wie *Un cœur simple* von Flaubert, «ein kleines Buch von großer Schlichtheit», weniger rau als *Golder*. «Es gibt in dieser Erzählung eine Kraft der Rührung und gleichzeitig eine Diskretion, wie man sie heutzutage selten antrifft. Madame Némirovsky hat die grenzenlose russische Melancholie in eine französische Form gebracht und ihr ihre Zersetzungskraft fast völlig genommen. Es bleibt nur noch das Zeugnis einer bewegten Zeit, jene Dienerin, in der sich die unangefochtenen Tugenden der Treue und des Glaubens verkörpern und die als Opfer der Entwurzelung stirbt. (…) Man wird dieses Buch von so anrührender und wahrer Poesie lesen und bewahren.»[148]

Ein Wiener Schmankerl

1931 hat Irène Némirovsky zum letzten Mal den Sommer im Hotel Eskualduna von Hendaye verbracht. In ihren Augen ist die Herbstneuheit nicht das Erscheinen der *Mouches,* einer Erzählung, die sie seit nahezu zehn Jahren in sich trägt, sondern die Filmbearbeitung von *Le Bal,* an der der österreichische Cineast Wilhelm Thiele seit Anfang des Jahres arbeitet. Durch den Konflikt zwischen Duvivier und Nozière gewitzt, hatte sie schon am 20. April Grasset brieflich darauf hingewiesen, dass sie nicht der Autor des Drehbuchs sei, der «von meiner Novelle lediglich *inspiriert* wurde», und nebenbei achttausend Francs Beteiligung statt der anfänglich vorgesehenen dreitausend gefordert.

Thiele, dessen Spezialität es war, die französische und die deutsche Fassung des Films im selben Studio und in denselben Kostümen zu drehen – wie 1929 *Adieu Mascotte* und dessen Zwilling *Das Modell vom Montparnasse –,* hat seine Kameras im März 1931 in den Studios von Épinay aufgestellt. Das Bühnenbild zeigt einen Salon im Modern Style mit einem Sofa, auf das sich unter den Scheinwerfern nacheinander Germaine Dermoz und Lucie Mannheim setzen, die beiden Darstellerinnen von Madame beziehungsweise Frau Kampf. Auf eine Pariser Wohnung begrenzt, die Antoinette im Übrigen «wie eine Theaterbühne vor sich sieht»[149], forderte *Le Bal* die Regie stärker heraus als *Golder.* Dieses Kammerspiel mit nur drei oder vier Personen ist dialogisch so gut durchgearbeitet, dass es fast keiner Änderungen bedarf. Dennoch wird mit dem Drehbuch Curt Siodmak und mit den Dialogen Henri Falk betraut.

Der Film wird zum ersten Mal am 11. September im Palais Gaumont gezeigt. Nach allgemeiner Ansicht ist diese französische Version der deutschen weit überlegen, denn an den Humor von André Lefaur (Alfred Kampf) mit seiner einfältigen Miene hinter einem dichten Schnurrbart reicht Reinhold Schünzel nicht heran. Die Grausamkeit und Bitterkeit der Novelle, ihre zweideutige Erotik verschwinden fast völlig hinter der Sittenkomödie, einem Genre, für das Thiele berühmt ist. «In dieser Hinsicht ist er sehr wienerisch», beklagt sich *L'Ami du film*. «Er gefällt sich in netten Tupfern, in ‹Süßigkeiten›. Er malt ‹optimistisch›.»[150] Anders als die Novelle hat der Film im Übrigen ein Happy End: Vater, Mutter und Tochter, mitgenommen von dem Psychodrama, das sie hinter sich haben, trösten sich weinerlich mit dem Büfett, das ihre Gäste nicht anrühren werden.

Doch in dem Film, einem Publikumserfolg, erstrahlt die Leistung einer dreizehnjährigen jungen Schauspielerin in ihrer ersten Rolle. Von einer Schülerin ihrer Mutter, einer Gesangslehrerin, empfohlen, wurde Danielle Darrieux den anderen kleinen Mädchen vorgezogen, die vorgesprochen hatten und alle zu alt waren. (Eine von ihnen, Odette Joyeux, damals fast siebzehn, begann im selben Jahr eine lange, glänzende Karriere.) In einem himmelblauen und silberfuchsfarbenen Kostüm fand sich die Heranwachsende sehr zum Nachteil ihrer Mutter furchtlos im Produktionsbüro ein. «Ich habe vorgesprochen, ohne recht zu begreifen, worum es ging», erzählte sie später, «dann bin ich wieder nach Hause gegangen.»[151] Zwei Wochen später, nach einer zweiten kleinen Probeaufnahme, bei der sie einem Assistenten antworten und ihn «Mama» nennen soll, erfährt sie, dass die Produzenten Dulac und Vandal sie unter dem Pseudonym Lydie Danielle in den Vorspann aufgenommen haben. Und sie schreit auf: «Ich werde Filmschauspielerin, ich brauche nicht mehr in die Schule zu gehen!»[152] Das junge Mädchen wird die Komödie drei Wochen lang spielen, ohne zu merken, dass es Mikrofone gab … Da sie ein frisches Aussehen und eine hübsche Stimme hatte, hat man außerdem zwei Chansons für sie geschrieben, «Les Beaux Dimanches» und das «Chanson de la poupée», die aus *Le Bal* einen Musikfilm machten, wie Irène Némirovsky sie liebt. Denn, so gesteht sie, «ich liebe das Leben, die Bewegung, den Tanz, die Reisen so sehr, daß ich das Kino um so mehr liebe, je turbulenter es ist. Ich warte schon darauf, daß die Bilder uns in Relief gezeigt werden und mit den Farben, die sie in der Wirklichkeit haben …»

Nie wirkte sie so jung und so fröhlich wie im Lauf dieses Jahres 1931, in dem sie, nachdem sich der von *David Golder* verursachte Wirbel endlich gelegt hatte, eine innere Ruhe genießen konnte. Ihre kleine Tochter ist fast zwei Jahre alt und eine goldblonde Puppe, die Cécile im Kinderwagen auf dem Boulevard des Invalides spazieren fährt. «Denise ist alle Tage schön», sagt ihre Mutter entzückt, «in Wirklichkeit und auf dem Papier …» Die Journalistin von *Pour vous,* die gekommen war und sie befragen wollte, um den Film bekanntzumachen, war nicht darauf gefasst, eine ausgelassene, kokette Gymnasiastin anzutreffen, die die Fotografen in familiärem Ton neckte:

«He! … Nein … Heute bin ich nicht die Bohne photogen … Das spüre ich … Das spüre ich … Ganz anders als meine kleine Tochter!»[153]

Irène Némirovsky hat Erfolg. Sie hat Talent, sie ist schlagfertig. Sie erfreut sich der Anerkennung, der Hochachtung und der Zuneigung ihrer Standesgenossen, all der Wohltaten, nach denen sie sich am meisten sehnt, wie die Antoinette nach ihrem Ball. Das kleine Mädchen, das sich lange hinter seinen Schleifen und Hüten aufgelehnt hat, hat alle zum Teufel gejagt. In Thieles Film hat Rosine Kampf ihren Vornamen gegen den von Jeanne ausgetauscht, einen von denen, hinter denen sich Anna Némirovsky gern versteckt. Und wie in *L'Ennemie* weckt das Eindringen eines Liebhabers Antoinettes Rachegelüste. Es ist das erste Mal, dass Irène ihre Mutter so offen und auf der Leinwand herausfordert. Die Absicht ist überdeutlich, vor allem wenn man hinzufügt, dass die Kampfs im Film Victoria-Aktien besitzen, nach dem Namen von Fannys jüngerer Schwester … Diese sadistische Aufmerksamkeit kann nicht überraschen, denn auch wenn Irène in ihren Büchern stets bereit ist, für Fannys verschiedene Verkörperungen Verständnis zu zeigen, schont sie sie in Wirklichkeit nicht. «Wie seltsam …», meinte sie im Juni 1934. «Literarisch kann ich nicht umhin, mildernde Umstände zu finden, selbst wenn ich hassenswerte Leute beschreibe, während ich im Leben …»

Aber Irène Némirovsky hat auch Glück, ein unverschämtes Glück, und sie weiß es. «Glauben Sie daran?», wurde sie im Februar von der

Monatszeitschrift *Bravo* gefragt. Und sie antwortet mit falscher Bescheidenheit: «Ein altes ukrainisches Sprichwort sagt: ‹Einem Menschen genügt ein einziges Körnchen Glück im Leben; doch ohne dieses Körnchen ist er nichts.› Ich habe mein Körnchen gehabt.»[154] Darauf gilt es nun sorgsam zu achten.

7

Genug Erinnerungen für einen Roman

(1932–1935)

> *«Und unsere Tage, bedrängt von den Sandalen*
> *der Zeit, sind verflossen wie ein Wein, dessen*
> *Trunkenheit uns belügt …»*
>
> Henri de Régnier, *Les Médailles d'argile*

Auch ein Jahr nach dem aufsehenerregenden Erscheinen von *David Golder* ist Irène Némirovsky noch immer ein Rätsel. Für Brasillach ist der Autorin von *Les Mouches d'automne*, die aufgrund ihrer «Rasse» sich «rasch assimiliert hat», ob man will oder nicht das Kunststück gelungen, «die grenzenlose russische Melancholie in eine französische Form zu bringen».[1] Für *L'Intransigeant* dagegen gibt es nichts, was weniger cartesianisch ist als dieses von Wehmut durchdrungene kleine Buch: «Bei Irène Némirovsky hat man den Eindruck, daß die slawischen Geschichten für die in Konstruktion und Logik verliebten französischen Geister nicht mehr verständlich sind.»[2]

Im Großen und Ganzen haben die Schmalheit und die Melancholie von *Le Bal* enttäuscht: Man hatte mehr erwartet, mehr erhofft von der Autorin des *Golder*, dessen Rechte Grasset bis nach Chile verkauft hat. Edmond Jaloux hätte sich «eine weniger einheitliche, weniger kunstvoll gebaute Erzählung» gewünscht, «die jedoch reicher an Auslotungen und an geheimnisvollen Enthüllungen gewesen wäre»[3]. Irène Némirovsky räumt ein, dass eine gelungene Erzählung nicht ausschließlich aus *«facts»* bestehen darf, wie sie gern sagt, aber der Vorwurf sollte nicht vergessen sein, als sie 1934 den Pariser Akt von *Le Vin de solitude* schreibt: «Schlecht an diesem vierten Teil ist, daß er nur Fakten enthält und nichts von dem, was dieser einfältige Akademiker Jaloux Auslotungen nennt!» Weist Marcel Prévost, ein weiterer Akademiker, die Leser von *Gringoire* nicht auf «eines der anrührendsten und vollendetsten Werke der heutigen Zeit» hin, das «bewahrt zu werden verdient, wenn viele spektakuläre Bände verschwunden sein werden»[4]? Besonders beeindruckt ist sie, nachdem sie ihn kennengelernt hat, von seiner Leichenblässe, «das war das einzige, was mir an ihm aufgefallen ist (…). Als hätte er sein ganzes Leben in einem abgeschlossenen Zimmer verbracht.» Mehr denn je wacht der «Dämon des Hochmuts» wie ein Hausgott über Irène Némirovsky. Robert Kemp möchte sich 1947 nur an diese Mischung aus Verletzlichkeit und Entschlossenheit erinnern: «Sie war eine kleine, hübsche Frau mit mattem Teint, deren extrem kurzsichtige Augen von schmerzhafter Sanftmut waren. Dieser ernste Charme, diese nachdenkliche Würde, diese ‹doch so machterfüllte› Zerbrechlichkeit waren unwiderstehlich.»[5]

Wie kurz ist doch das Leben …

An Weihnachten ist Irène Némirovsky aus Paris abgereist, womit sie es der Kritik überließ, darüber zu streiten, ob *Les Mouches de l'automne* die Versprechen von *Golder* eingelöst habe. Im Januar hält sie sich mit Denise und ihrer Amme in Mégève auf. «Sie ging in ihrem schönen Nutriapelzmantel und mit einer Mütze auf dem Kopf durch den Schnee», erinnert sich Cécile. «Sie hatte versucht, Dinge für mich bei der alten Némirovsky zu finden.» Bei ihrer Rückkehr findet Irène ihren Mann Michel erkrankt vor («er leidet an einer ziemlich ernsten Staulunge»[6]) und bringt ihn Ende Februar zur Erholung nach Saint-Jean-de-Luz. Im Lauf dieser Wochen der Ruhe stößt sie auf «ein herrliches Buch», *Le Nœud de vipères* (Natterngezücht) von Mauriac, das Grasset soeben veröffentlicht hatte. «Es ist das Schönste, was ich seit langem lesen konnte», schreibt sie am 30. März an Tisné, ihren Haupt-gesprächspartner in der Rue des Saints-Pères.

Die lange Beichte von Louis, einem reichen Advokaten bescheidener Herkunft, einem durch den Verrat seiner Frau für immer verletzten «Ungeheuer», auf dessen Erbe seine Kinder lauern, und sein vom Hass auf seine Angehörigen erfülltes Herz müssen in Irènes Herz ein düsteres Echo finden. Denn Léon, ihr Vater, weiß, dass er bald sterben wird. Wie Mauriacs Held hat er begonnen, Blut zu spucken: Hämopty-sies. Irène sollte sich an den regnerischen Herbsttag erinnern, an dem ihr lieber Papa, noch immer beleibt in seinem neuen Anzug, in einem Hotelzimmer von Nizza oder Biarritz in einem Schrankspiegel dem Tod ins Angesicht gesehen hat: «Er hielt zwei Ebenholzbürsten in der Hand und strich sich abwechselnd damit übers Haar, sein feines wei-ßes, grünlich schimmerndes Haar. Plötzlich hielt er inne, näherte sich dem Spiegel; dieser warf noch die grüne Helligkeit des Parks zurück, und das bleiche, gelbe Gesicht wirkte noch kränker, bis zur letzten Grenze des Lebens verbraucht. Lange betrachtete er sich leise pfeifend (…): ‹Nun, meine Tochter, ich dachte nicht, daß es so schnell zu Ende wäre … Wie kurz das Leben doch ist, ich dachte nicht, daß es so schnell aufhören würde … Ja, meine Tochter … so ist es … ja, mein Schatz.›»

Kommentar von Irène Némirovsky: «Wirklich, es gibt Augenblicke, wo man zu sagen versucht ist, daß man da oben übertreibt, sich allzu grausam über uns lustig macht. Im Grunde ist das Akzeptieren des Le-bens *a sense of humour*.» Das letzte Mal, dass sie ihren Vater wohlauf gesehen hatte, war 1930 in einem Nachtlokal, «einem engen Vestibül, wo man den warmen Duft der mit Parfüm durchtränkten Damenpelze atmete». Vielleicht die letzte angenehme Luft, die seinen angegriffe-nen Lungen gutgetan hatte. Seine Krankheit hat ein Kapitel von *David Golder* inspiriert, dieses endlose Ersticken, das seine Leser so rührte: «Dieses dichte Dunkel drang ihm mit weichem, unausweichlichem Druck in die Kehle, als stopfte man ihm Erde in den Mund …»

Seit einiger Zeit verschleuderte Léon ein Vermögen beim Spiel und vernachlässigte seine Geschäfte, so dass er, um seine Goldgrube zu bewahren, sie fast vollständig auf Fannys Namen übertragen hatte. Im Alter von bald sechzig Jahren hat sich Fanny, aus Mangel an Zärtlichkeit und Koketterie, «in ein Ungeheuer verwandelt»[7]. Von nun an ist das Geld ihr Schönheitsmittel. Sie hortet es, um ihren Runzeln zu Leibe zu rücken. Nichts anderes kann sie mehr erweichen.

Von den Auswirkungen des Alters auf die sexuelle Begierde, von der Frustration in der Ehe und von der Erblichkeit der Heuchelei: Davon handelt die «bürgerliche Komödie», die Irène Némirovsky nach ihrer Rückkehr nach Paris schreibt und die im Juni in *Les Œuvres libres* erscheinen wird. Henri, die Hauptperson dieser Novelle mit Mauriac'schen Anklängen, hat, wiewohl «christlich erzogen», dennoch eine Geliebte und ein Kind, als er heiratet. Aber der junge Ingenieur ist «eine nette Partie»[8]. Bild für Bild, nebeneinandergesetzt oder überblendet, entrollt Irène Némirovsky über drei Generationen hinweg das Szenarium der arrangierten Ehe von Henri und Madeleine, die von ihren Kindern manipuliert wird, so wie ihre Eltern sie manipuliert hatten. Dieser neue «film parlé» (Tonfilm), der mit einer festen Einstellung endet, beginnt mit einem langen Travelling[9] auf einer Landstraße im Norden. Über das «flache, melancholische» Land gleitend, wird der Leser in eine kleine Stadt mit «grauen, niedrigen» Häusern geführt, überquert den Marktplatz, geht um eine Fabrik herum, bevor er das Vestibül betritt, dann das Esszimmer und den «erstickenden» Salon einer «bürgerlich wirkenden» Wohnung, um bei einem jungen Mädchen am Klavier innezuhalten: Madeleine. Die Erinnerung an Lumbres und an «Mad» Avot haben dieses Bild der sparsamen, vorausschauenden Provinzbourgeoisie kristallisiert, Hüterin der nationalen Werte, die der saure Regen von *Suite française* zersetzen sollte. Der erste dieser Werte: die materielle Basis, diese Illusion, die Madeleine zu einem Leben voller Verdruss verurteilt. Geld macht im Werk von Irène Némirovsky selten glücklich.

Im März 1932 ist die finanzielle Lage von Léon Némirovsky ebenso gefährdet wie seine Lebenserwartung. Seit 1928 hat die Banque française de l'Union, die Wiedergeburt der Banque de l'Union, deren Vizepräsident er ist, keine Erfolge mehr zu verzeichnen. «Er hatte soeben einen Brief bekommen, in dem ihm der Bankrott einer Gesellschaft mitgeteilt wurde, an der er die Aktienmehrheit besaß», legt *Le Vin de solitude* nahe und nennt an erster Stelle die «Brazilian Match Corporation».[10] In Wirklichkeit war Léon Aktionär der Imco, der International Match Corporation, gegründet von dem schwedischen Magnaten Ivar Kreuger, dem Sohn eines Konsuls von Russland. Kreugers Imperium, das auf dem Weltmonopol von Zündhölzern beruhte, hatte sich in den 1920er Jahren durch die Gewährung immenser Kredite an bankrotte Demokratien ausgedehnt, zum Preis betrügerischer Praktiken und häufig unter Verzicht auf Rückzahlung, im Tausch gegen neue Monopole. Doch drei Jahre nach dem Krach von 1929 sind Kreugers mächtige Gläubiger insolvent. Der «irdische Demiurg», wie Morand ihn nennt[11], wankt. 1932 erwartet den «Napoleon der Zündhölzer» das Gespenst des Bankrotts. Er weiß, dass dieser zahlreiche Opfer fordern, die Wirtschaft mehrerer Staaten destabilisieren und den Ruin Zehntausender Schweden verursachen wird, die ihr ganzes Vermögen an Aktien oder Lebensversicherungen in eine seiner Niederlassungen angelegt haben (insbesondere in Ericsson Telefon).

Eines der ersten Opfer des Kreuger-Zyklons ist Léon Némirovsky, der sich an diesen wankenden Koloss gekettet hatte. In einer später gestrichenen Episode von *Le Vin de solitude* hat Irène Némirovsky die erschütternde Unterredung ihres Vaters mit Ivar Kreuger in der Fünfzimmerwohnung rekonstruiert, die Letzterer in Paris im dritten Stock der Avenue Victor-Emmanuel III Nr. 5 besaß – ebenjener Straße, in der lange der Epstein-«Clan» gewohnt hatte, bevor er in die Rue de Bourgogne umzog. Es fällt ein «kalter, schwerer Regen». Unerbittlich verlangte Kreuger von Némirovsky, ihm die vierzehn Millionen zurückzuzahlen, die ihm zur Finanzierung seiner Fabriken vorgestreckt worden waren, oder ihm diese wieder abzutreten. (Denn Kreuger «verfügte in den meisten Ländern über Strohmänner, die seine Filialen leiteten»[12].) Im Taxi, das ihn zum Ort der Tortur bringt, wendet sich Léon vor Fieber zitternd mit einem gequälten Lächeln an seine Tochter:

«Wie sehe ich aus? Bin ich sehr blaß? Er darf vor allem nicht glauben, ich sei zu Tode getroffen, verstehst du? Bei Geschäften muß man stark sein, bis zur letzten Minute zeigen, daß man der Stärkere ist ...»

Er könnte Fanny um Hilfe anbetteln, auf die Millionen verzichten, die Irène nicht von ihm erwartet, aber man kann einen Mann in seinem Sturz nicht aufhalten.

«Noch nie im Leben habe ich meine Frau um etwas gebeten ... Und in meinem Alter werde ich nicht damit anfangen ...»

Kreuger hört Léon zu, der ein Jahr Aufschub von ihm verlangt. Sein Taschentuch ist blutbefleckt.

«Ich bin unpäßlich. Sie kennen mich. Wir haben glänzende Geschäfte miteinander gemacht.»

Endlich macht Kreuger den Mund auf: «Ja, ja, ich weiß, aber es kommt eine Zeit, wo uns das Glück verläßt, zusammen mit der Jugend. Denken Sie nach. Vielleicht ist diese Zeit für Sie gekommen? Hören Sie, ich schlage Ihnen tausend Pfund vor.»

«Ich bitte um kein Almosen», antwortet Léon erbleichend.

«Ich biete Ihnen, was ich für angemessen und notwendig und ausreichend für Sie erachte.»

«Sie beerdigen mich recht schnell, wie mir scheint. Keiner weiß, wer von uns zuerst sterben wird.»

Am Nachmittag des 12. März 1932, einige Monate nach diesem Wortwechsel, den Irène Némirovsky in den Juni verlegt, nimmt sich Kreuger in ebendiesem Pariser Appartement das Leben. Ein Selbstmord mit unkalkulierbaren Folgen: 6645 Milliarden Börsenverluste für Frankreich, Roger Mennevée zufolge, dem Spezialisten für Finanzskandale, der nur einen Monat braucht, um seine Schlussfolgerungen in einem anklagenden Buch zu veröffentlichen, in dem der Präsident Poincaré beschuldigt wird, den Bock zum Gärtner gemacht zu haben.[13] Während des ganzen Jahres sollte über den Krach der Imco und die ungeheuerlichen Betrügereien Kreugers viel Tinte verspritzt werden. Als Irène von seinem verdächtigen Tod erfährt, eilt sie, wie sie erzählt, ans Bett ihres Vaters:

«Kommt das deinen Geschäften denn nicht entgegen?»

«Er ist vor mir gestorben, aber ich folge ihm …»

Sechs Monate nach Kreuger erliegt Léon Némirovsky, wie er es vorausgesagt hatte, auf dem Boulevard de Cimiez in Nizza einem letzten Lungenanfall. Sein Todeskampf wird dem von James Bohun in *Le Pion sur l'échiquier* als Vorbild dienen: «Ein langer, qualvoller Seufzer hob seine Brust. (…) Zwischen den ausgetrockneten, keuchenden Lippen war der letzte Atemzug mit dem leisen Seufzer, den er ausgestoßen hatte, entwichen, dem Seufzer, der ein langes und mühsames Leben voll vergeblicher Triumphe und finsterer Mißgeschicke beendete.»[14] *Poor old Dad.*

Ein unveräußerlicher Reichtum

Léon stirbt am 16. September 1932, vier Monate nach Großmama Rosa, die am 18. Mai verschieden war. In der letzten Zeit war sie fast blind und litt unter unerträglichen Kopfschmerzen. Sie konnte drei Tage hintereinander bei zugezogenen Vorhängen in ihrem Zimmer bleiben, ohne ihre Wohnung in Neuilly zu verlassen. In einem Brief an ihre Tante Victoria soll Irène behauptet haben, sie hätte die goldene Uhr von Iona verkaufen müssen, um sie beerdigen zu lassen. Ist Léons Konkurs derart verheerend? Hatte Fanny keine einzige Geste für ihre eigene Mutter übrig? Bei der Beerdigung trug Irène einen Hut, den sie von Cécile geliehen hatte. Ihr Kummer ist aufrichtig, denn sie liebte ihre Großmutter. Nie wird sie sie vergessen, «die schmerzliche Falte am Mundwinkel, die tränengeröteten Augen, die so tief eingesunken waren, daß man die sehr alten, erloschenen, ewig unruhigen Pupillen nicht mehr sah …»

Léon wird auf dem Friedhof von Belleville beigesetzt, auf einem Hügel im Osten von Paris. Irène hatte den Sommer mit Michel und Paul Epstein in Hendaye verbracht. Im Regen vor dem Grab ist sie hin- und hergerissen zwischen großer Traurigkeit und großem Hass. Davon wird in *Le Vin de solitude* nichts zu spüren sein, wo diese Beerdigung geschildert wird, nur ihr Arbeitstagebuch zeigt, dass sie an jenem Tag beschloss, die letzten Reste an Nachsicht mit Fanny zu vertreiben: «Es waren sehr wenige Leute da. Viele Blumen. (…) Bella hatte gezögert, sich zu schminken, und hinter dem schwarzen Schleier hatte ihr Gesicht jene gedunsene Blässe von Prostituierten auf der Suche nach ihrem letzten Freier …»

Sobald Léon unter der Erde war, zog seine Witwe für die kommenden vierzig Jahre in eine stattliche Wohnung am Ufer der Seine, Quai de Passy – der heutigen Avenue du Président Kennedy. Sie fährt im Buick mit Chauffeur, entrüstet sich, dass ihre Tochter so wenig auf ihre Toilette achtet und sich in der feinen Gesellschaft kaum blicken lässt. Irène dagegen will in Fanny nur noch die Großmutter von Denise sehen. Ungeachtet dieses Skrupels, des letzten Zugeständnisses an das «verfluchte Blut», sollte sich das kleine Mädchen lieber an ihre Federhüte erinnern als an ihre Ergüsse: «Ich nannte sie Madame. Nie hat sie mir einen Kuß auf die Stirn gegeben.»[15]

Am Ende von *David Golder* hat Irène Némirovsky ihrem «armen Dad» unter dem Blick eines jungen Emigranten den Gnadenstoß versetzt, und es war wie ein neu beginnendes Abenteuer. Von nun an ist sie, die Fremde, allein mit ihrem Blut, im Exil unter den Lebenden und unter den Franzosen. «Sie ähnelte einem in einem Hafen vergessenen Kind von Emigranten.»[16] War es nicht Léon, der sie von Kiew nach Petersburg gebracht hatte, von Petersburg nach Mustamäki, Helsingfors und Stockholm und von da aus nach Paris? War nicht er es, der sie im Gewand von Golder berühmt gemacht hatte? Ja, der ihr nun den Weg freimachen wird? Diese Vereinsamung sollte sie nicht mehr verlassen. Doch an der Schwelle dieses neuen Lebens eröffnet ihre Einsamkeit ihr unbekannte Perspektiven. Freiheit, ihre Mutter fallen zu lassen, so wie diese sie fallen gelassen hatte. Freiheit, ihren Figuren von Abenteurern die Gestalt ihres Vaters zu verleihen, jenes «unscheinbaren kleinen Juden», der den Gipfel der Finanzwelt erklommen hatte. Auch Freiheit, ihr Werk von ihrem eigenen Schicksal zu befreien und allein nach ihrem Talent beurteilt zu werden. Schließlich Freiheit, in naher Zukunft ohne Kunstgriff und Pseudonym ihre langen «Lehrjahre» zu schildern: «Sie waren außergewöhnlich hart gewesen, aber sie haben meinen Mut und meinen Stolz gestärkt. Und das gehört mir, ist mein unveräußerlicher Reichtum. Ich bin allein, aber meine Einsamkeit ist herb und berauschend.»[17]

Cécile zufolge soll Léon seiner Tochter eine Summe von sechshunderttausend Goldfranken hinterlassen haben. Doch in Ermangelung eines Testaments wird Fanny von dem ersparten Vermögen nicht das Geringste abgeben. Irène dagegen wird Michel Epstein im Januar 1933 eine notariell beglaubigte Vollmacht «für alles» erteilen. Mit diesem unterschlagenen Erbe beginnen die finanziellen Sorgen der Schriftstellerin, denn sie hatte sich an einen Luxus gewöhnt, der mit den Einkünften ihres Heims nicht zu vereinbaren war. Daher ab Ende 1933 auch die plötzliche Zunahme ihrer Novellen und Feuilletons in den auflagenstarken Periodika, in *Le Figaro,* der *Revue des Deux Mondes, Candide* und *Gringoire,* konservativen, nationalistischen, sogar fremdenfeindlichen Blättern. Die französische Presse ist so beschaffen, was bleibt ihr anderes übrig? Die Veröffentlichung von «Ida», dann von *Jézabel* in der linken Wochenschrift *Marianne* in den Jahren 1934 und 1936 zeigt, dass ihr an der Meinung ihrer Auftraggeber wenig liegt, sofern sie ihr die Geldverlegenheit ersparen. Irène Némirovsky ist Schriftstellerin, keine Polemikerin. Es hieße, sie – wie der Wolf das Lamm – beschuldigen, an derselben Quelle zu trinken wie Henri Béraud …

Zwei Männer

Die Schnelligkeit, mit der Irène Némirovsky ihren neuen Roman abliefert, lässt vermuten, dass *L'Affaire Courilof* die erste dieser Broterwerbsarbeiten war. Im Sommer 1932 begonnen, beendet sie das Buch Mitte November. Hat sie mit dieser beharrlichen Arbeit nicht eher versucht, ihren Kummer und ihre Bedrängnis zu überwinden?

Das ist anzunehmen, zumal der Held und Erzähler des Romans, ein Tolstoi'scher Terrorist, mit Vornamen Léon heißt und schon auf den ersten Seiten im März 1932 in einem Haus in Nizza stirbt … Seine Gefährtin, Fanny Zart, ist die Tochter eines jüdischen Uhrmachers aus Odessa. Diese Fanatikerin wird erhängt in ihrer Zelle enden. Das ist nicht alles: Die Schriftstellerin zeigt ihre Mutter zum zweiten Mal mit den Zügen der frankorussischen Kokotte Margot, einer eitlen «uralten Frau» des Ministers Kurilow: «Die Frau war (…) ein alter, abgetakelter Paradiesvogel, der seine glänzenden Federn verlor, aber noch im Talmischein falscher Theaterjuwelen glitzerte.»[18] Muss noch präzisiert werden, dass der Minister geplant hat, zum zwanzigsten Geburtstag seiner Tochter Irène einen Ball zu geben, der sich als mondäne Tortur entpuppen sollte, da die Majestäten nur in Abwesenheit der unwürdigen Margot dort erscheinen wollten?

L'Affaire Courilof stellt sich als Beichte von Léon M. dar, der unter der falschen Identität eines Arztes den Auftrag hat, sich in die Umgebung des Sanguinikers Kurilow, genannt «der Pottwal», des Ministers für das Schulwesen, einzuschleusen, mit dem Ziel, ihn zu liquidieren. Seinen Ruf als Tyrann hat sich Kurilow dadurch erworben, dass er die Studentendemonstrationen erbarmungslos unterdrückte. Das erinnert an ein tatsächliches Geschehen: die Ermordung des ehemaligen Unterrichtsministers Nikolai Bogoljepow, den im Februar 1901 der Student Karpowitsch mit einer Revolverkugel niederstreckte. Doch der Hinrichtungsbefehl lässt auf sich warten, und Léon, mehr von Schopenhauer durchdrungen («Könntest du ins Herz des verachtetsten deiner Feinde hinabsteigen, so würdest du dich selbst finden») als von Lenin, entdeckt einen Mann, der sich der Altersschwäche des Zarismus ebenso sicher ist wie er. Vor allem bekommt er Mitleid mit einem Dahinsiechenden, der von der Macht umhergetrieben, vom Missgeschick und vom Tod terrorisiert ist, aufgeschlossen für die Künste, die Philosophie, und dessen Überzeugungen ebenso schwankend sind wie die seinen fest verankert. Dem Mörder und seinem Opfer – oder dem Arzt und seinem Patienten –, die gezwungen sind zusammenzuleben, gelingt es schließlich, einander zu zähmen und zu schätzen. Die Kenntnis der menschlichen Natur ist der ärgste Feind der revolutionären Reinheit: Schon 1907 erlebte der Terrorist aus *Finsternis* von Andrejew, dass seine Prinzipien unter den Spötteleien einer Prostituierten ins Wanken gerieten.

Ein weiteres Mal erzählt *L'Affaire Courilof* von einem Niedergang, dem des Körpers, einem Zerfall, dem der Macht, eines Untergangs, desjenigen der Gewissheiten. Gewiss ist Kurilow ein Unterdrücker, aber auch ein scharfsinniger Politiker, der über die Dummheit der antisemitischen Partei bestürzt ist und fähig, allem Gerede zum Trotz «der Mutter eines verdächtigen kleinen Juden» zu helfen. Ist er gut, ist er böse? In diesem Buch macht Irène Némirovsky keinen Unterschied zwischen autokratischen Fürsten und tyrannischen Bolschewiki, großen Verschwendern von Menschenleben. Der Roman gipfelt in einem relativistischen Credo mit biblischen Anklängen: «Was für ein Schlachthaus, eine Revolution! Ist das alles der Mühe wert …? Im Grunde ist nichts der Mühe wert, nicht einmal das Leben.»[19]

Zuerst hatte Irène Némirovsky daran gedacht, diese Studien der revolutionären Sitten *Épisode* zu nennen, vielleicht in Anspielung an die *Épisode sous la Terreur* von Balzac. Dann hat sie den Titel *Deux hommes* ins Auge gefasst, bevor ihr einfiel, dass bereits ein «schönes Buch von Duhamel» so hieß. Mit fünfundzwanzigtausend Francs verpflichtet sich der berühmte Theaterkritiker Pierre Brisson, diesen Roman als Fortsetzungsroman vor Ende März in den *Annales politiques et littéraires* zu veröffentlichen, die er seit 1925 leitet. Dennoch hofft er, da das Manuskript schon Ende Oktober abgeschlossen ist, dass die Autorin ihm rasch eine maschinengeschriebene Fassung lieferte, damit er Mitte November mit der Veröffentlichung beginnen kann. Auch sie scheint es eilig zu haben: Am 23. Oktober, zehn Tage nach Brissons schriftlicher Zusage, schickt sie ihm achtundsechzig fertige Seiten, bittet um ihren Scheck und fügt herablassend hinzu: «Sollten Ihnen einige Redewendungen unpassend erscheinen, gestatte ich Ihnen, sie zu streichen oder zu ersetzen.»[20] In Wirklichkeit sollte das erste Kapitel von *L'Affaire Courilof* erst am 30. Dezember erscheinen, um *L'Instinct du bonheur* von Maurois den Vortritt zu lassen, eine Reihenfolge, die Ende 1932 Irène Némirovskys Ruf relativiert.

L'Affaire Courilof mag ein Gefühl von Dilettantismus aufkommen lassen. Dabei hat sich Irène Némirovsky nie so gründlich informiert, um die Unwahrscheinlichkeiten zu vermeiden, die einige Kritiker in *Les Mouches d'automne* gerügt hatten. «Die Zeit und das Milieu, in denen *L'Affaire Courilof* spielt (…) haben für mich den Vorteil, daß ich sie aufgrund von Kindheitserinnerungen sowie anhand einer Vielzahl von Memoiren und Briefwechseln kenne, die ich zu Rate ziehen konnte»[21], präzisiert sie im Mai 1933, als das Buch in gebundener Form bei Grasset erscheint. Unter den Kindheitserinnerungen erwähnt sie hauptsächlich ihr kurzes Gespräch mit dem gefürchteten Gouverneur Suchomlinow. Auch räumt sie ein, dass sie eine der Narodnaja Wolja (Der Volkswille) ergebene Lehrerin gehabt habe.[22] «Natürlich ist Kurilow nicht Suchomlinow, ebensowenig wie David Golder das genaue Porträt irgendeines Finanziers war, es sind imaginäre Porträts, aber ich glaube, daß der Schock, die anfängliche Idee des Romans von den Überlegungen herrührt, zu denen mich jenes Gespräch gebracht hat.»[23]

Was die Natur ihrer Erzählung betrifft, so erklärt sie Irène Némirovsky mit dem neuen Hang zur Geschichte, den sie seit 1931 verspürt. «Damals habe ich ungeheuer viele Biographien, Memoiren, Briefwechsel aus jener Zeit gelesen. Es gibt eine Fülle davon, sowohl auf Russisch wie auf Französisch. Ich habe ihnen viele authentische Details entnommen, bis hin zu Sätzen, die von den Leuten jener Zeit tatsächlich gesagt und geschrieben worden sind und die ich meinen Helden in den Mund gelegt habe.» Zu diesen Werken zählt die 1930 erschienene Autobiographie von Trotzki, *Mein Leben*, das einzige dieser Bücher, das sie namentlich erwähnt. Hinzufügen dürfen wir, ohne uns zu irren, die *Erinnerungen eines Revolutionärs* des Bolschewiken Sawinkow, Beteiligter an der Ermordung des Innenministers Plehwe im Jahr 1904, auf die die weitsichtigsten Leser von *L'Affaire Courilof* hinweisen werden[24]; die *Lebenserinnerungen* von Vera Figner, Urheberin zahlreicher Attentate (darunter 1881 auf Alexander II.), die im März 1930 in der *Nouvelle Revue française* erschienen sind und die dazu gedient haben könnten, die Figur der Fanny Zart zu gestalten; schließlich und vor allem die *Geschichte des russischen Terrorismus* des Generals Spiridowitsch, erschienen 1930 bei Payot. In dieser sechshundertfünfzig Seiten starken Ermittlungsakte rühmt sich der ehemalige Chef der Ochrana von Kiew und des zaristischen Sicherheitsdienstes nicht, der Verschwörung gegen den am 1. September 1911 in der Großen Oper von Kiew ermordeten Minister Stolypin verdächtigt worden zu sein. Auch der Name des Rasputin-Anhängers und überaus antisemitischen Polizeichefs Generalleutnant Kurlow wurde unter der Zahl der Verschwörer genannt. Seit 1909 Vizeminister des Innern, sollte besagter Kurlow bis zu seinem Exil im Jahr 1917 selbst mehreren Attentaten entgehen.[25] Könnte sein Name Irènes Aufmerksamkeit geweckt haben? Zweifellos, aber wir müssen auch darauf hinweisen, dass ein gewisser Kurilow in der physikalisch-mathematischen Klasse der kaiserlichen Akademie der Wissenschaften zur Zeit, als Michel Epstein dort studierte, Chemie unterrichtete … Vielleicht ein Schlüssel, um die sehr persönliche Widmung zu enträtseln, die Irène Némirovsky in ein Exemplar des Romans schrieb, das sie ihrem Mann schenkte: «Für meinen geliebten Michel dieses Buch, das ihm seine Existenz verdankt, in Erinnerung an seine Frau.»

Der Mensch 1933

Unmittelbar nach *L'Affaire Courilof*, von Dezember 1932 bis Februar 1933, nimmt Irène Némirovsky einen neuen Roman in Angriff, der sich um den Tod, die Beisetzung und das schreckliche Erbe von James Bohun dreht, dem heruntergekommenen «Stahlkönig». Bohun ist nur ein blasser Doppelgänger von Léon, den sie nicht so rasch in einem Buch begraben wollte. «Es ist traurig, und ich schäme mich dafür», schreibt sie im Gedenken an die letzten Monate ihres Vaters, «daß ich mit solcher Kälte alles beschreibe, was mir so nahe und so teuer ist. Aber auch die Verletzung ist zu frisch; es ist nicht gut, an sie zu rühren …» Bohun, ein armer griechischer Junge, der zum «Herrn der Welt»[26] geworden ist, indem er auf die Kriegswirtschaft spekulierte, ähnelt mehr Sir Basil Zaharoff, dessen in *Le Crapouillot* vom März 1932 erschienenes Porträt sie zu ihrem Roman inspirierte.[27] Er symbolisiert das, was Irène Némirovsky in ihren Kladden «die Ära Golder» nennt: die Ära der Glücksritter in Finanzwesen und Industrie, die Ära der auf den Schlachtfeldern erworbenen Vermögen, der Misswirtschaft und Verderbtheit.

Diese Jahre sind vorbei. «‹Größe und Dekadenz› scheint der Wahlspruch der Familie zu sein.»[28] Schwierig, hier nicht die Bitterkeit der Schriftstellerin herauszulesen, die von nun an Geldsorgen plagen. Nach dem «Bohun-Krach» ist sein Sohn Christophe nur noch ein Angestellter mit zweitausend Francs im väterlichen Unternehmen, das von seiner ehemaligen rechten Hand Biruleff verschleudert wird, einem rumänischen Juden, der seinen Namen zu Beryl anglisiert hat, «einem Fremden, einem Mann ohne Bindungen, einem Heimatlosen»[29]. Einem Schurken, den Tedesco zu nennen sie verzichten musste, ein Nachname zahlreicher italienisierter Ashkenasi, «weil dieser Name gefährlich ist»: Man sollte sie nicht zweimal des Antisemitismus bezichtigen. Warum Beryl? Diesem Namen soll Irène Némirovsky in *Prélude* und *At The Bay* (An der Bucht) von Katherine Mansfield begegnet sein, die sie immer wieder liest …

Der Dekor: «Arbeitslosigkeit … Krise … das Haushaltsdefizit … Der Hungermarsch auf London … Arbeitslosigkeit … Krise …»[30] Die soziale Ohrfeige der 1930er Jahre als Vergeltung für die luxuriösen 1920er Jahre: Dies ist das Thema von *Le Pion sur l'échiquier,* dessen Titel (Die Figur auf dem Schachbrett) sofort einleuchtet. Die Moral ist wiederum eine biblische: «Die Väter essen saure Trauben, und den Söhnen werden die Zähne stumpf.»[31] Als Christophe Bohun in der Lage wäre, Beryl einer lukrativen Erpressung auszusetzen und zynisch seinen Vater abzulösen, will er lieber krepieren. «Oh, wie ich das Leben hasse. Scheiße, oh, Scheiße, Scheiße, Scheiße …»[32] Von der ersten Seite bis zum Gewitter am Ende vom Regen durchweicht, ist *Le Pion sur l'échiquier* der Bericht eines Selbstmords. Christoph ertränkt sich in einem Zustand des akzeptierten Verfalls: «Es gibt Regentage, an denen ich mich, wenn ich morgens das Haus verlasse, am liebsten mitten auf die Straße legen und darauf warten würde, daß der erste vorbeikommende Autobus mich überfährt.»[33] Dieser Überdruss verbindet ihn mit den ewigen Kandidaten für das Nichts von Emmanuel Bove, zum Beispiel mit Arnold aus *Un suicide* (März 1933), Einsiedlern aus sozialem Zwang. Sogar das mediokre Sterben von Bohun ist seiner Grablegung unwürdig. Ist er als heruntergekommene Verkörperung von Yves Harteloup (aus *Le Malentendu*) seit den Schützengräben zu vertraut mit dem Tod, um ihm das Geld, die Liebe, die Hoffung und sogar das Bedauern entgegensetzen zu können? «Die Liebe, das Vergnügen, wie unbedeutend ist das doch …»[34]

Le Pion sur l'échiquier, eine Parabel auf die Lage der Arbeiterklasse, das Proletariat in den Büros und den «Fluch der Arbeit»[35], ist Irène Némirovskys erster Roman, von dem fast vollständige Entwürfe erhalten sind. Diese Seiten voll verschlungener, tastender Versuche, unterbrochen von langen Monologen oder Ermahnungen, Rufen zur Ordnung («Achtung! Ich verliere den ursprünglichen Plan aus den Augen!»), Schmähreden und Selbstkritiken («Ich konnte ‹… allerliebstes Bübchen› hinschreiben. Verdammt soll ich sein! …»), Kommentaren und Zitaten in Englisch oder Russisch zeigen, dass die Schriftstellerin eine Röntgenaufnahme der Großen Depression verwirklichen und «ein Bild des Menschen 1933» zeigen wollte. Von Anfang an ist diese soziologische – zuweilen erstickende – Dimension klar definiert: «Es müßte auch der Roman der zweiten Generation (nach D.G.) sein, nachdem der Vater sein Leben lang gearbeitet hat, eine vergebliche Mühe, und nun der Sohn, der die Nichtigkeit und Vergeblichkeit der Arbeit sieht, jedoch gezwungen ist, sie zu tun, und sie haßt. (…) Es müßte *Babbit aus Frankreich* sein. (…) Es ist der Mann auf der Straße. (…) Es ist die Figur, die man auf dem Schachbrett bewegt und die für 2000 oder 3 oder 4 Francs monatlich ihre Zeit, ihre Gesundheit, ihre Seele und ihr Leben gibt.» Weite Perspektiven, aber sie ahnt, dass sie seit Léons Tod selbst diese Figur geworden ist: «Also aus meinem derzeitigen Jammer Nutzen ziehen. 1. Sorge um die Zukunft. 2. Wozu? 3. Mißlungene Berechnungen. 4. Und die zerstörten Freuden.»

Wie bei *Golder* beginnt sie damit, die Biographie von Christophe Bohun zu entwerfen, geboren 1893, Heirat 1916 mit einem Blaustrumpf, den er 1918 betrügt. Dann ein sorgloses Leben, «Paris, Nizza, Biarritz usw.». «Äußerlich ein Mann wie alle anderen, der, in einer reichen Familie geboren und im Reichtum aufgewachsen, sich dementsprechend verhält, kleidet, spricht.» Sein Modell, hinter einer Initiale verborgen: der Junggeselle Paul Epstein. Für die Handlung (auch wenn es kaum eine gibt) wäre es erforderlich, dass Christophe seine Tochter vernachlässigt; das aber widerstrebt Irène, «wegen der zärtlichen Liebe, die ich der meinen entgegenbringe». Was den ungezwungenen Philippe betrifft, einen Filmassistenten *up to date,* noch flegelhafter als ein Held von Morand, so ist er ein geschwärztes Double von Samuel Epstein.

Sodann kommen die Stimmenversuche. Irène Némirovsky testet die von Christophe in einem langen Monolog: «Ich hasse die Arbeit. (…) Nein, die Arbeit ist nicht Würde, nein, die Arbeit ist nicht Freiheit! (…) Die Liebe widert mich an, außer der einer beliebigen Dirne in einem verrufenen Hotel. Ich hasse die ganze Welt. (…) Ich hasse die Stadt. Ich hasse die Leute. Ich hasse mein kleinmütiges Gewissen, das mir verbietet, mich aus dem Staub zu machen! Vor allem hasse ich all diese Phantome, all diese Schemen auf der Flucht, die die Menschen trösten. (…) Am liebsten wäre ich eine Pflanze, ein Tier, ein Baum!»

Nachdem dieses «Vorleben des Romans»[36] abgeschlossen ist, folgt die erste Niederschrift, zur Erinnerung begleitet von technischen Empfehlungen: «Absolute Regel, noch absoluter als für *David*: völlige Objektivität. (…) Das einzige Mittel ist die Filmtechnik.» Dann nimmt Irène Némirovsky einen roten und einen blauen Stift zur Hand und streicht aus, unterstreicht, markiert verbissen ihren ersten Entwurf, übersät ihn mit vielen «Nein» und «Ja». «Alle eingerahmten Passagen werden erbarmungslos getilgt. Nur die anderen bleiben. Ein Plan? Ich glaube, daß ein zu strenger Plan eine Gefahr ist, zuerst schreibe ich das ganze Buch, dann entsteht der Plan von selbst. Es ist die Art von Barrès, und ich glaube, es ist die richtige.»[37] Vor allem nicht aus den Augen verlieren, dass das Ergebnis dieser Architektur dem normalen Sterblichen verständlich sein muss, denn «ich schreibe nicht für Daniel-Rops, ich schreibe für Herrn Jedermann, der intelligenter und unglücklicher ist als Daniel-Rops.» Diese zweite, im Frühjahr 1933 beendete Fassung kann nun mehrere Monate ruhen, bis zur abermaligen grimmigen Lektüre vor der Endfassung.

Äußerste Zurückhaltung

L'Affaire Courilof – ein Roman, für den Irène Némirovsky nach eigenem Bekunden von konkurrierenden Verlegern beträchtliche Angebote erhalten hatte – erscheint Anfang Mai bei Grasset. Es ist die Nummer eins der neuen Reihe «Pour mon plaisir». Es ist auch ihr letztes Buch für die Rue des Saints-Pères, denn der Verkauf ist schlecht. Michel Epstein kann 1936 seinem «lieben Bernard» sogar vorwerfen, das Erscheinen des Buchs nicht genügend betreut zu haben. Die Kritik sieht darin den wirklichen zweiten Roman der Autorin. Doch von einigen bemerkenswerten Ausnahmen abgesehen hält man das Thema des Buchs für undankbar, seinen Umfang für abschreckend und das Ergebnis für «mißlungen».[38] Sogar Ramon Fernandez, ein Kritiker, der sich am lobendsten äußert, bedauert in *Marianne*, dass «die Gabe, so naiv geschickt zu erzählen, der Erzählung bisweilen jenes Merkmal der Notwendigkeit, der sozusagen unfreiwilligen Dringlichkeit raubt, die den Leser aufmerken läßt und ihn rührt.»[39] Die nachsichtigsten vergleichen diesen terroristischen Bericht mit *La Condition humaine* von André Malraux oder mit Joseph Kessel. Die anderen, wie Marcel Prévost, ziehen sich höflich aus der Affäre: «Es

ist sehr gut.»[40] Wenig Lob, viele Klagen: Das Buch sei zu lang («Stoff
für eine vorzügliche Novelle von hundert Seiten»[41]), abstrus («wie
weit ist dieser neurasthenische, schwankende Revolutionär doch von
der Wahrheit entfernt!»[42]), schon da gewesen («Ach, wie überdrüssig
wir dieser Geschichten sind! Wir kennen schon so viele davon!»[43])
und – Gipfel der Böswilligkeit – schlecht dokumentiert. Jean-Baptiste
Séverac beispielsweise, beigeordneter Generalsekretär der Sozialistischen Partei (SFIO), der sich brüstet, 1905 verbürgte russische Revolutionäre näher gekannt zu haben, schwört, er habe «in Madame
Némirovskys Helden keinen der Züge wiedergefunden, die mir die
Terroristen jener Zeit zu kennzeichnen schienen»[44]. Ein weiteres Mal
ist die Schriftstellerin Opfer eines Missverständnisses – die Parabel
von *Courilof* beansprucht nicht, ein historisches Werk zu sein –, aber
auch ihrer Berühmtheit, für die die *Action française* sie teuer zahlen
lässt: «Madame Némirovsky hat dieses Novellenthema so ausgewalzt,
daß es zweihundertsechzehn Seiten ergab, die von der ersten bis zur
letzten tödliche Langeweile verbreiten. Wir versichern, daß man, um
bis zur letzten Seite durchzuhalten, einen an Heroismus grenzenden
Mut aufbringen muß. (…) Ein seltsamer Fall, der ein weiteres Mal die
Gefahr einer übertriebenen Kritik aufzeigt. Man glaubt an sein Genie,
man arbeitet nicht mehr und wird sein eigenes Opfer.»[45]

Die *Action française* bellt, Némirovsky zieht weiter. Duviviers Film,
der im August 1932 auf der Biennale von Venedig gezeigt wurde,
kommt im Herbst in den Vereinigten Staaten heraus – trifft allerdings
auf relative Gleichgültigkeit; das Theaterstück von Nozière dagegen
wird im Mai 1933 von einer russischen Truppe im Théâtre Moncey
wiederaufgeführt. Nach *Les Annales,* einer weiteren sehr pariseri-
schen Zeitschrift, begrüßt die *Revue de Paris* von Marcel Thiébaut –
die Giraudoux, Morand, Larbaud oder Giono veröffentlicht – eine ihrer
Novellen. «Un déjeuner en september» erscheint in der Lieferung vom
1. Mai. Thérèse Dallas ist vierzig Jahre alt. Ein unverhofftes Wiedersehen – ein Mann, den sie einst hätte lieben müssen – erfüllt sie mit
bitterer Reue. In ihrem Handspiegel sieht sie die Verwüstung: «auf-

gedunsene Wangen, müde Augen, Runzeln …» Nicht weniger als sechsmal taucht in dieser Meditation über die entschwindende Zeit und die Gebrechlichkeit das Wort «entstellt» auf. «Das Glück ähnelt Ferien am Meer in einem verregneten Sommer, in dem nur der letzte Tag schön gewesen ist, und das reicht aus, daß man ihnen nachtrauert.»[46] Für Brasillach ist diese Novelle, auf die er 1934 hinweist, ein «Meisterwerk» von Irène Némirovsky, «ebenso vollkommen wie eine Novelle von Tschechow».[47] Dreierrhythmen, kontrollierter Stil, elegante Perioden: nach «La Comédie bourgeoise» ist es ihr zweiter Versuch einer Analyse der Gefühle, vielleicht unter dem Einfluss von Chardonne, den sie um seine melancholischen Erzählungen beneidet. Davon zeugen folgende Dankesworte, die sie am 31. Dezember 1932 an den Romancier aus der Charente richtet:

> *Sehr geehrter Herr,*
> *vor einigen Tagen erhielt ich* L'Amour du prochain, *und ich konnte nicht umhin, es von Anfang an «wie einen Roman» zu lesen: Es heißt, man solle solche Texte[48] nicht auf diese Weise lesen, aber wie ich schon sagte, ich konnte nicht umhin … Die Ihrigen sind wunderbar, und sie haben neben ihrer Tiefe und ihrer Wahrheit eine sehr anrührende poetische Ader, die mich in Erstaunen setzt und mir gefällt wie ein Geheimnis, das ich erfassen möchte …*

Im Übrigen wendet sie sich von den «Modernen» ab und hat nun den Klassizismus im Auge. «Es ist seltsam, wie sehr sich die literarischen Vorlieben mit dem Alter und den Lebensumständen ändern», vertraut sie im Juni Frédéric Lefèvre an. «Zuerst liebte ich die Autoren der letzten Hälfte des 19. Jahrhunderts über alles, wie Huysmans. Dann galt meine leidenschaftliche Bewunderung Proust; ich kannte sein Werk in allen Einzelheiten (…). Heute gelten meine Vorlieben den Autoren, die man gemeinhin ‹altmodisch› nennt. Zum Beispiel Anatole France, George Sand. Wenn man von all dem Fieber unseres heutigen schönen Lebens genug hat, sollte man *La Petite Fadette* (von George Sand) lesen. Welch herrliches Gefühl der Ruhe!»[49] Diese Kursänderung ändert nichts daran, dass sie in ihrem Arbeitsjournal «diesen Idioten Chardonne» schilt, weil er unglücklicherweise eine seiner Figuren mit einem *angenommenen Akzent* bedacht hat!

In derselben Nummer der *Revue de Paris* konnte man eine beunruhigende Untersuchung über den «Antisemitismus in Deutschland» lesen, die die Vernichtung Israels nicht nur «mittels Pogromen», sondern durch «Ersticken» vorhersagte.[50] Seit Hitler am 30. Januar 1933 Reichskanzler geworden ist, sind die Propheten der Apokalypse schon nicht mehr zu zählen. Im Oktober 1932 erschien sogar ein Essay, der das Datum der künftigen Nazioffensive ankündigte.[51] Für Irène besteht an diesem Ausgang nicht der geringste Zweifel, und sie vertraut sich Cécile ohne Umschweife an:

«Nun, diesmal haben wir den Krieg. Mit Hitler wird das wieder zur Sprache kommen, Néné, Sie werden sehen, daß wir sterben werden.»

Im Frühjahr 1933 schreitet die antisemitische Propaganda in Frankreich im Übrigen mit Riesenschritten voran, da Tausende von Flüchtlingen das Tausendjährige Reich verlassen. Die *Action française* beschuldigt den Bischof von Lille, der «jüdisch-germanischen Invasion» seine Arme zu öffnen.[52] Diese Kampagne zeitigt Früchte, denn am 2. August erhalten die Einwanderungsbehörden ein Rundschreiben, in dem sie aufgefordert werden, die Grenzen nur «mit äußerster Zurückhaltung» zu öffnen. In einem Werk, das im Herbst erscheinen soll, sprechen die unverbesserlichen Brüder Tharaud Hitler die Erfindung des deutschen Antisemitismus ab und schreiben sie Kant, Fichte und Hegel zu. Sie machen für die Braunhemden sogar mildernde Umstände geltend, denn die Boykotte und «individuellen Gewalttaten», die von der sozialistischen Intoxikation übertrieben wurden, sind «noch bei weitem nicht mit dem vergleichbar, was wir früher in Rußland sahen, mit jenen auf Befehl der Regierung von der Polizei organisierten Pogromen und systematischen Tötungen …»[53] Was braucht man also mehr als Autodafés? Onkel Adler, der seit Beginn der 1930er Jahre in den Vereinigten Staaten lebt, wohin ihm Raissa dann folgte, schlug den Epsteins vor, es ihnen gleichzutun. Irène und Michel werden diesem Rat nicht folgen: Wo fühlt man sich besser als im Schoß seiner Familie? Und Irène Némirovskys Familie ist mehr denn je Frankreich.

Das Ungeheuer

Fast im gleichen Augenblick keimt die Idee zu einer neuen Erzählung, die sie wie *Les Mouches d'automne* in die Rubrik «Niedergänge» einordnet. Ihr Titel, «Le Mercredi des Cendres» (Aschermittwoch), weist zur Genüge darauf hin, dass es sich – wieder – um eine Vergeblichkeit handelt. Hier beabsichtigt sie, «das Alter des Sünders» zu schildern. Zu diesem Zweck liest sie *Dorian Gray* noch einmal und vertieft sich widerstrebend in die Memoiren von Oscar Wildes Geliebtem. Dann skizziert sie die Züge ihrer Figur: «gedrungen und plump» wie eine Büste von Houdon, bleich und blond wie ein Tizian, 1855 geboren; aber ihre Notizen zeigen, dass er seine «barbarische Grausamkeit» vom Ataman Petliura gelernt hat, dessen Armeen während des Bürgerkriegs blindlings Bolschewiken und Juden massakrierten. «Ist er niederträchtig und stark oder im Gegenteil eine Art später Romantiker? Niemand kennt ihn. Nicht einmal ich. Vielleicht ist er einfach impulsiv und launisch? Er pfeift auf die Welt, sehr aufrichtig und sehr tief. (…) Warum ihn nicht zu einem bekannten Minister machen wie Bülow oder Witte?»

Plötzlich ändert dieser bewegte Entwurf auf der Linie von *Courilof* den Kurs. Irène Némirovsky erinnert sich an Kiew und an den Krieg. Sie erinnert sich an ihren Vater, der vor ein paar Monaten gestorben ist. Sie verleiht ihm einen tatarischen Namen, Koire, und gibt ihm das Schicksal eines russischen Geschäftemachers, der im Elend endet. Sein Heim ähnelt dem von Léon Némirovsky: «Die Familie der Koires, der Vater, ein von einer Art langem, konfusem Ehrgeiz verzehrter kleiner Jude; seine Träumereien über das Bedürfnis nach Leder zeigen, seine ‹combinazione›, die Zahlen und die Frau … (…) Das Leben der Koires zeigen. Vor allem ihn, der sich in alledem zuerst zaghaft bereichert, dann Geschmack daran findet.» Es ist die erste Eingebung zu *Le Vin de solitude*. Sie vervollständigt und korrigiert sie während des Sommers, den sie mit Michel, dessen – immer noch unverheiratetem – Bruder Paul und dessen Gouvernante in Urrugne verbringt. «Es ist ein bezauberndes altes Dorf», erklärt sie, «und das Haus, das ich mieten konnte, ist eine ehemalige Poststation aus der Zeit Ludwigs XIV. mit massiven Mauern, einem riesigen Dachboden, Wandschränken, Treppen und Verstecken ohne Ende. Sie werden am Ton erraten, in dem ich von diesem Haus spreche, daß ich ein wenig in es verliebt bin, und das stimmt.»[54] Das Haus in Urrugne ist in der Tat ein Hafen des Friedens, in dem sich gut schreiben lässt und den sie in ihrem Arbeitsjournal in wenigen Worten zusammenfasst: «Schmaler Garten voller Steine. Stille, das ferne Grollen des Donners und ein Geräusch von Pfoten auf dem Kies. Gewöhnliche, leuchtende Blumen.» Im Lauf des Sommers 1933 entwirft sie hier nicht weniger als vier neue Werke, von denen eines, *Deux*, erst 1939 erscheinen wird …

Von 1926 bis 1940 hat Irène Némirovsky nur einen einzigen und immerwährenden langen Roman geschrieben, ein ununterbrochenes Manuskript, von dem sich, zur Reife gelangt, sekundäre Novellen und Erzählungen abgelöst haben. Aber der Stamm, der diese Früchte trägt, bleibt und ist kein anderer als der Stammbaum der Némirovskys. Daher das mehr oder weniger konzentrierte autobiographische Mark ihrer Bücher. *Le Bal* (1929) war ein Spross von *Golder* (1930), aus dem *Le Pion* (1933) hervorgeht, selbst wiederum ein Echo auf *Le Malentendu* (1926). «Les Fumées du vin» (1934) ist eine frühreife Frucht von *Le Vin de solitude* (1935), der Erweiterung von *L'Ennemie* (1928), woraus *Jézabel* (1936) und *Les Échelles du Levant* (1939) entspringen sollten, so wie «Le Sortilège» ein aus *Les Chiens et les Loups* (1940) herausgenommenes Kapitel ist. Diese Parthenogenese rührt daher, dass ihre Arbeitsmethode auf der Improvisation beruht. «Ich beginne in eine unförmige Kladde den Roman selbst und gleichzeitig die Gedanken zu schreiben, die mir dabei kommen, sozusagen das Tagebuch des Romans, um den Ausdruck von André Gide aufzugreifen. Dann lasse ich alles eine Weile ruhen und bemühe mich, nicht mehr an die Literatur zu denken. Wenn ich es dann wiederaufnehme, scheint sich alles von selbst zu organisieren und zu ordnen.»[55]

Eine dieser «unförmigen Kladden» erblickt in Urrugne und Hendaye das Licht der Welt, eine ungeduldige Matrix, die überquillt von Skizzen, Sackgassen und Abzweigungen, falschen Ausgangspunkten. Diese Piranesi'sche Baustelle nennt sie «das Ungeheuer». Wie beim Tagebuch von Katherine Mansfield, das soeben bei Stock erschienen ist, lässt sich darin die Fiktion manchmal nur schwer von der Autobiographie trennen. Irène Némirovsky rügt sich hier mehr als üblich: «Nur Mut, armes Mädchen! Schließlich bist du noch jung. Du mußt deine Technik und deine Methode, deine Werkzeuge selber schmieden.» Ferienaufgabe für den Sommer 1933: die größtmögliche Zahl an Bildern aus Russland und Finnland wieder herbeiholen, «als fischte ich die Erinnerungen mit der Angel», um ihnen den Stoff für zwei oder drei Jahre Literatur zu entnehmen. Denn, so meint sie, «es gibt genug Erinnerungen und genug Poesie in meinem Leben für einen Roman».

In einer schmerzhaften Gedächtnisanstrengung («das ist jetzt ... mein Gott ... 15 Jahre her. Ich erinnere mich nicht mehr genau») gelingt es ihr, unversehrte Bilder von Mustamäki aus dem Schnee freizuschaufeln, genug für mindestens neun komische, tragische oder anrührende Erzählungen, «in der Art von *Les Mouches d'automne* jede Episode auseilend». Sie ruft sich den «schleichenden Wahnsinn» von Zézelle ins Gedächtnis, die «Spaziergänge auf dem Dnjepr», «die einsamen Sonntage» in Kiew, «das Neidgefühl der anderen Kinder», «die Mutter, die frühmorgens heimkommt», also ihre ganze Jugend, «mit Gewalt der Vergangenheit entrissen». Natürlich empfiehlt es sich, diesem Magma «ein wenig offenkundige Inkohärenz» zu injizieren, sich dabei jedoch zu hüten, den Text «mit Absicht schlecht aufzubauen» wie Maurois, da der Autor von *Cercle de famille* ein fast identisches Thema behandelt hat: die Auflehnung eines Mädchens aus gutem

Hause, dem das Vaudeville zum Hals heraushängt – «Ich schäme mich meiner Mutter. Ich will ihr nicht ähnlich sein»[56] – und das aufgrund erblicher Belastung zum Scheitern verurteilt ist.

Sich sodann, trotz Strand und Sonne, zur täglichen Arbeit zwingen: «2 Stunden am Vormittag (von 10½ bis 12½) außer an Artikel-Tagen. Oder Spaziergang und 2 Stunden am Nachmittag von 5 bis 7).» Denn Irène Némirovsky hat eingewilligt, zusätzlich zu ihrer schriftstellerischen Arbeit Lesenotizen und Filmkritiken für den *Rempart* zu verfassen, eine «freie Zeitung», die energisch antinazistisch ist und unabhängig «von der Macht und allen Mächten». Diese nationalistische Tageszeitung, im März von Paul Lévy gegründet, einem Abenteurer der gedruckten Presse und der Politik, sollte den Sommer nicht überleben; ihr folgt auf dem Fuß *Aujourd'hui*, mehr für das breite Publikum bestimmt, dessen erste Seite von Funkbildern überquillt. Diese Zeitung zeichnet sich durch ihren Antibolschewismus und ihren großmäuligen Patriotismus aus, aber auch durch einen Antinazismus, der den Croix-de-Feu viel zu verdanken hat, und wird von Paul Lévy wohlwollend beobachtet. Léon Pierre-Quint und Maxence leiten das literarische und René Daumal das Filmfeuilleton. Bis März 1934 schreibt Irène Némirovsky dort Theaterkritiken. Ihre Rezensionen der letzten Werke von Steve Passeur, Joseph Bédier, Denys Amiel, Édouard Bourdet, Fernand Crommelynck oder Ferdinand Brückner zeugen von einer ständigen Sorge um das Publikum und die Wahrhaftigkeit. «Denn im Theater müssen die Personen unser Mitleid erregen, damit wir uns für sie interessieren.»[57]

Eine Seele ohne Begräbnis

Am Ende muss Irène Némirovsky mit den Erzählungen, die in dem «Ungeheuer» stecken, niederkommen. «Im Augenblick habe ich drei Dinge im Kopf. ‹Épisodes›, ‹Deux› und ‹La famille Kern›. Glücklicherweise verlocken mich diese drei zur Genüge.»

Zuerst die «Épisodes». Neun, dann sieben, und bald sind es nur noch zwei: die erste «L'Accouchement de Bluma» wird unter dem Titel «Nativité» erscheinen; die zweite, «Le Vin», ist lediglich ein «Vorspiel» zu den «Erinnerungen in Romanform», die sie plant. Eine wahre «Kärrnerarbeit», seufzt sie, aber immerhin hat sie «die Entschuldigung des *business* …» Und was macht sie im Übrigen mit diesem «Wein», wenn er abgefüllt ist? «Oh, man könnte ihn in der *Revue de Paris* veröffentlichen (oder in *Gringoire* und ihn danach Paul Morand geben!!!).» Letztlich wird er mit dem Titel «Les Fumées du vin» im Juni 1934 dem *Figaro* gegeben.

Von den drei Ablegern des «Ungeheuers» ist der zweite zu früh gekommen: *Deux* ist «noch nicht reif, und vor allem sind die Personen äußerst verschwommen». Irène Némirovsky sieht nur, dass dieser Roman, «das erste optimistische Buch, das ich schreiben werde», von der Idee handeln wird, «hinter dem Schrecken, dem offenkundigen Chaos des Lebens seine Schönheit, seine Einheit aufzuzeigen». Angesichts der Schicksalsschläge, Treulosigkeiten und Schmerzen wird *Deux* der Roman der «Bejahung des Lebens» sein. Leider würde sie, um das zu entwickeln, «mindestens 2 Jahre» brauchen. Denn bevor sie dieses Gegengift gegen die Rache und das Mitleid ausarbeitet, muss sie zuerst das Gift herausfiltern, jene Galle, die das Mark und das Blut ihres dritten Projekts sein wird, in dem die Wahrheit am augenfälligsten ist: «La Famille Kern». Eine Familie, die natürlich die ihre ist.

«Aus den Episoden meines Lebens könnte man ein regelrechtes Drehbuch schreiben …»[58], erklärte Irène Némirovsky 1931 der russischen Zeitung *Poslednie nowosti*. Und als sie sich an den dokumentarischen Stummfilm *Melodie der Welt* von Walter Ruttmann (1929) erinnert, kommt ihr der Gedanke, ein ganzes Universum neu zu erschaffen, das ihrige: «Eines Tages, später, eine jüdische Familie, im Raum und in der Zeit. (…) Das wäre eine schöne Melodie der Welt …» Viele Patenschaften[59] und Verweise bezeichnen diese initiatorische Erzählung, die zu *Le Vin de solitude* werden sollte: «Ich. Meine Jugend», «Erinnerungen in Romanform», «Schlecht verhüllte Autobiographie»,

«Autobiographie in Romanform à la Dickens», «‹Lehrjahre› à la *Wilhelm Meister*», «Die Erzählung eines Lebens», «Eine verirrte Seele». Dieser letzte Titel weist deutlich auf ihre Idee hin: die Entwicklung einer durch den Hass auf ihre Mutter desorientierten Kinderseele, einen Hass, «der bis zum Todeswunsch gehen muß». Es war bereits das Thema von *L'Ennemie*, doch seitdem ist Léon unter der Erde, und Irène hat keinen Grund mehr, Fanny zu schonen, indem sie ein Pseudonym verwendet. Dieser neue Roman wird nicht nur eine Abrechnung sein, sondern eine ödipale Dimension haben: «Zeigen, daß sie den Ehemann liebte, sich jedoch aufgrund all ihrer bösen Gefühle nicht entschließen konnte, ihm treu zu sein. Und wie sie beim Tod des Vaters mit ihrer Mutter bricht. Schließlich das Leben … Warum nicht? Nichts hält mich zurück, und letztlich wiegt nichts die eigenen Erinnerungen auf.»

Nur die Namen müssen geändert werden. Was sie selbst angeht, so hat sie die Qual der Wahl: Katherine Kern? Oder Marianne, «was bitter, Bitterkeit bedeutet»? Jenny, Annette, Daisy, Elisabeth? «Nein, nicht Elisabeth, ein hübscher englischer Name, wie sie in noblen Familien hervorgebracht werden.» Ginette, Betsy, Margaret? «Nein, eher sollte man nach etwas in der Art von Irène suchen, Hélène würde ‹im Ton› passen. Mary?» Sie wird Hélène heißen. Wie die Tochter von Iwan Iljitsch. Wie die Jelena aus *Die weiße Garde*. Wie die Heldin aus *Rauch* von Turgenjew, aus *Onkel Wanja* von Tschechow oder *Nuits des princes* von Kessel.[60] Ein Augenzwinkern auch an die Adresse vieler Kritiker, die sie weiterhin «Hélène» Némirovsky nennen! «Meine Mutter dagegen werde ich porträtieren, und das Porträt wird schlimmer sein als Rosine und alle anderen.» Fanny, in Bella umbenannt, ist in *Le Vin de solitude* «bald ein Ungeheuer, bald ein armseliges Geschöpf, das man mit Hass und Entsetzen betrachtet wie das Antlitz des Unheils selbst, das auf der ganzen Vergangenheit lastete und das man nicht kennt, das nicht zu kennen man fürchtet …»

Bei ihrer Rückkehr nach Paris im September 1933 hat Irène Némirovsky das Schema ihres Romans entworfen: «I. Rußland – Kiew – Haß. II. Petersburg – Rache. III. Paris – Mitleid.» Kurz denkt sie sogar

daran, die so entscheidende Episode der Vergewaltigung mit aufzunehmen, bevor sie sich eines Besseren besinnt: «Was kommt im Leben
nach dieser Krise? Man ist für das Schicksal seiner Kinder verantwortlich. Doch das läßt sich nicht beweisen, wenn man ein Ungeheuer
zeigt …»

Dennoch wird *Le Vin de solitude* das Porträt eines Ungeheuers sein.
Es wird auch das Grab ihrer gestohlenen Kindheit sein, von der sie sich
nie wirklich erholt hat und die sie weiterhin quält. «Das also wäre die
Heranbildung oder vielmehr die Verirrung einer Seele. Ein Kind, das
nicht geliebt worden ist und das später nie genug Liebe findet. (…) Ich
glaube, daß der Leitgedanke der folgende sein muß – und alles muß
sich darum herum entwickeln: Man vergißt seiner Kindheit nicht. Eine
unglückliche Kindheit ist so, als wäre deine Seele ohne Begräbnis gestorben, sie stöhnt in alle Ewigkeit.»

Eine langfristige Verpflichtung

Im Herbst 1933 verlässt Irène Némirovsky plötzlich Bernard Grasset
und bietet ihren *Pion sur l'échiquier* Albin Michel an. Sie hat sich von
der geistigen Verfassung des Verlegers nicht rühren lassen, der unter
Anfällen von Größenwahn und nicht zu unterdrückenden Wutaus-
brüchen leidet, hin- und hergerissen zwischen den Therapien der Dok-
toren Hesnard und Laforgue, «ein Wrack (…), das weint wie ein Kind,
es ablehnt, sich zu waschen, zu essen»[61], wie Jacques-Émile Blanche
ihn im Juni in seinem Tagebuch sieht. Dagegen wird sie eine der wenigen sein, die sich für ihn einsetzt, als er entmündigt werden soll. Und
Michel Epstein wird ihn bis zum Krieg weiterhin duzen!

Nur ist *L'Affaire Courilof* kein Erfolg gewesen: zehntausend verkaufte Exemplare statt den von *Golder* überschrittenen sechzigtausend. *Le Bal:* zwölftausend. *Les Mouches d'automne:* sechstausend.
Was weit hinter den von Maurois, Mauriac oder Morand erzielten
hunderttausend zurückbleibt. Doch seit dem Tod ihres Vaters braucht

Irène Némirovsky regelmäßige Einkünfte. Und Albin Michel hat ihr einen zwanzigjährigen Exklusivvertrag angeboten, «sowohl was die Bücher als auch die Veröffentlichung des einen oder anderen ihrer Zeitschriftenbeiträge betrifft». Bei ein oder zwei Romanen im Jahr soll sie ab dem 1. November für die verlängerbare Dauer von drei Jahren monatlich viertausend Francs erhalten, das heißt eine unveränderliche Summe von hundertvierundvierzigtausend Francs. Irène Némirovsky hat Grasset unverzüglich über ihre Absichten und vor allem ihre Gründe unterrichtet:

> Sie wissen, wie sehr es mir immer widerstrebt hat, langfristige Verpflichtungen einzugehen. Unglücklicherweise zwingen mich die derzeitigen Umstände dazu, es dennoch zu tun. Ich habe daher entschieden, den fraglichen Vertrag, den ich vor Ende der Woche unterschreiben soll, zu akzeptieren. Es versteht sich von selbst, daß ich Ihnen, falls Sie mir die gleichen Bedingungen anbieten sollten, mit dem größten Vergnügen den Vorzug gäbe und sehr froh wäre, auf diese Weise Ihrem Haus verbunden zu bleiben.[62]

Eine Spezialklausel ihres Vertrags erlaubt ihr indes, bei Grasset «eine Sammlung von Drehbüchern» zu veröffentlichen, die wie vorgesehen insbesondere «Film parlé», «La Comédie bourgeoise» und «Les Fumées du vin» umfassen soll. Der beleidigte Verleger von *David Golder* lässt sich nicht darauf ein, und deshalb wird die Sammlung *Films parlés* sofort von der *Nouvelle Revue française* aufgegriffen, in der Paul Morand eine Reihe kurzer Texte, «Renaissance de la nouvelle», herausgibt. Diese Eile alarmiert den neuen Verleger, da er mit Schrecken sieht, dass seine neue Autorin ihm bereits entgleitet. Doch Albin Michel versteht es, sie humorvoll zur Ordnung zu rufen: «Unsere geistige Ehe ist wirklich zu jung, und es wäre mir sehr unangenehm, Ihnen zu erlauben, mir untreu zu werden, wenn unser erstes Kind noch nicht auf der Welt ist!», schreibt er Irène Némirovsky am 13. November. Diese geht darauf ein und antwortet mit köstlicher Unverfrorenheit: «Die Frau muß ihrem Ehemann gehorchen. Deshalb beuge ich mich gern Ihrer Entscheidung und hoffe, daß Sie unseren Kindern nach ihrer Geburt dieselben Gefühle bewahren, die Sie ihnen im embryonalen Zustand entgegenbringen.» Diese Worte sind die Grundlage eines gesunden Einvernehmens. Und was *Films parlés* betrifft, so ist mehr Angst als Böses im Spiel: Es wird mit Morand vereinbart, dass die Sammlung lediglich «Drehbücher» umfassen und erst in einem Jahr erscheinen wird …

Albin Michel verdankte den Ruf seines 1901 gegründeten Hauses einer hervorragenden Kenntnis des Buchhandels. Eher ein Mann mit Gespür als mit Paukenschlägen, konnte er 1921 einen unerwarteten Prix Goncourt für den «roman nègre» *Batouala* von René Maran vorlegen, sein Verlagsprogramm mit angesehenen Klassikern aus dem 1924 zurückerworbenen Fonds Ollendorf anreichern, «Schwergewichte» gewinnen wie Dorgelès, Carco, Béraud oder Pierre Benoit, aber auch auf die populäre Literatur setzen, von Félicien Champsaur bis Georges Ohnet über die *Claudine*-Reihe von Colette. Irène Némirovsky ist so etwas wie die Synthese seines Programms: eine literarisch versierte Erfolgsautorin, die immer für Überraschungen gut ist. Sie durfte ihm nicht entwischen! Zweifellos waren Chérau und Dorgelès, Autoren des Hauses, die die Schriftstellerin in die Société des Gens de Lettres eingeführt haben, daran nicht unbeteiligt. Und auch nicht Henri de Régnier, der ehemalige Herausgeber der Reihe.

Am 24. Oktober hat sich Irène Némirovsky entschieden: Ihre Unterschrift bindet sie auf Lebenszeit an Albin Michel, Rue Huygens, im Viertel Montparnasse. Schon am übernächsten Tag erscheint *Le Pion* in Fortsetzungen in der Tageszeitung *L'Intransigeant* mit einer Auflage von vierhunderttausend Exemplaren. Gaston Chérau hat ihn tags zuvor mit lobenden Worten angekündigt: «Wir finden fünfhundert Romanautoren, aber darunter nicht immer eine Autorin.» Diese Fassung des *Pion* ist bei Weitem nicht abgeschlossen, aber die Autorin rechnet damit, ihn im Hinblick auf die für Anfang Februar 1934 vorgesehene Buchausgabe zu korrigieren. Zu diesem Zweck schickt

Albin Michel ihr eine Kopie des von einem seiner Lektoren bestellten Berichts, der den Roman für das breite Publikum zu «trist» und zu «handlungsarm» fand. Irène Némirovsky ist durchaus geneigt, diese Diagnose zu teilen, als sie im Dezember beginnt, ihren Text wiederzulesen. «Zunächst habe ich den Eindruck, daß es ihm an Glanz fehlt, aber es ist sehr schwierig, dem abzuhelfen.» Die soziologische Absicht des Romans ist allzu offenkundig, der Erzählfluss schwerfällig und langsam: «Viel zu klar, zu explizit, zu eindeutig. Unnötig.» Man muss den Stil verbessern, dialogisieren, «in zwei Worten sagen, was in zehn gesagt wurde, mit einem einzigen, was in zwei gesagt wurde, und jedes Wort muß aufrichtig sein und meinen, was es sagt, letztlich mehr sagt, als es meint ...» Le Pion steht auf dem Schachbrett, aber die Partie hat schlecht angefangen.

Nach rechts oder nach links?

Obwohl der Praxis abhold, die für einen Schriftsteller darin besteht, den Verleger zu benachteiligen, indem er die große Presse in den Vorgenuss seiner Werke bringt, hat Albin Michel beschlossen, seine eigene Wochenschrift zu gründen, um seine Autoren davon abzuhalten, im Candide (Fayard), in Les Nouvelles littéraires (Larousse), Marianne (Gallimard) oder Gringoire (Éditions de France) zu veröffentlichen. Doch im Dezember 1933 ist das Rezept für Noir et Blanc noch lange nicht ausgereift. Aus persönlicher Neigung hat Irène Némirovsky dort um «einen freien Platz für Theater- oder Filmkritik» nachgesucht. Albin Michel würde Novellen vorziehen. Einstweilen kann er sie schlecht daran hindern, sie seinen Konkurrenten anzubieten. Was sie auch eifrig tut, indem sie Horace de Carbuccia, dem Leiter von Gringoire, eine der während des Sommers entstandenen «Épisodes» mit dem Titel «Nativité» schickt – einem Titel («Christi Geburt»), der zwei Wochen vor Weihnachten durchaus angezeigt ist.

Die Novelle erscheint in der Nummer vom 8. Dezember. Irène Némirovsky hat Blumas Entbindung in eine französische Familie verlegt, die haargenau derjenigen von Madeleine Avot ähnelt. Die Erzählung rankt sich um das kanonische Thema der drei Lebensalter der Frau. Sie ist im Arbeitsjournal vom Sommer 1933 sehr gut zusammengefasst: «Ein zum erstenmal geküßtes Kind. Keineswegs unwissend, kennt es die Dinge jedoch nur aus einer erhabenen, poetischen, romanhaften, träumerischen Sicht. (…) In der Nacht kommt die Frau nieder, ‹kriminelle Machenschaften›. Sie stirbt oder sie stirbt nicht, das hat keine Bedeutung. Aber das tiefe Entsetzen dieses plötzlich mit den Realitäten des Lebens konfrontierten Kindes. Dann wird die Frau weggebracht, das Blut ist gestillt, das Kind lebt, und in uns erwacht das Gefühl für wahre Schönheit.» Das Ganze «von einer Art poetischem Heiligenschein» umgeben, wie in *An der Bucht* von Katherine Mansfield.

Gaston de Pawlowski (der soeben gestorben ist), Marcel Augagneur, Marcel Prévost haben in *Gringoire* die Romane von Irène Némirovsky stets herzlich begrüßt, einschließlich *L'Affaire Courilof*. Schon seit Langem hatte sie sich vorgenommen, diese Schuld abzutragen. Es handelt sich nicht um Höflichkeit: *Gringoire* hat 1934 eine Auflage von etwa zweihundertfünfzigtausend Exemplaren, und Carbuccia steht im Ruf, seine Feuilletonisten sehr gut zu bezahlen. Bevor Marcel Prévost 1927 in die *Revue de France* seines Vetters eintrat, war er zunächst Dramatiker. Seine aus polnischem Adel stammende Frau Adry ist mit dem Präfekten von Paris, Jean Chiappe, verwandt. In ihrer Villa in der Avenue Foch verkehren Schriftsteller – Guitry, Morand, Béraud, Maurras, aber auch Berl, Carco, Dorgelès, Cocteau oder Colette –, Politiker – Blum, Herriot, Sarraut, Maginot –, Männer von Welt – Étienne de Beaumont, Boni de Castellane –, Künstler – Yvonne Printemps, Dunoyer de Segonzac, Max Linder, Chaplin –, Industrielle und Finanziers – Finaly, Citroën. *Gringoire* ist das Herz von Paris.

Ende 1928 gegründet, behält die «große politische und literarische Pariser Wochenschrift» nur ihre erste Seite den ernsten Nachrichten vor. Alles Übrige ist Literatur, oder beinahe. Pierre de Régnier, «Tiger» genannt, mutmaßlicher Sohn von Henri und Verfasser einer 1930 bei

Grasset erschienenen *Vie de patachon*, leitet die Rubrik der Pariser Feste. Lacretelle berichtet über das Kino, Salmon über das Neueste in der Kunst. Alle bei den Éditions de France veröffentlichten Autoren – Kessel, Prévost, Dekobra … – gehören *de facto* zum festen Stamm der Wochenschrift. Damit ist die Rolle von «Jeff» Kessel umrissen, einem ehemaligen Autor der *Revue de France,* der die Literaturseiten betreut. Ihr Inhalt verabschiedet sich von der nörgelnden, populistischen, überaus französischen, also revanchelüsternen und antideutschen ersten Seite: Am 16. Juni 1933 war Xavier de Hautecloque einer der ersten französischen Journalisten, der in *Gringoire* die Existenz der Hitler-Lager bekanntgab.

1933 hat der Polemiker Henri Béraud, Goncourt-Preisträger von 1922, diese Zeitung noch nicht aufgeheizt, indem er England, das Parlament und die Konfiszierung des französischen Schatzes durch das Ausland geißelte. Er selbst scheint, will man seinen Memoiren Glauben schenken, den Dilettantismus von *Gringoire* bedauert zu haben: «Schimären haben ein dickes Fell! *Gringoire* hatte keine Politik oder, was auf dasselbe hinausläuft, zuviel davon (…).»[63] Ein milderer Ton: Unter dem Einfluss des Dissidenten Boris Suwarin, einem Antistalinisten der ersten Stunde, einem ukrainischen Juden und Verkünder des großen sowjetischen Holocausts, bekannte sich *Gringoire* bald zum Antikommunismus: Nichts, was die Autorin von *Les Mouches d'automne* empören kann! Was Carbuccia betrifft, so ist er eher ein Mann mit Sympathien als ein Parteigänger. Die Sympathie, die er für Mussolini empfindet, ist ganz und gar alltäglich und gilt nicht nur der Rechten. «Mein Vater», erklärt sein Sohn Jean-Luc, «war eher Republikaner, der in seiner politischen Linie stark von André Tardieu beeinflußt wurde, dem Führer der parlamentarischen Rechten. Man konnte also nicht von extremer Rechter sprechen.»[64] Zumindest noch nicht.

Man hat Irène Némirovsky, die ebenfalls unpolitisch war, dafür getadelt, sich auf ein dubioses Schiff begeben zu haben, unter dem Vorwand, der Kapitän habe allmählich den Kurs geändert und sich nacheinander dem Antiparlamentarismus, dem Münchner Defätismus und dann dem Antisemitismus Vichys angeschlossen. Schon Anton Tschechow hatte einen solchen Vorwurf zu hören bekommen, als er in der *Neuen Zeit* des Reaktionärs Suworin veröffentlichte, der für seinen Antidreyfusismus bekannt war. «Und alle diese politischen Parteien, denen ein Anfänger sich unterwerfen mußte? Man mußte sich der Rechten oder der Linken zuwenden, reaktionär oder liberal sein. (…) Diese Forderungen waren abscheulich, dachte Anton, und erniedrigend. (…) Seit seiner Kindheit hatte er seine innere Freiheit, seine Würde bewahren wollen.»[65] Diese aus *La Vie de Tchekhov* stammenden, 1940 geschriebenen Zeilen sind auch und vor allem ein Plädoyer *pro domo*. Leichtfertigkeit aufseiten Irène Némirovskys? Nicht jedermann ist «der Dicke» Béraud, wie seine Freunde ihn nennen.

Der Wein der Jugend

Ungeachtet relativer materieller Schwierigkeiten ist die erste Zeit der Periode Albin Michel eine glückliche Zeit. Irène und Michel Epstein haben ein Kindermädchen, Cécile, eine bretonische Köchin, Henriette Quidu, genannt «Kra», und ein Zimmermädchen. Denise, gerade vier Jahre alt geworden, ein Alter, in dem sie von Miss Matthews – der einzigen Erbschaft Fannys – lernt, wie man ein winziges Toffee unter der Zunge versteckt und dabei zuhört, wie Mama *Les Petites Filles modèles* vorliest, von den Champs-Élysées von vor dem Krieg erzählt oder ihr zum Einschlafen «L'Oreiller» von Marceline Desbordes-Valmore aufsagt, ohne deren Vorbedeutung zu erkennen:

> *Beaucoup, beaucoup d'enfants pauvres et nus, sans mère,*
> *Sans maison, n'ont jamais d'oreiller pour dormir;*
> *Ils ont toujours sommeil. Ô destinée amère!*
> *Maman! douce maman! cela me fait gémir.*[66]

Unter der Obhut der untadeligen Cécile führt Denise «das Leben eines reichen kleinen Mädchens»[67], verwöhnt und bürgerlich erzogen, jedoch nach ganz anderen Prinzipien als denen von Fanny: «Ich versichere Ihnen, daß ich meiner Tochter jede unverhältnismäßige Arbeit ersparen werde», erklärt Irène Némirovsky 1934. «Ich lebe viel mit ihr zusammen, ich will, daß sie sich ohne Zwang entfaltet, an der frischen Luft und in der Sonne.»[68] Was weder die Erdbeertorte bei Rumpelmeyer noch die Kinobesuche verbietet. Irène Némirovsky liebt die Wochenschauen, den «blauen Lichtstrahl über unseren Köpfen, einen Strahl, in dem der leuchtende Staub tanzt». Am 16. Juni 1934 ruft im Theater die *Tessa* von Margaret Kennedy in der Bearbeitung von Giraudoux und Jouvet «alte Bilder, die ich versunken glaubte», in ihr wach und gibt ihr den genauen Ton von *Le Vin de solitude* vor: «wild und bezaubernd».

Sport? *No sport.* «Sie bekennt sogar gerne ihre Schwäche für das Dolcefarniente, ein Buch in der Hand … Aber auch eine große Liebe für lange Wanderungen durch Paris oder in frischer Luft an jener baskischen Küste, die sie so gut beschrieben hat.» Malerei? Sie sitzt für den russischen Porträtmaler Krivoutz, einen Schüler von Bakst. Musik? «Sie behauptet entschieden, unmusikalisch zu sein. Zufälligerweise erfahren wir, dass sie Bach, Mozart, Beethoven und Chopin liebt.»[69] Aber auch den *Baal Shem* von Ernst Bloch mit «jenem breiten, tiefen, verwirrenden Klang und jenem ergreifenden Bogenstrich, die diesen hebräischen Gesang mit einer ganzen Vergangenheit schmerzlicher Knechtschaft verbinden.» Ohne die majestätische *Symphonie in d-Moll* von César Franck zu vergessen, die ihr im Laufe des ersten Halbjahrs 1934 die Form von *Le Vin de solitude* diktiert. Erster Satz: Kiew, Petersburg, *Lento – Allegro non troppo*, «a) Sanftmut, b) enttäuschte Unschuld, c) unverständliche Freude». Zweiter Satz: Finnland, *Allegretto – Poco più lento*, «a) Meditation, b) Unruhe, c) Angst, d) Gleichgültigkeit». Dritter Satz: *Allegro non troppo*, «a) Haß, b) Traurigkeit, c) schmerzhafte Hoffnung, d) Vertrauen, e) Hoffnung auf Rache». Wirklich unmusikalisch?

Natürlich liest sie viel. Die Kinderbücher von Denise. Die englischen Romane in der Bibliothèque Nationale, Rue Richelieu. Die Russen in der alten Turgenjewka in der Rue du Val-de-Grâce – «einer jener Straßen, wie ich sie auf der Welt am meisten liebe: Schatten, ferne Geräusche, unbekannte Gesichter, das Glöckchen eines Kramladens, eine von fern erblickte rote Theke» –, wo die von Turgenjew hinterlassenen Bücher noch seine handschriftlichen Anmerkungen tragen. Im März 1933 sandte sie Brisson eine in den *Annales* abzudruckende anonyme Notiz zu *L'Échéance*, dem letzten Roman ihrer Landsmännin Doussia Ergaz, mit dem die Kritik *Les Mouches d'automne* manchmal verglichen hatte. Ihre Lesenotizen aus dem Jahr 1934, vermutlich für die *Revue hebdomadaire* bestimmt, in der einige ihrer Rezensionen erschienen, sind erhalten geblieben. Den Humor von Evelyn Waugh in *Aber das Fleisch ist schwach (Vile Bodies)* hielt sie für etwas zu spitzfindig, aber *Eine Handvoll Staub (A Handful of Dust)* hat diesen Eindruck seines Titels wegen berichtigt, «der auf bittere und tragische Weise beschreibt, wie wenig wir wiegen und wie das Schicksal mit uns und unseren Wünschen und unseren Begierden spielt». Von allen amerikanischen Romanen war nur *Wenn der Postmann zweimal klingelt* von James Cain aufgrund seines brutalen Realismus und der kinematographischen Dynamik nach ihrem Geschmack. In *Die Mutter* von Pearl Buck fand sie die Antwort auf alle diejenigen, die ihren slawischen Partikularismus beanstandeten: «Ich pfeife darauf, ob es aus chinesischer Sicht richtig ist. Wahrscheinlich ist es so, aber aus menschlicher Sicht ist es absolut richtig.» *Die vierzig Tage des Musa Dagh* von Franz Werfel schließlich, das erste vom Völkermord an den Armeniern inspirierte Epos, zählt sicherlich zu den unbewussten Quellen von *Les Chiens et les Loups,* denn «in gewisser Weise ist es die Geschichte eines Mannes, der als Fremder zu den Seinen zurückkehrt und sich durch stärkere Bindungen, als er sich vorgestellt hatte, gefesselt sieht und gezwungen ist, das Los seiner Rasse und seines Landes zu akzeptieren».

Und überall, ob in den Ferien, im Square Rodin oder in den Tuilerien, im Square Sainte-Clotilde, im Pavillon Henri IV in Saint-Germain, den Orten ihrer Lieblingsspaziergänge, setzt sich Irène Némirovsky hin und legt den in einem falschen Einband mit verblasster Goldprägung verborgenen Ordner auf ihre Knie, in dem das «Journal» des Romans, an dem sie gerade arbeitet, immer dicker wird. Sie schreibt: «Ich öffne dieses Heft mit einiger Erregung. Es ist recht schwer, in allen Bedeutungen des Worts, recht unhandlich. Aber es tauchen so viele Erinnerungen auf – schmerzlichere, als man glauben könnte –, daß es sich sehr gut für eine Beschwörung der Vergangenheit eignet. (...) Natürlich ist das Scharlatanerie ... und pathetisch. Aber nur das Blut einer alten Wunde kann einem Kunstwerk die richtige Farbe geben. Steigt nur herauf in mein Herz, ihr alten Tränen ...»

Von Januar bis Juli 1934 nimmt sich Irène mühsam «das Ungeheuer» wieder vor.[70] Sie könnte sich nach russischer Art damit begnügen, ihre Erinnerungen herzubeten, ohne sie zu ordnen. «Das wäre gut, wenn ich nicht mein Brot verdienen müßte. Doch hier, wo ich mir gegenüber aufrichtig bin, muß ich wohl oder übel eingestehen, daß ich französisch schreibe. Ich brauche französische Leser und infolgedessen Krisen.» Um sie einzufangen, muss sie ein Milieu schaffen, Epochen durchqueren, Leben einhauchen: eine Saga nach Art der *Buddenbrooks*, aber nicht auf sechshundert Seiten! Für den russischen Teil aus Gründen der Methode *Die Brüder Karamasow* wiederlesen. Um die *matter of facts* zu vermeiden, die Studien über englische Literatur von André Chevrillon und die Romane von Galsworthy wiederlesen. Damit die Porträts gelingen, die *Mémoires d'outre-tombe* (von Chateaubriand) wiederlesen. Und «für die Dialoge Proust wiederlesen. Etwas Besseres wird man nie erfinden können».

Ihr Vorhaben dagegen bleibt bestehen: «Wiegt eine wahrhaft lebendige und blutende Vergangenheit nicht alle Phantasien auf? (...) Mein Leben war so bunt, so bewegt. Ich müßte einen Titel finden, der das zum Ausdruck bringt.» Aber *Le Monstre* ist kein Titel! In *L'Ennemie* war von jenem «geheimnisvollen Wein» die Rede, jenem berauschenden Most der Kindheit, wenn das Vergessen sie zertreten hat. Wie lässt sich diese Weinlese der Bitternis besser ausdrücken, bei der Irène Némirovsky fast ein Jahr lang ihr Gedächtnis bemüht? Musset plagiieren?

Poète, prends ton luth; le vin de la jeunesse
Fermente cette nuit dans les veines de Dieu …[71]

Oder «Der Wein der Erinnerung»? «Der Wein der Einsamkeit»? «*Le Vin de solitude* ist ein schöner Titel und hat zudem den Vorteil, daß er meine Gedanken auf einen wesentlichen Punkt lenkt. Denn ich glaube, daß ich vor allem dieses Kind zeigen muß, das auf diese Weise, absolut allein, heranwächst. Die Betonung genau auf diese tiefe, bittere Einsamkeit legen, auf diese Trugbilder, die ihr Leben bevölkern, auf den monströsen Aspekt, den dieses Leben für sie annimmt.» Dieser Wein ließe sich in einem Motto von Stendhal zusammenfassen: «Unsere Eltern und unsere Lehrer sind unsere natürlichen Feinde.» Oder in einem Spruch von Némirovsky: «Auf eine glückliche Kindheit folgt ein harmonisches Leben. Auf eine unglückliche Kindheit ein fruchtbares Leben.» Natürlich bleibt ihr Groll gegen Fanny ungebrochen; in diesem Roman achtet sie darauf, den wirklichen Altersunterschied zwischen ihnen wiederherzustellen: «Ich bin achtzehn und sie ist fünfundvierzig …» Aber auch wenn das Thema dieser Symphonie «die Rache einer Tochter an ihrer Mutter» ist, so muss das Leitmotiv das Gefühl der Verlassenheit sein, das als Einziges nach der Sühne fortbesteht. Sich wie in *L'Ennemie* eine kleine Schwester erfinden, eine Abtreibung, einen Selbstmord? Das widerstrebt ihr: «Ich habe den Eindruck, ob zu Recht oder zu Unrecht, daß es in meinem Leben eine Linie und schon fast abgeschlossene Kapitel gibt und daß ich diesem Leitfaden folgen muß. Ein Wunder! Er bleibt recht klar und verläuft sich nicht. Ich glaube, so etwas ist im Leben sehr selten.» Aber wie schwer ist es, den Klang der Stimmen wiederzufinden, den Buchstaben und die Abfolge der verblassten Gespräche! «So seltsam es erscheinen mag, ich habe die Worte vergessen, und genau das ist es, der Kampf zwischen dem Realen und der Phantasie, die Worte fliegen über den Kopf eines Kindes hinweg.» In *Le Vin de solitude* sind sie freilich alle wahr, Schritt für Schritt dem Vergessen abgerungen. So wahr, dass Irène Némirovsky an dem Gedanken festhält, eines Tages einen Film daraus zu machen, und zwar einen optimistischen Film, denn auf die Niedertracht und die Erniedrigung folgt «am Ende ein Aufflammen an Energie, an Vertrauen, an Liebe zum Leben». Wie alle ihre vorherigen Romane ist *Le Vin de solitude* ein moralisches Werk.

Golder vor Golder

Als Aufhänger denkt Irène Némirovsky einen Moment lang, im März 1934, an eine verlockende, wahre Szene voller Lärm und Farben: an den Karneval von Nizza im Jahr 1906. Und für das Ende des Buchs? Das ist einfacher: «Die *Schlußfolgerung* Gott überlassen.» Was in Kapitel XI des IV. Teils dann lautet: «Sie erhob sich, und in diesem Augenblick rissen die Wolken auf. Zwischen den Säulen des Arc de Triomphe erschien der blaue Himmel und erhellte ihren Weg.» Gott ist also Franzose. Das sagt auch Morand auf seine Weise im März 1934 in seinem letzten Roman: «Frankreich ist das Konzentrationslager Gottes.»[72] So lautet im Übrigen der Titel, unter dem er in der Nazi-Wochenschrift *Der Angriff* im Februar 1936 erscheint. Aber *France la doulce* ist nicht nur eine Farce, deren «Possenhaftigkeit»[73] Irène Némirovsky nicht entgeht. Im Geist Morands handelt es sich sehr wohl um eine Anprangerung: nämlich der Tatsache, dass sich dieses «wimmelnde Gesindel», das sich «durch die Dunkelheit Mitteleuropas und des Orients einen Weg zu den Lichtern der Champs-Élysées bahnte»[74], der französischen Filmstudios bemächtigt hat. *France la doulce* wird heutzutage gern vom Vorwurf der Fremdenfeindlichkeit entlastet, unter dem Vorwand, das Buch sei heiter. Morand selbst dagegen amüsiert sich nicht, wenn er der Presse erklärt: «Alles, was ich geschrieben habe, ist die reine Wahrheit. Mein Buch ist eine Bestandsaufnahme: Es hat den Wert eines photographischen Dokuments. (…) Diejenigen, die ich geschildert habe, gehören keiner Partei an oder aber allen. Es sind im wesentlichen PARASITEN. Ich bin der Meinung, daß es unsere Pflicht ist, sie zu vertreiben.»[75]

Warum gerät der kosmopolitische Globetrotter von *Rien que la terre* nur so in Rage? Vielleicht wegen einer Affäre, die Frankreich seit Dezember erschüttert, die Öffentlichkeit jedoch erst am 8. Januar mit dem Selbstmord eines gewissen Stavisky erreicht. Dieser, ein Fälscher, Betrüger, «Geldwäscher» und skrupelloser Geschäftemacher, dieser «Vorbestrafte mit dem Gesicht eines mondänen Tänzers»[76], zieht in seinem posthumen Sturz eine ganze Reihe Bankiers, Pressedirektoren mit, darunter Paul Lévy, den Direktor von *Aujourd'hui*, und vor allem Politiker – Radikale oder Sozialisten, wird die Rechte sagen –, die alle von diesem genialen Bauernfänger gekauft oder bestochen worden waren. «Stavisky hat sich mit einer Kugel aus drei Metern Entfernung selbst getötet. Welch langen Arm muß er gehabt haben», titelt *Le Canard enchaîné*. Es war ein großes Pech für die Juden Frankreichs, daß Stavisky in Odessa geboren wurde, und diese simple Tatsache befreit mit einem Schlag den Pamphletisten, der in Béraud schlummerte. Am 12. Januar spielt er in *Gringoire* den Leitartikler und geißelt geschickt das «Kind aus dem Ghetto von Kiew». Von diesem Schwergewicht mitgezogen, gleitet *Gringoire* langsam in eine maßlose Fremdenfeindlichkeit ab. Am 6. Februar verursacht dieser bösartige Virus ein Dutzend Tote auf der Place de la Concorde anlässlich der von dem Skandal ausgelösten antiparlamentarischen Unruhen.

Aus gegebenem Anlass also hat *La Nouvelle Revue française* zum Erscheinen von *France la doulce* den Slogan kreiert: «Die Staviskys des Kinos». Im Übrigen ist Irène Némirovsky von der Affäre gefesselt, und sie nimmt sich vor, den «schönen Sacha» in eine fiktive Person zu verwandeln: «Vielleicht werde ich mich eines Tages Staviskys bedienen …» Es könnte, so erwägt sie in ihrem Arbeitsjournal, «die Karriere eines Geschäftsmannes sein. Ein junger D. G.» Und dieser Golder vor Golder wird das Licht der Welt erblicken: Es ist der Ben Sinner aus *Les*

Chiens et les Loups, den eine vom Elend, von der Erniedrigung und von Tricks geprägte Kindheit zum Betrug und zum Zynismus erzogen hat.

Am 17. Mai 1934 liest Irène Némirovsky die Fahnen des *Pion* zu Ende und schickt sie Albin Michel zurück, zusammen mit einem Foto und einer kurzen Autobiographie. Düstere Jahreszeit. «Nichts ist trauriger», schreibt sie am 24. April, «nichts gibt einem stärker das Gefühl der Sinnlosigkeit von allem als diese kalten Tage des Pariser Frühlings, wenn der schwere, kalte Regen auf die mit zartem jungem Grün geschmückten Bäume fällt.» *Le Pion sur l'échiquier*, das pessimistischste ihrer Bücher, erscheint wahrhaftig zur rechten Zeit. Trotz seiner Unvollkommenheiten vermag sie es nicht abzuwerten, denn Bohun ist ein wenig ihr Blutsbruder: «*Le Pion sur l'échiquier* ist die Geschichte eines Mannes, dessen geistiges Leben durch die Liebe zu den materiellen Dingen und das Bedürfnis nach ihnen erstickt wurde. (...) Ich muß gestehen, daß ich für meinen Helden viel Zärtlichkeit empfinde, aber ich meine, daß wohl alle Schriftsteller auch ihre unsympathischsten Personen ins Herz schließen ...»[77]

In einem für die Zeitungen bestimmten Text zur Vorstellung des Romans bemüht sich Albin Michel ohne Übertreibung, ihn im gefährlichen Klima dieses Frühjahrs anzusiedeln: «Der Vater des Helden, ein mächtiger, durch einen Krach ruinierter Finanzier, hatte sich mit einigermaßen suspekten Verhandlungen, durch die Politiker kompromittiert wurden, ein beträchtliches Vermögen erworben. Sein Sohn, in einer Informationsagentur angestellt und von Geldsorgen geplagt, könnte sich der Waffen bedienen, die sein Vater ihm hinterlassen hat: einer Akte, die die Komplizenschaft bestimmter Persönlichkeiten aufdeckt (...).»[78] Wie viele Franzosen ist Irène Némirovsky selbst Opfer der antiparlamentarischen Epidemie. Am 10. Juni wird sie anlässlich einer Signierstunde oder eines Diners neben den «Fettwanst Henri Paté» gesetzt, den ehemaligen Erziehungsminister und Vizepräsidenten der Abgeordnetenkammer, der seine moralisierenden Essays über den Sport und die Jugend mit ausladenden Armbewegungen signiert.

Am nächsten Tag schreibt sie ihre Eindrücke nieder und ermisst an bestimmten Indizien den wachsenden Misskredit der politischen Klasse: «Man muß gestehen, daß diese parlamentarische Welt abstoßend ist, und es erscheint merkwürdig, daß sie sich noch lange hält. Man beachte die Art und Weise der anderen, die nicht dem einfältigen ‹Sehr wohl, Herr Minister› von vor einem Jahr ähnelt. Man beachte auch, daß die Politiker, die mir am meisten mißfallen haben (dieser und Paul Boncour) zufälligerweise ebenjene sind, die mir ihre Bewunderung zum Ausdruck gebracht haben …» Ebenso widern sie die Gerüchte über die Korruption einer bestimmten Presse an, die sich ihr Schweigen oder ihre Gunst mit Bargeld oder mit Kinkerlitzchen bezahlen lässt. In *Le Pion sur l'échiquier* will Christophe die Zeitung nicht mehr lesen, «wegen all dieser schändlichen Skandale, dieser Prozesse, dieser Zusammenbrüche ohne Größe …»[79]

Aus all diesen Gründen können das große Mundwerk von *Gringoire* und die Rufe zur moralischen Ordnung, zur nationalen Wiederaufrichtung und zum «öffentlichen Dienst» des Obersts de La Rocque sie nicht einschüchtern, zumal der soziale Reformismus der Croix-de-Feu, deren Besonnenheit am 6. Februar den Sturz des Parlaments verhindert hat, der parlamentarischen Linken nicht viel zu neiden hat und noch seine Abneigung gegen den Antisemitismus bekundet sowie gegen «die Lehren des Hasses, die die Franzosen zu spalten drohen»[80]. André Maurois und Henry Bernstein sind Sympathisanten der Bewegung: Letzterer wird sich brüsten, durch einige seiner Stücke «den Wind der Croix-de-Feu wehen zu lassen»[81]. Hat Irène Némirovsky nicht mit der kurzlebigen Tageszeitung *Aujourd'hui* zusammengearbeitet, die ihre Croix-de-Feu-Sympathien nicht verbarg? Am 8. Februar hat deren Direktor, Paul Lévy, sogar seine übliche Zurückhaltung aufgegeben, um die sehnlich erwartete «Wiederauferstehung» anzukündigen: «Die nationale Revolution ist auf dem Weg: Nichts wird sie aufhalten, Frankreich will wieder französisch werden, Frankreich will von Männern regiert werden, die seiner würdig sind, und seine Eigenschaft als Macht allererstens Ranges bewahren.» Ein kurzlebiges

Kikeriki, das jedoch den Ton dieser Zeitung vorgibt, für die die Plünderungen am Rande der großen kommunistischen Demonstrationen am 7. Februar, verübt von «bewaffneten Banden verdächtiger Ausländer und berufsmäßiger Unruhestifter», das markante Ereignis des Winters 1934 sind ...

Von «den Roten» aus Russland vertrieben, der Veranlagung nach Pazifistin, war Irène Némirovsky bestimmt keine sozialistische Aufwieglerin. Ihr Beruf brachte es sogar mit sich, dass sie mit Literaten verkehrte, die kaum im Ruf standen, die Faust zu heben. Nach der Generalprobe von *Les Temps difficiles* von Édouard Bourdet verfasst sie ein glühendes Plädoyer für das französische Bürgertum, dessen Verschwinden, so schreibt sie, Frankreich mehr Unglück bescheren wird als das des «Gesindels in den Palästen»; denn «das Bürgertum, auf dessen gefährliche und tragische Lage Monsieur Bourdet uns so deutlich hinweist, ist eine starke, bewundernswerte Klasse des Landes, und ihre Missgeschicke können und dürfen nicht ins Lächerliche gezogen werden. Sie sind für jeden von uns bedrohlich und furchtbar.»[82]

Ein Fausthieb

In *Le Pion sur l'échiquier*, den Albin Michel im Mai 1934 druckt, reißt ein finanzielles Erdbeben einen gähnenden Abgrund unter Christophe Bohuns Füßen auf. Unnötig, bis ans Ende der Welt zu gehen, um seiner selbst überdrüssig zu werden, wie bei Morand: Eine schnelle Fahrt im Auto reicht seiner Mittelmäßigkeit aus. Sein Selbstmord ist ebenso sicher wie der Krieg: «Trommelwirbel, deutsche Soldaten, die Friedenskonferenz, italienische Soldaten, Flugzeuge, Panzer, Kanonen: ‹Ach ja, richtig, der Krieg ... Das fehlte gerade noch ...›»[83] Im Rundfunk betont Irène Némirovsky, dass, auch wenn ihre Helden Franzosen seien, das Thema sich seit Golder nicht verändert habe: «Ich schildere weiterhin die Gesellschaft, die ich am besten kenne und die aus desorientierten Leuten besteht, die das Milieu, das Land verlassen haben, in dem sie normalerweise gelebt hätten, und die sich nicht ohne Zusammenstöße und ohne Schmerzen an ein neues Leben anpassen.»[84]

Die Dekadenz und der Materialismus, der grausame Krieg der Generationen, die Unangepasstheit an die neue Zeit sind auch das Thema von «Ida», einer großen Novelle, die im Februar auf Verlangen von Morand geschrieben wurde, um den berühmten Band von «scenarii» zu komplettieren. Irène Némirovskys Idee sind *Die sieben Todsünden* von Brecht und Weill (1933), ein Thema, das sie nebenbei schon in *Le Malentendu* behandelt hat.[85] In der Kladde von «Ida» tritt diese Dimension noch deutlicher hervor: «Music-Halls. Die Fremden wälzten sich über die Welt. Sie waren aufgebläht von Gold, sie trugen ihr Gold auf dem Bauch, auf den Augen. (…) Das habgierige Paris empfing sie gleich einer Prostituierten, das ist die Wahrheit, aber man darf sie nicht sagen.» Eine Karikatur? Wo sie doch selbst ihre Manuskripte damit überzieht und bedauert, «das wunderbare Album von Sem» nicht zur Hand zu haben, um sich von ihm inspirieren zu lassen. Am 16. und 23. Mai erscheint diese «große neue Novelle» in zwei Lieferungen in der eklektischen linken Wochenschrift *Marianne* (Auflage hundertzwanzigtausend), in der *France la doulce* in Fortsetzungen erschienen ist. Man sieht darin einen «alten Finanzier» und einen «ehemaligen Ratspräsidenten», die abwechselnd mit einer alternden Revuediva schlafen, die schließlich von ihrem hohen Ross fällt: Parabel der dekadenten 1920er Jahre und der «Herrschaft der alten Frauen» … Idas Verfall ist das weibliche Pendant zu Bohuns Sturz, und daß sie Jüdin ist, federt den Aufprall nicht gerade ab.

Le Pion sur l'échiquier erscheint zur selben Zeit wie «Ida». Irène Némirovsky hat in letzter Minute den letzten, allzu deutlichen Satz gestrichen: «Eine Hand hatte ihrerseits die unnütz gewordene Figur vom Schachbrett genommen, und die Partie ging ohne sie weiter …» Dennoch ist die Kritik von diesem Roman verwirrt, der mit der russischen Ader seiner Autorin bricht. René Lalou sieht darin einen «erheblichen Fortschritt»[86], aber er schreibt in *Noir et Blanc*, der in ihren Anfängen steckenden Zeitschrift von Albin Michel. Thérive, Lœwel und Franc-Nohain stimmen ihm zu. Ebenso Ramon Fernandez, der in *Marianne* das Wort führt. Allenfalls beklagt André Bellessort, dass die Schriftstellerin noch zu viel mit «jener so niederen und so uninteressanten kosmopolitischen Welt der David Golders» zu tun hat.[87] In der überaus nationalistischen *Revue hebdomadaire* wundert sich die junge Élisabeth Zehrfuss, die *France la doulce* sehr gut verstanden und geschätzt hat, dass sie an dem «kläglichsten Helden, der sich vorstellen lässt», Interesse gefunden habe. Marcel Prévost schließlich weist auf einige Fehler hin, begrüßt jedoch Irène Némirovskys «Schneid» und bittet sie, sich mit Gelassenheit zu wappnen und «sich nicht über eventuelle Kritiken zu erregen, die ihren letzten Roman im Vergleich zu ihren vorherigen Werken ungünstig aufnehmen könnten»[88].

Ein kluger Rat, aber es ist schon zu spät: Seit dem 30. Mai weiß Irène Némirovsky nicht mehr, wo ihr der Kopf steht. Robert Brasillach, Speerspitze der jungen Kritik, hat *Le Pion* in seiner «causerie littéraire» der *Action française* verrissen:

> *Die Figur nimmt uns nicht gefangen. Die Rauheit, die hätte entstehen müssen, versinkt in Grautönen. Auf die gleiche Gefahr haben wir schon in* L'Affaire Courilof *aufmerksam gemacht: Vielleicht sollte die Autorin von* David Golder *keine Romane schreiben. Sie zieht das Thema einer Erzählung, eine kleine Anekdote, in die Länge, und alles bricht auseinander. Wahre Verzweiflung scheint zu literarischer Verzweiflung zu werden. Allem Geschick der Schriftstellerin gelingt es nicht, die Leere des Themas und des Buchs zu bemänteln. Und jegliche Evokation verflüchtigt sich.*
>
> *(…) Bitten wir Madame Némirovsky, deren Bitterkeit uns mißfällt, um weitere* Mouches d'automne, *weitere* Essen unter Freunden, *weitere Novellen. Nicht jeder, der möchte, reüssiert in dieser schwierigen Kunst.*[89]

Seit dem Wirbelsturm vom 6. Februar ist Brasillach nicht mehr er selbst. Er hat schlicht und einfach seine Hinwendung zum Faschismus begonnen. *France la doulce* behandelte in seinen Augen eine «ernste Frage», nämlich, dass in einem «sogenannten französischen» Film, vom Kapital einmal abgesehen, «der Regisseur ein ukrainischer Jude ist, die Assistenten Juden aus Frankfurt sind, die männliche Hauptrolle ein Spanier und die weibliche Hauptrolle eine Engländerin ist (…).»[90] Gewiss ist der raffinierte Kritiker von 1934 noch nicht der Libellist, der unter der Besatzung empfehlen sollte, unbedingt daran zu denken, auch die jüdischen Kleinkinder zu deportieren. Und sein Urteil über *Le Pion* hat nichts Ideologisches an sich.

Irène Némirovsky ist am Boden zerstört, zuerst weil sie die Meinung dieses jungen Literaten schätzt, aber auch aus anderen Gründen, die am selben Tag in ihrem Arbeitsjournal auftauchen: «Natürlich schreibe ich zu viele Romane … Aber wenn man wüßte, daß ich es tue, um zu essen … vor allem um Michel und Denise zu ernähren. Das ist hart … Es stimmt, daß die Leute darauf sch… Ich selbst bin kritisiert worden. Ich weiß wohl, daß man sich in diesen Fällen – *und das ist gerecht* – nicht für die Gründe eines Mißerfolgs interessiert. In diesen Fällen spüre ich, daß mir das Herz schwer wird und so mühsam und schmerzhaft schlägt, meine Kehle sich voller Tränen zusammenschnürt.»

Am übernächsten Tag hat sich die Wunde nicht etwa geschlossen, sondern sich sogar entzündet: «Ich stecke im schwärzesten, schauerlichsten Katzenjammer … immer noch der Artikel der A. F. Nicht so sehr, weil ich allgemein verrissen werde, sondern die offenkundige Aufrichtigkeit des jungen B. ist das Erschreckende. Ich habe mein Bestes getan, und es ist wahr. Aber wie gewöhnlich bedrückt es mich wegen der Zukunft, der fernen wie der nahen. Ich bin ratlos, mutlos, ohne Hoffnung, todunglücklich. Wie ich gealtert bin! Früher war die Niederlage ein Peitschenhieb: Ich war zornig, ich fühlte mich stärker. Jetzt ist es ein Fausthieb … Die Niederlage schlägt mich jetzt k. o. … Ich kann nicht daran denken, daß es vorübergeht, wie so vieles … Und doch müßte ich wissen, daß mein Leben eine Reihe von *ups and downs* ist, wie das meines armen Vaters …»

Resultat dieses Verrisses unter anderem: Einen Monat nach seinem

Erscheinen verschwindet das Buch nach und nach aus den Schaufenstern. «Ich fürchte, das ist ein schlechtes Zeichen», schreibt sie am 27. Juni an Albin Michel. Der tröstende Verleger erinnert taktvoll an die Krise, die der Markt gerade durchmacht: «Verglichen mit der Situation des Buchs im allgemeinen ist der Verkauf von *Le Pion sur l'échiquier* gut.» Doch von siebzehntausend gedruckten Exemplaren werden bis 1942 nur siebentausend verkauft. Sollte Irène Némirovsky nicht mehr die *«great attraction»* sein, seit Frankreich in der Krise steckt?

Angebot und Nachfrage

Von Mai bis November 1934 bringt Irène Némirovsky nicht weniger als fünf Novellen heraus, darunter einige sehr lange. «Im Augenblick bekomme ich mehr Nachfragen an Novellen, als ich befriedigen kann», schreibt sie ihrem Verleger. Wie sagte doch Tschechow, als jemand ihm vorwarf, zu viel zu schreiben: «Papa und Mama müssen essen …»[91]

«Les Fumées du vin», eine Novelle, die im Februar ihre endgültige Form erhalten hat, erscheint vom 12. bis 19. Juni im *Figaro.* Brisson, der neue Direktor, hat ihr zweitausendfünfhundert Francs dafür geboten. Für «Écho» gesteht Albin Michel ihr nur vierhundert zu, hat sich jedoch über die Kürze des Textes beklagt: Er nimmt nur knapp vier kleine Spalten in *Noir et Blanc* in Anspruch, der Wochenschrift, die im April endlich herausgekommen ist. Es ist eine gedrängte Fassung von *Le Vin de solitude.* Ein Schriftsteller ruft sich eine Episode seiner Kindheit in Erinnerung: das Geschenk eines sterbenden Schmetterlings an seine Mutter, die das Geschenk gleichgültig lässt. «Ich glaube, daß dieser unbedeutende Vorfall am Anfang meines ganzen Gefühlslebens, meines Werks steht, in dem die Menschen unter ihresgleichen leben, ohne von ihnen verstanden zu werden, jeder in seinem Gefängnis.»[92] Er selbst kann sich nicht vorstellen, seinen eigenen Sohn abzukanzeln. Damit gibt Irène Némirovsky ihren im April 1934 eingestandenen törichten Zweifel wieder, dass sie Denise nicht genug liebe: «Die Wahr-

▲ «Als Heranwachsende. Eine schöne braune Haut, ein diskretes Gesicht, so schmal, daß man es nicht bemerkt, zu blaß, der olivfarbene Teint der Kinder von Petersburg.» (Tagebuch, Sommer 1933)
Sammlung Tatjana Morozowa

◄ Leonid Nemirowski. «Mein unglücklicher Papa … Der einzige, bei
dem ich gespürt habe, daß ich von
ihm abstamme, mein Blut, meine
unruhige Seele. Meine Stärke und
meine Schwäche.» (Journal zu *Le
Vin de solitude*) © IMEC

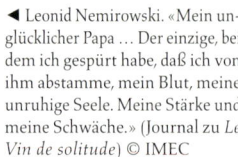

► «Mütterchen, im Ballkleid, mit
nackten Schultern, ihrem naiven
und triumphierenden Lächeln, das
zu sagen schien: ›Seht mich an!
Bin ich nicht schön? Und wenn
ihr wüßtet, wie mich das freut!‹»
(*L'Ennemie*, 1928) *Sammlung
Tatjana Morozowa*

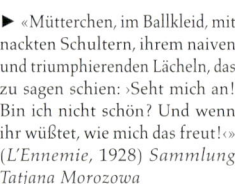

◄ Irène und ihre junge Tante
Viktoria. Im Vordergrund Marie,
ihre französiche Gouvernante:
«Ich habe keine Lust mehr, sie
Zézelle zu rufen, das ist zu hei-
lig. Ich werde sehen. Mademoi-
selle Rose, auch das ist gut …»
(Journal zu *Le Vin de solitude*)
Sammlung Tatjana Morozowa

◄ Iona Margulis, ihr Großvater
mütterlicherseits, war der Einzige, «der perfekt französisch
sprach». «Er sagte: ›Ma petite *file*›,
wobei er die derart veränderte
letzte Silbe stark betonte.» (Journal zu *Le Vin de solitude*) © IMEC

► Rosa Schtschedrowitsch, genannt «Bella», ihre Großmutter
mütterlicherseits. «Eine arme
Frau, klein, dünn, schmächtig (…),
ein wie eine alte Fotografie verblichenes Gesicht mit verschwommenen, vergilbten, in Tränen zerfließenden Zügen …» (Journal
zu *Le Vin de solitude*) © IMEC

◄ Anna Némirovsky, genannt
«Fanny». «Man müßte sie von
innen zeigen, sie also nahezu wie
Phädra zeigen, unfähig, ihrem
Laster zu widerstehen, diesem
Wunsch, diesem Hochmut, jung
und begehrenswert zu bleiben.»
(Journal zu *Le Vin de solitude*)
© IMEC

► General Suchomlinow, Gouverneur von Kiew, vor dem sie
im Alter von acht Jahren die Tirade aus *L'Aiglon* deklamierte:
«Ich war sehr aufgeregt, vor diesem Menschen zu stehen, der
für uns Terror, Tyrannei und
Blutgier symbolisierte. Zu meiner großen Überraschung sah
ich einen charmanten Mann, der
meinem Großvater ähnelte und
überaus sanfte Augen hatte.»
(1932) © IMEC

▶ Als Heranwachsende vor dem Hotel Excelsior Regina von Cimiez. «Nicht den Luxus bewundert man. Man stellt sich ein vollkommenes Leben vor, in dem alles Ordnung und Schönheit ist ... das Paradies eben!» (7. Juli 1938) © IMEC

▼ Mit ihrer Mutter, vor 1914. «Ich glaube, wir fahren nach Biarritz ...» (Postkarte, 1912 oder 1913) © IMEC

▲ «Papa? Er liebt auf der Welt nur die Geschäfte, sie sind ihm sehr viel teurer als du oder ich.» (Journal zu *Le Vin de solitude*) © IMEC

▼ Irène und ihre Mutter. «Ein kleines Mädchen von fünfzehn Jahren, mager, brünett, mit braunen, viel zu mageren Armen, und Beinen, die kräftig wirken, weil sie nicht wie die einer Frau gebildet sind.» (Tagebuch, Sommer 1933) © IMEC

► Anna und Léon. «Vermutlich war er in sie verliebt gewesen. (…) Vermutlich hatte er später wohl schmeichelhaftere Eroberungen, aber damals war er nur ein namenloser kleiner Jude.» (Journal zu *Le Vin de solitude*) © IMEC

▼ Auf diesem Julie gewidmeten Foto hat Anna Némirovsky mit der Initiale «J», für Jeanne, unterschrieben. «Möge dieses Gesindel der Palasthotels verschwinden, bestimmt wird niemand ihm nachtrauern (…).» (*Aujourd'hui*, Nr. 285, 31. Januar 1934) © IMEC

▼ Als Zigeunerin verkleidet, um 1920. «Diese fieberhafte, traumhafte Musik ähnelte in nichts irgend etwas, was sie bis zu diesem Tag gehört hatte.» (*L'Ennemie*, 1928) © IMEC

▲ In Nizza um 1920, mit ihrem Vater und Mrs. Matthews. «Sieh nur, wie gut du erzogen bist, du hast schöne Kleider, eine schöne Pension, ein Auto, eine Engländerin ... Und Glück! Du hast Glück, weil du jung bist ...» (Journal zu *Le Vin de solitude*) © IMEC

◄ In Touquet. «Sie schien in ihrem Wachstum stehengeblieben zu sein und hatte noch mit zwanzig Jahren den zarten, schmächtigen Körper eines Kindes. (...) Ein bewegliches, ausdrucksvolles Gesicht, jedoch von runder, kindlicher Form, eine hübsche schmale Nase, einen häßlichen Mund, strahlend weiße, scharfe, sanfte Augen.» (Selbstporträt, 1934) © IMEC

▲ «Sie hatte ein Pferd, das in sie verliebt war/Und eine hellgrüne Katze ...» («Märchen», Gedicht in Russisch, um 1918) © IMEC

▲ «Ah, damals! ... Eine Frau, die jeden Morgen Waden wie die Ihren zur Schau gestellt hätte, die hätte binnen einer Woche das Auto gehabt, das kleine Hotel und alles!» («Nonoche au vert», 1921) © IMEC

◄ «Ihre Zigarettenspitze aus Bernstein
Zittert zwischen ihren bleichen, sanften Lippen
Der schmissige Tanz und der Schrei der Jazzband a-a-a-a
Verführt Sie und lockt sie an»
(Gedicht auf Russisch, 1921)© IMEC

◄ «Möge das, was Rußland zustößt, der zivilisierten Welt als Warnung dienen!», schrieb der Bankier Efim Epstein, Michels Vater, im Jahr 1925. © IMEC

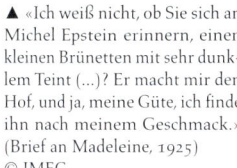

▲ «Ich weiß nicht, ob Sie sich an Michel Epstein erinnern, einen kleinen Brünetten mit sehr dunklem Teint (...)? Er macht mir den Hof, und ja, meine Güte, ich finde ihn nach meinem Geschmack.» (Brief an Madeleine, 1925) © IMEC

► Auf einem Ausflug nach Fontainebleau. «Gleich hinter den Toren von Paris erblickte man wirkliche grüne Bäume, voll von Schatten und Vögeln ...» (L'Ennemie, 1928) © IMEC

A LA PORTE·SAINT·MARTIN

▲ Paulette Andral und Harry Baur in der Theaterbearbeitung von *David Golder*, gezeichnet von Sennep. (*L'Echo de Paris*, 1930)

► Ein paar Wochen vor dem Erscheinen von *David Golder* im November 1929 kommt Denise Epstein auf die Welt. «Sie sieht mir überhaupt nicht ähnlich; sie ist fast blond und hat graue Augen, aber ich glaube, das wird sich noch ändern.» (Brief an Madeleine Cabour, 22. Januar 1930) © IMEC

▼ «Diese junge Mama sieht aus wie ein junges Mädchen. (...) Ihre Augen sind ebenso schwarz wie ihr Haar; sie haben die seltsame, bisweilen ein wenig blinzelnde Sanftmut, wie eine leichte Kurzsichtigkeit sie verleiht.» (Frédéric Lefèvre, 1930) © IMEC

▼ «Ich habe immer geschrieben. Nicht schreiben könnte ich gar nicht.» (*Les Nouvelles littéraires*, 2. November 1935) © Roger-Viollet

► René Doumic und Henri de Régnier. © Sirot-Angel

▼ Bernard Grasset, «unser vertrautes größenwahnsinniges Väterchen». DR

▲ Hélène und Paul Morand. DR

◄ André Sabatier. DR
► Albin Michel. DR

► «Ein glücklicher Tag ist so selten! Ihr werdet es später erleben. Es gibt verregnete Donnerstage, an denen ihr nicht aus dem Haus gehen könnt, an denen ihr dem schönen Sommer nachtrauert, an denen ihr denkt: Wie schön wäre es, noch zusammen am Strand zu sein! Und es wird zu spät sein.» («Comme de grands enfants», 1939) © IMEC

▼ In Hendaye. «Es ist ein Verbrechen, Kinder in die Welt zu setzen und ihnen kein bißchen Liebe zu geben!» (*Le Vin de solitude*, 1935) © IMEC

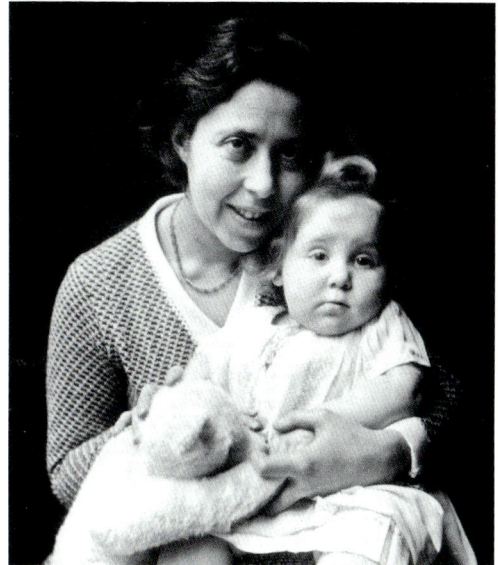

◄ «Ich war schon geboren, als meine Mutter eines Tages einen riesigen Teddybären erhielt, zusammen mit einem unverständlichen Brief. Dieser Bär war für sie bestimmt, denn meine Großmutter versteifte sich darauf, sie als ein ganz kleines Mädchen zu behandeln.» (Denise Epstein) © IMEC

► In Urrugne, 1933. «Das Haus, das ich mieten konnte, ist eine ehemalige Poststation aus der Zeit Ludwigs XIV. mit massiven Mauern, einem riesigen Dachboden, Wandschränken, Treppen und Verstecken ohne Ende. Sie werden am Ton erraten, in dem ich von diesem Haus spreche, daß ich ein wenig in es verliebt bin, und das stimmt.» © IMEC

▲ «7. Juli 39. (...) Man erstickt im Haus; man erstickt auf dem Sand. Keine Lust zu arbeiten, und gleichzeitig diese dunkle Unruhe ...» © IMEC

▼ «Wie merkwürdig wir doch beschaffen sind! Unser schwaches Gedächtnis bewahrt nur die Spur des Glücks, die zuweilen so tief ist, daß sie eine Wunde halten könnte.» («Les Revenants», 1941) © IMEC

▼ Sommer 1939: letzte Ferien in «Ene Etchea», Mietvilla in Hendaye-Plage. © IMEC

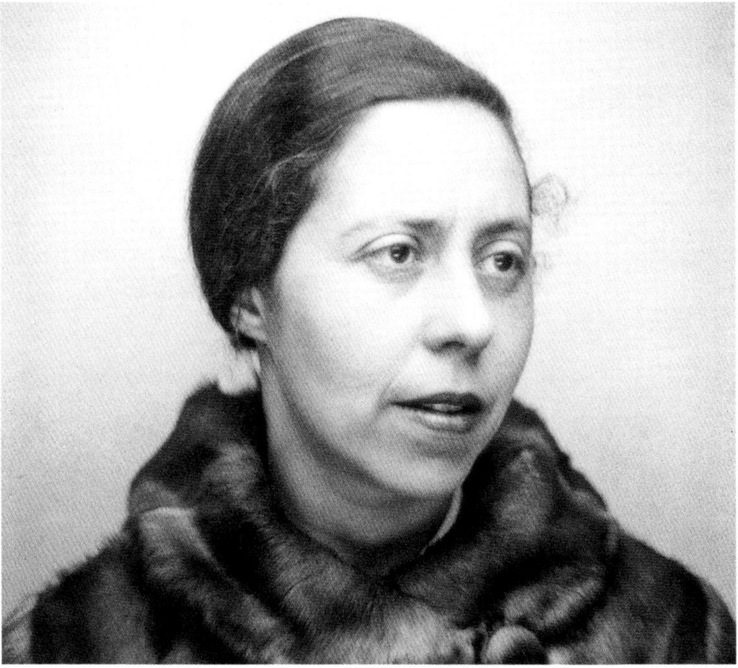

▲ «Wenn das Geld aufgebraucht ist, verkaufen Sie zuerst die Pelze, die Sie in unseren Koffern finden und
die Sie sicherlich wiedererkennen werden ...» (An Juli
Dumot, 22. Juni 1940). © IMEC

▶ Mit «Babet» in Issy-l'Évêque. «Dieses Land im Herzen Frankreichs ist wild und reich zugleich. Jeder lebt
für sich, auf seinem Gut, mißtraut dem Nachbarn,
bringt seinen Weizen ein, zählt sein Geld und kümmert sich nicht um den Rest.» (*Chaleur du sang*)
© IMEC

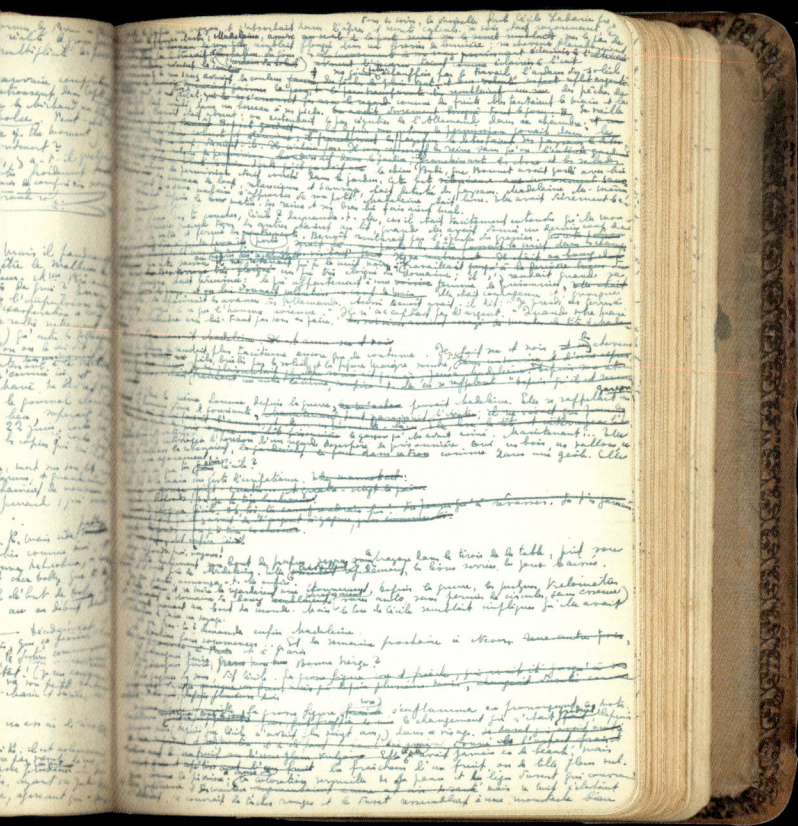

▲ Das Manuskript von *Suite française*. «In letzter Zeit habe ich viel geschrieben. Ich vermute, es werden posthume Werke sein, aber es vertreibt mir jedenfalls die Zeit.» (Brief an André Sabatier, 11. Juli 1942) © IMEC

heit ist, daß man sich nicht sehr für seine Kinder interessiert, zumindest solange man jung ist. Man liebt sie nicht ständig und nicht jeden Tag auf die gleiche Weise, nicht mehr als bei der sonstigen Liebe der Menschen. Angebot und Nachfrage fallen nie zusammen – zwischen Eltern und Kindern ebensowenig wie zwischen Liebenden.»

«Dimanche», am 1. Juni von der *Revue de Paris* veröffentlicht, ergeht sich in der gleichen Wehmut: Naivität der Tochter – von ihrer Nichte Natascha inspiriert –, getrieben von «dieser Kraft, diesem heißen Blut»[93]; Ernüchterung der Mutter, deren Jugend lange erhalten geblieben ist; wechselseitige Verständnislosigkeit und Verstellung der Generationen. Irène Némirovsky hatte die Intuition dazu an jenem Weihnachtsabend 1933, an dem sie ihr Asthma und ihre Müdigkeit vorgeschützt hatte, um allein zu Hause zu bleiben. Mit dreißig Jahren schreibt sie: «Als Kind ahnte ich die Zeit der Reife voraus, jetzt ahne ich mehr als alles andere das Alter voraus. Komisch.» Im November 1934 sind «Les Rivages heureux» wiederum die Gestade der sorglosen Jugend, an denen Ginette nicht mehr anlegen wird, eine «verwelkte alte Kokotte», die zwischen zwei Arten des Ertrinkens schwankt: im Alkohol oder in den «dunklen Strudeln» der Seine.[94]

Irène verbringt den ganzen Sommer in Hendaye, dann in Urrugne damit, *Le Vin de solitude* zu redigieren, und genehmigt sich Anfang September nur eine kurze Reise ins Ausland. In Saint-Jean-de-Luz und seiner Umgebung bestätigen sich ihre Befürchtungen: kein *Pion* mehr in den baskischen Buchhandlungen. Am 15. Oktober wieder in Paris, beerdigen Denise und ihre Mutter den braven fetten Kater Kissou und erfahren noch am selben Tag vom Tod des Präsidenten Poincaré, der einen ebenso dicken Bauch und Schnurrbart hatte wie der Kater. In der Avenue Daniel Lesueur legt sie letzte Hand an ihr Manuskript, das Albin Michel im Januar oder Februar herausbringen will. Doch inzwischen hat die im Allgemeinen weniger großzügige *Revue de Paris* ihr zwanzigtausend Francs dafür geboten. Eine «erkleckliche» Summe nach Meinung des Kenners Albin Michel, der sich mit dem einem seiner Autoren soeben zuerkannten Prix Goncourt tröstet. Endlich

scheint eine Wintersonne über dem für Irène Némirovsky unfreund-
lichen Jahr 1934.

In den Korrekturfahnen von *Le Vin de solitude*, die sie im Lauf des
Januars durchsieht, trägt die Familie Karol noch den tatarischen Namen
Koire, den sie ihr in «Le Mercredi des Cendres», ganz zu Anfang dieses
autobiographischen Abenteuers, gegeben hat. «Meine Pläne?», fragt
sie. «*Le Vin de solitude*, der auf der Linie von *Le Bal* liegen wird.»[95]
Der intimste ihrer Romane erscheint in Fortsetzungen ab dem 1. März;
Thiébaut hat ihn zur Eröffnung seiner Zeitschrift gewählt, noch vor
den unveröffentlichten Fragmenten von *La Chartreuse de Parme*!

Bei seinem Erscheinen im August 1935 erwähnt kein Kritiker, dass
dieser Roman, der keiner ist, mit der Veröffentlichung von *A la source
des jours* (Im Anbruch des Tages) von Iwan Bunin zusammenfällt, der
Erzählung einer als Fiktion vorgestellten Jugend in Russland, mit dem
Unterschied, dass der Nobelpreisträger für Literatur seinem unfreiwilligen Gedächtnis vertraut hat, während Irène Némirovsky gegen
ihre Erinnerungen ankämpfen und ihnen die Fessel einer Symphonie
anlegen musste. «Dieser Roman», erklärt sie ihren Lesern, «gehört
zu denen, die man in seinem Kopf und seinem Herzen schreibt, lange
bevor man sie zu Papier bringt, zu denen, die nicht fix und fertig in
der Phantasie entstehen mit ihrem Anfang, ihrem Ende und ihrer
endgültigen Form, sondern die zögern, tasten und letztlich nie enden,
denn jeder träumerische Augenblick fügt weitere mögliche Episoden
hinzu.»[96] Die Schmerzen und die Freude der Entbindung: Dies war
das Thema von «Nativité», heute ist es die Erleichterung darüber, dass
dieser *Wein* endlich auf Flaschen gezogen, in der Buchhandlung zu
haben ist und in die Seele seiner Leser fließen kann.

«Das Buch derer, die im sogenannten glücklichen Alter die Verzweiflung kennengelernt haben», so steht es in den Anzeigen, die Albin
Michel in die Tageszeitungen hat setzen lassen, in der Gewissheit, endlich einen zweiten *Golder* in Händen zu haben. Die Fürsten der Kritik
folgen ihm nicht bis dahin, doch Fernandez bewundert den zarten Pin-
selstrich des revolutionären Hintergrunds, der zu irreal sei, um Hélène

von der Erziehung ihres Herzens abzulenken.[97] Maxence weiß nicht, was er zuerst loben soll, die Ausgewogenheit und Gediegenheit der Erzählung, die Plastizität der Figuren, die «außergewöhnliche Farbgebung (…), die Wahrhaftigkeit der Sittengemälde, die Scharfsichtigkeit der Diagnosen, die Bedeutung des gesellschaftlichen Materials»[98]. Der alte Henri de Régnier, erschrocken über Hélène Karols Hellsicht und verblüfft über die ungeahnte Bitterkeit der Schriftstellerin, bedauert nur, dass sie «sich ein wenig zu sehr auf die Schilderung dieser trüben, gierigen, tollwütigen und alles in allem recht niederen Menschheit spezialisiert»[99].

Seltsamerweise wirft nur die *Revue de Paris*, in der das Buch zuerst erschienen ist, dem *Vin de solitude* seinen «hebräischen Pessimismus» und seine «russische Unbekümmertheit» vor, aber auch den rachsüchtigen, selbstgefälligen und respektlosen Charakter seiner Heldin: Darf man eine Mutter so behandeln, die zwar hart und eitel, aber immerhin eine Mutter ist? Irène Némirovsky hatte diesen Vorwurf vorweggenommen: «Moralisch gesehen ist es schlecht, das weiß ich, aber es ist wahr, aufrichtig.» Wie alle ihre Bücher seit *L'Enfant génial* ist *Le Vin de solitude* ein tief moralisches Werk, das von Kindesgefühlen und elterlicher Verantwortung spricht, von Verachtung und Wertschätzung, vom Geld, von der Liebe und vom Hass. Aber es ist kein Buch in Moral. «Nicht Wein, wie sie sagt, hat die Einsamkeit Hélène eingeflößt, sondern Gift», lästert Henri Bidou, unfähig zu verstehen, dass der Dunstschleier, der seine Lektüre behinderte, so dass er Hélène nur «undeutlich» sehen konnte, lediglich der Nebel der Erinnerungen war: «Man könnte meinen, die Autorin sei ihr zu nahe, als daß man sie richtig erkennen könnte …»[100] In der Tat so nahe, dass Hélène im Jahr 1942 Irène jene verwirrende Widmung eingeben wird, die auf der Rückseite des Ordners *Suite française* steht: «*Le Vin de solitude*. Von Irène Némirovsky, für Irène Némirovsky.» Und auch für Fanny, der niemand einen so klaren Spiegel geschenkt hatte.

«Es ist die Geschichte eines kleinen Mädchens», sagt sie, «das seine Mutter verabscheut …»

8

Glückliche Franzosen!

(1935–1938)

> *Jude und Franzose sein, wie fruchtbar hätte*
> *diese Verbindung sein können! Welche Hoff-*
> *nung setzte ich darein!*
>
> Jacques de Lacretelle, *Silbermann*

Hätte ohne den Geiz, ohne den Egoismus von Fanny Némirovsky ihre Tochter Irène zwischen 1935 und 1942 neun Romane, eine Biographie und nicht weniger als achtunddreißig Novellen geschrieben? Ihr Werk, das auf die Bühne gebracht und in der ganzen Welt übersetzt wurde, ist nun die Haupteinnahmequelle ihres Haushalts. 1938 sind ihre Einkünfte mehr als dreimal so hoch wie Michels Jahreseinkommen bei der Banque des Pays du Nord, das sich nun auf 41 850 Francs beläuft. Gewiss, Michel hat weitere Einkommensquellen, vermutlich spekulativer Art, aber nie haben sie daran gedacht, ihren Lebensstil zu ändern. Ihr Hausarzt ist der herausragende Louis Vallery-Radot, ein Enkel von Pasteur und Urenkel von Eugène Sue. Irène Némirovsky darf also nicht mit Schreiben aufhören, da sie sonst das finanzielle Gleichgewicht ihres Heims, aber auch ihre Stellung in der Republik der Literatur gefährden würde. Nichts ist falscher als ihr posthumer Ruf einer «Bankerin»: Die Autorin von *David Golder* lebt vor allem von ihrer Feder. Sie lebt gut davon, aber sie lebt nicht als Einzige davon. Und Michel Epstein, der mit Albin Michel noch nicht das vertraute Verhältnis hat, das er zu Grasset bewahrt, erlaubt es sich, seine Frau bei ihren Geschäften zu unterstützen. «Monsieur Irène Némirovsky»,

scherzt sie, «ist kein Prinzgemahl.»[1] Im August 1935 eröffnet er für
sie ein getrenntes Konto bei der Banque des Pays du Nord. Er bringt
ihr Papier aus dem Büro mit, auf das er selbst ihre Romane abtippt,
und schenkt ihr 1937 den Doret-Füllfederhalter, mit dem sie in blauer
Tinte schreibt, «so blau wie die Meere des Südens». «Ich schreibe gern
am Morgen», gesteht sie, «aber noch lieber abends nach fünf Uhr,
wenn der Tag zu Ende ist, in der Stille des Heims und dem Zauber der
angezündeten Lampen. Ich kann nie nach dem Mittagessen arbeiten,
aber Duhamel scheint es wie mir zu gehen. Das hat mich beruhigt …
Ich benötige nur meinen Lieblingsfüller.»[2] Michel ist ihr erster Leser,
äußerst streng, aber überzeugend:

«Warum hast du das geschrieben?»

«Aber …»

«Das geht nicht.»[3]

Anfang Juni 1935 brauchten sie nur um eine Straßenecke zu biegen,
um in eine Sackgasse umzuziehen, zwanzig Meter von der Avenue
Daniel Lesueur am Boulevard des Invalides entfernt. Die Mietwoh-
nung in der sechsten und letzten Etage der Avenue Constant Coquelin
Nr. 10 ist heller und geräumiger als die alte. Man gelangt mit dem
Fahrstuhl hinauf. Sie werden dort Empfänge geben und, wer weiß, ein
Neugeborenes begrüßen können. Ein Vorplatz, ein Flur, ein mit Bü-
chern verkleideter Salon, in dem sich Denise einen geschützten Platz
unter den Vorhängen einrichtet. «Ich verbringe den ganzen Tag mit
Lesen»[4], vertraut die kleine Dame den Journalisten an: die Comtesse de
Ségur, *François le Bossu*, *La Famille Plumet*, *La Petite Sœur de Trott*,
mit Vorliebe *Le Petit Lord Fauntleroy*. Ein Foto zeigt Mutter und
Kind vereint in einer Ecke. Mehrere Zimmer, eine Speisekammer, eine
Küche, in der die Schriftstellerin nicht mit Kochtöpfen hantiert, jedoch
ein Esszimmer, wo sich ihre Naschhaftigkeit zeigt. Auf einem Büfett
herrliche Kristallflakons. Kaviar, Champagner, Abendkleider: «Unsere Eltern lebten nach russischer Art. Offenes Haus, große Abendgesellschaften …»[5] Die Gäste waren Fernand Gregh, Paul und Hélène
Morand, Tristan Bernard und sein Sohn Jean-Jacques. Samstags blie-

ben Paul Epstein und Schura bis tief in die Nacht. Einer der beiden Balkone, wie eine Veranda verglast, ist mit Geklapper erfüllt: Hier wird gestrickt und auf der Schreibmaschine getippt. Vom anderen, der mit Kapuzinerkresse und Wicken bepflanzt ist, fällt der Blick auf den Gemüsegarten der Spiritaner, einer Kongregation von Missionaren, deren Neubegründer, Jacob Libermann (1802–1852), der Sohn eines zum Katholizismus übergetretenen Rabbis war. In dieser Wohnung, in der sie weniger als fünf Jahre leben sollte, schreibt Irène Némirovsky fünf Romane und glaubt sich vom Judentum zu verabschieden, ohne es indes aus ihrem Werk zu verbannen.

Der Traum holt die Wirklichkeit ein

Die ein Jahr zuvor Paul Morand versprochene Sammlung *Films parlés* hätte gleich nach Drucklegung im Dezember 1934 erscheinen sollen; dazu kommt es aber erst drei Monate später im Februar 1935. Diese vier visuellen Novellen, aufgebaut wie Filmsequenzen und fast völlig ohne Psychologie, zeugen von einer Ästhetik, die Irène Némirovsky, nachdem sie sich lange Zeit zum Einfluss des Kinos bekannt hat[6], nicht mehr für sich beansprucht. Keines der Drehbücher, die sie für das Kino konzipiert hat – eines nach «La Comédie bourgeoise», andere mit den Titeln «La Symphonie de Paris» oder «Carnaval de Nice» –, wurde verfilmt. Die enttäuschte Erwartung, die Kunst des Schreibens im künstlichen Licht der Scheinwerfer erneuern zu können, ist offenkundig, ihr Arbeitsjournal zeugt davon: «Man darf sich nicht mehr verhehlen, daß die Filmtechnik unzuverlässig ist, wenn eine Mischung aus verschiedenen Konflikten zusammengehalten werden soll: Man kann sagen, was man will, der wirklichen, reinen Novelle bleibt nur eines zu tun: Mérimée nachzuahmen und dem Senkblei zu folgen.» Damit kommt sie ihren Kritikern zuvor, die mehr ihr erzählerisches Talent als ihren Avantgardismus schätzen. Auch wenn Fernandez nicht sicher ist, ob die «optischen Verfahren»[7] irgendetwas zur narrativen

Wirkung beitragen, sieht er wie Edmond Jaloux in «Ida», mit der der Band beginnt, die «bemerkenswerte Studie einer alternden, vom Ehrgeiz ausgetrockneten Frau»[8]. Henri de Régnier dagegen versteht nicht, wie sich ein solches Talent zu diesem «Spiel ohne große Zukunft»[9], das darin besteht, die Kamera nachzuäffen, herablassen konnte.

Doch die junge Kritik kommt hier auf ihre Kosten: Jean-Pierre Maxence, neunundzwanzig Jahre alt, von der drehbuchartigen Sprache von *Films parlés* in keiner Weise aus der Fassung gebracht, erkennt in dieser «ausgezeichneten Sammlung» den Einfluss von Maupassant in Bezug auf die Konzeption, den von Mauriac in Bezug auf die Dialoge und den von Tschechow in Bezug auf die Bitterkeit, und das Ganze ohne Winkelzüge: «Wenn sie zu dieser Poesie aus Asche und Gold gelangt, dann ganz nebenbei, unfreiwillig, durch Zufall.»[10] Anders als Brasillach, sein ehemaliger Kollege bei der *Revue française*, und obgleich von glühendem Nationalismus durchdrungen, wird Maxence bis zur Besetzung Irène Némirovsky treu bleiben. Im Oktober desselben Jahres ist er, wie er gesteht, betäubt von der Kraft der Evokation, der Strenge des Aufbaus von *Le Vin de solitude*, dem gelungensten Buch der «brillanten Schriftstellerin»: «Wenn ein solches Gleichgewicht erreicht ist, darf man von einem Schriftsteller sagen, daß er sich voll und ganz verwirklicht hat. (…) Der Traum holt die Wirklichkeit ein.»[11]

Albin Michel sollte etwa zehntausend Exemplare von *Le Vin de solitude* verkaufen, vermutlich weniger, als er erhoffte, doch das Werk wird in mehrere Sprachen übersetzt. Im Lauf des Jahres 1934 zögerte Irène Némirovsky zuerst, es in der *Revue des Deux Mondes* erscheinen zu lassen, wie diese ihr vorschlug, da sie glaubte, der intime Charakter des Werks und die Rachsucht seiner Heldin seien unter der Würde einer so gestrengen Zeitschrift. Und um nichts auf der Welt hätte sie zugestimmt, sich zu zensieren. «Man kann Talent haben und doch nicht in der *Revue des Deux Mondes* schreiben»[12], meinte Juven 1921. Aber im Inhaltsverzeichnis der ehrwürdigen Zeitschrift zu stehen ist keine Ehre, die man missachtet. Von den Weisen dieser hundertjährigen Institution kooptiert zu werden, bedeutet, den französischen Geist von dessen Bewahrern zu empfangen: siegreiche Marschälle wie Foch oder Pétain, Helden der Republik wie Deschanel und Poincaré, weißhaarige Dichter wie Gregh oder Régnier, mutmaßliche Paten von Irène Némirovsky. «Die *Revue* bietet uns das glückliche Bild einer gut verwalteten Welt», beglückwünscht sich der Akademiker André Chaumeix 1933. «(…) Die Redaktion stellt durchaus ein weises und um das allgemeine Interesse besorgtes Parlament dar.»[13] In diesem Vorzimmer der Académie française, das alle Regime seit Karl X. überlebt hat, ohne von seinem Kurs abzuweichen und ohne eine beginnende Sklerose zu vermeiden, lassen einige junge Literaten wie Lacretelle, Carco, Montherlant oder Green ihre Lorbeeren heranreifen. Für eine Ausländerin – dem Geist nach Französin, aber vor dem Gesetz staatenlos – mag es verlockend sein, Schutz zu suchen hinter dem rosaroten Umschlag der *Revue*, die sich zudem durch ihre offen feindliche Einstellung zu den marxistischen Lehren ebenso wie zum germanischen Imperialismus auszeichnet.

Für ihren ersten Beitrag zur *Revue* hat Irène Némirovsky eine ihrer «Senkblei»-Novellen ausgewählt. In «Jour d'été», einer feinsinnigen Studie über die verschiedenen Lebensalter, vertreibt sich ein kleines Mädchen im Alter von Denise, mit «zarter, aprikosenfarbener Haut»[14], die Zeit damit, Vergissmeinnicht auszureißen. Irène Némirovsky hat sie Morcenx genannt, nach einem Weiler auf der Strecke Paris–Hendaye. Ihr Vater, der sie tadelt, spielt selbst damit, seine Ehe zu zerstören. Lucain, ihr Großvater, genießt beflissen alles, was ihm noch «ein ganz klein wenig Wollust»[15] zu geben vermag: ein Gang durch den Garten, ein Glas Schnaps. Alle drei umwerben, verfolgen oder bitten das Leben, das sie überholt. Wie bei bestimmten flämischen Meistern antwortet, wenn die Dunkelheit hereinbricht, nur die bebende Vegetation auf ihr Flehen. Diese philosophische Ader ist in Irène Némirovskys Werk nicht neu. Sie sollte bis zu der nächtlichen Jagd von *Tempête en juin* fortdauern, um die der Krieg tobt wie der Zyklon um sein Auge.

In der Nummer vom 1. April erscheint Irène Némirovsky neben Maurice Genevoix und Alexandre Millerand, dem ehemaligen Präsidenten der Republik. Im Lauf des Frühjahrs, anlässlich der traditionellen jährlichen Verkaufsausstellung der Kriegsveteranen, sympathisiert sie mit ihrer Standnachbarin Solange Doumic, der Tochter des Direktors der *Revue*. René Doumic, der in zweiter Ehe die älteste Tochter von Heredia geheiratet hat, ist aus diesem Grund der Schwager von Henri de Régnier. Der ehemalige Mitschüler von Bergson und Jaurès in der École Normale Supérieure besitzt weder die intellektuelle Kraft des Ersteren noch die politische Fruchtbarkeit des Letzteren. Mit Spitzbart und Kneifer, unter einem ewigen Plaid verborgen, nach vorn gebeugt wie Don Quijote, ist Doumic nach den Angaben von Maurois sechzig Jahre alt, «einer von denen, die meinen, das Leben sei ‹ohne Vergnügungen erträglich›»[16]. Das Telefon benutzt er nur widerstrebend, und er sagt das Verschwinden des Kinos voraus. Seit über vierzig Jahren Angelpunkt der *Revue*, seit 1915 deren Direktor, vertritt der ehemalige Rhetorikprofessor Doumic auf literarischem Gebiet einen Konformismus, dessen Beständigkeit Bewunderung erregt: Gestern der Feind von Baudelaire, Verlaine und Zola, zensierte er 1923 einen Text von D'Annunzio, weil darin eine Stiftsdame mit ihrem Cousin schläft. Seine Devise: «Es genügt nicht, jung zu sein, was jedoch immer eine Empfehlung ist.»[17] Dieser Moralismus leitet ihn auch in der Politik, wo Doumic einen kleinlichen Patriotismus predigt, in der *Revue* Tradition seit Ferdinand Brunetière, der jedoch dazu angetan ist, aufgrund seiner Zurückhaltung die Action française in Harnisch zu bringen. Und auch wenn die *Revue* Mussolinis Prahlereien und später dem Antiparlamentarismus ihr Ohr leihen konnte, so weckt dagegen Hitler ihre verbissene Vaterlandsliebe.

Stavisky und Strawinsky

Sollte Irène Némirovsky in politischer Hinsicht die engstirnigen Ansichten von Doumic teilen? Sie will vor allem vom Einfluss dieses ständigen Sekretärs der Académie française profitieren, um ihren und ihres Mannes Einbürgerungsantrag zu befördern.

Um die Lücken zu kompensieren, die der Krieg in die Alterspyramide gerissen hatte, war am 10. August 1927 ein Gesetz erlassen worden, das die Strenge des sakrosankten «Rechts des Blutes» lockerte und die Erlangung der französischen Staatsbürgerschaft erleichterte. Am 30. September 1935, vier Monate nach dem von Michel eingereichten Antrag, erhielt Denise sie durch Gerichtsbeschluss als Erste der Familie. Es handelt sich hier nicht um eine Laune, sondern um eine tiefreichende, durch die Flüchtlingswelle aus Deutschland hervorgerufene Bewegung, die die Einwanderungsbehörden in Verlegenheit brachte. Seit 1931 werden in Frankreich jährlich über zehntausend Ausländer eingebürgert. Bei den seit der Nachkriegszeit auf französischem Boden lebenden russischen Juden, die die UdSSR nicht haben will, entsteht plötzlich das Bedürfnis, die innere Überzeugung, Franzosen geworden sein, zu konkretisieren, aus Furcht, mit den vom Antisemitismus der Nazis ausgestoßenen unerwünschten Personen gleichgesetzt und von einer Öffentlichkeit schief angesehen zu werden, die von der nationalistischen Presse aufgewiegelt wird. In der *Revue des Deux Mondes* verlangte René Pinon schon im April 1934, dass den «skandalösen Einbürgerungen» Einhalt geboten werde, «von denen meist Juden profitieren»[18]. Am 16. Februar 1935 gab Lucien Rebatet in *Je suis partout* den Anstoß zu seiner großen gegen die Assimilation gerichteten Enquete mit dem Titel: «Ausländer in Frankreich. Die Invasion.» Darin werden Schwarze, Gelbe, Armenier, Maghrebiner als «Exkremente» bezeichnet. «Müssen wir Mischungen mit diesem verderbten Blut aus dem Orient dulden, das durch rätselhafte Mixturen, durch lange Perioden von Massakern, Unterdrückung, physiologischem Elend geschwächt ist? Man muß kein ‹Rassist› sein, um sich deswegen zu beunruhigen.» Was die russischen Juden angeht, so weigert sich Rebatet, sie zu den Slawen zu zählen. Denn, so bedauert er, «unter den 26 000 eingebürgerten Russen gibt es eine große israelitische Mehrheit.» Als Anhänger einer selektiven Einwanderung und feinsinniger Musikliebhaber willigt er natürlich ein, für Horowitz – 1903 in Kiew geboren – und andere «ausgezeichnete jüdische Virtuosen» eine Ausnahme zu machen.[19] Doch seien wir gerecht: Sogar in *Marianne* ist Emmanuel Berl, Befürworter einer entschloseneren Einwanderungspolitik, einer Auslese nicht abgeneigt, die er wie folgt zusammenfasst: «Es gibt Stavisky, aber es gibt auch Strawinsky.»[20] Und es gibt Némirovsky, Literaturvirtuosin, die weder von Berl noch von Rebatet genannt wird. Doch in diesem Klima ist ihre Entscheidung, auf die französische Staatsbürgerschaft Anspruch zu erheben, zu betrachten und das jähe Verschwinden jeder russischen Farbe aus ihrem Werk zu verstehen.

Seit 1934 hat die Schriftstellerin die Heraufkunft des Nazismus zur Kenntnis genommen. Das antifaschistische Stück von Ferdinand Brückner, *Die Rassen*, das sie sehr erschüttert hat, inspiriert sie zu visionären Zeilen:

> Diese «*Momentaufnahmen des Kriegs gegen die Juden in Deutschland*», wie Paul Reboux diese acht Bilder nennt, mögen, wie er sehr richtig anmerkt, dem französischen Publikum ungewöhnlich und sogar unwahrscheinlich erscheinen, und tatsächlich kommt einem als erstes der Gedanke, daß diese Leute wahnsinnig geworden sind. Aber leider ist dieser Wahnsinn real und ansteckend. Außerdem offenbart er einen Geisteszustand, der furchtbar beängstigend ist für die Nachbarn eines Volkes, in dem der Sadismus, der Hochmut und die Grausamkeit auf diese Weise verherrlicht werden. Jetzt oder nie muß gesagt werden: «Wer Ohren hat, der höre!» Freilich ist der Franzose zu stark von Zivilisation durchdrungen, um derartige Exzesse überhaupt für möglich zu halten. Er wollte seinerzeit nicht an den Zarismus und später nicht an die russische Revolution glauben. Und dennoch …[21]

Sie weiß also, worauf man gefasst sein muss. Und als sie 1935 *Golder* wieder aufschlägt, erkennt sie jetzt die braune Färbung, die für einen durch die antisemitische Propaganda geschärften Blick die Satire auf die «kosmopolitischen Juden» annehmen könnte, «bei denen die Liebe zum Geld an die Stelle jedes anderen Gefühls getreten ist», im Gegensatz zu den «französischen Israeliten, die seit Generationen in ihrem Land leben». Dennoch nimmt sie nichts zurück. Der Abgesandten von *L'Univers israélite,* die ihr den anonymen Brief einer durch die Lektüre von *Golder* «verletzten jüdischen Seele» zeigte und ihr gegenüber Verdachtsmomente äußerte, die weder *Le Pion* noch *Le Vin* zu zerstreuen vermochten, antwortete Irène Némirovsky, nachdem sie sich zurückgehalten und gelächelt hatte, schließlich äußerst lebhaft:

«Mir scheint, daß ich nie auf den Gedanken gekommen bin, meine Herkunft zu verbergen, ganz im Gegenteil. Jedesmal, wenn ich Gelegenheit dazu hatte, sagte ich laut und deutlich, daß ich Jüdin sei, ich habe es sogar öffentlich verkündet! Ich bin viel zu stolz darauf, als daß ich je daran gedacht hätte, es zu verleugnen.»[22]

Man tut gut daran, seine Ansichten nicht an die große Glocke zu hängen, es sei denn, man wird verdächtigt, keine zu haben. «Ich poche nur in einem Fall auf meine Herkunft», wird Marc Bloch sagen, «nämlich gegenüber einem Antisemiten.» Auch Irène Némirovsky widerstrebt die Prahlerei ebenso wie die Verleugnung. Wenn derartige Geständnisse aus ihrem Mund selten, aber heftig sind, so deshalb, weil es sie schmerzt, sich selbst rechtfertigen zu müssen. Jüdin und Russin, gewiss, vor allem aber französische Schriftstellerin! Doch gerade solche Beweise verlangt das Frankreich von 1935 – von einer Raserei «rassischer» Nomenklatur erfasst, die den Vernichtern die Aufgabe erleichtern sollte – von seinen jüdischen Staatsangehörigen jeden Tag mehr. Denn um zu eliminieren, muss man zuerst selektiert haben.

Im Lauf des Novembers 1935, als Irène Némirovsky zu einem Diner bei Marie de Régnier eingeladen ist, teilt sie Doumic, den sie damals kennenlernt, ihre Absicht mit. Dieser verspricht ihr, sich bei Léon Bérard für sie zu verwenden, einem Akademiker mit Barrès'schem

Profil, damals Senator der Basses-Pyrénées, mehrfach Justiz- und Erziehungsminister und beredter Verteidiger der klassischen humanistischen Bildung. Am 23. lässt die Schriftstellerin deshalb Doumic ihren und Michels Lebenslauf zukommen, um das Einbürgerungsverfahren zu beschleunigen. Die *Revue des Deux Mondes* ist ihr damals ideell wohlgesonnen. Am 1. Dezember veröffentlicht Chaumeix dort ein langes Lob auf *Le Vin de solitude,* in dem nur ein abergläubischer Geist ein böses Omen herauslesen würde:

> *In unserer abgeschmackten Zeit falscher Träumer, die an die Güte des der Natur entsprungenen Menschen glauben, knüpft sie [Irène Némirovsky], ohne es zu ahnen, instinktiv und dank ihrer Beobachtungsgabe an die achtenswertesten Philosophen, die ernstesten Pessimisten, die Theologen, die uns die Bedeutung und die Auswirkungen der Erbsünde erklären, und die Dichter an, die das schmerzliche Abenteuer des irdischen Lebens am besten geschildert haben.*[23]

Ungeachtet angesehener Unterstützer und bis 1939 wiederholter Eingaben sollten unerklärlicherweise weder Michel Epstein noch seine Frau je die französische Staatsangehörigkeit erhalten.

Ein Prozess

Als sie klein war, so erinnert sich Irène Némirovsky 1934, ließ ihr Großvater Iona sie «Athalias Traum» aufsagen:

> *Ma mère Jézabel devant moi s'est montrée,*
> *Comme au jour de sa mort pompeusement parée;*
> *[…]*
> *«Tremble, m'a-t-elle dit, fille digne de moi;*
> *Le cruel Dieu des Juifs l'emporte aussi sur toi.»*[24]

Der «grausame Gott der Juden», der es sich angelegen sein lässt, ihr
französische Papiere zu verweigern, vergisst dagegen nie, ihr Studien-
themen zu liefern, sosehr sie sich auch bemüht, diese Quelle zu verbergen. So ist in *Jézabel* außer Sir Mark, der «israelitischer und plebeji-
scher Herkunft» ist[25], zum ersten Mal keine der Personen ausdrücklich
jüdisch; doch Gladys Burnera, verheiratete Eysenach, Tochter eines
reichen Reeders aus Uruguay, deren lasterhaftes Leben dieses Buch
nachzeichnet, gehört «jener umherschweifenden, kosmopolitischen
Gesellschaftsklasse an, die keine Bindungen hat und nirgendwo zu
Hause ist»[26], eine Präzisierung, die für den französischen Leser ungefähr auf dasselbe hinausläuft. Damit zeigt Irène Némirovsky, dass
sie das russische und das jüdische Element unterschlagen kann, ohne
deshalb die Satire auf die korrupten Finanzkreise, die Aristokratie und
jetzt die Politik aufzugeben. Sie denkt im Übrigen daran, *Jézabel* für
die Bühne oder die Leinwand zu bearbeiten, wie früher *David Golder*:
«Aber letztlich habe ich auf meine Freunde gehört, die Techniker
des Theaters sind und die mich davon überzeugt haben, daß sich das
Thema für diese Art des Ausdrucks nicht eignet … Und welche Schauspielerin hätte außerdem eingewilligt, die Rolle einer sechzigjährigen
Frau zu spielen?»[27]

Die grausame Jesabel, Gattin von Ahab, König von Israel, war Phö-
nizierin. Dieser wollüstigen Heidin gelingt es, in Samaria Altäre für
die Götzen Baal, Melkart und Astarte zu errichten. Jehu setzte ihrer
Herrschaft ein Ende, indem er diese falsche jüdische Königin, verhöhn-
tes Symbol für Israels Verderbtheit, den Hufen der Pferde und den
Zähnen der Hunde preisgab. In *Jézabel* scheint Irène Némirovsky den
endlosen Prozess, den sie seit 1930 erduldet, auf ihre Mutter zu lenken
und ihr einen Teil der Vorwürfe anzulasten, die durch ihre unfreund-
lichen Bilder der «reichen, kosmopolitischen Klasse, bei der das Geld
nach und nach die Liebe zu den Traditionen und zur Familie zerstört
hatte»[28], ausgelöst worden waren, Bilder, die sie aus dem Gedächtnis in
jedem ihrer Bücher beschreibt. Das «Gesindel der Palasthotels», präzisiert sie in den ersten Entwürfen zu diesem Projekt, auch wenn sie von

Anfang an fürchtet, abermals «das immergleiche Milieu von D.G.» darzustellen. Die Lösung: «Den Aspekt der ‹Welt von *Le Bal*› betonen, die Karikatur des Wahren. Diese kenne ich, ich habe sie gekannt.»

Sollte das, was bei Irène Némirovsky für Verleugnung und Abschwörung gehalten wurde, nicht eher ein Familiendrama sein, eine Allergie gegen das Blut, ein Emanzipationsversuch? Dies ist die tiefe Bedeutung von *Jézabel*, dem Roman in Form einer Gerichtsakte. Es steht außer Zweifel, dass die Kindesmörderin, die am 2. Oktober 1935 auf den Seiten von *Marianne* vor Gericht erscheint, eine abermalige Verkörperung von Fanny ist: Gladys war der Vorname von Davids Frau im ersten Entwurf von *Golder*. Ihre «zusammengekniffenen und verkrampften Lippen»[29], ihre verzweifelten Schreie vor dem Spiegel, ihr Hass auf die Mutterschaft, ihre um zehn Jahre gefälschte Geburtsurkunde, das Mitleid, das sie ihrer Tochter, der stolzen Marie-Thérèse einflößt, sind die eines «Ungeheuers».[30] Vor dem Gerichtshof der Leser begleicht *Jézabel* ein für alle Mal sämtliche Rechnungen von Irène Némirovsky und Fanny. Dominique Desanti erzählt, dass sie 1936 siebzehn war, als sie auf einer Gala russischer Schriftsteller die Autorin von *Le Bal* anzusprechen wagte. *Jézabel* war soeben in Buchform erschienen. «Auch Ihr Drama war also Ihre Mutter?», erkundigte sich die Schriftstellerin. – «Bei mir liegt es daran, daß sie nie da ist.» – «Eine Abwesenheit verabscheuen statt einer Anwesenheit», antwortete Irène Némirovsky mit verschwörerischer Miene, «ist ein Haß, der sich leichter ertragen läßt.»[31]

Jézabel ist die Geschichte einer Menschenfresserin. Wie Mauriacs *Génitrix* verschlingt Gladys Eysenach ihr eigenes Kind.[32] Um bis zum Schluss ihre «weibliche Macht»[33] zu schützen, so wie ein Despot das Volk in Unmündigkeit hält, kleidet sie ihre Tochter weiterhin wie eine Heranwachsende. Auch nachdem sie deren Heirat so lange hinausgeschoben hat, bis ihr Verlobter an der Front ums Leben kommt, will sie «nur ein Bild von Marie-Thérèse mit sieben Jahren, halb nackt, mit über ihre Augen fallendem Haar» bewahren.[34] Desgleichen lehnt Fanny ihr Alter ab, so wie man einen Krebs verleugnet. «Ich war schon geboren, als sie [meine Mutter] eines Tages einen riesigen Teddybär erhielt, zusammen mit einem unverständlichen Brief», erinnert sich Denise Epstein. «Dieser Bär war für sie bestimmt, denn meine Großmutter versteifte sich darauf, sie als ein ganz kleines Mädchen zu behandeln.»[35] In diesem Roman zwingt Irène Némirovsky sie mit heilsamer Grausamkeit zu dieser Wahrheit. Bernard Martin, der uneheliche Enkel von Gladys, droht damit, ihre Situation zunichtezumachen, indem er ihr wahres Alter verrät: «Sehen Sie, sehen Sie», sagte er und hielt ihr gewaltsam einen Spiegel vor die Augen, «sehen Sie diese Tränensäcke unter Ihren Augen, die unter der Schminke hervorkommen! Alt! … Eine alte, alte Frau», wiederholte er außer sich. «Wie ich Sie verabscheue!»[36]

Genau wie «Ida» steht *Jézabel* am Ursprung einer einzelnen Episode aus *Le Vin de solitude,* die in großen Zügen im ersten Halbjahr 1934 skizziert worden ist: «Wie amüsant und aktuell das wäre und wie wahr … (…) Eine gewöhnliche alternde Frau zeigen, eher besser als gewöhnlich, und ihre Verzweiflung, als ihr Geliebter sie fallen läßt. Wie sie danach zu einem Ungeheuer wird und zugrunde geht, nachdem sie andere zugrunde gerichtet hat.» In der Tat aktuell und wahr, denn keine Epoche war allen Jungbrunnenhandlern und anderen Scharlatanen günstiger gewesen als diese mit der Errichtung von Kriegsgefallenendenkmälern verbrachten fünfzehn Jahre. «Der Tod empört den Menschen mehr als die grausamste Ungerechtigkeit, weil er die tiefe Erinnerung an seine Unsterblichkeit bewahrt»[37], erklärte 1920 Doktor Voronoff, der den Männern durch die Transplantation von Tierdrüsen wieder zu jugendlicher Frische zu verhelfen versprach. Zehn Jahre später wird die Presse überschwemmt von Reklamen für ein langes Leben verheißende Elixiere, Salben, um «die Frauen jung erscheinen zu lassen» und «um sich vor dem Alptraum des vorzeitigen Alterns zu schützen», wie Professor Stejskal verspricht, der Erfinder des berühmten Tokalon-Balsams. Man könnte schwören, dass Gladys Eysenach die Werbung dafür gelesen hat: «Es ist dann nicht mehr möglich, das Alter einer Frau zwischen 19 und 50 Jahren anzugeben.»

Wie man sieht, ist die tyrannische Jesabel selbst ein Opfer der Diktatur der Cremes. «Ich bin eifersüchtig auf meine Jugend …»[38]

Niemand lebt in Unkenntnis des Todes, doch wer respektiert ihn? Und deshalb wird Gladys' Prozess gerecht sein: Wie in *Le Bal* flößt die Angeklagte, von ihrem eigenen Verhalten bestraft und von der öffentlichen Enthüllung ihrer Lügen gedemütigt, am Ende Mitleid ein. «Als ich zu schreiben begann», gesteht Némirovsky im Juli 1936, «war ich äußerst streng mit meiner ‹Verbrecherin› … Und während des Schreibens machte ich sie derart schön, daß ich schließlich nach Entschuldigungen für sie suchte … Wenn ich sie verurteilen müßte, würde bei mir das Mitleid überwiegen …»[39] Und auch Marie-Thérèse leugnet nicht die Angst ihrer Mutter. Als Irène Némirovsky ihr den Prozess macht, kann sie nicht umhin, sich selbst zu prüfen. Die junge Gladys ist ihr Selbstporträt: «Bis zum Alter von achtzehn Jahren hatte sie bei einer kalten, strengen, halbverrückten Mutter gelebt, einer geschminkten und bald frivolen, bald furchterregenden alten Puppe, die ihre Langeweile, ihre Tochter und ihre Perserkatzen durch alle Gegenden der Welt schleppte.»[40] Wer von beiden betäubt sich hier mehr: die lebendig einbalsamierte Fanny oder sie selbst, die sich in ihren Büchern bereits überlebt?

Jézabel ist eine Allegorie der Arroganz. Die Barrikaden der Menschen sind nutzlos gegen die Angriffe des Nichts. Wer der natürlichen Ordnung trotzt, setzt sich ihrer Rache aus. Durch Übertreibung wollte Irène Némirovsky Fannys erschütternde Komödie zu einer Racine'schen Tragödie erheben. Ihre Kladden lassen daran keinen Zweifel: «Man müßte sie von innen zeigen, sie also nahezu wie *Phädra* zeigen, unfähig, ihrem Laster zu widerstehen, diesem Wunsch, diesem Hochmut, jung und begehrenswert zu bleiben.»

«*Facts*»

Jézabel erscheint erst im Herbst in *Marianne,* aber schon Anfang Dezember 1934 hatte Irène Némirovsky die Rechte daran für fünfunddreißigtausend Francs an Emmanuel Berl abgetreten. Im Sommer 1935 legte sie letzte Hand an. «Le Commencement et la Fin», ein Text, der in *Gringoire* zu dem Zeitpunkt, am 20. Dezember, erscheint, als der Fortsetzungsroman von *Jézabel* endet, ist eine Variation über das gleiche Thema. In dieser Justizepisode ist der Staatsanwalt Desprez weit davon entfernt, Nachsicht zu üben, sondern wird noch strenger und ehrgeiziger, als er erfährt, dass ein Krebstumor ihn zum Tode verurteilt. Das Leben ist ein Schwurgericht, wo jeder seinen Kopf riskiert. In der menschlichen Herde löst die Nachricht einer Epidemie nicht gegenseitige Hilfe aus, sondern ein «Rette sich, wer kann». Jeder für sich und Gott gegen alle: Man sieht, welche politische Moral in einer Zeit daraus zu ziehen ist, da die französische Regierung ihr Territorium den nicht deutschen jüdischen Flüchtlingen verschließt.

Nicht ohne Humor – oder Mitleid – hat Irène Némirovsky dem Staatsanwalt Desprez die Züge von Bernard Grasset verliehen, sein «silbriges Haar», seine «flachen, schmalen Lippen und einen schütteren Schnurrbart, grau wie Flechten»[41]. Wohl kaum ein Zufall, denn auch Grasset wird von einem Krebs zerfressen, allerdings einem geistigen. Nachdem der verwundete Löwe, der unter entsetzlichen zyklothymen Anfällen leidet, bei René Laforgue, einem Wegbereiter des Freudianismus in Frankreich, in Behandlung war, gerät er in die Abhängigkeit diverser «Seelenschlächter», wie er sie nennt. Im Schloss von Garches isoliert, erspart er seinem Personal seine irrationalen Wutanfälle und lässt sich unter dem Druck seiner Familie und der Aktionäre die Kontrolle über sein Verlagshaus entziehen.

Zwar hat sich Irène Némirovsky seit zwei Jahren aus der Rue des Saints-Pères zurückgezogen, doch Michel Epstein war dem Verleger freundschaftlich verbunden, so dass der Kontakt nicht abriss. Ende 1934 suchte Michel sogar einen von Grassets Anwälten auf, um zu verhindern, dass er von seinen Geschäften ferngehalten wurde. Vergebens: Ein Jahr später muss der Mann, den ganz Paris von nun an für einen Rasenden hält, einem Verfahren wegen Geschäftsunfähigkeit ins Auge sehen, das seine Schwestern angestrengt haben. Anfang Januar 1936 werden sie jedoch abgewiesen. Bei dieser Gelegenheit veröffentlichte die Presse eine «Huldigung für Grasset», verfasst von etwa hundert Schriftstellern – Gide, Benjamin, Bonnard, Crémieux, Rosny Aîné, Martin du Gard … – mit dem Wunsch, «daß er so schnell wie möglich seine Tätigkeit in einem Bereich wieder aufnimmt, in dem er von jeher eine bewundernswerte Initiative und Energie entfaltete»[42]. Unter den Unterzeichnern dieses Zeugnisses «herzlicher Sympathie» und «Dankbarkeit» finden sich nur wenige Autoren des Hauses. Aber der Name von Irène Némirovsky steht an guter Stelle zwischen denen von Maurras und Jean Prévost. Diese schöne Geste sollte Grasset jedoch in keiner Weise davon abhalten, schon im Frühjahr die fünftausend Francs für die Abtretung von L'Affaire Courilof an den Verlag Ferenczi – in einer Auflage von fünfunddreißigtausend Exemplaren! – zu verwenden, um das Defizit des Kontos Némirovsky auszugleichen. Michel wird ihm diese Taktlosigkeit offen zum Vorwurf machen: «Erinnere deine Finanzdirektoren doch daran», schreibt er ihm am 5. Mai, «wieviel dir die Buchausgabe, der Film, die Übersetzung usw. von David Golder und Le Bal eingebracht haben.»

Der Verleger war also nicht gar so verrückt. Nachdem er für tauglich erklärt worden war, sein Haus zu führen, nimmt er genau zu dem Zeitpunkt die Zügel wieder in die Hand, als André Sabatier, der seit 1929 das Amt des Verlegers ausübte, sich zurückzieht. Nicht in der Rue des Saints-Pères hat Irène Némirovsky die menschlichen und professionellen Qualitäten dieses bescheidenen und gebildeten Mannes kennengelernt, sondern in der Rue Huygens, wohin Albin Michel ihn gerade geholt hatte, damit er, wie er selbst sagt, «eine Art Generalsekretariat für den literarischen Teil» übernehme.[43] Sabatier, ein kluger und maßvoller, protestantisch frommer Mann, hätte die wechselnden Launen des Verlegers ja noch ertragen können, hätte dieser nicht überdies gegen einen seiner vielversprechendsten Autoren, Jacques Benoist-Méchin, eine plötzliche Abneigung gefasst, so dass er ihn physisch aus seinem Haus verbannte. Doch dieser junge Beamte der Société des Nations, emeritierter Germanist, war einer von Sabatiers stolzesten Neuerwerbungen. Zum großen Schaden von Grasset wird daher im Juli 1936 seine monumentale und meisterhafte *Histoire de l'armée allemande* ohne große Überraschung bei Albin Michel erscheinen. Bis zu seiner Mobilisierung nach Syrien 1940 wird Sabatier der offizielle Verleger von Irène Némirovsky sein, ein weit freundschaftlicherer und aufmerksamerer, als der durch die harte Schule von Grasset gegangene Tisné es war.

Die für einen Novellenband recht ordentlichen Verkaufszahlen von *Films parlés* sind eine freudige Überraschung. Und Albin Michel erklärt sich sehr zufrieden mit *Jézabel*. Im Lauf der ersten Monate von 1936 feilt Irène Némirovsky daran. Vor allem berücksichtigt sie die Post von Rechtsanwälten, die sie auf einige Formfehler in der Schwurgerichtsszene hinweisen, nicht aber die zahlreichen Briefe von unbekannten Frauen, die entschieden für oder gegen Gladys Partei ergreifen! Da das Erscheinen der Buchausgabe auf Mai verschoben wird, schickt sie die Korrekturfahnen erst am 21. April zurück, zusammen mit folgender Anregung für die Bauchbinde: «Eine Frau hat getötet … Warum?» Diese Sorge um Wirkung, dieser Hauch von Spannung trägt Spuren ihrer Lektüre, insbesondere von *Wenn der Postbote zweimal klingelt*, ein Text, der in Fortsetzungen in *Marianne* erschienen ist und für den die *Nouvelle Revue française* sie noch vor dem Sommer um ein Vorwort gebeten hat. Wie *Jézabel* ist der Roman von James Cain «die Beichte eines Mörders», aber die Autorin von *David Golder* – der soeben ins Japanische übersetzt worden ist! – fasziniert vor allem seine Brutalität und seine Verachtung der Psychologie: «Hier gibt es keine Vorbereitungen, keine Abschweifungen, keine Verschnaufpause. Fakten. ‹Facts.› (…) Als eine vom Film und für den Film, auch von der Gewohnheit der ‹hot news› und vom Kriminalroman geprägte Literatur beugt sie sich paradoxerweise der Regel von Boileau. (…) Sie ist schmackhaft und hart: Man schmeckt etwas Gesundes, Frisches und Starkes, wie es derzeit nirgendwo anders zu finden ist.»

Seltsamerweise macht sich ihr Stil das nicht zunutze. Mit neuerlicher Geduld entwickelt sie gewundene familiäre oder sentimentale Handlungen; Bitterkeit, Reue, Eifersucht anstelle von Gewalt und «*facts*». «Un amour en danger», eine Novelle, die am 22. Februar in *Le Figaro littéraire* erscheint, hat recht wenig mit der «knallharten Literatur» von Cain zu tun. Innerhalb eines Augenblicks scheinen hier ein Mann und eine Frau einem schuldhaften Begehren zu erliegen. Die Liebesraserei und die Kraft einer langen Zuneigung sind verschiedener Natur; sie können aufeinanderfolgen, sich selten addieren. «Was werde ich im Augenblick des Sterbens mehr vermissen», denkt Sylvie, «meine Liebe zu Hervé, das schmerzhafte Bangen der Liebe oder … einen Augenblick der Lust?» Dieses Dilemma macht «Un amour en danger» zu einer ersten Probe von *Deux*, dem Roman, mit dem Irène Némirovsky 1937 beginnen wird, über den sie jedoch schon seit zwei Jahren nachdenkt. Eine weitere Skizze ist «Liens de sang», eine lange Erzählung, die sie im Herbst geschrieben hat und die in zwei Fortsetzungen am 15. März und am 1. April in der *Revue des Deux Mondes* erscheint. Darin ist folgende Maxime zu lesen: «Die Liebe bringt die Liebe nicht hervor, oder, und das ist das Schreckliche, sie bringt lediglich eine Illusion hervor, einen Liebesersatz.»[44] Das Ferment dieser Täuschung ist das Alter, dieses Unheil, das plötzlich über die Söhne von Anna Demestre hereinbricht und, je nach den Charakteren, ihren Egoismus aufweicht oder verhärtet. So wie es zwei Arten von Liebe gibt, so gibt es zwei Arten von Leben: ein abenteuerliches, das die Seele erhitzt und die Angst in Schach hält; und ein anderes, durch Bequemlichkeit erstarrt, das schließlich «den fröhlichen Aufruhr der Seele erstickt, den man in der Jugend laut schmetternd ertönen hört»[45]; was Alain betrifft, so haben ihn die kalten Familienbande in seinem eigenen Heim lebendig begraben.

Ein «erbarmungsloses Mitleid»

Mit dem Tod, dem Überdruss oder dem Elend konfrontiert, begehen Irène Némirovskys Helden im Allgemeinen das Nichtwiedergutzumachende; sie verurteilen sich, aber sie haben genossen. Und um *Jézabel* vorzustellen, wollte sie, wie sie sagt, «den Augenblick beschreiben, in dem die Leidenschaft, die bisher unschuldig war, da es sich um den ganz natürlichen Wunsch zu gefallen und geliebt zu werden handelt, die Seele überwuchert, alle anderen Gefühle erstickt und schließlich zu einer Art Wahnsinn wird (...). Tatsächlich ähnelt diese Veranlagung des weiblichen Herzens aufgrund seiner tyrannischen Kraft der Ambition oder dem Geiz des Mannes und verdient, wie ich glaube, genauso untersucht zu werden wie die Ambition oder der Geiz.»[46] Von diesem Schlag ist Jean-Luc Daguerne. Was wäre aus Bernard Martin geworden, hätte er Gladys' Revolverschuss überlebt? Ebendies möchte Irène Némirovsky wissen, wenn sie ihm in *La Proie* eine zweite Chance gibt, einem Roman, für den ihr *Gringoire* schon im Januar fünfzigtausend Francs bei einer Veröffentlichung im Oktober 1936 anbietet – eine Summe, die Albin Michel gerade noch für korrekt hält. Wie Martin will Daguerne keinen Fingerbreit dem Verhängnis eines Blutes nachgeben, das ihn arm gemacht hat. Julien Sorel ist in den 1930er Jahren ein Kind der Wirtschaftskrise, getäuscht von den glänzenden Erfolgen, die die Skandalpresse geißelt. «Es gibt in diesem Moment einen sehr merkwürdigen Umschwung der öffentlichen Meinung, was die Finanzgeschäfte betrifft», erklärt ihm Cottu, ein Politiker ohne Treu und Glauben. «Er ist ehrgeizig», kündigt Irène Némirovsky an. «Er weiß, daß er mutig und intelligent ist. Leider schätzt die Zeit, in der er lebt, diese beiden Eigenschaften gering. Diesem jungen Mann bietet sie nicht einmal, wie sie es früher getan hätte, eine mittelmäßige, aber sichere Stellung, sie bietet ihm absolut nichts. (...) Seit etwa zehn Jahren sehen wir alle Tage, daß dieses Abenteuer sich wiederholt. Es ist das Thema meines Buches.»[48]

Da er das Räderwerk des gesellschaftlichen Mahlwerks, in das er sich einmischt, nicht kennt und die Schwäche verachtet, die ihn auf den Holzweg einer Heirat aus Hochmut geraten ließ, verrät Daguerne zynisch seine Frau, seinen Sohn, seine Freunde und sich selbst, um in den finanzpolitischen Kreisen Karriere zu machen und zur verdammten Seele des Ministers Langon zu werden, der wiederum ein naturgetreues Porträt von Bernard Grasset ist und dessen Name auf den Weiler im Département Gironde anspielt, in dem Mauriac einige seiner Romane angesiedelt hat. «Aber glauben Sie denn, daß Mauriac recht hat, wenn er die Welt in so scheußlichen Farben malt?»[49], fragt Daguernes Schwiegermutter, um deutlich zu machen, dass *La Proie* ein zeitgenössischer Roman ist. Dieses Buch enthält implizit eine so himmelschreiende Verurteilung der Korruption, dass sie mehrere Kritiker verstimmt. Und was die Moral des Buchs angeht, so lautet sie: «Die Jugend ist ein köstlicher Wein, der gewöhnlich aus einem groben Glas getrunken wird.»[50] Daguerne wollte Kristall, und der Wein ist sauer geworden. Und der Titel, *La Proie* (Die Beute)? Er ist einer Zeit würdig, in der alles, Gefühle, Wohlbefinden, Würde, Gegenstand des Raubs ist. Nachdem Jean-Luc lange gejagt hat, wird er selbst zur «Beute der allerfeigsten Liebe»[51], durch zu viele Entbehrungen gierig geworden. Sich mitten in der Wirtschaftskrise dem Gefühl der Liebe hingeben heißt seinen Untergang besiegeln. Aber am Ende fordert die Jugend immer ihr Recht. In einem Winkel des Lebens kauernd, bricht sie eines Tages über den arrivierten Mann herein, wenn er nicht mehr darauf gefasst ist, um seine Situation zunichtezumachen und die Liebe einzufordern. Wenn es nicht zu spät ist.

Der Lebenstrieb lässt sich nicht unendlich lange zähmen. Gegen ihn richtet Gladys Eysenach schließlich ihre Waffe. Fernandez, Chaumeix, Maxence erkennen sehr gut, als *Jézabel* im Mai 1936 in den Buchhandlungen erscheint, wie pathologisch dieser Fall ist. René Lalou benennt das Übel: Entsetzen vor dem Grab.[52] Irène Némirovskys Kraftakt, schreibt Henri de Régnier in *Le Figaro*, bestehe darin, diesen «Typus» einer faustischen Frau eingekreist zu haben, die an «moralischer Verkrüppelung» leidet, dem Merkmal «einer Epoche, in der der Körper

König ist und man die Seele vergißt». Und deshalb ist Gladys ebenso-
sehr Opfer wie Verbrecherin und Némirovsky voll «erbarmungslosen
Mitleids»[53], ein Oxymoron, das ihre Gefühle für Fanny zusammenfasst. Maxence, der Gladys mit der Léa von Colette vergleicht, betont
die Racine'sche Kraft von *Jézabel*, deren Personen von einem inneren
Feuer verzehrt werden. «Es gibt keine Kraft, die einen vollkommenen
Erzähler besser bezeichnet.»[54]

Albin Michel hatte vorausgesehen, dass sich das Buch gut verkaufen
wird: Von einer Auflage von fünfzehntausend Exemplaren sind 1942
zwölftausend abgesetzt worden, und *Jézabel* wird ins Englische, Deutsche, Norwegische, Serbokroatische übersetzt. Nach Fannys Tod im
Jahr 1972 finden ihre Enkelinnen ein Exemplar davon in ihrem Tresor
am Quai de Passy. Es gibt Porträts, die so realistisch sind, dass man sie
besser verbirgt.

Scheinheilige Dummköpfe!

«Es ist recht amüsant festzustellen, dass man nie weniger Geschmack
daran gefunden hat, das Alter zu akzeptieren, als in unserem zwanzigsten Jahrhundert», schrieb Henri de Régnier am 23. Mai, als er
ein letztes Mal auf das «große Talent» und die «intensiven Gaben
des Lebens» von Irène Némirovsky hinwies. Schon am nächsten Tag
schickt diese das folgende Telegramm in die Rue Boissière: «Untröstlich, das Ende von Monsieur Henri de Régnier zu erfahren, für den ich
so viel Freundschaft und Dankbarkeit empfand. Versichere Sie meiner
hochachtungsvollen und sehr betrübten Sympathie.» Das Mitglied der
Academie française, das ihr am treusten war und jeden ihrer Romane
in *Le Figaro* begrüßte, wird in Saint-Pierre-de-Chaillot in einem Meer
von Rosetten, Kokarden und Zweispitzen zu Grabe getragen. «Leben
entwürdigt», sagte er. «Stimmt das?», wunderte sich Irène Némirovsky
1934. «In *Le Vin* … und später in *Deux* möchte ich zeigen, daß dem
nicht immer so ist. Ich liebe das Leben. Im Grunde rührt alle meine

Qual daher, daß ich Angst habe, es nicht lange genug in vollen Zügen auskosten zu können. Die Tage kommen mir zu kurz vor. Die Sonne geht zu früh unter. Die Sommer enden so schnell. Der Tod kommt so schnell.»

Ein anderer Tod beschäftigt sie: der von Puschkin am 29. Januar 1837. Zu seinem hundertsten Todestag möchte Fayard eine Biographie herausbringen, die auf seiner unveröffentlichten Korrespondenz und einigen weiteren Dokumenten beruht, die soeben von Wikenti Weressajew in der Sowjetunion ediert wurden. Am 25. März 1936 hat sie die Geschichte seiner Ehe, seiner Agonie und seines Todes zwei Tage nach der rächenden Kugel von d'Anthès für *Marianne* zusammengefaßt.[55] Sie scheint von einigen hervorstechenden Zügen beeindruckt zu sein: von seiner «besonderen Frühreife», seinem gemischten Blut, seinem Stolz und seiner Eifersucht, seinen ständigen «Geldsorgen». In dem Buch, das sie im Auge hat, doch von dem im Juni noch kein Wort geschrieben ist, wird sie dem Leser jede literarische Äußerung ersparen und sich damit begnügen, «einzig und allein Puschkin zu beschreiben, den Menschen, sein so romanhaftes Leben und die russische Gesellschaft seiner Zeit, ihre Sitten»[56]. Das wäre eine Riesenarbeit, da unzählige Werke zu diesem Thema bereits auf Russisch vorliegen, ganz zu schweigen von dem in Frankreich unbekannten Tagebuch des Dichters. Doch im Mai 1936 war Irène Némirovsky krank; zudem hat sie sich verpflichtet, *Gringoire* im Herbst ihren neuen Roman abzuliefern. Dieser *Puschkin* wird also ein Entwurf bleiben, etwa zwanzig Blätter im Hinblick auf eine «Vie amoureuse». Doch die Methode geht nicht verloren: Sie wird später für *La Vie de Tchekhov* Dienste tun.

Die Epsteins verbringen den Sommer 1936 bis zum 1. Oktober im Haus von Urrugne. Um die Leser von *Toute l'édition* zu unterhalten, gibt sich Irène Némirovsky den Anschein von Nonchalance: «Ich antwortete Ihnen mit einer gewissen Verspätung, für die ich mich entschuldige, denn der Stundenplan meiner Ferien enthielt die intensive und rationale Übung in allergrößter Faulheit.»[57] In Wirklichkeit legt sie letzte Hand an *La Proie*, den Roman, von dem keine Kladde mehr existiert, obwohl Maurice Bourget-Pailleron, der Urenkel des Gründers der *Revue des Deux Mondes,* sie in der Avenue Daniel Lesueur gesehen hat: Es ist ein dickes Heft «von mehr als fünfhundert Blättern, auf beiden Seiten eng beschrieben»[58]. Nach der Bearbeitung bleibt nur ein Roman von zweihundertfünfzig Seiten übrig, dessen erstes Kapitel am 16. Oktober in *Gringoire* erscheint. Dieses neue Werk kommt – ein Zeichen der Zeit – zur selben Zeit heraus wie *Le Fumier* von Binet-Valmer, ein Roman, von dem der Autor behauptet, er spreche «schonungslos über die parlamentarischen Kreise»[59].

Keine jüdische Person in *La Proie,* was auch besser ist, denn es ist eine Schlangenbrut. Niemand sollte sich bei Erscheinen des Buchs an der schurkischen Karriere von Jean-Luc Daguerne stoßen, der bei Weitem zynischer ist als ein Golder. Nichts, was Irène Némirovsky überrascht: «Wie ich erwartet hatte, ist man ein wenig – nicht allzusehr – empört, daß er Franzose ist. Scheinheilige Dummköpfe! Aber ich verstehe ihren Standpunkt: Was sie bei einem x-beliebigen Dupont oder Durant hinnehmen, könnte bei einem *Métèque* nicht geduldet werden.» Das Thema stammt aus *Golder* und *Le Bal:* Was ist die verborgene Triebfeder des Karrierismus? Weder der Köder des Reichtums noch die Gier nach Ehren, noch weniger ein «rassischer» Faktor, sondern ein faustischer Pakt, den Daguerne gegen die Armut schließt. Einzig das Geld reicht nicht. «Wenn der Erfolg in weiter Ferne liegt, hat er die Schönheit des Traums, doch sobald er Wirklichkeit werden könnte, wirkt er schäbig und belanglos.»[60] Um diese Wahrheit auszusprechen, ist Irène Némirovsky ihrer Mittel nunmehr sicher genug, um sie in einem rein französischen Milieu anzusiedeln. Eine umso sinnvollere Entscheidung, als sich die antisemitische Propaganda seit dem Sieg der Volksfront noch um einiges verschärft hat. Léon Blum, den einige royalistische Marktschreier am 13. Februar auf dem Boulevard Saint-Germain belästigt hatten, ist heute mit Unterstützung der Kommunisten Ministerpräsident. Für die extreme Rechte ist er, weit mehr noch als Sozialist, ein Jude, dem Frankreich die Macht anvertraut hat; ein Jude, das heißt ein Ausländer, ein Aufrührer, der Unternehmer aus Israel in Frankreich. Eine Unzahl kleiner rassistischer Parteien nehmen es ihm übel, zu Wahlzwecken aus Leibeskräften Leute einzubürgern – ein imaginäres Manöver, das umso weniger machiavellistisch ist, als die Urnen ihm kein Glück bringen werden. Was den eingefleischten Antimarxisten La Rocque angeht, so macht er Blum schlicht und einfach für den galoppierenden Antisemitismus verantwortlich, der sich um seine Person und sein Kabinett kristallisiere. In der Deputiertenkammer bemerkt der kriegsversehrte Abgeordnete aus der Ardèche Xavier Vallat am 6. Juni: «Zum erstenmal wird dieses alte galloromanische Land von einem Juden regiert!»[61] «Mal was anderes als von Jesuiten», antwortet ihm André Le Troquer, der sozialistische Abgeordnete von Paris.

Unassimilierbarkeit

Das Wetter trübt sich ein. Beim jährlichen Diner der *Revue des Deux Mondes* weist René Doumic, der die Unbilden der Witterung vorausahnt, auf einen Unterschlupf hin: «Wozu es leugnen, der Horizont ist gewitterschwer. (…) Je schwerer die Beklommenheit auf uns lastet, desto dringender ist es geboten, ihr zu entrinnen. Damit der Kopf nicht platzt, die Nerven nicht zerreißen, brauchen sie Entspannung. Die *Revue* verkennt in keiner Weise die derzeitigen Schwierigkeiten, aber sie bietet den Geistern heitere Gefilde, die *templa serena* der Hochkultur.»[62] Hitler, der im März 1936 wieder das Rheinland besetzt, würde das nicht in Abrede stellen.

Irène Némirovsky bemüht sich um Gelassenheit. «Ich verbringe meine Ferien in Urrugne», sagt sie, «einer reizenden kleinen baskischen Gegend, wo sich in diesem Moment das Zirpen der Grillen auf angenehme Weise mit … dem Rattern der Maschinengewehre vermählt, das zwei Schritte von hier entfernt in Spanien ertönt!»[63] Die Ironie kann die Besorgnis nur schlecht kaschieren. Sie entlädt sich in einer fiktiven Person, einem Juden, der so gut assimiliert ist, dass er sich Christian nennt, gepeinigt von einer geheimen Verletzlichkeit, einer Furcht vor dem Unheil, die er sich nur durch äußere Ursachen zu erklären vermag: «Er gehörte zu denen, die bei jeder Rede dieses oder jenes Diktators den Krieg heraufziehen sahen, nicht im nächsten Monat oder im folgenden Jahr, sondern morgen, sofort.»[64] Christian Rabinowitsch, so zeigt uns der Entwurf zu dieser Novelle, ist «ein Jude in der Art von Lœwel (2. oder 3. französische Generation) oder sogar noch mondäner, mehr wie Haas (…).» Durch die Begegnung mit einem russischen «*Jid*», den Kriege und Pogrome auf den Bahnsteig eines französischen Bahnhofs verschlagen haben, wird ihm jählings das «alte Erbe» bewusst, dem er seine Angst verdankt, jenes Gefühl der Unsicherheit inmitten des Wohlstands, wie der Wurm in der Frucht. Denn dieser «Polacke» heißt so wie er selbst Rabinowitsch. Diese unangenehme Blutsverwandtschaft des Emigranten und des Assimilierten heißt Judentum. «Daran also leide ich … Dafür bezahle ich mit meinem Körper, meinem Geist. Für Jahrhunderte des Elends, der Krankheit, der Unterdrückung … Tausende von armen, schwachen, müden Knochen haben die meinigen geformt.»[65]

Noch nie hatte Irène Némirovsky dem gemischten Blut, das «vergiftet» ist von der «alten Hefe der Sorgen»[66], eine so tiefe Bedeutung gegeben, auch nicht dem enthüllenden Spiegel, in dem Rabinowitsch plötzlich seinen Doppelgänger erkennt, Motive, die ihr Werk durchziehen und die hier ihr verborgenes Wesen finden. Die Novelle trägt den Titel «Fraternité» («Brüderlichkeit»): Verhöhnung der «Blutsbande» oder eine Art und Weise, Frankreich an seinen Wahlspruch zu erinnern? «Im Grunde zeige ich die Unassimilierbarkeit auf, Himmel, was für ein Wort …», vertraut sie am 8. Oktober ihrem Arbeitsjournal an. «Ich weiß, daß es stimmt.» Wie könnte es anders sein, wo doch ihr Antrag auf Einbürgerung toter Buchstabe geblieben ist! Das war die These der Brüder Tharaud: «Heute wie gestern werden die Juden unter den anderen Nationen weiterhin ihr abenteuerliches Leben führen. Sie können nicht in ihnen aufgehen: Das Blut ihrer Rasse ist zu stark.»[67] Doch was die Tharauds herausfordernd ein «abenteuerliches Leben» nennen, nennt Irène Némirovsky «Hundeleben»[68]. Außerdem gilt es, die «Unassimilierbarkeit» (die Tatsache, nicht assimiliert werden zu können) von dem zu unterscheiden, was ein antisemitischer Ideologe wie Xavier Vallat «Unassimiliertheit» (die Tatsache, sich nicht zu assimilieren) nennt. Für sie ist der unassimilierte Jude im Übrigen nicht so sehr der Emigrant im Lammfellmantel als vielmehr Christian Rabinowitsch selbst, der trotz seines Tweeds, seines Chauffeurs und seiner Manieren in seiner Seele sein eigenes Pogrom erduldet: «Immer wieder von vorn anfangen, den Rücken beugen und wieder von vorn anfangen, aber wer das nicht nötig hat, der Reiche, dem bleibt *sickening fear*, dieses Erbe.»

Wie weit entfernt ist doch der arrogante, seiner selbst sichere David! Anfang 1938, als Irène Némirovsky einer Inszenierung von *Golder* durch ein russisches Ensemble in der Salle Iéna beiwohnt, ist sie von der Härte der Figur betroffen: «Wie nur habe ich so etwas schreiben können?» Zwar hat das Geld immer noch denselben Geruch, aber «das Klima hat sich stark verändert».[69] In «Fraternité» wollte sie das Porträt eines reich gewordenen, französisierten, jedoch immer wachsamen Juden zeichnen, «diese Rasse» zeigen, «die nicht wie ein Bauer in Frankreich in dem Wissen eingeschlafen ist, daß das Dach, das Haus ihr gehört, sondern daß ihr alles weggenommen werden konnte». Kurz, das Selbstporträt einer Schriftstellerin, bei der die Kritiker noch zögern, sie «französisch» zu nennen, ohne «russisch» oder «jüdisch» hinzuzufügen. Ihre Kladde ist hierzu eindeutig, sofern man gewillt ist, es im Femininum zu lesen: «Die jüdische Vaterschaft, der Stolz, die Liebe zu den Kindern, die Fähigkeit, für sie zu leiden, vor allem wohl das Bedürfnis, geliebt zu werden, bei demjenigen, der gehaßt worden ist, das quälende Bedürfnis, geachtet zu werden, bei demjenigen, der verachtet und vertrieben worden ist. (…) Das alles müßte völlig objektiv sein, den Eindruck vermitteln, daß ich, die Autorin, ein wenig über den Figuren stehe.» Ungeachtet dieses Bemühens ist die Subjektivität von «Fraternité» mit Händen zu greifen.

Wird man sie verstehen? Irène Némirovsky glaubt es nicht, aber es ist stärker als sie: «Man wird mich bestimmt wieder beschimpfen, wenn ich in diesem Augenblick von den Juden spreche, aber sei's drum! …» In diesem Augenblick, das heißt in einem Klima der Paranoia, das noch überreizt ist durch die Lähmung der Fabriken und die ersten sozialen Maßnahmen der Volksfront. «Die Friedfertigsten fingen an, krause Haare und Hakennasen, die nun besonders zahlreich waren, scheel anzusehen», schrieb Brasillach. «Das alles ist keine Polemik, es ist Geschichte.»[70] Seit Juni 1936 führt die Action française eine Anbiederungskampagne bei den «nationalen», patriotischen Juden und fordert sie auf, sich von den Staatenlosen und den «revolutionären Israeliten» zu distanzieren, die heute das Sagen haben: Blum, Zay und Konsorten. Sollte Christian Rabinowitsch zu jenen offen fremdenfeindlichen Juden der extremen Rechten gehören, die, wie der Rechtsanwalt Edmond Bloch, Croix-de-Feu und Gründer der Union patriotique des Français israélites, bald mit Leuten wie Vallat, Doriot und anderen französischen Faschisten anbändeln und bekanntermaßen davon profitieren sollten? Überhaupt nicht. Dieser Bourgeois ist lediglich bestrebt, seinen Sohn mit einer Adligen zu verheiraten. Der Ruf seines Bluts flößt ihm nicht Hass ein, sondern Angst.

Die Notwendigkeiten des Lebens

Irène Némirovsky hatte richtig gesehen: Am 31. Oktober 1936 lehnt René Doumic es ab, «Fraternité» in der *Revue des Deux Mondes* zu veröffentlichen, mit der Begründung, diese Novelle sei «antisemitisch». Beweis: der Phänotyp von Rabinowitsch, eine Nase, die «außergewöhnlich lang und spitz» war[71], wächsernes Gesicht, fiebriger Charakter, der ohne die Zärtlichkeit und sanfte Ironie der Autorin schändlich wäre. Ein ungebildeter Mensch, der sich an die Zeichnungen und Karikaturen der Sondernummer des *Crapouillot* über «die Juden» hielte, die im September 1936 in den Kiosken herausgekommen war, würde das Buch als eine unflätige Publikation erachten; dagegen zeugen die

Texte von einem – bisweilen unbeholfenen – Bemühen, das Judentum, sein Elend und seine Größe, seine Wunderlichkeiten ebenso wie die auf ihm lastenden Bedrohungen zu verstehen. Von dieser Art ist auch «Fraternité». Es ist der Spiegel, in dem der französische Jude die ersten Brandmale des antisemitischen Fluchs erblickt. Rabinowitsch ist keine Karikatur: Er wird karikiert. Das antisemitische Unglück klebt an ihm. «Meine Nase, mein Mund zählen nicht», protestiert er. «Nur auf die Seele kommt es an!»[72] .

Irène Némirovsky beschließt, darüber zu lachen, und mit Grund. Denn die *Revue* ist nicht die letzte, die «die breite revolutionäre Gruppierung unter dem Einfluß der Sowjets» anprangert, die für Doumic die Volksfrontregierung darstellt.[73] «Fraternité» wird also am 5. Februar 1937 in *Gringoire* erscheinen. Auf die Gefahr hin, den Sinn der Novelle zu verkehren, denn der *Gringoire* der Volksfront hat mit dem der Anfänge nichts mehr gemein. Am 25. Dezember konnte man darin sowohl die letzte Episode von *La Proie* lesen als auch die Elaborate von Henri Béraud, der mittels vieler Kalauer die rassische Vetternwirtschaft anprangert und die Liste der wirklichen oder vermeintlichen Juden im Kabinett «Blumoche» aufstellt, als bestünde die Intrige allein in der Zahl. Dies ist der Augenblick, in dem Joseph Kessel, der Bérauds Scheinarithmetik und seine Possen satthat, der Zeitung einen Brief schickt, in dem er sich «mit allen Juden Frankreichs» solidarisiert, bevor er die Tür zuschlägt. «Nein, Kessel», antwortet ihm Béraud, «ich bin kein Antisemit. Ich bin Antiparasit.» Auf diese Weise geht der Antidreyfusismus allmählich in den «wissenschaftlichen» Rassismus über.

Wie konnte Irène Némirovsky die Nachbarschaft eines so mittelmäßigen Geistes wie Béraud akzeptieren, dieses revanchistischen dicken Babys, das sich des Schoßes des Vaterlands für beraubt hielt? Zunächst ist festzuhalten, dass zwar Béraud antisemitisch war, *Gringoire* jedoch nicht – oder noch nicht –, und dass die Äußerungen des Polemikers, auch wenn sie dort zugelassen wurden, nicht die Zeitung betrafen und noch weniger Irène Némirovsky. Und hatte sie überhaupt die Möglichkeit, sich zu zieren? Anfang Oktober erhielt sie von ihrem Verleger die im Jahr 1933 vorgesehene letzte Monatsrate von viertausend Francs: Es ist an der Zeit, eine Neubewertung von ihm zu verlangen, «denn sicher verstehen Sie», schreibt sie ihm, «die lebensnotwendigen Bedürfnisse von jemanden, der wie ich kein Vermögen besitzt und nur von dem lebt, was er mit Schreiben verdient», was strikt der Wahrheit entspricht. «Wenn die Situation für Sie sehr hart geworden ist, dann bitte ich Sie zu glauben, daß sie für die Verleger noch härter ist»[74], antwortet ihr Albin Michel, der erbittert ist über die Konkurrenz der Wochenschriften und seit dem Sommer gegen den Plan von Jean Zay, dem Erziehungsminister, kämpft, das Recht der Verleger, ihren eigenen Katalog zu verwerten, auf zehn Jahre zu begrenzen. «Häufig müssen wir», so wettert er, «fünfundzwanzig Jahre warten, bis ein Buch, in das wir große Summen investiert haben, beim Publikum ankommt und uns etwas einbringt. Es ist wie mit dem Film. Manchmal veröffentliche ich Bücher nur deshalb, weil ich weiß, daß man sie auf der Leinwand verwenden kann.»[75] Und diese Rechnung stellt er für *Jézabel* auf, deren Filmrechte er Anfang 1938 nach Lateinamerika verkaufen will. Unterdessen ist der Verkauf von Romanen drastisch zurückgegangen. 1936 lesen die besorgten Bürger lieber Zeitungen, und die Arbeiter ziehen Flugblätter vor. Albin Michel hortet zehntausend Exemplare von *Le Pion sur l'échiquier*, über viertausend von *Jézabel*, und Irène Némirovskys Autorenkonto weist ein Defizit von 72 767 Francs aus … «Sie bitten mich heute, Ihren Kredit zu erhöhen. Ich gestehe, daß ich in dieser Zeit intensiver Absatzflaute dazu keine Möglichkeit sehe!»

Anderes Thema: Mitte Oktober 1936 ist Irène Némirovsky im vierten Monat schwanger. Furcht und Freude halten sich die Waage. «Dieses Kind macht mich müde und froh zugleich», notiert sie am 8. Oktober. «Eiskalter, nein, strahlender Oktober. Keinerlei Lust zu arbeiten, aber bald zwei Kinder zu ernähren … Brauche eine Novelle und einen Roman. Vom Roman noch keine Spur, *remote* … Nichts …» 1937 wird sie wenig veröffentlichen. Außer «Fraternité» eine einzige Novelle für *Gringoire*, «Épilogue», die recht träge die in einer Bar gestrandete Figur von «Les Rivages heureux» wieder aufgreift.

Das Kind kommt am 20. März 1937 zur Welt. Es erhält den Vornamen Élisabeth nach ihrer vor einigen Wochen gestorbenen Großmutter väterlicherseits, und Léone, in Erinnerung an ihren Großvater mütterlicherseits. «Heute ist es einen Monat her, daß mein kleines Mädchen Élisabeth geboren wurde», notiert die Mutter am 20. April. «Einen Monat Plackerei, Schmerzen, aber eine große Freude. Möge Gott sie behüten. Sie ist meinem Herzen sehr nahe.» Jeden Sonntag sieht man Irène Némirovsky das Neugeborene in seinem Kinderwagen zum Square des Invalides spazieren fahren. Sie weiß nicht, dass ein Spaziergänger und Nachbar sie gerührt beobachtet. «Sehen Sie nur, wie lieb sie ist!», sagt er zu seiner Vertrauten. «Sie kümmert sich so gut um ihre Kinder.»[76] Es ist Henry de Montherlant, und die junge Frau, die an seinen Lippen hängt, ist Élisabeth Zehrfuss, eine junge Kritikerin bei der *Revue hebdomadaire*.

Die Vergangenheit existiert nicht mehr

Irène Némirovsky ist vierunddreißig Jahre alt. Sie ist berühmt, aber der Enkel des Ministers Leygues, der ihr beim Wohltätigkeitsbasar der Ligue contre le Taudis (Verein gegen Elendsquartiere) begegnet, ist über ihre Schlichtheit verblüfft. «Sie kennt weder Mauriac noch Maurois, noch Colette, dabei ist sie doch Irène Némirovsky.»[77] Das Buch, mit dem sie gleich nach der Geburt von Élisabeth beginnt, ist ein Entwicklungsroman, die schon 1934 definierte erwachsene Phase von *Le Vin de solitude*: «*Deux* ist die Geschichte zweier Menschen mit einem verrückten, schlechten, launischen Naturell, die vom Leben, von der Liebe, von der Ehe vervollkommnet werden.» Darin verfolgt sie die inneren Schicksale von vier Schwestern ihrer Generation und beobachtet die Läuterung einer vom Chaos der Nachkriegszeit getrübten Liebesethik. Die Liebe schert sich nicht um die Liebenden, ihre Streitigkeiten oder ihre Treulosigkeiten: Sie entfaltet sich ihnen zum Trotz. Diese Experimente in der Chemie der Gefühle machen *Deux* zu einer Art von *Wahlverwandtschaften* der Zwischenkriegszeit. Mit dem gemessenen Schritt von Chardonne wird sie hinter den guten Umgangsformen auch die Kehrseite der bürgerlichen Moral zeigen und die Mechanismen von Geld und Macht aufdecken. Die Papierfabrikanten Carmontel, eine Dynastie von Junkern aus der Normandie, haben ein nicht verleugnetes Vorbild: «Ich möchte die gute bürgerliche französische Familie von Industriellen zeigen, die den Gewinn ausschließlich unter den Mitgliedern der Familie aufgeteilt haben. Im Grunde tun die Avots trotz allem niemandem weh: Hinter dieser großen Einfachheit des Lebens verbirgt sich ein altes Vermögen und vor allem eine große Kraft zum Aufstieg.» Was die liederlicheren Segrés betrifft, so sind sie von einer ruinierten Künstlerfamilie inspiriert, den Namurs, über die man nichts anderes weiß außer folgenden wenigen Notizen vom April 1937: «Sie sind tief zerstritten; die Mutter führt ein recht geheimes Leben, abseits von allem. Sie muß eine schöne, intelligente Frau sein, und einige ihrer Abenteuer waren tragisch; zwei unter ihr getötete Liebhaber, wenn ich so sagen darf. Er hat seit Jahren einen zweiten Haushalt. Die beiden Frauen sind befreundet (obgleich die legitime Ehefrau alles weiß), und sogar die Kinder kennen sich. Mit einem Wort: eine liebenswerte Ungezwungenheit.»

Diese Entwürfe können ihre Sorgen nicht vertreiben. Am 5. Juni verrät sie nach einem Besuch mit Denise im Rodin-Museum zum ersten Mal ein spirituelles Verlangen, das viel über ihre Not aussagt: «Meine Babet ist noch immer erkältet. Besorgnis, Traurigkeit, verrücktes Verlangen, beruhigt zu sein. Ja, das suche ich, ohne es zu finden, was allein das Paradies mir geben könnte: beruhigt zu sein. Ich erinnere mich an Renan: ‹An den Schoß Gottes, in dem du ruhst›. Vertrauensvoll und beruhigt, geschützt im Schoß Gottes. Und dabei liebe ich das Leben. (Wenn ich bedenke, daß ich aus alledem, <u>völlig aufrichtig</u>, wahrscheinlich Literatur machen werde.)» Zum ersten Mal in ihrem Erwachsenenleben verbringt sie den Sommer nicht an der baskischen

Küste, sondern in der Nähe von La Ferté-Allais im Gâtinais, fünfzig Kilometer von Paris entfernt. «Meine zweite Tochter ist erst sechs Monate, ein zu zartes Alter für lange Reisen», erklärt sie. «Also in diesem Jahre weder Meer noch Berge, sondern Felder und Wälder und viel Ruhe.»[78]

«Wie vollzog sich der Übergang von der Liebe zur Freundschaft in der Ehe? Wann hörte man auf, sich zu zerfleischen, um einander endlich Gutes tun zu wollen?»[79] Dominiques Frage ist das Thema von *Deux*, das sie Anfang 1938 beendet. Mit diesem zuweilen sentenziösen Roman – «die Liebe ist häufig nur die Erinnerung an die Liebe»[80] –, der von April bis Juli in *Gringoire* erscheint, hat Irène Némirovsky das Thema des «Ungeheuers» ausgeschöpft, das sie fünf Jahre zuvor in die Welt gesetzt hatte und das ihr drei Romane sowie mehrere kurze Texte bescherte. Nun muss sie für die kommenden fünf Jahre eine neue narrative Matrix ersinnen. Diesmal kann die Autobiographie ihr keine oder doch nur eine geringe Hilfe sein. Wenn sie das seit 1921 liegen gebliebene kleine schwarze Heft wieder aufschlägt, kann sie nicht umhin, bei der Lektüre ihrer Jugendgedichte zu lächeln:

> *Petite chèvre pâturant dans la montagne,*
> *Galya est si heureuse de vivre.*
> *Le loup gris avalera la petite chèvre*
> *Mais Galya, elle, avalerait toute une armée …*[81]

«Wenn ihr das jemals lesen solltet, meine Töchter, wie töricht werde ich euch vorkommen!», kommentiert sie sich. «Wie töricht komme ich mir selbst vor in diesem glücklichen Alter! Aber man muß seine Vergangenheit respektieren. Ich werde also nichts zerreißen.» Dann notiert und nummeriert sie in bunter Folge die Themen für Bücher und Novellen, die sie noch gerne schreiben möchte, «wenn Gott mir das Leben schenkt». Einigen sollte keine Zukunft beschieden sein: die Erinnerung an ein Diner mit Nozière; «Mirabeau et son père»; «Cathérine la Grande et son fils»; «le mariage de Paul Bourget»; «la mort de

grand-père dans la pension de famille»; ein Rimbaud als alter Mann;
eine Lady Macbeth; das Porträt einer männlichen Frau, «die sich nur
mit schwachen, furchtsamen Frauen abgibt», in der Art von Becky
Sharp; «der Mann, der vor dem Tod sein geheimstes Laster ausleben
will»; das «Gefühl eines früheren Lebens» bei dem verlorenen Sohn …

Andere münden in eine Reihe nostalgischer Novellen, in denen sich
die Angst widerspiegelt, auf die Vorrechte der Jugend verzichten zu
müssen: Ungeduld, Unverstand und Geringschätzung der Erfahrung.
Zehn Jahre nach *Le Bal* bemüht sich Irène Némirovsky, dem Standpunkt
von Madame Kampf beizupflichten, ihren entfliehenden Träumen, ihrem Wunsch, sich an die irdischen Güter zu klammern, ihr Entsetzen
vor dem Verfall. In «L'Ogresse»[82] – eine Erinnerung an Plombière, in
die sich schalkhaft der Name von Danielle Darrieux einschleicht – verleugnet eine erfolglose Schauspielerin hartnäckig das Schicksal, indem
sie ihre Tochter in dieselbe Sackgasse führt. «Magie» weckt alte Erinnerungen an Mustamäki und spielt mit der Ironie des Lebens: «Irgendwo
in den Fäden, die das Schicksal für uns spinnt, muß ein Fehler, eine
fehlende Masche stecken.»[83] In «Le Départ pour la fête», einem Text,
der erst 1940 erscheinen sollte, will sie den Sturz des kindlichen Königreichs heraufbeschwören und jenes Gefühl, das man mit vierzig Jahren
hat, «den Boden unter den Füßen zu verlieren und im tiefen Wasser zu
versinken»[84]; jenen Moment, in dem das Blut langsamer fließt und der
in sanftem Gefälle zum Tode führt. In «L'Incommunicable» schließlich, einer Novelle, die im Oktober unter dem Titel «La Confidence»
erscheint, stellt sie sich vor, sie sei eine alte Lehrerin geworden, die ihre
Erinnerungen an Petersburg und die Krim wiederkäut. Für Colette, ihre
freche Schülerin, ist das nichts als verstaubtes Geschwätz. Dennoch
sind die beiden Frauen ein und dieselbe Person: Die eine weiß nichts von
ihrem Glück, die andere trauert ihm nach, keine genießt es. «Und das
ist jetzt das Ende, der Tod! Ja, der Tod! Was ich fühle, täuscht nicht. So
schnell, mein Gott, so schnell! Dieses sechzehnjährige Kind war ich, in
grauem Kleid, mit ihren Zöpfen, die über den Ohren eingerollt waren,
dunkle, goldfarbene Zöpfe, wie dein Haar …»[85]

Seit siebzehn Jahren hatte sie ihr schwarzes Notizbuch nicht mehr aufgeschlagen! Ein Abgrund, in den sie ungläubig blickt. Hat wirklich das junge Mädchen diese Zeilen geschrieben: «Die Vergangenheit existiert nicht mehr. Wozu sich um eine problematische Zukunft ängstigen? Genieße die Gegenwart und erkenne den Wert der Laune.» Ihr Leben verkündet genau das Gegenteil: Seufzer, Beständigkeit, Furcht. Alle Themen, die sie skizziert, sind Meditationen über die Reue und die entfliehende Zeit. Zum Beispiel: «Wer nicht genug gelebt hat und eifersüchtig ist auf sein Kind, weil es lebt», oder: «Die Eltern, denen es Vergnügen bereitet, die Unschuld der Kinder zu beschmutzen, natürlich nicht im Hinblick auf die Sinne, sondern im Hinblick auf die Erfahrung des Lebens, kurz, ein Vergnügen an der Rache.» Doch mehr als zum Alter und zur Amnesie, mehr als zu diesen kriegführenden Nationen, das heißt den Generationen, mehr als zur Bitterkeit des Alters und zur Absurdität des Lebens kehrt sie immer wieder zum Rätsel von Golder zurück: aufgrund welchen alchemistischen Prinzips zieht man sich aus dem Schlamm heraus, um dann die Welt zu verschlingen? Ist es der Hochmut? Der Zufall? Oder ist es eher das Temperament, jenes Pulsieren des reichhaltigen, trägen Bluts im Wohlstand, das bei den anderen, durch die Gier Ruinierten, magerer und lebhafter ist? Diese Theorie der Säfte fasst Irène Némirovsky in einem Ausdruck zusammen, «chaleur du sang», «heißes Blut», etwa ein Synonym für Jugend, Kraft und Bestimmung. Es ist der Instinkt, der den Lauf des Lebens nach seinem Belieben steuert. Das sich selbst ausgelieferte Lebensprinzip.

«Chaleur du sang»: Diese Worte schreibt sie am 6. Dezember 1937 als Erstes in ihr wiedergefundenes Notizbuch. In Wirklichkeit fragt sie schon lange nach dem Rätsel des Begehrens und der Impulsivität, der blinden Triebfeder des Daseins. Das Bild schleicht sich in ihr Werk ein. Nur ein Beispiel, *Le Vin de solitude* entnommen: «Ich kann meinen Körper nicht auswechseln, jenes Feuer, das in meinem Blut brennt, nicht löschen.» Was ist dieser geheime Einfluss, der befiehlt voranzuschreiten und ihr ihr Werk diktiert? Ist es das fatale Blut von Fanny, das zu seiner Quelle zurückfließt? Oder das erobernde Blut von Léon? Diese gebieterische Flüssigkeit ist die Tinte der Romane, jene, deren Energie die Schriftstellerin einfangen muss. Nicht die Wollust leitete Gladys Eysenach, sondern die Eitelkeit. Und der Stolz, nicht das Geld leitete Golder. Der Profit taugt nur für «kleine Seelen».

«Doch was gibt es tatsächlich bei den Menschen, die diesen Namen verdienen?», fragt Irène Némirovsky am 11. April 1938. «Ich glaube, die mächtige Triebfeder ist der Stolz. Auch Tolstoi sagte es, sicher weil er bei ihm so stark war.» Mit dem Stolz werden vorbildliche Schicksale geschmiedet, jene, die sich bemühen, der Geburt und der Natur zu widersprechen: Davon zeugt der unwiderstehliche Aufstieg von Becky Sharp, der freigeistigen Heldin aus *Jahrmarkt der Eitelkeit*. Hier liegt der Stoff für einen Roman. Es könnte die Karriere eines Spielers wie Ivar Kreuger sein, die sie einen Augenblick in Romanform zu bringen plant. Oder die des jungen Bonaparte, «gedemütigt, arm, ein einfacher, verbitterter, verzweifelter Jüngling, der nach Hause kommt, seine Stiefel auf der Holztreppe knallen läßt und der Hausmeisterin zuruft: ‹Napoleon Bonaparte›». Oder auch das Leben «eines Verräters, der sich überall aus der Schlinge zieht, ein wenig in der Art von Fouché».

Diese triebhaften Figuren könnten es ihr ermöglichen, jene große Idee zu veranschaulichen, dass sich nämlich bestimmte Leben im Gegensatz zum Temperament entwickeln, als ginge es darum, es zu verleugnen. «Dieser Gegensatz, der mich – immer – verfolgt, kann sehr ergiebig, sehr komplex sein: zwischen dem öffentlichen Menschen und dem Privatmann.» Es könnte Dimitri Navachine sein, jener symbolistische Dichter, der Repräsentant der sowjetischen Staatsbank in Paris geworden und vielleicht Geheimagent war und im Januar 1937 an der Porte d'Auteuil ermordet wurde. Nein, zu «melodramatisch», befindet sie. Wer dagegen eignet sich besser für ihre Idee als Léon Blum, der nach kurzer Abwesenheit soeben wieder an die Macht gekommen ist? Dieser Volkstribun wider Willen ist der klassische Typus des Mannes, «dessen Leben nicht mit seinem Temperament übereinstimmt». Aber Blum «ist der Typus eines Schwachen, Besiegten. Vor allem wäre er unverständlich außerhalb der Welt der Politik, und ich kenne ihn wirklich nicht genug».

Eine Möglichkeit, dennoch an Blum festzuhalten – sie denkt daran –, wäre, ihn in einen allgemeineren Typus umzuformen, ein Projekt, das ihr damals «am meisten am Herzen» liegt: *Der Jude*. Wir werden nie wissen, wie ein solcher Roman ausgesehen hätte, es sei denn anhand seiner Abwandlungen: drei Porträts von Abenteurern, Blum, Stavisky, Trotzki, jeder von seiner eigenen schöpferischen Energie, seinem «heißen Blut» beseelt. Und was ist dieses heiße Blut, wenn nicht das der «Rasse», da es ihr nicht missfällt, dieses Wort zu gebrauchen? Eine unbeständige, kühne Flüssigkeit, vom Unglück geschlagen und von der Andersheit angetrieben. Blum, der Literat, der Idealist, den nichts dazu bestimmte, das Schicksal einer Nation zu verändern. Stavisky, der Fuchs, der «*crooked man*», der «Macher», der ewige Gavroche aus Odessa. «Ich muß mir selbst schwören, einen Stav. zu machen», vermerkt sie noch am 26. Mai 1938, «und auf die Wirkung zu pfeifen, die das auf die Lage der Juden im allgemeinen usw. haben wird. Schließlich liebe ich die Juden als Versuchskaninchen, also!» Denn sie wird sich nicht in die Falle des Mitleids locken lassen. Schließlich Trotzki, der vollendetste, aufrichtigste, radikalste dieser Abenteurer der Rasse. «*The aim of my life*. Wenn ich sehr lange lebe, wenn ich genügend Geld habe, um langsam arbeiten, mich informieren zu können usw. ‹Das Leben Trotzkis›, aber eher als der Typus des ewig revoltierenden Juden.»

Tage der Angst

«Wenn ich genügend Geld habe …» Irène Némirovsky hat weniger Geld denn je, und vor allem aus diesem Grund verwirft sie all diese gefahrvollen Pläne. «Natürlich», notiert sie resigniert am 11. April, «wäre *der Jude* am besten, aber in meine Furcht fließen außerliterarische Erwägungen ein.» Furcht, den Anschein einer Meinungsäußerung zu erwecken, denn von den Juden zu sprechen ist ein politischer Akt geworden. Maurras zufolge, den die Académie zu einem Unsterblichen zu machen gedenkt, ist für den Antisemitismus die Zeit gekommen, das Alter des Instinkts zu verlassen und in das der Vernunft einzutreten, denn «der Antisemitismus braucht keinen Rassismus»[86]. Es geht nicht wie in Hitler-Deutschland darum, gegen die Juden gewaltsam vorzugehen, sondern sie aus der Stadt zu verbannen, wie früher die Metöken aus Athen. So gesehen könnten die Charakterstudien Irène Némirovskys in den Augen böswilliger Leser als wissenschaftlich gelten. Und ein Roman ist kein Beweisstück.

Und was die «außerliterarischen Erwägungen» angeht ... Da ist zunächst die Ankündigung des *Anschlusses* am 11. März 1938, ein Beweis dafür, dass der Appetit der Nazis beim Essen kommt. Paradoxerweise legt die Straße ein wachsendes Desinteresse an aktuellen Fragen an den Tag. «Überall absolute Ruhe», bemerkt Irène Némirovsky. «Man kann nicht sagen, daß man nicht versteht, was das alles bedeuten kann, aber man hofft trotz alledem. Im übrigen kann das ‹kollektive Gehirn›, wenn ich so sagen darf, nicht auf einen bestimmten überstürzten Rhythmus reagieren. Keine Regierung in Frankreich, aber daran sind wir gewöhnt. Schönes Wetter, Sonne, frische Luft.» Dann am 14. März: «Der Krieg, der Krieg, wird es Krieg geben? In welch merkwürdiger Zeit wir leben ... Logischerweise scheint der Krieg ganz nahe zu sein. In fünfzig Jahren werden diejenigen, die die Zeitungen der letzten zehn Tage lesen, glauben, die Menschen hätten sich die Nachrichten fieberhaft weitergegeben. Ganz und gar nicht. Die vollständigste Gleichgültigkeit, ein paar Seufzer, ein paar düstere Prognosen ... und man denkt an etwas anderes.» Um einen Franzosen zu beunruhigen, muss die Bedrohung so unmittelbar sein, dass er sie nicht verhindern kann. Bedarf es noch eines Beweises, dass das Temperament nicht unfehlbar ist?

«Man hofft trotz alledem.» Genau dies ist das Thema der Novelle, die *Gringoire* für Ende des Monats von ihr erbeten hat. Sie hätte ihr den Titel *Great Expectations* gegeben, wäre er nicht schon «von *my*

olders and betters» besetzt. Diese große Erwartung besteht darin, die
französische Wertschätzung zu erlangen, und zwar mit Hilfe des Geldes, da das Recht sich dagegen sträubt. In «Espoirs» – dem Titel, unter
dem sie am 19. August erscheint – lebt eine einst reiche russische
Modistin kärglich in einer «eiskalten kleinen Wohnung» im Ternes-
Viertel; ihr Vorbild ist eine Schneiderin, die Némirovsky in der Rue de
l'Arc de Triomphe kennengelernt hat. Sie hält sich nur dadurch über
Wasser, dass sie mit ihrer Elendsmiene bei ihren Kundinnen Mitleid
erregt, denn in den Augen einer Pariserin kann sich eine Russin nur im
«Geruch des Unglücks» entfalten. So wie die slawische Seele idealer-
weise beschaffen ist! Ihr Mann Wassili, ein «Deklassierter», setzt all
seine Hoffnungen in einen dem Nichts entsprungenen «Onkel aus
Frankreich», der sich als ein durch betrügerischen Bankrott ruinierter
Aristokrat entpuppt. Und immer die schmerzliche Klage des Exilierten, ein Echo auf die Einbürgerung, auf die Irène und Michel Epstein
seit nunmehr bald drei Jahren warten: «Ach, glückliche Franzosen!
So ruhig, so glücklich … (…) Mit Traurigkeit und Neid denke ich an
sie, aber ich bewundere sie. Es ist schön und wunderbar, glücklich zu
sein!»[87]

Die Schriftstellerin zögerte, ihre Helden Popow oder Arkady zu
nennen, aber ist das denn wichtig, «da sie ja leider nicht Lévy oder
Rabinowitsch heißen können»? Wieder einmal muss man diese verzweifelte Novelle, das sich um das Thema der «Unassimilierbarkeit»
dreht, in jüdischem Licht lesen. Diesmal empfindet Irène Némirovsky
selbst die Stärke der Vorurteile, die sich auf ihre Personen auswirkt. Sie
teilt sogar ihre drängenden Geldsorgen, das Gas, der Strom, das Telefon müssen innerhalb von drei Tagen bezahlt werden. Diese Bedrängnis ist die andere «außerliterarische Erwägung», die sie daran hindert,
sich Hals über Kopf in einen Roman zu stürzen, der einen langen Atem
erfordert. Ihr Tagebuch gibt darüber einen unangenehmen Überblick:
«Tage der Angst, einer Angst, wie das Geld sie einflößt, wenn man keines hat und doch weiß, daß man welches verdienen kann. Ein bitterer
Groll gegen das Leben. In kaputten Schuhen herumlaufen, (…) nicht

einmal genug Geld haben, um einen Film anzusehen, ein so unschuldiges Vergnügen – und dabei ist man die Autorin von D.G., die hochtalentierte junge Frau usw.»

Dies ist am 25. Juni 1938 tatsächlich die materielle Lage von Irène Némirovsky, der Tochter eines Bankiers. Im Januar hat Michel Epstein dem Verleger Albin Michel spontan vorgeschlagen, ihm bei Fälligkeit den Fehlbetrag von fünfundsechzigtausend Francs zurückzuzahlen, den ihr Autorenkonto noch immer aufweist. «Wenn diese Lösung meiner Frau auch kein Geld einbringt», argumentiert er, «wird sie es ihr jedenfalls ermöglichen, sich ganz ihren Kindern zu widmen, nur dann zu schreiben, wenn sie Lust dazu verspürt und den Preis für ihre Bücher immer dann zu erhalten, wenn sie eines geschrieben hat.» Der Verleger lässt sich darauf ein, doch betragen seine Zahlungen von nun an nur noch dreitausend Francs im Monat für das begonnene Jahr, eine Vereinbarung, die bis Ende 1940 verlängert wird. Was mit knapper Not die «höchst zufälligen» Einkünfte aus Neuveröffentlichungen ausgleicht.

Es scheint, als hätten Irène und Michel in Wirklichkeit eine Form von Erpressung versucht, indem sie sich den Anschein gaben, als wollten sie das Manuskript von *La Proie* als Geisel zurückhalten. Der Roman, der zehntausend verkaufte Exemplare überschreiten sollte, wird dem Publikum im Frühling vorgelegt, zur gleichen Zeit wie die ersten Episoden von *Deux*, die in Fortsetzungen bis zum 15. Juli in *Gringoire* erscheinen. «Ein zwanzigjähriger junger Mann ohne Vermögen und ohne Beziehungen, jedoch intelligent und ehrgeizig, macht sich auf, in einer wirren Welt, der unseren, das Leben zu erobern … Ein Julien Sorel in Krisenzeiten»[88], heißt es in der Werbung. Edmond Jaloux hält die soziopolitische Absicht dieses «Thesenromans» für vorhersehbar, hält ihm jedoch eine «unangreifbare» Technik zugute[89], die durch und durch französisch sei. Vonseiten eines so feinsinnigen Literaturhistorikers ist das kein geringes Kompliment. Irène Némirovsky, die sich in Hendaye erholt, ist ihm für seine Vorbehalte sogar dankbar: «(…) in dem Papier steht ein Satz, der mir nützlich sein wird: ‹Man darf nicht vergessen, daß die Überraschung eines der Elemente einer guten Erzählung ist.› Anders gesagt, die Moral des Buchs muß am Ende ausgedrückt werden.»

Nicht alle teilen Jaloux' Ansicht: Für *Les Nouvelles littéraires,* «bleiben der abscheuliche, vergiftete Aspekt fast aller Personen, ihre Gewaltausbrüche und ihre Passivität angesichts der Katastrophen überaus russisch»[90]. Die Kritik gesteht, dass dieser Balzac'sche Roman sie verwirrt, in dem weder das Wort «russisch» noch das Wort «jüdisch» vorkommt. Ein scharfsichtiger Leser könnte indes ihre Reflexion über das Geheimnis des Bluts erkennen, denn Daguerne ist im Grunde lediglich ein französischer Stavisky. Doch sein verborgener Antrieb ist weniger das Streben nach Erfolg als die Eigenliebe: Er richtet sich willentlich zugrunde, um die Wertschätzung einer Frau zu erringen. Darin ähnelt er den anderen Helden Némirovskys: «Der Instinkt trägt den Sieg davon. Am Ende verschlingt er sie sogar, ohne daß sie sich dessen bewußt sind.»[91] Diese Demonstration könnte langweilen; doch wird sie im Gegenteil von «einem kraftvollen, hellsichtigen, wahrhaft schöpferischen Talent» vorgetragen, das Maxence für hundertmal besser hält als den «geschraubten, artifiziellen, unbeholfenen, ja schwerfälligen Stil» von *La Nausée,* dem ersten philosophischen Roman eines gewissen Jean-Paul Sartre.

Die positive Aufnahme von *La Proie* verringert jedoch bei Weitem nicht die materiellen Schwierigkeiten der Epsteins. Mitte Juni 1938 sind sie am Ende. Sie hat soeben erfahren, dass Michel, der schließlich nur «Bankangestellter» war, beauftragt mit der Beglaubigung von Schecks und des Diskontsatzes, fünfzigtausend Francs zu einem Wucherzins geliehen hat. Wozu unter diesen Bedingungen schreiben, wenn der einzige Nutzen, den sie daraus ziehen kann, Literatur ist? «In der Kasse absolute Ebbe. M. hat sogar einen Monat Vorschuß genommen. Die einzige Hoffnung besteht darin, den Roman zu verkaufen, und sogar das, sollte es gelingen, wird kaum ausreichen, die rückständigen Schulden zu bezahlen. (...) Ich verdiene enorm viel Geld, aber seit achtzehn Jahren hat er regelmäßig doppelt soviel ausgegeben, wie er verdiente. Also zunächst der Eindruck eines um jeden Preis zu stopfenden abgrundtiefen Lochs, und dann der Eindruck, wie soll ich sagen, daß die Arbeit selbst vollkommen sinnlos ist oder, genauer, daß die normalen Gewinne völlig uninteressant sind, da vor allem die Gewinne, die außerhalb des regulären Budgets erzielt werden, angestrebt werden müssen. Beispiel: Er verdient 300 000 Francs im Jahr. Da er weiß, daß er 600 000 ausgibt, sind diese 300 000 nichts, sie existieren nicht mehr. Wir brauchen etwas anderes; wir müssen anderswo suchen. So ist mein Leben!»

Natürlich könnte sie auf alles Überflüssige verzichten, weniger ausgeben. Aber nein, «lieber schlage ich mich mit all diesen Schwierigkeiten herum, als daß ich auf all das verzichte, was ich zum Leben für notwendig halte». Der Fotograf, der gekommen war, um eine Reihe von Aufnahmen der Schriftstellerin in ihrem Heim zu machen, ist kein anderer als Albert Harlingue, der Porträtist von Rodin, Mahler, Debussy, Freud, Claudel, Colette und, ein wunderbares Zusammentreffen, Katherine Mansfield. Es soll nicht heißen, dass die Autorin von *Golder* unter ihren Verhältnissen lebe. Auch nicht, dass sie auf jene höhere Form der Assimilation verzichten müsse, die das Genie ihr bereits gewährt hat. Eine Frage der Würde. Aber dass ab 1938 ausgehungerte Immigranten in ihr Werk eindringen, die bereit sind, sich selbst zu verdammen, um eine gesicherte Position zu erlangen, verrät besser als alles andere ihre geistige Verfassung. In dieser Zeit tauchen in ihrem Notizbuch auch virtuelle «alimentäre Novellen» auf, affektierte Texte, die 1939 und 1940 zum größten Teil in der wöchentlich herauskommenden Frauenzeitschrift *Marie-Claire* erscheinen, «einzig und allein, um ein paar Sous zu verdienen». Acht Jahre nach *David Golder* scheint Irène Némirovsky ihr eigenes «Versuchskaninchen» geworden zu sein.

9

Kinder der Nacht

(1938–1939)

«*An vielen Wendepunkten unseres Lebens ist es wichtiger, eine Entscheidung zu treffen, als die beste zu treffen.*»
Mgr. Vladimir Ghika,
Pensées pour la suite des jours, 1936

Hendaye, Ende Mai 1938. «Blauer Himmel, Sonne, Entzücken. Bin auf dem Tiefpunkt aus Paris abgereist. (…) Die Erinnerungen von Kipling gelesen. Ich glaube, daß er – gesegnet sei er – mich aus dieser Krise herausgeholt hat.» Zu diesem Zeitpunkt hat sie bereits mit dem Buch begonnen, das sie in das Loch ihrer häuslichen Schulden werfen wird. Dennoch könnte es sein, dass die Geldverlegenheit ihr nicht schadet und dass sie diesem Roman sogar die Energie verleiht, die ihr bei *Deux* zu fehlen scheint, denn gerade hat sie die Korrekturfahnen dieses Textes durchgesehen. «Recht eintönig», schimpft sie. «Sich davor hüten. *Facts*. Kurze und harte Sätze, genau das brauche ich, und das Buch sollte, obwohl es kurz ist, den Eindruck erwecken, als wäre es zum Bersten voll wichtiger Ereignisse (…).» Dazu müsste sie darauf verzichten, in die Fußstapfen von Mauriac und Maurois zu treten, zur Schwärze von *Golder* zurückfinden, auf die Gefahr hin, Anstoß zu erregen: «Ich lebe in einer sehr traditionalistischen Zeit und in einem Land, das (in der Lit.) ungemein auf Konventionen achtet.»

Wie soll sie wieder an ihre besondere Gabe anknüpfen? «Ich glaube, die Antwort ist einfach: mich hauptsächlich befleißigen, Typen zu schildern, (und in geringerem Maße) die Situationen von heute, die der Nachkriegszeit, und entschlossen die Dinge in der Art von *Deux* beiseite zu lassen, nicht daß ich sie nicht schildern könnte, aber andere können es genauso gut und besser als ich, dagegen die Menschen von heute zu sehen und sie mit ihren, wenn auch übertriebenen Zügen zu zeichnen (eben Typen?), das ist nicht jedermann gegeben.» Daher der Beginn von *Le Charlatan*, wie der vorläufige Titel des Romans lautet, der nicht zufällig an den von *Golder* erinnert: «Ich brauche Geld!» – «Ich habe nein gesagt.»[1] Aber diesmal sind die Rollen vertauscht: Das Kind aus dem Ghetto ist kein Bankier geworden, er ist vielmehr der arme Teufel, der zu den Wucherern und Pfandleihern rennt! Er heißt Asfar und ähnelt wie ein Bruder Wassili, der erbost murmelte: «Glückliche Franzosen …» Sogar als er es geschafft hat und in einem «gediegenen, reichen, ein wenig stickigen» Haus wohnt – es ist kein anderes als das von Paul Morand –, antwortet Asfar als Echo: «Ja, ihr alle, die ihr mich verachtet, reiche Franzosen, glückliche Franzosen, im Grunde wollte ich eure Kultur, eure Moral, eure Tugenden, alles, was höher ist als ich, anders als ich, anders als der Schlamm, in dem ich geboren wurde.»[2]

Der Herr eurer Seelen

Gewiss ist Asfar – die «außerliterarischen Erwägungen» verpflichten – kein Jude. Aber so gut wie, könnte man sagen. Er ist ein *métèque*, ein Staatenloser, ein «mürrischer kleiner Ausländer mit fiebrigen Augen», ein aus der «obskuren Rasse» hervorgegangener Levantiner, dem Frankreich keinerlei Geschenk machen wird, sondern diesen großherzigen und idealistischen jungen Arzt zwingt, ein Scharlatan und vom «gejagten Wild» zum «Jäger» zu werden. Denn nicht Irène Némirovsky bezeichnet in diesem unglaublich schroffen Roman Asfar als «dreckigen Ausländer», sondern seine vornehmen Nachbarn in der Avenue Hoche.

Das erste Vorbild für diesen orientalischen Doktor Knock ist Ghedalia, Golders Arzt. Es würde genügen, die kosmopolitische Welt von Biarritz auferstehen zu lassen, um ihn glaubwürdig zu machen; aber wie nie zuvor schützt sie sich vor dem Verdacht des Antisemitismus, der ihr Werk bedroht. Asfar kommt zwar aus jener «Welt von Verrückten, jener Welt, die ich gekannt habe», aber, so sagt sie, «ich dachte zu Unrecht an die Welt Golders. Im Gegenteil, mein Scharlatan kann sich in der konformistischsten, der bürgerlichsten Welt niederlassen, der Welt der Reichen zwar, aber der konformistischen Reichen.» Diese Entscheidung wird ihrer Darlegung mehr Kraft geben, denn Asfar – er trifft die Unterscheidung selbst – ist weniger ein *métèque* als «das, was Sie einen *métèque* nennen»[3]. Es ist in etwa die restriktive Definition, die Sartre im Juni 1947 geben wird: «Ein Mann, den die anderen für einen Juden halten.» In Wahrheit war es schon die von Zola: «Die Juden sind unser Werk, das Werk unserer achtzehnhundert Jahre törichter Verfolgung.»[4]

Als sich *Le Charlatan* im April 1938 abzeichnet, hat er alles von einer Molière'schen Satire. Dario Asfar ist der Typ von Arzt, der auf Kosten seiner Patienten lebt. «Er hat keinen Ehrgeiz, aber ein fast krankhaftes Gewinnstreben. Er besitzt eine Reihe ausländischer Auszeichnungen. Er ist nicht brutal, wie ein wirklicher Gelehrter es sein kann (die unmenschliche Rohlinge sein können). Er hat Phantasie. Er sieht nicht nur eine Venenentzündung, eine allgemeine Paralyse usw., sondern er sieht den Menschen. Der Mensch interessiert ihn. Den Menschen will er verführen, besiegen oder täuschen und nicht die Krankheit.» Daher sein Beiname «*master of souls*». Eine Zeit lang liebäugelt Irène Némirovsky mit dem Titel *Le Maître de vos âmes*, bevor sie ihn als zu «reißerisch» verwirft.

Asfar ist ein Manipulator, der aus seelischen Leiden Vorteil zieht, indem er sich für einen modernen Zauberer ausgibt, so wie einst Habib, der «scheußliche Levantiner» von Morand, der «die Melancholie durch Faradisierung» und magnetische Behandlungen heilte.[5] Ihre Kundschaft ist die gleiche: «zerrüttete reiche Leute», die unter Nervenkrankheiten, Phobien oder trostlosem Kummer leiden. Die Schwierigkeit zu sein, eine unversiegbare Quelle des Reichtums! «Der Scharlatan ist jemand, der begriffen hat, daß der einzige sichere Reichtum, der einzig sichere Broterwerb darin besteht, sich die Leidenschaften der anderen zunutze zu machen.» Seine Kunst ist nichts anderes, als die Wunden nur zur Hälfte zu reinigen.

Dieser Scharlatan ist eine universelle Figur. Aber weder Romains noch Morand hatten sich mit dem «aktuellen Typus» des Irrenarztes befasst, der seinen Patienten einsperrt, um ihn unter seine Botmäßigkeit zu bringen. Ist Philippe Wardes wie André Citroën ein zwanghafter Spieler? «Unter dem Vorwand einer Kur hält Asfar diese Gewohnheit der Droge wach, indem er sie bald befriedigt, bald verweigert. Er behandelt die eingebildeten Kranken.» Bernard Grasset spielte zwar nicht Bakkarat, aber sein beruflicher Ingrimm hatte ihn seelisch zerstört. Weil der erste Verleger von Irène Némirovsky nicht mehr wusste, mit welchen Exzessen er seine «Nerven aufrütteln» sollte, ist er eines der eingestandenen Vorbilder für Wardes, *alias* «Broken Man». In ihrem Tagebuch nennt sie ihn liebevoll «unseren vertrauten kleinen Megalomanen», aber sie erinnert sich auch, dass Grasset ein «bösartiger, undankbarer, leichtfertiger Mensch» war. Ist Dario Asfar eine Kopie des Dr. Angelo Hesnard, eines der Psychiater, die Grasset halb unter Verschluss hielten? Irène Némirovsky hat sich auch an den Prozess gegen Doktor Bougrat erinnert, der 1927 wegen Unterschlagung zu einer Zuchthausstrafe verurteilt wurde und hin und wieder wegen geheimnisvoller Geldschulden an den Bettelstab kam. Er ist das andere Vorbild für ihren Scharlatan.

Dennoch führt das Buch keinen Prozess gegen den Freudianismus. Irène Némirovsky hat immer nur einen Analytiker gekannt, Alfred Adler, der 1937 starb, und Asfars Pseudotheorie des Unbewussten verdankt sich vor allem ihrer eigenen Auffassung der Vorfahren: «In allen von uns spuken die Seelen unserer Familiengeschichte. Man muß herausfinden, was jedem von ihnen eigentümlich ist, anhand eines Prozesses, der dazu tendiert, das zutage zu fördern, was im Bewußtsein die Elemente in der Tiefe verdeckt.»

Zuerst als ein dem Broterwerb dienender Fortsetzungsroman konzipiert, den sie als Entwurf an Carbuccia verkauft hat, gibt *Le Charlatan* von April bis Juli 1938 Anlass zu einer fieberhaften Ausarbeitung.
Alle Fährten werden erkundet, ohne Selbstzensur. «Jetzt habe ich noch
eine Idee. Viel zu viele, Mona, meine Tochter! Das richtet dich zugrunde.» Wenn die Intuition zu schnell ist, lässt sie ein wenig Russisch, viel
Englisch, manchmal etwas Deutsch sowie einige Flüche einfließen.
Keine Windung ihres Denkens entgeht der dicken Kladde, die sie dann
mit dem Rotstift durch «HEAR» oder «TB» einkreist. Sodann ist alles
«viel weniger amüsant. Man muß korrigieren, ausdünnen, die Sätze
verändern mit dem Gedanken, daß diesmal der Text, den man redigiert,
Zugang zum Leser finden soll …»[6].

Doch zuerst muss die Hauptperson eingekreist werden. Asfar ist
nicht von Anfang an ein «suspekter Levantiner». Ursprünglich heißt
er Gabriel Papadopoulos, geboren in Smyrna, und sein Vater ist Grieche, seine Mutter bald Italienerin, bald russische Jüdin. Er wuchs in
Odessa auf und studierte in Moskau Medizin. Durch seine «große Liebe zur Natur, zu den Büchern» ist er mit Ismael, dem genialen kleinen
Kind, verwandt, aber auch aufgrund seiner Erziehung als Straßenjun-
ge. «Seine Umgebung war habgierig, geschickt, dachte nur ans Geld,
und die Besten von ihnen quälte der Wunsch nach anderen Ländern,
einem anderen Schicksal.» Im Übrigen kommt es nicht darauf an, ob er
Jude oder Grieche ist, aber er muss ein Emigrant sein, der auf glühenden Kohlen geboren wurde. «Ich weiß nicht, warum, aber ich denke an
die Kindheit von Apollinaire.»

In diesem Roman über die Einwanderung und den Rassismus untersagt sich Irène Némirovsky jede Anspielung auf das Judentum. Ja,
Asfar ist ein «Lump», ein «schlecht gekleideter und schlecht rasier-
ter *métèque*», ein «kleiner ausländischer Kurpfuscher» mit «dunkler
Haut» und den «langen Fingern eines Orientalen», mit «Zügen, die
nicht von hier sind»[7], aber, so notiert sie für sich, «ich kann nicht sagen
daß er zu einer Rasse von *Heimatlosen* gehörte, denn das ist ein anderes Wort für Juden». Asfar verkörpert einen bis jetzt noch höheren

Typus: Er ist der nicht assimilierbare Ausländer, der ewig Entwurzelte, er gehört der «ausgehungerten Rasse»[8] an. Wenn er ein Scharlatan geworden ist und kein rechtschaffener praktischer Arzt, so sicherlich deshalb, weil die Gesetze seit 1935 die Ausübung des Arztberufs auf diejenigen beschränken, die ein französisches Diplom haben. Irène Némirovsky weiß es genau, denn sie hat sich eingehend mit der Geschichte der Medizin befasst.[9] «Was ich hier will, ist der unglückliche, stolze Junge, ‹für den das Wort Seele etwas bedeutet›, der aber auf schreckliche Weise die Wünsche und Instinkte eines glücklichen Menschen hat. Kurz, was man tun müßte, wäre hier der Jude, der Jude, der demütig, gut usw. sein will. (…) Die Idee ist da, soviel ist sicher.» Und deshalb ist Asfar keineswegs nur der universelle *métèque*, er ist ein weiteres Mal Irène Némirovskys Selbstporträt, hin- und hergerissen zwischen ihrem Stolz als Schriftstellerin, den Schulden ihres Heims und ihrem Status einer Unerwünschten. Allein die Jagd nach dem Glück pervertiert Asfar und verdammt ihn zur Zwangsarbeit. «Leider kann man nur sich selbst beschreiben, immer nur seine eigene mehr oder weniger maskierte Visage und seine eigene Seele.»

Als sie Ende Juni mit Michel und den Mädchen nach Hendaye aufbricht, einen ordentlichen Scheck von *Gringoire* und die ersten skizzierten Kapitel von *Le Charlatan* in der Tasche, ist sie die Sorgen vorübergehend los, und sie wiederholt im Geist das Markusevangelium: «Fürchte dich nicht, glaube nur …» Fleißige Ferien: ein Kapitel pro Tag, das Michel dann abtippt. «Nur bedeutet das Arbeit, wirkliche Arbeit.» Der Titel eines dieser Kapitel gibt eine Vorstellung von dem pikaresken Roman, der ihr vorschwebt: «Bardamu.» Denn der Scharlatan ist nur ein Vorwand: Asfar ist einer von Némirovskys Verkörperungen des modernen Abenteurers, des zynischen Parvenüs, ein Produkt der scheinheiligen französischen Gesellschaft. «Ich untersuche nicht den Typus des Scharlatans, alles, was mich interessiert, was mich berührt, verstecke ich hinter einem Etikett. Unglückliche Kindheit, Haß, Liebe – dann Haß auf die Bourgeois.» So dass der Schlüssel des Romans nicht mehr wie in *Golder* «wieviel» ist, sondern eher: «Lieben Sie mich?»

Le Charlatan erzählt, wie man ein Hochstapler wird. Es ist eine grausame Erzählung, die Stavisky mildernde Umstände zubilligen würde: «Nehmen Sie ein ausgehungertes, gehetztes Tier, das ein Weibchen und Junge ernähren muß, und werfen Sie es in eine üppige Schäferei mit zarten Lämmern auf einer grünen Weide ...»[10] Ist Asfar, der Gedemütigte, Asfar, der Beleidigte, «ausgehungert»? Die Hitze, die sein «unruhiges Blut» verbrennt, ist der unterdrückte, erniedrigte, mit Füßen getretene Stolz; Nahrung seiner Rache an den schmuckbehängten Idioten, die Irène Némirovsky selten so verächtlich behandelt hat. Asfars Verdammnis, dieses Parasiten aus Zwang, ist auch die ihrige: Verkauft sie nicht ihre Seele an *Gringoire,* wo sie weiterhin als das Wunderkind der französischen Literatur präsentiert wird? Und mit einem Mal nimmt dieser Roman eine faustische Färbung an. «Was nützt es dem Menschen, dass er alle Schätze der Erde gewinnt, wenn er seine Seele verlieren muss?» Diese Moral ist ihr Trost. Eine pessimistische Moral, denn Asfar wird genau derjenige, der er nicht sein wollte, ein Vater, für den sich sogar die Sohnesliebe in Devisen umtauschen lässt. «Was werden die Schwachköpfe sagen?», sorgt sie sich. «‹Madame Némirovsky bleibt dem qualvollen Roman treu ...› oder anderen Blödsinn. Ich müßte gewappnet sein, aber nun ja ... Komisch, daß 1938 noch immer der Wunsch besteht, das Leben in rosigen Farben zu sehen.»

Geistiges Autodafé

«Hendaye, 6. Juli. Das Wetter ist schön ... ebensoviel Lust zu arbeiten wie mich aufzuhängen.» Trotz allem, was an persönlicher Erfahrung in *Le Charlatan* eingegangen ist, bleibt er ein Notbehelf, eine feuilletonistische Variante jenes *Juif,* der auf bessere Zeiten verschoben wird. Daher ist man verblüfft, dass dieser schroffe Roman aus einer viermonatigen Rodungsarbeit hervorgeht, die häufig spannender ist als die brutale Handlung, die am Ende aus diesem Wald herausgeschlagen wird. Irène Némirovsky beginnt fast widerwillig mit der Niederschrift. Hat sie eine Wahl? *Le Figaro* ist auf ihren Vorschlag einer Novelle nicht eingegangen: Vielleicht handelt es sich um «Nous avons été heureux», eine erschütternde Scheidungsgeschichte, die am 5. August in *Marie Claire* erscheinen wird, einer wöchentlich herauskommenden Frauenzeitschrift, die im Jahr zuvor von ihrer Freundin Hélène Gordon-Lazareff gegründet worden war. Tarif: Zweitausend Francs. «7. Juli 38. Glühende Hitze; flammender Himmel, vorhin ging ein Gewitter nieder; Regen in langen Silberblitzen. Man erstickt im Haus; man erstickt auf dem Sand. Keine Lust zu arbeiten, und gleichzeitig diese dunkle Unruhe …»

Irène und Michel Epstein haben für den Sommer eine Villa im baskischen Stil gemietet, deren Name, *Ene Etchea*, «mein Haus» bedeutet. Vielleicht aus Sparsamkeitsgründen oder, wie Denise Epstein vermutet, weil das Haus in Urrugne zu weit vom Meer entfernt lag. Nur eine Straße trennt sie nun vom Strand, «ein Deich, mit Sand gepolstert, der das Geräusch der Schritte dämpft»[11]. Nicht dass Irène auf das Baden erpicht ist, aber ihr Baby ist sechzehn Monate alt, und, so gesteht sie ihren Lesern, «das Herstellen von Sandkuchen für dieses Persönchen ist im Augenblick meine hauptsächliche Beschäftigung»[12]. Unter einem Zelt, mit Rock und gestreiftem Polohemd, liest sie Katherine Mansfield, wobei ihr plötzlich der «tragische Scherz» bewusst wird, der ihr Leben war, und liest von Neuem Prousts *À l'ombre des jeunes filles en fleurs*. Denise, die so behütet ist, dass sie nie schwimmen lernt – und auch nicht Skifahren im Winter –, badet unter der Aufsicht einer Amme. Michel sitzt auf einem Klappstuhl und raucht eine Zigarette. «Abends begeben sie sich gern nach Saint-Jean, um der Rückkehr der Schiffe in den Hafen zuzuschauen, oder passieren die Grenze, um in Hondarribia essen zu gehen.»[13] Das einzige aufgezwungene Schauspiel sind die spanischen Flüchtlinge, die mit dem Lastwagen über die Brücke der Bidassoa fahren oder nach Einbruch der Dunkelheit, von den Fackeln der Franzosen geleitet, über den Fluss schwimmen. In diesem Sommer beherbergen die Epsteins eine junge

Frau, die vor den Kämpfen geflohen ist. «Ich weiß nicht mehr, ob ihr Mann verhaftet oder erschossen worden war ... Ihr kleiner Junge muß vier oder fünf gewesen sein. Ich erinnere mich noch an die Form ihres Gesichts. Es war eine sehr schöne, herrliche Spanierin.»[14] Unvergessliche Erinnerungen für Denise, die acht Jahre alt ist und keine Vorstellung von den materiellen Schwierigkeiten hat, die zu ignorieren ihre Eltern sich zur Pflicht machen.

Am 30. Juli bringt sie die letzte Antwort von *Le Charlatan* zu Papier, in Form eines ewigen Neuanfangs: «Er wird wiederkommen. Wegen der Erbschaft.» Einen Monat später ist die endgültige Fassung beendet. Im Lauf desselben Sommers beginnt Irène Némirovsky mit einem weiteren Roman, der nicht mehr und nicht weniger die jüdische Version von *Le Charlatan* ist. Sein Titel, *Enfants de la nuit*, steht unter einem Zitat des Evangeliums: «Lebt als Kinder des Lichts.» Am 21. Juli notiert sie: «Es soll die Geschichte einer russischen jüdischen Familie sein – ja, wieder einmal! –, in der es einen Sohn gibt, der Stav[isky] wird, einen anderen, P. S., und eine Tochter.» Darin will sie zeigen, wie ein russischer Jude, Harry Sinner, der kurz davor steht, eine junge Pariser Bürgersfrau zu heiraten, ebenso der Schande verfällt wie sein Vetter Ben, das Ebenbild von Stavisky, der ihn mit in den Sumpf zieht. Fluch des Emigranten oder Kraft des jüdischen Tropismus? Letztlich bleiben Harry und Ben Sinner, der Hund und der Wolf, in den Augen der Franzosen für immer «zwei dreckige Ausländer, zwei dreckige Hergelaufene»[15], von denen der eine von hoch oben heruntergefallen, der andere von unten aufgestiegen ist. «Kinder der Nacht: das heißt jene, denen die Anmut fehlt, die aufgebrochen sind, um besser als die anderen zu werden, und die schlechter werden, weil ihnen der Geist der Liebe fehlte.» Irène Némirovsky leugnet nicht, dass es jüdische Banditen gibt; sie will lediglich den Mechanismus auseinandernehmen, der sie weder zu Heiligen noch zu Schwärmern nach Art von Trotzki macht. Der Herzensschrei von Ben, der sich durch Schwindelgeschäfte aus seinem Elend befreit hat, ähnelt Asfars Klage: «Ah, wie hasse ich Ihr europäisches Getue! Was Sie Erfolg, Sieg, Liebe, Haß nennen, das nenne ich Geld! Es ist ein anderes Wort für ein und dieselben Dinge!»[16]

Tatsächlich waren die beiden Personen für Irène Némirovsky lange nur eine Figur. So hat Dario Asfar am 8. Juli noch eine jüdische Mutter, «zum Teufel mit dem Gekeife! Sie ist, sie muß eine Jüdin und aus Odessa sein!» Drei Tage später, zum Preis eines «geistigen Autodafés», wie sie es nennt, erhalten die *Enfants de la nuit* ihre Autonomie. Asfar wird der undefinierte *métèque* sein, Ben der «jüdische Lump», der gekommen ist, um den sanften französischen Juden, die die Tränen und Märtyrer vergessen haben, Unglück zu bringen. Ada, die Asfars Verlobte hätte sein sollen, wird Bens Schwester. Mit ihrem erstaunlichen Gedächtnis für Gesichter und Worte, ihrem düsteren, nostalgischen Charakter, ihrer «scharfsinnigen Ironie»[17] ist sie die Jüdin aus Kiew, die Harry Sinner mit dem dunklen, betörenden Ruf des Erbes begegnet. Ebenso wie in *Le Charlatan* Elinor diejenige ist, die durch ihren Charme und ihr Anagramm den Ruf des Orients verkörpert. Im Übrigen ist es kein Zufall, wenn Ada eine Künstlerin ist und «Karikaturen für Illustrierte» zeichnet, so dass sie «eine Art Neugier um ihren Namen» weckt: Hat man Irène Némirovsky nicht oft genug vorgeworfen, sich auf diese Weise bekannt gemacht zu haben? Ada personifiziert Irène Némirovskys latentes Judentum, ein sehr sanftes und zugleich sehr unheilvolles, zu einer Zeit, in der Frankreich daran denkt, Hitlers Reißzähne zu beschäftigen und ihm ein paar Territorien zum Fraß vorzuwerfen. Französin aufgrund des Genies, aber nicht aufgrund amtlicher Verfügung, russische Jüdin aufgrund der Geburt, aber nicht der Kultur, lebt Irène Némirovsky in Wirklichkeit in einem doppelten Exil. Darin gleicht sie Harry Sinner, «einem Fremden für den Franzosen und einem Fremden auch für Zyromski oder Silbermann, der ihm soviel Ärger beschert», so wie sie ihn schon im Januar 1938 sah. Ein Kind der Nacht, zwischen zwei Dämmerungen schwebend ...

Ich muss die Wölfe schildern …

Am 30. Juli 1938 gibt Irène Némirovsky die Idee auf, jemals *Le Juif* zu schreiben, von dem viele Elemente schon in *Enfants de la nuit* eingegangen sind, in dem sich ein subjektives Bild des europäischen Judaismus abzeichnet. «*Le Juif* verlangt *a lifetime*», rechtfertigt sie sich. «Zudem schrecklich provokant, trotzdem daran denken, ihn im Fall z. B. einer Ablehnung von C. zu verwenden. Aber es gibt noch andere Nachteile: der Jude, sofern man ~~ihn nicht karikiert~~ nicht D. G. wiederholt, ist kein sehr deutlicher Typus. Ich möchte gern die Züge mildern. Ich würde alles verderben.»

Die Umstände sind kaum dazu angetan. Seit Anfang des Jahres haben sich zahlreiche Stimmen erhoben – darunter die von Brasillach –, um der Einbürgerung ausländischer Juden ein Ende zu setzen. Am 2. Mai löste eine erste Verfügung Verwirrung aus, indem sie die «Sorge um nationale Sicherheit» mit «der ständig wachsenden Zahl in Frankreich ansässiger Ausländer» verband. Lucien Rebatet, der den Sommer in Österreich verbracht hat, kehrt voller Bewunderung für Hitlers Pogrome zurück, die er dort gesehen hat. In Wien waren die Schaufenster der jüdischen Geschäfte nicht nur vollgeklebt mit Verboten oder Aufforderungen der «dringenden Säuberung», sie waren auch mit Schmieröl, Teer oder Exkrementen besudelt. Ein nachahmenswertes Beispiel, wenn man ihm Glauben schenkt: «Der deutsche Antisemitismus wälzt das Ghetto um, und er hat recht. Man hat sich viel zu sehr von den jüdischen kleinen Leuten rühren lassen. (…) Ich weiß nicht, was uns daran hindern sollte zu sagen, daß der deutsche und besonders der Wiener Antisemitismus ein Beispiel für austeilende Gerechtigkeit bietet, von dem die verjudeten Nationen profitieren sollten, statt sich das Gesicht zu verhüllen und ‹Barbarei› zu schreien.»[18]

Sich von den jüdischen kleinen Leuten rühren lassen – genau dies tut Irène Némirovsky in *Enfants de la nuit*, indem sie das Ghetto von Kiew vergegenwärtigt, «die kleinen Handwerker, die Mieter schäbiger kleiner Läden, die Landstreicher, eine Horde von Kindern, die sich im Schlamm wälzten, nur Jiddisch sprachen»[19], die gleichen, die der Fotograf Roman Vishniac seit 1935 zu verewigen versucht, in der Absicht, «dem jüdischen Leiden ein Denkmal zu setzen». Adas Großvater, ein Intellektueller, der Juwelier geworden ist, um seine Mutter zu ernähren, arbeitet heimlich an einem Essay mit dem Titel *Charakter und Rehabilitierung von Shylock,* das heißt daran, Vorurteile auszuräumen; das Werk seines Lebens sollte später von den Kosaken ins Feuer geworfen werden. Was das Pogrom betrifft, so ist es eine «Überschwemmung», ein albtraumartiger «Sabbat», ein «Zyklon»[20], gewaltsamer als jener, den Rebatet sich herbeiwünscht: «Gleich einem Rammbock schien sie [die Menschenmenge] gegen die Mauern geschleudert zu werden, aufprallend, zurückweichend, ungeordnet zurückkehrend, um sie besser ins Wanken zu bringen, abermals vergeblich aufprallend.»[21]

Das ist keine Täuschung: Der Antisemitismus ist eine Flut, die aus dem Osten kommt. Zwanzig Jahre nachdem man ihn in Russland zurückgelassen hatte, kommt er nun und leckt an den Stufen Frankreichs. Am 7. September hat der Verlag Genio aus Mailand folgenden Brief an Albin Michel geschrieben:

> *Wir wären Ihnen sehr verbunden, wenn Sie uns sagen könnten, ob Irène Némirovsky der israelitischen Rasse angehört.*
> *Nach dem italienischen Gesetz darf eine Person nicht als Angehöriger der israelitischen Rasse betrachtet werden, bei der ein Elternteil, der Vater oder die Mutter, arisch ist.*

In Russland unerwünscht, steht Irène Némirovsky in Italien nicht im Geruch der Heiligkeit. Und in Frankreich? Zufall des Kalenders: Am 10. November, am Tag nach der «Reichskristallnacht» – einem Staatspogrom, dem in ganz Deutschland Hunderte von Juden zum Opfer gefallen sind –, trompetet die Wochenzeitschrift *Gringoire* auf der ersten Seite: «Vertreibt die *métèques!*» Am 12. werden in Paris im Übrigen gesetzliche Vorschriften erlassen, die den Zugang zur französischen

Staatsbürgerschaft begrenzen, die Rechte der Nutznießer einschränken und die Lage der «unerwünschten Ausländer» verschärfen, so dass sie in jedem Augenblick mit einer administrativen Internierung rechnen müssen, ob sie sich nun eines Vergehens schuldig gemacht haben oder nicht. Die Personen, um die es sich handelt, sind im Wesentlichen spanische, tschechische, deutsche oder österreichische Flüchtlinge, aber Irène und Michel Epstein könnten durchaus der Willkür eines Bürokraten ausgeliefert sein. Die für diesen Zweck vorgesehenen «Spezialzentren» werden in ihrem neuen Roman den Namen erhalten, den sie verdienen und der aus Deutschland kommt: «Konzentrationslager».[22]

Irène Némirovsky lässt nun den anfänglichen Titel *Enfants de la nuit* fallen, der ein wenig zu sehr an Céline erinnert. Eine Zeit lang denkt sie bezeichnenderweise daran, ihn *L'Étranger* (Der Fremde) zu nennen, denn es besteht kein Zweifel, dass Ben Sinner unter das neue Gesetz fallen würde. Aber der ausgehungerte Ben ist nicht das einzige Kind in dieser Nacht der Menschheit; so assimiliert er auch sein mag, es genügte ein nostalgisches Virus, um Harry verwildern zu lassen. Daher der endgültige Titel des Romans, *Les Chiens et le Loups*, der zum ersten Mal in einer Notiz vom 26. Mai 1938 auftaucht: «Ich muß die Wölfe schildern! Mit Herdentieren oder Haustieren kann ich nichts anfangen.[23] Über die Wölfe weiß ich Bescheid, das ist mein Talent.»

Ist es der Wunsch nach Normalisierung, dass Denise, die bisher wohlbehütet im Schutz des Hauses erzogen worden ist, im September am Collège Victor Duruy angemeldet wurde? Ein Sturz im Pausenhof, gefolgt von einer Gelenkwassersucht, bringt sie recht schnell wieder zu den Rockschößen von Miss Matthews zurück, die sie auf die Prüfungen für das Gymnasium vorbereitet.

Ein abermaliger Einbürgerungsantrag wird am 23. November 1938 bei den Dienststellen der Polizeipräfektur eingereicht. Michel fügt die Empfehlung seiner Vorgesetzten bei, des Grafen Charles-Albert de Boissieu, Mitglied des Aufsichtsrats, sowie des Konsuls Philippe de Maizière, seit 1930 einer der Direktoren des Verwaltungsrats der Banque des Pays du Nord. «Monsieur Epstein», schreiben sie, «ist seit

März 1925 Angehöriger unseres Hauses. Er ist ein zuverlässiger Mitarbeiter, dessen moralische und berufliche Qualitäten wir schätzen lernten, und wir sind zutiefst von seiner Liebe zu Frankreich und seiner absoluten Loyalität überzeugt.»

Was Irène angeht, so wird sie von zwei Eminenzen der Literatur unterstützt. Jean Vignaud, Kriegsordensträger, zusammen mit Fernand Gregh Begründer der *Revue d'art dramatique,* ist Stammgast der Pariser Redaktionen und trat 1901 in den *Petit Parisien* ein, um drei Jahrzehnte später dessen Leitung zu übernehmen. Als Präsident der Association de la critique littéraire seit 1930 konnte er Irène Némirovskys kometenhaften Aufstieg am Himmel der französischen Literatur mit umso größerer Neugier beobachten, als er 1922 einer der ersten französischen Romanciers war, der das Epos der russischen Emigranten erzählte. Irène Némirovsky erhofft sich alles von Vignaud, der im April 1936 zum Vorsitzenden der Société des Gens de Lettres gewählt wurde und der gedenkt, durch sein Mandat «vor den Augen der Welt das Denken der Rasse und die Noblesse des nationalen Worts in der französischen Familie zu symbolisieren …»[24]

Irène Némirovskys anderer Bürge hat noch größere Strahlkraft. André Chaumeix ist der neue Direktor der *Revue des Deux Mondes,* seit Doumic am 2. Dezember 1937 einer bösartigen Bronchitis erlegen ist. Früher Leiter der *Revue de Paris* und Chefredakteur von *Le Figaro,* ist Chaumeix, Maurice Martin du Gard zufolge, ein «sehr rühriger Mann, der nicht arbeitet».[25] Das erklärt, warum der am wenigsten geheime Liebhaber von Marie Régnier im Alter von sechzig Jahren, obwohl Mitglied der Académie, nur eine Handvoll kleiner gelehrter Werke über Platon oder die römische Bildhauerei, jedoch kein literarisches Werk im strengen Sinn veröffentlicht hat. Er ist der Typ des «*honnête homme*» der Dritten Republik: Absolvent der École normale supérieure, diplomiert, wie aus dem Ei gepellt, britische Haltung, Schlafzimmerblick, onduliertes Haar, wie mit der Reißfeder gezogener Schnurrbart. Das ganze Arsenal des mondänen Musikers, der alle Instrumente gleichzeitig spielt und Botschafter, Minister oder Abgeordneter hätte sein können. In der Politik werden sein Nationalismus, sein Antimarxismus und seine patriotische Haltung selten Lügen gestraft. Im Oktober 1935 stand seine Unterschrift unter dem Manifest zur Verteidigung des Westens, um Mussolini den Rücken zu stärken, neben einer Reihe von Ultranationalisten, die er noch am 8. Juli 1937 zum Vélodrome d'Hiver begleitete, um Maurras bei seiner Entlassung aus dem Gefängnis zuzujubeln. Unter seiner Leitung sollte sich die *Revue des Deux Mondes* mehr und mehr politisieren und 1940 sogar für die nationale Revolution Partei ergreifen.

Nach reiflicher Überlegung ist Chaumeix zweifellos im Augenblick der richtige Mann. Er wird das Ersuchen von Irène und Michel Epstein eigenhändig dem neuen Justizminister, Paul Marchandeau, überreichen. Zumal dieser das denkwürdige Gesetz vorbereitet, das demnächst die rassische Diffamierung in der Presse verbieten wird, was die antijüdische Paranoia eines Brasillach weiter verstärkt. Ein willkommener, aber insofern gefährlicher Text, als er der erste war, der schwarz auf weiß den verfänglichen Begriff «Rasse» in die französische Gesetzgebung einführte, die es bisher vermieden hatte, über die menschliche Biologie zu entscheiden.

Irène Némirovsky, erklärt Chaumeix in dem Brief, den er am 30. November an Marchandeau richtet, ist «eine der zeitgenössischen Autorinnen, die ein ganz besonderes, äußerst kraftvolles Talent haben», während Michel Epstein am nächsten Tag alle notwendigen Papiere vorlegt, mit Ausnahme ihrer Geburtsurkunden, die im sowjetischen Dunkel abhanden gekommen sind. Ist dies der Grund, warum ihr mehrfach wiederholtes Ersuchen bis zur Kriegserklärung unerledigt blieb? Warum sollte Irène Némirovsky trotz der Unterstützung so namhafter Personen und ungeachtet ihres Rufs niemals ihre Einbürgerung erhalten? Vielleicht, so antwortet ihr Dario Asfar, weil «man seinem Schicksal nicht entgeht ...»[26]

Bemühen um Mitleid

Ende Dezember 1938 weist noch nichts darauf hin, dass das Verfahren auf schlechtem Weg sein könnte. *Marie Claire* befragt die Sterne und sagt sogar den Frauen Frankreichs ein beruhigendes Jahr 1938 voraus, denn «dank dem Einfluß der schützenden Sterne im Horoskop des *Führers*[27] werden wir den Krieg vermeiden».[28] Aus übergroßer Vorsicht und einer Form von Aberglauben unternimmt Irène Némirovsky zur gleichen Zeit etwas sehr Seltsames. Denn, so vertraut sie ihrem verblüfften Dienstmädchen Cécile an, «man weiß nie, was die Zukunft bringen wird …»

Wie fast in jedem Winter ist die Schriftstellerin mit ihren Töchtern in die Berge gefahren. In Besse-en-Chandesse, einem mittelalterlichen Weiler und Höhenkurort am Fuß des Puy de Sancy, machte sie in diesem oder im vorigen Jahr die Bekanntschaft eines achtunddreißigjährigen Bergpfarrers, der gerade mit dem Dekanat von Besse und der berühmten Wallfahrt von Notre-Dame-de-Vassivière betraut worden war. Abbé Roger Bréchard, 1924 zum Priester geweiht, hatte zuerst daran gedacht, Missionar in Afrika zu werden. Seine wahre Berufung fand er dann im Pfadfindertum, zu dessen Durchsetzung in der Auvergne er ab 1926 beiträgt, an der Spitze einer Schar von Jungen, die er gegen alle Widrigkeiten und vor allem gegen die lokalen Sitten anführt. Denn Abbé Bréchard ist ein neugieriger, gebildeter Geist voller Charme und offen für den Wechsel. «Nichts ist banal bei diesem jungen Pfarrer», räumt Mgr. Piguet ein, der Bischof von Clermont-Ferrand, «weder seine Worte noch seine Begrüßung, nicht einmal die Schlichtheit seines bescheidenen Pfarrhauses, in dem es gut ausgewählte, eindrucksvolle Gravuren der religiösen Kunst ohne Snobismus und ohne Anmaßung erlaubten, ein künstlerisches Bemühen zu entdecken, das die moralische Schönheit dieses Landpfarrers vortrefflich ergänzte.»[29]

Nach dem Münchner Abkommen mobilisiert – einem von den Demokratien Hitler zugestandenen Unterpfand der Hilflosigkeit –, ist

Abbé Bréchard bereits wieder in seine Gemeinde zurückgekehrt, als Irène Némirovsky ihm ihren plötzlichen Wunsch mitteilt, die katholische Taufe zu empfangen. Die Vermutung liegt nahe, dass sie die Komödie des Christentums spielt, um sich dem Fluch zu entziehen, der die Juden verfolgt, da sie nunmehr legal ausgewiesen werden kann. Könnte es aber auch sein, dass ihr Wunsch, getauft zu werden, nicht nur von der Angst vor der Zukunft und dem Wunsch nach Assimilation diktiert ist, sondern eine aufrichtige spirituelle Suche zum Ausdruck bringt? Sollte ihre Taufe ein Abschwören sein, jene Verleugnung der Vernunft, der sich ein Bergson 1937 verweigerte, um nicht von den künftigen Opfern der «fürchterlichen Welle des Antisemitismus, die sich über die Welt ergießen wird»[30] als Abtrünniger bezeichnet zu werden? Oder drückt er einen Widerwillen gegen das Judentum aus, der bis zum Bruch herangereift ist? Dann wäre sie René Schwab ähnlich, dem eifrigsten französischen Konvertiten, der sowohl allergisch gegen die jüdische Kultur ist, die ihm auf die Nerven geht, als auch der erklärte Feind des rassischen Antisemitismus, der die Juden zur Ausschließung verurteilt, indem er ihnen das Recht abspricht, sich zu befreien. Aber heißt konvertieren wirklich, sich befreien?

Das Christentum der Juden hat die judaischen Autoritäten zwischen den beiden Weltkriegen nie wirklich beunruhigt, denn das Phänomen betrifft nur einen sehr kleinen Teil, und der Neomarranismus ist keine so große Bedrohung wie das Fortschreiten des Agnostizismus und des Atheismus, eine Tendenz, die sowohl ein starkes Bestreben der Juden zum Ausdruck bringt, sich im weltlichen Morast aufzulösen, als auch eine ebenso deutliche Weigerung, feierlich dem Glauben ihrer Väter abzuschwören. Für viele Einwanderer vollzieht sich die Assimilation nämlich durch das schlichte Vergessen der alten Praktiken, nicht aber durch die Apostasie. Und das Rabbinat ist darüber mehr beunruhigt als über das marginale Phänomen der Konversionen. «Heute gibt das französische Judentum das Beispiel eines blutleeren, seelenlosen Körpers. (…) Es ist die organisierte Desertion, die Flucht ohne Ende, das Verlassen einer historischen Gemeinschaft, die ihr Schicksal noch nicht erfüllt hat»[31], schrieb 1933 Rabbi Wladimir Rabinowitsch und sagte all jenen französischen Juden ein «tragisches Erwachen» voraus, die noch immer meinen, dass die Taufe der Schützengräben sie für immer vor dem antisemitischen Bazillus bewahrt habe.

Wozu also konvertieren, wenn nicht aus Aberglauben? Da das Judentum nicht nur eine religiöse Tatsache ist, kann auch die Konversion es nicht sein. Daher ist der «Onkel» von Irène Némirovsky nicht so sehr deshalb konvertiert, um sich von Alfred Adler loszusagen, sondern um der ethnischen Einschließung zu entkommen und zu einem universellen Glauben überzutreten. Aber auch wenn Adler katholisch geworden ist, ist er dennoch ungläubig geblieben! Ebenso ist die Konversion für einen französischen Juden häufig ein phantasierter Weg zur Staatsbürgerschaft, fast niemals ein innerer Verrat. Für viele Konvertiten ist Christus im Übrigen derjenige, der gekommen ist, die Prophezeiungen zu erfüllen. So sieht Bergson, der versucht war, diesen Schritt zu tun, im Katholizismus «die Vollendung des Judentums».[32] Ebensowenig haben die meisten Konvertiten das Gefühl, auf das Buch gespuckt zu haben, da die Kirche die Tochter Israels ist. Im Gegenteil, weil sie meist ungläubig waren, finden sie in der Kirche, ohne es sich immer einzugestehen, einen heimlichen Zugang zum Alten Testament und zu ihren eigenen Wurzeln. «Diese hatten ganz einfach den zerschlissenen Mantel ihrer Väter von ihren Schultern geworfen», wird Jean-Jacques Bernard sagen, ein naher Freund von Irène Némirovsky. «Das Judentum war für sie ein sinnentleertes Wort geworden. Doch wann hat ein spiritueller Elan ihnen die Pforten der Kirche oder der Gotteshäuser geöffnet, was haben sie im Schoße des Christentums selbst entdeckt? Ihr Judentum!»[33] Deshalb bedeutete für Irène Némirovsky die Tatsache der Salbung eine Bewusstwerdung ihres Judentums. Denn nichts verbietet ihr schließlich, in der Gottlosigkeit zu verharren.

Ist es denn so paradox, dass sie sich genau in dem Augenblick auf den Weg nach Emmaus begibt, als in *Les Chiens et les Loups* beim Assimilierten das unausweichliche Wiederauftauchen des jüdischen Charakters deutlich wird, das «dunkle und ein wenig erschreckende Gefühl, an einer längeren Vergangenheit als die meisten anderen Menschen zu tragen»[34], jenes sechsten Sinns, der *zakhor* heißt? Ist es Zufall, dass sie in diesem Roman ihren jungen Anwärter auf die französische Kultur «Sünder» (Sinner) nennt, der plötzlich von seinen Wurzeln zum jüdischen Urgrund gezogen wird? «Die großen Ereignisse wie Kriege und Revolutionen zeitigen als Erstes das schreckliche und wunderbare Ergebnis, das Individuelle, Besondere in uns zu beseitigen und das tiefe Erbe wieder an die Oberfläche der Seele zu heben, so daß es das ganze menschliche Wesen erfaßt»[35], schrieb sie schon 1934. Und hat infolge von Hitlers letztem Gewaltstreich Frankreich nicht seine Reservisten wieder einberufen und von Neuem die Gasmasken hervorgeholt? «Man wartete auf den Krieg, wie der Mensch auf den Tod wartet. Er weiß, daß er ihm nicht entrinnen wird; er bittet nur um einen Aufschub.»[36]

Zudem weiß Irène Némirovsky, dass ihre Taufe die Fanatiker nicht täuschen wird, die, im Gegensatz zum alten Maurras, nicht glauben, dass ein Jude, nur weil er Christ geworden, weniger durchtrieben ist. Die «biologischen» Antisemiten sorgen im Übrigen dafür, die Kandidaten für die Hostie feierlich zu warnen: «Der konvertierte Jude bleibt Jude, ebenso wie der Neger, der die Taufe empfängt, seine Hautfarbe und seine Rassenmerkmale beibehält. Die Judenfrage ist keine religiöse Frage, sondern eine Rassenfrage.»[37] Hat sie nicht seit 1936 ihre «Unassimilierbarkeit» zur Kenntnis genommen? Sie weiß genau, dass nichts, nicht einmal das Taufwasser, ihr Blut reinigen kann. Also warum?, fragt Cécile. «Warum haben Sie die Religion gewechselt, da Sie doch besser sind als viele Katholiken?»

Auch wenn ihr Werk zeigt, dass sie das Evangelium kennt, und auch wenn sie den Prinzipien der christlichen Moral – Verachtung der Eitelkeiten, Praxis der Nächstenliebe – beipflichtet, hat Irène Némirovsky niemals religiöse Unruhe gezeigt, und die vielen «mein Gott!», die ihre Arbeitsjournale durchziehen, sind nicht wörtlich zu nehmen. Sie ist aus schierer Konvention in der Synagoge getraut worden, und sie wird das Joch des jüdischen Ritus schließlich nicht gegen den Rosenkranz, das Weihwasser und den Kniefall eintauschen. In *Le Vin de solitude* hat sie sogar ihren kindlichen Schrecken bei der Ankündigung der jährlichen Prozession der Pilger geschildert, die kamen, um die Reliquien im Kiewer Höhlenkloster anzubeten, und denen «ein entsetzlicher Geruch nach Dreck und Wunden vorausging» und die «alle Krankheiten»[38] des heidnischen Russlands mitbrachten. Als daher Denise sie fragte, wann sie denn endlich ein weißes Messhemd tragen und eine Kerze in der Hand halten und dabei Rosenblätter streuen werde wie die hübschen Kommunikantinnen der benachbarten Kirche Saint-François-Xavier, antwortete ihre Mutter schlicht: «Du, Liebes, niemals.»[39] Drückt sie damit eine Abwehr oder vielmehr ein Bedauern aus? Und warum beschließt sie 1938 andererseits, dass Denise eines Tages die Kommunion empfangen solle?

Irène Némirovskys Konversion, die zur selben Zeit erfolgte wie der «Anstieg der Gefahren» und das Einbürgerungsverfahren, verrät ein offenkundiges Bedürfnis nach geistigem Trost, den das Judentum, dem ihre Erziehung sie entfremdet hat, ihr nicht geben kann. Und dass sie ihre Töchter und ihren Mann mit sich zum Altar zieht, scheint zumindest darauf hinzudeuten, dass ihre Sorge um den Schutz ihrer Familie zu den religiösen Erwägungen hinzukommt. Außerdem ist die Autorin von *Jézabel* ein Einzelkind und sozusagen Waise, seit sie ihre Mutter im Roman ermordet hat. Es ist sogar, räumt sie im Juni 1938 ein, die Scham darüber, diese Frau so sehr gehasst zu haben, die sie nun zu einer ganz christlichen Form der Buße führte: «Was hätte ich empfunden, wenn ich meine Mutter hätte sterben sehen? Das, was ich sage: Mitleid, Entsetzen und Abscheu über meine Hartherzigkeit. Da ich im Grunde meiner Seele voller Verzweiflung wußte, daß ich keinen Kummer empfand, daß ich kalt und gleichgültig war, daß es leider kein Verlust für mich war, sondern im Gegenteil … und der von Entsetzen ergriffene Geist hält inne vor dem Sakrileg und fürchtet Gott. Die Lippen flüstern: ‹Ich vergebe ihr, ich habe ihr vergeben.› Aber in ihrem Herzen ist nichts, keine Regung des Kummers. Eine Art von menschlichem Mitleid, das ist alles, ein Bemühen um Mitleid.»

Ein armseliges neues Mitglied

«Ich suche Seelen, um sie Jesus zu geben»[40], sagte Abbé Bréchard. Da er zu weit von Paris entfernt ist, um die Schriftstellerin selbst zu konvertieren, was sie sehr bedauert, wendet er sich an Mgr. Chevrot, seit 1930 Pfarrer von Saint-François-Xavier. Aus welchem Grund legt er sie auch Mgr. Vladimir Ghika ans Herz, der nicht weit davon in der Diözesankirche der Ausländer in der Rue de Sèvres Gottesdienst hält? Abbé Bréchard hat diesen rumänischen Bischof kennengelernt, als er apostolischer Protonotar war. Beide besuchen die «Donnerstage», die der Philosoph Jacques Maritain in Meudon organisiert, ein protestantischer Denker, der 1906 zum Katholizismus konvertiert war, zusammen mit seiner Frau Raissa, der Tochter eines jüdischen Schneiders aus der Ostukraine, einer brillanten Intellektuellen, die sich zur Schwärmerei der katholischen Erneuerung hingezogen fühlte. Seit 1926 hat sich Maritain immer weiter von Maurras entfernt, bis er dem Theoretiker des «integralen Nationalismus» suspekt wurde, indem er im Februar 1938 laut und deutlich seine totale Ablehnung des Antisemitismus verkündete, eines Vorboten der «Ausrottung der Juden – denn genau darum geht es doch letztlich»[41]. In Meudon hat sich Abbé Bréchard insbesondere mit dem Essayisten Charles Du Bos angefreundet, einem der zahlreichen Schriftsteller, die konvertiert oder durch Maritains wohltuende Ausstrahlung zum Christentum zurückgekehrt waren. Hat nicht sogar der Freigeist Cocteau, von der Gnade berührt, die Hände gefaltet, bis er dieses Wunder erst in Literatur, dann in ein Sakrileg verwandelte? Und wenn nun ein Schriftsteller seiner Freunde durch eine schlechte Kritik verletzt wird, schreibt ihm Abbé Bréchard sogleich einen tröstenden Brief!

Der erste Brief, den Irène Némirovsky an Mgr. Ghika richtet, trägt das Datum des 21. Dezember 1938. Sich auf den «Paten» berufend, legt sie ihm darin mit einfachen Worten ohne Umschweife ihren «großen Wunsch» dar, «für uns und unsere beiden Kinder die heilige Taufe zu empfangen». Mgr. Ghika kommt ihrer Bitte nicht nur nach, sondern möchte die Katechume persönlich salben. Das Datum wird auf den 2. Februar festgelegt: eine um so überstürztere Entscheidung, als in der Zwischenzeit die Mumps sie drei Wochen daran hinderte, das Haus zu verlassen, um sich auf die Zeremonie vorzubereiten.

Um Weihnachten 1938 – das auf russische Art rings um eine große, prächtig geschmückte Tanne gefeiert wird – macht Irène Némirovsky die Bekanntschaft dieses fünfundsechzigjährigen Prälaten, der bei Denise einen dauerhaften Eindruck hinterlässt: «Oh, wie schön er war ... Sehr blaue Augen. Er war sehr groß und sehr dünn. Er hatte schneeweißes und, wie die Popen, etwas langes, bis auf die Schultern reichendes Haar. Sein Gewand war violett, und ich mußte einen riesigen Ring küssen, den er am Finger trug. Er schüchterte mich sehr ein.»[42] Aus den gleichen Gründen vergleicht Maritain ihn 1936 mit «einem modernen heiligen Nikolaus, der allen Unbilden trotzt, auf alles neugierig und über alles unterrichtet ist»[43]. Vernachlässigen wir auch nicht die Hypothese, dass er für eine Waise väterliche Züge haben konnte.

Pierre Hayet zufolge, der seit 1992 die Akte zur Seligsprechung von Mgr. Ghika betreut, hätte Irène Némirovsky ihm schon früher begegnen können, im Schloss der Königin Nathalia von Serbien auf den Höhen von Bidart. Als Enkel des letzten Herrschers von Moldawien hängt Ghika tatsächlich, wie alle herrschenden Fürsten, dem orthodoxen Kult an. Im Jahr 1902 tritt er, nach einer langen intellektuellen Reifung und einem Studium der Theologie im Vatikan, zum Katholizismus über. 1923, im Alter von fünfzig Jahren, erhält er endlich die Priesterweihe und richtet schon im folgenden Jahr im Departement Haute-Marne ein Haus der Begegnung für die Ausgeschlossenen ein. Gleichzeitig lässt er sich in Villejuif, im «Elendsviertel», in einer rudimentären Baracke nieder, um den in seinem Buch, *La Visite des pauvres*, dargelegten Prinzipien zu folgen – was ihm seitens des Kardinals Verdier den Beinamen «Fürst Vincent de Paul» einträgt. Seit 1930 zum «permanenten Mitglied des eucharistischen Kongresses» ernannt, widmet er sich einer intensiven seelsorgerischen Tätigkeit, die ihn von

Sydney in den Kongo und von Tokio nach Buenos Aires führt. Und die ihm gebietet, sein Amt in der Diözesankirche der Ausländer an einen russischen Juden abzutreten, den Maritain – wieder er – für den katholischen Glauben gewonnen hat: den Maler, Dichter, Kunstkritiker und nunmehr Abbé Jean-Pierre Altermann.

Wenn Mgr. Ghika in Paris ist, frequentiert er weiterhin die literarischen Zirkel – Claudel, Mauriac, Bergson, Francis Jammes – und sitzt für den Maler Mac Avoy. Dank seines schriftstellerischen Talents und seiner legendären Sanftmut hat er sich den Ruf eines geistigen Haupts der Schriftsteller erworben. Seine 1923 veröffentlichten und 1936 ergänzten *Pensées pour la suite des jours* verbinden geistige Erhebung und geglückte Ausdruckskraft. Zitieren wir nur einige wenige, die in der Seele des Kommunionlehrlings nachhallen müssen: «Wer in der Theorie zweifelt, der entscheidet sich in der Praxis.» «Der Schmerz ist bei uns zu Hause, doch gleich einem eingebürgerten Fremden.» Oder: «Je mehr ein Weg wirklich ein guter Weg ist, desto weniger Spuren hinterlassen die Passanten darauf.» Diese «schönen und edlen Gedanken» gehen Irène Némirovsky umso mehr zu Herzen, als das Dogma darin den geringsten Platz fordert. «Es genügt nicht, sie zu lesen», schreibt sie ihm, «man müßte sie auch, das fühle ich wohl, in die Praxis umsetzen. Wie schwierig ist das!»[44]

Irène, Michel, Denise und Élisabeth Epstein empfangen am 2. Februar 1939 in der Kapelle der Abtei Sainte-Marie im 14. Arrondissement alle die «heilige Taufe». Abbé Bréchard, ihr Pate, ist als Taufzeuge eigens aus Besse gekommen. Fast hätte die Zeremonie nicht stattgefunden. «Ich bin stark erkältet», schrieb Irène Némirovsky eine Woche zuvor an Mgr. Ghika, «und ich fürchte ein wenig die Kälte der Kirche, denn das Datum der Taufe rückt näher, und es sollte wegen einer Unpäßlichkeit nicht verschoben werden.»[45] Zwei Tage nach der Zeremonie hat das Virus seine Bösartigkeit noch nicht verloren und erlaubt es ihr nicht mehr, Mgr. Ghika den Besuch abzustatten, den sie ihm versprochen hatte. Ihre Dankesworte schickt sie mit der Post:

Monseigneur,

zu meinem großen Bedauern werden Sie mich weder heute noch morgen sehen, denn der Arzt verbietet mir, das Haus zu verlassen. Tatsächlich habe ich die Mumps. Man hat es bemerkt, weil unglücklicherweise mein Mann sie ebenfalls hat, und zwar sehr stark, was mir große Sorgen macht.

Welch ein Glück, daß Sie uns am Donnerstag alle taufen konnten. Monseigneur, mögen Sie uns allen in Gedanken Ihren Segen erteilen, und seien Sie meiner hohen Wertschätzung versichert, Ihre

Irène Némirovsky-Epstein

Bis in den Sommer 1939 treibt Irène Némirovsky mit Mgr. Ghika brieflich ein seltsames Spiel der Entschuldigungen und Herzlichkeiten, das hauptsächlich darauf hinausläuft, sie von ihren Verpflichtungen abzuhalten. Ein sonderbares Pfarrkind, das, wenn sie den armen Leuten von «Monseigneur» Bücher schickt, sofort einräumt, dass sie außerstande gewesen wäre, ihnen ihre Sympathie «direkt» auszudrücken. Bald verhindert eine abermalige Grippe ein neuerliches Treffen, und Irène Némirovsky, die das Lächerliche der Situation spürt, findet sogleich zu ihrer Ironie zurück, die dunklere Sorgen als die um die heilige Messe verrät: «(…) Die katholische Kirche hat in mir wahrhaftig ein armseliges neues Mitglied gefunden! Vergessen Sie mich nicht, Monseigneur, denn ich fühle mich sehr zornig, gegen die anderen und gegen mich selbst, und sehr entmutigt, und allein Ihr Segen kann mich davon befreien. Erteilen Sie ihn mir in Gedanken, ich bitte Sie darum. Sobald ich wieder gesund bin, werde ich Sie aufsuchen.»[46] Ein Besuch, der verschoben wird. 27. April: «Ich war zwei oder drei Wochen hintereinander am Freitag in der Kirche der Ausländer, aber ich habe Sie nicht gesehen.» Sobald es darum geht, sich in irgendeiner Verlagsangelegenheit bei Paul Morand, Chaumeix oder Albin Michel zu verwenden oder um eine Bekannte von Mgr. Ghika zu empfehlen, wird Irène Némirovsky wieder redseliger; doch sobald es um heilige Dinge geht, legt sie sogleich einen aufgesetzten, schroffen, sogar künstlichen Eifer an den Tag. Ihre ungeschickte Fürsorglichkeit zeigt sich schon am 10. Februar in einem unerwarteten Kondolenzbrief:

> *Monseigneur,*
> *ich kann nicht umhin, heute abend an die Traurigkeit zu denken, die Sie empfunden haben müssen, als sie vom Tod Seiner Heiligkeit des Papstes erfuhren.*
> *Darf ich Sie an dieser Stelle meiner tiefen, ehrfürchtigen Sympathie versichern?*
> *Derjenige, der soeben verstorben ist, war wahrhaft ein Heiliger und für alle ein Vater, und ich glaube, daß es keinen «Menschen guten Willens» gibt, der heute abend nicht betrübt ist.*
> *Deshalb erlaube ich mir, Ihnen zu schreiben, Monseigneur.*

Diese Korrespondenz zeigt Irène Némirovskys letzten Widerstand, aus persönlichem Stolz, sich mit Leib und Seele in ein Weihwasserbecken zu versenken. Sogar ihre aufrichtigsten religiösen Regungen können ein leichtes, verständliches Bedauern nicht verbergen – nicht darüber, dem jüdischen Glauben, den sie nicht kannte, abgeschworen zu haben, sondern gegen ihre Ironie zu verstoßen, indem sie zusammen mit einem ganzen Lehrgebäude auch dessen Kniffe und Lächerlichkeiten akzeptiert hat. Dieses Bedauern nimmt in *Les Chiens et les Loups* die Form eines Aberglaubens an, eines einfachen Flecks auf ihrem Kleid: «Nastassja beendete ihre Gebete mit dem Kreuzeszeichen, aber bei ihr wäre das bestimmt eine Gotteslästerung? Dennoch … Sie konnte nicht widerstehen; mit zitternder Hand machte sie es auf ihre Stirn und ihre Brust. Sie stand auf. Als sie die Abstellkammer verließ, sah sie mit Bestürzung, daß ihr Kleid verschmutzt und ihre Schürze an der Stelle der Knie zerknittert war. Aber daran war nichts zu ändern.»[47] Nichts, denn die Messe war gelesen.

Die Überarbeitung von *Les Chiens et les Loups* erfolgte genau zur gleichen Zeit wie Irène Némirovskys Konversion. Es hat sogar, einer Notiz am Rand des Manuskripts nach zu schließen, den Anschein, als hätte sich dieser Titel zehn Tage vor der Zeremonie, am 24. Januar, aufgedrängt: «Die Hunde und die Wölfe, gefangen zwischen der Finsternis und den Flammen der Hölle.» So gesehen erstaunt es nicht, dass das Christentum hier nicht die Stelle eines schimärischen Horizonts, sondern eines Schutzes vor den antijüdischen Verfolgungen einnimmt. So sieht man in einer aus dem Roman getilgten Episode, wie Lilla, Ben und Ada eine Woche lang bei einer orthodoxen Familie Zuflucht suchen, in der «niemand sich um die Zukunft Sorgen machte». Sicherheit und Sorglosigkeit, dies scheint tatsächlich der Haupttrumpf des Christentums zu sein: «Sich bei Krankheit und Tod Gott anvertrauen, und die Stunden rannen mit wunderbarer Langsamkeit dahin.» Denn bei den Juden «geschah alles sprunghaft. Glück und Unglück, Wohlstand und Elend brachen so plötzlich herein wie das Unwetter über das Vieh. Und ebendies war bei ihnen ein Quell ständiger Sorge und gleichzeitig unbezwingbarer Hoffnung».[48]

Diese Erwägungen sind in keiner Weise harmlos, als zur selben Zeit die antisemitische Propaganda in der französischen Presse zu einem seit Drumont unerreichten Höhepunkt gelangt. Wie kann Irène Némirovsky, die *Les Nouvelles littéraires* liest, zwei Tage nach ihrer Taufe jenes Werbeplakat für ein kürzlich bei Grasset erschienenes Werk verstehen: «Steht der Antisemitismus im Widerspruch zur christlichen Nächstenliebe? Ist es nicht vielmehr die Pflicht eines jeden Christen, sich gegen die Juden zu wehren?»[49] Im selben Monat Februar 1938 beklagt *Le Crapouillot* «den außergewöhnlichen Schutz, den bei uns die jüdischen Künstler zum Schaden ihrer rein französischen Kollegen genießen»[50]. Und in *Je suis partout* erscheint der Appell von Brasillach, «jedem Juden, Halbjuden, Vierteljuden» die französische Würde zu entziehen, denn «der Antisemitismus ist französische Tradition»[51].

Paris war wirklich eine Messe wert; ist die Staatsbürgerschaft eine Taufe wert?

Zu all diesen Ängsten gesellt sich noch eine geheimere, die bei Irène Némirovskys überraschenden Regungen der Religiosität kein geringes Gewicht hat. Nach einer Zeit der Ruhe im März hat sich Michels Gesundheitszustand plötzlich verschlechtert. Als Irène Némirovsky im Rundfunk zu ihrem letzten Roman *(Deux)* befragt wird, scherzt sie schelmisch mit ihrer Gesprächspartnerin und erklärt dann plötzlich ernst und rätselhaft: «Für die Ehe gibt es kein Ende außer den Tod. Ein anderes gibt es nicht.» Voller Angst und da sie sich keinen Rat mehr weiß, wendet sie sich an Mgr. Ghika:

> *Mein Mann ist plötzlich erkrankt. Man befürchtet eine Lungenentzündung. Er ist in einer Klinik. Mein Arzt beruhigt mich, aber ich bin sehr traurig und sehr beunruhigt.*
> *Monseigneur, ich bitte Sie, den Jesus mehr erhört als uns arme Sünder, dafür zu beten, daß mein Mann schnell wieder gesund wird.*[52]

Am 27. April ist die Diagnose optimistisch. Aber Irène Némirovsky hat wirklich das Schlimmste befürchtet. «Ich hatte so große Angst, ihn zu verlieren. Ich weiß nicht, was aus mir geworden wäre, wenn ich nicht das große Glück gehabt hätte, mich voller Vertrauen und Hoffnung an Gott zu wenden.»[53] Tatsächlich hat am selben Tag die Einbürgerungsbehörde von ihnen abermals die Dokumente verlangt, die ihr vor sechs Monaten vorgelegt worden waren. Alles fängt also wieder von vorne an …

Aber man muss leben. Während Irène Némirovsky an *Les Chiens et les Loups* arbeitet, verdoppelt sie ihre Brotarbeiten. Vom 4. Januar bis zum 15. März hält sie, wie andere berühmte Schriftsteller auch, in Radio Paris für zweitausend Francs eine Reihe von sechs zehnminütigen «literarischen Vorträgen» über «Große ausländische Schriftstellerinnen».[54] Im März kommt endlich *Deux* in einer Erstauflage von

fünfzehntausend Exemplaren heraus für einen Vorschuss von vierzigtausend Francs. Der «erste Liebesroman von Irène Némirovsky»[55], von
dem insgesamt mehr als zwanzigtausend Exemplare verkauft werden, ist ihr größter Erfolg seit *David Golder*. Ohne den Beginn des
Krieges hätte Albin Michel im Übrigen nicht darauf verzichtet, die
Filmrechte dafür zu verkaufen. Dabei weiß der Verleger, dass man auf
das Schlimmste gefasst sein muss, da er zur selben Zeit die *Éclaircis-
sements sur «Mein Kampf»* von Benoist-Méchin veröffentlicht, ein
Werk, für das die Nazipropaganda bald in anstößiger Weise Reklame
machen sollte.

Deux wird von Maxence und Lalou wohlwollend aufgenommen.
Nur Lœwel bemerkt, was dieser Roman den *Demi-Vierges* von Marcel
Prévost verdankt (dem sie sofort ein Exemplar gewidmet hat) und
vor allem welche Perspektive er im Werk von Irène Némirovsky eröffnet: die des großen Romans der Gesellschaftsanalyse. Denn mehr
als das Lob der ehelichen Liebe ist *Deux* der Roman einer Generation,
der Generation von Joyce Golder, die beim Waffenstillstand zwanzig
Jahre alt war und die jetzt ein Double hat. «Wer hat besser als Madame
Némirovsky mit spitzerer Feder und mit festerer Hand die leidenschaftliche Seele der Jugend von 1920 erforscht, jenen glühenden,
sinnlichen Wunsch, im Vergnügen zu verbrennen?» Das war, bevor die
Krise die verzweifelte «Suche nach dem fliehenden Glück, den heiligen
Egoismus derer, die glücklich sein wollen»[56], in einen Kampf auf Leben
und Tod verwandelte.

Ganz offenkundig sind die Zeiten unsicher, und auch Michels Hos-
pitalisierung haben sie dazu bewogen, ihren *Charlatan* mit einer
gewissen Überstürzung zu veröffentlichen, ohne sich die Zeit zu nehmen, Wiederholungen und Schwächen darin auszumerzen. Daher der
hastige, ja obsessive Charakter dieses Romans, in dem die Wörter «Levantiner», «Fremder» und *«métèque»*, wiedergekäut wie ein Hexen-
spruch, am Ende einen Schauer des Ekels hervorrufen. Und das ist auch
Irène Némirovskys Absicht: einen idealistischen Emigranten in das
feindselige Milieu des rassistischen Westens zu stoßen, um daraus ein

zynisches und käufliches Wesen hervorgehen zu lassen, einen Betrüger wider Willen, fest entschlossen, mit List und Tücke die Ehre zu erobern. Denn nichts wird jemals etwas daran ändern: «Ich habe ein französisches Arztdiplom, bin an Frankreich gewöhnt, habe die französische Staatsbürgerschaft erworben, aber man behandelt mich als Fremden, und ich fühle mich fremd.»[57] Bittere Worte aus der Feder der «großen slawischen Schriftstellerin», als die *Gringoire* sie ihren Lesern am 18. Mai 1939 weiterhin vorstellt! Der Roman, der in Fortsetzungen bis zum 24. August erscheint, hat inzwischen einen umfassenderen Titel bekommen, *Les Échelles du Levant*, in Anspielung auf jene Handelsplätze des Nahen Ostens, die von jeher Europa mit dem Orient verbinden. Denn über den Kurpfuscher hinaus geht es um die Immigration, die Irène Némirovsky fesselt, und das Los «jener aus Syrien, Ägypten oder Griechenland gekommenen Familien, die überall ausschwärmen und in *such different ways* geschleudert werden, daß man in ein und derselben Generation Vettern antrifft, die auf den Stränden Europas Teppiche und Honignüsse verkaufen, sowie berühmte Advokaten oder Ärzte in New York. (Aber sie kennen einander nicht.) Dieselbe Rasse, derselbe Stamm, dasselbe unruhige Blut, derselbe Ehrgeiz.»[58]

Auf einer ersten Seite von *Gringoire* mochte Sennep zwar Hitler als tobenden Zwerg darstellen, doch im Juni 1939 wissen die Franzosen nicht, ob es nach dem Sommer Frieden oder Krieg geben wird, aber dass es ein deutscher sein wird. «Für Deutschland gibt es in Europa kein territoriales Problem mehr», hat Hitler nach dem Münchner Abkommen erklärt. Doch nachdem er nacheinander das Saarland vereinnahmt, von Neuem das Rheinland besetzt, Österreich annektiert, das Sudetenland an sich gerissen hat und schließlich im März 1939 in die restliche Tschechoslowakei eingefallen ist, fragen sich die Franzosen ängstlich, welche neuen Forderungen der «Führer» stellen wird, der seit zwei Jahren zwei Drittel seines Etats für die Wiederaufrüstung verwendet. Das preußische Polen? Oder sogar das Elsaß? Die UdSSR, die in München aus dem europäischen Spiel herausgefallen war, will sich solche Fragen nicht mehr stellen …

Der für Mitte Juni vorgesehene Aufbruch in die Sommerferien nach Hendaye-Plage wird um zwei Wochen verschoben, bis Denise ihre Prüfungen für das Gymnasium besteht und am 1. oder 2. Juli von Mgr. Ghika ihre erste Hostie empfängt, eine Zeremonie, die bei ihrer Mutter einen «Eindruck von Frieden und Sanftmut»[59] hinterlässt. Bevor sie abreist, verlangt sie von Albin Michel vorsorglich vier Monate Vorschuss und schreibt auch einen Empfehlungsbrief für Cécile Michaud, die soeben ihren Dienst quittiert hat. Wie viele plötzliche Vorsichtsmaßnahmen.

«Ja, die Ferien von 1939 waren nicht schön.»[60] Von diesem Sommer, in dem Irène Némirovsky keinen Roman schrieb, bleibt jedoch die glückliche Erinnerung einiger Familienfotos im Garten von «Ene Etchea». Michel, in Unterhemd und weißer Hose, hat eine Woche Urlaub genommen. Wie soll man ahnen, wenn man ihn so lächeln sieht, dass sich seine Mumps zu einer Septikämie entwickelt hat? Irène, in geblümtem Kleid, drückt einen riesigen schwarzen Kater an ihr Herz. Denise, im Badeanzug, reicht ihrer kleinen Schwester, die gerade anfängt, sich auf den Beinen zu halten, die Hand. Viel Sonne und viel Schatten, ein Foto «voll einfachen Glücks»[61], vergänglichen Glücks.

Und dann am 22. August ganz plötzlich, «so wie jemand in der Nacht an die Tür klopft, um einem mitzuteilen, daß die Ruhe ein Ende hat»[62], folgendes Kommuniqué des Deutschen Nachrichten-Büros, das Irène Némirovsky in vollem Wortlaut in einer ihrer Novellen verwendet: «Die Reichsregierung und die Sowjetregierung haben beschlossen, einen gegenseitigen Nichtangriffspakt zu schließen.» Diese wenigen Worte bedeuten «vielleicht ... zweifellos ... wahrscheinlich ... den Krieg»[63]. Sie bedeuten darüber hinaus, dass für Irène und Michel Epstein fast jede Aussicht auf Einbürgerung geschwunden ist. Vor allem Michel ist beunruhigt. Bei seiner Rückkehr nach Paris scheint er sich einer Offensive so sicher zu sein, dass er Albin Michel um ein Empfehlungsschreiben für seine Frau bei «den Behörden und der Presse» des Südwestens ersucht, für den Fall, dass sie daran gehindert werden sollte, nach Paris zurückzukehren. Albin Michels Antwort ist noch alarmierender und zeigt, dass Michel ebenso sehr einen militärischen Angriff fürchtete wie eine Periode des nationalistischen Rückzugs und ein Wiederaufleben der Fremdenfeindlichkeit. Tatsächlich schreibt Irène Némirovskys Verleger ihr am 28. folgende Worte nach Hendaye:

> *Wir durchleben in diesem Augenblick angstvolle Stunden, die von heute auf morgen tragisch werden können. Da Sie Russin und Israelitin sind, könnte es sein, daß diejenigen, die Sie nicht kennen – von denen es allerdings in Anbetracht Ihres schriftstellerischen Renommees nicht viele geben dürfte –, Ihnen Ärger bereiten. Daher war ich der Meinung, da man an alles denken muß, daß mein Zeugnis als Verleger Ihnen nützlich sein könnte.*
> *Ich bin also bereit zu bescheinigen, daß Sie eine Schriftstellerin von großem Talent sind, wovon im übrigen der Erfolg Ihrer Werke sowohl in Frankreich wie im Ausland zeugt, wo es Übersetzungen einiger Ihrer Werke gibt. (…)*

Knapp eine Woche später nimmt Michels Vorahnung Gestalt an: Da Polen sich geweigert hat, Hitlers neuen Ansprüchen stattzugeben, und die allgemeine Mobilmachung verfügte, gehen die deutschen Truppen zum Angriff über. Noch am Tag der Invasion schreibt Vignaud dem Minister Marchandeau, um ihn an seine – und Chaumeix' – Unterstützung bei der Einbürgerung der Eheleute Epstein zu erinnern, die einst «günstig aufgenommen» worden sei, sich aber «aufgrund der Umstände» verzögert habe. Innerhalb von zwei Tagen werden Frankreich und England gezwungenermaßen vom Räderwerk erfasst.

Es war sehr schönes Wetter am 3. September 1939. «Alle Franzosen brachen auf. In aller Eile stopften sie die noch feuchten Badeanzüge, die sandigen Sandalen in ihre Koffer, und die Frauen ließen eine Träne in die Falten des ganz frischen Organdikleids fallen, das sie sorgsam für die Septemberabende aufbewahrt hatten.»[64] Es darf vermutet werden, dass Irène Némirovsky ihre Töchter zum Strand begleitet hat.

Dritter Teil

Stärker als der Ekel

(1939–1942)

Frankreichs großer Regen

(1939–1941)

«Da begriff er, daß das, was er noch nicht glauben konnte, der Wahrheit entsprach. Die Häuser und ihre Bewohner, Männer, Frauen, Kinder, Säuglinge, Greise, das ganze kleine Dorf war fortgerissen, hinweggefegt worden von dem brüllenden Fluß, der sich im Augenblick der ersten Flutwelle entfesselt hatte.»

Louis Bromfield, *Der große Regen*, 1937

In Irènes Heften wird der große landwirtschaftliche Weiler von über tausend Seelen an den Grenzen der Departements Nièvre und Saône-et-Loire zum ersten Mal am 25. April 1938 erwähnt: «Rückkehr von Issy-l'Évêque. 4 volle Tage Glück. Was kann man mehr verlangen? Dank sei Gott dafür und Hoffnung.» In diesem Dorf im Burgund mit den Schieferdächern, das sich in eine Mulde zwischen Wäldern und Tälern kauert und sich wie eine Katze um seine Kirche und seinen Marktplatz schmiegt, erholt sie sich zum ersten Mal von «Babets» Geburt. Um sie Marie-Louise Mitaine anzuvertrauen, der Mutter der jung verheirateten «Néné», hat die Schriftstellerin den Zug bis Luzy genommen, von wo ein Wagen sie bis zum Hotel von Monsieur Loctin brachte. Wir folgen ihr zu Fuß zu der stattlichen Herberge in der Grande Rue: «Ich überquere den Platz mit dem Kriegerdenkmal, wo ein in den frischesten Rosa- und Blautönen gestrichener Soldat Wache steht; weiter oben befindet sich eine Promenade mit Linden, schwärzlichen alten Wallanlagen, ein bogenförmiges Tor, das sich ins Leere öffnet und

367

wo ein frischer Wind bläst, schließlich der kleine runde Platz vor der Kirche. In der Dämmerung schimmern an den Fenstern der Bäckerei schwach die kronenförmigen dicken hellen Brotlaibe unter einer mit einer weißen Papiertüte abgedeckten Glühbirne. In diesem grauen Nieselregen, in dieser Nebelluft scheinen die Schilder des Notars und das Markenzeichen des Schuhmachers gleichsam zu schweben: ein aus hellem Holz geschnitzter Holzschuh von der Größe und Form einer Wiege. Gegenüber befindet sich das *Hôtel des Voyageurs*.»[1]

In diesem Hotel hat sich Michel Ende Februar 1939 eine Woche erholt. In der Küche bereitet Madame Loctin eine Mahlzeit zu, die ebenso reichhaltig ist wie das Land üppig an Geflügel, Schwarzbrot und Sahne und die man im Raum des Cafés zu sich nimmt, der von einem dicken rot glühenden Ofen verräuchert ist. Einige Tische mit Marmorplatte, ein Billardtisch und ein zerschlissenes Kanapee vervollständigen den Dekor. An der Wand «der Kalender, der aus dem Jahre 1919 stammt und auf dem eine Elsässerin mit weißen Armen zwischen zwei Soldaten abgebildet ist»[2]. Hierher kommen die Bauern, um Tarock zu spielen oder mit ihren Schoppen anzustoßen. Der Komfort indes ist sehr relativ: Kurz vor dem Krieg wird das Wasser in Issy aus dem Brunnen geholt, und man heizt mit Holz, an dem es ebenso wenig fehlt wie an Butter. Bei Madame Mitaine verrichtet man seine Notdurft in einer Bretterbude am Ende des Gartens. Irène Némirovsky wird sogar den «absolut fehlenden Komfort erwähnen».[3] Aber dieses Dorf ist ein kleiner Stadtstaat, der sich selbst genügt; es gibt einen Metzger, einen Konditor, einen Eisenwarenhändler, einen Schreiner, ein Postamt, einen Lebensmittelladen, einen Bäcker, eine Notarkanzlei, ein Steueramt, einen Tabakladen, eine Apotheke, eine Schule, eine Gendarmerie und sogar ein Schloss auf der Anhöhe von Montrifaut, das den Weiler überragt. Kurz, «ein ungemein reiches Land mit großen Gutshöfen, fettem Vieh, schönen Kindern. Der Charakter der Leute? Wie soll ich es dir sagen? Der Charakter aller Bauern der Welt! Hart zu sich selbst und zu den andern»[4].

Zwischen Frieden und Krieg

Seit 1938 kehrt Irène Némirovsky immer wieder nach Issy zurück, um ihre Müdigkeit und ihre Sorgen zu vergessen. Am Dorfeingang wird sie von einem herben Geruch nach verbranntem Holz begrüßt, der für eine Pariser Nase berauschend ist. In der Werkstatt des Schuhmachers erinnert sie der durchdringende Geruch nach frischem Holz an die Hütten von Mustamäki. Der Pfarrer der Gemeinde, Domherr Gaufre, ist erfreut, sich mit dieser «derart intelligenten» Frau[5] unterhalten zu können, bei einem Spaziergang zum Mont Tharot, von wo aus man auf die benachbarten Weiler hinabsehen kann. Sie wandert leidenschaftlich gern. Bis zu dem auf dem Weg nach l'Étang-Neuf gelegenen, zwanzig Minuten entfernten Obstgarten des Gutshofs Montjeu, um riesige Pflaumen zu kosten, «gelb wie Bernstein, und diesen süßen Saft, der über unsere Finger rann»[6]. Oder sie steigt, in einen Umhang gehüllt, zum Champagnergut Pol-Roger hinauf, biegt dann nach Nordwesten zu dem heute trockengelegten Teich von Broaille ab; unterwegs lässt sie das Schloss rechts liegen und macht am Tannenwald der Maie Rast. Hier wird die Jungfrau von Maublanc über sie wachen, wenn sie im Wald schreibt. Dort arbeitet sie, im Gras liegend oder im Kostüm auf einer Streu Blätter sitzend. «Ich liebe unsere stillen Wälder. Gewöhnlich trifft man hier keine Menschenseele.»[7] Ein anderer ihrer Lieblingsspaziergänge führt sie zu dem von Binsen gesäumten und von Libellen glitzernden Teich mitten im Wald. Wie soll man sich unter diesem Laubwerk das Geräusch von Stiefeln vorstellen? Wurde die Jungfrau von Maublanc nicht deshalb errichtet, um den Punkt zu kennzeichnen, an dem 1870 die preußischen Truppen zum Stillstand kamen?

Gleich nach der Kriegserklärung hat Irène Némirovsky die Entscheidung getroffen, ihre Töchter bei Madame Mitaine unterzubringen. Cécile hat auf ihre Bitte hin Denise und «Babet» in Hendaye abgeholt und sie nach einer in der Avenue Coquelin verbrachten Nacht im Zug bis nach Luzy gebracht. Als ihre Mutter sie in Sicherheit weiß, fährt sie sofort nach Paris zu Michel, der keine Zeit hatte, seine Septikämie auszukurieren, sondern seine Ferien abkürzen musste, um für seine Kollegen Maizière und Pradère-Niquet einzuspringen, die eingezogen worden waren. Diese Situation sollte vorläufig sein, wird jedoch bis zur Offensive im Mai 1940 acht Monate später andauern. In dieser endlosen Zeit der Dämmerung, dieser «Art Niemandsland zwischen Frieden und Krieg»[8], während die Nerven strapaziert werden und Mutlosigkeit eine ganze Nation erfasst, begibt sich Irène Némirovsky mehrere Male nach Issy, im Zug oder im Auto ihres Schwagers Paul, um ein paar Tage bei ihren «evakuierten Kindern» zu verbringen, wie auf ihrem Passierschein vermerkt ist. Denise, die in der Schule des Weilers eingeschrieben und zum Katechismus angemeldet ist, wirft bald ihre guten Manieren über Bord: «Ich entdeckte eine neue Welt. Ich trug keine schönen Kleider mehr, ich konnte mich schmutzig machen, ich lebte unter Kindern meines Alters, was mir noch nie widerfahren war, da ich von einer Gouvernante erzogen wurde.»[9] Miss Matthews aber hatte überstürzt nach England zurückkehren müssen. In Issy gab es keine Knickse vor bedeutenden Gästen mehr, kein Posieren für die Fotografen, keine Lackschuhe und gut sitzenden Söckchen. Und diesen Luxus: Schulkameraden! Doch auf dem Klassenfoto ist sie die Einzige, die Schuhe trägt, während die anderen Mädchen in Holzpantinen herumlaufen. Eine unverbesserliche Pariserin!

Kriegserklärung, Rückkehr nach Paris, Vorwegnahme der Katastrophe: Irène Némirovsky verarbeitet die Ereignisse vom September 1939 in vier Novellen, die sie im Lauf des Herbstes schreibt. Darin sieht man, wie sich ihre Angst bis zur apokalyptischen Vision der «bombardierten Türme von Notre-Dame»[10] steigert, gefolgt von einem Exodus auf dem Meer, der ein weiteres Mal mit dem Tod durch Ertrinken endet.

Der erste dieser Texte[11], der beschwingteste, ist von der Hoffnung durchdrungen, dass der jähe Schatten des deutsch-sowjetischen Abkommens die erzürnten Liebenden versöhnen und die kindischen Streitereien zum Schweigen bringen könnte. Die gleiche «wunderbare Brüderlichkeit» bleibt auch in «La Nuit en wagon» erhalten. Auf der Strecke Hendaye–Paris, in der Nacht vom 3. auf den 4. September 1939, fühlt sich ein Querschnitt der Bevölkerung Frankreichs tief verbunden, rings um harte Eier und schwarzen Kaffee, in einem Zug, der mit Soldaten, Kindern, Sommerfrischlern, Bauern und Bürgersleuten überfüllt ist, die vorübergehend die Furcht zusammenschweißt. «Man würde nicht glauben, daß Krieg ist.»[12] Auf diesen ungläubigen Schrecken der ersten Zeit folgt eine Nacht wie «grünes Kristall», durchzogen von silbrigen Zeppelinen «gleich dicken blinden Fischen», die der Ende November skizzierten dritten dieser Novellen eine übernatürliche Färbung verleihen. Darin beschreibt sie den «schwarzen Abgrund», der sich jeden Abend über die in passiver Verteidigung erloschene Hauptstadt senkt. «Paris, eingenickt, zu allem bereit, seine Waffen neben sich, atmete sanft im Dunkeln.»[13] In «Le Spectateur» kann Irène Némirovsky nicht mehr an sich halten und bringt dem drohenden Gewitter endlich ein Sühneopfer. Ein Hedonist wie Hugo Grayer, von der Poesie der Ruinen aufgewühlt, beobachtet wollüstig den Todeskampf Europas: «Man sah ein Land singend zucken und sterben, so wie man das klopfende Herz einer verwundeten Nachtigall in seiner Hand spüren würde.» Ein erlesener Anblick, den die Schriftstellerin ihm aus nächster Nähe zu würdigen erlaubt, indem sie ihn auf einen Paketdampfer mit Flüchtlingen verfrachtet, der auf dem Atlantik torpediert wird, in einem Gewühl von Frauen in Nerzmänteln und «jüdisch-deutschen kleinen Kindern». Die Einmütigkeit von «La Nuit en wagon» hat sich in eine ekelerregende Mischung von Menschen verwandelt, «so wie man verschiedene Alkoholsorten in einem Shaker schüttelt.[14]. Noch an der Schwelle des nassen Todes wüsste dieses feinsinnige Individuum «gerne, welche Gefühle die höchste Gefahr wohl weckt». Um ihn für seine morbide Faszination zu bestrafen, unterwirft Irène Némirovsky den überaus städtischen Grayer der letzten Demütigung, «dem tierischen, primitiven, panischen Schrecken» des Ertrinkens. Denn der Krieg wird nicht nur ein Weltkrieg sein: Er wird total sein und weder Zuschauer noch «wohlwollende

Neutralität» dulden. «Le Spectateur» ist also eine Fabel, die Fabel von sieben Jahren Gleichgültigkeit angesichts der nazistischen Arroganz: «Diese Menschenmengen ähnelten den Hühnern, die ihre Mütter, ihre Schwestern abschlachten lassen und dabei fortfahren zu gackern und Körner zu picken, ohne zu begreifen, daß diese Passivität, diese innere Zustimmung auch sie eines Tages einer starken und harten Hand ausliefern würde.»[15]

Welchen Beweis gibt Irène Némirovsky Ende 1939 dafür, dass sie nicht mit verschränkten Armen auf das Massaker warten wird? «Ich habe überlegt, was ich wohl am besten tun könnte und mit welcher mir erlaubten Tätigkeit ich nützlich sein könnte», erklärt sie. «Und mir schien, das Beste wäre, sich auf seine Spezialität zu beschränken. Und was ich am besten kann, ist schreiben ... Also habe ich für die ausländische Presse – unter anderem für eine niederländische Zeitung in Rotterdam – Artikel geschrieben, die die großartige Moral Frankreichs publik machen und die ruhige Entscheidung der Kämpfenden schildern, die gelassene Ruhe der Frauen. Ich habe versucht, anhand täglich gesammelter Zeichen die Schlichtheit, die Beherztheit der Franzosen aufzuzeigen. Ich muß auch Vorträge im Rundfunk halten – Sendungen über das Leben der Frauen. Sie werden Biographien von polnischen oder englischen Heldinnen gewidmet sein, Frauen, die sich der Sache ihres Landes verschrieben haben. Ich hoffe, noch mehr tun zu können.»[16]

Der Text einer dieser «Plaudereien» scheint erhalten zu sein. Darin rühmt Irène Némirovsky die Seelengröße und den Charakter der Finnländerinnen, «ein wunderbares Gleichgewicht zwischen männlichen und weiblichen Eigenschaften». Doch am 30. November hat die Rote Armee die finnische Grenze überschritten. Innerhalb von vierundzwanzig Stunden ist die karelische Landenge in die Hand der Sowjets gefallen. Mustamäki, 1917 ein vorübergehendes Exil, wird nie mehr finnisch sein. Aber, so ruft sie vertrauensvoll in Erinnerung, «die Einwohner dieses Landes sind im allgemeinen stark und gesund. Ihrem Charakter nach ähneln sie dem Granit, aus dem der Boden ihres

Landes besteht: solide und hart. (...) Ich weiß, wovon ich spreche: ich habe sie während des Bürgerkriegs von 1920 gesehen: ich kann Ihnen versichern, daß es furchtbare Feinde sind.» Diese schönen Anlagen können nicht verhindern, dass Finnland um ein Zehntel seines Territoriums beschnitten wird. Den ganzen Winter über sollte Irène Némirovsky besorgt die Peripetien dieses ersten bewaffneten Zusammenstoßes verfolgen, dessen Etappen ihr Arbeitsjournal markieren, bis zu jener Vorahnung im April 1940: «Norwegen und Dänemark überfallen. Schlechter Eindruck.»

Ein besonderer Fluch

Der Winterkrieg und die sowjetische Offensive fallen im Werk von Irène Némirovsky mit dem Wiederaufleben des Hangs zum Russischen zusammen, den die jüngsten Ereignisse ihrer Wehmut vor Augen führen. In «Aïno» erinnert sie sich an den Bürgerkrieg von 1918, an «den Geruch der brennenden Städte»[17] und die Beschießung von Terjoki genau zu dem Zeitpunkt, als die Sowjets in dieser Ortschaft gerade eine trügerische, Moskau hörige «demokratische Republik» eingeführt haben. «... et je l'aime encore» verjüngt Olga Obolenski um zwanzig Jahre, «lächelnd, mit einem großen Hut nach der Mode von 1915 und einem rosa Musselinschal auf ihren nackten Schultern»[18], die dem Andenken an einen einst auf einem Strand der Krim verschwundenen Liebhaber treu geblieben ist. «Le Sortilège» schließlich, die einzige ihrer Novellen, deren Erzählerin Irène heißt, lässt die zauberhaften Aufenthalte bei einer russischen Freundin in einer alten Datscha am Rande Kiews wiederaufleben. Der Hausherr, so erinnert sie sich, war ein Militär im Ruhestand, der «Tschechow sehr gut gekannt hatte» und auf seinem Schreibtisch «ein Kästchen mit Briefen des Schriftstellers» aufbewahrte.[19] Diese Reminiszenz hat sicherlich mit der im Sommer 1939 konzipierten melancholischen und romanhaften Biographie Tschechows in der Art von Maurois und Semenoff[20] zu tun, an der sie Anfang November zu schreiben beginnt, wobei sie sich auf ihre eigenen Erinnerungen an Tauris und die Côte d'Azur stützt. Denn, so schreibt sie, «es ist ein großes Glück für einen Schriftsteller, der eine unglückliche Kindheit hatte, diese poetische Quelle seiner Vergangenheit zum Sprudeln zu bringen»[21].

Dass sie von Denise und Élisabeth entfernt war und lange einsame Tage in der Avenue Coquelin verbrachte, hat viel mit dieser Wehmut zu tun. «Es ist nicht meine Schuld», erklärt Ada in dem in Fortsetzungen während des Herbsts erschienenen Roman *Les Chiens et les Loups*. «(…) Es ist ein eigentümlicher Fluch, der mich zwingt, mich an jeden Gesichtszug zu erinnern, der mir einmal aufgefallen ist, an jedes gesprochene Wort, an jeden Augenblick der Freude oder des Schmerzes.»[22] Der Roman erscheint nicht in *Gringoire*, sondern in *Candide*, dem sie ein Jahr zuvor eine im Sommer 1938 lässig geschriebene Briefnovelle, «La Femme de Don Juan», überlassen hatte. Weshalb diese Untreue gegenüber *Gringoire*? Wegen schon Ende 1938 erhaltenen vierunddreißigtausend Francs, als *Gringoire* sich bereits verpflichtet hatte, *Les Échelles du Levant* zu veröffentlichen. *Candide*, eine von der nationalen Rechten bevorzugte Zeitung, ist in der Tat das andere Schwergewicht der französischen Wochenpresse. Sie wurde 1924 vom Verlag Fayard gegründet und erscheint in über vierhunderttausend Exemplaren. Während *Gringoire* die UdSSR und seinen Verbündeten Hitler mit der gleichen Schmach bedenkt («Gegen alle Nazistalinisten!»[23]), täuscht sich *Candide* – gestern für München, immer für Maurras – nicht über den Feind und verfolgt während des «Drôle de guerre» eine fanatisch antikommunistische Linie. Am selben Tag, dem 11. Oktober, an dem *Les Chiens et les Loups* zu erscheinen beginnt, geißelt René Benjamin dort auf der ersten Seite «das kommunistische Ungeheuer». Im Innern des Blattes sieht man im Verlauf der Wochen die reaktionärsten Namen der französischen Presse: Gaxotte, Laubreaux, Blond, Rebatet – wobei Letzterer sich freilich auf die Musikberichterstattung beschränkt. Man begegnet dort sogar André Chaumeix und André Foucault, den «Entdecker» von *David Golder*, zuständig für die Nachrichten von der französischen Front, das heißt für die vermischten Nachrichten!

Wie klein wir sind …

Irène Némirovsky hält sich vor Mai 1940 mindestens zweimal in Issy-l'Évêque auf, einmal um den 1. Mai herum und wieder Ende des Monats, «am Bett einer ihrer kranken Töchter»[24] – der an Scharlach erkrankten Élisabeth. In der ersten der beiden Novellen, die sie während dieses Aufenthalts entwirft und der der Lebensmittelladen von Issy offenkundig als Dekor dient, ist Gilberte eine Heranwachsende, der Denise, die einen Teil des Winters ohne ihre Mutter verbracht hat, ihre Vorhaltungen diktiert zu haben scheint: «Es ist nichts los in diesem gottverlassenen Nest! Verfluchte Blindheit der Eltern, die sie zwingen, auf dem Land zu bleiben, weit weg von der Pariser Wohnung (…)!»[25] Auch in «Le Départ pour la fête» hofft die kleine Rosine verzweifelt, ins benachbarte Dorf gehen zu dürfen, um zu lachen und zu tanzen; aber ihr Vater, ein lebensmüder Mann, hat andere Sorgen, als sie dorthin zu begleiten: Er hat gerade den Selbstmord einer ehemaligen Geliebten erfahren. «In dem Augenblick, da man zum ersten Mal versteht, daß man niemanden wirklich interessiert, hört man auf, ein Kind zu sein.»[26] Doch das eigentliche Thema der Novelle ist ein anderes: nämlich die unsichtbare Person, über die die Kinder lachen und die das Blut der Erwachsenen gefrieren lässt; die langsame Dämmerung, die sich über das Leben nach dem vierzigsten Lebensjahr herabzusenken beginnt; jenes Auseinanderdriften der Kontinente, das zwischen Menschen desselben Bluts einen Ozean an Unverständnissen entstehen lässt.

Junge und Alte: Dies ist der Titel, den sie ihrem neuen Roman geben will. Kein Zweifel, dass ihre Mutterschaft dieses Gefühl der Andersheit hat reifen lassen, in ihrem Herzen jenes einst ungeduldige Blut verlangsamt hat, das nun in den Adern ihrer Töchter fließt. Irène Némirovsky ist inzwischen schlicht und einfach siebenunddreißig Jahre alt. Am 10. November stirbt Efim Epstein. Irène und Michel sind endgültig keine Kinder mehr, denn nichts interessiert Fanny weniger als ihre eigene Tochter. Am 26. März notiert diese am Rand von «Départ pour la fête»: «Ich glaube, daß ich von nun an nur eines schreiben werde: was aus uns wird. Vgl. entwürdigt leben. (…) Und dann diese innere Teilnahmslosigkeit. Die Geschichten von Krieg, Frieden, Leben, Liebe, Tod, in diesem Licht gesehen. Ich habe das schon in *Deux* gemacht. Aber das ist etwas, was man immer wieder machen kann, sogar machen <u>muß</u>.»

Ohne den Gedanken einer umfassenden Betrachtung über die Lebensalter fallen zu lassen, möchte sie gern ein «französisches Drama» schreiben, ihm die Form einer Geschichte der Zwischenkriegszeit geben und die nicht enden wollende Selbstverleugnung aufzeigen, die aus den Kindern der Belle Époque die Betrogenen von 1940 gemacht hat, die der Arbeit, der Familie, dem Vaterland ihren vergeblichen Wunsch nach den irdischen Vergnügungen geopfert haben, die ständig durch die heilige Pflicht hinausgeschoben wurden. «Es ist ein Schicksal, das weder schöner noch erhabener ist als ein anderes, das Schicksal einer Ameise, aber es ist im Grunde das Schicksal des Menschen auf dieser Erde, so wie es den Gesetzen der Natur entspricht. Und deshalb ist Frankreich mit ihm zufrieden.» Tschechow nur unvollkommen zitierend, fasst sie sein Vorhaben in einer Formel zusammen: «Wie sehr dieses Volk leidet! Wie sehr es sich für uns aufopfert!»[27] Will sie den Konservatismus verspotten, den Totengräber der jugendlichen Bestrebungen? Ganz und gar nicht: diese willentliche Unterwerfung macht im Gegenteil die Schönheit Frankreichs aus, «dieser lächelnde Mut, diese großherzige Schamhaftigkeit, dieser Wunsch, immer etwas mehr zu geben, als man von ihm erbittet, nicht nur eine Hilfe, sondern ein freundliches Wort, nicht ein Akt des Heldentums, sondern auch Bereitwilligkeit, also all das, was das französische Volk auf der Welt einzigartig macht.»[28] Blinde Dankbarkeit zu einem Zeitpunkt, als das ganze Land nur von der «fünften Kolonne» spricht, jener Phalanx finsterer Verräter, die von den Ministern bis hinab zu den Garnisonen auf ihre eigene Niederlage spekulieren? Am 26. März hat Michel, obwohl von der Krankheit erschöpft, feierlich erklärt, dass er «dem Land voll und ganz zur Verfügung» stehe. Und Irène Némirovsky, die von der heiligen Union träumt, hat sich in die direkten Zeugnisse über den Großen Krieg[29] und in *Le Sacrifice* von Henri Massis vertieft, dessen Titel ihre geistige Verfassung widerspiegelt. Kann sie einen Monat vor dem Einmarsch ahnen, dass der Krieg noch vor dem Sommer zu Ende sein wird, unter Bedingungen, die des heldenhaften Blutbads von 1914 kaum würdig sind?

Den ersten Ansatz der Handlung skizziert sie am 1. März im Hôtel des Voyageurs. Ein einfaches, glückliches Leben, ein vom Krieg durchkreuztes Verlangen zu leben und zu lieben, die Traditionen, die Familie, «die Irrtümer, das Bedauern, die Ehe, die Kinder, die Trennungen usw.». Der rebellische Wunsch zu genießen, der durch die erdrückende Macht des gesellschaftlichen Erbes und darüber hinaus des kollektiven Schicksals vereitelt wird. «Es gibt nur ein Thema im Roman, ein einziges. Es ist das Thema schlechthin und vor allem das Thema unserer Zeit: der Kampf zwischen dem Menschen und seinem Schicksal. Zwischen dem Menschen und der Gesellschaft, wenn man so will, aber natürlich nicht im Sinne Sorels zwischen dem Wunsch des Individuums, für sich selbst zu leben, und dem Schicksal, das ihn zugrunde richtet, ihn um der eigenen Zwecke willen zermalmt.» Sondern ein bejahtes Opfer, denn «der Franzose opfert sich immer für seine Kinder auf». Dann wird dieses ganze nichtige Gebäude auf einen Schlag von einem neuen Krieg unterhöhlt: Zwanzig Jahre Bemühungen werden niedergewalzt. Der späte Zorn der Väter angesichts der Trümmer, der Zorn der Söhne angesichts dieses Erbes. Der von der Zeitgeschichte illustrierte Mythos von Sisyphos. «Mit anderen Worten, wie sich 1914 auf 1940 ausgewirkt hat. Warum ist das eine aus dem anderen hervorgegangen? Oder aber die äußere Welt hat sich einfach verändert. 1914 hat nichts damit zu tun, obgleich 1940 es anschnauzt und verantwortlich macht. 1914 sagt: Laßt mich in Ruhe. Ich habe getan, was ich konnte. Und 1940: Da alles so schlecht läuft, hast du etwas damit zu tun. Der neue Wein in alten Schläuchen, das ist der Kern des Romans.»

Irène Némirovsky verkauft diesen ehrgeizigen Stoff an Jean Fayard, der ihn für eine in zwei Raten zahlbare Summe von sechzigtausend Francs ab April vorsieht. Mit einem Vorbehalt: *Jeunes et Vieux* passt ihm ebenso wenig wie die anderen ins Auge gefassten Titel, *La Jeunesse et l'Âge mûr, Jeunesse et Maturité, Jeunesse et Âge mûr*. «Und ich kehre zu meiner ersten Idee zurück: zu einer Art französischen *Cavalcade*. Angst macht mir nur die Banalität von alle dem, alle Welt wird dieselbe Idee haben. Komisch auch der Gedanke, daß die Leute in dem Moment, wo das Buch fertig ist, sagen werden: Zum Teufel mit dem Krieg! Und nur noch Zoten wollen.» Dieser Titel, *Cavalcade,* ist auch der Titel eines Theaterstücks von Noël Coward, der 1933 für das Kino adaptiert wurde: eine Familiensaga vor dem Hintergrund des Weltgeschehens, die sich über zwanzig Jahre hinzieht, vom zweiten Burenkrieg bis zum Vertrag von Versailles, eine Fülle schriller Schicksale, wobei dieses Treiben dennoch die ganze Symphonie der unwandelbaren britischen Aristokratie darstellt. Anhand dieses Schemas verteilt sie ihre Rollen: «Der Großvater, nach Art des Großvaters Avot, jedoch antiklerikal usw.» Eine Provinzdynastie von Papierfabrikanten, die Verkörperung «all jener netten Bürger, die ich kennengelernt habe»: ausdauernd, unzerstörbar, unfähig, außerhalb des mächtigen Familienkreises Erfüllung zu finden. Man denkt an *Les Thibault* von Martin du Gard, an die *Pasquier* von Duhamel; aber sie stützt sich eher auf Tolstoi: «Im Grund, meine Tochter, willst du deinen kleinen *Krieg und Frieden* schreiben.» Aber auch auf jene Predigt, die sie an einem der ersten Sonntage des Septembers 1930 in Saint-François-Xavier gehört hat: «Wie klein wir sind, meine Brüder, und wie groß wir sind.» Diese gelehrte Vermischung von individuellen Schicksalen und höheren Geschicken sollte ihre letzten Romane prägen.

Eine Geschichte über Juden

Irène Némirovsky entwirft die ersten Szenen von *Jeunes et Vieux* – was später zu *Les Biens de ce monde* werden sollte – im April 1940, zu der Zeit, als Albin Michel das Erscheinen von *Les Chiens et les Loups* in absichtlich unklaren Worten ankündigt: «Ein Drama von düsterer Größe. ... Eine ungewöhnliche Frauengestalt.»[30] Damit verschleiert er die genaue Natur dieses zarten und grausamen Buchs, das eine andere *Cavalcade* ist, jedoch in einer Welt der jüdischen Einwanderung, vom Ghetto bis hinauf zur internationalen Finanz und umgekehrt. Ausdauernd, idealistisch, unzufrieden, wagemutig: So präsentieren sich die russischen Juden in diesem großen Roman der Unangepasstheit an das komfortable französische Modell, das sich hier in der «stundenlang geköchelten Suppe»[31] materialisiert. Zumal sich Irène Némirovsky nicht in der bürgerlichen Heuchelei täuscht, verkörpert in einem Bankier, der nach und nach schließlich ungeschminkt die Gründe gesteht, die einer Heirat seiner Tochter mit dem Erben der Sinner-Bank entgegenstehen: «Er war also nicht fremdenfeindlich, nein, aber ... alles, was aus dem Osten kam, flößte ihm unüberwindliches Mißtrauen ein. Slawe, Levantiner, Jude – er wußte nicht, welches dieser Wörter ihn mehr abstieß. Nichts war hier klar, nichts sicher ...»[32] Der lange innere Monolog von Delarcher, eine regelrechte Blütenlese der allgemeinen antisemitischen Meinung, beweist klar und deutlich, dass dieser in den Romanen von Irène Némirovsky immer eine indirekte Rede zugrunde liegt, «eine Technik, die mir große Dienste geleistet hat», wie sie im Frühjahr 1942 am Rand von *Dolce* notieren wird. Doch damit man nicht abermals ihre Absichten missverstehe, damit man ihr Mitgefühl nicht für Überheblichkeit halte, glaubt sie, dass es nötig sei, folgende stolze Presseankündigung abzufassen:

> *Dieser Roman ist eine Geschichte über Juden: nicht über französische Juden, sondern über Juden aus dem Osten, aus der Ukraine oder aus Polen.*

Natürlich ähneln nicht alle Juden meinen Helden: Die Vielfalt einer menschlichen Rasse ist unendlich. Ich habe eine Geschichte erzählt, die aus vielerlei Gründen nur Juden widerfahren konnte. Ich habe sie nicht ohne Furcht geschrieben. Ich weiß, daß manche sagen werden: «Was gehen uns die Juden an?» Ein Standpunkt, den ich verstehe, und für diese Menschen habe ich keine Antwort. Noch mehr freilich fürchte ich den Einwand der Juden selbst: «Wozu», werden sie sagen, «von uns sprechen? Wissen Sie denn nichts von der Verfolgung, deren Opfer wir sind, von dem Haß, den man uns entgegenbringt? Wenn man schon von uns spricht, dann sollte es wenigstens einzig und allein deshalb sein, um unsere Tugenden zu verherrlichen und unsere Mißgeschicke zu beweinen!»

Darauf würde ich antworten, daß es in der Literatur kein «Tabu»-thema gibt. Warum sollte ein Volk es ablehnen, so gesehen zu werden, wie es ist, mit all seinen guten und schlechten Eigenschaften? Ich meine, daß sich bestimmte Juden in meinen Figuren wiedererkennen werden. Vielleicht werden sie es mir übelnehmen? Aber ich weiß, daß ich die Wahrheit sage.

Seit *David Golder* hat sich das Argument kaum verändert: «Ich habe sie so gesehen.» Seltsam ist, dass sie sich in ebendem Augenblick, wo sie sich stolz dagegen verwahrt, eine Physiologie des Juden skizziert zu haben («die Vielfalt einer menschlichen Rasse ist unendlich»), bemüht – auf die Gefahr hin, «der Anmaßung einer Fremden» geziehen zu werden –, in *Jeunes et Vieux* die Physiologie des Franzosen zu liefern: «Ein Jude, sagte sie, liebt im Geld das Symbol dessen, was er tun könnte (ein Zeichen der Macht). Er liebt das Geld als Sadist. Der Franzose, ob aus dem Volk oder aus dem Bürgertum, tut es deshalb, weil er Hochachtung für Standesgenossen hegt.» Sogar als jede Hoffnung auf Einbürgerung geschwunden ist, kann sich Irène Némirovsky nicht «jener aufrichtigen und ein wenig spöttischen Zärtlichkeit» erwehren, die sie für die Franzosen empfindet. Glaubt sie wenige Wochen vor der

Invasion wirklich, dass viele tapfere Menschen sie vor der Barbarei schützen werden? Nicht wirklich: «Wie ich meinen Franzosen noch sehe? Ein wenig schroff, außer wenn er in tiefster Seele getroffen ist. Aber sich sofort ganz und gar hingeben? Nein.»

Ungeachtet einer ebenso dünn gesäten wie unachtsamen Kritik werden von *Les Chiens et les Loups* immerhin siebzehntausend Exemplare verkauft. Doch ungeachtet aller Vorsichtsmaßnahmen der Autorin wird das Buch, obwohl geschätzt, missverstanden. *Les Annales*, die Auszüge aus diesem «Roman über jüdische Sitten» vorstellen, halten es nicht für anstößig, abgedroschene Stereotype darin zu sehen: auf der einen Seite «reiche, durch das Vermögen besänftigte Juden, die die aggressiven Eigenschaften ihrer Rasse verloren haben», und auf der anderen Seite «das ausgehungerte, mittellose Judengewurle, das begierig ist, mit allen Mitteln seinen Platz an der Sonne zu erobern»[33]. Am 25. April sah Pierre Lœwel darin allem Augenschein nach ein vollendetes Gemälde aller Merkmale der «jüdischen Seele»: «die ewige Unzufriedenheit, die sie unfruchtbar macht», nicht zu vergessen «jene morbide Liebe zum Geld».[34] Einen Monat später steht die französische Niederlage fest, und derselbe Lœwel sagt Ada, der «das Konzentrationslager» bevorsteht, ein furchtbares Schicksal voraus: «Sie werden erleben», schreibt der Kritiker von *L'Ordre* plötzlich prophetisch, «wie die Drohung eines aufsehenerregenden Bankrotts sie zum Holocaust verurteilen wird …»[35]

Eine Herde im Gewitter

«Die Maginotlinie ist die wirksamste Barriere gegen den Angreifer, sie wird ihre Aufgabe so lange wie nötig erfüllen, bis zu dem Tag, an dem die Entwicklung des Krieges uns die Losungen diktieren wird, die den Gegner zur endgültigen Niederlage zwingen»[36], brüstete sich *L'Intransigeant* Mitte April. Sechs Wochen später ist der Durchbruch der Deutschen in Sedan eine Erinnerung, und über die Unfehlbarkeit der französischen Verteidigung lächelt nur noch eine berühmte Wäschemarke: «Es gibt Linie und Linie. Und zu der am meisten geschätzten Linie verhilft das Mieder Scandale.»[37] Die Ehre ist gerettet: Paris wird immer Paris bleiben. Zumindest so lange, bis der Generalstab am 14. Juni 1940 Paris zur offenen Stadt erklärt und die Champs-Élysées den Stiefeln der Wehrmacht ausliefert.

Irène Némirovsky befindet sich seit zwei Wochen in Issy-l'Évêque, noch vor der Flut der Zivilisten, die vor der deutschen Planierwalze fliehen – zehn Millionen Menschen, sollte Marschall Pétain sagen, der neue und letzte Ratspräsident, der ohne Übertreibung hinzufügte: «… in unbeschreiblichem Chaos und Elend.»[38] Sie hatte den Mai in Paris verbracht, in der enttäuschten Erwartung eines französischen Gegenangriffs. «Haben wir Geduld!», hieß es überall in den Zeitungen. «Die Deutschen können durchaus Grund zur Furcht haben.»[39] In einer ihrer Novellen, «Destinées», hat sie die ersten Alarmnächte in der Hauptstadt nachvollzogen, wo die Leute auf den Balkons nach dem Auftauchen der feindlichen Flugzeuge spähten, statt sich in den Kellern zu verbergen. Zehn Tage vor Beginn der Offensive erschienen in *Les Œuvres libres* lange Auszüge aus ihrem Buch über Tschechow, das sie zu zwei Dritteln niedergeschrieben hatte. Darin vergleicht sie den Europäer von 1940 mit dem Untertanen Alexanders III., ohne dass man wüsste, ob sie an das Hakenkreuz oder an die Sichel denkt: «Damals wie heute herrschte das Böse; zwar hatte es nicht wie heute Formen der Apokalypse angenommen, doch der Geist der Gewalt, der Feigheit und der Korruption trat allenthalben zutage. Ebenso wie heute teilte sich die Welt in blinde Henker und resignierte Opfer, aber alles war armselig, engstirnig, von Borniertheit durchdrungen. Man erwartete den Schriftsteller, der über diese Borniertheit sprechen würde, ohne Zorn, ohne Abscheu, sondern mit dem Mitleid, die sie verdiente.»[40]

Irène Némirovsky hat weder die Bombenangriffe noch die Landstraßen des Exodus miterlebt. Seit Pfingsten wohnt sie mit ihren Töchtern im Hôtel des Voyageurs, als die «Schlacht um Frankreich» beginnt. Zum Schreiben fehlt ihr noch der Mut: «Ich weiß genau», räumt sie am 6. Juni ein, «daß ich ein oder zwei Novellen schreiben müßte, solange man sie – vielleicht – noch unterbringen kann, aber … Ungewißheit, Besorgnis, Angst allenthalben: der Krieg, Michel, die Kleine, die Kleinen, das Geld, die Zukunft. Der Roman, der Schwung des Romans ist jäh unterbrochen. (Ich will aufrichtig sein: Die Kritiken zu *Chiens et Loups* haben damit zu tun.) Und nun?» Während sich auf den Landstraßen die Flut der fliehenden Franzosen staut, die ihre Greise und ihre Matratzen auf behelfsmäßigen Karren hinter sich herziehen, von gewissenlosen Versorgern geschröpft, hungrig, erschöpft, verbittert, manchmal zu Plünderungen gezwungen, und die letzten Anstrengungen einer sich auflösenden Armee lahmlegen, die von der Luftwaffe beschossen wird, bringt die Schriftstellerin Denise bei, für die Kriegsgefangenen Schals zu stricken, widmet ein Exemplar von *Deux* der Frau des Konditors, diskutiert mit der Lehrerin über die Nachteile der «globalen Methode» und fragt sich wie alle Dorfbewohner, wie man die Dutzende von Kindern aus dem Departement Marne, die vom Champagnergut Pol-Roger von Amts wegen evakuiert wurden, zur Schule schicken könnte. Und wohin auch mit all den Hunderten von Flüchtlingen aus Paris, aus Lyon, aus dem Creusot, aus Nancy, aus Brazey-en-Plaine und anderen Gegenden?

Sie sorgt sich vor allem um Michel, der, dem Arzt zufolge «am Ende seiner Kräfte», keinen Sonderurlaub bekommen konnte. Am 10. Juni weigert er sich, länger in Paris zu bleiben, wie es ihm befohlen worden war, während das Personal der Bank sich bereits vollständig in Clermont-Ferrand befindet, und es gelingt ihm, Orléans zu erreichen, von wo er am 11. telegrafiert, er werde innerhalb von drei Tagen wohlbehalten in Begleitung von Paul in Issy eintreffen. Er weiß, dass er, indem er sich diese Freiheit nimmt, vierunddreißigtausend Francs Gehalt und die Aussicht auf baldige Beförderung aufs Spiel setzt. Aber die Umstände sind so außergewöhnlich, dass seine Direktion später meint, in Zukunft auf seine Dienste verzichten zu können. Vorerst jedoch ist er weit davon entfernt, sich sein Missgeschick vorzustellen, und denkt sich für Denise gereimte kleine arithmetische Aufgaben aus, um die

Zeit zu vertreiben. Und Denise freut sich, ihre Eltern endlich für sich allein zu haben. «Trotz allem», sagt sie später, «waren es die glücklichsten Jahre meines Lebens. Wir lebten zusammen, als Familie …»[41]

Von dem Exodus erfährt Irène Némirovsky zuerst durch die Zeitungen, dann durch die Berichte von Michel und zahlreichen Flüchtlingen – besonders den einer Frau, die vom 12. bis zum 17. Juni lediglich die hundertzwanzig Kilometer zwischen Juvisy und Montereau zurücklegen konnte –, bevor sie ihn ihrerseits vom 14. bis zum 18. Juni über die Region von Issy hereinbrechen sah. Ein erbaulicher Schulaufsatz von Denise mit dem Datum des 26. erinnert noch daran: «Vom Freitag bis zum Dienstag haben wir durch unser sonst so ruhiges Land Hunderte von Autos fahren sehen, voller Leute, die vor dem Feind flohen. Die meisten dieser Autos waren vollbeladen mit Matratzen, Kinderwagen, Wäsche, Fahrrädern, die diesem wilden Autorennen ein sonderbares Aussehen verliehen, das uns die Kehle zuschnürte. (…) Wahrscheinlich wird diese Demütigung für die Seele Frankreichs und für alle Franzosen nützlicher sein als der Sieg, den uns der Hochmut beschert hätte. Die Niederlage wird uns mehr Nutzen bringen.»

Dieses Reuebekenntnis, offensichtlich unter dem Diktat eines Erwachsenen abgelegt, fällt mit dem Einmarsch der Deutschen in Issy-l'Évêque zusammen und dann mit dem am 22. Juni unterzeichneten Waffenstillstand. Marschall Pétain hat die Franzosen, um sie zum Gehorsam zu erziehen, offen zur Reue aufgefordert und die wahren Verantwortlichen für dieses Debakel genannt: «Unsere Niederlage ist das Ergebnis unseres Sittenverfalls. Die Genußsucht hat zerstört, was der Opfergeist aufgebaut hat.» Eine Anklage, die René Benjamin in seinem Bericht des Zusammenbruchs plagiiert, *Le Printemps tragique*, der eine der dokumentarischen Quellen von *Tempête en juin* sein wird. Unter der Feder von Irène Némirovsky scheint der Egoist Hugo Grayer, in seine Gleichgültigkeit gehüllt, von dieser Offenbarung aufgewühlt zu sein. In dem ersten der nach der Katastrophe veröffentlichten Texte lässt dieser kälteempfindliche Kleinbürger, nun Monsieur Rose genannt, aber noch immer ein Liebhaber von Porzellan, immerhin Mitleid erkennen. Leider musste er den Gewaltmarsch im Schatten der Stukas, den Verrat seines Dieners, Hunger, Durst, vollständige Mittellosigkeit ertragen und schließlich einen Platz im Auto opfern, um seinen Leidensgefährten nicht im Stich zu lassen. Kurz, sein Leben riskieren, um es zu retten. Das Opfer: Genau auf diese französische Tugend baut Irène Némirovsky ihren neuen Roman auf. Sollte sie eine Anhängerin des Marschalls geworden sein, so wie sie – in Ermangelung eines Besseren – Christin geworden ist? Die Zeiten sind hart, die Tröstungen selten, und die Passion Pétains – «ich mache Frankreich meine Person zum Geschenk, um sein Unglück zu mildern» – bestreicht die Wunden der auf den Landstraßen sich häufenden oder an den Ufern der Loire gestrandeten Franzosen mit einem übernatürlichen Balsam. Gibt es eine größere Stärkung als «den Trieb, der die Tiere einer Herde im Gewitter zueinanderdrängt»[42]? Wer weiß, ob dieses geteilte Leid die große französische Familie nicht endlich zusammenschweißen wird?

Eine große Furcht

Doch «eine neue Ordnung beginnt», hat Pétain verkündet. Unmittelbare Folgen: Opfer der Republik, Minister im Gefängnis, Weihe des Oberhaupts, ländliche Mystik, «intellektuelle und moralische Wiederaufrichtung», Beweise guten Willens gegenüber den deutschen Behörden. Man muss taub sein wie Maurras, um eine «göttliche Überraschung» in diesem großen Sprung zurück zu sehen, den die Antiparlamentarier seit zwanzig Jahren herbeisehnen. Dieser beunruhigende Kurs ist in Issy-l'Évêque, das vom Echo des Junichaos noch wie betäubt ist, umso weniger spürbar, als die deutschen Soldaten, die sich, glatt rasiert und blond, im Hôtel des Voyageurs einquartiert haben, keine Mörder sind, sondern große Jungen, die den Ersten Weltkrieg nicht miterlebt haben und von denen die meisten im Lauf des Zweiten noch auf keinen Widerstand gestoßen sind. Ihre Hauptbeschäftigung besteht darin, Holz zu hacken, Bier zu trinken, Billard zu spielen und «Élissabeth» auf ihren Knien reiten zu lassen, mit blitzenden Zähnen, wie auf den Propagandaplakaten. «Ich werde als Befreier zu den Franzosen kommen», hatte Hitler vorhergesagt. «Wir werden uns dem Kleinbürger als die Helden einer gerechten Gesellschaftsordnung und eines ewigen Friedens vorstellen …» Der Köder ist ausgeworfen. Fast könnte man den Krieg vergessen: «Geräusch von Stiefeln, Stiefeln, Stiefeln … Im Garten weiße Schmetterlinge in der Sonne und amarantfarbene Blumen, und eine Jasminhecke. Und nicht die geringste Idee, nicht der Schatten einer Novelle. Muß man vom Krieg sprechen? Muß man …?», fragt sich Irène Némirovsky in den ersten Julitagen.

Da man sein Leid mit Geduld tragen muss, dient Michel, der als Einziger im Dorf perfekt Deutsch spricht, ihnen als Dolmetscher und sympathisiert schließlich sogar mit zwei Unteroffizieren, dem Feldwebel Ewald Hammberger und dem Leutnant Franz Hohmann. Ohne Paul Spiegel zu vergessen, den Babet in ihrer Unschuld «mein kleiner Liebling» nennt. Gewiss, die Waffenstillstandsvereinbarungen machen es ihnen zur Pflicht, die Sperrstunde anzuwenden. Sie geben ihnen außerdem das Recht, Fahrzeuge, Vieh und Futter, Waren und Wohnungen zu requirieren. Aber die Gegend ist reich, und das Schweigen der Waffen tut wohl. Ein deutscher Friede, natürlich: Noch vor Ende Juni treten die *Feldkommandantur*, die *Kreiskommandantur*, die *Ortskommandantur*, die *Feldgendarmerie* und die *Geheime Feldpolizei* an die Stelle der bisherigen Verwaltungen. Zumindest in der besetzten Zone des Departements Saône-et-Loire, nördlich einer etwa zwanzig Kilometer entfernten Linie, südlich von Issy-l'Évêque. Dahinter erstreckt sich bis zum Mittelmeer die sogenannte «freie» Zone, die von der französischen Regierung verwaltet wird, da die deutsche Obrigkeit darauf verzichtet hat, dort «sämtliche Rechte der Besatzungsmacht» auszuüben, wozu sie im Norden die Waffenstillstandsvereinbarung befugt. Schon am 21. Juli hat im Übrigen ein erstes Ausnahmegesetz die seit 1927 registrierten Einbürgerungen wieder infrage gestellt, was sechs Millionen Juden die französische Staatsbürgerschaft entzieht. Vierzehn Tage später liest Irène Némirovsky in *Le Progrès de l'Allier*, dass in einigen Zeitungen ausländische Redakteure bereits unerwünscht sind. «Glauben Sie, daß das auch für eine Ausländerin gilt, die wie ich seit 1920 in Frankreich wohnt?», schreibt sie naiv an den Sekretär von Albin Michel. «Handelt es sich nur um politische Schriftsteller oder auch um Verfasser von Werken der Phantasie?» In Abwesenheit des Chefs, der im Departement Lot Zuflucht gesucht hat und zu leidend ist, um die Zügel seines Hauses wieder in die Hand zu nehmen, und da Sabatier seit seiner Mobilisation nichts von sich hat hören lassen, antwortet ihr Mademoiselle Le Fur, machtlos, dass sie gar nichts darüber wisse.

Um zu fliehen, muss man sich einer Gefahr bewusst sein; doch was hätte sie in Issy-l'Évêque zu befürchten, umgeben von diesen netten Menschen, die sie kennen, auf sie warten und sie manchmal lesen? Wer bittet sie, wie Monsieur Barre, der Tabakhändler, Kriegsverdienst-kreuz, Vater von neun Kindern, um Vermittlung bei André Bellessort, dem ständigen Sekretär der Académie française, um ihm die Erlangung der Zulage für kinderreiche Familien zu erleichtern? Und was zählen diese Erwägungen angesichts der Notwendigkeit, sich zu ernähren, zu heizen und weiter die Miete für die Pariser Wohnung zu zahlen, die der Obhut von Paul Epstein anvertraut wurde? Sobald der Verlag Albin Michel am 1. Juli sein Haus wiedereröffnet hat, war ihre erste Sorge, sich per Postanweisung neuntausend Francs Vorschuss auf ihre Monatsraten schicken zu lassen, um gegen neuen Ärger gewappnet zu sein. «Derzeit ist meine größte Sorge, mir Geld zu beschaffen», schreibt sie am 12. an Robert Esménard, den Schwiegersohn und Ver-trauten des Verlegers, der nach dem verheerenden Belgienfeldzug ins Zivilleben zurückgekehrt ist. Von Michel Epstein schon am 11. Juni angemahnt, zu einer Zeit, als Albin Michel noch immer nicht vorhatte, sein Haus an einen anderen Ort zu verlegen, wird der Betrag erst am 4. August in Issy eintreffen, so sehr ist das Postwesen in Unordnung geraten. Und als «Monsieur Rose» beendet ist, hat Irène alle Mühe der Welt, den Text der Zeitschrift *Candide* zukommen zu lassen, die sich nach Clermont-Ferrand auf der anderen Seite der Linie zurückgezogen hat. Immerhin geht es um dreitausend Francs, das Äquivalent einer Monatsrate! Aber die von Flakgeschützen flankierte Grenze ist gut abgeschottet. Sie macht die Zustellung von Privatbriefen oder Geldbeträgen nahezu unmöglich – ganz zu schweigen vom Personenverkehr. Und keine Möglichkeit zu erfahren, wann *Gringoire, Candide* und die anderen großen Pariser Wochenschriften, ihre hauptsächlichen Kunden, in die Hauptstadt zurückkehren werden.

In Issy-l'Évêque sieht sich Irène Némirovsky in der Tat «von der Welt völlig abgeschnitten», und sie «weiß nichts von den Maßnahmen, die in letzter Zeit möglicherweise von der Presse ergriffen worden sind». Dagegen geht das hartnäckige Gerücht um, dass die Demarkationslinie neu gezogen werden könnte. Das Dorf läge dann in der südlichen Zone! Viele Viehzüchter und Landwirte, für die diese Barriere das Leben erschwert, freuen sich darüber. Tatsächlich verändert sich die Linie infolge von Verhandlungen bis zum Herbst immer wieder. Ende Oktober stellt sich Irène Némirovsky noch immer die bange Frage, wie sie ihre Monatsraten erhalten kann, falls Issy in den Einflussbereich von Vichy geraten sollte …[43] Daher beschließt sie kurzerhand, in der Höhle des Löwen zu bleiben. Ein ungereimtes Kalkül? Nicht, wenn man bedenkt, dass Michel, seit er der Banque des Pays du Nord untreu geworden ist, ebenfalls im Begriff ist, seine Einkünfte dahinschwinden zu sehen. Der Generaldirektor Joseph Koehl ließ keine Entschuldigung gelten, weder ein ärztliches Attest noch das militärische Debakel: Dadurch, dass er sich weigerte, im Pariser Sitz der Bank auszuharren, als alle ihre Koffer packten, um sich ins Departement Puy-de-Dôme zu begeben, hat Michel nach fünfzehn Jahren tadellosen Dienstes seinen eigenen Entlassungsbescheid unterschrieben. Als «Kündigungsabfindung» sollte er Mitte August alles in allem lediglich 8027 Francs sowie Ende Oktober eine «Gratifikation» von fünftausend Francs erhalten.

Unter diesen Umständen in die Südzone zu wechseln ist unvorstellbar. Und der Gedanke, wie eine Diebin zu fliehen, ist ihr ein Gräuel. Ihrer Tante Victoria in Moskau erklärt sie in einem Brief nur, dass

Élisabeth Scharlach hat und nicht reisen kann. Und als Cécile, die aus der Gegend stammt, den Epsteins vorschlägt, die Linie zu überqueren, solange sie noch durchlässig sei, antwortet man ihr halb sprachlos, halb prahlerisch: «Aber ich habe doch nichts getan, warum sollte man mich festnehmen?» Und in einem solchen, höchst unwahrscheinlichen Fall weiß Irène Némirovsky, dass sie sich auf ihre Pariser Beziehungen verlassen kann. Stellt sie sich wie viele andere zudem vor, das Land der Menschenrechte könne nur widerstrebend Gesetze gegen die Juden erlassen und man müsse sich in Geduld üben?

Mit dieser Geisteshaltung, im Vertrauen auf die sprichwörtliche Güte Frankreichs und sich ihres Privilegs als Schriftstellerin gewiss, wendet sich Irène Némirovsky, überzeugt, Frankreich gedient zu haben, spontan an Marschall Pétain, den Beschützer der Nation, ausgerechnet dann, als man sich von ihm abwenden müsste. Dabei hatte das alte Oberhaupt die Franzosen feierlich gewarnt: «Setzt nicht allzu große Hoffnung in den Staat. Er kann nur geben, was er erhält.» Und was erhält er, wenn nicht nationalsozialistische Gedanken? Am 27. August beispielsweise wird das Gesetz Marchandeau aufgehoben, das Beleidigungen rassistischer Art unter Strafe stellte. Von diesem Tag an ist es also erlaubt, in der Presse zum Lynchen der Juden aufzurufen, und *Gringoire* macht sogleich von diesem wiedererhaltenen Recht Gebrauch, um seine Seiten mit schwachsinnigen Karikaturen, verkappten Denunzierungen und unüberprüfbaren Informationen zu füllen, indem er zum Beispiel am 5. September seinen Lesern mitteilt, dass der «Jude Lekah, genannt Lecache, ukrainischer Herkunft, allmächtiger *métèque* an der Place Beauveau zur Zeit von Monsieur Sarraut, zynisch gestanden hat, daß Frankreich für die internationale Judenschaft kämpfe». Und derselbe *Gringoire* versäumt es eines Tages nicht, seine Begeisterung für Marschall Pétain zu bekunden …

Doch die Franzosen, noch geschockt von der Juni-Ohrfeige, wollen glauben, dass ihr Land souverän geblieben sei und dass das neue Regime die Republik nicht ohne Grund abgeschafft habe. Als Irène Némirovsky hört, dass die Regierung «Maßnahmen gegen die Staatenlosen» vorbereiten soll, glaubt sie an ein Missverständnis und schreibt sofort einen bestürzten Brief an «Monsieur le Maréchal» zu treuen Händen des Unterpräfekten von Autun. Warum Pétain? Zum einen, weil sie keine Möglichkeit hat, Chaumeix zu erreichen, der behaglich ins Hôtel Majestic von Royat hinter der Linie geflüchtet ist. Zum anderen, weil sie sich aufgrund ihrer früheren Nachbarschaft in der *Revue des Deux Mondes* dazu berechtigt fühlt: Hat der Marschall dort nicht soeben einen «Appell an die Franzosen über die nationale Erziehung» unterzeichnet? Darin konnte man folgende unverhohlene Warnung an die Schriftsteller lesen: «Wir werden uns bemühen, das unheilvolle Ansehen einer rein buchmäßigen Pseudokultur zu zerstören, die zur Faulheit rät und Nutzlosigkeiten erzeugt.»[44]

Irène Némirovskys Brief vom 13. September ist eine Mischung aus Bedrängnis, gespielter Unterwürfigkeit und verletztem Stolz. «Ich fühle», schreibt sie ihm, «eine große Furcht bei dem Gedanken an das Schicksal, das uns erwartet: meine Familie (meinen Mann, der kürzlich schwer krank war, meine Töchter im Alter von 10 und 3 Jahren) und mich selbst.» Und unter Berufung auf ihre freundschaftliche Beziehung zu Chaumeix, Madame Doumic sowie Marie de Régnier und daran erinnernd, dass sie seit der russischen Revolution das französische Territorium nie verlassen hat, verrät sie sowohl ihre Panik wie ihre Listigkeit, indem sie sich linkisch der herrschenden Rhetorik bedient:

> *Ich brauche wohl kaum zu sagen, daß ich mich nie um Politik gekümmert habe, da ich lediglich rein literarische Werke schrieb. Und sowohl in ausländischen Zeitungen wie im Rundfunk habe ich immer mein Bestes getan, Frankreich bekanntzumachen und lieben zu lehren.*
>
> *Ich kann nicht glauben, Monsieur le Maréchal, daß keinerlei Unterschied gemacht wird zwischen den unerwünschten und den ehrenwerten Ausländern, die, wenn sie in Frankreich königliche Gastfreundschaft gefunden haben, sich bewußt sind, alle ihre Bemühungen darauf verwendet zu haben, sie zu verdienen.*

Daher bitte ich Sie, in Ihrer großen Güte zu veranlassen, daß mei-
ne Familie und ich selbst in diese zweite Kategorie von Personen
fallen, daß es uns gestattet werde, uns frei in Frankreich aufzuhal-
ten, und daß ich hier weiterhin meinem Beruf als Schriftstellerin
nachgehen kann.

Es versteht sich von selbst, dass dieses Ersuchen, das vor Bekannt-
gabe der ersten Texte erfolgte, die die Juden zu Staatsbürgern zweiter
Klasse erklärten, ebenso wenig eine Antwort erhielt wie dasjenige, das
sie zur gleichen Zeit an die Société des Gens de Lettres mit der Bitte
um Unterstützung gerichtet hat. Jedenfalls ist dieses Bittschreiben der
Beweis für eine zutreffende Vorahnung.

Paris ist verloren

Während des ganzen Augusts hat Irène Némirovsky an *Jeunes et
Vieux* gearbeitet. Wie in *Rêveuse bourgeoisie* von Drieu La Rochelle
will sie als Einleitung ein Seestück mit Sonnenschirmen, Drachen und
Feuerwerk schildern, ein regelrechtes Gemälde von Boudin, nach ihren
in diesen wirren Zeiten so trostreichen Erinnerungen an Paris-Plage:
«Friede, glückliche Menschen, die einander ähneln, und danach, was
dahinter ist. Ich meine, daß man diese Anfangsszene aus der Vogelper-
spektive sehen sollte. Die Nacht war lau am Ufer des Meeres auf dem
grauen Sand der Dünen …» Wie sehr es ihr fehlt, dieses Frankreich
der Avots, hartnäckig, redlich, wohlwollend! In diesem Roman möchte
sie «sie mit Schlichtheit, Sympathie beschreiben». Darin würde sie im
Jahr 1940 Jungvermählte von vor 1914 begleiten, die trotz und wegen
des Krieges durch das Schicksal an ihr Gut Lumbres gekettet sind.
Doch Jean Fayards Schwiegersohn ermutigt sie nicht auf diesem Weg,
«denn der Papiermangel und infolgedessen die begrenzte Seitenzahl
gestatten uns nicht, Fortsetzungsromane zu veröffentlichen»[45]. Doch
wozu Novellen für die Schublade schreiben? In Erwartung eines Licht-

blicks notiert sie ohne Überzeugung in ihrem Arbeitsjournal lediglich einige «Themen für mögliche Novellen», zu veröffentlichen «in jeder beliebigen Pariser Zeitung oder anderswo, wenn es sein muß unter Pseudonym». Die Ehe von Paul Bourget, Mirabeau und sein Vater, die Biographie eines berühmten Mannes durch seinen Sohn ... lauter Pläne, die in den Kinderschuhen steckenbleiben, denn wo und wie sie veröffentlichen?

Im September Tage der Arbeit und Feste: In Issy wird das Korn gedroschen. «Am Abend zuvor waren seit dem frühen Morgen riesige gelbe Kuchen gebacken worden, die Kinder hatten die ganze Woche über Obst dafür gepflückt.»[46] Irène Némirovsky dagegen legt letzte Hand an ihr *Vie de Tchekhov*. Sie mochte die Freundschaft zwischen dem Schriftsteller und dem jüdischen Maler Levitan, bewunderte seine Verteidigung von Dreyfus, folgte ihm ins Zwangsarbeitslager von Sachalin, sah mit seinen Augen «die feuchten Zellen mit den vor Ungeziefer wimmelnden Wänden, in denen die angeketteten Gefangenen auf einem Brett liegen. (...) Russen, Tataren, Juden, Polen, alle Rassen, alle Religionen sind dort anzutreffen»[47]. Wird der Verlag Albin Michel diesen bewundernden Text veröffentlichen, einen der redlichsten und sensibelsten, die über Tschechow zu lesen sind? Diesmal ist das Hindernis Robert Esménard, der unter Berufung auf die allgemeine Absatzflaute und darauf, dass sich der von seinem Schwiegervater seit Langem gehegte Plan einer Filmbearbeitung zerschlagen hat, die Zahlung der Monatsraten nicht fortsetzen will, zu denen ihn kein Schriftstück verpflichtet. «Sie beschreiben mir die derzeitige Situation», antwortet Irène Némirovsky, mit den Nerven am Ende. «Ist das meine Schuld? Bin ich dafür verantwortlich, daß *Les Chiens et les Loups* im Mai zum Verkauf angeboten wurde? (...) Sie sprechen von der schlechten Situation des Hauses, was soll ich Ihnen über die meine sagen?»[48] Schickt sich Michel Epstein nicht an, da er die Lage für schlimmer hält als sein eigenes Ableben, sich die sechsundvierzigtausend Francs seiner Lebensversicherung auszahlen zu lassen?

Es bedarf also Irène Némirovskys ganzer Hartnäckigkeit und Überzeugungskraft, um Esménards Großzügigkeit zu erzwingen und seine Freundschaft zu gewinnen. Aber die vom guten Doktor Pétain diagnostizierte Niedergeschlagenheit des französischen Volkes ist ihr noch nie so himmelschreiend vorgekommen. Von den französischen Gesetzen gekränkt und entschlossen, dieses Land, das auch das Land ihrer Kindheit ist, niemals aufzugeben, erkennt sie sich ein wenig in jenem Schriftsteller, Tschechow, wieder, der «große Sympathie für Frankreich empfand und es zu verstehen schien und seine Tugenden besser erkannte als die meisten Europäer»[49]. «Ich sehe nur eines: Es wurden gegenseitige Verpflichtungen übernommen. Sie müssen eingehalten werden», schrieb sie an Esménard am 25. September, und dieser unerschütterliche Glaube in das gegebene Wort ist ihr größter Irrtum. Der Beweis: Noch in derselben Woche werden alle Juden in der besetzten Zone verpflichtet, sich vor dem 20. Oktober bei den staatlichen Behörden zu melden. Die Eigenschaft, Franzose zu sein, ist keine Frage der Werte oder der Kultur mehr, sie hängt neuerdings von sinnlosen genealogischen Kriterien ab. Denn als Juden werden all diejenigen angesehen, «die der jüdischen Religion angehören oder angehört haben oder die mehr als zwei jüdische Großeltern haben». Von nun an, so notiert Léon Werth in seinem Tagebuch, «entjudet die Messe nicht mehr».[50]

Begreift Irène Némirovsky in diesem Moment, dass ihre Taufe sie nicht mehr schützt? Dass ihre Töchter, obwohl eingebürgert, früher oder später Ausweise haben werden, auf denen die vier roten Buchstaben des Wortes «juif» eingetragen sind? Vermutlich nicht, da sich Irène und Michel am 7. Oktober in der Unterpräfektur von Autun eintragen lassen, wie es in Frankreich neunzig Prozent der Israeliten tun, da sie glauben möchten, dass diese Zählung ein Staat vornimmt, der eifersüchtig auf seine Vorrechte pocht, also den Nazis trotzt. Michel hat einfach Charles-Albert de Boissieu um Rat gefragt, ein großes Tier der Schneider-Gruppe und Administrator der Banque des Pays du Nord, seit Juli zum Generaldirektor der Regierungsdelegation in den besetzten Gebieten ernannt – die Botschaft Frankreichs in Paris, scherzen die Freigeister. Und Boissieu hat zum Gehorsam geraten. Dennoch muss angemerkt werden, dass Michels Wiedereinstellung, die Ende August auf der Tagesordnung stand, schon einen Monat später unzeitgemäß geworden ist. Michel, «vollständig rehabilitiert», mag sich noch so sehr wehren, Zeugnisse der Wertschätzung und Freundschaft mehrerer Kollegen vorlegen, Monsieur Koehls Entscheidung steht unwiderruflich fest. Sie erfolgt in dem Augenblick, als die Banque des Pays du Nord, eine der ersten unter den Pariser Kreditanstalten, bereit ist, ihre «jüdischen Guthaben» der Wirtschaftsabteilung der deutschen Militärkommandantur zu übergeben.

Wollte der Angestellte Michel Epstein es in aller Form vermeiden, bevor er durch das Rassengesetz dazu gezwungen wird? Gewiss, das am 18. veröffentlichte diskriminierende «Judenstatut» vom 3. Oktober 1940 schließt die Juden von vielen Posten mit öffentlicher Funktion aus, aus dem Unterrichtswesen, der Presse, dem Theater, aber es verschließt ihnen nicht die freien Berufe. Dennoch schafft sie den Numerus clausus nicht ab und erlaubt sogar, in zweideutigen Termini, «die Eliminierung überzähliger Juden». Was die ausländischen Juden betrifft, so können sie in Zukunft in «Sonderlagern» interniert werden, je nach Belieben der Departementspräfekten. Und diese werden unter Aufsicht der Besatzungsbehörde ernannt. Man kann wirklich nicht sagen, dass Vichy die Philanthropie fördert.

Paradox des Gesetzestreuen: Obwohl Michel die Seinen diesem, wie er weiß, ungerechten Status unterwirft, bemüht er sich, sich ihm zu entziehen, indem er Ausnahmebewilligungen beantragt, insbesondere jene, «genauso behandelt zu werden wie die französischen Juden»[51], da er sich der Drohung des Konzentrationslagers durchaus bewusst ist. Den Regierungsdelegierten Boissieu bittet er unter Berufung auf seinen Gesundheitszustand, seine Taufe, seine materiellen Schwierigkeiten, seine französischen Kinder, seinen kriegsgefangenen Neffen Victor lediglich um ein Wort der Einführung bei den französischen Behörden. Der ebenso gesetzestreue Boissieu beruft sich auf seine «gute Erinnerung» und die unendliche Bewunderung, die ihm das

Werk von Irène Némirovsky abnötigt …, um ihm dann zu empfehlen, trotz allem den «von den deutschen Behörden verlangten Formalitäten nachzukommen».[52] Die Anordnungen des ersten Judenstatuts, auch wenn sie eine unbeholfene Abschrift des Nazistatuts von 1935 sind, gehen jedoch auf eine rein französische Initiative zurück. Zwei Monate später wird Boissieu sein öffentliches Amt aufgeben und die Leitung der Schneider-Gruppe sowie der europäischen Industrie- und Finanzunion übernehmen. Michel aber, der keinerlei greifbare Unterstützung seines Kollegen Maizière erhalten hat, ist genötigt, seine letzten Vorsorgekonten bei der Depositenkasse aufzulösen und aus Untätigkeit eine französische Bearbeitung jener russischen Puschkin-Biographie zu beginnen, auf die Irène 1936 in *Marianne* hingewiesen hatte und zu der sie ein Vorwort beisteuern will.

Ob Versäumnis oder anonymes Wohlwollen: Die Litanei der vom Besatzer verbotenen Schriftsteller, die am 4. Oktober in der *Bibliographie de France* unter dem Decknamen «Liste Otto» veröffentlicht wird, erwähnt an keiner Stelle den Namen von Irène Némirovsky. Bernard Grasset, ein glühender Verfechter der vollständigen Unterwerfung unter die Nazizensur, lässt alle Werke seiner jüdischen Autoren einstampfen. Der vorzügliche Biograph von Albin Michel weist darauf hin, dass dieser Verleger das Gleiche mit den Romanen von Irène Némirovsky machte[53]: was nicht stimmt, denn *Les Chiens et les Loups* werden schon im Oktober und *Deux* wird bis Januar 1942 mehrmals nachgedruckt!

Jean Fayard, seit dem Tod seines Vaters im November 1936 dessen Nachfolger, dagegen hat das Inkrafttreten des Judenstatuts nicht abgewartet – das ihn im Übrigen keineswegs dazu zwingt –, um den gesetzlichen Maßnahmen zuvorzukommen. Schon am 8. Oktober lässt er Irène Némirovsky unter Umgehung des Vertrags wissen, dass er nicht mehr gewillt sei, ihren nächsten Roman zu veröffentlichen, und überlässt ihr bereitwillig die vor den Feindseligkeiten bereits zugesagten dreißigtausend Francs: der Preis für den Verrat. Sie protestiert, schlägt vor, die Veröffentlichung auf bessere Zeiten zu verschieben, unter ihrem einstigen Pseudonym Nerey, sofern der Verleger zu seinem Wort stehe. Fayard hält ihr entgegen, es handle sich um «einen Fall höherer Gewalt»[54]. «Gibt es denn ein Gesetz, das es verbietet, in der freien Zone die Werke eines jüdischen Schriftstellers zu veröffentlichen?», empört sie sich, wie versteinert bei dem Gedanken, dem Winter mittellos ausgesetzt zu sein. Bis zu den ersten Dezembertagen wird sie kämpfen, um ihre Rechte geltend zu machen und angesichts der Böswilligkeit von Fayard die Angelegenheit vor die Société des Gens de Lettres zu bringen. Die Kontroverse bezieht sich auf den Ausdruck «Zeitungsredakteure», wie er im ebenso infamen wie schludrigen Judenstatut definiert ist. Fällt ein Feuilletonist in diese Kategorie? Ein semantischer Streit, von dem das Leben einer ganzen Familie abhängt, da sie dem Urteil eines Bürokraten ausgeliefert ist.

Am 29. Oktober schlägt die in die Enge getriebene Schriftstellerin ihr Tagebuch auf und schreibt: «Zeitweise unerträgliche Angst. Gefühl eines Alptraums. Glaube nicht an die Realität. Winzige, absurde Hoffnung. Wenn ich doch nur eine Möglichkeit sähe, mich und die Meinen aus dieser Lage zu befreien. Ich kann unmöglich glauben, daß Paris für mich verloren ist. Unmöglich. Der einzige Ausweg scheint mir der ‹Strohmann› zu sein, aber ich mache mir keine Illusion über die irrsinnigen Schwierigkeiten, die das mit sich bringt. Dennoch muß es sein.» Sie weiß nicht, dass am selben Tag der juristische Beirat der Société des Gens de Lettres sein eindeutiges Urteil gesprochen hat: «Man kann die große Schriftstellerin Madame Némirovsky, die hinsichtlich der Zeitung frei und unabhängig ist, nicht mit dem intellektuellen Angestellten vergleichen, wie der Journalist es ist, und der Vertrag, mit dem sie die Veröffentlichung eines Romans der Zeitung überläßt, ist nicht mit einem Arbeitsvertrag zu vergleichen.» Es ist dies eine einfache Meinungsäußerung, die Fayard unverschämt von sich weist und anregt, die Sache dem Schiedsspruch der Regierung anheimzustellen! Streng abgekanzelt, ist der Präsident Vignaud, der im September für die Schriftstellerin gebürgt hatte, gezwungen, seinen juristischen Beirat mit demütigenden Worten zu desavouieren: «Aus

Erfahrung», schreibt er am 2. Dezember der Schriftstellerin, «kann
ich Ihnen versichern, daß wir für die Mitarbeiter unserer Zeitung, die
keine professionellen Journalisten sind, das heißt für Romanciers oder
Erzähler, Beweise dafür vorlegen mußten, daß diese Mitarbeiter – von
denen einige berühmt sind – weder Ausländer noch Israeliten seien.»
Erinnern wir an dieser Stelle an die feierliche Verpflichtung von Jean
Vignaud bei seiner Amtsübernahme 1936: «Was die materielle Unterstützung angeht, die der von der Krise so hart getroffenen Literatur
zukommen zu lassen geboten ist, so will ich unverzüglich meine Tätigkeit darauf konzentrieren.»[56] Seither sind vier Jahre vergangen: eine
Ewigkeit. «Sie sagen mir, daß ich die Lage vergesse, in der wir uns
befinden», antwortet die Schriftstellerin. «Gerade weil diese Lage für
mich, wie leider auch für viele andere, tragisch ist, schlage ich mich
herum, um meinen und meiner Kinder Broterwerb zu sichern.»[57]

Irène Némirovskys Roman wird nicht in *Candide* erscheinen. Und
am 16. November kann Jean Fayard in aller Ruhe zum Ausdruck bringen, wie er zu der neuen Staatsdoktrin steht: «Die Zusammenarbeit
zwischen den Völkern ist das Zeichen des Friedens schlechthin, so wie
die gemeinsame Arbeit der Menschen das Zeichen des Lebens ist. Wie
sollte man nicht den Frieden dem Krieg und das Leben dem Tod vorziehen?»[58]

Eine Spitzenklöpplerin inmitten der Wilden

Irène Némirovsky hat sich in den Kopf gesetzt, Jean Fayard zur Vernunft zu bringen: Der irdene Topf ist mit dem eisernen Topf zusam-
mengestoßen. Die *Revue des Deux Mondes* und *Marie Claire* wollten
nicht nach Paris zurückkehren. Aber *Gringoire*, wo sie seit der Niederlage nichts mehr veröffentlicht hat? Warum hat sie nicht früher
an Horace de Carbuccia gedacht, eine ideologische Wetterfahne, aber
ein genialer Papierhändler? Bedauern darüber, dass sie ihren letzten
Roman 1939 bei *Candide* untergebracht hat? Oder weil *Gringoire*

seit der Niederlage seine letzten Skrupel hat fahren lassen? Noch im Mai verkündete Henri Béraud, dass ein deutscher Sieg «Massen- deportationen» und den Verlust der «menschlichen Freiheit» bedeuten werde. Seit dem Amtsantritt des Marschalls hat sich der Ton geändert. Georges Mandel, auf den die Redaktion am 23. Mai zählt, um «die fünfte Kolonne zu zerschlagen», wird am 1. August des «Komplotts gegen die Sicherheit des Staates» angeklagt! Die antisemitischen Kari- katuristen Carb und Pafer wetteifern in Niedertracht. Die Mitarbeiter Laval, Déat, Doriot werden als verratene Herolde des Friedens dar- gestellt; Jules Moch, Louise Weiss, Georges Boris als Kriegstreiber. Alle drei sind Juden. Am 26. September konnte man auf der ersten Seite sogar folgenden Slogan lesen, illustriert mit einer Marianne, die einem Haufen von Krummnasen den Postdampfer zeigt: «Los, dalli! Frankreich ist für Staatenlose keine Heimat mehr.» Und immer wird dem Mann gehuldigt, ohne den diese Hirnrissigkeiten verboten wären: «Es lebe Pétain!»[59]

Es ist also schiere Verzweiflung, wenn sich Irène Némirovsky, mit- ten in den Auseinandersetzungen mit Fayard und von der Not getrie- ben, auf de Carbuccias Freundschaft beruft. «Ich glaube fest», schreibt sie ihm, «daß, wenn Sie etwas für mich tun können, es tun werden. (…) Sie allein, lieber Monsieur de Carbuccia, können sich, wenn wir es wollen, aufgrund Ihres Einflusses und Ihrer Position bei der Regie- rung für mich verwenden. Offen gestanden, ich weiß nicht, was aus mir werden soll: Alle Wege scheinen sich mir verschlossen zu haben. Es ist so grausam und ungerecht, daß ich nicht umhin kann zu glau- ben, daß man mich verstehen wird und mir helfen möchte.» Horace de Carbuccia ist nicht so einflussreich, dass er Irène Némirovsky vor den Gesetzen Vichys schützen könnte, aber er übergibt ihr als Erstes ein Empfehlungsschreiben für die Präfekturbehörden des Departe- ments Saône-et-Loire, um ihre Schritte zu erleichtern. Und weil er ihr seine Sympathie nie verhehlt hat, willigt er sodann ein, sie unter Pseudonym zu veröffentlichen: nicht weniger als acht Novellen von Dezember 1940 bis Februar 1942, und einen Roman, *Les Biens de ce monde*, der im April 1941 erscheinen soll. In der ersten Zeit wird Paul Epstein, der in der Avenue Coquelin geblieben ist, die Zahlungen entgegennehmen.

«Ich habe meinen Vater immer mit großer Zuneigung von ihr sprechen hören», erinnert sich Jean-Luc de Carbuccia. «Als die Besatzung über Frankreich hereinbrach, ist er all seinen Mitarbeitern treu geblieben. Einige von ihnen, wie Géo London, hatten sich versteckt. Er half dem Sohn von Henry Torrès, aus Frankreich zu fliehen. Als sich sogar in der freien Zone das Problem der Mitarbeit der Juden in der Presse stellte, schlug Irène Némirovsky, die ihren Lebensunterhalt verdienen mußte, ihm vor, einen anderen Namen anzunehmen, einen ‹arischen Namen›. Aber mein Vater, der den Krieg von '14 mitgemacht hat, der Anhänger des Marschalls war wie die große Mehrheit der Franzosen, war der Meinung, daß es seiner unwürdig sei, ihr unter dem Druck der Besatzung ein Pseudonym zu geben. Sie sind übereingekommen, die Fortsetzungen ihres Romans mit ‹von einer jungen Frau› zu signieren, weil das viel würdiger sei.»[60] Eine kaum verhüllte Art und Weise, auf die Herkunft hinzuweisen. Und eine Art und Weise, ein Eisen im Feuer zu haben für den Fall, dass die Lage sich ändert? In der Tat wird Carbuccia unverblümt zugeben, dass er *Gringoire* sich über jene Juden der Südzone habe «lustig machen» lassen, «die ihren Namen änderten oder sich taufen ließen», und er wird bestreiten, jemals den Namen eines konvertierten oder verkleideten Juden genannt zu haben, der nicht zuvor vom *Officiel* «oder von irgendeiner *Semaine religieuse*» genannt worden sei.[61] Eine Engstirnigkeit, die seine Unterstützung Irène Némirovskys noch paradoxer erscheinen lässt, aber eine «große Zuneigung» hat eben nichts mit Logik zu tun.

Die erste Novelle, die am 5. Dezember im neuen *Gringoire* unter der Signatur von Pierre Nerey erscheint, ist «Destinées», die vermutlich schon seit Sommer fertig war. Eine zweite Novelle wird im März erscheinen, «La Confidente», mit der sie Mitte November ohne Begeisterung beginnt. Ein wohlgehütetes Geheimnis, eine tiefsitzende Eifersucht, ein machiavellistischer Gefühlskonflikt, der in Issy spielt, da sie beschließt, den Wagen, der die Sängerin Flora und ihren Liebhaber zu ihren geheimen Stelldicheins bringt, gegen «die kleine Mauer, die sich vor dem Haus der Simons befindet»[62], krachen zu lassen. Ein ungefährliches Thema, aber «sehr subtil, wahrscheinlich zu sehr», denn so zart inmitten des lärmenden Chauvinismus von *Gringoire*. «Das wäre», notiert sie am 19. November, «wie eine Spitzenklöpplerin inmitten der Wilden.»

Das Team von *Aujourd'hui* bestand zwar nicht aus Wilden, aber diese biedere Tageszeitung mit einer Auflage von hunderttausend Exemplaren war blindlings pétainistisch. Ja, aber ihre Büros befanden sich an der Place de l'Opéra, und nur das zählte für Irène Némirovsky, als sie Mitte November 1940 meinte, sie sei für Paris verloren. Bis Mitte November ist *Aujourd'hui* ein fades, chauvinistisches Blatt voll abgeschmackter Slogans («Frankreichs Kopf ist in Paris, seine Füße sind in Vichy, aber sein Herz ist überall»[63]), in denen der Antisemitismus minimal ist, ja sogar ins Wanken gerät.[64] Louis-Ferdinand Céline wird sie im Übrigen beschuldigen, seit Juni eine «judenfreundliche Kampagne» zu führen![65] Der Direktor, Henri Jeanson, bemüht sich offensichtlich, einen freien Ton zu bewahren, ohne regelmäßige unterwürfige Ausfälle zu verhindern: «Kollaborieren heißt verstehen. Verstehen heißt intelligent sein», verkündet *Aujourd'hui* am 8. November. Doch der Grafiker, der mit Bécan signiert, heißt Kahn. Viele Redakteure sind Juden. Robert Desnos, von der nationalen Revolution ungemein enttäuscht, lässt es sich hier nicht nehmen, die «Reaktion» Vichys und die «euphemistisch Moral genannte Ordnung»[66] zu geißeln. Und in einer täglichen Spalte mit dem Titel «Histoire de lire ...» erscheinen regelmäßig kurze Novellen von Schriftstellern, deren Namen niemandem etwas sagen. Und dieser Zeitung, in der ihr Bewunderer Maxence arbeitet, glaubt Irène Némirovsky im Dezember eine ihrer Novellen mit dem Titel «La Peur» schicken zu können. Bestimmt weiß sie nicht, dass Henri Jeanson, der nicht mehr im Geruch der Heiligkeit steht, plötzlich dem fanatisch deutschfreundlichen und entschieden antidemokratischen Georges Suarez hat weichen müssen. Vermutlich ein Grund, warum «La Peur» nicht in *Aujourd'hui* abgedruckt wird, denn der Text wurde der Autorin mit dem Vermerk «unzensiert» zurückgeschickt.

«La Peur» beruht auf einem authentischen Fall: Zwei Nachbarn, «die sich gegenseitig für Spione der fünften Kolonne hielten» und von denen der eine den anderen im Schutz des Nebels tötete. Irène Némirovskys ursprüngliche Idee war «eine Bauernschaft à la Zola, falsch und düster»: ein Bauer, der seinen demobilisierten Sohn nieder-schlägt, da er ihn für einen Plünderer hält. Eine «sehr passende» kleine Geschichte also. Um die Zensur zu täuschen, ist er mit «C. Michaud» signiert, genauso wie «Les Cartes». Ein Augenzwinkern an die Adresse Puschkins: eine reiche Tänzerin, die beim Tarock eine Pik-Dame gezo-gen hat, wird am Ausgang des Kasinos von ihrem Zimmermädchen niedergeschlagen, das allein aufgrund dieses Verdachts entlassen wird. Moral: Seinem Schicksal entgeht man nicht. Dieser hübsche schlichte Text, der Irène Némirovsky auf ihre Anfänge verweist, hat sie nichts-destoweniger große Mühe gekostet: «Großer Gott! Wieviel Aufhebens wegen eines so unbedeutenden und fast verzweifelten Versuchs! Was ist in Paris aktuell? Wenn man das nur wüßte.» In Issy-l'Évêque hat sie das Gefühl, den Kontakt zum Dernier Cri zu verlieren, ihre Erzäh-lungen nicht mehr in der Epoche verankern zu können. So als gäbe es keinen Krieg.

Dies Irae

Ein Roman über den Krieg? Natürlich denkt sie daran, aber nur, «wenn die Freiheit des Ausdrucks möglich bleibt», denn «nichts ist *safe* in diesem Moment». Zwar hat sie ihr großes Buch über die Juden nicht aufgegeben, aber es versteht sich von selbst, dass sie sich ihm erst dann wird widmen können, wenn eine vollständige Zensur sie dazu zwingt und sie nicht verhungert ist: widersprüchliche Voraussetzungen. Da-her gibt sie, im Vertrauen auf Carbuccias Unterstützung, ihrer ersten Idee den Vorzug, ohne auszuschließen, sie ihm zu unterbreiten: ein großes Gemälde des Debakels, kurz angedeutet in «Le Spectateur» und «Monsieur Rose», in dem sie den Kampf zwischen dem Individuum und der Gemeinschaft aufzeigen will.

Schon im November kann sie die drei Teile dieses «Romans für eine bessere Zeit» planen, wobei sie durchaus die Möglichkeit einer Veröffentlichung unter Pseudonym in Erwägung zieht. Der Titel soll der Apokalypse entnommen sein: *Dies Irae*. Leider ist dies der Titel eines früheren Romans von «diesem Biest» Camille Santerre! Der erste Teil soll also *Panique* oder *Tempête* lauten, da Zola sich *La Débâcle* vorbehalten hat. Das Thema soll im Übrigen identisch sein: eine romanhafte Reportage über den Zusammenbruch Frankreichs, besiegt durch die Stärke und Methode des Feindes, aber auch durch all seine Korruptionen, Egoismen und individuellen Feigheiten. Und wenn Beobachtung heißt, ein Anhänger des Marschalls zu sein, dann war auch Zola einer, dessen Gemälde eines Frankreichs auf Knien alles andere als glänzend ist! Allerdings müsste man sich vergewissern, dass kein anderer nicht zensierter Schriftsteller die gleiche Idee hatte, und sie bezweifelt es: «Das Debakel würde ein großes Buch wie *Der große Regen* werden, diese Tage im Juni, die von vielen Menschen durchlebt wurden. Aber ich habe den Eindruck, daß das entweder unmöglich sein wird, oder aber *people will feed upon ist*.» Und wer kann im Übrigen sagen, ob der Krieg nicht in sechs Monaten zu Ende ist? Dann, so meint sie, «wird es sein wie nach dem anderen Krieg, man möchte vergessen, daß man unglücklich war, vor allem ein Unglück wie dieses vergessen, diese Schande. Und wird es vorziehen, Haare zu spalten … Aber diese Überlegungen sind zweitrangig, vor allem in einem Augenblick, wo ich, wie jetzt, befürchten muß, nicht veröffentlicht zu werden». Hat sich Tolstoi, als er *Krieg und Frieden* schrieb, etwa gefragt, ob er aktuell ist oder nicht?

Der große Regen. Hat Irène Némirovsky dieses umfangreiche Buch bei seinem Erscheinen in Amerika im Jahr 1937 entdeckt, oder hat sie auf seine französische Übersetzung im März 1939 gewartet? Der große Roman von Louis Bromfield, ein Riesenerfolg in den Buchhandlungen, nahm das Erdbeben und die sintflutartigen Überschwemmungen, die 1936 die fiktive indische Provinz Ranchipur verwüsteten – mit ebenso vielen Toten wie beim Debakel vom Mai 1940 –, zum Anlass, um hundert sich überlagernde Personen bloßzustellen, deren fragiles Gebäude wie ein Kartenhaus einstürzt. Ein buntes Gemisch von Hindus, Muslimen und Kolonisten, englischen Finanziers, Missionaren und Unberührbaren, Abenteurern und Femmes fatales, Herren und Sklaven, die innerhalb eines Augenblicks durch eine gigantische Schlammwelle alle Attribute ihrer Kaste verloren haben. Ein ehrgeiziger Roman von siebenhundert Seiten, dem sie es gleichtun will. «Bromf. wollte auch ein Gemälde des ewigen Indiens am Anfang und am Ende schaffen, so wie ich das Gemälde Frankreichs schaffen will.» Daher der Titel *Tempête* (Sturm): Die Blitzniederlage von 1940 war alles in allem nur eine klimatische Abweichung, eine feldgraue Windsbraut, die innerhalb eines Augenblicks ein Gesellschaftsgebäude, das baufälliger war, als es schien, hinweggeblasen hat. Gewissermaßen *La Règle du jeu* von Jean Renoir (1939), jedoch unter einem Platzregen: geohrfeigter Hochmut, entlarvte Heuchelei, plötzlich freigesetzte Triebe, aber auch viele unerwartete einzelne Heldentaten, jähe Aufwallungen von Ehre und uneigennütziger Liebe. Welch ein Stoff! Welche Charaktere! Bislang hatte sich Irène Némirovsky bemüht, reiche Bankiers, selbstgefällige Parvenüs oder unlautere Politiker mit Vitriol zu bespritzen, ohne sie von ihrem Sockel zu stürzen. Diesmal will sie sie in einen Hexenkessel der Angst und der Absurdität stoßen, sie auf allen Landstraßen des Exodus besudeln, sie gegen ihren Willen mit der Rasse der Unberührbaren in Berührung bringen, mit den Domestiken, den Prostituierten und den kleinen Leuten, bis sie sagen: «Wie grotesk müssen wir aussehen!»[67]

In ihrer Galerie von Geschundenen vergisst Irène Némirovsky nicht, auch sich selbst auftreten zu lassen: «Bauern, Großbürger, Offiziere, intellektuelle jüdische Flüchtlinge, Politiker, Greise, die man vergißt, solche, die man zu achten behauptete und die man wie Hunde sich selbst überläßt, Mütter, die eine erstaunliche Ausdauer und Selbstsucht an den Tag legen, um ihre Kinder zu retten. Diejenigen, die sich abwechselnd in die Brust werfen und kalte Füße kriegen, die verwundete, aber nicht niedergeschlagene Jugend. Wie amüsant das wäre: dies und *die Juden*, wie amüsant das wäre! So wie die Dinge laufen, würde es zu den posthumen Werken gehören, aber immerhin. Und außerdem ist es leicht: das normale Leben, der beginnende Mai, die Krise, das Ende und, natürlich, weil es sonst schauerlich wäre, die Unvergänglichkeit (ich glaube, das nennt man so?) bestimmter Werte. Man müßte den Kindern einen großen Platz einräumen, für die es gewiß eine Bereicherung wäre, wie für mich früher die russische Revolution.»

In der Tat träumt sie schon lange davon, ihren *Krieg und Frieden* zu schreiben, ein Kaleidoskop historischer Umstände und kleiner Miseren, durch «a maz» miteinander verbunden, wie man es 1938 nannte, «durch irgendein Ereignis, das im Mittelpunkt steht, aber bevor es soweit ist, die Reaktionen all derer, die von nah oder von fern an dem Drama beteiligt sind». Ab April 1940 erwog sie einen «Dokumentarbericht über das Anwachsen der Gefahren», den sie *Notre temps* genannt hätte: «Unzusammenhängende Seiten, das mit Juden beladene Schiff, die erste Kommunion der Kinder in einem Dorf, München, die Schlachtfelder Chinas, Spaniens, Frankreichs … Der erste Kriegstag 39, den Lambeth Walk, den Einmarsch der deutschen Truppen in Wien und Prag.» Weg damit, wegen Sturmwetters. Was die russische Revolution angeht, so fehlt es ihr an genauen Erinnerungen, während das bestürzende Schauspiel des Exodus noch allen in der Seele brennt. Welch bitterer Trost wäre es, diese Millionen Franzosen als *Heimatlose* zu schildern, wie sie seit 1930 in ihrem Werk umherwandern! Welch egoistisches Vergnügen, im Rette-sich-wer-Kann die Schweinehunde zu brandmarken, die einfachen Leute zu trösten! Welch bessere Arznei schließlich, als sie in Literatur zu verwandeln? «Natürlich hat mich, obwohl ich *in the middle of it* gelebt habe, Gott beschützt, und ich habe nichts von alle dem gesehen. Außerdem ist es mehr *spectacular* als *Der große Regen*, aber man kann sich den Bombenangriff recht gut vorstellen usw. Vor allem muß man die Menge zeigen. Sie muß der wirkliche Held sein, die Menge all derer, die leiden, ohne zu verstehen, und ihre elementaren Gefühle des Hungers, des Zorns, der Angst. All derer, die sterben, ohne zu wissen, warum. Das entsetzliche Verschleudern von Menschen, die Vergeudung all dieser Kräfte.» Und keine Liebesgeschichte: «Das ist zu sehr Hollywood.»

Das Dunkel und das Helle

So beginnt *Tempête,* der Bericht des Exodus, der sich nach dem Willen von Irène Némirovsky vom 8. bis zum 20. Juni 1940 erstrecken soll, ohne als Ouvertüre die Bombenangriffe vom Montag, dem 3. Juni, auf Paris zu vergessen. Diese titanische Arbeit («Ach, damit diese beiden Romane gut werden, müßte man frei sein und zehn Lebensjahre vor sich haben!») wird sie bis Ende des Winters beschäftigen, Tag und Nacht, denn ein Baldrianfläschchen auf dem Nachttisch zeugt von ihrer Schlaflosigkeit. In dem Maße, wie die mit einer winzigen Schrift bedeckten Blätter Irènes Phantasie entspringen, erfasst Michel sie mit der Schreibmaschine. Und wenn er eine strenge Zensur ausübt, dann nach dem einzigen Kriterium der Kunst. Innerhalb weniger Novembertage nehmen die Personen im Vordergrund Gestalt an, die einen, verachtenswerten, verweist sie ins Dunkel, die anderen, bewundernswerten, ins «Helle». Denn «wenn man in einer Novelle oder einem Roman einen Helden oder ein Faktum hervorhebt, verarmt man die Geschichte; die Komplexität, die Schönheit, die Tiefe der Wirklichkeit hängen von diesen zahlreichen Verbindungen ab, die von einem Menschen zum andern, von einer Existenz zur andern, von der Freude zum Schmerz verlaufen».[68] Eine Methode der Gleichzeitigkeit, wie sie Zola in *La Débâcle* erprobt hat.

Zuerst tritt der Politiker auf, «ein großer dicker Mann in der Art von Herriot», an seiner Seite eine «kleine Dirne, seine Mätresse». Ein Individuum, «das Menschenmengen, öffentliche Versammlungen gewohnt ist, das Europa auf dem Papier organisiert und nicht imstande ist, sich zuerst selbst zu helfen», das jedoch immer wieder auf die Füße fällt. Um die allgemeine Erbitterung über die verkommenen Würdenträger der Republik, «Schablonen der Schlechtigkeit», nicht noch zu schüren, ersetzt sie Irène Némirovsky im Lauf der Zeit durch einen begüterten Intellektuellen, auch wenn sie es für unwahrscheinlich hält, dass sich ein einziger Mann dieser Kaste in jenen Tagen auf den Landstraßen befand wie Corte: ein affektierter und herablassender, vor Eitelkeit strotzender Schriftsteller, der von seinem Aventin herab die ekelhafte, sich über Frankreich ergießende Welle des Pöbels beobachtet. »Oh, die Häßlichkeit, die Vulgarität, die schreckliche Nichtswürdigkeit dieser Menschenmenge!»[69] Er wird dort hineinrutschen, der Unglückliche, jedoch nur, um alle seine Privilegien wiederzufinden und sich instinktiv die neue Rhetorik zu eigen zu machen, von der sein Überleben abhängt: «Die Zeit dieser Genußmenschen, dieser Politikaster ist vorbei …»[70] Dieser Akrobat des Opportunismus, regelmäßiger Zulieferer einer «großen Pariser Zeitschrift»[71], weist entschieden alle Merkmale von André Chaumeix auf, dessen getreues Echo der pétainistischen Propaganda nun die *Revue des Deux Mondes* ist. Der Kabinettschef des Marschalls sollte sich bei dieser Gelegenheit erinnern, dass Chaumeix dem Hôtel du Parc häufig Freundschaftsbesuche abstattete.[72] Aber Corte, der *arroseur arrosé*[73], wird immerhin seine eigene Maxime überprüft haben: «Nichts ist heilsamer in einem Roman als diese den Helden erteilte Lektion in Demut.»[74]

Die zweite Person im Dunkel, auf die Irène Némirovskys «großer Regen» niedergeht, ist kein anderer als der feinsinnige Sammler, den sie zuerst ertränkt und dann in zwei Novellen von 1939 und 1940 erlöst hat. Sie nennt ihn Langelet, denn in diesem feisten Rentner steckt ein Dämon und ein falscher Prophet. Boshaft hat sie ihm die Leidenschaft eines ihrer aufmerksamsten Leser untergeschoben: die des Anwalts Pierre Lœwel[75], des ehemaligen gegen München eingestellten Berichterstatters von *L'Ordre* und Liebhabers von Porzellan! Wie Miss Hodge aus Bromfields Roman denkt Langelet nach der Plage nur daran, seine Vasen und Suppenschüsseln nachzuzählen: «Hat es Schäden gegeben?

Ist das Teeservice zerbrochen worden?» Und wie Corte ekelt es ihn, sich mit dem «Abschaum von Belleville»[76] beschmutzen zu müssen. Er sieht sich eher als Plinius den Älteren, der vor dem Aschenregen des Vesuvs flieht und in den Falten seiner Tunika «irgendeine nach einer schönen Brust modellierte Schale»[77] mitnimmt. Gipfel der Ironie: Ausgerechnet in Gien zerbricht Irène Némirovsky diese Porzellanschale und verrät ihre gedämpfte Barbarei. «Er kann kein Jude sein», präzisiert sie, «sondern abs. intellektuell, Bücher, ‹geistige Werte› usw., liberale Partei, wird wieder überzeugter Hitleranhänger.» Es heißt, dass in *Suite française* das Wort «Jude» fehle Dabei findet es sich zweimal darin, und als Erster spricht es Langelet «mit einem verächtlichen Lächeln» im Zusammenhang mit den Flüchtlingen aus, die nach Portugal oder Südamerika fuhren.[78] Irène Némirovsky stößt diese schöne Seele unter die Räder eines Autos. Sein Tod symbolisiert, schreibt sie am Rand des Manuskripts, «das Ende der liberalen Bourgeoisie».

Ebenfalls im Dunkel steht ein Ehepaar, Pariser Großbürger, die Péricands, mit zahlreichen Nachkommen und Domestiken. Ein wenig nach dem Muster der Deschamps, Pariser Freunde des Ehepaars Epstein. Ein Negativ der Hardelots in *Les Biens de ce monde,* sind sie der Prototyp der «anständigen katholischen Familie», die einen altersschwachen, aber begüterten Greis mit sich schleppt, dem Irène Némirovsky anfangs die Züge ihres Großvaters Iona gegeben hat, «oder besser nicht», besinnt sie sich dann, «einen sehr reichen, abgöttisch verehrten, gefürchteten usw. Greis, der jetzt als *a burden* betrachtet wird». Während der ersten Etappe des Exodus wird Madame Péricand, die ihr Geld und ihren Schmuck auf dem Herzen trägt, ihren Katechismus bald vergessen und «ihre ausgedörrte, nackte Seele» einer Raubtiermutter enthüllen. «Sie waren allein in einer feindseligen Welt, sie und ihre Kinder. Und sie mußte ihre Jungen ernähren und schützen. Der Rest zählte nicht mehr.»[79] Irène Némirovsky verspottet hier nur die Heuchelei, nicht die wahre Nächstenliebe; sie beobachtet einfach, dass eine große Gefahr genügt, Jahrhunderte der Kultur und der Frömmigkeit hinwegzufegen, und dass unter der Höflichkeit bestialische Triebe

schwelen. Und das ist auch die Lektion von *Tempête en juin*: Die Ver-
wilderung droht den menschlichen Gesellschaften nur auf dem Höhepunkt ihres Raffinements, das heißt der Unaufmerksamkeit. «Die Panik löschte alles aus, was nicht Instinkt war, animalisches Erschauern
des Fleisches.»[80] Zeugnis dafür ist der Kater der Péricands, ein Haus-
tier, das plötzlich der wilden Nacht ausgesetzt ist und sich am unbekannten Geruch des Bluts berauscht. Was Irène Némirovsky in ihren
Entwürfen «*the pure joy*» nennt, ist nichts anderes als unschuldige
Grausamkeit.

Letzte Person im Dunkel ist ein wirklicher «Schweinehund»: Joseph
Koehl *himself*. Dieser Finanzier muss die ganze Last des Verrats tragen. Und um jede Zweideutigkeit auszuschließen, befindet sich seine
Bank in der Avenue de l'Opéra, wie die Banque des Pays du Nord. Aber
Irène Némirovsky «sieht» Koehl nicht. Im Übrigen ist sie «der Geschäftsleute überdrüssig …» Es bleiben im Roman nur zwei skrupel-
lose blasse Bankiers, Graf Furières und Corbin. Von Letzterem erhält
der Buchhalter Michaud einen widerwärtigen Brief mit dem Datum
vom 25. Juli, in dem ihm seine Entlassung mit ähnlichen Worten mitgeteilt wird, wie Koehl sie verwendete, um etwa zur selben Zeit Michel
Epstein zu vertreiben. Und aus demselben Grund: Verlassen des Ar-
beitsplatzes.

Maurice Michaud weiß über die Natur des Menschen zu gut Bescheid, um sich zu empören oder sich gegen das Schicksal zu wappnen,
denn «zu unserem Unglück wurden wir in einem Jahrhundert der Gewitter geboren»[81], und das Gewitter ist blind und taub. Seine Frau hat
eine andere Philosophie: Sie ist Mutter, und ihr Sohn wird vermisst.
Beide bilden sie das «*middle-aged couple*», das Irène Némirovsky ins
Helle gerückt hat, weil sie, statt ein Manuskript, Museumsstücke,
Schmuck oder Bettwäsche mitzunehmen, nur an ihren Jean-Marie
denken. Während Madame Péricand es auf ihrer Flucht verstanden
hat, den Großvater im Bombenhagel zu vergessen. Die Michauds dagegen werden nicht wieder zu Tieren: Sie gehören zu den im Überleben geübten kleinen Leuten, die der Humus dieses Romans sind. Sie

wissen nur nicht, dass ihr Sohn am Leben ist, irgendwo in einem Bauernhof im Burgund, im Weiler der Familie Labarie, liebevoll gepflegt
von zwei Patois sprechenden Schwestern des Hofs, die verschwiegen
waren und «doppelt verschlossen» wie ihre alten Schränke.[82] Die eine
heißt Cécile, weil «meine dicke Néné verewigt werden muß». Die
andere Madeleine, weil Irène Némirovsky oft an ihre Freundin von
vor zwanzig Jahren gedacht hat und meint, sie zu Unrecht verlassen
zu haben. «Aber in diesen traurigen Momenten, die wir durchleben,
erinnert man sich an seine alten Freunde und möchte wissen, ob sie
gesund sind …», wie sie ihr am 4. Dezember schreibt, um wieder Verbindung aufzunehmen.

Ein letztes Lichtwesen war ursprünglich nicht vorgesehen, und doch
ist es die zentrale Figur dieses Romans, wie es Ransome, der «etwas
müde jugendliche Liebhaber» in *Der große Regen* war. Vielleicht hätte
Irène Némirovsky ihm nicht so große Bedeutung beigemessen ohne
jene lakonische, am 22. Oktober in Bosséol im Puy-de-Dôme auf-
gegebene Postkarte, durch die sie vom tragischen Tod Abbé Bréchards
erfährt. Irène liebte das «schöne Gesicht» desjenigen, den sie liebevoll
«Pate» nannte. «Er lebte in einer Weise, die über der der anderen Menschen stand. Ich mochte ihn und achtete ihn über alles, denn er war ein
wirklicher Heiliger.»[83] Der Abbé, Leutnant des 613. Pionierregiments,
ist am Morgen des 20. Juni bei der Verteidigung des Dorfs Ménil-Tillot
in den Vogesen gefallen, an der Spitze zweier Abteilungen seiner Kom-
panie, gegenüber vier Panzerspähwagen und etwa dreißig deutschen
Panzern. «Die einen sagen, er habe am Maschinengewehr den Platz
eines Soldaten eingenommen, der Vater dreier Kinder war», berichtete
später Henri Pourrat, der große Romancier der ländlichen Auvergne.
«Nachdem die anderen einen ihrer Männer hatten fallen sehen, ist
er ihm sofort zu Hilfe gekommen. Eines ist sicher, daß nämlich alle
denselben Gedanken hatten, den Gedanken, daß er sich aufgeopfert
hatte.»[84]

Den «Paten» hat eine Kugel mitten ins Gesicht getroffen, als er einen verwundeten Soldaten verband. Man fand ihn mit einem Kruzifix

auf den Lippen. Er wurde in Ménil beerdigt, doch Irène Némirovsky ließ zu seinem Gedächtnis mehrere Messen in Issy-l'Évêque lesen sowie eine weitere in *Tempête*, wo er unverhohlen hinter den Zügen des sportlichen Abbé Péricand erscheint, wie sein Vorbild Pfarrer aus dem Puy-de-Dôme und verhinderter Missionar, Katechet, Skifahrer und Wanderer. Warum sich Zwang antun, «da das ja erst, wenn überhaupt, in einer friedlicheren Zeit oder unter falschem Namen erscheinen wird»? Doch im November 1940 weiß Irène Némirovsky noch nichts von diesen schrecklichen Einzelheiten, die ihr erst neun Monate später berichtet werden. Und deshalb stirbt im ersten Entwurf von *Tempête* Philippe Péricand nicht im Kampf wie in einer späteren Fassung, sondern im Steinhagel seiner kleinen Waisen, die wieder zum wilden Leben zurückgekehrt sind, wie wieder zu Wölfen gewordene Hunde. Deshalb auch ist der Abbé in dieser posthumen Ehrung nicht nur ein dynamischer Priester, sondern auch ein fieberhafter Proselyt, unfähig, sich dem Bösen zu stellen und buchstäblich besessen von dem «Wunsch, erlöste Seelen um sich zu scharen, eine bebende Hast, die ihn, kaum hatte er ein Herz für Gott gewonnen, in andere Schlachten warf und ihn stets enttäuscht, mißmutig, mit sich unzufrieden zurückließ.»[85] Heißt das, dass Irène Némirovsky fast zwei Jahre nach ihrer Taufe das Gefühl hat, wie ein Fisch in die Netze dieses «besessenen Fischers» geraten zu sein, auf der Habenspalte des Rechnungsbuchs der katholischen Kirche eingetragen? Ja. Was in keiner Weise ihrem Bedürfnis zu glauben Abbruch tut.

Zu rein für den Schatten, zu zwiespältig für das helle Licht, wird Abbé Péricand in *Suite française* gekreuzigt. Er hatte sogar seine Versuchung erlebt, nämlich diese ungehorsamen «Kinder der Finsternis»[86] ihrem Schicksal zu überlassen. Und aufrecht stehend, die Arme zum Kreuz ausgebreitet, mit Steinen und Beleidigungen bombardiert, sinkt er in das schlammige Wasser, gleich einem verhöhnten Christus.

Wie der Vogel auf die Schlange wartet

Am 21. November 1940 kann Irène Némirovsky den ersten – vorläufigen – Satz ihrer *Tempête* niederschreiben: «Die Kleider und Gasmasken waren beiseite gelegt in dem kleinen dunklen Zimmer, das nach Naphthalin roch und den jüngsten Kindern der Familie als schwarze Kammer diente. Der Winter war vorüber, der erste nach der Kriegserklärung …» Die Demarkationslinie überqueren? Daran denkt sie weniger denn je. Im Übrigen untersagt inzwischen eine deutsche Verfügung den Juden, die in die südliche Zone gewechselt sind, in den Norden zurückzukehren, wo man meint, sie seien eine Bedrohung für die Sicherheit der Besatzer. Auswandern? Nicht zweimal diese Entwurzelung. «Ich sehe weder meine Person noch meine Hoffnung außerhalb des Bodens Frankreichs», hat Pétain gesagt. Nun, sie ebenso wenig! Es soll nicht heißen, dass Irène Némirovsky Frankreich verlassen hat. In Paris reagiert Samuel Epstein genauso: «Ich bin in meinem Leben genug geflohen.» Und wie sollte sie ihren Pariser Augenarzt aufsuchen? Umziehen, ja, warum nicht, aber innerhalb der nördlichen Zone, und zwar in ein Haus mit einem Minimum an Komfort, wie sie es drei Tage vor Weihnachen Madeleine, die in ein Dorf im Loire-et-Cher geflohen ist, nicht ohne Selbstironie erklärt:

> Wir wohnen mitten in einem Kaff wie Sie, mit den gleichen Nachteilen (tödliche Langeweile, Abgeschiedenheit) und den gleichen unschätzbaren Vorteilen, Heizung und vorzügliches Essen. Aber Sie sind um einen Punkt im Vorteil, da Sie Komfort haben, während wir in einer kleinen Dorfherberge wohnen, die zwar sehr sauber ist, aber das ist auch alles. Meine Tochter Élisabeth, die dreieinhalb Jahre alt ist, weiß nicht, was fließendes Wasser ist oder ein Aufzug usw., im übrigen geht es ihr darum nicht schlechter. Die Ältere besucht die Dorfschule. Sie ist erst elf, und das geht einstweilen, aber es dürfte nicht ewig so bleiben, sonst wird sie nur noch dazu taugen, Kühe zu hüten, und da ich leider keine Kühe habe …

Trotz? Sorglosigkeit? Gewöhnung an die Gefahr. Irène Némirovsky hat das Pogrom von Kiew, die russische Revolution, den finnischen Bürgerkrieg miterlebt. Sie hat keine Angst gehabt. «Ich habe nie eine friedliche Zeit gekannt», erklärte sie 1934 im Rundfunk, «ich habe immer in der Furcht und häufig in der Gefahr gelebt. Und trotz allem habe ich das Leben eines normalen jungen Mädchens geführt, ich arbeitete, ich las wie jetzt ...»[87] Nichts hat sich geändert. In Issy-l'Évêque liest sie, in ihr Zimmer eingeschlossen, von Neuem Tolstoi, Puschkin, Byron. Während der Endredaktion von *Les Biens de ce monde* versucht sie, die Niedergeschlagenheit der von Bombenangriffen bedrohten Pariser zu analysieren: «Man wartete, ohne wirkliche Angst, mit faszinierter Neugier, so wie der Vogel auf die Schlange wartet, wahrscheinlich. Man kann nicht fliehen, aber die Gefahr erscheint zu phantastisch. Man versteht sie nicht, kann sie sich nicht vorstellen.»[88] Und außerdem hat sie beschlossen, *Dolce*, den zweiten Teil ihres *Krieg und Frieden* in Issy-l'Évêque spielen zu lassen: ihrem Dorf zur Zeit der Deutschen. Wie Tschechow wird sie «sich hinsetzen und der Wahrheit ins Auge sehen, sie lange eingehend betrachten, ohne vor ihr fliehen zu wollen, sie so genau betrachten, bis sie schließlich jede Form verliert, sich in eine Art Nebel auflöst und verschwindet»[89]. Als Schriftstellerin besaß Irène Némirovsky in höchstem Maße die ätzende Gabe der Beobachtung. Keine gespielte Tugend, Tapferkeit oder Familienharmonie hielt der Geduld dieses Blickes stand. Ihr Werk ist ein Friedhof verlorener Illusionen und abgeschminkter Eitelkeiten, wie sie der enthüllende Spiegel von Rosine Kampf verrät: «Zum Davonlaufen sehe ich aus ...»[90] Schon 1930 hatte Henri de Régnier diese wesentliche Triebfeder ihres Genies erkannt: «Das Interesse ist stärker als der Ekel.»

Beim Nahen des rauen burgundischen Winters wärmt sie sich an einer unerwarteten Quelle auf: einem Brief von André Sabatier, der gesund von der Ostfront zurückgekehrt ist, wo er, wie er ihr am 11. Dezember verkündet, zur Bestrafung länger dienen musste. Wieder in der Rue Huygens angekommen, übernimmt er natürlich gegenüber Irène Némirovsky von Neuem die Rolle des Verlegers und Freunds. Wie könnte sie diese Schulter ablehnen? Nach der Verfügung der Deutschen vom 12. November bezüglich «des jüdischen Einflusses in der Wirtschaft» hat das Haus den Schrecken erlebt, unter die Vormundschaft eines «geschäftsführenden Kommissars» gestellt zu sein. Albin Michel wurde verdächtigt, keinen Ariernachweis vorlegen zu können … Aber die Gefahr ging vorüber. Sabatiers erste Handlung besteht darin, Esménard davon zu überzeugen, Irène Némirovsky so gut es geht das ganze Jahr 1941 ihre Monatsraten zu überweisen, sie notfalls von Paul Epstein kassieren zu lassen. Sofort erwähnt die Schriftstellerin *La Vie de Tchekhov*, den von Michel übersetzten *Puschkin* von Weressajew, *Les Biens de ce monde* und durch die Blume auch *Tempête*, denn sie rechnet mit einem baldigen Aufenthalt in Paris – ihrem ersten seit der Besatzung –, um ihn offener über ihre materiellen Schwierigkeiten und ihre Pläne zu unterrichten. Was würde er zum Beispiel von einer «romantischen Liebesgeschichte» halten, die *Le Souffle du Seigneur* heißen könnte?

Sabatier begrüßt lebhaft die Idee des *Puschkin;* vermutlich weiß er nicht, dass es eine solche Übersetzung bereits gibt und dass Michel umsonst gearbeitet hat.[91] Zwar kommt es noch nicht infrage, *Tempête* zu veröffentlichen, aber er schickt ihr dennoch Bücher und Zeitungen – eine Sammlung der Zeitschrift *Match* von Dezember 1938 bis Juni 1940 – zur Information. Was den *Tchekhov* angeht, so ist er bereits für 1942 vorgesehen, illustriert mit seltenen Dokumenten, die Sabatier durch Vermittlung des 1905 in Kiew geborenen berühmten Tänzers Serge Lifar bekommen will, des großen Meisters an der Pariser Oper und Vertrauten der Besatzungsbehörden. Zu diesem Zeitpunkt ist die UdSSR nämlich objektiv immer noch der Verbündete des Dritten Reichs. Kann es Sabatier unterdessen nicht einrichten, schlägt Irène Némirovsky vor, das Erscheinen des *Tchekhov* anzukündigen. «Das wäre mir sehr angenehm, wie ich gestehe, denn dann würden die Leute, mit denen ich zu tun habe, sehen, daß ich nicht ‹tabu› bin», schreibt sie ihm am 9. Januar.

Die Vichy-Propaganda ist ihr unerträglich, vor allem die hurrapatrio-
tische Leier im staatlichen Rundfunk: «Ich nehme an, daß der französische Rundfunk dazu da ist, den Kindern zu gefallen.» Was den
chauvinistischen Wortschwall der nationalen Revolution betrifft, ihre
ständige Beschwörung von Ordnung und Gehorsam, ihre Mystik in
Form eines Käppis, ihr religiöser Kult des Oberhaupts, so flößt er ihr
wachsendes Misstrauen ein. «Issy-l'Évêque. 12. Januar 41. Sie reden
von nationaler Gemeinschaft: Es wird eher die Zeit des erbitterten
Individualismus sein (…), in der ein Mann, höchstens zwei oder drei
die Welt lenken. Die Frage ist – wie immer –, bis zu welchem Punkt
die Welt sich wird lenken lassen – und vor allem, ob wir noch da sein
werden, um das Ende der Geschichte zu erleben.» Und doch «zeigt die
Erfahrung, dass eine schreckliche Erschütterung, wie wir sie im Juni
erlebt haben, nichts Individuelles bestehen lässt. Nichts als große Strudel, die von weit her kommen. Aber zweifellos bleibt das Individuelle
in Bruchteilen bestehen.» Von Januar bis April 1941 feilt Irène Némirovsky also an ihrem Roman, wobei sie hier eine unterschwellige Rivalität zwischen Cécile und Madeleine skizziert, dort eine Umarmung
zwischen «der kleinen Dirne» Arlette und Hubert, dem aufsässigen
Sohn der Péricands, der mitten in die Schlacht von Moulins geschleudert wird wie Fabrice in Waterloo. Aber es gab wenig Liebe im Gepäck
der Flüchtlinge vom Juni.

Am 23. Februar findet der Roman zu seinem endgültigen Titel:
Tempête en juin. An diesem Tag zeichnet sie auf eine Seite des Manuskripts eine große Karte des Massif central, um die Wanderungen ihrer
Helden besser verfolgen zu können. Issy-l'Évêque befindet sich in der
oberen Ecke. Diese Gedächtnisstütze kann ein paar Irrtümer nicht verhindern; so die Ankunft von Corte in Tours und sein Erwachen am
nächsten Morgen in Paray-le-Monial …

Am 2. April ist eine erste, ihrem Geschmack nach unbefriedigende
Version von *Tempête* beendet: «Wie armselig alles bei neuerlicher
Lektüre wirkt. Es ist sehr merkwürdig: Es gibt Dinge wie ‹Destinées›,
die man ohne Mühe schreibt oder vielmehr, ohne es sehr gut machen

zu wollen, einfach des Geldes wegen, und die mir gefallen, wenn ich sie noch einmal lese. Und andere, in die ich mein ganzes Herz hineinlege ...» Eines beruhigt sie immerhin: Der Exodus scheint nicht viele Schriftsteller inspiriert zu haben, mit Ausnahme von Colette, deren *Journal à rebours* gerade bei Fayard erschienen ist. Darin findet man unter der Überschrift «Ende Juni 1940» eine Reihe von Momentaufnahmen, die für einen Roman sehr unzureichend sind, so verkürzt, dass sie kubistisch wirken:

> *Überholt sind die Ochsenkarren, die Futterwagen, die dicken staub-*
> *bedeckten Autos, die Schubkarren und Wagen mit Bänken, weiter*
> *entfernt als die aneinandergereihten Berge, die von blauem Laub*
> *verdunkelten Landschaften, die Wiesen reifen Grases, wo jeder*
> *Winkel den Schlaf einer Familie empfing, eines mit Matratzen ge-*
> *panzerten Autos, die Ruhe eines in einen Frottémantel gewickelten*
> *Kindes, eines Taubenpaars im Käfig, eines an einen Baum gebunde-*
> *nen Foxterriers, eines jungen Mädchens, das einen Männermantel*
> *an sich preßte; jenseits der fünfhundert Kilometer Landstraße, die*
> *Frankreich, über sich selbst hinweggleitend, regellos bedeckte, be-*
> *scherte eine ungläubige, vergeßliche Müdigkeit mir Illusionen ...*[92]

«Wenn das alles ist, was sie über den Juni zu sagen hat», freut sich Irène Némirovsky, «bin ich beruhigt. Doch bei mir vielleicht zuviel Entsetzen ...» Was *Dolce* angeht, so beginnt sie die Pläne zu entwerfen, sie braucht nur die Augen zu öffnen, um sich die Szenen vorzustellen. So am 24. April am frühen Morgen die Festnahme zweier «Soldaten», die von den Deutschen abgeführt werden. «Man gab ihnen eine Viertelstunde, um sich fertig zu machen.» Düsteres Omen. Doch die etwa zehn im Hôtel des Voyageurs untergebrachten Deutschen sind noch immer genauso charmant und höflich. Sie sind nur zahlreicher.

Die Erde lügt nicht

Die Güte Carbuccias und Sabatiers, eine plötzliche Fülle von Plänen, eine langsame Gewöhnung an die Beschwerlichkeiten haben Irène wieder Mut gemacht. Sicher, es fehlt an Geld. Die Steuerverwaltung setzt der Familie Epstein zu. Die Wohnung in der Avenue Coquelin ist seit Monaten nicht mehr bezahlt worden, und der Besitzer weigert sich, die Miete zu senken. Die von Albin Michel gewährten Monatsraten gelangen nur durch Zufall nach Issy. Doch zu ihrem Geburtstag am 24. Februar erinnern ihre Töchter sie an das kostbarste Gut, das im Überfluss vorhanden ist:

> *Malheureusement, en ce moment,*
> *Le cœur est riche et les sous rares.*
> *Pour remplacer ces beaux présents*
> *Reçois donc, notre chère maman,*
> *Un don encore beaucoup plus rare:*
> *Les bons baisers de tes enfants!*[93]

Die Küsse können die Wolken nicht vertreiben. Anfang April gerät die Bauchfellentzündung von Denise zum Albtraum: da sich Doktor Benoît-Gonin für machtlos erklärte, musste sie nach Luzy transportiert werden, wo ein Chirurg bereit war, sie mitten in der Nacht auf einem Küchentisch zu operieren! «Stellen Sie sich meine Bestürzung vor», schreibt ihre Mutter erleichtert an Madeleine Cabour, die inständiger denn je gebeten wird, eine freie Wohnung in der Umgebung von Beaugency für sie zu finden, im Idealfall «ein Haus mit drei oder vier Zimmern, möbliert, mit Garten und der Möglichkeit, im Winter zu heizen.»[94] Irène stellt noch weitere Bedingungen: Nähe zu einem Arzt und einer Apotheke, Versorgung mit Fleisch und Butter zur Ernährung ihrer Kinder. Und vor allem keine Besatzungstruppen! Leider wird die Mietwohnung, die Madeleine in Jailly im Nivernais aufgetan hat, erst im September frei. Und das einzige in Issy zur Verfügung stehende Haus hat nicht weniger als vierzehn Zimmer, und der Besitzer verlangt einen Mietvertrag über neun Jahre! Wird sie noch lange den Tabakqualm «dieser Herren» ertragen müssen, der in Schwaden aus dem Erdgeschoss der Herberge emporsteigt?

In Ermangelung eines Besseren ist Irène also gezwungen, diese tägliche Szenerie zu beobachten, um sie «völlig objektiv» in einer Reihe realistischer Novellen im Frühjahr 1941 in einem Stil wiederzugeben, der sich mehr an Maupassant als an Tschechow orientiert. Hier, dem Leben abgelauscht, das Café des Loctins an einem Sonntag Ende März: Es ist «beleuchtet von jenem besonderen Licht der kalten Frühlingstage, einem hellen Grau, das die Seele frieren läßt, ein melancholisches, Schauder erregendes Grau. Am Horizont über den schrägen grauen Dächern jener schwache orangerote Schimmer. Jedesmal, wenn die Türe aufgeht, dringt ein Windstoß sehr kalter, sehr reiner Luft herein und ein Geruch nach nassem Flieder und Milch, denn es ist die Zeit, in der die Kühe gemolken werden (?). Die Glocke läutet zum Gebet. Zwei Tische, an denen Tarock gespielt wird. Dicke, wohlgenährte rosige Gesichter. Kräftige, schwarze Hände, die sich nicht mehr säubern lassen, so sehr ist die Erde in die aufgesprungene Haut eingedrungen. Der Fußboden besteht aus Fliesen (jede mit dem Bild einer Blüte, das der Lilienblüte ähnelt). Balken an der Decke. Aus der benachbarten Küche dringt das Geplapper der Frauen, die sehr laut sprechen, um das Zischen der Butter zu übertönen. (…) Die Luft riecht nach nassem Flieder und nach Milch und ganz leicht nach frischem Brot, weil es Sonntag ist und die Einschränkungen die Dörfer nicht betreffen. Aber das sollte man vielleicht besser nicht sagen. Der Ofen, der seit Anfang des Monats nicht mehr geheizt wird … Sein Geruch nach kaltem Rauch. Die Marmortische, die Gläser mit Rotwein, der grau-braune Estrich in Form eines glatten, kalten Mosaiks. Mal sehen, was daraus wird!»

Daraus wird «L'Honnête Homme», den *Gringoire* am 30. Mai unter dem Pseudonym Nerey veröffentlicht. Eine düstere Geschichte, in der ein alter Geizkragen, Monsieur Mitaine, seinen Sohn enterbt, weil er ihn verdächtigt, ihn bestohlen zu haben, nachdem er selbst in jungen

Jahren seinen Vater ausgeraubt hatte. Die Moral trägt den Stempel von Joseph de Maistre: «Ich weiß nicht, was im Herzen eines Schurken vorgeht, aber ich kenne das Herz eines ehrbaren Mannes, und es ist abscheulich.»[95] Irène Némirovsky behandelt hier zwei ihrer Lieblingsthemen: die Erblichkeit des Lasters und «die Angst, die das Trugbild gebiert». Vor allem nachdem sie die Bauern von Issy kennengelernt hat, die sparsam und von der Arbeit abgehärtet sind, aber «diskret, mißtrauisch, doppelt verschlossen»[96], betrachtet sie das Land ohne Scheuklappen. Am Ende sieht sie den französischen Bauern wie Tschechow die reinen Tolstoi'schen Muschiks: «Es gab unter ihnen sanfte, resignierte Naturen, ewige Opfer (…). Aber im großen und ganzen welche Härte, welche Bestialität, welch grausames, elendes Leben!»[97]

Alle diese Themen findet man in «La Voleuse» wieder, einer Novelle, die im Gutshof Montjeu spielt, einem ehemaligen Herrensitz, der durch Erbfolge in die Hände seiner neuen Besitzer gefallen ist, verschlagenen und knauserigen Bauern, die ihn in ein Dreckloch verwandelt haben. Die junge Marcelle, die Adoptivenkelin des Clans, hat ein paar Geldscheine entwendet. Niemanden wundert das: Ihre Mutter war eine Bauernmagd, die wegen des Diebstahls einer Brosche entlassen worden war. In Wirklichkeit hat das Kind seine Beute versteckt, um die argwöhnische Großmutter zu beschämen, sobald sich ihre Unschuld herausstellt. Eine Rache, die sich neben der von *Le Bal* sehen lassen kann! Dabei weiß Marcelle nicht, dass ihre Mutter gar keine Diebin war, sondern das Opfer einer neidischen Machenschaft. Gleichviel, sie hat den Fluch geerbt. In dieser – unveröffentlichten – Novelle wimmelt es von wirklichen Namen, was man an einer Reihe vertrauter Beobachtungen merkt – «Murmeln des schmelzenden Schnees, der zwischen zwei Steinen abfließt; gurrende Tauben auf dem Dach; fröhliches Herumspringen der Fohlen auf der benachbarten Wiese und das dumpfe Glucksen der körnerpickenden Hühner, während eine zerzauste schneeweiße Feder sachte auffliegt und wieder herabsinkt» –, die Irène Némirovsky ihren Skizzen auf dem Gutshof Montjeu entnommen hat.

Andere Novellen aus dieser Zeit wurden nur für den Broterwerb verfasst. «L'Ogresse», unter dem nicht zu entziffernden Pseudonym Charles Blancat veröffentlicht, weckt Erinnerungen an das Kasino von Plombières und vermutlich an den Bariton Léon Ponzio aus Nizza, hier als gescheiterte alte Schauspielerin geschminkt, die ihre Tochter zwingt, ihren zerronnenen Traum wiederherzustellen, gleich dem seine Kinder verschlingenden Saturn, denn «nichts ist gefährlicher als der unerfüllte Wunsch einer Frau»[98]. Der Text erscheint in *Gringoire* wenige Monate nach *Les Biens de ce monde*, dem «neuen Roman einer jungen Frau», der in Fortsetzungen den Leser vom 10. April bis zum 20. Juni in Atem hält. Es ist bei Weitem der längste Roman, den sie geschrieben hat, denn «Monsieur de Carbuccia» ist nicht mehr so freigebig wie vor dem Krieg. Dreißig Kapitel, drei Jahrzehnte französischer Geschichte, Dutzende Personen, lange, geduldige, wuchernde Sätze, nach dem Bild der stets geprüften, aber nie gebrochenen Familie Hardelot. Diesen Namen eines Strandes in der Nähe von Touquet hat Irène Némirovsky der Familie Avot gegeben, die sie aus einer Entfernung von zwanzig Jahren mit zärtlichem und spöttischem Blick betrachtet, der sich zwar weniger über ihre lächerlichen Seiten täuscht, aber unendlich nostalgisch und verständnisvoll ist. Allerdings sind die Avot-Fabriken durch die Bombenangriffe völlig zerstört worden.

Les Biens de ce monde hat weder die Beflissenheit von *La Proie* noch die emotionale Ladung von *Le Vin de solitude*, noch das Ungestüm von *Les Chiens et les Loups*. Doch gerade seine Zurückhaltung ist ergreifend. Es ist der große klassische Roman von Irène Némirovsky. Dort bekräftigt sie das Geheimnis Frankreichs: die Unerschütterlichkeit der Provinzbourgeoisie, die sich niemals auseinanderreißen lässt und mit Geburten, Heiraten und Testamenten tapfer dem Schicksal trotzt. Sollte ihr die Bauernschaft von Issy, durch den Kontrast womöglich die in ihrem Gedächtnis so fernen Vorzüge der Avots deutlicher vor Augen führen? Gleich zu Anfang wird das Thema sentenziös formuliert: «Eine gutbürgerliche Familie muß groß genug und widerstandsfähig genug sein, um dem Tod zu trotzen.»[99] Und weiß Gott, wie der Tod ihnen zusetzt! Vor dem Konflikt von 1940 begonnen, endet die Erzählung im Getöse der Waffen, das derart betäubend ist, dass es am Ende jede Stimme übertönt, als hätte die Autorin *Deux* noch einmal geschrieben, diesmal auf einem Schlachtfeld. Großartig beherrscht, lässt das Verfahren, das darin besteht, das Feld im letzten Augenblick zu erweitern, die Personen auf die Größe von Mikroben schrumpfen, so dass die Autorin, nachdem sie sie fast aus den Augen verloren hat, nicht verhindern kann, dass ihr Roman den Sieg der Nacht feiert. Einen vorübergehenden Sieg: «Wir werden alles wiederaufbauen. Wir werden uns arrangieren. Wir werden leben.»[100] Wurde dadurch, dass man zur Erde zurückkehrte, um die wahren «Güter dieser Welt» anzubauen, im eigenen Schweiß die Ernte eingefahren? Der Singsang von Vichy? Aber die Erde hat nicht auf Vichy gewartet, um die Lüge zu hassen.

Ein neuer Rahmen

In «L'Ami et la Femme» («Der Freund und die Frau») springt eine untreue Ehefrau bei der Erinnerung an ihren Mann – einen Flieger, der in einer Wüste Asiens ums Leben kam – zwei Stockwerke im Treppenhaus eines Vorstadt-Café-Restaurants hinunter, so wie einst Ida aus *Films parlés*. Diese unveröffentlichte Novelle scheint zur Zeit der Arbeit an *Les Biens de ce monde* entstanden zu sein: Es wird darin nämlich derselbe idiotische Refrain von Georges Milton zitiert, der wohl nicht ohne Grund in Irène Némirovskys Kopf herumspukt:

> *T'en fais pas, Bouboule!*
> *Pleure pas comme une moule*
> *Ne t' mets pas les nerfs en boule.*
> *Les tracas ça rend maboule ...*[101]

Und welche Sorgen! In Europa siegt Deutschland an allen Fronten. Marschall Pétain spricht von Kollaboration mit dem Feind, aber er hat seinen Kronprinzen Pierre Laval entlassen, der ebendiese Kollaboration ins Werk setzte. Da der Besatzer Taten verlangt, setzt er durch, dass der blasse Flandin, sein kurzfristiger Nachfolger, durch einen eifrigeren Beamten, Admiral Darlan, ersetzt wird. Im März 1941 wird ein Kommissariat für jüdische Fragen Xavier Vallat anvertraut, einem eifrigen, aber methodischen Antisemiten, der den Auftrag hat, ein neues, noch restriktiveres und räuberischeres Judenstatut auszuarbeiten. Henri Béraud, der das Gespenst einer «Verschwörung von Juden, Engländern und Freimaurern» an die Wand malt, leistete Vortreffliches an Böswilligkeit und Vulgarität, um den überaus radikalen, da wohlüberlegten Hass auf die Juden zu rechtfertigen: «Mit einem Wort, ist es gut, ist es richtig, ist es vernünftig, Antisemit zu sein? Nachdem ich mir die Frage gestellt habe, antworte ich ehrlich und aufrichtig: Ja, das muß man.»[102]

Genau im Anschluss an *Les Biens de ce monde* hält Béraud in *Gringoire* Wort und entlarvt die hinter einem falschen Namen verborgenen Journalisten und kleinen Politiker. Einige Pariser Blätter wie *Le Pilori* oder *Je suis partout* spezialisieren sich auf die antijüdische Schmährede, die Beleidigung *ad hominem*, die Denunziation, den Aufruf zum Mord und sogar zum Genozid.[103] In der Hauptstadt werden die Wohnungen der «aus Paris abwesenden» Juden von Unbekannten beschlagnahmt. Texte sanktionieren nachträglich diese Gewalttaten. Und in einer im April erschienenen prahlerischen Schmähschrift gegen «die Sippschaft des Theaters und des Films» ruft Lucien Rebatet zur unbedingten «Säuberung» dieser Kreise auf. Und wenn es gilt, Namen zu nennen: Delac, der Koproduzent von *David Golder;* Nozière, sein Bearbeiter; Duvivier, sein Regisseur, der mit einer Jüdin verheiratet ist; und sogar ein «gewisser Nemirowsky»[104], kurz vor dem Krieg Eigentümer zweier Pariser Kinos … Und was den guten alten Harry Baur angeht, so wird er, da er sein «Ariertum» nicht einwandfrei nachweisen konnte, mehrere Wochen von der Gestapo gefangen gehalten. Liegt denn ein Fluch auf *David Golder*?

Am 26. April macht eine deutsche Verfügung es den französischen Verlegern zur Auflage, die den jüdischen Autoren geschuldeten Beträge auf Sperrkonten zu überweisen. Da die Zahlungsrückstände von Albin Michel inzwischen vierundzwanzigtausend Francs betragen, beeilt sich Irène Némirovsky, sie auf das Konto von Paul Epstein überweisen zu lassen. Dieser erhält sie genau am Tag der ersten Massenverhaftung der Juden in Paris, dem 14. Mai: dreitausendsiebenhundert Personen, die unverzüglich in die Internierungslager von Pithiviers und Beaune-la-Rolande im Loiret gebracht werden. Der dafür erfundene Grund ist ein technokratischer: «In der Volkswirtschaft überzählig.» Am 2. Juni wird das neue den Status der Juden betreffende Gesetz veröffentlicht, das noch drakonischer ist als das alte und eine lange Liste von verbotenen Berufen enthält, vom Bankier bis zum Förster. Es wird eine abermalige Registrierung binnen eines Monats verlangt – diesmal das Vorspiel zur Vernichtung –, der die Gatten Epstein stoisch, mühsam ihren Zorn unterdrückend, Folge leisten. Zu diesem Aufgebot an Niedertracht kommt im Lauf der Monate ein ganzer Katalog von schikanösen Verordnungen hinzu, die die den Juden gewährten Ausgangszeiten regeln, ihnen eine Sperrstunde auferlegen, sie von öffentlichen Orten ausschließen oder ihre Läden stigmatisieren – was hauptsächlich den Effekt hat, dass diese sogleich von den Parisern, die stets auf einen guten Tipp lauern, gestürmt werden!

Doch davon abgesehen läuft alles bestens: Am 29. Mai 1941 kann eine arisierte Banque des Pays du Nord ihre erste außerordentliche Generalversammlung seit der Niederlage abhalten. Der neue Verwaltungsrat, Charles-Albert de Boissieu, die Direktoren Koehl und Maizière wohnen ihr bei. Ihr Abschlussbericht zeugt von einer erschütternden Fürsorge:

> Die Ereignisse, die während des Berichtsjahres eingetreten sind, haben zu einer erheblichen Störung des Geschäftsgangs geführt. (...) Sicherlich werden Sie sich uns anschließen und unserem Personal aller Ränge für den Mut, die Ergebenheit und die Opfer-

bereitschaft danken, die es bewiesen hat. Ihm ist es zu verdanken,
daß wir in den schweren Zeiten eine zuweilen schwierige Aus-
lagerung unserer Bestände durchführen konnten. Leider haben wir
die Gefangenschaft einiger unserer Mitarbeiter zu beklagen. Wir
meinen, daß Sie die ihnen gegenüber getroffenen Maßnahmen des
Wohlwollens billigen werden, die es ihren Familien ermöglichen,
in den Genuß der Vorteile zu kommen, die ihnen während der
Mobilisierung zugestanden wurden.

Kein Wort zu dem ausgeschiedenen Personal, aber man tröste sich:
«Seit Ende des Sommers 1940 zeigt sich langsam eine gewisse Rück-
kehr zum Gleichgewicht in den Geschäften unserer Kundschaft, die
nach und nach in neuem Rahmen ihre Tätigkeit wieder aufnimmt.»
Reingewinn des Geschäftsjahrs: 11,451 Millionen Francs. Wie sagte
David Golder: «Damals hatte man ja Geld …»[105]

11

Hass + Verachtung

(1941–1942)

> *«Nur wenn er unglücklich ist, macht der*
> *Mensch die Augen weit auf.»*
> Tschechow, *Tagebücher*

«Dem Scheitern setzt der menschliche Instinkt unüberwindliche Barrieren der Hoffnung entgegen. Diese Barrieren muss das Gefühl des Unglücks erst eine nach der anderen beseitigen, bevor es zum Herzen des Menschen vordringt, der nach und nach den Feind erkennt, ihn beim Namen nennt und erschrickt»[1], schreibt Irène Némirovsky im ersten ihrer vollendeten Romane, dessen Erscheinen sie nicht mehr erleben sollte.

Die erste dieser Barrieren fällt in den frühen Morgenstunden des 22. Juni 1941, durchbrochen von den deutschen Panzern, die soeben die sowjetische Grenze überrollt haben. Irène Némirovsky empfindet gewiss keinerlei Sympathie für Moskau, aber diese Wendung bedroht das Gleichgewicht, das die deutsche Anwesenheit im Dorf Issyl'Évêque erträglich machte. Michel konnte sich auf seine Freunde Spiegel, Hammberger oder Hohmann berufen, Soldaten, die keine Antisemiten waren. Nun erwartet jeder, dass der deutsche Soldat, der seit einem Jahr damit befasst war, die Sperrstunde einzuläuten, Süßigkeiten zu verteilen und sich bei der Zivilbevölkerung beliebt zu machen, demnächst an die riesige Ostfront berufen wird. Wer wird an seine Stelle treten?

Donnerschlag

Am Abend des 21. haben die Offiziere, um den ersten Jahrestag ihrer Einquartierung zu feiern, am Ufer des Sees, unter den Fenstern des Schlosses von Montrifaut, ein großes Fest samt Feuerwerk organisiert, mit der mehr oder weniger freiwilligen Hilfe der Dorfbewohner. Diese Soldaten, die gerade anfingen, Französisch zu sprechen und sich zu akklimatisieren, erfahren erst in der Nacht von dem «Donnerschlag» des Unternehmens Barbarossa, das Hitler noch vor dem Herbst siegreich zu Ende zu führen gedenkt. Das Fest verwandelt sich in ein Bacchanal. Das Knallen der Champagnerkorken begrüßt den Schlussakt des Krieges und den wahrscheinlichen, von allen befürchteten Fronteinsatz.

Wenn man bedenkt, dass der Sommer schön zu werden versprach. «Unerhörte Hitze», notiert Irène Némirovsky am 25. Juni. «Der Garten leuchtet in hellblauen, zartgrünen und rosaroten Farben. Ich habe meinen Füller verloren. Es gibt noch andere Sorgen wie die Drohung des Konzentrationslagers, das Judenstatut usw.» Nicht dass sie wirklich fürchtet, verhaftet zu werden: Schließlich werden in französischen Lagern keine Juden ermordet! Aber wer würde sich um Denise kümmern? Und wem die besondere Diät erklären, die Babets häufige Darmentzündungen verlangen? Im Hinblick auf diese Eventualität hat sie schon am 22. Julie Dumot in Marmande geschrieben, unverzüglich zu ihnen zu kommen. Sie hat für sie eine hohe Geldsumme beim Notar des Dorfes hinterlegt, sowie einen Brief in Form eines Testaments, der ihr Vollmachten als Vormund erteilt:

(...) Wenn das Geld aufgebraucht ist, verkaufen Sie zuerst die Pelze, die Sie in unseren Koffern finden und die Sie sicherlich wiedererkennen werden ... Es sind auch eine Menge Stoffe darin, alle im Quai de Passy stibitzt. Behalten Sie möglichst die Zobelfelle. Auch Silber ist darin. Verkaufen Sie es nach den Pelzen und vor dem Schmuck.

Und für den alleräußersten Fall liegt bei Loctin das Manuskript eines Romans, den zu beenden ich vielleicht keine Zeit mehr haben werde, mit dem Titel Tempête en juin.

Was die Wohnung in der Avenue Coquelin betrifft, so erlaubt sie ihr, sie einfach zu «verhökern», wenn die Situation sie dazu zwingen sollte. Aber warum sich in diesem Punkt auf Julie verlassen, die sie nicht besonders mag und seit Léons Tod im Jahr 1932 kaum wiedergesehen hat? Weil Cécile schwanger ist. Und weil Julie Dumot, sechsundfünfzig Jahre alt, unverheiratet, im April 1940 nach Frankreich zurückgekehrt, nachdem sie lange im Ausland gelebt hatte, nun nichts zu tun hat. Und um ihr einen festen Wohnsitz zu verschaffen, beschließen sie am Ende, das große Haus mit vierzehn Zimmern an der Place du Monument aux morts zu mieten, das Monsieur Marius Simon ihnen für jährlich viertausendfünfhundert Francs[2] ab dem 11. November überlassen will. Es fehlt nur an Brennholz, einem Ofen und ein paar Möbeln, die beim Schreiner Billaut bestellt werden.

Dabei ist es noch nicht zu spät, heimlich in die Südzone zu gelangen, wo man, wie es scheint, «auf den Krieg pfeift» (28. Juni). «Sie hätten in die Schweiz fliehen können», wird Cécile später sagen, «sie haben es nicht einmal versucht.»[3] Aber Irène Némirovsky rechnet weiterhin mit Leuten wie Morand, Benoist-Méchin und sogar Grasset, die im Fall eines Unglücks nur dem überaus zivilen Botschafter Otto Abetz ein Wort zu sagen brauchten. In einem im Voraus verfassten Brief, der Julie ermächtigt, gegebenenfalls alle ihre Pariser Möbel an sich zu nehmen, schärft sie im Übrigen ihrem Vermögensverwalter ein: «Ich hoffe, daß dieser Zustand nicht von Dauer wäre und daß es unseren Freunden gelingen wird, uns zu befreien.» Dennoch fürchtet sie die Folgen des «Donnerschlags» vom 22. Juni: verstärkte Kollaborationspolitik – wovon bereits im Juli die Einrichtung der Legion französischer Freiwilliger gegen den Bolschewismus zeugt – sowie massive Nazifizierung der besetzten Zone. Außerdem ahnt sie, dass diese zwanzigjährigen jungen Soldaten, künftige Kriegsopfer, dadurch, dass sie sie der Willkür der französischen Administration überlassen, sie einer weit größeren Gefahr aussetzen als unter deutschem Befehl. Deshalb hat sich Michel, als Issy-l'Évêque von der Mobilmachung «seiner» Deutschen erfahren, als Erstes vom Feldwebel Hammberger, ihrem Nachbarn im Hôtel des Voyageurs, ein Empfehlungsschreiben aushändigen lassen, das lautet: «Wir haben längere Zeit mit der Familie Epstein zusammengelebt und sie als eine sehr anständige und zuvorkommende Familie kennengelernt. Wir bitten euch daher, sie dementsprechend zu behandeln. Heil Hitler!» Man kann nie wissen.

Die Besatzungstruppen verlassen das Dorf am 28. Juni. «Sie waren 24 Stunden lang niedergeschlagen, jetzt sind sie fröhlich, vor allem wenn sie zusammen sind. Der kleine Liebling sagt traurig, ‹die schöne Zeit ist vorbei›. Sie schicken ihre Pakete nach Hause. Sie sind sehr aufgeregt, das sieht man. Bewundernswerte Disziplin und, wie ich glaube, im Grunde ihres Herzens keine Auflehnung. Hiermit schwöre ich, meinen Groll, so berechtigt er sein mag, nie wieder auf eine Gruppe von Menschen zu übertragen, unabhängig von ihrer Rasse, Religion, Überzeugung, ihren Vorurteilen und Irrtümern. Ich bedaure diese armen Kinder. Jedoch kann ich den Individuen nicht verzeihen, denen, die mich zurückstoßen, die uns kaltblütig fallenlassen, die bereit sind, einem Gemeinheiten zuzufügen. Sollten diese mir eines Tages in die Hände fallen …»

Dabei denkt Irène Némirovsky natürlich an Koehl, Boissieu, Vignaud und Fayard, aber auch an den französischen Staat, den eine «erneute aufmerksame Lektüre» des *Journal officiel* ihr in Erinnerung ruft. Denn am 14. Juni wird darin das neue «Gesetz bezüglich des Status der Juden» veröffentlicht, dessen Artikel 5 ihnen insbesondere den Beruf des «Redakteurs, und sei es als lokaler Korrespondent, in Zeitungen oder Periodika» verschließt. Eine zweideutige Formulierung, die sie entweder zum Schweigen oder zur List verurteilt. Daher wählt sie im Juli das Pseudonym «Pierre Imphy», den Namen eines Weilers im Nivernais, den sie unter ihre erste Novelle setzt, die sie seit dem 22. Juni geschrieben hat. In dieser pazifistischen Fabel entdeckt ein französischer Soldat, dass der Feind, den er getötet hat, sein Halbbruder war, zwanzig Jahre vorher während der Besetzung des Rheinlands gezeugt. Der Deutsche heißt Franz Hohmann: eine wohlerwogene Würdigung des Leutnants, der ein Freund von Irène und Michel Epstein geworden war und der fortging, um irgendwo zwischen Kiew und Moskau den Tod zu säen oder zu empfangen. «L'Inconnu, eine von einer jungen Frau geschriebene Novelle», wird am 8. August in *Gringoire* erscheinen. Und Michel ergreift nach dem Abzug seiner «Beschützer» die erste Gelegenheit, in einem Brief vom 30. Juli die Kreiskommandantur von Autun darum zu bitten, ihm mitzuteilen, wie man Hohmann dessen Uhr schicken könne, die er «in der Umgebung von Issy-l'Évêque» in Reparatur gegeben hatte …

Während im Mai in der besetzten Zone schon mehrere tausend Juden verhaftet wurden, bauen die Epsteins mehr denn je auf die Loyalität der Besatzungskräfte. Sie haben nicht ganz unrecht: Im Juli 1941 wird der Bürgermeister von Issy-l'Évêque, Monsieur Cogny, wegen «der derzeitigen Richtlinie zuwiderlaufenden Verhaltens» brutal seines Amtes enthoben und durch den konzilianteren Monsieur de Villette, den Schlossherrn von Montrifaut, ersetzt. Irène verleiht ihm in *Dolce* die äußere Erscheinung des Vicomte de Montmort, eines unfreiwilligen Kollaborateurs, der sich seines Auftrags umso weniger zu entziehen gedenkt, als seine Gattin eine schwärmerische Anhängerin von Marschall Pétain, auf romantische Weise antisemitisch und in ihrer Seele feudalistisch ist. Zudem gehören ihr die zahlreichen Meiereien des Landes. Und das ist der Grund, weshalb Montmort letztlich «den Deutschen die Stiefel leckt»[4]. Gleichzeitig wird der mehrheitlich sozialistische Stadtrat von Issy vom Unterpräfekten von Autun offiziell aufgelöst und der Feldhüter «wegen beleidigender Äußerungen gegen die Person des Staatsoberhaupts» entlassen.[5] Irène Némirovsky hat also richtig gesehen: Die Politik der Kollaboration beginnt sich bemerkbar zu machen, und wenn Issy-l'Évêque unter der Besatzung einen aktiven Kern der Résistance beherbergt – zu dem der Konditor Morlay und der Bäcker Lacombre gehören –, so hat das Dorf auch seinen Anteil an Denunzianten, von denen zumindest einer, «der Regierung des Marschalls ergeben» und von «antinationalen Umtrieben» überzeugt, nach der Befreiung vor Gericht gestellt und zu zwei Jahren Haft verurteilt wird.[6]

In diesem dumpfen Klima trifft Julie Dumot am 11. Juli 1941 in Issy-l'Évêque ein. Von nun an nimmt sie bei den Mädchen die Rolle ein, die bisher Cécile Michaud gespielt hatte, deren Namen Irène Némirovsky im Übrigen aus ihren unveröffentlicht gebliebenen Novellen, «Les Cartes» und «L'Inconnu», streicht. Der letztere Text, der weniger harmlos ist, als es scheint, zeigt einen aus der Mode gekommenen Romancier, Opfer einer unermüdlichen Bewundrerin, der es gelungen ist, ihn zur Heirat zu drängen. Dieser Driant, der «Europa floh, weil ihn die derzeitige Welt anwiderte», erinnert verteufelt an Morand, doch sein Name ist eine Kreuzung aus «Drieu» und «Châteaubriant», erklärten Hitler-Anhängern. Moral: «Bedauert ihn nicht: Er hat nur bekommen, was er verdient.»

Irène Némirovsky hofft, dass es ihr, hinter Julies Identität verborgen, die frei nach Paris reisen oder unter ihrem Namen veröffentlichen kann, nunmehr leichter fallen wird, das Ergebnis ihrer endlosen mit Schreiben verbrachten Tage unterzubringen. Tatsächlich macht sie sich wieder an *Tempête*. Um ihren Roman auszufeilen und seine Irrtümer zu korrigieren, fehlen ihr nur ein paar Unterlagen: «1. Eine sehr detaillierte Karte von Frankreich oder ein Michelin-Führer. 2. Die vollständige Sammlung mehrerer französischer und ausländischer Zeitungen zwischen dem 1. Juni und dem 1. Juli. 3. Eine Abhandlung über Porzellan. 4. Die Vögel im Juni, ihre Namen und ihr Gesang.» Als sie ihren Text wiederliest, wundert sie sich, dass dieses wimmelnde Gemälde des Debakels, dessen Komplexität sie sich vorwirft, in Wirklichkeit einen Querschnitt der französischen Gesellschaft bietet und dass nicht unbedingt diejenigen, die sie sich vorgestellt hatte, moralisch gestärkt daraus hervorgehen. 30. Juni: «Auf den Figuren der Michauds insistieren. Jenen, die immer alles ausbaden müssen und die als einzige wirklich edelmütig sind. Seltsam, daß die Masse, die hassenswerte

Masse mehrheitlich aus solchen braven Leuten besteht. Die Masse wird dadurch nicht besser, und diese Leute werden nicht schlechter.»

Es gibt zweierlei Moral in *Tempête*: die erste, La Fontaines würdig, lautet, dass der Orkan ein siebzigjähriges Regime hinwegfegen kann, während die Gesellschaftsordnung sich lediglich beugt und sich noch stärker wieder aufrichtet; die zweite, dass das Heldentum vergeblich ist, aber nicht vergeblicher als die Ehrlosigkeit. Am 24. Juli erfährt Irène Némirovsky die genauen Umstände des Todes des «Paten» im Juni 1940, und plötzlich kommt ihr die Steinigung des Abbés Péricand grausam vor, «zu melodramatisch» und zugleich seines Opfers unwürdig. In dem neuen Kapitel, das sie nun schreibt, stirbt der Abbé ebenso sinnlos, aber während er einem verletzten Kameraden an der Vogesenfront zu Hilfe kommt. Es ist zwar wieder eine Kreuzigung, doch sein Glaube scheint durch den entfesselten Schrecken erschüttert zu sein, und der Tod durch eine verirrte Kugel ist ein höchst lächerliches Opfer. So wenig Blut und so viel Sünde: Für wen stirbt Abbé Péricand denn?

Der Geist des Bienenstocks

Im Lauf des Sommers 1941 kann Irène Némirovsky den zweiten Teil ihres großen Romans in Angriff nehmen. Nach dem Sturm, *tempestuoso*, will sie in *Dolce* beobachten, wie ein französisches Dorf mit der Niederlage zurechtkommt, und das Dorf, Bussy-la-Croix, ist natürlich kein anderes als Issy-l'Évêque. Auch der zeitliche Rahmen ist gegeben: Der Roman, der Anfang des Frühjahrs 1941 beginnt, endet mit dem Abzug der Deutschen an die russische Front und dem Erwachen des deutschfeindlichen Instinkts, der seit Beginn der Besatzung schlummerte oder unterdrückt wurde.

Die wirkliche Schwierigkeit besteht darin, *Dolce* mit *Tempête* zu verbinden. Madame Angellier, die Verkörperung der unbezwingbaren Provinzbourgeoisie, könnte «eine Schwester von Madame Péricand» sein. Die Vicomtesse de Montmort, von Petainismus durchdrungen, könnte mit dem Comte de Furières verbunden werden, dem Kodirektor der Bank Corbin. Arlette wäre wiederum das «Werkzeug des Schicksals». Und Corte? Und Langelet? «Nein! Ohne Verlust zu beseitigen …» Letztlich wird keine Person aus *Tempête* in *Dolce* vorkommen. Bussy ist lediglich das Dorf, in dem die Schwestern Labarie den Soldaten Jean-Marie aufgenommen haben, und man erfährt, dass Madame Angellier durch einen unwahrscheinlichen Zufall während des Exodus dessen Eltern beherbergt hatte. Zarte Verbindungen, die aus *Dolce* das Frühlingsintermezzo von Irène Némirovskys *Suite française* hätten machen sollen.

Geheimes Einverständnis, Durchhaltevermögen oder Rebellion hängen von den Umständen und vom Temperament ab; sobald die Gefahr sich entfernt, der Frühling zu Ende geht, stimmen die Franzosen wieder darin überein, die Deutschen zu hassen. Aber es darf erlaubt sein zu bedauern, dass dieser Atavismus, mächtiger als die Versuchung der Liebe oder der Universalismus, auf ewig unerbittlich bleibt. *Dolce* verallgemeinert das Thema der Unvereinbarkeit der Rassen, «dieser dunklen Regungen des Bluts», die weder das Herz noch die Vernunft zu zähmen vermögen. «Fremder! Fremder! Feind, trotz allem und für immer Feind.»[7] Es ist das ganze Drama von Lucile Angellier, die tausend Konventionen und Vorurteile, die zwar nicht die ihren, aber die einer Gesellschaft sind, davon abhalten werden, auf die Avancen des Leutnants Bruno von Falk einzugehen, der in keiner Weise ein Nazi ist. Vermutlich hatte Irène Némirovsky vor, die Idylle der beiden unter dem Titel *Nuit et Songes* herauszulösen: «Und dennoch, sie hätten sich lieben können, sie hätten glücklich sein können. Es wäre viel Poesie, Natur, Musik usw. nötig. Ich bin komisch. Ich weiß, daß es nicht veröffentlicht werden kann. Warum es also nicht rundheraus ‹für danach› machen? Das wäre die einzige Möglichkeit.» Aber in *Dolce*, trotz allem zur Veröffentlichung bestimmt, kann Lucile gar nicht anders, als sich Bruno zu verweigern, auch nicht vergessen, dass er Soldat ist: «Man befiehlt mir hinzugehen, und ich gehe hin. Zu kämpfen, und ich kämpfe. Mich töten zu lassen, und ich sterbe.»[8]

Es ist der tiefe Sinn dieses Romans: Das Zeitalter der Nationalismen und des Gleichschritts, «der Geist des Bienenstocks», wie von Falk es nennt, will die Menschen durch die Gewalt und nicht durch einen natürlichen Elan vereinigen. Es verbietet nicht nur, dass verschiedenes Blut sich vermischt, es flößt einer französischen jungen Frau, die sich in einen deutschen Unteroffizier verliebt hat, auch Reflexe des Abscheus ein. Irène Némirovsky hat viel von sich selbst in die Figur der Lucile einfließen lassen, der politische Leidenschaften so fremd sind, dass sie sowohl den deutschen Eroberer wie den französischen Mörder schont. Sie selbst, Jüdin, staatenlos, geächtet, passt in keine der Waben, wie sie von der Ideologie der Verwurzelung vorgesehen ist, die von Madrid bis Moskau triumphiert. Am Ende von *Dolce* hört man durchaus Irène Némirovskys Stolz, eine heftige Weigerung, «dem Schwarm zu folgen», ihr eigenes Schicksal mit dem Frankreichs zu verschmelzen, was vollkommen erklärlich ist, wenn man an all ihre vergeblichen Bemühungen denkt, in die nationale Gemeinschaft aufgenommen zu werden, um dann vor dieser verschlossenen Türe zu stehen: dem Judenstatut. «Ich hasse diesen Gemeinschaftssinn, mit dem man uns dauernd in den Ohren liegt. Alle, die Deutschen, die Franzosen, die Gaullisten sind sich in einem Punkt einig: Man muß mit den anderen leben, denken, lieben, bezogen auf einen Staat, ein Land, eine Partei. O mein Gott! Ich will nicht!»[9] War dieser energische Individualismus nicht schon der Grund für ihre Gleichgültigkeit gegen die jüdische Zugehörigkeit?

Heißes Blut

Dieses Thema, der «Kampf zwischen dem individuellen Schicksal und dem gemeinschaftlichen Schicksal» wird deutlich erst 1942 in Erscheinung treten, aber schon in den ersten Kapiteln von *Dolce*, die sie während des Sommers 1941 skizzierte, ist es vorhanden, auf seinen einfachsten Ausdruck reduziert: den Konflikt zwischen dem Pflichtgefühl und den schmerzhaften Regungen der Liebe. Da ist die Kellnerin des Hôtel des Voyageurs, die hin- und hergerissen ist zwischen ihrer französischen Würde und dem Trieb, der in ihren Adern brennt, und über die Schmeicheleien der jungen deutschen Wilden errötet. Da ist die Schneiderin des Weilers, die sich weigert, ihr Vergnügen am kollektiven Unglück zu messen und es mit einem «feindlichen» deutschen Soldaten genießt, denn «wenn man wirklich für die anderen marschieren müßte, dann wären wir schlimmer als Tiere»[10]. Hat nicht «das heiße Blut der Jugend»[11] ihren Ehemann Gaston von ihr fortgetrieben und nicht der Krieg, der ihn in Deutschland gefangen hält? Die Liebe wird siegen oder untergehen.

Das «heiße Blut»! Schon seit so langer Zeit hat Irène Némirovsky dieses Prinzip der Impulsivität zur irrationalen Triebfeder ihrer Romane gemacht, das die vorgezeichneten Schicksale vom Weg abbringt. Der Ausdruck taucht schon 1934 in ihrem Werk auf: «Es ist herrlich, zwanzig zu sein. Könnten es alle jungen Mädchen doch so sehen wie ich, dieses Glück, dieses Feuer, diese Kraft, dieses heiße Blut auskosten.»[12] Seit 1938 möchte sie in einer Erzählung aufzeigen, dass die «Erfahrung», wie es die Alten nennen, im Allgemeinen das Ergebnis des Zufalls und die «Weisheit» eine Form von Zerfall ist, das, was an Atem übrig bleibt, um um Gnade zu rufen, wenn man sein Leben lang Chimären nachgejagt ist. Junge Liebende bahnen den Pfad der Liebe, glauben, ihren Weg zu wählen, taub für die Warnungen der Älteren. Selbst wenn die Eltern es besiegt haben sollten, wie François und Hélène Érard, vererbt sich das «heiße Blut» von Generation zu Generation wie eine Erbkrankheit. Denn seine Verheerungen sind für niemanden eine Lehre. Daher ist Silvio, den eine frühere Leidenschaft ruiniert hat, geneigt, sich von Neuem in ihr zu verzehren.

Chaleur du sang, während des sengenden Sommers 1941 begonnen, wäre also die Veranschaulichung des berühmten Satzes von Proust: «Man kann die Weisheit nicht fertig übernehmen, man muß sie selbst entdecken auf einem Weg, den keiner für uns gehen und niemand uns ersparen kann, denn sie besteht in einer bestimmten Sicht der Dinge.»[13] In Issy-l'Évêque hat Irène Némirovsky – ohne sich die Mühe zu machen, die Personen- und Ortsnamen zu ändern, die fast alle real sind – diese wie eine Kriminalgeschichte angelegte Parabel über die Lebensalter und die Unvorhersehbarkeit des Schicksals angesiedelt. Im Übrigen ist es unmöglich, die Arbeit an *Chaleur du sang* von *Dolce* zu trennen, deren gemeinsames Thema der Vorrang des Instinkts ist, aber auch die «wunderbar wirkende Gehässigkeit» der ländlichen Welt, ein Ausdruck, der zeigt, dass sie sich über die bäuerliche Mythologie von Vichy nicht täuscht. Die Erde lügt nicht, das stimmt …, aber diejenigen, die von ihr leben, sehr wohl! «Dieses Land im Herzen Frankreichs ist wild und reich zugleich. Jeder lebt für sich, auf seinem Gut, mißtraut dem Nachbarn, bringt seinen Weizen ein, zählt sein Geld und kümmert sich nicht um den Rest.»[14] Einen Satz, den man fast identisch zu Beginn von *Dolce* wiederfindet: «Das Leben in diesen Provinzen Frankreichs ist üppig und ungesellig; jeder lebt für sich, auf seinem Gut, bringt seinen Weizen ein und zählt sein Geld.»[15] Eine in Friedenszeiten schätzenswerte Gleichgültigkeit. Aber zur Zeit der Deutschen?

Wunden

Herbst 1941. Denise, die den Sommer bei einer Freundin in Bordeaux verbracht hat, ist wieder in Issy-l'Évêque, mit einem Zeugnis der Grundschule in der Tasche. Sie hat eine kleine Katze, Sara, und einen zuvorkommenden Kameraden, André. In Ermangelung eines Friseurs verbirgt Irène Némirovsky ihr langes Haar in einem dicken Samtnetz. Paris fehlt ihr grausam. Ihre Sehkraft lässt nach, ihre Zähne tun ihr weh, sie kann sie nicht behandeln lassen. Das rustikale Glück? «Diese Lebensweise bietet nicht nur keine Art von Luxus, sondern bedeutet für mich eine sowohl seelische wie materielle Entbehrung (absoluter Mangel an Komfort, beengte Wohnverhältnisse usw.)»[16], schreibt sie an den Eigentümer ihrer Pariser Wohnung, um ihn davon zu überzeugen, die Miete zu senken. Sie sieht schon den Tag kommen, an dem die Schwierigkeiten sie zwingen werden, sich davon zu trennen. Und dazu kommt noch der Fiskus, der hartnäckig die Niederlage leugnet!

Am 5. September ist in *Gringoire* unter dem Pseudonym Nerey eine kurze nostalgische Erzählung erschienen, deren Personen und Örtlichkeiten – der dem Fiskus anheimgefallene ehemalige Bauernhof Montjeu – wiederum die von *Chaleur du sang* sind. «Wie merkwürdig wir doch beschaffen sind! Unser schwaches Gedächtnis bewahrt nur die Spur des Glücks, die zuweilen so tief ist, daß man sie für eine Wunde halten könnte.»[17] Eine dieser Wunden: Ein am 6. August erhaltener Brief von einem Liebhaber von Fanny, die mit falschen lettischen Papieren an die Côte d'Azur geflohen war und die Rückgabe der zu Beginn des Jahres im Quai de Passy «entwendeten» Pelze verlangt! Von dieser Seite ist nichts zu erhoffen. «Da Sie Gelegenheit haben werden, meine Mutter zu sehen», antwortete sie, «wäre ich Ihnen dankbar, ihr zu bestätigen, daß ich in der Tat die Pelze an mich genommen habe, von denen sie Ihnen erzählt hat (darunter einen Gehpelz, der meinem Vater gehört hat), sowie verschiedene andere Gegenstände. Sagen Sie ihr bitte auch, daß ich das alles sofort verkauft habe, was es ihren Enkelinnen und mir selbst ermöglichte, einige Zeit über die Runden zu kommen. Ich meine, daß sie entzückt sein wird, mir auf diese Weise geholfen zu haben. Aufgrund der derzeitigen Verhältnisse mußte sie sicherlich wissen, daß ich zu dem Zeitpunkt, als sie aus Paris geflohen ist, weder Geld noch Arbeit hatte. Zwar hatte ich ihr geschrieben, aber ich nehme an, daß dieser Brief sie nicht erreicht hat, da ich nie eine Antwort von ihr erhalten habe. (…) P.S. Leider habe ich aus dem Verkauf dieser Pelze nur wenig Geld erzielen können, da sie in einem jämmerlichen Zustand waren.»[18] Die Ironie behält ihre Rechte – und auch Fannys zärtliche Mutterliebe!

In Russland ist im August Odessa und am 19. September Kiew gefallen, und jede dieser Eroberungen wird von Massakern begleitet, die alle ehemaligen russischen Pogrome in den Schatten stellen. Vor dem Winter mussten Victoria und ihre Tochter Jelena überstürzt Moskau verlassen und auf ihrer Flucht für immer verlorene Familienbriefe und -fotos zurücklassen. Hier trennen sich die Schicksale von Irène und ihrer geliebten Tante.

Im besetzten Frankreich nimmt die Litanei der antisemitischen Schikanen kein Ende. Seit dem 26. April sind die Bankkonten der Juden eingefroren. Am 22. Juli hat ein Gesetz «bezüglich der den Juden gehörenden Unternehmen, Vermögen und Wertpapiere» die legale Plünderung angeordnet, «um jeden jüdischen Einfluß in der Volkswirtschaft zu unterbinden». Diese Maßnahme erlaubt den drei Pariser Banken, darunter der Banque des Pays du Nord, die Einrichtung eines Omnium français d'études et de participations (Ofepar) zu finanzieren, bestimmt «für die eventuelle Übernahme jüdischer Geschäfte mit den alleinigen Mitteln der Gesellschaft oder mit Unterstützung des Staates»[19]. Seit dem 13. August ist es den Juden auch untersagt, ein Rundfunkgerät zu besitzen. In Paris wurde im September im Palais Berlitz eine schauerliche Ausstellung über «Der Jude und Frankreich» eröffnet, die nahezu zweihunderttausend Besucher anlockte. Eine kollaborationistische Zeitung stellt ernsthaft die Frage: «Soll man die Juden ausrotten?»[20]

Sie ist wütend, zu einem Zwangsaufenthalt in Issy verurteilt zu sein. Wie sehr verlangt es sie, nach Paris zu fahren und sich persönlich davon zu überzeugen, dass Albin Michel wirklich die Absicht hat, ihre neuen Werke zu veröffentlichen. Michel Epstein schreibt es mit unerklärlicher Offenheit in dem Gesuch, das er am 2. September beim Unterpräfekten von Autun einreicht:

> Man schreibt mir aus Paris, daß die mit Juden gleichgestellten Personen die Gemeinde, in der sie wohnen, nicht ohne die Genehmigung des Präfekten verlassen dürfen.
>
> Dies trifft auf mich und auf meine Frau zu, da wir, obwohl Katholiken, jüdischer Herkunft sind. Ich erlaube mir also, Sie zu bitten, meiner Frau, geborene Irène Némirovsky, sowie mir selbst zu gestatten, sechs Wochen in Paris zu verbringen, wo wir ebenfalls eine Wohnung haben, 10, Avenue Constant Coquelin, und zwar in der Zeit vom 20. September bis zum 5. November 1941. (...)

Das Gesuch wird abgelehnt. Irène Némirovsky wehrt sich. Weil sie in den Zeitungen gesehen hat, dass soeben Bücher von Daniel Halévy und Jean Fréville erschienen sind, beides Juden («vor allem bei letzterem bin ich mir sicher, da ich ihn seit der Kindheit kenne»[21]), versteht sie nicht, warum Robert Esménard die Veröffentlichung ihres *Vie de Tchekhov* noch immer hinauszögert. Die Erklärung ist ebenso einfach wie bitter: Zum einen ist Halévy kein Jude, und zum anderen hat Fréville, ein glühender Kommunist und Fachmann in Wirtschaftsfragen, seit seiner Übersetzung von Texten von Marx über die Familie im Jahr 1938 nichts mehr veröffentlicht.

Esménard beantwortete alle Briefe und geht auf alle Ängste seiner Autorin ein, überweist auch weiterhin ihre monatlichen Vorauszahlungen, aber niemals wagt er, ihr zu gestehen, dass alles gegen eine Veröffentlichung ihrer Texte spricht, und sei es nur, um die deutsche Zensur nicht auf sie aufmerksam zu machen. «Wir müssen den geeigneten Moment abwarten», schreibt er ihr. «Sehr wahrscheinlich wird sich bald eine günstige Gelegenheit ergeben, und dann wird Sabatier mit aller erforderlichen Diskretion neuerliche Schritte zu Ihren Gunsten unternehmen.»[22] Irène Némirovsky, die «nur schwarze Gedanken haben kann», nährt sich von diesen falschen Hoffnungen. «Dank Ihnen und Monsieur Esménard weiß ich nun, daß ich noch Freunde habe, und das ist sehr tröstlich», gesteht sie Sabatier am 14. Oktober, nicht ohne die Kopie eines schmeichelhaften Briefs der Gibé-Films im Hinblick auf eine kinematographische Bearbeitung von *Les Biens de ce monde* hinzuzufügen, den ihr Carbuccia hatte zukommen lassen. Sie hat sich also nicht umsonst von *Cavalcade* inspirieren lassen! «Das beweist», argumentiert sie, «wie auch andere Stimmen, die mich zu diesem Roman erreicht haben, daß es für den Erfolg eines Werks nicht unbedingt eines bekannten Namens bedarf.» Bestünde die einfachste Lösung nicht darin, sie unter Pseudonym zu veröffentlichen? Esménard befleißigt sich, alle diese Fragen mit umso überraschenderer Entschiedenheit zu enttäuschen, als der Bücherverkauf noch nie eine so gute Konjunktur hatte. So schreibt er am 27. Oktober:

(…) Allerdings muß ich Sie darauf hinweisen, daß wir laut den überaus präzisen Hinweisen, die wir vom Verlegerverband hinsichtlich der Interpretation der Vorkehrungen erhalten haben, die sich aus der deutschen Verordnung vom 26. April, Artikel 5, ergeben, verpflichtet sind, alle Zahlungen, die israelitischen Autoren zustehen, auf deren «Sperrkonto» zu überweisen. Dementsprechend heißt es, daß «die Verleger die den israelitischen Autoren geschuldeten Urheberrechte auf deren Konto bei einer Bank einzahlen müssen, nachdem sie von dieser Bank die Versicherung erhalten haben, daß dieses Konto gesperrt ist».

Außerdem schicke ich Ihnen den Brief zurück, den Sie von den Gibé-Films erhalten haben (ich behalte eine Kopie davon). Aus den Informationen, die ich aus sicherer Quelle erhalten habe, geht hervor, daß ein solches Geschäft nur getätigt werden kann, wenn der Autor des Romans, der sich zur Verfilmung eignet, arischer Herkunft ist, und zwar sowohl in der hiesigen Zone wie in der anderen. Ich kann ein solches Geschäft also erst dann abschließen, wenn mir der Autor des zu verfilmenden Werks die förmlichsten Garantien hierüber gibt.

Irène Némirovsky versteht diese Schroffheit als das, was sie ist: als versteckten Hinweis auf den einzuschlagenden Weg, und im selben Ton regt sie an, alle ihre Rechte in Zukunft auf ihre «Freundin» Julie Dumot zu übertragen, denn diese «ist unbestreitbar arisch und kann Ihnen dafür sämtliche Nachweise liefern»[23]. Am 17. Dezember unterzeichnet Julie Dumot, «in der Literatur Jacques Labarre» – ein in *Les Misérables* von Victor Hugo gefundener Name –, tatsächlich mit Albin Michel einen Autorenvertrag, der in allen Punkten dem mit Irène Némirovsky geschlossenen gleicht, gültig für zwei Romane ab dem 1. Januar 1942. Trotz dieser Abmachung sollte *Les Biens de ce monde* nie mit dem gelben Einband erscheinen und auch nicht verfilmt werden.

Dennoch gibt sie den Gedanken nicht auf, die Genehmigung zu erhalten, «für drei Wochen, einen Monat»[24] nach Paris zu reisen. In dieser Hoffnung nimmt sie am 1. Dezember ihre Manuskripte wieder an sich, die sie im April und September in der Kanzlei von Monsieur Vernet hinterlegt hatte, um sie Sabatier anzuvertrauen, da sie sicher ist, dass sie auf dem Dachboden der Rue Huygens besser aufgehoben sind, falls sie und Michel zufällig interniert werden sollten. Diese Sammlung enthält insbesondere die verschiedenen Fassungen von *David Golder*, das Journal zu *Pion sur l'échiquier,* zu *Le Vin de solitude* und zu *Le Charlatan,* den ersten Entwurf von *Les Chiens et le Loups.* Hinzu fügt sie *Chaleur de sang* und einige unveröffentlichte Novellen, bei denen der Name Cécile durch Julie ersetzt wurde. Sie hat nun die Gewissheit, dass Albin Michel dank der List mit dem Strohmann unverzüglich *La Vie de Tchekhov* veröffentlichen wird. Doch nur sie kann sagen, wo die dafür erforderlichen Fotografien und die Bibliographie zu finden sind. Sie weiß nicht, dass die hundertdreißigtausend Bände der Turgenjew-Bibliothek schon im Sommer 1940 vom Reichsleiter Alfred Rosenberg nach Deutschland transportiert worden sind, einem Theoretiker der Nazipartei und begeisterten Verehrer der russischen Literatur …

Parallel dazu beabsichtigt sie, ihren Ausweis direkt bei der Kreiskommandantur von Autun zu beantragen, sofern Esménard ihr Gesuch durch irgendeine Pariser Autorität unterstützen ließe. Leider bleiben sogar Sabatiers Bemühungen vergeblich; im Übrigen fürchtete Irène Némirovsky, dass diese sie in Gefahr bringen könnten, «indem sie die Aufmerksamkeit auf meine arme Person lenken …»[25] Von nun an bleibt ihr nur noch eine Lösung, um mit ihren Verlegern in Kontakt zu kommen: dass einer von ihnen die Mühe einer langen Reise nach Issy-l'Évêque auf sich nimmt, wo sie ihn in ihrem neuen Haus empfangen wird. Es ist auf dem ehemaligen Viehmarkt ein großes Gebäude mit vierzehn Zimmern, kalt, aber geräumig, das über einen Gemüse- und einen Obstgarten verfügt, von wo aus man die Berge des Morvan sieht. Michel pflanzt hier Salat, Radieschen, Rüben an und kümmert sich um den Weinberg. Im Frühjahr werden Kirsch- und Birnbäume blühen. Hühner legen täglich sechs Eier. Es gibt sogar einen Kanin-

chenstall. Die Verpflegung ist somit sehr viel besser geworden. «Ich
verspreche Ihnen keinen großen Komfort», schreibt sie Sabatier am
11. Dezember, «doch zumindest können Sie sicher sein, daß Sie fast
wie vor dem Krieg essen werden.» Dennoch muss sie sich drei Monate
gedulden, bis ihr Verleger sich entschließt, den Zug zu nehmen.

Ein Glas Vichy-Wasser

In ihrem letzten Heim, zwei Schritte von der Gendarmerie entfernt,
ist Irène Némirovsky wieder zuversichtlich und klammert sich an jede
Hoffnung. Überzeugt, dass ihr *Vie de Tchekhov* erscheinen wird, fleht
sie Sabatier an, sich zu vergewissern, dass dieses Buch in keiner Weise
Anstoß bei der Zensur erregen kann, «wenngleich ich es in dieser
Beziehung für einwandfrei halte».[26] In einem Sessel auf der Veranda
schreibt sie für *Gringoire* – der den Text nicht veröffentlichen wird –
die amüsante Geschichte der Vernunftehe von Octave, einem friedlichen Sammler von altem Porzellan und Glas, mit einer reichen Ame-
rikanerin und dann seiner zweiten Heirat mit dem Hausmädchen.[27]
Dieses Vaudeville ist eine verhüllte Anspielung auf die pittoreske
Scheidung des Fürsten Caraman-Chimay und der extravaganten Clara
Ward nach sieben Ehejahren im Jahr 1897. Vermutlich hat Julie Dumot
ihr diese Episode in Erinnerung gerufen, denn sie stand eine Zeit lang
im Dienst der Schwägerin des Fürsten, der Prinzessin Alexandre de
Caraman-Chimay (1878–1929), Schwester von Anna de Noailles und
Briefpartnerin von Proust.

In den Weihnachtsferien hat Julie die Kinder Denise und Babet ins
sonnige Cézac, ihr Heimatdorf in den Landes, mitgenommen. In Issy-
l'Évêque herrscht sibirische Kälte. Irène hat für die Festtage ein paar
Bücher von Sabatier bekommen, und Michel erwartet Champagner.
Noch vor dem Frühjahr will er Blumen- und Gemüsesamen bei Vil-
morin, Quai de la Mégisserie, bestellen, aber schon jetzt beginnt er ein
kleines Einkommen aus den Lebensmittelpäckchen zu erzielen, die er

seinen unter der Rationierung leidenden Pariser Freunden schickt. Sie erfreuen sich wieder einer zwar eingeschränkten, aber fast heiteren Lebensweise. Seit gut sechs Monaten sind die Deutschen aus Issy abgezogen. Gewiss ist nicht alles rosig. Michel hat angefangen, mehr Wein zu trinken als sonst. Einige Leute im Dorf wundern sich, dass ein so großes Haus nötig ist, um zwei untätige Flüchtlinge, ihre Kinder, ein Kindermädchen und eine dicke Köchin namens Francine zu beherbergen.

Nicht nur weist ihr Autorenkonto bei Albin Michel ein Soll von nahezu hundertzwanzigtausend Francs auf, es zeigt sich auch sehr schnell, dass Carbuccia nicht riskieren wird, *Tempête en juin* zu veröffentlichen, wovon sie sich fünfzigtausend erhoffte. «L'Incendie» wird ihr letzter Text sein, der am 27. Februar 1942 in *Gringoire* erscheint. Es ist eine sehr merkwürdige Erzählung. Ein sarkastischer Maler, Mario, lebt zurückgezogen in einem abgelegenen Schloss, dem Gutshof Montjeu, und gibt vor, der Mittelmäßigkeit und Hässlichkeit der modernen Zeit entflohen zu sein. Bei seinem Tod während einer Feuersbrunst entdeckt man, dass er zwei missgebildete Zwerge bei sich versteckte, die dem Leichenwagen in Trauerkleidung folgen werden: seine Söhne. In Form eines Rätsels fordert Irène Némirovsky den Leser auf, die «tiefere Bedeutung» dieses seltsamen «Schauspiels» zu erraten[28], aber wie nur kann sie lauten? Dass der Exzess an Reinheit eine Schändlichkeit verbirgt? Dass sie sich in Issy wie ein kurioses Tier beobachtet fühlt? André Suarès, der diese Novelle zufällig lesen wird, entschlüsselt sie nicht. Aber er ist sehr überrascht, in dem Revolverblatt, zu dem *Gringoire* geworden ist, eine Erzählung von dieser Qualität zu entdecken. «Eine Perle im Schweinekoben, so etwas kommt vor. In einem Schundblatt lese ich eine Novelle von Pierre Neyret, ‹L'Incendie›. Wer ist dieser Autor? Ich weiß es nicht, ich kenne und lese so wenig von ihm. Eine kräftige, nüchterne Erzählung, die die Charaktere schildert und sie deutlich vor Augen führt. Eine Novelle, die Mérimée zur Ehre gereicht hätte, auch wenn sie nichts von ihm hat. Wahrhaftig im Detail und schön in der Fiktion.»[29] Sogar unter Pseudonym, sogar wenn sie dem Lebensunterhalt dient, bleibt eine Novelle von Irène Némirovsky nicht unbemerkt. Sie ist nun auf dem Höhepunkt ihrer Kunst und macht keine Zugeständnisse. Denn wie Mario sagt: «Ich lebe im Finstern. Das ans Dunkel gewöhnte Auge erwirbt eine wunderbare Fähigkeit der Wahrnehmung.»[30]

Von der guten Aufnahme ermutigt, die *Les Biens de ce monde* gefunden hat, hat sich Irène Némirovsky gleich in eine neue Familiensaga gestürzt, die die Zeitspanne zwischen den beiden Kriegen bis zum Sieg des Petainismus im Herbst 1941 umfasst. *Les Feux de l'automne* ist also nur scheinbar ein Zwilling von *Les Biens de ce monde*. Während sie in letzterem Roman das Lob auf die unverwüstliche Landbourgeoisie, angstfrei und ohne Tadel, anstimmte, zieht sie in *Les Feux de l'automne* diejenigen aus dem sozialen Sumpf, die, nachdem sie jede Sorge um Ehre und Redlichkeit über Bord geworfen haben, die Niederlage eines Frankreichs angezettelt haben, das aufgrund all seiner Egoismen verfault war. Der Salonschurke, der über den unbekannten Soldaten triumphiert: welch hübsches Gemälde, ganz im Stil der Zeit! Ganz nach dem Geschmack von *Gringoire*!

Aber die Dinge sind weniger einfach. 1914 war Bernard Jacquelain ein furchtloser Heranwachsender, der voller Ungeduld seine Tapferkeit unter Beweis stellen will. Vier Jahre an der Front haben ihn in einen Schakal verwandelt. Arbeit, Familie, Vaterland? Bauernfängereien. Während er in Lothringen im Schlamm watete, nahm ein Raymond Détang in der Etappe Schmiergelder im Namen der «Heiligen Union». Von nun an will Bernard nur noch verschwenden und dann sterben. «Man soll mich nur hier rauslassen, und ich werde alles genießen, was mir verweigert worden ist.»[31] Was er, versackt im kosmopolitischen Paris der Nachkriegszeit, auch tun wird, in der Liebe, in den Geschäften, in der Politik respektiert Bernard nichts und verärgert seinen armen Vater, einen stubenhockenden Patrioten, der kein Wort davon begreift. Dabei ist es ganz einfach: Dieses schändliche, korrupte Leben ist schlichtweg «die Mentalität des Kriegs im Frieden»[32], der Schlamm von Verdun auf dem Grund der Seelen. Nach dem Verbre-

chen die Strafe: Weil er wissentlich die französische Luftwaffe mit
billigen amerikanischen Teilen beliefert hat, ist Bernard direkt verantwortlich für den Tod seines Sohnes, dessen Maschine, ein fliegender
Sarg, noch vor dem Kampf in den ersten Stunden des neuen Krieges
abstürzt.

Dem Augenschein nach liegt diesem Roman eine Vichy-Moral zugrunde: Die Demütigung von 1940 hat die Entweihung der heiligen
Toten gerächt. Durch «die Genußsucht» pervertiert, wird Bernard
durch das gestraft, womit er gesündigt hatte. Aber der große Brand hat
seine Seele geläutert. Die Asche der verlorenen Jahre wird zum Dün-
ger der moralischen Erneuerung. Irène Némirovsky ist nicht weit davon entfernt, den Warntraum der alten Madame Pain zu teilen: «Siehst
du», sagte sie, «das sind die Feuer des Herbstes; sie reinigen die Erde;
sie bereiten sie für neue Saaten vor.»[33] Doch indem sie ihren Roman
in den grandiosen, vom Senfgas, von den Schrapnells und vom Wund-
brand entstellten Illusionen der Belle Époque verwurzelt, zeigt sie,
dass der scheinheilige Kult des Krieges, das von der Kanzel herab ge-
predigte Opfer die Überlebenden des Großen Kriegs zu den Propheten
des künftigen Debakels gemacht hat. Man kommt aus dem Reich der
Toten nicht deshalb zurück, um dorthin zurückzukehren. Im Übrigen
ist *Les Feux de l'automne* die Erweiterung einer Ende 1939 skizzierten
Novelle, «En raison des circonstances»; schon dort verwechselte der
Fronturlauber René Weisheit, Zorn und nationalistische Leidenschaft,
das vergiftete Erbe der Veteranen des Großen Kriegs, die trügerischer-
weise davon überzeugt sind, «daß allein die Granaten, die Torpedos, die
Flammen die Realität sind» …

Irène Némirovsky geißelt also nicht die moralische Erschlaffung des
französischen Volks, sondern die Anbetung des Profits, die perverse
Folge des Kriegs: «Im Grunde ist es mir egal. Hauptsache, ich mache
meinen Schnitt …»[34] Denn wer ruft in diesem Roman nach «einer
starken Hand, einem Führer»[35], wer träumt von Diktatur und Staats-
streich, wenn nicht die Geschäftemacher und Defätisten von Mégève,
die allesamt von der militärischen Unterlegenheit Frankreichs über-

zeugt sind? «Genußsucht», hat Pétain gesagt? Aber er selbst und alle Generäle von 14–18 und alle republikanischen Leidenswege haben den Genuss doch so begehrenswert gemacht! Der Große Krieg war die Schule der Gier und der Verachtung des Lebens. Hunde gebären keine Katzen, und es ist Verdun, das Vichy hervorgebracht hat. Mit einem doppeldeutigen Satz verwahrt sich Irène Némirovsky im Übrigen dagegen, der Politik des Sündenbocks nachgegeben zu haben, und lässt durchblicken, dass ihr Gehorsam eine List ist, vielleicht dazu bestimmt, *Gringoire* zu besänftigen: «Dann akzeptierte sie ein Glas Vichy-Wasser, das Thérèse ihr reichte, und verließ, sobald diese ihr den Rücken gekehrt hatte, ihr Bett, öffnete das Fenster und schüttete den Inhalt des Glases in den Hof.»[36]

Ein trauriges Glück

Am Ende ihres Romans beschreibt Irène Némirovsky, wie sich Bernards Frau in einem kleinen Bauernhaus «zweihundert Kilometer von Paris entfernt» niederlässt, was nichts anderes ist als ihr neues Zuhause in Issy: «Welche Ruhe! Es gab einen kleinen Garten, eine Bank im Gras, eine kleine Quelle auf einer Wiese.» Offensichtlich ist die Schriftstellerin nach einem Jahr des Abstiegs zur Hölle davon überzeugt, dass sie nie mehr zu ihrem früheren Leben zurückfinden wird. Dieser dazwischen liegende Tod kann eine Wiedergeburt sein. Und wenn nun all das Unglück, all diese Verrätereien, die es ihr ermöglicht haben, ihre Freunde zu zählen, nicht vergeblich gewesen wären? Wenn die «reinigenden Herbstfeuer» den unnatürlichen Teil ihres Erfolgs, das Pariserische, verbrannt hätten, um ihr nur noch die kostbarste Gabe zu lassen: ihre Kunst? Das wäre wirklich der einzige Nutzen dieses Kriegs. «Es war ein trauriges Glück, aber sie war ruhig und zuversichtlich.»[37] Und deshalb schreibt sie mehr denn je. Julie leiht ihr ihren Namen, und vor allem wird sie veröffentlichen: Im Februar kündigt Sabatier ihr an, dass sie bald die Korrekturfahnen ihres *Tchekhov* werde lesen können. Ein gutes Omen: *Deux* wurde gerade mit einer Sondergenehmigung wiederaufgelegt. Und im April wird Julie Dumot in Paris noch ein Exemplar von *Les Chiens et les Loups* kaufen können. Es stimmt zwar, dass es sich nicht um Neuheiten handelt, aber es stimmt auch, dass diese beiden Bücher seit *Golder* bei Weitem ihre schönsten Verkaufserfolge sind.

Diese Fata Morgana wird den Winter nicht überdauern. Vom Fiskus in die Zange genommen, hat Michel, völlig am Ende, dem Steuerinspektor des 7. Arrondissements eine Erklärung zurückgeschickt, die auf allen Spalten den Vermerk «NICHTS» enthält, da die im Laufe des Jahres 1941 von Albin Michel erhaltenen achtundvierzigtausend Francs einen Vorschuss darstellten und kein Einkommen. Als Staatenloser glaubt er auf die Aufforderung des Steuereinnehmers hin präzisieren zu müssen, dass seine Kinder Franzosen sind. Eine lächerliche Vorsichtsmaßnahme. Und was soll aus seinem Bruder Paul in der Wohnung Avenue Coquelin, deren Miete, trotz einem Nachlass von fünfundzwanzig Prozent wegen fehlender Heizung, nicht mehr bezahlt wird? Michel kann seinen Bruder nur vor einer wahrscheinlichen Pfändung durch den Gerichtsvollzieher warnen: Aber sogar in diesem Fall wird alles dem Fiskus zufließen, «dem wir eine große Summe schulden». «Ich kann mich nicht verpflichten», sagt er ihm, «die gesamte rückständige Miete nach Kriegsende zu zahlen – wenn das 100 000 Francs? betragen sollte.»[38] Und noch immer ist es unmöglich, nach Paris zu reisen, um diese Probleme persönlich zu regeln!

Im Februar 1942, als weder Sabatier noch Esménard auf ihre Einladung geantwortet haben, beschließt Irène Némirovsky mit außergewöhnlicher Kühnheit, alles auf eine Karte zu setzen. Verbot, Fahrrad zu fahren; Verbot, öffentliche Orte zu betreten; Verbot, den Namen zu ändern; immer mehr Razzien in der Region von Paris … Sie beschließt, alle antijüdischen Verfolgungen zu ignorieren, um dem Kreiskommandanten von Autun mit Hilfe eines Briefs von entwaffnender Offenheit kaltblütig ihren Ausweis zu entlocken:

Frau EPSTEIN, geb. Irene NEMIROWSKY
ISSY-L'EVEQUE (Saône-und-Loire)
Den 11. Februar 1942

AN DIE KREISKOMMANDANTUR VON AUTUN

Sehr geehrte Herren,

Ich erlaube mir Ihnen zu schreiben um Sie zu bitten mir eine einmonatliche Aufenthalt in Paris zu erlauben.

Ich bin in Russland geboren, aber nie war ich Sovietangehörige. Infolge der bolschevistischen Revolution habe ich mich in 1919 mit meinen Eltern in Frankreich beschützt, und seit dieser Zeit wohne ich in Frankreich. Meine zwei Kinder sind Französinen; ich bin katholisch, meine Eltern waren aber Juden.

Ich bin Schriftstellerin von Beruf und die Deutsche Behörde in Paris haben meinem Verlager erlaubt meine Bücher wieder herauszugeben. Die Gründe die meine Gegenwart in Paris für mich höchst notwendig machen sind die folgende:

1° Meine älteste Tochter, die 12 Jahre alt ist, leidet von Augenschmerzen, und sein Arzt, Herr. Dr. Med. Morax, muss sie prüfen.

2° Mein neues Buch wird bald veröffentlicht sein und mein Verlager, Herr Albin Michel, muss sich unbedingt mit mir bevor unterhalten.

3° Ich habe in Paris eine Wohnung, die ich nicht langer behalten kann, und ich muss deswegen mich mit dem Hausbesitzer verständigen können.

Ich offe dass es Ihnen möglich wird mir diese Erlaubnis zu geben und ich danke Sie vielmals voraus.

Hochachtungsvoll

Ich bin in Kiew (Russland)
den 11. Februar 1903
geboren.[39]

Dieses übertriebene Vertrauen mag daher rühren, dass Leutnant Kurt Bonnet, der Dolmetscher der Kommandantur in *Dolce,* eine ganz reale Person ist («sehr jung, 18 Jahre, sehr blaß, Hände wie die eines Drogensüchtigen, lang, mager, weiß, groß»), mit dessen Gefälligkeit Michel vielleicht rechnet; im Übrigen steht Michel weiterhin mit Spiegel und Hammberger in ebenso herzlichem wie vorsorglichem Briefkontakt.

Um alle Chancen zu nutzen, schreibt Irène Némirovsky gleichzeitig an Hélène Morand, aus Furcht, Paul zu belästigen; vermutlich weiß sie, dass sich die Gattin des Schriftstellers vor der Kollaboration nicht scheut. Könnte sie nicht eine Bekanntschaft bei der deutschen Botschaft einschalten, «damit mir ein einmonatiger Passierschein ausgestellt wird? Ich nenne Ihnen für alle Fälle die besagten Autoritäten, die meinem Verleger den Verkauf und die Neuauflage meiner Bücher sowie die Veröffentlichung meiner neuen Werke genehmigt haben.»[40] Nebenbei schreibt sie auch, dass sie einen Optiker aufsuchen muss, denn die Papierknappheit zwingt sie dazu, mit winzigen Buchstaben zu schreiben, und von ihrer Feder hängt nunmehr das Überleben ihrer Familie ab. Sie erhält von Hélène Morand lediglich die Adresse von Mgr. Ghika, einem Rumänen wie sie, der 1940 nach Bukarest zurückgekehrt ist und ihr am 2. März auf der Rückseite einer «genehmigten Postkarte» folgende Zeilen der Sympathie schickt: «(...) ich vergesse Sie nicht vor Gott, weder Sie noch die Ihren. Suchen Sie in allen vergangenen und noch kommenden Prüfungen immer bei ihm Zuflucht ... Sagen Sie den Kindern, daß ich ihnen meinen väterlichen Segen sende, und teilen Sie ihn mit ihnen und mit Ihrem Mann. Ihr sehr ergebener in X^to.» Leider sollten diese Zeilen erst im September 1942 in Issy ankommen.

Zu einem Zeitpunkt, als jede Hoffnung geschwunden zu sein scheint, kündigt Sabatier endlich sein Kommen für Ende März an. Es wird also nicht nötig sein, sich an den irrsinnigen Grasset zu wenden, umso besser. «Sie kennen ihn sicher so gut wie ich», schreibt sie am 25. Februar noch einmal an Hélène Morand, «stets bereit, Gefälligkeiten anzunehmen und sogar zu fordern, aber wenig geneigt, sie zu er-

widern. So ist eben sein Charakter, daran kann man nichts ändern …»
Und um Sabatiers Mitleid zu erregen, schreibt sie ihm am 29. Februar:
«Bisher konnten wir uns über Wasser halten, indem wir die wenigen
Dinge verkauften, die wir besaßen, aber diese Quelle ist jetzt versiegt.
Sie verstehen, wie beschwerlich diese Lage ist; sie greift meine Ge-
sundheit an und wird früher oder später sicherlich einen schlechten
Einfluß auf meine Arbeit haben, denn es ist sehr entmutigend, in dem
Wissen zu schreiben, daß all die Mühe nicht einmal den Lebensunter-
halt sichert, daß meine Kinder wie Bauern erzogen werden und daß
die Zukunft so schwarz ist. Wenn ich dagegen hin und wieder einige
Novellen unterbringen könnte, wäre die Lage um sehr vieles besser.»
Vermutlich, denn Carbuccia stellt sich mittlerweile taub. Mitte März
nimmt er sich noch vor, sich in Vichy für sie einzusetzen, doch das sind
schon nur noch Worte.

Am 23. Februar hat Irène Némirovsky noch immer nicht die Fahnen
ihres *Vie de Tchekhov* erhalten. Mit dem Ende ihres neuen Romans
beschäftigt, begeistert sie sich für die – auf Wunsch des Staates ver-
zerrten – Berichte über die ersten Gerichtsverhandlungen im Prozess
von Riom, der am 19. Februar begonnen hat und die für die militärische Niederlage Verantwortlichen beurteilen – nicht verurteilen – soll.
Die benannten Schuldigen sind Léon Blum, Édouard Daladier, General
Gamelin, aber im Grunde will Vichy die Republik und die Volksfront, beide der Unfähigkeit bezichtigt, an den Pranger stellen. Man
weiß, dass die ungehobelte und hilflose Anklage sich lächerlich macht
und dass Hitler persönlich sich über diese Maskerade ärgerte. Aber
die unverschämte Verteidigung von Daladier, der Pétain mit Bazaine
vergleicht, und die fundierte von Blum, der die industrielle Effizienz
des 40-Stunden-Gesetzes nachweist, interessieren Irène Némirovsky weniger als das Verhör von Guy la Chambre am 4. und 5. März
1942. Der ehemalige Minister für die Luftstreitkräfte erklärt, dass die
Luftflotte bei seiner Amtsübernahme im Januar 1938 «ein klägliches
Bild» geboten habe: «Es war eine von entmutigten Chefs geführte
handwerkliche Industrie.» Ein Grund, weshalb er Material im Aus-

land, insbesondere in den Vereinigen Staaten, bestellen musste, um Frankreich mit einer dieses Namens würdigen Luftflotte auszurüsten. Heute beschuldigt man ihn, die nationale Verteidigung willentlich ausländischen Interessen geopfert zu haben? Aber, so ruft La Chambre in Erinnerung, ausgerechnet Baron Amaury de la Grande, der Präsident des Aéroclub de France, hatte sich zum Anwalt des Kaufs von Tausenden amerikanischen Motoren gemacht! Senator la Grange, im Prozess von Riom als Belastungszeuge geladen, weist viele gemeinsame Züge mit Raymond Détang auf, dem Lobbyisten aus *Le Feux de l'automne*, dem es gelingt, die Nationalversammlung zum Kauf der mangelhaften amerikanischen Teile zu bewegen. Und so sehen sich sogar in diesem Roman die heute in Vichy sitzenden Klientelisten und Opportunisten auf der Anklagebank wieder … Was den fehlgeschlagenen Prozess von Riom betrifft, der «zwecks zusätzlicher Einholung von Informationen» im April vertagt wurde, so ist es der erste ernsthafte Fleck, der die Unfehlbarkeit des Marschalls beeinträchtigt.[41]

Der Gemeinschaftsgeist

Zu Unrecht würde man also *Les Feux de l'automne* als den großen Roman der ideologischen Resignation darstellen, der er zu sein scheint. Im Gegenteil, Irène Némirovsky hat ganz einfach genug von der nationalen Revolution. Als sie zufällig ihre Notizen vom April 1940 wiederliest, ist sie verwundert, dass sie damals eine «aufrichtige und ein wenig spöttische Zärtlichkeit» für die Franzosen empfand. Und sie fügt die einfache Gleichung mit dem genauen Datum hinzu: «Haß + Verachtung = März 1942.» Ein Umschwung, der durchaus an Heinrich Heines jähen Groll gegen Deutschland erinnert, als er, nachdem er konvertiert war, begriff, dass er sich deshalb keiner höheren Wertschätzung in diesem Land erfreuen würde. Aus jener Zeit stammen bittere, scharfe Bemerkungen über «den Zustand Frankreichs», die nicht wenig zum posthumen Erfolg von *Suite française* beitragen sollten, wo sie – zum Teil – im Anhang erscheinen: «Mein Gott! Was tut dieses Land mir an! Da es mich von sich stößt, betrachten wir es kalten Bluts und schauen wir zu, wie es seine Ehre und sein Leben verliert. (…) Bewahren wir einen kühlen Kopf. Verhärten wir unser Herz. Warten wir.»

Ihre Stimme hat sich verändert. Sie, die früher lustig und schillernd war, ist «ernst und traurig» geworden.[42] Sie hat nie Angst gehabt, aber sie begreift, dass die Furcht der anderen sie in Gefahr bringt. Dass die reichen Leute bei der völligen Unterwerfung, also der Denunziation, am wenigsten zu verlieren haben. «Alles, was seit ein paar Jahren in einer bestimmen Gesellschaftsklasse in Frankreich stattfindet, hat nur einen einzigen Beweggrund: die Angst. (…) In der Schule gibt der schwächste Schüler der Unterdrückung durch einen einzigen den Vorzug vor der Unabhängigkeit; der Tyrann schikaniert ihn zwar, verbietet jedoch den anderen, ihm seine Murmeln zu klauen oder ihn zu schlagen. Wenn er dem Tyrannen entwischt, ist er allein und verlassen im Getümmel.» Von den kleinen Leuten, die auf dem Schwarzmarkt handeln, wie der Metzger von Issy, «der fünfhunderttausend Francs in einer Währung verdient hat, deren Kurs im Ausland er kennt (genau null)», hat sie nichts zu befürchten, wohingegen ein Bankier Vater und Mutter verkaufen würde, um seine Wertpapiere, ein Bourgeois seine Besitztümer, ein Politiker seine Privilegien zu bewahren. Anders ist die unterwürfige Rivalität nicht zu erklären, die zwischen den «verhaßtesten Männern Frankreichs» herrscht, dem «Tiger» Philippe Henriot, dem Propagandisten von Radio France, und der «Hyäne» Pierre Laval, der am 16. April wieder an die Macht berufen wurde: «In der Nähe des ersteren atmet man den Geruch nach frischem Blut und in der des zweiten den Gestank von Aas.» Dieselben Männer, die weiterhin die nationale Wiederaufrichtung predigen, schüren nicht allein den Kreislauf «Terrorismus»–Unterdrückung, der Frankreich zerstört, sie verfolgen zudem ihre eigenen Pläne.

Der «Gemeinschaftsgeist», das ideologische Fundament des Vichyismus, ist die große Lüge jener Zeit. In Wirklichkeit ist es ein Bürgerkrieg, in dem, unter dem Deckmantel eines antisowjetischen Feld-zugs, in ganz Europa Plutokratie und Plebs einander gegenüberstehen. In Frankreich ist die Kollaboration im Grunde nur die Rache für die Volksfront, wenn nicht ein Aufbäumen des Ancien Régime. So zumindest sieht es Madame de Montmort, zur Weißglut gebracht von dem argwöhnischen Gebaren des Bauernlümmels Labarie. Die höchst christliche Vicomtesse, die überaus geschickt darin ist, von den Dorfbewohnern die Zusammenstellung von Päckchen für die Ge-fangenen zu fordern, verbietet, dass auf ihrem Landgut, einer vom Besatzer bewachten Jagd, auch nur ein einziger Hase von den Bauern gewildert wird. Was Irène Némirovsky ironisch «Gemeinschaftsgeist» nennt, ist schlicht und einfach «das Hamstern von Lebensmitteln zum ausschließlichen Gebrauch einiger weniger»; denn letztlich «waren diese deutschen Offiziere immerhin wohlerzogene Leute! Was die Menschen trennt oder vereint, sind nicht die Sprache, die Gesetze, die Sitten, die Prinzipien, sondern die Art und Weise, wie man mit Messer und Gabel umgeht!»[43] Auf solchen Werten und einigen Leichen er-richtet Hitler das zivilisierte Deutschland.

In *Captivité*, wo sich alle Protagonisten von *Tempête en juin* wieder-finden, hat sich der tapfere Jean-Marie Michaud entschieden: «Man er-zähle mir also nichts vom Gemeinschaftsgeist. Ich will gerne sterben, jedoch als Franzose und denkender Mensch, ich will verstehen, warum ich sterbe, und ich, Jean-Marie Michaud, ich gehe für P. Henriot und P. Laval und andere Herrschaften zugrunde, so wie ein Huhn abge-schlachtet wird, um auf dem Teller dieser Verräter zu landen. Und ich behaupte, daß das Huhn mehr wert ist als diejenigen, die es essen.» Diese Auflehnung verlockt sie, aber sie fühlt sich für Michel und die Kinder verantwortlich. Sie wirft sich ihre abwartende Haltung zur Ge-nüge vor: «Damit Jean-Marie eine richtige politische Einstellung hat, müßte ich 1. die Zukunft kennen, 2. ich selbst eine richtige politische Einstellung haben, eine andere, als nur mit den Zähnen zu knirschen und in meine Gitterstäbe zu beißen oder Löcher in die Erde zu graben, um zu entfliehen.» Schließlich sollte ihr großer Roman nichts von ihrem Standpunkt durchscheinen lassen und keine Partei ergreifen. «Vor allem nichts beweisen. Hier weniger als überall sonst. Weder daß die einen gut und die anderen böse sind, noch daß dieser recht und ein anderer unrecht hat. Selbst wenn es stimmt, vor allem wenn es stimmt. Schildern, beschreiben.» Irène Némirovsky sorgt sich weit mehr um Literatur als darum, ihre Haut zu retten, aber es könnte sein, dass das auf dasselbe hinausläuft, denn: «Was bleibt: 1. unser bescheidenes Leben; 2. die Kunst; 3. Gott.»

Vom 6. bis 31. März entwirrt Irène Némirovsky die Leitlinien des dritten Teils ihrer «mehrschichtigen Tragödie», deren quasi mystischer Hauptgedanke, den bereits Julien Green in *Varouna* (1940) behandelt hatte, darin besteht, dass «unser aller Geschicke miteinander zusammenhängen». Sie schüttelt ihre Personen, vermengt ihre Schicksale, versucht sämtliche Kombinationen. Der Minister Jules Blanc, der im Hôtel des Voyageurs Zuflucht gesucht hat, wird Opfer eines Bombenattentats. Seine Mätresse, «eine Art Odette Swann, eine Etage tiefer», hat eine Tochter namens Brigitte, ein artiges Kind, das Corte mit einem «klaren, verächtlichen Blick» trotzt. Dieser gibt Pariser Diners, «wo man auf die Proletarier, auf die Juden, auf die Ablehnung von Genuß und Faulheit schimpft, die sich des Volks bemächtigt hatten», und sich gleichzeitig auf dem Schwarzmarkt eindeckt. Von seiner Eitelkeit als Schriftsteller getrieben, «beleidigt, weil man seine Verdienste nicht anerkennt», erklärt sich Corte auf ebenso natürliche Weise zum «Apostel der Résistance», jedoch weitab vom Feuer: «Es wäre nicht schlecht, diese vorsichtigen Leute im Ausland zu zeigen, die Ehre und Geld damit verdienten, dass sie den Aufstand predigten, und diejenigen, die sich die Fresse einschlagen ließen.» Und da Abbé Péricand auf dem Feld der Ehre gefallen ist, spricht nichts dagegen, dass nun Corte von den Kleinen Büßern gesteinigt wird!

In Paris machen, durch Vermittlung von Arlette, die Direktoren der Bank Corbin «Geschäfte mit den Deutschen». In Issy ist dieser «arme Sp[iegel]» gestorben. Cécile bereichert sich auf dem Schwarzmarkt. Madeleine, die mit dem Feind schläft, endet in einem Bordell. Jean-

Marie durchlebt eine Romanze mit Brigitte und sieht sich mit Hubert durch «eine sehr schöne, sehr männliche Freundschaft verbunden, die bis zum Opfer führt und einer großen Sache gilt»: der Résistance, um sie einmal beim Namen zu nennen. Aber die Sache Frankreichs ist 1942 zu «einem solchen Chaos» geworden, dass seine Anhänger nichts mehr gemeinsam haben. Hubert ist «ein junger Mann des Marschalls oder etwas in dieser Art», Jean-Marie ein waffenschiebender Gaullist und Benoît – der erschossen werden wird – ein auf die ganze Erde eifersüchtiger Ehemann. «Kurzum, damit mein Buch Bestand hat, muß es zwei Dinge geben: 1. eine kommunistische Revolution in Frankreich von kurzer Dauer, und 2. den Sieg der Engländer. *Oh, God! Topsy, don't be blasphemous!*»

Captivité (Gefangenschaft) – ein Wort für «Besatzung» oder für «Knechtschaft», ein ins Auge gefasster Titel – unterscheidet sich zunächst nicht von *Dolce*. Davon löst sie sich wirklich erst im Lauf des Frühjahrs 1942. Denn die Schriftstellerin ist unzufrieden mit jenem «Nebel von Kapiteln», die sich in alle Richtungen drehen und aus denen sich kein «Leitgedanke» herausschält. «*Tempête* war ein Chaos; das lässt sich vertreten, aber in *Captivité* muss sich etwas abzeichnen», das weder «das Bemühen, Frankreich zu befreien», ist noch die Liebesgeschichte zwischen Brigitte und Jean-Marie. Aber es könnte durchaus ein weiteres Mal «der Lebenstrieb» sein, der die beiden beseelt, wie er so viele entgegengesetzte Verhaltensweisen beseelt. «Zuerst die Feigheit. Aber seien wir barmherzig. Sodann eine Vertiefung der Seele. Das Feuer wird konzentrierter, brennt stärker, verzehrt das Herz: Die Bankdirektoren lieben mehr das Geld. Jean-Marie und Hubert werden glühendere Patrioten oder Parteileute, wenn man so will … Madeleine ist verliebter als mit Jean-Marie: Sie wird die Mätresse des Deutschen. Benoît zögert nicht zu töten.» Unlöschbar heißes Blut!

Auf glühender Lava

André Sabatier hat schließlich sein Kommen für Mittwoch, den 1. April, angekündigt. Ein Wagen wird ihn am Abend am Bahnhof von Luzy erwarten, um ihn nach Issy zu fahren, das elf Kilometer im Süden liegt. Ein kurzer Aufenthalt: Schon am Freitag wird er über Dijon wieder nach Paris reisen, wo er eine Verabredung hat. «Wir erwarten Sie mit großer Ungeduld», freut sich Irène Némirovsky am 23. März. «Mademoiselle Julie Dumot, die durch einen glücklichen Zufall hier ist, bittet Sie, ihr freundlicherweise die sechzehntausend Francs mitzubringen, die das Haus ihr noch schuldet. Was mich selbst betrifft, so wäre ich überglücklich, wenn Sie mir Wochenschriften, Zeitschriften und Bücher mitbringen könnten. Ich habe die Fahnen von *Tchekhov* nicht erhalten. Ich hoffe, diesbezüglich hat sich nichts geändert?»

Am Abend vor seiner Ankunft hat sie die endgültige Einteilung ihres neuen Werks vorgenommen. «Ich habe eine Idee, die ich für gut halte. Ich töte Brigitte im Keim. Mehr hat sie nicht verdient. An ihre Stelle setze ich Lucile. Das heißt: I *Tempête,* II *Dolce,* dann Jean-Marie und Lucile.» Es ist die Geburtsurkunde von *Suite française,* dieses noch anonymen langen Romans, der ihre *Ilias,* ihre *Äneis,* ihr *Krieg und Frieden* sein wird. Mit dem Unterschied, dass sie keinerlei Abstand hat. Tolstoi schrieb mit kühlem Kopf, ein halbes Jahrhundert nach dem Ereignis. «Ihm war es egal. Ja, aber ich, ich arbeite auf glühender Lava. Ob zu Recht oder zu Unrecht, ich glaube, daß das die Kunst unserer Zeit von der anderer Zeiten unterscheiden muß, daß wir den Moment meißeln, mit heißen Dingen arbeiten. Zwar löst es sich auf, aber genau das ist in der Kunst von heute nötig. Wenn ein solcher Eindruck einen Sinn hat, dann ist es ein ständiges Werden und nicht etwas schon Fertiges. Vgl. Kino.»

Sabatier verbringt nur zwei Nächte in Issy-l'Évêque. Am 3. April ist er schon wieder abgereist und hat den laufenden Meter Manuskripte, Zeitungen und Entwürfe mitgenommen, die er auf ihre Bitten hin in der Rue Huygens aufbewahren soll, wo sie dreiundsechzig Jahre in bleiernem Schlaf verbringen sollten. Eine Woche später ist Denise in Paris, wohin ihre Mutter sie mit Julie geschickt hat, um den Optiker aufzusuchen, ein paar Einkäufe zu machen, den Quai de Passy zu plündern (wo Fanny leider offensichtlich die Schlösser hat auswechseln lassen!) und aus der Wohnung Sessel, englische Bücher, Laken, eine Nähmaschine, ein Zigarettenetui aus Lack und ein paar Kleinigkeiten zu holen. Das ist natürlich Irrsinn, aber Denise ist erst zwölf Jahre alt und hat französische Papiere: Wer käme auf den Gedanken, sie festzunehmen? Nach einer abenteuerlichen Reise wird sie von ihrem Onkel Paul empfangen, «einem wahren Engel»[44], der sie zu einem Abendessen mit Austern, Rindfleisch und erlesenen Weinen ausführt. Restriktionen? Was für Restriktionen? Dieser kurze Aufenthalt in Paris schmeckt nach Ferien: Mavlik geht mit ihr ins Kino, um *La Symphonie fantastique* von Christian-Jaque anzuschauen; sie fährt zum ersten Mal mit der Metro und erlebt zwei Fliegeralarme, die ihrer Aufregung die Krone aufsetzen. «Für mich war es Byzanz. Mein Onkel war mit mir im Theater in *Cyrano de Bergerac*. Nachträglich habe ich mir gesagt: Mein Gott, wenn ich in diesem Moment in eine Razzia geraten wäre …»[45]

Aber Denise verbringt nur zwei oder drei Tage in Paris. Schon am 12. befindet sie sich in Audenge am Becken von Arcachon, wohin Julie sie zur Erholung gebracht hat und wo sie bis Mitte Mai in einem Bungalow wohnen. Zu jeder Mahlzeit frischen Fisch und Austern, Fahrradtouren, Kino und Strand am Sonntag: Fast sind es die großen Ferien, wenn die Schule und die Messe nicht wären, die Julie um nichts auf der Welt versäumt. «Sie ist sehr fromm», schreibt «Nanette» ihrer Mama, «heute Nachmittag hat sie sich so sehr in die Lektüre eines Buchs mit dem Titel *Vorbereitung auf den Tod* vertieft, daß sie beinahe darüber eingeschlafen wäre.»[46] Denises Lektüre ist gesünder: die Bücher der Bibliothèque de Suzette und *Les Aventures de Monsieur Pickwick*, die ihre Mutter ihr mit der Post geschickt hat. In Paris wie in Bordeaux scheint sie sehr überrascht zu sein, dass die Mädchen ihres Alters alle mager sind, versteht aber bald den Grund dafür: Zwar fehlt es in Audenge nicht an Meeresfrüchten, das Brot dagegen ist nicht immer frisch und die Grundnahrung knapp. «Papa und ich haben ein bißchen gelacht, als wir erfuhren, daß ihr Butter und Nudeln haben wolltet», schreibt ihre Mutter ihr am 24. April. «Issy-l'Évêque hat immerhin sein Gutes, wie mir scheint.» Dabei ist sogar in Issy die Verpflegung nicht immer einfach. Nur auf Lebensmittelmarken kann man etwas Gehaltvolles erhalten, und «es ist unmöglich, zusätzlich ein Gramm Fleisch oder etwas anderes zu bekommen».

Ende Mai ist Denise wieder in Paris, in Begleitung von Julie, der Esménard am 27. bestätigt, dass «ihre» Monatsraten demnächst von drei- auf fünftausend Francs erhöht werden, in Anbetracht der derzeitigen Schwierigkeiten und der immer noch bestehenden Hoffnung, einen ihrer Romane für die Leinwand zu bearbeiten. Eine gute Nachricht? Im Gegenteil: Die Schriftstellerin hatte gehofft, dass sie diese Vergünstigung rückwirkend ab dem 1. Januar bekäme. Aber Albin Michel wollte davon nichts wissen. «Wie kleinlich!», beklagte sie sich am 4. Mai bei Sabatier. «Und wie unrecht er hat! Will er denn, daß ich den einzigen Ausweg nehme, den Sie ahnen? (Und der nicht der Selbstmord ist …)» Diese Klagen und Sabatiers Argumente werden Albin Michels Unnachgiebigkeit schließlich besiegen, denn er wird so weit gehen, für 1943 Zahlungen in Höhe von sechstausend Francs zu bewilligen …

Denise ist erst am 29. Mai wieder in Issy, am Tag der deutschen Verordnung, die es den Juden in der besetzten Zone zur Pflicht macht, ein sichtbares Erkennungszeichen zu tragen, in Form eines auf die Brust genähten gelben Sterns, eine Maßnahme, die in Deutschland seit September 1941 in Kraft war. Nur zwei Monate nachdem sie den Blumenkranz der Erstkommunikantinnen auf dem Kopf getragen hatte, fällt sie von einer Überraschung in die andere: «An dem Tag, an dem wir gezwungen waren, den gelben Stern zu tragen, hat Mama mir gesagt, dass ich Jüdin sei. Sie hat mir erklärt, dass wir geglaubt hätten, Katholiken zu sein, weil wir getauft waren, aber dass wir in Wirklichkeit jüdischer Herkunft seien und dass die Deutschen verlangten, dass wir diesen kleinen Stern tragen ...»[47] Auch diesmal könnten sich Irène und Michel ohne Weiteres einer Verpflichtung entziehen, die im Dorf nur sie allein betraf. Dennoch unterziehen sie sich ihr: immer diese Haltung, «mit den Zähnen zu knirschen und in meine Gitterstäbe zu beißen». Und was den Versuch angeht, die Demarkationslinie zu verletzen, so haben ihn mehrere Juden unternommen: Von den Schäferhunden der Feldgendarmerie gehetzt, modern sie in der Kaserne von Chalon-sur-Saône oder im «Refuge Salengro» von Montceau-les-Mines unter der Bewachung französischer Polizisten.[48] Doch nach dem 6. Mai war René Bousquet, Polizeichef von Vichy, mit seinem deutschen Amtskollegen Reinhardt Heydrich über die nächste Deportation von fünftausend Juden nach Deutschland übereingekommen, die sich in den Kerkern der besetzten Zone befanden. Das war der Beginn der «Endlösung» in Frankreich.[49]

Der gelbe Stern ist Irène Némirovskys erste Nähübung, denn sie wollte diese Aufgabe niemand anderem überlassen.[50] Nur Babet, die unter sechs war, wird ihn nicht tragen. Was Denise betrifft, so ist sie nicht im Mindesten gekränkt: «Man hat mir gesagt: ‹Das ist Gesetz.› Ich habe ihn bis zum Oktober getragen. In der Schule hat nie ein Kind eine Bemerkung darüber gemacht, aber ich wurde von meinen Lehrerinnen sehr beschützt ...»[51] Doch wer in Issy hätte ihr vorwerfen können, ihn nicht zu tragen?

Eine französische Suite

«Heute, am 24. April, zum erstenmal seit langem ein wenig Ruhe. Sich fest davon überzeugen, daß die Reihe der *Stürme*, wenn ich so sagen darf, ein Meisterwerk sein muß und ist. Unermüdlich arbeiten.» In Abwesenheit von Denise ist das beginnende Frühjahr 1942 in Issy-l'Évêque recht still. Irène Némirovsky nutzt diese Pause, um verbissen an ihrem großen Werk zu arbeiten. Sie zögert noch, ob sie den ersten Teil *Tempête* oder *Naufrage* (Schiffbruch) nennen soll, aber im Lauf des April wird ihr endlich der allgemeine Titel klar: «Man muß eine Suite machen aus *Tempête, Dolce, Captivité.*»

Also eine französische Suite. Weshalb dieser Titel, dem man vor ihr nur bei Johann Sebastian Bach begegnet? Es ist freilich nicht das erste Mal, dass sie an ihr Werk in Begriffen einer musikalischen Schöpfung denkt: *Le Vin de solitude* ist nach der *Symphonie* von César Franck komponiert. Was die «Reihe der *Stürme*» angeht, so möchte sie ihr die Form einer Sonate oder einer Symphonie in vier Sätzen geben: «langsam, gefolgt von einer Fuge; allegro in einem anderen, aber ähnlichen Ton; adagio, und zum Schluß eine Reihe schneller Tänze.» Das heißt vier Bücher, von denen drei in Arbeit sind. Eine zyklische Symphonie, wobei die Schwierigkeit darin besteht, die Teile durch ein gemeinsames Thema oder durch Leitmotive miteinander zu verbinden.

Eine Fülle beredter Vergleiche fließen ihr aus der Feder: *Hammerklaviersonate, Missa Solemnis,* die letzten Szenen von *Parzival,* die zwanzigste der *Diabelli-Variationen,* «dieser Sphinx mit den düsteren Brauen, die in den Abgrund blickt». Die Tempohinweise und Nuancen – *presto, prestissimo, adagio, andante, con amore …* – fehlen ihr, um genau wiederzugeben, was ihr vorschwebt, doch am besten definiert die Kunst des Kontrapunkts ihre Idee, einen Strang individueller Miseren und großer kollektiver Strudel: «Bach führt sein Material auf zwei kontrastierende Themen zurück, die eine Endphase ohne jede Schwerfälligkeit zur Synthese vereint. Die melodische Linie, das Thema der Fuge verschwinden zuweilen wie ein unterirdischer Fluß, aus dem von Zeit zu Zeit – nur durch einfache Akkorde – Anspielungen an die Oberfläche dringen.»

An anderer Stelle vergleicht sie ihre Personen mit den instrumentalen Soli einer Symphonie und die Massenszenen mit Chören, die der Handlung Umfang und Kontrast verleihen. «Auf einer Seite das Schicksal des Volkes, auf der anderen Jean-Marie und Lucile, ihre Liebe, die Musik des Deutschen usw.» Genau das, was Leutnant Bruno von Falk in *Dolce* Lucile verständlich zu machen versucht, wenn er am Klavier die traurige, universelle Geschichte des Soldaten improvisiert:

«Die Trommeln, die Lastwagen, die Schritte der Soldaten ... Hören Sie es? Hören Sie es? Dieses langsame, dumpfe, unerbittliche Stampfen ... Ein marschierendes Volk ... Der Soldat verliert sich darin. An dieser Stelle muß ein Chor kommen, eine Art religiöser Gesang, der noch nicht beendet ist. Und jetzt, hören Sie, die Schlacht ... (...) Der Soldat stirbt, und im Augenblick seines Todes hört er von neuem den Chor, nicht mehr den der Erde, sondern der himmlischen Heerscharen ...»[52] Es ist das ganze Thema von *Dolce*, und es wird das Thema von *Captivité* sein: die Qual, sich vor der Aktualität nicht verbergen zu können, die Illusion, in Issy eine von den politischen Leidenschaften und dem Lärm der Welt geschützte Einsiedelei zu finden. Hierin liegt der einzige einhellige Sinn des Krieges: ob Deutsche, Franzosen, Juden – die Menschen haben nur einen Todfeind, die Geschichte, die sie zermalmt. «Also: Kampf zwischen dem individuellen Schicksal und dem gemeinsamen Schicksal. (...) Das musikalische Meisterwerk des Deutschen.»

Dieses Meisterwerk ohne Vaterland, eine Symphonie mit obligatem Klavier, ist, zweifeln wir nicht daran, *Suite française*. Es ist nicht verwunderlich, dass Aulis Sallinen, ein Komponist in der Nachfolge von Sibelius, ihm im Jahr 2005 das Material für ein *Kammerkonzert* für Violine und Klavier entnommen hat.[53] «In der Tat», scheint Irène Némirovsky ihm zu antworten, «es ist wie bei der Musik, wo man manchmal das Orchester hört, manchmal nur die Geige. Wenigstens sollte es so sein.»

Die bittere Einsamkeit des Verlassenseins

Im Mai 1942 wird ihre letzte Hoffnung, Paris wiederzusehen, von André Sabatier zerschlagen, der es für unvorsichtig hält, den mächtigsten Hebel, über den er verfügt, in Bewegung zu setzen: seinen Freund Benoist-Méchin, nunmehr Staatssekretär im Außenministerium, der soeben «dem mächtigen Grollen der Panzerdivisionen der Wehrmacht, Vorboten des großen westlichen Kreuzzugs»[54], Beifall gespendet hat.

459

«Ich verstehe Ihren Standpunkt», antwortet sie ihm. «Aber sehen Sie, meiner Meinung nach sind mir beide ‹Autoritäten› gleichermaßen feindlich gesinnt. Deshalb machte ich keinerlei Unterschied zwischen ihnen. Ich sehe gut, daß es sinnlos ist, irgend etwas zu versuchen. (…) Wirklich, zur Zeit erhoffe ich gar nichts. Das einzig Mögliche wäre, wie ich glaube, das Buch von Julie zu veröffentlichen. Das würde mit einem Schlag viele Türen öffnen und einige Schwierigkeiten beseitigen.»[55] Dieses Buch, *Les Feux de l'automne*, wird jedoch in der Schublade bleiben. Mit knapper Not gelingt es Sabatier, zwei noch unveröffentlichte Novellen an die neue Wochenschrift *Présent* zu verkaufen. Die zweite, «Un beau mariage», war ihm von *Gringoire*, dem Irène Némirovsky sie im Dezember geschickt hatte, zurückgesandt worden; Carbuccia will kein Risiko mehr eingehen, womit er ihren «Zustand der Bitternis, der Mattigkeit, des Ekels»[56] auf die Spitze treibt. Diese Niedergeschlagenheit zeigt sich deutlich in der zweiten dieser Novellen, «Les Vierges» («Die Jungfrauen»), die erzählt, wie sich eine alleinstehende Mutter mit ihrer Tochter «in einem kleinen Dorf in der Mitte des Landes» niederlässt:

> Das Leben ist schrecklich. Sie halten sich fern vom Leben, und Sie tun recht daran. Das Leben kann Ihnen nur wehtun, Sie verstümmeln, beschmutzen, verletzen. (…) Sehen Sie mich an. Ich bin jetzt allein wie Sie, aber nicht in einer gewählten, gewollten Einsamkeit, sondern in der schlimmsten, der gedemütigten, bitteren Einsamkeit des Verlassenseins, des Verrats.[57]

Présent, eine im Dezember gegründete «politische und literarische Wochenschrift», verkündete auf gediegene Weise die Doktrin des Marschalls Pétain und hatte es sich im Übrigen nicht nehmen lassen, über den «talmudischen» Stil der Verteidigung von Léon Blum in Riom zu spotten. Davon abgesehen hatte sie sich nur selten des Antisemitismus schuldig gemacht, was zweifellos der Qualität ihrer Redakteure zu verdanken ist, von denen einige Juden, andere in der Action communiste engagiert, wieder andere aus der Action française hervorgegangen sind. In bunter Folge: Kléber Haedens, André Salmon, Claude Roy, Jacques de Lacretelle, Joë Bousquet, Edmond Jaloux, Roger Vailland oder auch die sehr junge Françoise Giroud. Irène Némirovsky, alias Denise Mérande (ein doppeltes Augenzwinkern an ihre Tochter und an Esménard, dessen Anagramm dieser Name fast ist), wird keine dieser Novellen lesen, da «Les Vierges» erst am 15. Juli erscheint, zwei Tage nach ihrer Festnahme, und «Un beau mariage» am 23. Februar 1943, mehr als sechs Monate nach ihrem Tod.

Es bleibt ihr noch ein Ausweg: dass auch Chaumeix, der auf einer Postkarte wieder Kontakt mit ihr aufgenommen hat, in der *Revue des Deux Mondes* einige Novellen und, wer weiß, im Frühjahr 1943 einen Roman veröffentlichen wird. Doch sollte das nicht oder allenfalls zu sehr schlechten Bedingungen möglich sein, dann bliebe ihr nur noch, das fortzusetzen, was sie schon seit zwei Jahren beschäftigt, ein Roman in mehreren Bänden, den sie «für das wichtigste Werk meines Lebens» hält[58]: ihre *Suite française*. Doch es war eine falsche Hoffnung, und Irène Némirovsky will nicht mehr um tausend Francs kämpfen. «Ich hatte viele ‹publizierbare› Sachen in Arbeit», erklärt sie Sabatier, «aber ich habe so gut begriffen, daß ich trotz all Ihrer Bemühungen vor verschlossenen Türen stehe oder daß man sie mir nur aus einer Art Barmherzigkeit einen Spalt öffnet, daß ich alles aufgegeben habe und nur noch an die Zukunft denke und an diesem mehrbändigen Werk arbeite, von dem ich Ihnen erzählte habe.»[59]

Von Mai bis Juli gibt Irène Némirovsky *Dolce* die Form, die wir kennen, und präzisiert den Inhalt von *Captivité*. Sie ist sich nun sicher, dass sie für die Zukunft schreibt, «auf den Knien der Götter», da sie abergläubisch erwartet, dass die deutschen Truppen nach Issy zurückkehren. Aber sie trägt den gelben Stern. Was würde geschehen? Sie hofft nur noch auf Sabatier, der alles getan hat, und auf Nostradamus, der alles gesagt hat. «Nun, wenn am 14. Juli diejenigen eintreffen, die es versprochen haben», schreibt sie geheimnisvoll, «dann wird das, unter anderen Folgen, zwei oder zumindest einen Teil weniger haben.»

Es ist kaum wahrscheinlich, dass dieser rätselhafte Satz am Rand des Manuskripts von *Dolce* auf irgendeine Aktion des Maquis anspielt. Zwei Teile ihres Werks weniger würde in der Tat weder Rückeroberung noch Frieden bedeuten. Außerdem glaubt sie nicht mehr an den englischen Sieg, den sie vorgezogen hätte.

Das Ereignis, das ihre Besorgnis über die Maßen verstärkt zu haben scheint, ist die vom Rundfunk gesendete Ansprache des Präsidenten Laval am Jahrestag der Naziaggression in der UdSSR: «Wir hatten unrecht, 1939 Krieg zu führen. (…). Ich wünsche den Sieg Deutschlands, denn ohne ihn wird morgen überall der Bolschewismus Platz greifen.» Zehn Tage später notiert sie: «Meine Wahl: ein von England repräsentiertes bürgerliches Regime. Leider liegt es am Boden, verlangt zumindest, erneuert zu werden, denn im Grunde ist es seinem Wesen nach unwandelbar; aber vermutlich wird es sich erst nach meinem Tod wieder erholen; bleiben also gegenwärtig zwei Formen von Sozialismus. Mich berauscht weder der eine noch der andere, aber *there are facts*! Einer von ihnen weist mich also ab … Der zweite … Aber davon kann keine Rede sein.»

Den ganzen Juni über ist der Schraubstock um die Juden fester angezogen worden. Im Generalkommissariat für Judenfragen hat Vallat seine Stelle an Darquier de Pellepoix abgetreten, dessen weniger rechtlich geprägtes Temperament der Besatzer vorzieht. In *Je suis partout* meint Rebatet am 6. Juni, dass die neuen Kreuzritter der LVF (Legion des Volontaires Français contre le Bolchévisme) als «Opfer der Juden» und des «jüdischen Marxismus» sterben. Im selben Augenblick verlangt die Inbetriebnahme der Gaskammern und der Krematorien des Konzentrationslagers Auschwitz-Birkenau im besetzten Polen die Verhaftung und Deportation von Zehntausenden westlicher Juden, einschließlich derer in der freien Zone, mit Hilfe der französischen Polizei, womit sich der Staatssekretär Bousquet ohne Weiteres einverstanden erklärt. Und was die Juden in der besetzten Zone betrifft, so legt Präsident Laval ihr Schicksal in die Hände des Besatzers und sagt die Mitwirkung seiner Polizei nur zu, wenn es sich um die Ausweisung der Ausländer handelt. Um den Quoten Genüge zu tun und gleichzeitig sein Gewissen zu erleichtern, schlägt er lediglich vor, dass die Kinder, selbst wenn sie naturalisiert sind, bei dieser schmerzlichen Odyssee nicht von ihren Eltern getrennt werden.

Ich habe Angst, ich habe Angst …

Natürlich weiß Irène Némirovsky nichts von diesen Zusammenkünften, bei denen die Verhaftung ihrer Töchter, ihres Mannes, ihrer ganzen Schwiegerfamilie und ihrer eigenen Person verabredet wird. In den Kladden von *Captivité* ist fast nie von den Juden die Rede, außer wenn sie bedauert, Langelet nicht «Laangelé» nennen zu können, und außer der befremdlichen Vision, die sowohl ein Bedauern wie eine Vorahnung zum Ausdruck bringt: «Für das Konzentrationslager die Blasphemie der getauften Juden: ‹Mein Gott, vergib uns unsere Schuld, wie auch wir Dir vergeben.› – Natürlich hätten die Märtyrer das nicht gesagt.» Aber die Gegenwart und die nahe Zukunft kümmern sie wenig, bestenfalls sind sie der Dekor ihres posthumen Werks, «oder der Sieg, an den ich nicht mehr zu denken wage, oder der Schock, der Kampf, die *Pax Germanica*, was immer man will, alles, was Gott gewollt hat, alles, was es auf beiden Seiten der individuellen Schicksale geben wird». Wenn man in die Nacht eintritt, denkt man nicht an die Morgenröte. «Nie vergessen, daß der Krieg einmal zu Ende ist und der ganze historische Teil verblassen wird», notiert sie am 2. Juni. «Versuchen, soviel wie möglich zu beschreiben, Debatten …, die noch im Jahre 1952 oder 2052 die Leute interessieren können.»

Captivité nimmt Gestalt an. Am 17. Juni muss sie nur noch fünf der fünfundzwanzig Kapitel von *Dolce* schreiben, darunter das Dante würdige Fest im Park des Schlosses von Montmort, das sie durch einen aufschlussreichen Irrtum auf «22. Juni 1942» datiert. Der Opportunist Corte, der sich hintereinander in den Dienst der nationalen Revolution gestellt, seine Feder einer «klandestinen Zeitung» geliehen, sogar Aragon'sche Töne angeschlagen hat, um schnell eine *Niederlage Frank-reichs* zu Papier zu bringen, und sich vorstellte, «der große Mann der Partei, ha, ha, ha!» zu werden, schwenkt plötzlich um, denunziert seine «Kameraden» und singt das Loblied des Kreuzzugs: «Heute fließt der Rhein durch die Berge des Urals …» Bis zum Schluss zögert Corte, ob er sich für eine einzige Seite oder für alle entscheiden soll. «Kann ein Corte derart zynische Gedanken haben? Ja doch, in bestimmten Augenblicken. Wenn er getrunken hat oder wenn er sich der Liebe auf die Weise hingegeben hat, die er bevorzugt und von der sich der ge-wöhnliche Sterbliche nur eine blasse Vorstellung machen kann (…).»

In Bussy zittert unterdessen Jules Blanc, der ehemalige Kazike der Republik, «vergraben wie eine Leiche», am ganzen Leib. Seine Be-drängnis und seine «schmerzliche Bestürzung» verraten Irène Némi-rovsky: «Der Briefträger war da. Nichts? Nichts für mich? Oh! Doch? Ein Brief, eine Postkarte. Nein, das war nicht für mich, Sie haben sich geirrt! Nein danke, es ist nichts. Nichts, nichts, *nada*, nichts bis mor-gen! Und morgen? Nichts oder schlimmer? Gott, ich habe Angst, ich habe Angst, ich habe Angst, man muß durchhalten, sich in die Brust werfen. Ich bin nicht irgendwer. Ich habe Beziehungen.» Sie, die seit 1917 niemals gezittert hatte.

Und Benoît Labarie, nun vom «Terrorismus» überzeugt, der den Ab-zug der Deutschen nutzte, um zu fliehen? Irène Némirovsky schickt ihn nach Paris, wo er sich bei den Michauds versteckt, aber die Gestapo ist hinter ihm her. In einem klandestinen Widerstandsnetz trifft er Jean-Marie wieder sowie Hubert Péricand, der es abgelehnt hat, sich die Beziehungen seiner «mächtigen Familie, die durch und durch kol-laborationistisch ist», zunutze zu machen. Sie werden deportiert, Jean-Marie entkommt und, Happy End, flieht Arm in Arm mit Lucile aus Frankreich. «ENDE: Aufführung von Brunos Musik.» *Suite française* wäre also vielleicht wie «einer jener amerikanischen Filme (…). Ver-folgung – die Liebenden – Lachen, Tränen usw. … Diese Art von Rhythmus möchte ich erreichen». Zuerst aber ist es ein «dickes Buch von tausend Seiten», mindestens, «*well, well, if I live in it!*»

Denn der Krieg ist an einem Wendepunkt angelangt. Am 21. Juni hat sie einer Diskussion mit einem gewissen Pied-de-Marmite, der wohl einen guten Riecher hatte, die Gewissheit entnommen, dass die Siege des Reichs und der japanischen Luftwaffe England das Genick brechen werden und Frankreich gezwungen sein wird, «mit Deutschland Hand in Hand zu gehen», da es keinen Grund mehr gebe, es zu schonen. Jetzt hat sie nur eine Sorge: in einem Jahr noch am Leben zu sein, um von diesem «unvergesslichen Sonntag» zu berichten, an dem der rote Tod sich selbst zum Fest einlud und die Tischgenossen ihn aufforderten, sich zu besaufen.

In ihren letzten Notizen vom 1. Juli, die sich mit dem Aufbau von *Suite française* befassen, versucht Irène Némirovsky Jean-Maries Haltungen «gegenüber dieser großen Schachpartie» zu ergründen. Im Wesentlichen geht es ihm «um die Revanche Frankreichs» – und das könnte Gegenstand der beiden letzten Bände werden, *Batailles* und *La Paix* –, aber «wer Revanche sagt, sagt Haß und Rache». Wie den Krieg gewinnen, ohne ihn zu führen, ohne Sieger und Besiegte, ohne daß es jedesmal «einen Stärkeren und einen Schwächeren» gibt? Mit einem Abstand von zwei Jahren antizipiert sie hellsichtig die Exzesse der «Säuberung», standrechtliche Erschießungen, sadistische Gewalttaten und Schnellverfahren, die die Befreiung Frankreichs begleiten werden. Im letzten Teil würde man immerhin, so freut sie sich, den Triumph «des individuellen Schicksals» über den «Gemeinschaftsgeist» erleben. Die Rache der Figur auf dem Schachbrett.

Wie auf einem Floß

Suite française ist ein gelungener Text, dessen Vollkommenheit alle Leser ergriffen hat. Dennoch hätte Irène Némirovsky ihn stark verändert, wenn ihm *Gefangenschaft* und die beiden folgenden Bände, *Schlachten* und *Der Frieden*, gefolgt wären, denn in ihren Augen konnte Letzterer ebenso gut die *Pax Britannica* wie die *Pax Sovietica* oder die *Pax Germanica* sein. Die *Pax Americana?* Diese Hypothese ist ihr nie in den Sinn gekommen.

Ihre letzte Novelle schrieb sie wahrscheinlich Ende Juni. Der Tod des gutmütigen Carillon in «La Grande Allée» hat in der Tat viel mit dem des «armen Vaters Milleret» zu tun, eines Bauern aus Issy-l'Évêque, der am 13. Juni in seinem kleinen Haus gestorben ist und dessen von Klageweibern umringte Leiche sie gesehen hat. Vater Milleret «liebte den Wein», und «Carillon» war der Spitzname des alten Grandvin. «Um seine Hände schlang sich ein alter Rosenkranz. Sein Gesicht war ruhig. Neben dem Leichnam beteten Frauen den Rosenkranz, wobei sie Marie einen fragenden Blick zuwarfen, während ihr Gemurmel weiterging: ‹Und vergib uns unsere Schuld, wie auch wir vergeben unseren Schuldigern.›»

Weitere Demütigung: Am 1. Juli wird der Postdienst von den Besatzungsbehörden gezwungen, den Juden – einschließlich den Ärzten – die Benutzung des Telefons zu verbieten. In Paris planen Theodor Dannecker und Adolf Eichmann die rasche und massenhafte Deportation der Juden Frankreichs in Transporten von je tausend, «mit der Absicht, Frankreich so schnell wie möglich judenfrei zu machen». Sechs Transporte dieser Art sind ab dem 6. Juli vorgesehen. In Vichy geht das Gerücht um, dass diese Maßnahmen sowohl in der besetzten wie in der freien Zone ausgedehnte Razzien benötigen werden. In der Nacht vom 2. auf den 3. Juli telegrafiert der Botschafter Abetz nach Berlin, es gebe keine «prinzipiellen Einwände, daß vierzigtausend Juden aus Frankreich evakuiert und zum Arbeiten ins Lager Auschwitz geschickt werden», unter der Bedingung, in erster Linie die Ausländer zur Zielscheibe zu nehmen, um dem französischen Antisemitismus entgegenzukommen. Laval, der so tut, als glaubte er an die Schaffung eines jüdischen Staates in Osteuropa, kritzelt am 3. Juli im Ministerrat: «Es würde mir nicht zur Unehre gereichen, wenn ich diesem Staat eines Tages die zahllosen ausländischen Juden schickte, die sich in Frankreich aufhalten.» Da so die Ehre gerettet ist …

Jedenfalls ist sie enttäuscht, entmutigt. Fast sehnt sie sich danach, dass endlich die Stunde schlägt. «3. Juli – Ja wahrhaftig, und falls die Dinge sich nicht hinziehen und unterdessen noch komplizierter werden! Aber es muß ein Ende haben, im Guten oder im Bösen!» Am 8. Juli, dem Tag, an dem in der besetzten Zone der Propagandafilm *Le Péril juif* (Die jüdische Gefahr) herauskommt, wird auch die zweite Otto-Liste der «unerwünschten französischen literarischen Werke» veröffentlicht, in der noch immer nicht der Name von Irène Némirovsky steht. Doch weist ein Anhang darauf hin, dass «alle Bücher jüdischer Autoren (…) vom Verkauf zurückgezogen werden». Am selben Tag verbietet eine weitere deutsche Verordnung den Juden den Besuch von Kinos, Theatern sowie sämtlicher öffentlicher Orte. Außerdem schränkt sie ihren Zugang zu den Geschäften ein. In Wahrheit könnte ihre Lage, abgesehen von der Internierung, gar nicht schlimmer sein. Natürlich ist sie darauf gefasst, denn sie liest gerade das *Tagebuch* von Katherine Mansfield wieder: «Wenn man denkt: ‹Jetzt bin ich auf dem tiefsten Grund des Meeres angelangt, tiefer hinunter kann es nicht gehen›, sinkt man noch tiefer hinab. Und so ist es immerfort.»[60]

Am 11. Juli geht Irène Némirovsky in den Wald der Maie hinauf, um «Freunde» zu besuchen und die letzten Freuden zu genießen, die ihr nicht verboten sind. Ihr Herz ist leicht, zu leicht, als wäre jede Angst zu fernen Gestaden geflossen. Es ist ein sehr ruhiger, fast wundersamer Morgen:

Die Kiefern um mich herum. Ich sitze auf meinem blauen Sweater inmitten eines Meeres verfaulter, vom Gewitter der letzten Nacht durchweichter Blätter wie auf einem Floß, die Beine unter mir angewinkelt! Ich habe den 2. Band von Anna Karenina, *das Tagebuch von K.M. und eine Orange in meine Tasche gesteckt. Meine Freunde, die Hummeln, diese reizenden Insekten, scheinen mit sich zufrieden zu sein, und ihr Summen ist tief und ernst. Ich liebe die tiefen, ernsten Töne in den Stimmen und in der Natur. Das spitze «chirrup, chirrup» der kleinen Vögel in den Zweigen macht mich*

nervös. Nachher werde ich versuchen, den verlorenen See wieder-
zufinden.

Dies sind ihre letzten Worte als Schriftstellerin. «In letzter Zeit habe
ich viel geschrieben», erklärt sie Sabatier am selben Tag in ruhiger
Handschrift. «Ich vermute, es werden posthume Werke sein, aber es
vertreibt mir jedenfalls die Zeit.» Sonntag, 12. Juli: nichts. In dieser
Nacht schläft Denise nicht gut. Am nächsten Abend beginnen die großen Ferien. Aber sie darf den Zug nicht mehr nehmen.

Montag, 13. Juli. Herrliches Wetter. Gegen zehn Uhr morgens das
Geräusch eines Autos, das an der Place du Monument aux morts an-
hält. Schritte, Schläge an die Tür. Auf der Schwelle zwei französische
Gendarmen mit einem Haftbefehl. «Ich begriff nichts, ich hörte die
Stiefel, und ich habe gehört, wie meine Eltern in ihr Zimmer gegangen
sind, das alles in drückendem Schweigen», erinnert sich Denise, der
nach einigen Minuten erlaubt wird, ihre Mutter zu umarmen. Denn
um diese zu holen, ist man gekommen. Man hat ihr nur Zeit gelassen,
ein paar Sachen in einen Koffer zu packen. Ihren Töchtern erklärt sie
mit dünner Stimme, dass sie ein paar Tage, vielleicht auch länger ver-
reise. Denn ermahnt sie sie, artig zu sein. Michel ist aufgelöst. «Wir
haben uns an einen alten russischen Brauch gehalten, nämlich zu
schweigen, wenn ein Familienmitglied alleine weggeht.»[61] Keine Tränen. Eine zugeschlagene Wagentür, dann Stille. Alles ging so schnell,
dass sie nicht einmal geistesgegenwärtig genug war, ihren Füllfeder-
halter und ihre Lesebrille oder auch ein Buch mitzunehmen. Zum
Beispiel jenes *Tagebuch* von Katherine Mansfield, in das sie sich von
Neuem vertieft hatte. Die Autorin von *An der Bucht*, die ihren nahen
Tod vorausahnte, empfahl darin, sich einfach mit seinem schlimmen
Schicksal abzufinden: «Alles im Leben, was wir wirklich annehmen,
verwandelt sich. So muß Leiden zu Liebe werden. Das ist das Geheimnis.»[62] Wie daran glauben?

12

Wie bei einem Schiffbruch

(13. Juli – 9. November 1942)

> «*Leben – leben – das ist alles. Und das irdische
> Leben verlassen, wie Tschechow und Tolstoi es
> verlassen haben.*»
>
> Katherine Mansfield,
> *Tagebuch*, 19. Dezember 1920

Irène Némirovsky wurde zur Gendarmerie von Toulon-sur-Arroux
gebracht, etwa zehn Kilometer von Issy entfernt. Von diesem Tag an
hört sie auf, eine Schriftstellerin, eine Mutter, eine Gattin, eine Frau,
eine Russin, eine Französin zu sein: Sie ist nur noch Jüdin.

Michel weiß, dass sie ins Konzentrationslager von Pithiviers im
Loiret gebracht werden soll. Man hat ihm sogar den Grund angegeben:
«Allgemeine Maßnahme gegen die staatenlosen Juden zwischen 16
und 45 Jahren.»[1] Weil weder er noch seine Töchter in diese Gruppe
fallen, wurde, so glaubt er, nur Irène mitgenommen. Sollte dieser
Grund stimmen, scheidet die Hypothese einer Denunziation aus. Dennoch muss man sie ins Auge fassen, denn aufgrund welch plötzlicher
Eingebung sollten die Gendarmen gekommen sein, um in einem gottverlassenen Nest eine Schriftstellerin zu verhaften. Denunziert? Sie
wäre nicht überrascht gewesen, denn Bruno von Falk sagte, nachdem
er einen Stapel anonymer Briefe, die an die Kommandantur geschickt
worden waren, ins Feuer hat werfen lassen: «Mit den Menschen ist
es nicht weit her, und die Niederlage weckt ihre schlechtesten Eigenschaften.»[2]

Bevor sie ihre Töchter umarmte, hatte sie Zeit gehabt, Michel zu sagen, was am dringendsten zu tun sei. Als Erstes die deutschen Beziehungen von Paul Morand, Bernard Grasset und Albin Michel spielen zu lassen. Gleich nachdem André Sabatier telegrafisch benachrichtigt wurde, übernimmt er diese ersten Schritte. In einem kurzen Brief, den Irène am selben Tag um siebzehn Uhr im Kommissariat kritzelte, nennt sie weitere Möglichkeiten und bemüht sich, ihre Angst zu verbergen:

> *Mein Geliebter,*
> *im Augenblick bin ich in der Gendarmerie, wo ich schwarze und rote Johannisbeeren gegessen habe, während ich darauf wartete, daß man mich abholt. Sei vor allem ruhig, ich bin überzeugt, daß es nicht lange dauern wird. Ich habe gedacht, daß man sich auch an Caillaux und an Abbé Dimnet wenden könnte. Was meinst du? Ich bedecke meine geliebten Mädchen mit Küssen, meine Denise soll brav und vernünftig sein … Ich drücke dich an mein Herz, und auch Babet, möge Gott euch beschützen. Ich selbst fühle mich ruhig und stark.*
> *Wenn ihr mir etwas schicken könnt, ich glaube, meine 2. Brille ist im anderen Koffer (in der Brieftasche) geblieben. Bücher bitte, wenn möglich auch ein wenig gesalzene Butter. Auf Wiedersehen, mein Geliebter!*

Senator Joseph Caillaux, ehemaliger Ratspräsident, mehrmals Minister, war ein persönlicher Freund von Irène Némirovsky, der er noch Ende 1941 einen ihr gewidmeten Band seiner Memoiren geschickt hat. Es sieht nicht so aus, als wäre um die Unterstützung dieser Säule der Dritten Republik nachgesucht worden. Was den mondänen Domherrn Ernest Dimnet betrifft, dessen berühmte *Art de penser* Grasset im selben Jahr wie *David Golder* veröffentlicht hatte, so befand er sich seit 1920 in den Vereinigten Staaten; beinahe jede Hoffnung hatte sich verflüchtigt, als Michel am 25. September sein Angebot erhielt, bei dem Ultrakollaborateur Alphonse de Châteaubriant, dem Direktor von *La Gerbe,* ein gutes Wort einzulegen. Auch wenn es nicht darum ging, sie freizubekommen, sondern um für sie «einen guten Arzt zu finden» …[3]

Den ganzen Sommer 1942 setzt Michel Epstein, in Issy-l'Évêque festgenagelt, Himmel und Erde in Bewegung. Er verliert den Schlaf, den Appetit und das Lächeln, versinkt im Rotwein, den Julies Eltern ihm schicken. Angst und Empörung haben ihn jähzornig gemacht. Als am Tag nach der Verhaftung die arme Francine es für gut befand, das Gedeck von «Madame» nicht aufzulegen, ist er wütend geworden und hat die Teller weggeschleudert. Denise und Élisabeth, in ein Zimmer dieses mit einem Mal riesigen Hauses verbannt, fürchten seine Wutanfälle. Es ist verboten zu lachen, verboten zu erscheinen. «Er wollte uns nicht sehen.»[4] Er selbst fürchtet, verhaftet zu werden, und sieht den Tag voraus, an dem er seine Töchter wird verlassen müssen. «Ich habe Angst um die Kinder», schreibt er Sabatier am 27. Juli.

Jeden Tag versucht er neue Schritte, schreibt Briefe, schickt Telegramme, umgeht das den Juden auferlegte Verbot, Telefonanrufe zu bekommen oder zu tätigen, schickt einen Boten mit «bezahlter Rückantwort» zum Kommandanten in Pithiviers. Er erntet Scheitern, Ohnmacht oder Schweigen. Je mehr die Möglichkeiten sich erschöpfen und die Tage vergehen, desto eigensinniger versteift er sich, erniedrigt er sich zu den demütigendsten, abwegigsten Gesuchen, denkt sogar daran, sich selbst gefangen zu geben, um zu ihr zu stoßen oder sich gegen sie austauschen zu lassen. André Sabatier hat die größte Mühe, ihn zur Vernunft zu bringen, bietet ihm jedoch bis zum Schluss seine Hilfe an.

Irène Némirovsky wusste, was sie von der menschlichen Barmherzigkeit zu halten hatte. «Im Leben muß man, wie bei einem Schiffbruch, denen, die sich an dein Boot klammern wollen, die Hände abhacken. Allein kann man oben schwimmen. Wenn man sich dabei aufhält, die anderen zu retten, ist man verloren!»[5] So hatte Paul Epstein am 14. Juli einen Termin mit Graf René de Chambrun, dem Schwiegersohn und engen Mitarbeiter von Präsident Laval. Zwei Tage später gehört Paul zu den etwa dreizehntausend Festgenommenen im Vél d'Hiv. Sie werden am 22. Juli deportiert, zwei Tage vor Samuel und seiner Frau, von denen ein aus dem Zug geworfener Brief eines der krassesten Zeugnisse über die elenden Kerker von Drancy ist.[6] Was Chambrun angeht, so wird er Sabatiers Drängen kaum Folge leisten.

Jacques Benoist-Méchin, Staatssekretär beim Vizepräsidium des Staatsrats, der von Sabatier buchstäblich angefleht wurde zu intervenieren, stimmt lediglich einer sterilen administrativen Rede zu. Michels Freundin Hélène, Prinzessin Soutzo, eine eingefleischte Antisemitin, aber eine Frau von Welt, die in ihrem Salon die deutsch-französische Crème de la Crème empfängt, bemüht sich, ihm jedes übertriebene Vertrauen auszureden:

> Als ich Ihren Anruf aus Moulins erhalten hatte, habe ich sofort mit meinem Mann gesprochen und habe mich darangemacht, Personen, die am geeignetsten sind, diese Sache zu regeln, zu einer Intervention zu bewegen. Man kümmert sich um Ihre arme Frau, und wir müssen hoffen und leider viel Geduld haben. Aus welchem Irrtum hat sie nicht dieselbe Nationalität wie Sie? Ich kann Ihnen gar nicht sagen, mit wieviel Mitgefühl und Sympathie ich an sie denke, und ich werde mich mit aller Kraft für sie einsetzen. Dennoch halte ich es für meine Pflicht, Ihnen zu sagen, daß es äußerst schwierig ist, gerade weil es sich um eine allgemeine Maßnahme handelt.[7]

Insgeheim geschmeichelt, dass man an das Ansehen denkt, in dem sie bei Frau Abetz, der Gattin des deutschen Botschafters, steht, ist Hélène immerhin bereit, Michels und Sabatiers Bemühungen zu koordinieren. Doch bevor sie sich einschaltet, verlangt sie in Anbetracht des derzeitigen Kurses der Freundschaft ernste Garantien für Antibolschewismus, um die Besatzungsbehörden zu erweichen. Michel Epstein könnte sich mit dem Hinweis begnügen, dass die Némirovskys ihrer Habe beraubt und aus dem roten Russland vertrieben wurden und dass das Werk seiner Frau von Antipathie gegen das sowjetische Regime widerhallt, wofür Beweise zu sammeln er sich abrackert. Er geht weit darüber hinaus. Einem für Otto Abetz bestimmten Brief legt er die lachhafte Empfehlung des Feldwebels Hammberger bei, versichert dem Botschafter, sie beide empfänden «gegen das bolschewistische Regime nichts als Haß», und frischt die schlechten Kritiken an Irène Némirovsky wieder auf, in der Hoffnung, sie könnten sie diesmal retten:

> *In keinem ihrer Bücher (die im übrigen von den Besatzungsbehörden nicht verboten wurden) werden Sie ein Wort gegen Deutschland finden, und obwohl meine Frau jüdischer Rasse ist, spricht sie darin von den Juden ohne jede Zärtlichkeit. (...) Ich erlaube mir auch, Sie darauf hinzuweisen, daß sich meine Frau stets von jeder politischen Gruppierung ferngehalten hat, daß ihr seitens der Regierungen, sei es der linken oder der rechten, nie irgendeine Vergünstigung zuteil geworden ist und daß die Zeitung, an der sie als Schriftstellerin mitarbeitete, Gringoire, und deren Direktor H. de Carbuccia ist, sicherlich weder den Juden noch den Kommunisten gewogen war.*[8]

Natürlich vergisst Michel nicht, darauf hinzuweisen, dass Irène Katholikin ist, dass ihre Kinder Franzosen sind und sie wegen ihres Asthmas in Lebensgefahr schwebt, alles Belanglosigkeiten, die vor allem große Nervosität verraten. So dass es André Sabatier für unangebracht hält, diesen bestürzenden Brief «dem von seinem Verfasser gewünschten Adressaten»[9] zukommen zu lassen. Zwei Wochen später hat ihn Hélène Morand noch immer nicht übergeben, und wahrscheinlich wird sie es nie tun, denn die Lektüre von *Mouches d'automne* scheint ihr keine hinreichende Garantie geboten zu haben: «Antirevolutionär ja, aber nicht antibolschewistisch.»[10] Es ist richtig, dass sich Irène Némirovsky nie mit Politik befasst, nur Romane geschrieben hat und nicht die Autorin von *Je brûle Moscou*[11] ist.

Mavlik, die ihren Bruder Michel ermahnt, mutig zu sein und zu

beten, erklärt ihm in aller Ruhe, dass Irènes Berühmtheit ihr Haupt-
handicap ist: «Je unbekannter die Betroffenen sind (…), desto besser.»[12] Sie selbst erlangt vom alten Grafen Kokowtzow, einem Freund
der Familie und seinerzeit Autor eines scharfen antisowjetischen Pam-
phlets, zu dem Poincaré das Vorwort schrieb[13], eine Bescheinigung für
Antibolschewismus, um Samuel, Paul und Irène zu helfen. Vergebens.

Langsam verliert Michel den Mut. Von Professor Louis Bazy, als
Nachfolger von Pasteur Vallery-Radot Leiter des Roten Kreuzes, hofft
er allerhöchstens, Irène über das Schicksal ihrer Töchter beruhigen zu
können und ihr ein Päckchen zukommen zu lassen – denn er glaubt,
sie sei in ein französisches Lager verlegt worden. Am 9. August wächst
seine Besorgnis noch weiter: «Aus sehr zuverlässiger Quelle» hat er
erfahren, dass die im Lager internierten Männer, Frauen und Kinder
«nach Osten» weitertransportiert worden sind – «wahrscheinlich nach
Polen oder Rußland». Er schreibt Sabatier einen leidenschaftlichen
Brief:

> Bisher glaubte ich, meine Frau halte sich in irgendeinem Lager in
> Frankreich auf, unter der Aufsicht französischer Soldaten. Zu wis-
> sen, daß sie sich in einem barbarischen Land befindet, unter ver-
> mutlich grauenhaften Bedingungen, ohne Geld und Verpflegung,
> und unter Leuten, deren Sprache sie nicht spricht, ist unerträglich.
> Jetzt geht es nicht mehr darum, sie mehr oder weniger schnell aus
> einem Lager herauszubekommen, sondern darum, ihr Leben zu
> retten.
>
> (…)
>
> Es ist also ein letzter Appell, den ich an Sie richte, lieber Freund.
> Ich weiß, es ist unverzeihlich von mir, Sie und die Freunde, die
> uns noch bleiben, derart über Gebühr zu beanspruchen, aber ich
> wiederhole es, es ist eine Frage von Leben und Tod und nicht nur
> für meine Frau, sondern auch für unsere Kinder, von mir ganz zu
> schweigen. Es ist ernst. Da ich hier allein mit den Kindern bin, fast
> im Gefängnis, da es mir untersagt ist, mich vom Fleck zu rühren,

bleibt mir nicht einmal der Trost zu handeln. Ich kann nicht mehr
schlafen und nicht mehr essen, vielleicht entschuldigt das diesen
zerfahrenen Brief.

Hélène Morand gibt sich zuversichtlich: Es ist sehr wahrscheinlich,
dass Irène Némirovsky, so wie Tausende andere auch, zwar nach
Deutschland gebracht wurde, jedoch in eine jener «polnischen Städte,
wo die Staatenlosen zusammengelegt werden»[14]. Die betreffende Stadt
heißt Oswiecim, auf Deutsch Auschwitz, in der Nähe der ehemaligen
slowakischen Grenze. Es ist tatsächlich eine Metropole, jedoch bevölkert von lebenden Toten. Hier endet der gute Wille der Prinzessin
Soutzo, die als letzte Möglichkeit anregt, an die Tür der Israelitischen
Union Frankreichs zu klopfen, ein von Vichy gegründetes «repräsen-
tatives» Organ, dessen Aufgabe es unter anderem war, dem staatlichen
Antisemitismus einen ehrbaren Anstrich zu geben. In Wirklichkeit ist
die UGIF (Union générale des israélites de France) eine Täuschung,
dazu bestimmt, das Misstrauen der Juden zu beschwichtigen oder ihre
Mitwirkung zu honorieren.

Am 12. August läutet der zusammenfassende Brief von Sabatier
die Totenglocke: «Das alles ist sehr hart, wie ich nur allzugut begreife,
lieber Monsieur Epstein. Ihre einzige Pflicht ist es, an die Kinder zu
denken und ihretwegen durchzuhalten, leicht gesagt ... werden Sie
erwidern. Leider! Ich habe alles getan, was ich konnte. Ich bin Ihr sehr
ergebener André.» Michel müht sich noch ein wenig ab, versichert
jedoch, dass er keine unbedachten Schritte mehr unternehmen werde.
Von nun an scheint er vor allem darauf bedacht zu sein, das Unver-
meidliche vorwegzunehmen. Die Wohnung in der Avenue Coquelin
wird ehemaligen Dienstboten überlassen. Am 15. September, seit
einem Monat still und stumm, voller Sorge beim Nahen des Winters,
verliert er die Geduld. Wieder wendet sich Sabatier an Hélène Morand,
die antwortet: «Wir stoßen gegen Mauern.»[15] Und die Mauern haben
keine Ohren mehr.

Am 17. Juli ereilte neunzehntausend Juden das Schicksal von Irène

Némirovsky, von denen ein Fünftel Kinder waren. Das steht zwar nicht in den Zeitungen, aber das Gerücht beruft sich auf gut informierte Kreise. Mgr. Saliège, Erzbischof von Toulouse, rettet die Ehre der Kirche, indem er von der Kanzel herab von Pfarrern seiner Diözese einen flammenden Brief verlesen lässt: «Die Juden sind Männer, die Juden sind Frauen. Die Fremden sind Männer, die Fremden sind Frauen. Nicht alles ist erlaubt gegen sie, gegen diese Männer, gegen diese Frauen, gegen diese Familienväter und -mütter. Sie sind Teil des Menschengeschlechts. Es sind unsere Brüder, wie so viele andere. Das kann ein Christ nicht vergessen.»

Man findet sich nicht mit dem Unwahrscheinlichen ab. Am 5. Oktober 1942 muss André Sabatier Michel Epstein entschieden davon abraten, um die Erneuerung seines Ausländerausweises nachzusuchen. Dieser meint nämlich, dass er in der Illegalität größeren Gefahren ausgesetzt sei. Er fügt sich, trifft jedoch sofort die Vorkehrungen, die ihm geboten erscheinen. Am 8. Oktober überträgt er vor Monsieur Vernet, dem Notar von Issy-l'Évêque, Julie Dumot alle Vollmachten über seine Töchter. Dann richtet er an Madeleine nur die eine Bitte: «Verlassen Sie die Kleinen nicht, wenn ihnen etwas zustößt.» Schließlich bittet er Sabatier in ungewöhnlich ruhigem Ton: «Wenn Sie den Eindruck haben, dass meine Kinder einen Klimawechsel brauchen, wollen Sie es mir bitte sagen? Alles Gute, und möge Gott Sie beschützen.» Am nächsten Tag wird er verhaftet.

Nachdem er Schlag auf Schlag innerhalb von zwei Wochen seine Frau und seine Brüder hat verschwinden sehen, ohne Nachricht von ihnen, an seinen Wohnort gefesselt, verrückt vor Angst und Schlaflosigkeit, war Michel auf seine Verhaftung gefasst. Mehr noch, am Ende war er so weit, sie herbeizusehnen. Sie zu fördern? Die erstaunliche Sorgfalt seiner letzten Handlungen als freier Mann, deren Zusammenwirken und Gelassenheit noch am Vortag seiner Verhaftung sind verwirrend. Da sich alle seine Möglichkeiten eine nach der andern zerschlagen hatten, blieb ihm nur noch die Flucht nach vorn. Irène wurde ihm nicht wiedergegeben. Er begab sich zu ihr. Seine Tochter

Denise kann es nicht beschwören, aber: «Er hat erst am Tag seiner Verhaftung wieder zu sich selbst gefunden. Er war überglücklich, denn er war überzeugt, meine Mutter wiederzufinden, jedenfalls ihr Los zu teilen.»[16] Und ruhigen Gewissens, da seine Töchter in der Obhut von «Tatie Julie» sein werden, die von nun an die von Esménard überwiesenen Monatsraten erhält. Nur eines weiß Michel nicht: Obwohl Denise und Élisabeth Französinnen und getauft sind und obwohl Letztere erst fünf Jahre alt ist, werden sie vorschriftsgemäß zu den Juden gerechnet, die «derzeit im Arrondissement von Autun & Charollais wohnhaft sind»[17].

Am 9. Oktober 1942 wiederholt sich genau das gleiche Szenarium wie am 13. Juli: Die Gendarmen kennen den Weg. Vater und Töchter werden zusammen in die Präfektur von Autun gebracht. Hier kommt es zu den beiden Szenen, die sowohl über das Geschick der Töchter von Irène Némirovsky als auch über das Schicksal von *Suite française* entscheiden werden. Zuerst zieht ein deutscher Offizier aus seiner Brieftasche das Foto seiner kleinen Tochter, die genauso blond ist wie Denise, und sagt zu den beiden Mädchen: «Ich gebe euch achtundvierzig Stunden, um zu verschwinden.»[18] Dann schärft ihnen Michel, bevor er ins Gefängnis von Le Creusot gebracht wird, als Letztes ein: «Trennt euch niemals von diesem Koffer, denn er enthält das Manuskript eurer Mutter.»[19] Ein unterbrochenes, aber nicht unvollendetes Manuskript: Michel denkt keinen Augenblick an die Nachwelt, sondern an das laufende Werk, das Irène bald beenden wird. Diesen Koffer mit den Initialen von Léon Némirovsky wird Denise im Übrigen erst viele Jahre später öffnen, da dieses Vorrecht ihrer Mutter zukommt.

Michel wird mindestens zehn Tage in Le Creusot festgehalten, am 17. bombardiert, dann nach Drancy verlegt, das Durchgangslager östlich von Paris. Bevor man ihn in den Tod schickte, hat man ihm die achttausendfünfhundert Francs abgenommen, die er nicht mehr brauchen wird. Seine Töchter sind nicht sofort aus Issy-l'Évêque geflohen, wo Julie noch einige Tage mit ihrem Vater korrespondierte. Bis zu dem Tag Ende Oktober, als gegen vierzehn Uhr zwei Gendarmen und ein

Milizsoldat die Dorfschule aufsuchten. Madame Ravaud, die Lehrerin, hat gerade noch Zeit, Denise in der oberen Etage hinter dem Bett ihrer Mutter zu verstecken, einer Witwe, die ihren Mann im Ersten Weltkrieg verloren hatte und die zu behelligen man nicht wagen wird. Am Abend, nach Schulschluss, wird Denise wieder zu Julie Dumot gebracht, die eilig einige Papiere, Fotos und Schmuck in den Koffer packt, den gelben Stern abreißt und ins Feuer wirft und dann unverzüglich mit den Mädchen nach Bordeaux fährt. Die Puppe Bleuette und der junge Hund Copain, nun Waisen, gehen nicht mit auf die Reise.

Am 6. November 1942 überweist in Paris André Sabatier die Summe von tausendeinhundertfünfzig Francs an Julie Dumot, das Honorar für die Veröffentlichung von Irène Némirovskys letzter Novelle in *Présent*. Zehn Kilometer von dort entfernt drängen sich am selben Tag etwa tausend Männer und Frauen sowie hundertdreizehn Kinder unter zwölf Jahren im Transport Nr. 42 von Drancy nach Auschwitz. Sechsunddreißig Transporte, sechsunddreißigtausend Todesurteile seit dem 17. Juli! Fast keiner von ihnen wird überleben, denn fast alle werden gleich nach ihrer Ankunft vergast. Michel meinte nicht, Irène auf diese Weise wiederzufinden. Aber er hat sie wiedergefunden.

Élisabeth sollte von ihrem Vater vor allem eines in Erinnerung behalten: den Kamm, den er in ihr krauses Haar presste und der ihr einen süßen Schmerz bereitete …

Epilog

Eine lange Reise

(1943–2004)

> «*Im Osten geboren, ging sie nach Osten, um zu sterben. Aus ihrem Heimatland gerissen, um zu leben, wurde sie aus ihrer Wahlheimat gerissen, um zu sterben. Zwischen beidem liegt ein viel zu kurzes, aber brillantes Leben: Eine junge Russin hat das goldene Buch unserer Sprache um viele Seiten bereichert. Mit den zwanzig Jahren, die sie bei uns verbracht hat, trauern wir in ihr um eine französische Schriftstellerin.*»
>
> Jean-Jacques Bernard, 1946

Julie Dumot war sehr gläubig. Denise und Élisabeth, die in einem katholischen Pensionat in Bordeaux versteckt waren, konnten eine Zeit lang unter falschen Namen, die sie sich nur mit Mühe merkten, der Verhaftung entgehen. Im Februar 1944 beginnt der Kreislauf der Verstecke, der Luftangriffe und der Angst. Élisabeth, die geknebelt werden muss, damit ihr Lachen nicht die deutschen Patrouillen aufmerksam macht. Die Nase, die verborgen werden muss, weil Julie sagt, sie sei verräterisch. Absolutes Schweigen, eine Anweisung für Leben oder Tod. Und die Auswirkungen: «Das Leben in den Kellern war schlecht für die Gesundheit, ich war krank.»[1] Dieser Euphemismus bezeichnet eine Lungenentzündung, die erst im August 1945 ausgeheilt war.

Am 28. August 1944 wird Bordeaux befreit. Im September können Denise und Élisabeth, völlig mittellos, wieder zur Schule gehen. Wenn

André Sabatier nicht sofort *Les Biens de ce monde* und *La Vie de Tchekhov* veröffentlicht, so vor allem deshalb, weil er meint, es könnte «gefährlich sein, zu einem Zeitpunkt auf sie aufmerksam zu machen, in dem ihre Lage sie nicht vor immer zu befürchtenden Repressalien schützt»[2]. Denn zu jener Zeit war das Lager Auschwitz noch nicht von den Sowjets «entdeckt» worden, und die Schoah hat noch keinen Namen. Alle Freunde von Irène und Michel Epstein hoffen noch immer auf ihre Rückkehr. Madeleine Cabour, die bereit ist, ihre Kinder aufzunehmen. Raïssa Adler, die die Hölle von Drancy erlebt hat. Der Domherr Dimnet. Mila Gordon. Niemand will an ihren Tod glauben. So dass Julie Dumot, die sie bei ihrem Vornamen nannte, noch im April 1945 Flaschen mit Bordeauxwein nach Issy-l'Évêque schickte …

Im Gare de l'Est und im Hotel Lutetia halten Denise und Babet bis zum Umfallen ihre Schrifttafeln hoch. «Sie war nicht tot. Sie kehrte von einer langen Reise zurück. Sie war bleich, müde, schwach, mit jenen undeutlichen und doch so erkennbaren Zügen, wie die geliebten Toten sie im Traum haben. Sie war noch immer schwarz gekleidet, sie war unruhig. Sie beeilte sich, jemand erwartete sie, rief sie.»[3] Nur eine Einzige erwartete nichts: Im Alter von siebzig Jahren hat Fanny Némirovsky noch immer nicht das Alter und die Begabung, Großmutter zu sein. Durch die geschlossene Tür ihrer Wohnung soll sie zu Julie, die gekommen war, um sie um Hilfe zu bitten, gesagt haben: «Ich habe keine Enkelkinder.» Dennoch wird sie ihr eine freiwillige Pension oder vielmehr ein Almosen zukommen lassen: tausend Francs.

Irène Némirovsky wird nicht zurückkehren. Im Februar 1945 erhält die Abgesandte des Flüchtlingsministeriums beim Roten Kreuz in Genf, Olga Jungelson, weder über sie noch über die anderen deportierten Schriftsteller, deren Spur sie auffinden soll, irgendwelche Auskünfte: Benjamin Crémieux, Robert Desnos, Jean Cavaillès, Maurice Halbwachs[4] … Und als sich die Banque des Pays du Nord im Juni, von später Reue gepackt, einfallen lässt, etwas für Denise und Babet zu tun, dann «im Andenken an Monsieur Epstein»[5], den sie in den ersten Monaten der Besatzung aus ihren Diensten entlassen hatte. Die Bank hat einen Platz im «Familienrat», in dem die Société des Gens de Lettres und Albin Michel sitzen, die für die Ausbildung und den Lebensunterhalt der Kinder bis zu deren Volljährigkeit aufkommen werden. «Es hätte mir gelingen müssen, ich hätte mehr tun müssen …»[6], wird Robert Esménard lange klagen. Zunächst geht es nur um Vorschüsse auf die Rechte, doch im Dezember 1945, nach einer Zusammenkunft des «Hilfskomitees für die Kinder von Irène Némirovsky» bei der Schriftstellerin Simone Saint-Clair, einer Überlebenden von Ravensbrück, verpflichtet sich der Verleger, monatlich zweitausend Francs ohne Gegenleistung zu zahlen, um das Sollkonto der Schriftstellerin, das sich inzwischen auf neunundachtzigtausend Francs beläuft, nicht noch mehr zu belasten.

Ebenso macht es sich André Sabatier zur Pflicht, alles zu veröffentlichen, was veröffentlicht werden kann. Angefangen mit *Chaleur du sang,* diesem kurzen Roman – oder dieser großen vollendeten Novelle[7] –, den er schon 1945 gern in der Monatsschrift *La Nef* unterbringen will, doch sonderbarerweise gelingt es ihm nicht, seiner wieder habhaft zu werden. *La Vie de Tchekhov* wird also das erste posthume Werk von Irène Némirovsky sein. Es erscheint im Oktober 1946 mit einem Vorwort ihres Freundes Jean-Jacques Bernard, der selbst aus dem «Lager des langsamen Todes» von Compiègne zurückgekehrt ist. Diese Hommage erschien im Juli ein erstes Mal in *La Nef,* gefolgt von einem kurzen Auszug aus dem Werk.

Jean-Jacques Bernard ist ein guter Prophet: «Irène Némirovsky», schreibt er, «läßt ihre Bewunderer nicht mit leeren Händen zurück. Bis zum letzten Tag hat sie gearbeitet. Ihr Werk endet nicht mit ihr. Kostbare Manuskripte, die zu ihren veröffentlichten Werken hinzukommen, werden ihr literarisches Überleben bekräftigen.» Zuerst erscheinen *Les Biens de ce monde* im Februar 1947, dann *Les Feux de l'automne* zehn Jahre später. Und das ist alles. Doch Jean-Jacques Bernard glaubte zu wissen, dass Irène Némirovsky in Issy-l'Évêque «an einem großen Romanzyklus arbeitete (…), von dem wir leider nur Fragmente haben»[8].

Aufgrund ihrer Lückenhaftigkeit wird *Suite française* mehrere Jahrzehnte in einem Regal liegen bleiben. Bis Denise Epstein mit Hilfe einer starken Lupe beschließt, sie nach der Diktatvorlage ihrer Mutter abzutippen. Ebendiese Stimme möchte sie im September 2004 all denen zu Gehör bringen, die sie erreichen sollte. «Versuchen, so viel wie möglich zu beschreiben, Debatten …, die noch im Jahre 1952 oder 2052 die Leute interessieren können», versprach sich Irène Némirovsky. So lange werden ihre Leser nicht warten müssen.

* * *

Fanny Némirovsky starb im Jahr 1972 im Alter von etwa siebenundneunzig Jahren. «Sie hatte ihre Wohnung auf Leibrente verkauft und lebte sehr komfortabel vom Vermögen unseres Großvaters und dem Verkauf ihres Schmucks.»[9]

Victoria, ihre junge Schwester, starb 1988 in Moskau im Alter von fünfundneunzig Jahren. Sie war die Letzte, die sich an das «frühere Leben» von Irotschka erinnerte.

Élisabeth Gille, Herausgeberin, Übersetzerin, Schriftstellerin, starb 1996. Sie hatte ihrer Mutter eine ergreifende «Traumbiographie» gewidmet, *Le Mirador*, die im April 1992 den Literaturpreis der Wizo (Women's International Zionist Organization) erhielt.

Denise Epstein hoffte, dass *Suite française*, dieser innerhalb von sechzig Jahren von nur zehn Personen gelesene Roman, nicht allzu schnell in Vergessenheit geraten möge. Sie ahnte nicht, dass sie mit seiner Veröffentlichung ihre Mutter der Liebe und Dankbarkeit ihrer Leser zurückgeben würde, die ein langes Missgeschick ihnen vorenthalten hatte. Wer kann heute noch daran zweifeln, dass Irène Némirovsky auf ganz besondere Weise am Leben ist?

Anhang

Vier wiedergefundene Interviews
mit Irène Némirovsky

I. Claude Pierrey
(Chantecler, 8. März 1930)

(…)

Ich habe Irène Némirovsky aufgesucht.

Sie wirkt jung – fast zu jung! Schlank, klein, brünett, ausgeprägter jüdischer Typ, ohne Schönheit. Ihre von langen Wimpern verschleierten schwarzen Augen drücken so etwas wie schelmische Sanftmut aus, sonst nichts. Ihr kurz geschnittenes, eng anliegendes Haar betont die Kleinheit ihres Kopfes. Die fleischigen Lippen lächeln frei heraus. Sie bewegt sich mit lässiger Eleganz, Ergebnis einer tadellosen Erziehung in der Kindheit.

In ihrer Erscheinung ist Irène Némirovsky also eine Frau wie viele andere, und nichts scheint sie irgendwie hervorzuheben. In ihrem raffiniert luxuriösen Salon, wo die geschickt verteilten wertvollen Möbel und Gegenstände hervorragend zur Geltung kommen, erweist sich die Autorin von *David Golder* vor allem als eine überaus anmutige und zuvorkommende Frau von Welt.

Lebhaft, beweglich, mit ihrem Lächeln bewaffnet – einem sicheren Schutzschild –, antwortet und fragt die Schriftstellerin auf überaus natürliche Weise.

«Man sagt, Madame …»

«Was denn? Klären Sie mich auf …»

«Vor allem, daß Sie sehr reich sind, daß die von Ihnen bezahlte Werbung lediglich die geschickte Legende von der ‹postlagernden Sendung› und die anrührende Legende des *Wochenbetts* ausgeschlachtet hätte …»

«O mein Gott! Wie amüsant … Reich? Je nachdem … natürlich bin ich nicht arm. Aber sollte das für das Talent unabdingbar sein? Und was die *Legende* angeht, so ist sie wahr, ob es Ihnen gefällt oder nicht. Gewiß, Grasset ist ein *Meister der Werbung*. Das will ich ganz bestimmt nicht leugnen, und es käme mir nie in den Sinn, mich darüber zu beklagen. Trotzdem ist die Wahrheit folgendes: Ich habe das Manuskript von *David Golder* an den Verlag Grasset geschickt und als Adresse ‹postlagernd› angegeben, damit im Fall einer Ablehnung meine Angehörigen nichts davon erfahren. In der Zwischenzeit habe ich ein kleines Mädchen zur Welt gebracht, und da ich mehrere Wochen ans Bett gefesselt war, habe ich von den Nachforschungen über den anonymen Autor von *David Golder* erst nach meinem Wochenbett erfahren. Schon hatte die Werbung Neugier geweckt, und das Buch erschien …»

«Und es kam der Ruhm!»

Irène Némirovsky lacht wie ein kleines Mädchen, dann, immer noch wißbegierig, spricht sie weitere vertrauliche Dinge an.

«Es heißt auch, daß Ihr eigener Vater, ebenfalls ein jüdischer Bankier, Ihnen für *David Golder* als Vorlage gedient habe, daß er, da er sich wiedererkannte, einen hartnäckigen Groll gegen Sie hege, daß Joyce tatsächlich existiert habe, genauso hübsch, genauso ‹ausgelassen› wie Ihre Heldin, und daß sie mit achtzehn Jahren Selbstmord begangen habe, womit sie auf logische Weise ein Ausnahmedasein beendete …»

Soll man derlei Behauptungen dementieren? Wozu! Jeder würde seine Überzeugungen «in petto» behalten. Irène Némirovsky ist zu klug, um es nicht zu verstehen. Wir sprechen über das Buch, seinen überraschenden Widerhall.

Keinerlei Rausch, keinerlei Eitelkeit, keinerlei Pathos. Irène Némirovsky freut sich und sagt es, liebenswürdig und schlicht. Sie hatte Genie, ohne es zu wissen, und ist darüber weder entzückt noch erstaunt. Es ist eine von allen verkündete Wahrheit, an die sie wohl oder übel ebenfalls glauben muß … In dieser gefahrvollen Rolle ist Irène Némirovsky in jeder Beziehung perfekt, ohne den geringsten falschen Ton, ohne die leichteste Schwäche. Und daran erkenne ich jene unvergleichliche jüdische Intelligenz, jenen scharfen Verstand, wie sie für die Elite der Rasse charakteristisch sind und die es ihr erlauben, alle Gipfel zu erklimmen …

David Golder ist ein Werk von großer Kraft, mitten in den Fels gehauen, solide, männlich, dramatisch, packend und dennoch maßvoll … (…). Man hat an Balzac erinnert, an Dostojewski. Ich denke eher an Bernstein. Die gleiche bittere Raserei, die gleiche brutale Erregung, die gleiche Wirkungskraft, das gleiche unmittelbare Talent, das alle Widerstände hinwegfegt, Begeisterungsstürme weckt, ein herrlich siegreiches Talent!

«Ihre literarischen Vorlieben, Madame?»

«Die großen Russen: Tolstoi, Dostojewski. Und unter den Ihren: Racine,

Chateaubriand, Mérimée, Proust, Maurois, die Brüder Tharaud, Valéry Larbaud.»

«Und unter den Literatinnen?»

«Natürlich Colette, deren *La Fin de Chérie* ich sehr bewundere. Gérard d'Houville.»

«Hm! Wie mir scheint, sind Sie doch sehr weit von Gérard d'Houville entfernt?»

Irène Némirovskys Lachen perlt in hellen Tönen …

«Was wollen Sie, ich liebe nun mal bizarre Dinge …»

Und auch ich muß lachen.

II. Michelle Deroyer, «Irène Némirovsky und das Kino».
‹Ich denke nur in Bildern›, sagt sie uns
(Pour vous, Juni 1931*)*

Die Überraschung ist groß, wenn Ihnen hier oder dort Irène Némirovsky vorgestellt wird. Als erstes ist sie ihrem Gesicht und ihrem Wesen nach so jung, daß man sie wirklich für eine Gymnasiastin halten kann. Sie hat ein fröhliches Lachen … Beim Sprechen bringt sie sehr kokett ihr gewelltes dunkles Haar in Ordnung.

«Hallo!» ruft sie jemandem zu, der ein Objektiv auf sie richtet. «Nein … Ich sage Ihnen, heute bin ich kein bißchen fotogen… Ich fühle es … Ich fühle es … Ganz anders als meine Tochter.»

«Ihre Tochter?»

«Aber ja. Man wird Ihnen die kleine Person nachher vorstellen.»

Da ist sie. Es ist ein blondes Kind mit goldenen Augen, strahlender Haut …

«Denise ist jeden Tag schön … In Wirklichkeit und auf dem Papier … 17 Monate … Sie ist siebzehn Monate alt.»

Ein dicker schwarzer Kater taucht auf. Er ist schwerfällig, elektrisch, geheimnisvoll … Satan als Katze …

«Auch er ist großartig auf Fotos», sagt die junge Schriftstellerin.

Irène Némirovsky spricht liebenswürdig mit sanfter Stimme und überhaupt nicht autoritär. Der Erfolg, den sie in der literarischen Welt gleich mit ihrem ersten Buch hatte, ist ihr nicht zu Kopf gestiegen. Sie sagt:

«Im Ganzen habe ich vier Jahre gearbeitet, um meinen *David Golder* auf die Beine zu kriegen …, und bevor ich das Manuskript dem Verleger gab, hatte ich meinen Roman viermal umgeschrieben.

Vorher? Oh, ich schreibe seit meinem dreizehnten Lebensjahr.»

«Zuerst Gedichte, wie jedermann?»

«Nie im Leben ... Verse zu schreiben scheint mir ein Sport zu sein, für den ich keinerlei Geschick habe ... Nein, zuerst schrieb ich Märchen ... In meiner Phantasie ließ ich sie kommen und gehen. Danach brachte ich diese Visionen zu Papier.

Dann schrieb ich so etwas wie Dialoge für eine überaus pariserische Zeitung ... Es war kindlich und lustig ... Bedenken Sie, ich war erst achtzehn ... Danach kam *David Golder* ...

Ja, es stimmt, ich war höchst erstaunt und freute mich riesig, als mein Manuskript angenommen wurde ... und vor allem, als man mir die Korrekturfahnen brachte.»

Der Name Irène Némirovskys ist nicht nur den Freunden schöner Romane bekannt. Jetzt wird ihr Werk in großartigen Lettern angekündigt, denn eine Kinofirma hat einen Film danach gedreht. Ich frage:

«Sie mußten sehr stolz gewesen sein, als ...»

«Es war mir sehr sonderbar zumute, als ich meinen David Golder in Fleisch und Blut sah, als ich seine Stimme hörte, als ich hinter seinen Worten die Seele erriet, die ich geschaffen hatte. Einen Moment lang war ich sehr aufgewühlt ...

Da war auch die Schauspielerin, die die Rolle der Joyce spielte. Sie ist schön, sie hat alle Gebärden, die ich für meine Heldin erfunden hatte ...»

«Und ob ich das Kino liebe! O ja! Das Kino ist die Kunst, die meinem Leben am nächsten kommt, die der Wahrheit am verwandtesten ist ...

Das Kino, in dem gesprochen und gesungen und auch getanzt wird, ist mir sehr viel lieber, und zwar zu hundert Prozent. Der Stummfilm erlaubte uns nur Reisen zu den Phantomen ... Vielen Dank! Der Tonfilm ist eine wunderbare Bereicherung.»

«Oh, ich weiß. Ich selbst liebe das Leben, die Bewegung, den Tanz, die Reisen so sehr, daß mir ein Film gar nicht turbulent genug sein kann. Ich warte schon darauf, daß uns die Bilder in Relief und mit den Farben erreichen, die sie in der Wirklichkeit haben.

Nein, ich schreibe keinen neuen Roman, und bereite auch nichts für das Theater vor. Aber in meinem Kopf denke ich über Filmprojekte nach, ich sehe die Bilder. Meine Personen bewegen sich vor mir. Die Gefühle erfinde ich erst später ...

Kissou ... Kissou ...»

Der Kater, groß, breit, struppig und verstört, zeigt seine Schnauze zwischen zwei Türen. Irène Némirovsky spielt wie ein kleines Mädchen mit Kissou.

«Haben Sie keine Angst vor diesem … verkappten Tier?»

«Angst? … Angst? … Aber ich habe nie Angst … Ich habe nie Angst gehabt. Außer einmal in Rußland während der Revolution … Und ein andermal auf einem kleinen Frachter, der mich von Schweden nach Rouen brachte. Ich war 14. Wir hatten einen schrecklichen Sturm, das Schiff tanzte; ich hatte Angst, ins grüne Wasser zu fallen … Ach ja, es war Anfang des Frühjahrs.»

«Ja, ich hatte schon ein bewegtes Leben. Rußland, Schweden, Mitteleuropa … und Paris … Mit dem, was mir alles widerfahren ist, könnte man ein spannendes Drehbuch schreiben …»

«Und mit dem, was Ihnen noch widerfahren wird …»

«Oh, ich bitte Sie. Man soll nicht über die Zukunft sprechen. Reicht denn die Gegenwart nicht aus?»

III. Frédéric Lefèvre, «En marge de *L'Affaire Courilof*», Funkdialog zwischen F. Lefèvre und I. Némirovsky* (*Sud de Montpellier*, 7. Juni 1933)

«Madame Irène Némirovsky, noch bevor ich Ihren neuen Roman, *L'Affaire Courilof*, gelesen habe, bin ich sicher, daß alle Kritiker bereit sind, ihn mit Sympathie zu lesen, aus dem einfachen Grund, weil der große Erfolg von *David Golder*, Ihrem ersten Roman, Ihnen nicht den Kopf verdreht hat. Sie hielten sich nicht für verpflichtet, uns ein paar Monate später gleich ein neues Werk zu schenken.»

«Das liegt vor allem daran, daß ich gern an meinen Werken arbeite, sie mehrmals umschreibe. (…) Als ich *David Golder* schrieb, hatte ich die Geschichte eines alten, sehr harten Mannes vor Augen. Mich interessiert immer der Versuch, die menschliche Seele hinter dem gesellschaftlichen Äußeren des Finanziers zu entdecken wie bei *David Golder* oder des Staatsmannes wie in *l'Affaire Courilof*, mit einem Wort, die tiefe Wahrheit aufzudecken, die im Gegensatz zum äußeren Schein steht.»

«Ist *David Golder* oft übersetzt worden?»

* Es handelt sich um eine Sendung, die am 2. Juni 1933 von Radio Paris ausgestrahlt wurde.

«Er wurde ausnahmslos in alle europäischen Sprachen übersetzt. Ich konnte die deutsche und die englische Übersetzung überprüfen, da ich beide Sprachen kenne; beide Übersetzungen sind perfekt. Die schlechteste war die russische, die in Riga herauskam und die mir übrigens nie bezahlt worden ist.»

«Erzählen Sie uns nun von *l'Affaire Courilof*. Bei der Lektüre fiel mir als erstes auf, wie zutreffend die Definition des Romans ist, die mir neulich der große Schriftsteller Guglielmo Ferrero gab. Er sagte mir, ein wahrer Roman sei nichts anderes als eine Parabel. Die Parabel ist in *l'Affaire Courilof* sehr deutlich, aber ich möchte gern wissen, ob sie in Ihrem Kopf schon vor der Erzählung selbst existierte.»

«Wenn man schreibt, hat man immer einen vorherrschenden Gedanken, der derselbe für alle Bücher sein kann, aber auch mit jedem Buch wechseln kann; bei mir ist es immer derselbe. Ich kann nicht sagen, daß es unbedingt ein moralischer Gedanke ist, es ist der Gedanke der menschlichen Sympathie, das Bemühen, die Menschen zu verstehen. Nicht nur *l'Affaire Courilof,* alles, was ich schreibe, ist davon beherrscht.

Die Idee zu *l'Affaire Courilof* reicht sehr weit zurück, bis in meine Kindheit. Damals wohnte ich in Kiew, dessen Generalgouverneur, der unangefochtene König des Landes, Suchomlinow war. Der israelitische Teil der Stadt, zu dem meine Familie gehörte, fürchtete ihn außerordentlich. Es gab in Kiew ein Wohltätigkeitswerk, das französische Gouvernanten vermittelte und ‹home français› hieß. Alle Jahre organisierte dieses Werk ein Wohltätigkeitsfest, dem die ganze höhere Gesellschaft beiwohnte. Als Kind konnte ich sehr gut rezitieren, und man bat mich, auf diesem Fest etwas Französisches aufzusagen. Damals, ich war acht Jahre alt, war ich auf Edmond Rostand versessen. Ich erinnere mich, daß ich an jenem Tag Tiraden aus *l'Aiglon* deklamierte, in einer genauen Kopie des Kostüms von Sarah Bernhardt. Nach der Vorstellung wollte der anwesende Generalgouverneur mich beglückwünschen und mich sehen. Ich war sehr aufgeregt, vor jenem Mann zu stehen, der für uns Schrecken, Tyrannei und Blutgier symbolisierte. Zu meiner großen Überraschung sah ich einen charmanten Mann, der meinem Großvater ähnelte und überaus sanfte Augen hatte. Er fragte mich, wie es komme, daß eine kleine Russin so gut Französisch spreche. Ich erklärte ihm, daß ich mit meinen Eltern jedes Jahr nach Frankreich führe. Daraufhin sagte er mir wörtlich: ‹Ah, mein Kind, wie beneide ich euch und wie gern würde ich dorthin zurückkehren und in Ruhe mein ganzes Leben dort verbringen.›

Natürlich ist Courilof nicht Suchomlinow, ebensowenig wie David Golder das genaue Porträt irgendeines Finanziers ist, es sind imaginäre Porträts, aber ich glaube, daß der Schock, die anfängliche Idee des Romans aus der Zeit der Überlegungen stammen muß, die ich aufgrund jenes Gesprächs anstellte. Das alles wurde dadurch ausgelöst, daß ich vor zwei Jahren Geschmack an der Geschichte gewann und enorm viele Biographien, Memoiren, Briefwechsel aus jener Zeit las. Es gibt sie in sehr großer Zahl, sowohl in russischer als auch in französischer Sprache. Darin fand ich viele authentische Details bis hin zu ganzen Sätzen, die die Menschen jener Zeit tatsächlich gesagt oder geschrieben hatten und die ich meinen Helden in den Mund legte.

Später, als wir in Petersburg wohnten, hatte mein Vater aufgrund seiner Stellung häufig mit den Gouverneuren zu tun, und ich sah alle diese Leute aus der Nähe.»

«Nach welchen Methoden haben Sie dieses Buch geschrieben?»

«Ich mache nie einen Plan. Ich beginne für mich ganz allein die äußere Erscheinung und die vollständige Biographie aller meiner Personen zu entwerfen, auch der weniger wichtigen. Auf diese Weise kenne ich, noch bevor ich mich an die eigentliche Niederschrift mache, meine Personen ganz genau, sogar ihren jeweiligen Tonfall, wie mir scheint; ich weiß, wie sie sich verhalten werden, nicht nur im Buch, sondern in allen Lebenslagen. Wenn dies geschehen ist, beginne ich in eine formlose Kladde den eigentlichen Roman zu schreiben und gleichzeitig die Überlegungen, zu denen er mich veranlaßt, das Tagebuch des Romans, um den Ausdruck von André Gide aufzugreifen. Sodann lasse ich alles ruhen und bemühe mich, nicht an die Literatur zu denken. Wenn ich mich wieder an die Arbeit mache, scheint sich alles von selbst zu organisieren, anzuordnen.»

«Und das ist dann die endgültige Fassung?»

«Nein, es gibt noch eine dritte, die ich selbst tippe – die beiden anderen wurden mit der Hand geschrieben –, aber sie betrifft fast nur den Stil, den ich so einfach wie möglich zu halten versuche.»

«Und auf den Korrekturfahnen?»

«Ich korrigiere nur Details.»

«Welche Literatur bewundern Sie heute besonders? In Frankreich, in Rußland, in England?»

«Wie gut, daß sie ‹heute› sagen. Es ist seltsam zu beobachten, wie sehr die literarischen Vorlieben sich mit dem Alter und den Lebensbedingungen verändern. Anfangs galt meine große Liebe den Autoren der letzten Hälfte des 19. Jahrhunderts, wie Huysmans. Dann habe ich leidenschaftlich Proust bewundert; ich kannte sein Werk in allen Einzelheiten. Ich könnte Ihnen Odettes Kleider beschreiben und die kleinsten Nuancen der jungen Liebe von Gilberte und Marcel erzählen. Heute hat meine Bewunderung für Proust zwar nicht nachgelassen, aber ich lese ihn weniger häufig. Jetzt gilt meine Vorliebe den Autoren, die man inzwischen gern ‹altmodisch› nennt. Zum Beispiel George Sand, was Frankreich betrifft. Wenn man all das Fieber unseres schönen Lebens von heute satt hat, muß man *la Petite Fadette* lesen. Welch wunderbares Ruhegefühl! Was Rußland angeht, so stelle ich nichts über Tolstoi; er enthält alles. Ich glaube, daß die Franzosen im allgemeinen Dostojewski vorziehen, aber diese Liebe teile ich nicht: Dostojewski ist ein rein russisches Genre, Tolstoi ist allgemein menschlich; *Der Tod des Iwan Iljitsch* zum Beispiel ist für jeden alten und kranken Menschen verständlich, der den Tod fürchtet, während man, um sich in Raskolnikow oder den Idioten hineinzuversetzen, eine besondere Geisteshaltung haben und, um es rundheraus zu sagen, ein wenig verrückt sein muß … Was England betrifft, so hat es wunderbare Romane, aber ich ziehe die französische Gemessenheit und Klarheit vor. Meiner Meinung nach klären uns die Romane von Mauriac, um nur ihn zu nennen, die doch von wunderbarer Klarheit und Vernunft sind, besser über die menschliche Seele bis hinab in ihre finstersten Abgründe auf als die englischen Romane, die im Augenblick so im Schwange sind. Doch muß ich zugeben, daß letztere meiner Ansicht nach in einem überlegen sind: Sie vermitteln durch die Fülle kleiner konkreter Details einen großen Eindruck von Leben. Ich habe nämlich soeben einen englischen Roman gelesen, der mich sehr beeindruckt hat: *Schöne neue Welt* von Aldous Huxley. Er ist erschreckend, amüsant und tief zugleich.»

«Was halten Sie vom ‹roman-fleuve›*?»

«Ich liebe ihn sehr, wenn er einer reinen Quelle entspringt. Das heißt, wenn die in zwei Bänden geschriebene Geschichte nicht in einem Band geschrieben werden konnte. Zum Beispiel könnte *Krieg und Frieden* meines Erachtens keine Zeile kürzer sein. Ebenso in Frankreich die Bände von *Les Thibault*.

Doch in anderen Fällen nennt man so etwas schlichtweg Füllsel, und ich gestehe, daß ich vorziehe, was auf einer Seite statt auf zwei und in zehn Zeilen statt auf einer Seite gesagt werden kann. Aber das alles ist eine Sache des persönlichen Geschmacks.»

«Welches sind Ihrer Meinung nach die wahren Heimatländer des Romans?»

«Diese Frage kann ich nur schwer beantworten. Ich habe keine Ahnung. Ich

---

* Groß angelegter Roman in mehreren Bänden; Familiensage (Anm. d. Übers.).

glaube, daß überall, wo man Geschichten, fiktive Erzählungen, Märchen liebt, der Roman entsteht.»

«Hatte die Revolution einen Einfluß auf die Entwicklung der russischen Literatur?»

«Ich fürchte, ungerecht zu sein, wenn ich über die neue russische Literatur spreche. Ich kenne sie nicht genug; ich habe einige sehr gute Bücher gelesen. Zum Beispiel eines, das ins Französische unter dem Titel *Mangeurs de gre-nouilles* übersetzt worden ist und schon ein paar Jahre alt ist. Daneben gibt es Texte von ausgesuchter Abgeschmacktheit. Aber ich habe gerade Erzählungen von Soschtschenko gelesen, einem jungen Schriftsteller, den ich über Tsche-chow stelle. Seine Erzählungen sind Wunderwerke an scharfsinniger Satire. Ich weiß nicht, ob sie übersetzt wurden.

Alles in allem glaube ich, daß die Revolution der Literatur eines Landes nichts anhaben kann. Hier zählen immer nur die Individuen.»

IV. Jeanine Auscher, «Sous la lampe. Irène Némirovsky»
(Marianne, 13. Februar 1935)

In einem neuen Wohngebäude in der Nähe von Montparnasse ein modernes Studio mit Wänden voller Bücher. Im Hintergrund, neben der großen Fens-terfront, liest eine junge Frau. Ruhiges Profil. Glatte Stirn. Sanfte, singende Stimme. Es ist Irène Némirovsky.

Welch offenkundiger Widerspruch zwischen dieser jungen Frau, die auf-richtig in ihr Heim verliebt ist, und der harschen Schriftstellerin, die bestimm-te überkommene Aspekte der Familie gebrandmarkt hat; zwischen diesem lebensvollen Geschöpf mit dem zwanglosen Lachen und der desillusionierten Autorin von *Le Pion sur l'échiquier*.

«Wenn ich meine Kindheit betrachte», sagt mir Irène Némirovsky, «meine Kindheit in Rußland zur Zeit des Niedergangs des zaristischen Regimes, sehe ich eine Folge von Unterrichtsstunden und Lehrern. Nie Zeit zum Träumen oder zum Entspannen. Keine frivolen Zerstreuungen. Sonntags eine Stunde Schlittschuhlaufen, das war alles. Ich glaube, aus dieser ziemlich traurigen Kindheit stammt der Pessimismus, der Sie in meinen Büchern erstaunt hat. Die Revolution bescherte mir Ferien … regte mich jedoch zum Nachdenken an. Und endlich kam Paris, der Ausbruch, die freiwillig akzeptierte Arbeit, die Atmosphäre der Sorbonne, das Literaturexamen und der unstillbare Durst nach der Jugend angemessener Lektüre.»

Nach einer Pause fährt Irène Némirovsky lächelnd fort:

«Doch glauben Sie nicht, meine Jugend hätte nur aus Vorlesungen und Prüfungen bestanden … Ich habe die Vergnügungen der Jugend keineswegs verachtet, ich bin viel gereist und habe … viel getanzt!

Wie ich arbeite? Sehen Sie selbst.»

Irène Némirovsky nimmt ein großformatiges altes Buch zur Hand und schlägt es auf. Überraschung. Dieser Band mit alter Goldprägung ist ein Kistchen mit dem Manuskript ihres nächsten Romans. Sie überfliegt die zahlreichen mit einer feinen engen Handschrift bedeckten Blätter und amüsiert sich über meine Verblüffung.

«Keine Angst. Das Buch wird nicht so umfangreich sein, ich mag keine Romane, die sich verzweifelt lange hinziehen … Sehen Sie diese roten und blauen Striche? Alle diese umrandeten Stellen werden erbarmungslos getilgt. Nur die anderen bleiben. Ein Plan? Ich glaube, daß ein zu genauer Plan eine Gefahr darstellt, ich schreibe zuerst das ganze Buch, der Plan folgt dann ganz von selbst. Es war die Methode von Barrès, und ich meine, es ist die richtige.»

Einige über das Manuskript verstreute energische «Nein» zeigen die inkriminierten Stellen an.

Noch einige Überraschungen. Diese Intellektuelle, die stets auf der Suche nach Neuem ist, zieht das Kino dem Theater vor. Sie behauptet, völlig unmusikalisch zu sein. Doch zufällig erfährt man, daß sie Bach, Mozart, Beethoven und Chopin liebt.

Vielleicht sportlich? Ebensowenig. Sie gesteht sogar gern ihre Schwäche für das dolce farniente, mit einem Buch in der Hand … Jedoch eine ausgeprägte Vorliebe für lange Wanderungen durch Paris oder in frischer Luft an jener baskischen Küste, die sie so gut besungen hat. Irène Némirovsky ist vor allem Literatin. Polyglott («Aber das sind doch alle Russen …», versichert sie scherzhaft), verschlingt sie die gesamte zeitgenössische ausländische Literatur, denn ihr schriftstellerisches Talent geht einher mit dem einer Kritikerin bei einer unserer großen Zeitschriften. Es gibt kein Buch, das sie nicht gelesen, keine Frage, die sie nicht vertieft hat. Und trotz oder wegen alledem das genaue Gegenteil eines Blaustrumpfs …

«Meine Pläne? *Le Vin de solitude,* der auf der Linie von *Le Bal* liegen wird und, sehr bald, *Films parlés.* In diesem Buch habe ich eine Technik ausprobiert, die sich das Kino zum Vorbild nimmt. Wenig Entwicklungen, eine straffe Handlung, lauter Dinge, die sehr gut zum Stil der ‹großen Novelle› passen, aber sich auch für den Roman eignen könnten.»

Irène Némirovsky ist von solch lächelndem Gleichgewicht beseelt, daß es sehr überrascht, wie wenig der Schöpferin so vieler düsterer Charaktere im täglichen Leben davon anzumerken ist. Doch ist es das erste Mal, daß auf künstlerischem oder literarischem Gebiet Werk und Charakter weit auseinanderklaffen? Diese große Schriftstellerin besitzt eine ans Wunderbare grenzende Schlichtheit, die sie vor jeder romantischen Melancholie bewahrt. Und ohne Bitterkeit erinnerte sie vorhin an ihre freudlose Kindheit.

«Ich versichere Ihnen», schließt sie, «daß ich meiner Tochter jede unverhältnismäßige Arbeit ersparen werde. Ich lebe viel mit ihr, ich will, daß sie sich ohne Zwang entfaltet, in der Luft und an der Sonne.»

Glücklich dieses vierjährige Kind, das noch nicht weiß, wie berühmt seine Mutter ist!

Anmerkungen

Prolog

1 J. de Nibelle, «Israël dans le Loiret!», *L'Écho de Pithiviers. Journal de la Beauce et du Gâtinais*, 24. Mai 1941.
2 Memorandum des Transports Nr. 6 und A. Mercier, *Convoi n° 6. Destination: Auschwitz 17. Juli 1942*, Paris 2005, S. 42.
3 Interview mit Samuel Chymisz, 5. Mai 2005.
4 Ebd.
5 Ebd. Eines der vollständigsten Zeugnisse über den Transport Nr. 6 ist das von Moshè Garbarz, *Un survivant. Auschwitz-Birkenau-Buchenwald 1942–1945*, Paris 2006. Das bemerkenswerte Werk *Convoi n° 6* (a.a.O.) enthält weitere ergänzende Zeugnisse von Samuel Chymisz, Berek Wancier, Joseph Pinta, Bernard Hubel, Albert Abram Wainstein und Moshé Cukierman, einigen der einundneunzig Überlebenden dieses Transports aus dem Jahr 1945. Von den ersten Transporten aus Pithiviers unterlagen nur wenige der «Selektion», da sie die kürzlich Vergasten ersetzen und Arbeitskräfte zur Fertigstellung des Lagers liefern sollten.
6 J. de Nibelle, «Israël dans le Loiret!», a.a.O.
7 *Le Vin de solitude*, I, III.
8 *La Vie de Tshekhov*, XXII.
9 *Les Chiens et les Loups*, XXXIII. (Für die deutschen Ausgaben der Werke von Irène Némirovsky siehe die Bibliographie am Ende des Buchs.)

1. Das schönste Land der Welt

1 *Les Chiens et les Loups*, XX.
2 M. Bulgakow, «Kiew – Die Stadt», *Nakanune*, 6. Juli 1923, in *Gesammelte Werke*, übers. v. Thomas Reschke, Bd. 5, Berlin 1993, S. 338.

3 «Le Sortilège», *Gringoire*, 1. Februar 1940, in *Dimanche*, Paris 2000, S. 303.

4 *Les Chiens et les Loups*, IV.

5 *Le Malentendu*, I, *Les Œuvres libres*, Nr. 56, Februar 1926. Diese Formulierung ist im Werk von I. Némirovsky mehrfach zu finden, besonders in «Nativité»: «Der Tag brach an, der Wind hatte sich gedreht. Wenn sie das Gesicht ins Freie hielt, spürte sie, daß sich während der Nacht *sogar der Duft der Luft* verändert hatte» (*Gringoire*, 8. Dezember 1933, in *Destinées*, S. 132). Aber auch in ihrem Arbeitsjournal vom Sommer 1933: «Wenn ich Finnland zeige, fürchte ich ein wenig, daß ich einerseits *den Duft der Luft* vergessen habe, die Atmosphäre und die klimatischen Einzelheiten, und daß andererseits die Ereignisse trivial geworden sind (...).»

6 *Le Vin de solitude*, I, VII.

7 Ebd., I, I.

8 B. Lecache, *Quand Israël meurt ... Au pays des pogroms*, Paris 1927, S. 135.

9 *Les Chiens et les Loups*, XIX.

10 A. Belyj, *Petersburg*, übers. v. Gabriele Leupold, Frankfurt/M. 2005, S. 15–16.

11 P. Nerey [I. Némirovsky], *L'Ennemie*, in *Les Œuvres libres*, Nr. 85, Paris 1928, IV, III und I, III.

12 F. Lefèvre, «Une révélation. Une heure avec Irène Némirovsky», *Les Nouvelles littéraires*, 11. Januar 1930.

13 H. de Régnier, *Les Cahiers inédits 1887–1936*, Paris 2002, S. 881 (3. November 1933).

14 «La Confidence», *Revue des Deux Mondes*, 15. Oktober 1938, in *Destinées*, S. 53.

15 *L'Ennemie*, III, III.

16 «La Confidence», a.a.O.

17 A. Tschechow, «Er und sie», in *Frühe Erzählungen*, übers. v. Peter Urban, 2 Bde., Zürich 2002, 1. Bd., S. 155.

18 Postkarte an «Mme Sprecher, Hôtel de Berne, 90 Rue de Châteaudun, Paris.

19 *L'Affaire Courilof*, V.

20 *Le Vin de solitude*, I, I.

21 *Les Chiens et les Loups*, XX.

22 R. Bourget-Pailleron, «La nouvelle équipe. Mme Irène Némirovsky. M. Joseph Peyré», *Revue des Deux Mondes*, Nr. 591, 1936.

23 *Le Vin de solitude*, I, i.

24 R. Bourget-Pailleron, «La nouvelle équipe …», a.a.O.

25 *Le Vin de solitude*, I, iii.

26 Keine der in diesem wie in den folgenden Kapiteln wiedergegebenen Äußerungen ist erdichtet; sie stammen aus der Erinnerungsarbeit von Irène Némirovsky, die sie in ihrem Arbeitsjournal zu *Le Vin de solitude* verzeichnet hat (aufbewahrt beim Institut Mémoires de l'Édition Contemporaine, IMEC).

27 *Le Vin de solitude*, I, iii.

28 *L'Ennemie*, I, i.

29 Es handelt sich um den Roman *Les Échelles du Levant,* der in Fortsetzung vom Mai bis August 1939 in *Gringoire* erschienen ist und 2005 bei Denoël unter dem Titel *Le Maître des âmes* veröffentlicht wurde.

30 A. Tschechow, *Tagebücher, Notizbücher* (8. September 1897), übers. v. Peter Urban, Zürich 1983, S. 34.

31 Ein Echo des Karnevals von Nizza, den Irène Némirovsky wohl mehrmals miterlebte, findet sich in *David Golder:* «Sie verstummten, sahen zweifellos gleichzeitig die Straße von Nizza wieder in jener Karnevalsnacht vor sich, das Gedränge der Maskierten, die singend vorüberzogen, die Palmen und die Rufe der Menge auf der Place Masséna …» (Diese Maskierten waren noch 1930 in *À propos de Nice*, einem kurzen Dokumentarfilm von Jean Vigo, zu sehen.)

32 Th. Purdy, «A French Success», *The Nation*, 1931. Ein unbekannter Kritiker trifft es noch genauer: «Die Charaktere sind sehr einfach. Sie verlieren an Nuancen, an Menschlichkeit, was sie an Kraft, an Intensität gewinnen. Ihr Relief macht sie zu Masken. Alle machen sie uns Angst; keiner weckt unser Mitleid» (M. Hénon, *La Collaboration pédagogique,* 27. April 1930).

33 *Le Vie de Tchekhov,* XXVIII.

34 Fürst F. Youssoupoff, *Mémoires,* Paris 2005, S. 58.

35 A. Rémizov, *La Russie dans la tourmente,* Paris 2000, S. 352.

36 Gespräch mit Tatjana Morozowa, Moskau, 28. Januar 2006.

37 *Le Vin de solitude*, I, i.

38 *L'Ennemie*, IV, i.

39 Gespräch mit Tatjana Morozowa, Moskau, 28. Januar 2006. In *Le Vin de solitude* weist I. Némirovsky auf einen Altersunterschied zwischen ihr und ihrer Mutter hin, der ungefähr zutrifft: «Ich war achtzehn und sie fünfundvierzig …» (IV, v). Wäre Anna wirklich am 1. April 1887 gebo-

ren worden, dann hätte sie Irène im Alter von fünfzehn Jahren empfangen müssen; doch als Leon sie heiratete, war sie eine erwachsene Frau. Als sie am 9. Juli 1972 starb, war Jeanne Némirovsky – unter diesem Namen war sie bei dem französischen Amt für den Schutz der Vertriebenen und Staatenlosen registriert – also sechsundneunzig oder siebenundneunzig und nicht hundertzwei, wie ihre Enkelinnen wegen ihres Egoismus und ihrer Lügen gern behaupteten. Denn so wie sich Anna/ Fanny im Jahr 1945 geweigert hatte, Denise und Élisabeth Epstein, die nun Waisen waren, aufzunehmen, so bestritt sie später jede Verwandtschaft mit Irène Némirovsky. «Als wir zu ihr gingen und an ihrer Tür läuteten, antwortete sie, ohne aufzumachen, sie habe keine Enkelinnen», erzählt Élisabeth Gille. «(…) Viele Jahre später habe ich sie angerufen und ihr gesagt, ich sei Journalistin und wolle einen Artikel über die Schriftsteller der dreißiger Jahre schreiben, ich hätte ihren Namen gerade im Telefonbuch entdeckt und fragte mich, ob sie zur selben Familie gehöre wie die Romanschriftstellerin. Sie schrie, sie hätte noch nie etwas von Irène Némirovsky gehört.» (Vgl. Myriam Anissimow, «Les filles d'Irène Némirovsky», *Les Nouveaux Cahiers*, Nr. 108, Frühjahr 1992, S. 70–74). Anna/Fanny/Jeanne Némirovsky wurde am 13. Juli 1972 auf dem Friedhof von Belleville im jüdischen Geviert neben Léon, Iona und Rosa Margulis beigesetzt. Ihr Grabstein trägt die hebräische Inschrift: «Mögen die Seelen der Toten immer bei den Lebenden bleiben.»

40 Gespräch mit Tatjana Morozowa, Moskau, Januar 2006.

41 Scholem-Alejchem, *Menachem Mendel, der Spekulant,* übers. v. Siegfried Schmitz, Frankfurt/M. 1962, S. 47.

42 *Le Vin de solitude,* I, 1.

43 Antoine Vincent Arnault (1766–1834), französischer Fabeldichter und Dramatiker, 1792 nach England emigriert, wurde bei seiner Rückkehr verhaftet und dann wieder freigelassen. Im Kaiserreich eine öffentliche Persönlichkeit, wird er unter der Restauration abermals ins Exil gezwungen und aus der Académie française ausgeschlossen. Nach seiner endgültigen Rückkehr wird er 1829 deren Generalsekretär.

44 «Von deinem Stengel abgefallen/Armes vertrocknetes Blatt/Wohin gehst du? – Ich weiß es nicht…» (Anm. d. Ü.).

45 Diese beiden Städte wurden in Dnjepropetrowsk und Saporoschje umbenannt.

46 Gespräch mit Tatjana Morozowa, Moskau, Januar 2006. Victoria Zilpert, geb. Margulis, starb 1988 im Alter von fünfundneunzig Jahren.

47 «Le Sortilège», a.a.O., S. 294.

48 *Les Chiens et les Loups*, VI.

49 *Le Vin de solitude*, IV, III.

50 *David Golder*, Paris 1929, S. 260.

51 Ein Echo hiervon ist in *David Golder* zu finden: «Die Kinder ... sie sind
    alle gleich ... und dafür lebt man, dafür arbeitet man. Wie mein Vater
    müßte man es machen ... ja, mit dreizehn Jahren, fort mit dir, schlag
    dich allein durch ... das ist alles, was die verdienen ...» Ebd., S. 55.

52 Isroel Rabon hat Baluty beschrieben, das schändliche Ghetto von Lodz,
    in *Balut* (Paris 2006), ohne sich ausführlicher mit der jiddischen Bilder-
    welt zu befassen als Irène Némirovsky in *L'Enfant génial* oder *Les
    Chiens et les Loups*.

53 *L'Enfant génial*, in *Les Œuvres libres*, Nr. 70, April 1927.

54 Vgl. M. Druon, *L'aurore vient du fond du ciel. Mémoires*, Paris 2006,
    S. 64–68. Siehe auch den *Dictionnaire khazar* vom Milorad Pavic, Bel-
    fort 1988; Paris 2002.

55 *Le Vin de solitude*, I, I.

56 Vgl. M.N. Tchirkoff, «Allumettes», in W. de Kovalevsky (Hg.), *La Rus-
    sie à la fin du 19ᵉ siècle*, Paris 2002.

57 *L'Enfant génial*, a.a.O., S. 334.

58 *Les Chiens et les Loups*, VI.

59 I. Zangwill, «Samouborona», in *Comédie du ghetto*, Paris 1997, S. 367.

60 *L'Enfant génial*.

61 I. Babel, *Entre chien et loup*, Paris 1970.

62 «Die Straße erinnerte außerordentlich stark an das nach außen gekehrte
    Innere eines Hinterhofs. Die Sonne sah hier offenbar nie herein. (...)
    Jedermann schleuderte auf die Straße, was nicht mehr gebraucht wurde,
    und verschaffte dem Vorüberkommenden eine bequeme Möglichkeit,
    sich an all diesem Plunder zu erfreuen. (...) Ein Haufen schmuddeliger,
    zerlumpter Judenjungen mit krausem Haar lärmte und wälzte sich im
    Straßenschmutz» (N. Gogol, *Taras Bulba*, übers. v. Karl Rössing, Berlin
    1981).

63 *David Golder*, a.a.O., S. 198.

64 A. Spire, «Israël Zangwill», *Quelques Juifs et demi-Juifs*, Paris 1928,
    S. 73. Zwangwill-Zitate aus *Enfants du ghetto* stammen aus demselben
    Werk.

65 Die ersten Erhebungen der Saporoger Kosaken gegen die jüdischen
    Pächter finden im Jahr 1638 unter der Führung des Hetmans Pawliuk

statt, doch die Rebellion von Bogdan Chmielnicki verursachte den Tod von hundertneunzigtausend Juden, nicht mitgerechnet die von Nemirow, die von den *haidamaks*, zu blutrünstigen Horden gruppierte fanatische Partisanen, massakriert wurden. Über sechshundert Dörfer wurden vernichtet. Um der Sache Nachdruck zu verleihen, beschuldigte man die Juden außerdem, die Brunnen zu vergiften, die christlichen Kinder zu ermorden oder Epidemien zu verursachen. Einige Juden von Nemirow fanden ihr Heil in der Taufe, andere konnten sich in die benachbarte Stadt Tulchin flüchten. (Vgl. S. Asch, *La Sanctification du nom*, Paris 1985.) Einige Jahre später nahm General Wischniowiecki an der Spitze von dreitausend Mann den Saporogen Newirow wieder weg und erlaubte damit den «Marranen» von Nemirow erneut ihren alten Glauben anzunehmen. 1896 zählte Nemirow, zu einem bedeutenden chassidischen Zentrum geworden, etwa dreitausend Juden, das heißt halb so viel wie 1648. Es sei angemerkt, dass das Yad-Vashem-Institut im Jahr 2006 unter den Opfern der Schoah etwa zweitausend Nemirowskis zählte.

66 I. Babel, «Geschichten aus Odessa», übers. v. Dimitri Umanski, in *Erste Hilfe. Sämtliche Erzählungen*, Frankfurt/M. 1987, S. 315.

67 So die Notabeln von Scholem Asch, die nichts so sehr erschreckt wie die Nähe des Ghettos: «Wer sind diese Menschen dort, weit, weit entfernt, im Ansiedlungsrayon? Wie leben sie dort? Was ist das für eine Sprache, die sie sprechen? Wie fremd und fern sind sie doch alle, wie Menschen eines ganz fernen Landes, aus einem Gebiet, in das man nie kommt! Wie die Eskimos oder ein anderer unerforschter Stamm des großen russischen Imperiums» (*Petersburg*, übers. v. Siegfried Schmitz, Berlin 1929, S. 163). Im Übrigen findet man bei Asch, der des Antisemitismus völlig unverdächtig ist, Klischees, die bei anderen Autoren empörend wären. So auf S. 234: «Ihnen folgte ein junger Mann, groß und hager, mit stark semitischem Aussehen, das die scharf geschnittene knochige Nase und die herabhängende Unterlippe besonders stark hervorhoben.»

68 *Les Chiens et les Loups*, VI.

69 Ebd., I.

70 Ebd., VIII.

71 *Lettres de Nicolas II et de sa mère*, übers. v. Paul Léon, Paris o.J., S. 84 f. In seinen *Mémoires* (Paris 1921) berichtete Graf Witte, dass «Der Zar von erwiesenen Antisemiten umgeben war wie Trepow, Plehwe, Ignatjew und den Anführern der Schwarzen Hundert (VI, S. 168), die er «die

Engländer der Juden nannte» (VI, S. 167), und dass er die Juden für die einzig Verantwortlichen der sie betreffenden Verfolgungen hielt, mit den Worten: «Sie selbst, die *zhidy,* sind doch die Schuldigen» (VI, S. 168).

72 Zitiert von A. Spire, a. a. O., I, S. 94 f. Das englische Parlament hatte den Juden vorgeschlagen, ihr «Nationales Zentrum» in Uganda einzurichten; der zionistische Weltkongress lehnte dieses Angebot ab.

73 Gespräch mit Tatjana Morozowa, Moskau, 28. Januar 2006.

74 *Les Chiens et les Loups,* VII. Scholem Alejchem hat dieselben Ereignisse bezeugt: «Vor unseren Augen und vor den Augen der ganzen Welt haben die Kosaken geholfen, die Fenster, die Türen die Schlösser aufzubrechen und sich die Taschen vollzustopfen. Vor den Augen unserer Kinder haben sie die Juden, Frauen und Kinder, getötet und gefoltert» (Brief an Morris Fischberg, zitiert von H. Bulawko, *Monsieur Cholem Aleichem,* Paris 1995, S. 106).

75 Zu diesem Satz aus dem «Journal» von *Le Vin de solitude* hat I. Némirovsky notiert: «Der Unterschied im Ton. Die Gesundheit versteht sich von selbst. Aber die religiöse Inbrunst, um das tägliche Brot zu bitten.»

76 *Les Chiens et les Loups,* IV.

77 Wir wissen nicht, wo die Nemirowskis vor 1909 wohnten; nach Tatjana Morozowa in der Funduklejew-Straße.

78 *Les Chiens et les Loups,* VIII.

79 Ebd., IV.

80 *L'Ennemie,* II, 1.

81 *Le Vin de solitude,* I, 1.

82 Ende 1937/Anfang 1938 plante I. Némirovsky auch, eine Biographie des «jungen Napoleon» zu schreiben.

83 Das versichert zumindest Janine Auscher, «Nos interviews: Irène Némirovsky», *L'Univers israélite,* 5. Juli 1935.

84 G. Higgins, «Les Conrad français», *Les Nouvelles littéraires,* 6. April 1940.

85 *L'Aiglon,* Theaterstück von Edmond Rostand; deutsche Nachdichtung von Klabund «Der junge Aar». So wurde Napoleon II. genannt (Anm. d. Ü.).

86 Vgl. Ph. Jullian, *Sarah Bernhardt,* Paris 1977, S. 143.

87 Vgl. J. Huret, *Sarah Bernhardt,* Paris 1899, S. 58.

88 Wladimir Alexandrowitsch Suchomlinow (1848–1926) übernimmt 1876 das Kommando des Garderegiments des Zaren. Von 1886 bis 1897 leitet

er die von ihm gegründete Kavallerie-Offiziersschule. 1899 zum Generalleutnant aufgestiegen, wird er zum Stabschef des Kiewer Militärdistrikts und 1904 dann zum Oberkommandeur ernannt. 1905 wird er Generalgouverneur von Kiew, Wolyne und Podolien, dann im Dezember 1908 Chef des Generalstabs der russischen Armee und im April 1909 schließlich Kriegsminister, bis zu seiner Ablösung durch General Poliwanow am 29. Juni 1915. Der mangelnden Vorbereitung der russischen Armeen, der Veruntreuung, der Sabotage des Munitionsnachschubs sowie der Spionage für die deutsche Armee angeklagt, der er die Pläne des Generalstabs ausgehändigt haben soll, wird er verhaftet und im Mai 1916 wegen Hochverrats verurteilt, ins Gefängnis geworfen, dann von Premierminister Stürmer im Oktober 1916 freigelassen, abermals festgenommen, noch einmal verurteilt und im Mai 1918 aufgrund seines Alters amnestiert. Es gelingt ihm, nach Deutschland zu kommen, wo er 1923 seine Memoiren veröffentlicht.

89 «Ja. Jeden Abend ein Buch/In meinem Zimmer las ich des Abends: ich war trunken.»

90 «En marge de *L'Affaire Courilof*, Radio-Dialogue entre F. Lefèvre et Mme I. Némirovsky», *Sud de Montpellier*, 7. Juni 1933.

91 *Les Chiens et les Loups*, X.

92 «Wachtposten, schießt nicht,/es ist ein Vogel, der aus Frankreich kommt.

93 *Le Vin de solitude*, I, III.

2. Eine vage und mörderische Hoffnung

1 *Le Vin de solitude*, I, VIII.

2 *L'Ennemie*, IV, III.

3 *Le Vin de solitude*, I, III.

4 Ebd., I, VIII.

5 Ebd., I, VII.

6 Ebd., I, VIII.

7 In *David Golder* findet man einen «kleinen Porjes» wieder, einen ehemaligen Liebhaber von Gloria, «der über ein riesiges Vermögen verfügte» (a.a.O., S. 157 und 162).

8 Ebd., S. 167.

9 *L'Ennemie*, IV, II.

10 «Le Sortilège», a.a.O., S. 294 ff.

11 L. Lefèvre, «Une révélation. Une heure avec Irène Némirovsky», *Les Nouvelles littéraires*, 11. Januar 1930.

12 *La Vie de Tchekhov*, XXX.

13 *Le Vin de solitude*, I, I.

14 Ebd., I, IV.

15 Janine Auscher, «Sous la lampe. Irène Némirovsky», *Marianne*, Nr. 121, 13. Februar 1935.

16 *L'Ennemie*, II, III.

17 Ebd., II, II.

18 *Le Vin de solitude*, II, III.

19 Ebd., I, I.

20 Ebd., I

21 Ebd., IV, VIII.

22 Ebd., I, VIII.

23 Ebd., I, III.

24 Ebd., I, VIII.

25 Ebd., I, VIII.

26 F. Dostojewski, *Verbrechen und Strafe*.

27 *Le Vin de solitude*, II, I.

28 M. Gorki, *Neues Leben*, Nr. 106, 2. Juni 1918, in *Unzeitgemäße Gedanken über Kultur und Revolution*, übers. v. Bernd Scholz, Frankfurt/M. 1972, S. 221.

29 Der Name L. B. Nemirowski erscheint weder 1913 noch 1914 in den Listen des Verwaltungsrats der Privat-Handels-Bank von Sankt Petersburg, die vom *Journal de Saint-Pétersbourg*, dem Finanzblatt in französischer Sprache, veröffentlicht wurden. Falls kein Versäumnis vorliegt, trat Leonid Nemirowski erst nach der Kriegserklärung offiziel in den Verwaltungsrat ein.

30 *Le Vin de solitude*, II, I, II und III.

31 *L'Ennemie*, II, II.

32 É. Gille, *Le Mirador. Mémoires rêvés*, Paris 2000, S. 152.

33 Zaharoff ist einer der Vorbilder für die Figur des James Bohun in *Le Pion sur L'échiquier* (1934).

34 *Le Vin de solitude*, II, II.

35 Ebd.

36 «En marge de *L'Affaire Courilof* …», a.a.O.

37 M. Paléologue, *La Russie des tsars pendant la Grande Guerre*, II, *3 juin 1915–18 août 1916*, Paris 1922, S. 271.

38 *Le Vin de solitude*, II, III.

39 M. Paléologue, a.a.O., S. 281 f.

40 *L'Ennemie*, II, III.

41 *Le Vin de solitude*, II, I.

42 Ebd., II, III.

43 Schwer lesbares Wort im vorbereitenden Manuskript zu «Mercredi des Cendres», dem diese Passage entnommen ist.

44 *L'Ennemie*, I, V.

45 *Le Vin de solitude*, II, IV.

46 So schildert Irène Némirovsky am 25. März 1934 im vorbereitenden Manuskript zu *Le Vin de solitude* die Szene von Mademoiselle Roses Tod: «Im allgemeinen taugt ein Einfall, der mir großartig vorkommt, später überhaupt nichts mehr. Und dennoch! Anonymer Brief – Szene. Mama wird Z. entlassen und eine Engländerin einstellen. Z. tötet sich. Das erklärt die Rache sehr gut. Jedoch deutlich aufzeigen, daß Z. nicht mehr ganz bei Verstand ist. Also muß auf die Revolution gewartet werden. (…) Ja, das ist gut. Und verlockend finde ich auch, daß ich diesen neuralgischen Punkt hier setzen kann. Es braucht nur einen ganz kleinen Schubs, und schon fällt das Licht auf eine andere, weit anschaulichere Weise. Aber es bedarf einiger Vorsichtsmaßnahmen. 1. den seelischen Beistand betonen, den Z. dem Kind gibt; 2. deutlich die schreckliche Last der Zeit und den beginnenden Wahnsinn bei Z. aufzeigen; 3. den Tod ein wenig verändern (auch damit es nicht zu sehr *Les Mouches d'automne* nachahmt). Hier weiß ich noch nicht, wie ich es machen soll: Ich sehe den ersten Teil, wenn sie fortgeht, aus dieser düsteren Stadt verschwindet, die sich langsam zersetzt, eine widerwärtige, neblige Stadt, Schüsse im Dunkeln usw. Doch wie sie sterben lassen? (…) Oder von einem betrunkenen Rotgardisten getötet? Ich meine, daß sie sterben muß und daß das Kind erst sehr viel später erfährt, wie sie gestorben ist. Wie sie am Ufer dieser schwarzen Kanäle entlanggeht: Sie hatte gerade nur ihre Füße ins Wasser gesetzt, und sie starb an Herzstillstand. Aber das Kind hatte es erst sehr viel später erfahren …»

47 *David Golder*, S. 47.

48 *Les Mouches d'automne*, IX.

49 «Les Rivages heureux», *Gringoire*, 2. November 1934, in *Dimanche*, Paris 2000, S. 49.

50 «Le Spectateur», *Gringoire*, 7. Dezember 1939, in *Dimanche*, Paris 2000, S. 346.

51 *Le Vin de solitude*, II, v, und III, ɪ.

52 *L'Ennemie*, II, v.

53 *Le Vin de solitude*, II, v.

54 Ebd., II, ɪv.

55 Ebd., II, v.

56 R. Bourget-Pailleron, «La nouvelle équipe …», a.a.O.

3. Die Erschütterung eines ganzen Lebens

1 «Bulletin» vom 21. Februar 1917, zitiert von Alia Rachmanowa, *Aube de vie, aube de mort. Journal d'une étudiante russe pendant la Révolution*, Paris 1935, S. 76.

2 L. Trotzki, *Geschichte der Russischen Revolution*, übers. v. Alexandra Ramm, Frankfurt/M. 1960, S. 96.

3 Es ist schwierig, die Episode der Scheinexekution des *dwornik* Iwan R. genau zu datieren. Irène Némirovsky scheint sie in die erste Zeit der Februarrevolution zu verlegen, doch da die Beifallsrufe für die Kerenski-Porträts erwähnt werden, hätte sie eher im Frühjahr stattgefunden. Schließlich ist in dieser autobiographischen Erzählung vom 27. März 1938, am Rande ihrer Arbeit zu «Espoir», Zézelle noch am Leben, jedoch unter dem fiktiven Namen «Mademoiselle Rose».

4 *Le Vin de solitude*, II, vɪ.

5 *La Vie de Tchekhov*, XIV.

6 *L'Affaire Courilof*, XXI.

7 Ebd., XVIII.

8 J. Auscher, «Sous la lampe. Irène Némirovsky», a.a.O.

9 So ist Fürst F. Jussupow in seinen *Mémoires* felsenfest davon überzeugt, dass der Zarismus an «jüdischen Kommissaren» zugrunde gehen werde, die sich mehr oder weniger mit russischen Namen tarnen« (a.a.O., S. 223).

10 A. Rachmanowa, a.a.O.

11 M. Gorki, *Neues Leben*, Nr. 51, 18. Juni 1917, in *Unzeitgemäße Gedanken über Kultur und Revolution*, a.a.O., S. 64. Schon immer hat Gorki seinen Widerwillen gegen den Antisemitismus bekundet, so in seinen *Notes et Souvenirs*: «Wenn man an die Juden denkt, dann fühlt man sich entehrt. Obwohl ich persönlich glaube, den Menschen dieser erstaunlich widerstandsfähigen Rasse in meinem ganzen Leben noch kein Leid zugefügt zu haben, denke ich, sobald ich einem Juden begegne, sogleich an

meine nationale Verwandtschaft mit der fanatischen Sekte der Antisemiten und an meine Verantwortung für die Dummheit meiner Landsleute» (Paris 1959, Bd. 8, *La Guerre et la Révolution*, S. 255).

12 Vgl. I. Deutscher, «La révolution russe et le problème juif», Vortrag vom 29. Oktober 1964 vor der Jewish Society der Gewerkschaft der Studenten der London School of Economics, in *Essais sur le problème juif*, Paris 1969.

13 *Le Vin de solitude*, II, v.

14 Z. Hippius, *Journal sous la terreur*, Paris 2006, S. 194.

15 Zitiert von L. Poliakov, *La Causalité diabolique*, II. *Du joug mongol à la victoire de Lénine 1250–1920*, Paris 2006, S. 290.

16 «La Nuit en wagon», *Gringoire*, 5. Oktober 1939, in *Destinées*, S. 207.

17 F. Lefèvre, «Une révélation …», a.a.O.

18 «Die Männer heiraten aus Müdigkeit, die Frauen aus Neugier; beide sind enttäuscht.»

19 «Madame Irène Némirovsky war vor allem vom *Dschungelbuch* beeindruckt» («Le livre de votre enfance», *Toute édition*, Nr. 152, 19. November 1932).

20 F. Lefèvre, «Une révélation …», a.a.O.

21 M. Gorki, «In Moskau», *Neues Leben*, Nr. 175, 8. November 1917, in *Unzeitgemäße Gedanken über Krieg und Revolution;* a.a.O.

22 F. Lefèvre, «Une révélation …», a.a.O.

23 O. Wilde, *Das Bildnis des Dorian Gray*, übers. v. Hedwig Lachmann und Gustav Landauer, Frankfurt/M. [3]2002.

24 «Das Ziel meines Lebens ist die Entfaltung meiner Möglichkeiten.»

25 F. Lefèvre, «Une révélation …», a.a.O.

26 Ebd.

27 J. Reed, *10 Tage, die die Welt erschütterten*, o.Ü., Berlin 1957, S. 47.

28 A. Edallin, *La Révolution russe par un témoin*, Paris 1920, S. 46.

29 Zitiert von L. Poliakov, a.a.O., S. 317.

30 «Les Fumées du vin», in *Films parlés*, Paris 1934, S. 232 und 241; auch in *Dimanche*, a.a.O.

31 Ebd., S. 240. Ein weiteres Echo findet man in *Les Mouches d'automne*, III: Unter dem Vorwand, über die «Aufteilung des Weins» in seinem Keller zu reden, wird Juri Nikolajewitsch Karin ins Dorf gebracht und mit einer Kugel in den Rücken niedergestreckt.

32 Vgl. *Le Vin de solitude*, III, ii: «Die Grenze war noch nicht geschlossen, doch jeder vorbeikommende Zug schien der letzte zu sein.»

33 J. Lied, *Pionnier en Sibérie et dans la mer di Kara*, Paris 1951, S. 205. Das Geschäft kam nicht zustande, weil Lieds Gesellschafter «nicht richtig verstanden hatten, was in Sowjetrußland vor sich ging».

34 Vgl. E. Jutikkala, K. Pirinen, *Geschichte Finnlands*, übers. v. Annemarie von Harlem, Stuttgart 1976.

35 *Le Vin de solitude*, II, II.

36 N. Berberova, *Ich komme aus St. Petersburg*, übers. v. Christine von Süß, Reinbek/Hamburg 1994, S. 91.

37 Die im Januar 1940 in der *Revue des Deux Mondes* veröffentlichte Erzählung wurde zur selben Zeit verfasst wie die «Souvenirs de Finlande authentiques», die vermutlich für eine «Plauderei» im Rundfunk bestimmt waren.

38 Terjoki (oder Terrioki) war ein «kleiner finnische Badeort, zwei Stunden Bahnfahrt von Petersburg entfernt» (N. Berberova, *Alexandre Blok et son temps*, Actes Sud, «Thesaurus», XVII, S. 1049).

39 Vgl. G. Sanders, *Mémoires d'une fripouille*, Paris 2004.

40 M.-J.Viel (J. Reuillon), «Comment travaille une romancière», Rundfunkinterview, 1934.

41 Diese «Souvenirs de Finlande authentiques», während des Sommers 1933 in Urrugne gesammelt, werden später für den dritten Teil von *Les Vin de solitude* und für die Szenerie der Erzählung «Magie» verwendet (*L'Intransigeant*, 4. August 1938).

42 «Aïno», in *Dimanche*, a.a.O., S. 59.

43 *Le Vin de solitude*, II, II.

44 «Magie», a.a.O.

45 Ebd.

46 M.J. Viel, a.a.O.

47 J. Bouissounouse, «Femmes écrivains, leurs débuts», *Les Nouvelles littéraires*, 2. November 1935.

48 F. Lefèvre, «Une révélation …», a.a.O.

49 Wir danken Anastasia Lester, die diese Verse für uns [ins Französische] übersetzt hat.

50 M. Derroyer, «Irène Némirovsky et le cinéma», *Pour vous*, Juni 1931.

51 J. Boissounouse, «Femmes écrivains leurs débuts», a.a.O.

52 *Le Vin de solitude*, III, IV,

53 «Magie», a.a.O.

54 *Le Vin de solitude*, III, V.

55 2006 wurde dieses Haus eine Feinbäckerei.

56 M. Bulgakow, *Die weiße Garde*, übers. v. Larissa Robiné, München 2005, S. 64.

57 Michail Gordijewitsch Drosdoswki (1882–1919), der 1917 eine antibol-schewistische und antideutsche Freiwilligenarmee ins Leben gerufen hatte, nahm Rostow am Don ein und starb am 1. Januar 1919 bei Staw-ropol.

58 «Le Mercredi des Cendres», IMEC.

59 M. Derroyer, «Irène Némirovsky et le cinéma», a. a. O.

60 «Aïno», a. a. O.

61 *Nord-Sud*, französisch-skandinavische Zweimonatszeitschrift, 15. Feb-ruar 1930.

62 *Le Vin de solitude*, IV, I.

63 *Nord-Sud*, 15. Februar 1930.

64 Ebd.

65 F. Lefèvre, «Une révélation …», a. a. O.

66 M. Derroyer, «Irène Némirovsky et le cinéma», a. a. O.

67 *Le Vin de solitude*, IV, I.

4. Miss Topsy und Mademoiselle Mad

1 F. Lefèvre, «Une révélation …», a. a. O.

2 R. Bourget-Pailleron, «La nouvelle équipe …», a. a. O.

3 *L'Ennemie*, I, I.

4 Ebd.

5 Gespräch mit Denise Epstein, 10. Januar 2005.

6 *L'Ennemie*, II, III.

7 *Le Vin de solitude*, II, III.

8 I. Némirovsky, Brief an Madeleine Cabour (IMEC).

9 P. Nerey [I. Némirovsky], «Destinées», *Gringoire*, 5. Dezember 1940, in *Destinées*, S 254 f. Die Details in dieser Novelle entsprechen der Wirk-lichkeit: «Hör zu: du weißt ja, im Augenblick der russischen Revolution war ich dreizehn. Ich erinnere mich daran, daß mein Bruder getötet wurde (…).»

10 «… und ich liebe sie noch immer», *Marie Claire*, 2. Februar 1940, in *Destinées*, S. 179.

11 «Destinées», a. a. O., S. 254.

12 Diese Zeile wurde von Olga Buturlin weggelassen.

13 D. Dubois-Jallais, *La Tzarine. Hélène Lazareff et l'aventure de «Elle»*, Paris 1984, S. 161.

14 J. Kessel, *Nuits de princes*, Paris 1927.

15 Ebd.

16 J. Auscher, «Sous la lampe. Irène Némirovsky», a.a.O.

17 G. Higgins, «Les Conrad français», *Les Nouvelles littéraires*«, 6. April 1940.

18 Wir danken Anastasia Lester für die [französische] Übersetzung dieser Verse.

19 *L'Ennemie*, III, III.

20 *L'Enfant génial*, a.a.O., S, 344.

21 É. Gille, *Le Mirador*, S. 270.

22 J. Auscher, «Sous la lampe», a.a.O.

23 *L'Ennemie*, III, II.

24 Ebd.

25 *Les Feux de l'automne*, II, I.

26 *Les Mouches d'automne*, IV.

27 «Ida», *Marianne*, Nr. 82, 16. Mai 1934, in *Films parlé*, Paris 1934, S. 65.

28 *L'Ennemie*, IV, IV.

29 *Le Vin de solitude*, I, III.

30 Gespräch mit Madame Edwige Becquart, der Tochter von René Avot, Versailles, 26. März 2005.

31 *Le Vin de solitude*, IV, VIII.

32 «Nativité», *Gringoire*, 8. Dezember 1933, in *Destinées*, S. 128.

33 In Sankt Petersburg hatte Ida Rubinstein vor dem Krieg in *Salomé* nach Oscar Wilde getanzt; 1919 stand sie zum ersten Mal nach dem Krieg wieder auf der Pariser Bühne in *Imroulcaïs*, einem islamischen Drama, in der Bearbeitung ihres Freundes, des Dramaturgen und Theaterkritikers Fernand Nozière (1874–1931), von dem in Kapitel 6 die Rede sein wird.

34 M. Derroyer, «Irène Némirovsky et le cinéma», a.a.O.

35 J. Bouissounouse, «Femmes écrivains, leurs débuts», a.a.O.

36 M. Derroyer, «Irène Némirovsky et le cinéma», a.a.O.

37 *Fantasio*, Nr. 353, 15. Oktober 1921.

38 *Fantasio*, Nr. 346, 1. Juli 1921.

39 R. Benjamin, «Le propos de Fantasio», *Fantasio*, Nr. 331, 15. November 1920.

40 *Journal officiel*, 3. Dezember 1920; zitiert von M. Prazan und T. Mendès France, *La Maladie n° 9, récit historique*, Paris 2001, S. 32 und 36.

41 *Action française*, 9. März 1920; zitiert von Michel Leymarie, «Les frères Tharaud. De l'ambiguïté du ‹filon juif› dans la littérature des années vingt», *Archives juives*, Nr. 39/1, 1. Semester 2006, S. 104.

42 *Excelsior*, 17. Mai 1920.

43 *Le Vin de solitude*, IV, VI.

44 *Les Mouches d'automne*, V.

45 «Nativité», *Gringoire*, 8. Dezember 1933, in *Destinée*, S. 115.

46 *L'Ennemie*, II, III.

47 «L'Ogresse», *Gringoire*, 24. Oktober 1941, in *Dimanche*, S. 314.

48 Yvonne Comesse, Brief an Élisabeth Gille, 15. März 1992.

49 In *La Littératur française entre les deux guerres 1919–1939* (Paris 1941) erwähnt F. Baldensperger David Golder, diesen «strengen kleinen Juden aus Rußland, der in den Vereinigten Staaten Bankier geworden ist» (S. 67).

50 «Aber noch mehr als das, was er erzählte, fesselte sie alles, was er verschwieg, diese flüchtig erblickte, sorglose und melancholische, einfache und doch komplizierte, unbeständige, so vielseitige Seele, oder die einfach nur deshalb so wirkte, weil sie fremd war» (*L'Ennemie*, III, III).

51 Gespräch mit Tatjana Morozowa, Moskau, 28. Januar 2006.

52 J. Kessel, *Makhno et sa juive*, Paris 1926.

53 Vgl. Liberty, «Amour fantôme», *Le Matin*, 1. Juni 1923, oder Nina Mdivani, «La Princesse Roussadana», *Le Matin*, 30. Juli 1923; A. Toupine, «La Petite Marraine», *Le Matin*, 29. August 1921.

54 F. Lefèvre, «Une révélation …», a.a.O. Es war nicht möglich, eine Spur dieser Erzählung zwischen dem 1. Januar 1921 und dem 31. Dezember 1923 zu finden. In einer gestrichenen Passage von 1930 notierte Irène Némirovsky sogar, dass sie «einige Novellen» an *Le Matin* schickte («Nach ‹David Golder› … Irène Némirovsky», Quelle unbekannt).

55 *La Vie de Tchekhov*, S. 105.

56 P. Léautaud, *Journal littéraire*.

57 L. Daudet, *Souvenirs et Polémiques*, Paris 1992, S. 476.

58 Marie de Hérédia hatte Henri de Régnier 1896 geheiratet. Die Dichterin und Romanschriftstellerin – unter dem Pseudonym Gérard d'Houville – war auch eine der umworbensten Frauen von Paris. Vor dem Großen Krieg war sie die Mätresse der Literaten Jean-Louis Vaudoyer, Binet-Valmer, Edmond Jaloux und Henry Bernstein gewesen. Nach Henri de Régniers Tod im Jahr 1936 scheint Irène Némirovsky sie weiterhin in der Rue Boissière aufgesucht zu haben.

59 Bibliothek des Institut de France, Archiv Henri de Régnier.

60 *L'Ennemie*, III, IV.

61 Ebd., IV, V.

62 *Le Vin de solitude*, IV, V.

63 *L'Ennemie*, IV, II.

5. Der Dämon des Hochmuts

1 Am 13. Januar 1921 meldete *Le Matin* auf der ersten Seite den Tod von Karpow, alias Lenin.

2 E. Epstein, *Les Banques de commerce russe. Leur rôle dans l'évolution économique de la Russie. Leur nationalisation*, Paris 1925, S. XVII und XXI.

3 Vgl. F. Albéra, *Albatros, des Russes à Paris (1919–1929)*, Mazotta/Cinémathèque française 1995.

4 1930 sagt Irène Némirovsky zu F. Lefèvre, sie habe *L'Enfant génial* «1923, mit achtzehn Jahren» geschrieben, entsprechend der Weisung von Grasset, sich für die Einführung von *David Golder* um zwei Jahre jünger zu machen; aber auch wenn das Datum von 1923 irrig sein sollte, so ist es dennoch plausibel.

5 F. Lefèvre, «Une révélation …», a.a.O.

6 J. und J. Tharaud, *Un royaume de Dieu*, Paris 1920, S. 15.

7 O. Wilde, *Das Bildnis des Dorian Gray*, übers. v. Hedwig Lachmann und Gustav Landauer, IV.

8 Binet-Valmer, *Quatre jeunes filles et le jeune homme incertain*, II, in *Les Œuvres libres*, Nr. 70, April 1927, S. 220. Binet-Valmer, Präsident der Ligue des Chefs de section et des Anciens Combattants, Bewunderer von Mussolini und D'Annunzio, Biograph von Sarah Bernhardt (Paris 1936), war der antisemitischen Karikatur nicht abhold. So findet man in *Les Métèques* (Paris 1907, neu aufgelegt 1922) folgendes Porträt von Nicolo, dem Konsul von Kalzedonien: «Er, der abscheuliche Grieche, jüdischer als ein Jude, riesige, vulgäre, beleidigende Nase, Stirn, die aus Angst flieht, dem Blick des anderen zu begegnen, Mund, der aus zusammengepreßten, vorspringenden Lippen besteht: ein doppelter Wulst roten Fleisches zwischen Schnurrbart und Kinn; furchtsame und schmale kleine Augen, glänzende Wangenknochen, kurzgeschnittenes krauses Haar; ein gelber, galliger, schmutziger Teint; ein

schmächtiger Körper, schief auf kurzen Beinen und dicken Schenkeln»
(IX, S. 73).

9 A. Spire, «Israël Zangwill», a.a.O. S. 22.

10 Das Bild des russischen Juden in der französischen Literatur zu Beginn
des 20. Jahrhunderts ist fast immer negativ. «Das Stereotyp ist total.
Die Juden sind geizig, raffgierig, wovon ihre krummen Finger zeugen,
sie sind dreckig, schmierig, servil und verräterisch» (J. Neboit-Mombet,
L'Image de la Russie dans le roman français [1895–1900], Paris 2005,
S. 459). Der Prototyp des französischsprachigen «ukrainischen Romans» vor 1900 ist *Dymitr le Cosaque* von Étienne Marcel (1883), dem
Pseudonym von Madame Malimuska, geborene Caroline Thuez. Dort
sind die Juden «schmutzig, zerlumpt», haben «krumme Finger», ein
«häßliches höhnisches Lachen», eine «gebogene Nase wie ein Raubvo-
gelschnabel», einen «stets fliehenden Blick».

11 F. Lefèvre, «Une révélation …», a.a.O.

12 B. Crémieux, «Les livres. Irène Némirovsky: *David Golder*», *Les Annales*, 1. Februar 1930.

13 Der russische Pianist, ein «jüdisches Genie», Rozenoff macht in «Les
Larbins» von Zangwill die gleiche Erfahrung: Beim Improvisieren über
hebräische Themen rührt er schließlich Mrs. Wilhammer, die sich indes
geweigert hatte, ihn in ihrem New Yorker Salon zu empfangen. Doch
nachdem er sie gerührt hat, vergisst er alsbald sein Versprechen, sein
Genie in den Dienst der Juden im Ghetto zu stellen … (in *Comédies du
ghetto*, a.a.O., S. 331–353).

14 *Le Malentendu*, XVIII, S. 301.

15 Ebd., IV, S. 234.

16 Ebd., XVII, S. 294.

17 Ebd., XIX, S. 309.

18 Ebd., X, S. 261.

19 Ebd. XVIII, S. 305.

20 Ebd., XVIII, S. 305. Paul Bourget war der Lieblingsautor von Zézelle.

21 F. Lefèvre, «Une révélation …», a.a.O.

22 *The Times* («French by adoption», 13. Februar 1930) ist die erste und
einzige Zeitung, die eine Parallele zwischen Bove und Némirovsky
zieht: «Here is another Russian, after Kessel, Emmanuel Bove and
Ignace Legrand, to place among the youngest French writers, and one
begins to wonder whether, for good or for evil, the dispersion of Russian
intelligence caused by the triumph of the Soviets may not carry conse-

quences scarcely less important to Western literature than the taking of Constantinople by the Turks in 1453.»

23 *Le Malentendu*, I, S. 223 f.

24 Ebd., XX, S. 326.

25 Ebd., I, S. 223.

26 Ebd., X, S. 259.

27 Zertifikat vom 9. November 1940, gezeichnet «Ph. de Maizière».

28 Bericht des Verwaltungsrats für die ordentliche Generalversammlung der Aktionäre, Geschäftsjahr 1924 (30. April 1925). Die Banque des Pays du Nord ist zu diesem Zeitpunkt eine Aktiengesellschaft mit einem Kapital von 50 Millionen Francs; ihr kumulierter Nettogewinn beläuft sich für das Geschäftsjahr 1924 auf 6,834 Millionen Francs.

29 *Le Malentendu*, XVI, S. 287.

30 Ebd., XI, S. 264.

31 *Le Vin de solitude*, IV, IX.

32 *Le Malentendu*, IV, S. 223.

33 *L'Ennemie*, IV, IV.

34 Ebd., IV, IV.

35 D. Halévy, «Lœwenstein ou la vie d'un joueur», in *Courrier de Paris*, Paris 1932.

36 Ebd.

37 F. Lefèvre, «Une révélation …», a.a.O.

38 A. Maurois, «Les œuvres et les hommes. *David Golder*, d'Irène Némirovsky», *Le Spectacle des Lettres*, März 1930.

39 B. Crémieux, «Les livres. Irène Némirovsky: *David Golder*», *Les Annales*, 1. Februar 1930.

40 C. Pierrey, *Chantecler*, 6. März 1930. Dieses Gerücht wurde 1931 von André Hirschmann aufgegriffen: «Eine Frau von bemerkenswerter Intelligenz und Sensibilität, Irène Nimerovsky [sic], hat es verstanden, das Leben einer ihrer Kameradinnen einzufangen und es in der Figur von Joyce Golder nachzuzeichnen.» («*David Golder* ou la victoire du cinéma sur le théâtre», *Cinégraph*, Februar 1931)

41 M.-J. Viel, «Comment travaille une romancière», a.a.O.

42 F. Lefèvre, «Une révélation …», a.a.O.

43 Der heutigen Rue de Montevideo.

44 C. Pierrey, a.a.O.

45 F. Lefèvre, «En marge de *L'Affaire Courilof* …», a.a.O.

46 L. Lefèvre, «Une révélation …», a.a.O.

47 F. Lefèvre, «En marge de *L'Affaire Courilof* ...», a.a.O.

48 «Auf dem Ozean von der Farbe des Eisens/Weinte ein unermeßlicher
    Chor/Und diese langen Schreie, deren Irrsinn/ Die Hölle zu durchdrin-
    gen scheint.»

49 M. Deroyer, a.a.O.

50 J. d'Assac, «Maris de femmes célèbres. Monsieur Irène Némirovsky»
    (März 1935?), Quelle unbekannt, wahrscheinlich *Je suis partout*.

51 P. Morand, «Je brûle Moscou», in *Nouvelles complètes*, Bd. 1, Paris 1992,
    S. 403.

52 Eines der ersten Wörter von *L'Enfant génial* ist das Wort «Pogrom».
    Es war den Franzosen besser bekannt, seit am 25. Mai 1926 ein junger
    ukrainischer Anarchist mitten in Paris auf der Terrasse eines Cafés in
    Saint-Germain-des-Prés ermordet worden war, der Ataman Petljura,
    Urheber der antijüdischen Massaker von 1920. Genau einen Monat
    vor Erscheinen von *L'Enfant génial* veröffentlichte der linke Aktivist
    Bernard Lecache, der sich für den Freispruch von Samuel Schwartzbard
    einsetzte, in *Le Quotidien* seine lehrreiche Untersuchung «im Land der
    Pogrome», die er im August 1926 in der Ukraine vorgenommen hatte.
    Ein apokalyptisches Bild – «alle Wege der Ukraine führen zu den Pogro-
    men» (B. Lecache, a.a.O., S. 6) –, dem nur ein Vorwurf zu machen war:
    Es vernachlässigte die sowjetischen Ausschreitungen. Bei Schwartz-
    bards Prozess im Jahr 1927 hielt Joseph Kessel, als Zeuge geladen, die
    Rede eines französischen Schriftstellers, der mit Irène Némirovsky vie-
    les gemeinsam hatte: «Wie Schwartzbard bin ich Jude und wie er aus
    Rußland gebürtig. Eine weitere Ähnlichkeit ist die Tatsache, daß ich wie
    er das Glück hatte, vom unvergleichlichen Geist Frankreichs geprägt zu
    sein, dem Geist der Freiheit, des Muts und der Gerechtigkeit. (...) Und
    sei es nur, um die Aufmerksamkeit der zivilisierten Welt auf die ab-
    scheuliche Tradition der Pogrome zu lenken (...), mußte Schwartzbard
    tun, was er getan hat.»

53 *Le Malentendu*, XVI, S. 288.

54 Vgl. A. Spire, a.a.O., Bd. 1, S. 44: «Denn der Jude ist spottlustig, wie der
    Franzose. Wie der Franzose höflich und von sich eingenommen, liebt er
    es, sich aus Höflichkeit und Hochmut selbst zu verspotten.» Die Fortset-
    zung des Zitats hat die Tendenz, die Tragweite des antisemitischen Kli-
    schees zu bagatellisieren, wenn ihm dasjenige, das es zum Gegenstand
    hat, zuvorkommt: «Als ob er zu seinem Körper sagte: du bist zwar nicht
    sehr hübsch, du bist schmächtig und linkisch; und zu seinen Armen:

ihr seid rührig; und zu seinen Händen: ihr seid Alleskönner; sogar zu seinem Herzen: du bist nicht immer ritterlich. Ich kann nichts dafür, es ist das Erbe schmerzhafter Jahrhunderte, und es bedarf mehr als eines Lebens, um es zu verändern. Doch über diesen Sklaven der Vergangenheit thront mein freier Geist, der sie kennt und beurteilt» (ebd.). Spire unterstreicht die perverse Auswirkung dieser Art des Denkens, nämlich die Selbstverleugnung.

55 Zum Beispiel am 1. Februar 1930 in *Vie parisienne*: «Man hat den verstorbenen Lœwenstein den Typus des Golder genannt. Unsinn! Lœwenstein war etwas anderes.»

56 N. Gourfinkel, «L'expérience juive d'Irène Némirovsky. Une interview de l'auteur de *David Golder*», *L'Univers israélite*, 28. Februar 1930.

57 F. Lefèvre, «Une révélation …», a.a.O.

58 Ebd. Das Buch von Louis Fischer – einem Spezialisten der sowjetischen Ökonomie – war im Juli 1928 erschienen.

59 F. Lefèvre, «Une révélation…», a.a.O.

60 *«David Golder …», Revue pétrolifère*, 25. Januar 1930.

61 *L'Ennemie*, I, v.

62 Ch. Baudelaire, *Les Fleurs du Mal*, «Der Feind», übers. v. Manfred Starke (Anm. d. Ü.).

63 *L'Ennemie*, IV, iii.

64 Ebd., III, iv.

65 Ebd., IV, iii.

66 Ebd., IV, ii.

67 Ebd., IV, ii.

68 *David Golder*, S. 68.

69 *Le Vin de solitude*, IV, v.

70 R. Bourget-Pailleron, «La nouvelle équipe …», a.a.O.

71 *David Golder*, S. 27, 89, 152, 163; 48 und 111.

72 *Le Bal*, «Les Cahiers rouges», Paris 2002, I.

73 Ebd., II.

74 *Le Vin de solitude*, IV, iii.

75 Le Bal, II und III.

76 Ebd., VI.

77 Diese Ähnlichkeit wird von M. Bernard in der prokommunistischen Zeitung *Monde* vom 16. August 1930 hervorgehoben: «Dieses Ehepaar ähnelt auf seltsame Weise jenen häßlichen Figuren, die George Grosz dazu dienen, eine ganze Klasse zu brandmarken. In ihnen ist jede Fri-

sche abgestorben (aber wahrscheinlich hat es sie nie gegeben), an die Stelle menschlicher Gefühle sind niedrige Vorurteile und eine wütende Ungeduld getreten, die Zeit, die sie ihrer Meinung nach in der Armut verloren hatten, dadurch aufzuholen, daß sie hastig die stupidesten und gröbsten Kräfte versammelten.»

78 J. Cocteau, *Le Passé défini II* (11. September 1953), Paris 1953, S. 273. In «Le Bal», einer am 6. Februar 1921 in *Le Matin* erschienenen Erzählung, hatte Henri Duvernois bereits die Panik beschrieben, die die Absage eines Balls verursachte, hier allerdings wegen eines Todesfalls.

79 J. Cocteau, *Lettres à sa mère, II, 119–1938*, Paris 2007, S. 499.

80 Verlagspressemitteilung zu *Le Bal*, 1930, zitiert in «… des livres de femmes», 1. Oktober 1930.

81 *David Golder*, S. 144.

82 *Le Bal*, I, S. 11.

83 H. Bernstein, *Samson*, IV, v, in *Théâtre*, Paris 1997, S. 172. In einer ersten Version dieses Stücks (1907) war Samson «ein levantinischer Jude mit dem Namen Melliori» (G. Bernstein Gruber, G. Maurin, *Bernstein le Magnifique*, Paris 1988, S. 66).

84 *David Golder*, S. 260.

85 «Le point de vue du mari», *Œil de Paris*, 12. April 1931.

86 Irène Némirovsky zitiert *La Semaine de Suzette* bereits in *L'Ennemie*, ein Text, der 1928 geschrieben wurde. Es ist also wahrscheinlich, dass sie diese Comicreihe für Kinder schon las, bevor sie schwanger wurde.

87 *Le Vin de solitude*, II, v.

6. Ein Körnchen Glück

1 Irène Némirovsky an C. Pierrey, *Chantecler*, 8. März 1930.

2 H. Muller, *Trois pas en arrière*, Paris 1952 und 2002, S. 68.

3 *David Golder*, S. 12.

4 Ebd., S. 162.

5 F. Lefèvre, «Une révélation …», a.a.O.

6 S. Duvernon, «Un entretien avec Bernard Grasset», *L'Opinion*, 18. Januar 1930.

7 É. Bourdet, *Vient de paraître*, Paris 2004, 2. Akt, S. 106.

8 J. Chardonne, *Matinales*, Paris 1956, S. 136 f.

9 J. Giraudoux, *Bella*, IV.

10 S. Zweig, «Untergang eines Herzens», in V*erwirrung der Gefühle*, Frankfurt/M. ²¹2005, S. 167.

11 F. Mauriac, *Dieu et Mammon*, Paris, Februar 1929.

12 H. Muller, a. a. O., S. 69.

13 F. Lefèvre, «Une révélation …», a. a. O.

14 Claude Pierrey, a. a. O.

15 *Les Chiens et les Loups*, XXXIII.

16 Brief an Madeleine Cabour, 7. Januar 1931.

17 «À la recherche d'Irène Némirovsky, jeune femme russe, écrivain français», *Elle*, 9. Dezember 1985.

18 B., *Vie parisienne*, 1. Februar 1930.

19 Ebd.

20 C. Pierrey, a. a. O.

21 S. Duvernon, «Un entretien avec Bernard Grasset», a. a. O.

22 C. Pierrey, a. a. O.

23 Hélène Iswolsky, Tochter des ehemaligen russischen Botschafters in Frankreich, hatte ihre literarische Karriere 1925 begonnen, als sie zusammen mit Kessel *Les Rois aveugles* zeichnete, dann 1928 zusammen mit Anna Kachina ein Erinnerungsbuch, *La Jeunesse rouge d'Inna*. Als Freundin von Nikolai Berdiajew und Emmanuel Mounier verdanken wir ihr außerdem Übersetzungen von Puschkin, Gontscharow (*Oblomov*, 1926), Tolstoi, Dostojewski.

24 «En marge de *L'Affaire Courilof* …», a. a. O., I. Némirovsky wird es 1940 mit weniger Worten wiederholen: «Iwan Iljitsch ist ein gewöhnlicher Mensch, der eines Tages dem Tod ins Auge sieht» (*La Vie de Tchekhov*, XXI).

25 R. Kemp, «*David Golder*», *Liberté*, 30. Dezember 1929.

26 H. de Régnier, «*David Golder*, von Irène Némirovsky», *Le Figaro*, 28. Januar 1930.

27 H. Muller, a. a. O., S. 68.

28 M. Thiébaut, «Chronique bibliographique. *David Golder*, par Irène Némirovsky», *Revue de Paris*, Januar 1930.

29 A. Thérive, «Les livres», *Le Temps*, 10. Januar 1930.

30 Daniel-Rops, *La République*, 22. Januar 1930.

31 P. Lœwel, «*David Golder*, par Irène Némirovsky», *L'Ordre*, 29. Januar 1930.

32 E. Jaloux, «*David Golder*, par Irène Némirovsky», *Le Cahier*, 1. Februar 1930.

33 A. Maurois, «Les œuvres et les hommes. *David Golder,* d'Irène Némirovsky», *Le Spectacle des Lettres* (März 1930?).

34 *Action française,* 9. Januar 1930.

35 «Le succès foudroyant de *David Golder*», *Le Matin* und *L'Œuvre,* 18. Januar 1930.

36 «Une femme de lettres peut-elle réussir sans accepter certains hommages de ses juges?», *Candide,* Juni 1931.

37 *Ève,* 2. Februar 1930.

38 A. Billy, *La Femme de France* (1930).

39 «*David Golder*», *Fantasio,* 15. Februar 1930.

40 F. Lefèvre, «Une révélation …» a.a.O.

41 A. Bellessort, «Un roman de femme», *Journal des débats,* 13. Februar
1930.

42 So F. Prieur in *Le Petit Provençal*: «Zuallererst muß darauf hingewiesen
werden, daß *David Golder,* ein Roman über das Geld und die Geschäfte,
eine regelrechte Galerie von Ungeheuern ist» («Chronique des livres»,
31. Januar 1930). Und C. Santelli in *La Dépêche de Strasbourg*: «Aber
glaubt der Autor selbst, daß die Menschheit ausschließlich so beschaffen
ist? Glaubt er wirklich, daß David Golder, der nur daran denkt, auf dem
Elend der anderen Geld anzuhäufen, daß Gloria, eine wahre perlen-
bedeckte Sau, daß Joyce, eine gemeine Dirne, die sich dem reichsten
Verehrer hingibt, daß solche Leute in irgendeiner Weise den Mann, die
Frau, das junge Mädchen unserer Zeit repräsentieren?» (März 1930?)

43 *Comœdia,* 21. Januar 1930.

44 A. Redier, «Un livre à la mode», *Revue française,* 16. März 1930.

45 A. Ryckmans, «Les livres dont on parle. *David Golder* par Irène Némirovsky», *La Cité chrétienne,* 5. Mai 1930.

46 G. de Pawlowski, «*David Golder,* de I. Némirovsky», *Gringoire,* 31. Januar 1930.

47 *Le Petit Parisien,* 31 Dezember 1929.

48 R. de Saint-Jean, «Chroniques et documents. La vie littéraire. *David Golder,* par Hélène Némirovsky» [sic], *Revue hebdomadaire,* 1. Februar 1930.

49 G. Rency, «Irène Némirovsky: *David Golder*», *L'Indépendance belge,*
3. Januar 1930.

50 J. de Pierrefeu, «Un roman juif», *La Dépêche,* 30. Januar 1930.

51 *La Volonté,* 9. Februar 1930.

52 Erget, «*David Golder,* par Irène Némirovsky», *Le Libertaire,* 8. März
1930.

53 L. de Mondadon, *Études,* 1930.

54 Erget, «*David Golder …*», a.a.O.

55 N. Gourfinkel, «L'expérience juive d'Irène Némirovsky …», a.a.O.

56 L. Lefèvre, «Une révélation …», a.a.O.

57 N. Sabord, «Sur le pavois … Sous les pieds du veau d'or. Le *David Golder* de Mme Irène Némirovsky», *Paris-Midi* (1930).

58 N. Gourfinkel, «L'expérience juive d'Irène Némirovsky …», a.a.O.

59 Ebd.

60 R. de Saint-Jean, «Chroniques et documents …» a.a.O.

61 P. Audiat, «Livres à relire. David Golder, Moïse de la finance», *L'Européen*, 8. Januar 1930.

62 Zitiert von R. Gouze, *Les Bêtes à Goncourt. Un demi-siècle de batailles littéraires«,* Paris 1973, S. 135 f.

63 «In der Literatur ist die Enthüllung eine gängige Praxis der Nachkriegszeit. Man begreift das Leben nur noch nach dem Bild des Krieges: voller Erschütterungen, Überraschungen und Angriffen. Angesichts eines kampferprobten Publikums haben sich die Verleger militärische Methoden zu eigen gemacht. Plötzlich holen sie einen Autor mit seinen fünfzigtausend nagelneuen Wörtern hervor wie eine frische Division. Sie werfen ihn der Kritik und dem Publikum vor, brechen, noch bevor sie den geringsten Vorteil errungen haben, in Triumphgeheul aus und geben Siegesmeldungen heraus. Und wenn man sie hört, folgen sofort die Neuauflage, Taschenbücher, hunderttausend Leser. / Die Wirklichkeit ist nicht halb so glänzend wie ihre Bulletins, und da auch die uninformiertesten Leser allmählich dahintergekommen sind, fragt man sich, durch welche Gunst der Stunde hochbegabte junge Autoren, die das allzu oft getäuschte Publikum jedoch für suspekt hält, bei den Lesern, denen man das Hirn verkleistert hat, überhaupt noch Gehör finden. / Aber bei uns bewahren auch die verkleisterten Hirne immer noch genügend geistige Freiheit, um selbst urteilen zu können, und je mehr man sie täuscht, desto neugieriger und scharfsichtiger werden sie. Und zweifellos deshalb hat ein scheinbar berechtigter Argwohn Madame Irène Némirovsky nicht den Erfolg vorenthalten, den ihr *David Golder* verdient» (N. Sabord, «Sur le pavois …», a.a.O.).

64 Les 93, «Prix», *D'Artagnan,* 20. Februar 1930.

65 Brief an Madeleine Cabour, 22. Januar 1930.

66 N. Sabord, «Sur le pavois …», a.a.O.

67 M. Thiébaut, «Chronique bibliographique …», a.a.O.

68 Thibaud-Gerson, «*David Golder*, par Irène Némirovsky», *Le Courrier littéraire*, 1. März 1930. Ebenso wundert sich Franc-Nohain, dass Golder in keiner Weise dem Familienkult huldigt, obwohl das in seinen Augen die Verkörperung des jüdischen Charakters ist: «(...) dieser ‹Familiensinn›, der ‹Sinn für das Patriarchat› – oder den ‹Clan› –, der bei den Juden so mächtig ist, ganz unabhängig von ihrer sozialen Lage und davon, ob sie ‹gebildet› sind oder nicht, vor oder nach der ‹Brillantine›, von alledem finden wir zu unserer Verwunderung keine Spur mehr bei David und in seiner Umgebung. Davids Frau ist schlichtweg frivol, habgierig und grausam und ihre Tochter vernarrt in ihren Körper. Wir haben nicht den Eindruck eines ‹Golder-Clans›» («*David Golder*, par Irène Némirovsky», *Écho de Paris*, 16. Januar 1930).

69 So Franc-Nohain: «Es ist unmöglich, hier nicht an die Brüder Tharaud zu denken, denn sie haben, wie man offen sagen muß, diese Juden mit Zöpfchen in Mode gebracht, übrigens ebenjene, die wir später mit tadellos geglättetem und mit Brillantine behandeltem Haar wiederfinden. In *David Golder* lieben wir eine Art glühende, fieberhafte Fortsetzung der vollkommenen und präzisen Werke der Brüder Tharaud, jedoch von einer fast dogmatischen Präzision und Vollkommenheit. Wir genießen daran, wie bei einem Feingebäck oder einer exotischen Leckerei, alles, was unserem Dafürhalten nach spezifisch jüdisch ist – wie der gefüllte Hecht in dem kleinen Restaurant in der Rue des Rosiers ...» (ebd.).

70 R. Millet, «Irène Némirovsky et le roman français», *Paris-Presse*, 30. Januar 1930.

71 *Adam*, 15. März 1930.

72 «Après ‹David Golder› ... Irène Némirovsky», Presseausschnitt unbekannter Herkunft.

73 A. Billy, *La Femme de France* (1930).

74 «*David Golder*», *Fantasio*, 15. Februar 1930. Dabei wird Glorias wirklicher Vorname im Roman genannt: Havké.

75 J. de Pierrefeu, a.a.O.

76 In diesem mit schwarzer Tinte geschriebenen Manuskript, das den Titel «Golder. Roman» trägt, wurde der ganze Anfang stark überarbeitet: «‹Nein›, sagte Golder. Die Hände des Mannes ihm gegenüber, flinke und bleiche jüdische Hände, umklammerten das Holz des Tisches und bewegten sich schwach mit einem leichten, raschen Kratzen der Fingernägel. Golder betrachtete sie einen Augenblick, ohne etwas zu sagen, mit aufmerksamer, nachdenklicher Miene, als erkundete er an den letzten

Zuckungen des verwundeten Tieres, wieviel Leben noch in ihnen war.»
Die Fortsetzung ist kräftig durchgestrichen. Die «flinken Hände» der
Juden sind ein Gemeinplatz, den man zum Beispiel bei den Brüdern
Tharaud findet: «Die Hände, die langen nervösen Hände bewegten sich
mit rasender Geschwindigkeit, in tausend Gesten, die wunderbar alle
Schattierungen der Gedanken ausdrückten, die ihnen durch den Kopf
gingen. Jeder der langen dünnen Finger mit seinen schwarzen Nägeln
regte sich vor den Gesichtern wie ebenso viele Marionetten, ebenso viele
von Leben beseelte kleine Personen» usw. (*L'Ombre de la Croix*, Paris
1917, S. 8.)

77 J. Blaize, «Un chef-d'œuvre commence l'année», *La Dépêche*, 23. Januar
1930.

78 I.-R. See, «Un chef-d'œuvre?», *Réveil juif*, 31. Januar 1930.

79 J. Auscher, «Une interview de l'auteur de *David Golder*», *L'Univers
israélite*, 5. Juli 1935.

80 Ebd.

81 N. Gourfinkel, «L'expérience juive d'Irène Némirovsky ...», a. a. O.

82 J. Auscher, «Une interview de l'auteur de *David Golder*», a. a. O.

83 N. Gourfinkel, «L'expérience juive d'Irène Némirovsky», a. a. O.

84 *Le Matin*, 12. Oktober 1908.

85 N. Gourfinkel, «L'expérience juive d'Irène Némirovsky», a. a. O.

86 In diesem Stück von 1907 bezeichnet «Samson» einen ehemaligen
Lastenträger aus Marseille, Jacques Brochart, der Pascha der ägyptischen
Kupferminen geworden war und dem ein ruinierter Aristokrat die Hand
seiner Tochter geben musste. Von dieser betrogen, beschließt er, den
Untergang seines Nebenbuhlers herbeizuführen, indem er ihn in einer
verheerenden Börsenoperation mit sich reißt. Wie Golder von «David
Town» im ersten Entwurf des Romans, so träumt Brochart davon, eine
seiner Phantasie entsprungene Stadt Ys zu bauen: «Eine wirkliche Stadt
am Rande der Sahara ... Genau ... eine Stadt der Gesundheit, der
Erholung, auch des Vergnügens ... Ein ägyptisches Nizza ... Diese
Stadt würde ein riesiges Sanatorium, riesige Hotels, Theater, ein Kasino,
Aquädukte enthalten ... Und zur Versorgung unserer Kolonie würden
wir auch eine Eisenbahnlinie bauen ... Es ist dies ein kolossales, sehr
verlockendes Projekt!» (*Samson*, I, XIV)

87 A. Londres, *Le Juif errant est arrivé*, Paris, Januar 1930, S. 301 (dt.:
Ahasver ist angekommen: eine Reise zu den Juden im Jahre 1929, übers.
v. Dirk Hemjeoltmanns, München 1998, S. 210).

88 *David Golder*, S. 98.

89 Ebd., S. 106.

90 H. de Régnier, «*David Golder*, par Irène Némirovsky», a.a.O.

91 N. Gourfinkel, «De Silbermann à David Golder», *Nouvelle Revue juive*, März 1930.

92 N. Gourfinkel, «L'expérience juive d'Irène Némirovsky», a.a.O.

93 «*David Golder*, by Irène Némirovsky, translated by Sylvia Stuart», *New York Herold*, 15. Dezember 1930.

94 D. Decourdemanche, «*David Golder*, par Irène Némirovsky», *Nouvelle Revue française*, 1. Februar 1930; B. Crémieux, «Les livres, Irène Némirovsky: *David Golder*», *Les Annales*, 1. Februar 1930.

95 P. Léautaud, *Journal littéraire*, 10. Mai 1911, Bd. I, S. 818.

96 «Ich entweihe und entstelle/Unsere berühmtesten Autoren./Es gibt nichts Schöneres, das schwöre ich,/Wenn man Bearbeiter ist.»

97 Delini, «Les avant-premières. Avant *David Golder* à la Porte Saint-Martin», *Comœdia*, 23. Dezember 1930.

98 «À la porte Saint-Martin. Avant ‹David Golder›», *L'Écho de Paris*, 26. Dezember 1930.

99 Delini, a.a.O.

100 J. Duvivier, Radiogespräche mit René Jeanne und Charles Ford, 1957.

101 J. Duvivier, *L'Intransigeant*, 18. Februar 1933.

102 J.-P.C., «Julien Duvivier va tourner *David Golder* d'après le roman d'Irène Némirovsky. Entretien avec le réalisateur de *Maman Colibri*», *Comœdia*, 23. Mai 1930.

103 Antwort auf die Untersuchung von R. Groos: «Meinen Sie, daß das Kino einen Einfluß auf den Roman hatte oder haben kann? Wenn ja, welchen?», *L'Ordre*, 18. Oktober 1930.

104 In der ersten Fassung von *Le Bal*, im Februar 1929 bei den *Œuvres libres* erschienen, hatte Irène Némirovsky die Figuren der *Demi-Vierges* von Marcel Prévost aus dem Gedächtnis zitiert, «Julie de Roudre und Maud», statt Julien de Suberceaux und Maud de Rouvre.

105 *Le Bal*, VI.

106 Petrus, *D'Artagnan*, 16. August 1930.

107 E. Langevin, «Les livres. Du roman cynique. *David Golder*, par Irène Némirovsky. *Le Bal*, par Irène Némirovsky», *Revue française*, 5. Oktober 1930.

108 S. Ratel, «‹Le Bal›, par Irène Némirovsky. Contre la forcerie des talents», *Comœdia*, 1. Oktober 1930.

109 P. Reboux, «Un livre par semaine. *Le Bal*, par Irène Némirovsky», *Paris-Soir*, 13. August 1930.

110 *Revue des lectures*, 15. September 1930.

111 *Fiches du mois*, 1. November 1930.

112 *Mercure de France*, 15. September 1930.

113 N. Gourfinkel, *Nouvelle Revue juive*, September-Oktober 1930.

114 *Comœdia*, 2. November 1930.

115 *La Cinématographie française*, 29. November 1930.

116 Brief vom 9. Dezember 1930, veröffentlicht in *La Cinématographie française*, 13. Dezember 1930.

117 «Curieuse confrontation. *David Golder* au théâtre et au cinéma», *Comœdia*, 18. Dezember 1930.

118 «A la Porte Saint-Martin. *David Golder*, pièce en trois actes de M. Nozière», *Comœdia*, 28. Dezember 1930.

119 F. Lefèvre, *République*, 12. August 1931.

120 Franc-Nohain, «*David Golder*», *L'Écho de Paris*, 29. Dezember 1930.

121 G. Pitard, «Au théâtre de la Porte Saint-Martin: ‹David Golder›, de M. Fernand Nozière, d'après le roman de Mme Irène Némirovsky», *L'Humanité*, 9. Januar 1931.

122 *L'Europe nouvelle*, 21. März 1931.

123 «Ce qu'ils pensent de *David Golder*», *Le Figaro*, 6. März 1931.

124 F. Vinneuil (L. Rebatet), «L'écran de la semaine, *David Golder*», *Action française*, 13. März 1931.

125 Brief vom 16. März 1931, Fonds Jacques-Émile Blanche, Bibliothek des Instituts.

126 Brief vom 6. Januar 1931, Archiv Grasset.

127 S. Volonskij, «Un curieux conflit à propos de *David Golder*», *Poslednie nowosti*, 31. Januar 1931. Aus dem Russischen (ins Französische) übersetzt von Irène Dauplé.

128 L. Moussinac, zitiert von É. Bonnefille, *Julien Duvivier. Le mal aimant du cinéma français*, Bd. I: *1896–1940*, Paris 2002.

129 «Damit sind wir weit entfernt von den jüdischen Geschichten und anderen derben Späßen, deren Brüder Jacob, Isaac, Lévy und Cie. heißen. Hier liegt ein Drama vor – Seelen und Herzen, die leiden, und es ist kein Platz für Schlüpfrigkeiten à la Gaudissart» (J. Robin, «*David Golder* de Julien Duvivier», *Cinémonde*, 25. Dezember 1930).

130 *Nouvelle Revue française*, November 1931, S. 823. «Man muß Harry Baur gesehen haben, mit vorgestrecktem Bauch, herabhängenden Ar-

men, straffem Oberkörper, den Kopf zur Seite gewandt, und in diesem zur Seite gewandten Kopf ein Auge, das mit erheiternder Starrheit nach vorne blickt, um zu verstehen, welche Höhen an Komik die ungeschickte Verwendung stereotyper konventioneller Haltungen erklimmen kann.»

131 F. Vinneuil (L. Rebatet), «L'écran de la semaine …», a.a.O. «Julien Duvivier erfreute sich bisher keines sehr guten Rufs in der Welt des Films. Manche zählten ihn sogar zu den anerkannten Geschäftsleuten. Doch in diesem Jahr wurde er beauftragt, den auflagenstarken Roman von Irène Némirovsky, *David Golder*, zu illustrieren. Man hatte sich nicht gefragt, ob Monsieur Duvivier wirklich qualifiziert war, das Werk zu einem guten Ende zu bringen. Der Titel des Films scheint ausgereicht zu haben, ihm von vornherein viel Talent zuzusprechen. (…) Auf diese Weise lanciert, ist *David Golder* die Art von Film, den mit gedämpften, ernsten, starken Worten und ‹verhaltener Rührung› zu besprechen sich empfiehlt. Wir gestehen, daß wir für eine solche Übung nicht zuständig sind.»

132 *La Petite Illustration*, 11. April 1931.

133 «Irène Némirovsky et le cinéma. ‹Je ne pense qu'en images …›, nous dit-elle», Gespräch mit Monsieur Deroyer, *Pour vous*, Juni 1931.

134 *Poslednie nowosti*, 1. Mai 1931, aus dem Russischen (ins Französische) übersetzt von Irène Dauplé.

135 *L'Intermédiaire des éditeurs, imprimeurs, libraires, papetiers et intéressés de la presse et du livre*, Nr. 118, 5. Juni 1931.

136 «Film parlé», in *Films parlés*, Paris 1934, S. 128.

137 Ebd., S. 116.

138 «En marge de L'Affaire Couriloff», a.a.O. Freilich hatte Gallimard 1931 *La Vie joyeuse* von Soschtschenko veröffentlicht.

139 «Deux romans russes», *La Revue hebdomadaire*, Nr. 8, 23. Februar 1935.

140 R. Brasillach, «Message de Russie», *Action française*, 26. Februar 1931.

141 L. Pierre-Quint, Brief an Irène Némirovsky, 23. Juni 1930, Archiv Grasset.

142 *Bibliographie de la France*, 1. Juli 1927. Über die Geschichte der Reihe «Femmes» vgl. François Laurent und Béatrice Mousli, *Les Éditions du Sagittaire 1919–1979*, Paris 2003.

143 *Les Mouches d'automne*, VI.

144 F. Lefèvre, *République*, 12. August 1931.

145 D. Saurat (und nicht Marguerite Yourcenar, wie É. Gille meinte), *Nouvelle Revue française*, Oktober 1931, S. 670.

146 *L'Écho de Paris*, 31. Dezember 1931.

147 *Le Temps*, 2. März 1932.
148 R. Brasillach, «Irène Némirovsky: *Les Mouches d'automne*», *Action française*, 7. Januar 1932. In diesem Aufsatz dient Antonine Coullet-Tessier, der Autor von *chambre à louer*, dazu, Irène Némirovsky ins rechte Licht zu setzen.
149 *Le Bal*, VI.
150 «Au Gaumont-Palace. Un film de Marcel Vandal et Charles Delac. *Le Bal*. Mise en scène de W. Thiele d'après le roman d'Irène Némirovsky», *L'Ami du film* (September 1931).
151 *Danielle Darrieux, filmographie commentée par elle-même*, «Cinéma» 1955, S. 17 ff.
152 *Françoise Giroud vous présente le Tout-Paris*, «L'Air du temps», Paris 1952, S. 67. In der deutschen Fassung wird die Rolle der Antoinette von Dolly Hall gespielt.
153 «Irène Némirovsky et le cinéma …», a.a.O.
154 *Bravo*, «La chance», Februar 1931. Die anderen Antworten stammen von Giraudoux, Colette, Ravel, Maurice Bedel, Moro-Giafferi, Pawlowski, Spinelly, Alfred Savoir, Henri Decoin, André Birabeau, Louis Lumière und Georges Neveux.

7. Genug Erinnerungen für einen Roman

1 R. Brasillach, «Irène Némirovsky: *les Mouches d'automne*», a.a.O.
2 Les Treize, *L'Intransigeant*, 18. Januar 1932.
3 E. Jaloux, *Excelsior*, 28. Januar 1932.
4 M. Prévost, «*Les Mouches d'automne*, par I. Némirovsky», *Gringoire*, 13. Mai 1932.
5 R. Kemp, «La vie des livres. Tchekhov et son peintre», *Les Nouvelles littéraires*, 30. Januar 1947. Kemp spielt hier auf eine Strophe des *Cimetière marin* von Valéry an, in der von Hochmut die Rede ist: «Du wahrer Himmel! Sieh mich, den Vergänglichen!/Nach so viel Hochmut, nach so überschwenglichem/Und doch so machterfülltem Müßiggang/Geb' ich mich hin den glanzerfüllten Weiten,/Seh' über Gräber meinen Schatten gleiten,/Der mich bezähmt mit seinem spröden Zwang» (übers. v. E.R. Curtius).
6 Brief an J.-É Blanche, 25. Februar 1932, Fonds J.-É Blanche, Bibliothek des Instituts, Paris.

7   *Le Vin de solitude*, IV, x.

8   «La Comédie bourgeoise», in *Films parlés*, S. 173.

9   Ebd., S. 155 f.

10 *Le Vin de solitude*, IV, xi.

11 Zitiert von M. Fralie, *Le Secret d'Ivar Kreuger*, Paris 1932, S. 13.

12 Ebd., S. 169.

13 R. Mennevée, *Monsieur Ivar Kreuger et le Trust suédois des allumettes*, April 1932.

14 *Le Pion sur l'échiquier*, XVIII.

15 M. Anissimow, «Les filles d'Irène Némirovsky», *Les Nouveaux Cahiers*, Nr. 108, Frühjahr 1992, S. 71.

16 *Le Vin de solitude*, IV, xi.

17 Ebd.

18 *L'Affaire Courilof*, VII und IX.

19 Ebd., XVII und XXI.

20 Briefwechsel I. Némirovsky–P. Brisson, 13. und 23. Oktober 1932, Archiv IMEC/*Figaro*.

21 Beilage zu *L'Affaire Courilof*, insbesondere abgedruckt am 23. Mai 1933 in der Fachzeitschrift *Toute l'édition*, Nr. 178.

22 *Paris-Midi*, 26. Mai 1933.

23 «En marge de *L'Affaire Courilof*», a.a.O. Vgl. Kap. 1, S. 53 f.

24 Vgl. N. Gourfinkel, «Irène Némirovsky. *L'Affaire Courilof*», *La Terre retrouvée*, 25. Juni 1933.

25 Während seines Exils in Deutschland veröffentlichte Kurlow einen Band mit Erinnerungen, *Das Ende des russischen Kaisertums* (Berlin 1923).

26 *Le Pion sur l'échiquier*, VI.

27 X. Hautecloque, «Sir Basil Zaharof, le magnat de la mort subite», *Le Crapouillot*, «Les Maîtres du monde», März 1932. Ein von Irène Némirovsky mit Anmerkungen versehener Artikel, nach dem sie eine vorläufige Skizze von James Bohun angefertigt hat. Dasselbe Exemplar von *Le Crapouillot* enthält im Übrigen einen Artikel von J. Aubry über «Ivar Kreuger, le roi des allumettes».

28 *Le Pion sur l'échiquier*, X.

29 Ebd., VI.

30 Ebd., II.

31 Ézéchiel, 18, 12, zitiert in Kapitel VI.

32 *Le Pion sur l'échiquier*, V.

33 Ebd., XI.

34 Ebd., XI. Schon Yves Harteloup in *Le Malentendu* (1926, a.a.O., III, S. 231 f.) zeigt Christophe Bohuns Symptome gesellschaftlicher Unangepasstheit: «Dieser Junge, der vier Jahre lang so etwas wie ein Held gewesen war, war feige angesichts der Mühen des Alltags, der auferlegten Arbeit, der kleinlichen Tyrannei des Daseins. (...) Es kam ihm nicht einmal der Gedanke, daß er Geschäfte machen, kämpfen, versuchen könnte, reich zu werden. Als Sohn und Enkel von reichen Leuten, von Müßiggängern, litt er unter dem Mangel an Wohlstand und Sorglosigkeit, so wie man unter dem Hunger und der Kälte leidet.»

35 *Le Pion sur l'échiquier*, XVI.

36 M.-J. Viel, «Comment travaille une romancière», Rundfunkinterview, 1934. In diesem Gespräch nach dem Erscheinen von *Le Pion sur l'échiquier* (Mai 1934) beschreibt Irène Némirovsky ausführlich ihre Arbeitsmethode: «Wie ich Ihnen vorhin schon sagte, erzähle ich mir gern Geschichten. Und genau das tue ich, bevor ich einen Roman schreibe, ich schöpfe aus dem Vollen, eine nach der anderen hole ich meine Personen hervor, beschreibe ihr ganzes Leben, ihr Äußeres, ihre Erziehung, wie sie auf Ereignisse reagieren würden, die mit dem Buch selbst nichts zu tun haben. Damit fülle ich viele Seiten, ich lebe mit ihnen. (...) Ich fülle auch Hefte mit den Charakteren aller meiner Nebenfiguren. Dieses Vorleben des Romans ist für mich sehr aufregend. Es ist amüsant, die Personen während ihrer Kindheit leben zu lassen: So habe ich für *Le Pion sur l'échiquier* Muriel ins Gefängnis gesteckt, habe sie in der vornehmen Welt debütieren lassen. Es hat mir ein Riesenvergnügen bereitet, mir Genevièves Kindheit vorzustellen (...) Das Vergnügen zu schreiben ist für mich der Beginn des Romans, die Geburt meiner Personen, der Rest ist die eigentliche Arbeit. (...) Ich erfinde alle meine Personen, und diejenigen, die ich nicht erfinde, bleiben immer ein wenig verschwommen. Man sieht sie nicht so deutlich wie die anderen. Sie sind immer überspitzt, sie gehen über das Vorbild hinaus. (...) Gloria in *David Golder*, Philippe in *Le Pion sur l'échiquier* und sogar Muriel, für die ich einige Züge entlehnt habe. Der Mensch ist zu komplex, als daß er in den Rahmen eines Romans passen könnte, er explodiert oder bleibt unterhalb seiner Möglichkeiten, die Typen, die ich nicht gut genug kennenlernen könnte, um mir ihre Gefühle, ihre Reaktionen vorzustellen. Daher schildere ich die Gesellschaft, die ich am besten kenne und die aus Personen besteht, die den Halt verloren haben, das Milieu, das Land verlassen haben, in dem sie normalerweise gelebt hätten, und die sich nicht ohne Er-

schütterung und Schmerzen an ein neues Leben anpassen. (…) Ja, meine Helden sind Kosmopoliten, mit Ausnahme von Geneviève in meinem letzten Roman, sie ist die letzte große französische bürgerliche Frau, um die herum sich die ganze Familie Bohun behauptet. Ich habe sie zu einem Angelpunkt friedlichen Widerstands gemacht, und es ist das erste Mal, daß ich in einem Roman eine Französin schildere, mein erster Versuch.»

37 J. Auscher, «Sous la lampe. Irène Némirovsky», a.a.O.

38 *La Revue française*, 25. Juni 1933: «Diese Art eines recht abstoßenden Ungeheuers verlangte nach einer anderen Feder, als die Autorin sie hatte, um großartig und … wahrscheinlich zu sein. In dieser Form ist es mißlungen.»

39 *Marianne*, 14. Juni 1933.

40 M. Prévost, «Deux nouveaux romans», *Gringoire*, 26. Mai 1933.

41 Aristide, *Aux écoutes*, 27. Mai 1933.

42 J. Ernest-Charles, «Littérature. Une romancière», *L'Opinion*, 3. Juni 1933.

43 J. Morienval, *L'Aube*, 14. Juni 1933.

44 J.-B. Séverac, «Russie d'hier et Russie d'aujourd'hui. Deux romans: *L'Affaire Courilof*, par Irène Némirovsky (Grasset), *Le Camarade Kisliakov*, par P. Romanov (Éditions Babu)», *Midi socialiste*, 24. Juni 1933.

45 *Action française*, 25. Mai 1933.

46 «Un déjeuner en septembre», *Revue de Paris*, 1. Mai 1933, S. 38–55; in *Destinées et autres nouvelles*, Paris 2004, S. 104 und 110.

47 R. Brasillach, «Causerie littéraire», *Action française*, 30. Mai 1934.

48 *L'Amour du prochain*, der sechste Band der Reihe «Pour mon plaisir», war kein Roman, sondern eine Folge von «réflexions sur la littérature».

49 F. Lefèvre, «En marge de *L'Affaire Courilof*, a.a.O.

50 W. d'Ormesson, «L'antisémitisme en Allemagne», *Revue de Paris*, 1. Mai 1933, S. 228–240: «Eines jedenfalls kann man den Hitler-Anhängern nicht vorwerfen. Nämlich, daß sie mit ihrem antisemitischen Vorgehen die Leute überrumpelt hätten. Man darf sich sogar wundern, daß die Verfolgung der Juden keine gewaltsamere Form angenommen hat, wenn man die Schriften liest, in denen sich die nationalsozialistische Doktrin ausbreitet, und wenn man an die Erregung denkt, die sie auslöst. Aber jenseits des Rheins geht es nicht darum, Israel mittels Pogromen auszurotten. Es geht darum, es durch Ersticken umzubringen.»

51 J. Bardanne, *L'Allemagne attaquera le … (documents secrets)*, Paris 1932.

52 *Action française,* 18. Juni 1933.

53 J. und J. Tharaud, *Quand Israël n'est plus roi,* Paris 1933, S. 8.

54 J. Van Melle, «Vacances d'écrivains», *Toute l'édition,* Nr. 188, 29. Juli 1933.

55 F. Lefèvre, «En marge de *L'Affaire Courilof* …», a.a.O.

56 A. Maurois, *Le Cercle de famille* (dt.: *Im Familienkreis*), I, xv.

57 «Au théâtre Saint-Georges. *L'Homme,* de Denys Amiel», *Aujourd'hui,* Nr. 275, 31. Januar 1934.

58 *Poslednija Novosti,* 1. Mai 1931 aus dem Russischen (ins Französische) übersetzt von Irène Dauplé.

59 I. Némirovsky räumt ein, dass sie unfreiwillig zwei weitere Vorbilder für *Le Vin de solitude* hatte: *Le Bois du templier pendu* von H. Béraud (1926) und *La Marche funèbre* von Claude Farrère (1929).

60 Es ist darauf hinzuweisen, dass Hélène Borissowna Stoudnitzki *(Nuit des princes)* und Hélène Borissowna Karol *(Le Vin de solitude)* beides Töchter eines Boris sind …, so wie Hélène Borissowna Gordon, Irènes Freundin und künftige Gattin von Pierre Lazareff.

61 J.-É. Blanche, Tagebuch, 19./20. Juni 1930.

62 I. Némirovsky, Brief an B. Grasset, 19. Oktober 1933, Archiv Grasset.

63 H. Béraud, *Les Derniers Beaux Jours,* Paris 1953, S. 254.

64 Gespräch mit J.-L. de Carbuccia, 28. September 2005.

65 *Le Vie de Tchekhov,* XVII, S. 121 f.

66 «Viele, viele arme und nackte Kinder ohne Mutter/und ohne Heim haben nie ein Kissen zum Schlafen;/immer sind sie müde. O bitteres Geschick!/Mama! Süße Mama! Darüber muß ich weinen.»

67 M. Anissimov, «Les filles d'Irène Némirovsky», a.a.O., S. 74.

68 J. Auscher, «Sous la lampe. Irène Némirovsky», a.a.O.

69 Ebd.

70 Das Arbeitsjournal zu *Le Vin de solitude* ist ein im IMEC aufbewahrtes umfangreiches Manuskript. Zwar ist es unmöglich, dieses außergewöhnliche Dokument als Ganzes zu zitieren, aber es erscheint uns hilfreich, einen signifikanten und für die Arbeitsmethode von Irène Némirovsky repräsentativen Auszug daraus wiederzugeben: «Ich meine, daß es absolut unmöglich sein wird, Max so zu belassen, wie er jetzt ist. *Erstens muß er ein Safronow sein. Zweitens muß man ihn körperlich und seelisch verändern, verfeinern, damit er mehr ein* bogatii mal'tschik i bartschuk *[ein reicher Heranwachsender, der Sohn eines reichen Grundbesitzers] ist … Drittens* deutlicher den Antagonismus zwischen ihm

und Hélène aufzeigen. *Viertens keine sinnliche Verführung, keine Vergewaltigung.* Im Gegenteil, es wird viel ‹teuflischer› sein zu zeigen, wie Hélène gewissermaßen instinktiv errät, daß der Augenblick gekommen ist, in dem Max *or whoever he ist,* von der körperlichen Liebe übersättigt ist und sich von der Jugend, der Frische, der Naivität gefangennehmen läßt. *Fünftens* deutlich die Nacht herausarbeiten, die dem Augenblick (dem Gewitter) folgt, in dem sie etwas anderes als Hochmut und gestillte Rache empfunden hat, auf welche Weise sie zum ersten Mal, und das ist sehr wichtig, *she has a moral struggle.* Die so einfachen, wahren und edlen Worte Prousts wiederholen, *wie man sich seine Prinzipien und seine Moral selbst erschafft und daß dann Schmerz in sie eingeht, daß sie aus Fleisch und Blut bestehen, lebendig sind und zucken;* so wie Pascal die Geometrie entdeckt, so muß Hélène von selbst entdecken, daß die *Rache allein dem Herrn zukommt,* aber es ist zu spät … *Sechstens,* wenn sie zu ihm geht, muß ihr Gespräch folgendes enthalten: ‹Warum heiraten wir nicht? …› oder etwas in dieser Art, doch darauf antwortet sie: ‹Ich liebe Sie nicht. Ich habe Zärtlichkeit für Sie empfunden, ja, das ist wahr, aber ich weiß, daß es nicht Liebe ist. Sehen Sie, Sie haben zu viel mit meiner Vergangenheit, mit meiner Kindheit zu tun. ~~Ich möchte~~ Sollte ich je heiraten, dann jemanden, der keine einzige meiner alten Erinnerungen wecken kann. Ich schäme mich meiner Kindheit und fürchte sie ~~auf fast krankhafte Weise~~. Ich will sie vergessen. Ich möchte mein Leben ändern. Ich will fortgehen. Ihre Gegenwart wäre mir zuwider.› *Siebtens,* was wird aus ihm? ~~Das ist eine andere~~ … das … ist etwas anderes …»

71 «Dichter, nimm deine Laute; der Wein der Jugend/Gärt diese Nacht in den Adern Gottes …»

72 P. Morand, *France la doulce,* Gallimard, Februar 1934, S. 218.

73 In einer ihrer Lesenotizen von 1934. Anzumerken ist, daß ihr Freund Tristan Bernard dem Buch *France la doulce* nichts vorzuwerfen hat, wie er es am 14. April 1934 in *Le Figaro* dem Autor gegenüber offen bekundet: «Lieber Paul Morand, Ihr Buch ist geschaffen, unserer Sache zu dienen: Es weist alles auf, was dazu nötig ist. Es fehlt ihm nur die Möglichkeit, von denen verstanden zu werden, die nichts verstehen können und sich weiterhin bestehlen lassen, manchmal von Gaunern und meist von Dummköpfen voller Illusionen. Aber auch wenn dieses Werk der herrlichen Kunst des Films nicht den Dienst erweist, den man von ihm erwarten muß, bleibt uns doch der Trost, uns mit einem der

gelungensten, der amüsantesten Werke vergnügt zu haben, dem Werk eines Mannes, der die Welt zu sehen versteht und uns ein lebhaftes Bild von ihr malt.»

74 P. Morand, *France la doulce*, a.a.O. S. 10f.

75 R. Giron, «Conversations: Paul Morand», *Toute l'édition*, Nr. 217, 10. März 1934.

76 H. Béraud, *Les derniers beaux jours*, a.a.O., S. 248.

77 «Des écrivains présentent», *Toute l'édition*, Nr. 233, 30. Juni 1934.

78 *Toute l'édition*, Nr. 229, 2. Juni 1934.

79 *Le Pion sur l'échiquier*, VI.

80 Rede von F. de La Rocque, 14. Juni 1936.

81 R. Millman, «Les Croix-de-Feu et l'antisémitisme», *Vingtième Siècle*, Bd. 28, Nr. 38, 1993, S. 51.

82 I. Némirovsky, «Théâtre de la Michodière. *Les Temps difficiles*, pièce en trois actes de M. É. Bourdet», *Aujourd'hui*, Nr. 285, 31. Januar 1934.

83 *Le Pion sur l'échiquier*, IX.

84 M.-J. Viel, «Comment travaille une romancière», a.a.O.

85 Es handelt sich um die Szene, in der Denise von Yves ins Perroquet begleitet wird, ein Nachtlokal, das in den 1920er Jahren in Mode war: «Am Nachbartisch kokettierte eine alterslose Amerikanerin, spitze Knochen wie bei einem Skelett, behängt mit Perlen, die sich zwischen den schlaffen Wammen des Halses verloren, und wiegte eine als Pierrot gekleidete Puppe in ihren Armen. Unter dem Puder und der Schminke quollen ihre Tränensäcke monströs hervor … Eine andere, die mit ihrem dicken Kopf und ihrem zwergenhaften, in die Falten eines göttlichen Kleides gewickelten Körper vage einer Kröte glich, umfing mit Blicken von der erschreckenden Zärtlichkeit einer Menschenfresserin ein eingeschüchtertes und resigniertes unglückliches Kind, um das sich ihre Arme wie zwei Tentakel schlangen …» usw. (*Le Malentendu*, XVII, S. 294).

86 R. Lalou, «*Le Pion sur l'échiquier* ou: Les vertiges de la solitude», *Noir et Blanc*, 7. Juni 1934. Der Artikel ist mit einer Karikatur von I. Némirovsky von Pol Ferjac illustriert.

87 A. Bellessort, *Je suis partout*, 9. Juni 1934.

88 M. Prévost, «Romans imaginés et vécus, *Gringoire*, 15. Juni 1934.

89 R. Brasillach, *Action française*, 30. Mai 1934. Das erwähnte Essen ist das im Mai 1933 in der *Revue de Paris* erschienene «Déjeuner en septembre».

90 R. Brasillach, *Action française,* 16. März 1934.

91 *La Vie de Tchekhov,* XI, S. 81.

92 «Écho», *Noir et Blanc,* 22. Juli 1934.

93 «Dimanche», *Revue de Paris,* 1. Juni 1934; in *Dimanche,* S. 13.

94 «Les Rivages heureux», *Gringoire,* 2. November 1934; in *Dimanche,* S. 49 f.

95 J. Auscher, «Sous la lampe. Irène Némirovsky», a. a. O.

96 *Sequana,* August 1935.

97 R. Fernandez, «Le livre de la semaine», *Marianne,* 9. Oktober 1935.

98 J.-P. Maxence, «Les livres de la semaine», *Gringoire,* 25. Oktober 1935.

99 H. de Régnier, «La vie littéraire», *Le Figaro,* 2. November 1935.

100 H. Bidou, «Le mouvement littéraire», *Revue de Paris,* 15. November 1935.

8. Glückliche Franzosen!

1 J. d'Assac, «Maris de femmes. Monsieur Irène Némirovsky», ungewisse Quelle, wahrscheinlich *Je suis partout* (Februar oder März 1935).

2 Y. Moustiers, «Comment elles travaillent», *Toute l'édition,* Nr. 410, 5. März 1938.

3 J. d'Assac, a. a. O.

4 «Une enquête en marge des souliers de Noël. Ce que voudraient lire les enfants des écrivains», *Toute l'édition,* Nr. 397, 4. Dezember 1937.

5 Denise Epstein zu M. Anissimov, «Les filles d'Irène Némirovsky», a. a. O., S. 72.

6 Vgl. R. Groos, «Estimez-vous que le cinéma ait eu ou puisse avoir une influence sur le roman? Et laquelle?», a. a. O.

7 R. Fernandez, «Le livre de la semaine», *Marianne,* 27. Februar 1935.

8 E. Jaloux, «L'esprit des livres», *Les Nouvelles littéraires,* 9. März 1935.

9 H. de Régnier, «La vie littéraire», *Le Figaro,* 9. März 1935.

10 J.-P. Maxence, «Les livres de la semaine», *Gringoire,* 22. März 1935.

11 J.-P. Maxence, «Les livres de la semaine», *Gringoire,* 25. Oktober 1935.

12 *Fantasio,* 15. Juli 1921.

13 A. Chaumeix, Ansprache beim fünfzehnten Diner der *Revue des Deux Mondes,* 3. Dezember 1935, in *Revue des Deux Mondes,* 15. Dezember 1935.

14 «Jour d'été», *Revue des Deux Mondes,* 1. April 1935; in *Destinée,* S. 12.

15 Ebd., S. 33.

16 Zitiert von G. de Broglie, *Histoire politique de la «Revue des Deux Mondes» de 1829 à 1979*, Paris 1979, S. 356.

17 «Silhouettes. René Doumic», *Toute l'édition*, Nr. 161, 21. Januar 1933.

18 Zitiert von R. Schor, *L'Antisémitisme en France dans l'entre-deux-guerres*, Paris 2005, S. 96.

19 L. Rebatet, «Les étrangers en France. L'invasion», *Je suis partout*, 16. Februar, 23. Februar und 2. März 1935.

20 E. Berl, «Pour ou contre les étrangers», *Marianne*, Nr. 121, 13. Februar 1935, S. 5.

21 I. Némirovsky, «Théâtre de l'Œuvre, *Les Races*, 8 tableaux de Ferdinand Brückner, adaptation de René Cave», *Aujourd'hui*, Nr. 323, 10. März 1934.

22 J. Auscher, «Nos interviews: Irène Némirovsky …», a.a.O.

23 A. Chaumeix, «Revue littéraire. Romans d'automne», *Revue des Deux Mondes*, 1. Dezember 1935, S. 689.

24 J. Racine, *Athalie*, II, 5: «Die Mutter, Jesabel, ist vor mir auferstanden,/ So wie sie sterbend ging, behängt mit Prunkgewanden;/(…) ‹Erzittre, die mir gleicht, o Tochter›, sprach sie mir,/Ich seh den grimmen Gott der Juden über dir» (übers. v. Rudolf Alexander Schröder).

25 *Jézabel*, V.

26 Ebd., Prolog.

27 P. Langers, «Mme Irène Némirovsky, peintre de mœurs», *Toute l'édition*, Nr. 331, 4. Juli 1936.

28 J. Auscher, «Nos interviews: Irène Némirovsky …», a.a.O.

29 *Jézabel*, VII.

30 Ebd., IX.

31 D. Desanti, «Mère et fille: la haine et le rêve», *Magazine littéraire*, Nr. 386, 1. April 2000, S. 86.

32 Die Niederkunft von Marie-Thérèse erinnert an die Eingangsszene von *Génitrix*, in der Mauriac im Jahr 1923 in einem vom Haus der Familie isolierten Pavillon die über und über mit dem Blut ihrer Fehlgeburt beschmierte Mathilde Cazenave schildert.

33 *Jézabel*, II.

34 Ebd., XIII.

35 J.-C. Daven (C. Descargues), «Au moment où paraît son dernier livre: souvenez-vous d'Irène Némirovsky», *La Tribune de Lausanne*, 14. April 1957.

36 *Jézabel*, XXII.

37 S. Voronoff, *Vivre. Ètudes des moyens de relever l'énergie vitale et de prolonger la vie*, Paris 1920.

38 *Jézabel*, VI.

39 P. Langers, «Mme Irène Némirovsky, peintre de mœurs», a.a.O.

40 *Jézabel*, I.

41 «Le Commencement et la Fin», *Gringoire*, 20. Dezember 1935; in *Destinées*, S. 63

42 «Hommages à Grasset», *Marianne*, 15. Januar 1936. Die vollständige Liste der Unterzeichner erscheint am 11. Januar in *Toute l'édition*, Nr. 306, S. 6.

43 E. Haymann, *Albin Michel, le roman d'un éditeur*, Paris 1993, S. 213.

44 «Liens du sang», in *Dimanche*, S. 161 f.

45 Ebd., S. 144.

46 Vorankündigung von *Jézabel*, *Toute l'édition*, Nr. 328, 13. Juni 1936

47 *La Proie*, I, xv.

48 Pressetext für *La Proie*, Mai 1938.

49 *La Proie*, I, xii,

50 Ebd., I, iii.

51 Ebd., II, xv.

52 R. Lalou, «Les livres de la semaine. *Jézabel*», *Les Nouvelles littéraires*, 30. Mai 1936.

53 H. de Régnier, «La vie littéraire», *Le Figaro*, 23. Mai 1936.

54 J.-P. Maxence, «Les livres de la semaine», *Gringoire* (Juni) 1936.

55 I. Némirovsky, «Le mariage de Pouchkine et sa mort», *Marianne*, 25. März 1936.

56 Brief an Albin Michel, 10. Juni 1936.

57 «Les devoirs de vacances de nos écrivains», *Toute l'édition*, Nr. 337, 12. September 1936, S. 2.

58 R. Bourget-Pailleron, «La nouvelle équipe …», a.a.O.

59 *Toute l'édition*, Nr. 336, 5. September 1936.

60 *La Proie*, II, iv.

61 Vgl. R. Thalmann, «Xénophobie et antisémitisme sous le Front populaire», *Matériaux pour l'histoire de notre temps*, Bd. 6, Nr. 6, 1968, s. 18 ff.

62 Antwort von R. Doumic auf A. Chaumeix, fünfzehntes Diner der *Revue des Deux Mondes* in der Union interalliée, 3. Dezember 1935, in a.a.O.

63 «Les devoirs de vacances des nos écrivains», *Toute l'édition*, Nr. 337, 12. September 1936, S. 2.

64 «Fraternité», *Gringoire*, 5. Februar 1937, in *Dimanche*, S. 77.

65 Ebd., S. 86.

66 Ebd. S. 86.

67 J. und J. Tharaud, *L'An prochain à Jérusalem*, Paris 1924, S. 302 f.; zitiert
    von L. Landau, *De l'aversion à l'estime. Juifs et catholiques en France de
    1919 à 1939*, Paris 1980, S. 76 f.

68 «Fraternité», *Gringoire*, 5. Februar 1937; in *Dimanche*, S. 84.

69 J. Delpech, «Chez Irène Némirovsky ou la Russie boulevard des Inva-
    lides», *Les Nouvelles littéraires*, 4. Juni 1938. Die Wiederaufnahme von
    David Golder im Théâtre russe findet im Dezember 1937 statt.

70 R. Brasillach, *Notre avant-guerre*, Paris 1941, S. 189.

71 «Fraternité», *Gringoire*, 5. Februar 1937; in *Dimanche*, S. 73 f.

72 Ebd., S. 86.

73 G. de Broglie, *Histoire politique de la «Revue des Deux Mondes» de 1829
    à 1979*, a.a.O., S. 363.

74 Briefwechsel I. Némirovsky – A. Michel, 7. und 12. Oktober 1936.

75 P. Mourousy, Interview mit A. Michel, *Comœdia*, 18. September 1936.

76 Gespräch mit É. Zehrfuss, 19. Februar 2006.

77 J.-R. Leygues, *Chroniques des années incertaines 1935–1945*, Paris
    1977, S. 60.

78 J. Van Melle, «Où avez-vous passé vos vacances? Qu'avez-vous fait de
    vos vacances?», *Toute l'édition*, Nr. 386, 18. September 1937.

79 *Deux*, IV.

80 Ebd., V.

81 «Eine kleine Ziege weidet im Gebirge,/Galya ist so glücklich zu leben./
    Der graue Wolf wird die kleine Ziege fressen,/Aber Galya frißt eine
    ganze Armee.»

82 *Gringoire*, 24. Oktober 1941.

83 *L'Intransigeant*, 4. August 1938.

84 *Gringoire*, 11. April 1940.

85 *Revue des Deux Mondes*, 15. Oktober 1938; in *Destinées*, S. 53.

86 *Action française*, 13. Juli 1938.

87 «Espoirs», *Gringoire*, 19. August 1938; in *Destinées*, S. 141, 142, 150 f.

88 *Les Nouvelles littéraires*, 21. Mai 1938.

89 *Excelsior*, 25. Mai 1938.

90 J. Delpech, «Chez Irène Nemirovski …», a.a.O.

91 «Revue littéraire. Romans et critique», *Revue des Deux Monde* (1938).

92 J.-P. Maxence, «*Les livres de la semaine*», *Gringoire*, 10. Juni 1938.

9. Kinder der Nacht

1 *Le Maître des âmes*, I.

2 Ebd., X.

3 Ebd., X.

4 É. Zola, «Pour les Juifs», *Le Figaro*, 16. Mai 1896.

5 P. Morand, *La Nuit de Putney*, in *Les Œuvres libres*, Nr. XV, September 1922.

6 J. Van Melle, «Où avez-vous passé vos vacances? À quoi faire?», *Toute l'édition*, 3. September 1938.

7 *Le Maître des âmes*, I, III, VI, VII, XX. Léon Poliakov hat gezeigt, dass diese weitverbreiteten Stereotypen von Autoren stammen konnten, die kaum des Antisemitismus verdächtig waren wie Lacretelle; ganz ähnliche findet man in *Les Thibault* von Roger Martin du Gard: «Skada war ein etwa fünfzigjähriger Israelit aus Kleinasien. Da er sehr kurzsichtig war, trug er auf seiner krummen, olivgrünen Nase eine Brille, deren Gläser so dick wie die Linsen eines Teleskops waren. Er war häßlich: kurzes und krauses, auf einem eiförmigen Schädel klebendes Haar; aber ein warmer, nachdenklicher Blick von unerschöpflicher Zärtlichkeit» (zit. von L. Poliakov, *L'Histoire de l'antisémitisme*, Bd. 2. *L'Âge de la science*, Paris 1981, S. 462). In dieser durchgesehenen, gekürzten Ausgabe seines großen Werks tilgte L. Poliakov das Wort «antisemitisch» in Verbindung mit dem Namen von Irène Némirovsky in der ersten Ausgabe (1977).

8 *Le Maître des âmes*, XX.

9 In ihrem Arbeitsjournal hat Irène Némirovsky rot und fett unterstrichen: «Gesetz von 1935: Keiner darf in Frankreich den Arztberuf ausüben, der nicht das Diplom des französischen Staats besitzt und kein französischer Staatsbürger ist.» Eine Randnotiz präzisiert: «Kurz gesagt, er muß Franzose sein!» Dann in Rot das Wort: «eingebürgert».

10 *Le Maître des âmes*, XXI.

11 «La nuit en wagon», *Gringoire*, 5. Oktober 1939, in *Destinées*, S. 218.

12 J. Van Melle, «Où avez-vous passé vos vacances …», a.a.O.

13 O. Mony, «Jours heureux à Hendaye», *Le Festin en Aquitaine*, Nr. 54, Sommer 2005, S. 81.

14 Gespräch mit Denise Epstein, Toulouse, 11. Januar 2005.

15 *Les Chiens et les Loups*, XXVIII.

16 Ebd., XXIV. Schon Asfar rief in *Les Échelles du Levant* aus: «Sinnloses Affentheater Europas!» (*Le Maître des âmes*, I.)

17 *Les Chiens et les Loups,* XXII.

18 L. Rebatet, «J'ai vu un pogrom», *Je suis partout,* 2. September 1938.

19 *Les Chiens et les Loups,* I.

20 Ebd., VIII.

21 Ebd., VII.

22 Ebd., XXXIII.

23 In seinen Memoiren gibt Graf Witte, ehemaliger russischer Premierminister, die Worte eines polnischen Rechtsanwalts wieder, der sich
nach den Pogromen von Kischinjew im Jahr 1905 über den Zustrom der
russischen Juden in sein Land beklagt: «Eure Juden haben die unseren
verdorben», sagte er ihm, «so wie wilde Tiere mit ihrer Wildheit die
Haustiere anstecken. Und natürlich können eure Juden gar nicht anders
als wild sein, da ihr ihnen alles verwehrt, was in den Wünschen und Gefühlen der Menschen existiert» (*Mémoires du comte Witte,* Paris 1921,
S. 233).

24 *Marianne,* 8. April 1936.

25 M. Martin du Gard, *Les Mémorables,* Paris 1999, S. 425.

26 *Le Maître des âmes,* X.

27 Deutsch im Original (Anm. d. Ü.).

28 M.L. Sondaz, «Sera-t-elle bonne et heureuse? Ce que disent les astres
pour 1939», *Marie Claire,* Nr. 96, 30. Dezember 1938.

29 Mgr. Piguet, Vorwort zu M. Perroy, *Sacerdos Alter Christus: L'abbé
Roger Bréchard,* Clermont-Ferrand 1949, S. 6.

30 «Testament» von H. Bergson, 8. Februar 1937.

31 W. Rabinowitsch, «La tragédie du peuple juif», *Esprit,* 1. Mai 1933,
zitiert von L. Landau, *De l'aversion à l'estime …,* a.a.O., S. 308 f.

32 «Testament» von H. Bergson, 8. Februar 1937.

33 J.-J. Bernard, «Judaïsme et Christianisme», *Le Figaro,* 31. Oktober
1946, zitiert von F. Gugelot, «De Ratisbonne à Lustiger. Les convertis à
l'époque contemporaine», *Archives juives. Revue d'histoire des Juifs de
France,* Nr. 35/1, 1. Semester 2002, S. 19.

34 *Les Chiens et les Loups,* XXIII.

35 I. Némirovsky, «Théâtre de l'Œuvre. *Les Races,* 8 tableaux de Ferdinand
Brückner, adaptation de René Cave», *Aujourd'hui,* Nr. 323, 10. März
1934.

36 *Les Biens de ce Monde,* XXII.

37 H.-R. Petit, *Le Règne des Juifs* (Paris, Centre de documentation et de
propagande, September 1937), zitiert von R. Schor, a.a.O., S. 116.

38 *Le Vin de solitude*, I, VII.

39 Gespräch mit Denise Epstein, 10. Januar 2005.

40 M. Perroy, *Sacerdos Alter Christus …*, a.a.O.

41 M. Maritain, «Les Juifs parmi les nations», Vortrag im Théâtre des Ambassadeurs am 5. Februar 1938, Paris 1938.

42 Gespräch mit Denise Epstein, 10. Januar 2005.

43 J. Maritain, Vorwort zu V. Ghika, *Pensées pour la suite des jours*, Paris 1936.

44 Brief an Mgr. Ghika, 7. Februar 1939. Mgr. Ghika hatte Irène Némirovsky ein Exemplar seiner *Pensées* geschickt.

45 Brief an Mgr. Ghika, 27. Januar 1939.

46 Brief an Mgr. Ghika, 25. März 1939.

47 *Les Chiens et les Loups*, IX.

48 Dieser letzte Satz blieb fast unverändert in der Endfassung des Romans stehen.

49 Werbeplakat für *Juifs et Catholiques* von H. de Vries de Heekelingen, *Les Nouvelles littéraires*, 4. Februar 1939. In diesem Werk wie im vorherigen dieses Autors (*L'Orgueil juif*, 1938) schreibt Vries de Heekelingen, ein antisemitischer Ideologe und fanatischer Verfechter der Echtheit der *Protokolle der Weisen von Zion*, den Juden die Erfindung des Rassismus zu, so dass man, «wenn man den deutschen oder italienischen Rassismus kritisiert, auch den jüdischen Rassismus kritisieren muß» (S. 19 f.). (Vgl. P.-A. Taguieff, «Des thèmes récurrents qui structurent l'imaginaire antijuif moderne», *L'Arche*, Nr. 560, November-Dezember 2004.)

50 *Le Crapouillot*, Februar 1939.

51 «Les Juifs en France», *Je suis partout*, 17. Februar 1939.

52 Brief an Mgr. Ghika, 19. April 1939.

53 Brief an Mgr. Ghika, 27. April 1939.

54 Von diesen Vorträgen, die jeweils nachmittags am 4. und 18. Januar, am 1. und 15. Februar sowie am 1. und 15. März 1939 gehalten wurden, gibt es weder eine Tonbandaufnahme noch eine Veröffentlichung in den *Cahiers de Radio Paris*.

55 Werbeplakat, *Les Nouvelles littéraires*, 25. März 1939.

56 P. Lœwel, *L'Ordre*, 3. April 1939.

57 *Le Maître des âmes*, I.

58 «Journal du *Charlatan*», 19. Juli 1938.

59 Brief an Mgr. Ghika, 3. Juli 1939.

60 «Comme de grands enfants», *Marie Claire,* 27. Oktober 1939, in *Destinées,* a.a.O., S. 171.

61 Denise Epstein, «Une photographie», in *Destinées,* a.a.O., S. 7.

62 «Le Spectateur», *Gringoire,* 7. Dezember 1939, in *Dimanche,* a.a.O., S. 338.

63 «Comme de grands enfants», *Marie Claire,* 27. Oktober 1939, in *Destinées,* a.a.O., S. 177.

64 *Les Biens de ce monde,* XXIV.

10. Frankreichs großer Regen

1 *Chaleur du sang,* S. 80.

2 Ebd.

3 Brief an A. Sabatier, 13. Dezember 1940.

4 «Destinées», *Gringoire,* 5. Dezember 1940; in *Destinées,* S. 255.

5 «À la recherche d'Irène Némirovsky», a.a.O.

6 «Les Revenants», *Gringoire,* 5. September 1941.

7 *Chaleur du sang,* S. 51.

8 «La Nuit en wagon», *Gringoire,* Nr. 569, 5. Oktober 1939, in *Destinées,* S. 208.

9 M. Anissimov, «Les filles d'Irène Némirovsky», a.a.O

10 «Le Spectateur», *Gringoire,* Nr. 578, 7. Dezember 1939, in *Dimanche,* S. 336.

11 «Comme de grands enfants», *Marie Claire,* Nr. 139, 27. Oktober 1939. Das Manuskript dieser Novelle trägt die Überschrift «La Querelle».

12 «La Nuit en wagon», a.a.O., S. 213.

13 Von dieser unveröffentlichten Novelle gibt es nur eine Kladde mit vielen Streichungen mit dem Titel «En raison des circonstances», von der einige Elemente in *Les Feux de l'automne* aufgenommen wurden.

14 Das Bild des Shakers ist Evelyn Waugh entnommen, dessen Beschreibung einer stürmischen Überfahrt in *Vile Bodies* sie beeindruckt hatte: *«It's just exactly being inside a cocktail shakes.»*

15 «Le Spectateur», a.a.O., S. 335, 342, 344, 347, 348, 349. Katherine Mansfield erwähnt in ihrem *Tagebuch,* I. Némirovskys Lieblingslektüre, unter dem Datum des 18. Januar 1922 «einen Mann, den man nicht vergißt»: «H. sammelt stets etwas – und wird es immer tun. Porzellan, Silber, ‹alles, was ihm gerade in die Hände kommt›.»

16 Y. Moustiers, «Les femmes de lettres et la guerre», *Toute l'édition*, Nr. 483, Dezember 1939.

17 «Aïno», *Revue des Deux Mondes*, 1. Januar 1940, in *Dimanche*, S. 57.

18 «… et je l'aime encore», *Marie Claire*, Nr. 153, 2. Februar 1940, in *Destinées*, S. 181.

19 «Le Sortilège», *Gringoire*, Nr. 586, 1. Februar 1940, in *Dimanche*, S. 296.

20 Maurois haben wir viele Biographien zu verdanken, darunter eine von Turgenjew, und Eugène Semenoff volkstümliche Biographien von Puschkin und Turgenjew (Paris 1933). Für ihre eigene Tschechow-Biographie hat Irène Némirovsky vor allem von den Erinnerungen ihres Freundes Iwan Bunin Gebrauch gemacht, «einem der scharfblickendsten und feinsinnigsten Kritiker» (*La Vie de Tchekhov*, XVIII).

21 *La Vie de Tchekhov*, XVIII.

22 *Les Chiens et les Loups*, XII.

23 *Gringoire*, 4. April 1940. Während des «*drôle de guerre*» verspottet Roger Roy hier abwechselnd Hitler und Stalin und verschont lediglich die aufsteigende Gestalt des Marschalls Pétain, den *Gringoire* mit folgenden Worten herbeisehnt: «Gestern ein großer Kriegsherr. Heute ein großer Diplomat. Morgen …» (26. März 1940.) Drei Monate bevor er die Kollaboration vertritt, kann man in *Gringoire* noch lesen, dass der Antisemit Philippe Henriot «den von Hitler zynisch praktizierten Kult der Stärke» anprangert («Feu la neutralité», 11. April 1940).

24 G. Higgins, «Les Conrad français», *Les Nouvelles littéraires*, 6. April 1940.

25 «L'Autre Jeune Fille», *Marie Claire*, Nr. 166, 3. Mai 1940. Das Manuskript dieser Novelle trägt den Titel «Deux jeunes filles».

26 «Le Départ pour la fête», *Gringoire*, 11. April 1940, in *Destinées*, S. 195.

27 Irène Némirovsky stellt das genaue Zitat von Tschechow in «Destinées» wieder her: «Wie es leidet, wie es zahlt für uns alle, dieses Volk, das den anderen vorausgeht, das der europäischen Kultur den Ton vorgibt» (*Gringoire*, 5. Dezember 1940, in *Destinées*, S. 250).

28 «Destinées», a.a.O., S. 250.

29 Insbesondere: Isabelle Rimbaud, *Dans les remous de la bataille*, Paris 1917; Léon Wastelier du Parc, *Souvenirs d'un réfugié*, Paris 1916; Bernard Desuher, *Souvenirs d'un éclaireur*, Paris 1915.

30 Werbebeilage, *Le Matin*, 24. April 1940; *Les Nouvelles littéraires*, 27. April 1940.

31 *Les Chiens et les Loups*, XXIII.

32 Ebd., XVI.

33 *Conferencia. Les Annales,* Nr. XI, 15. Mai 1940.

34 *Gringoire,* 25. April 1940.

35 P. Lœwel, «Les Lettres. De Victor Serge à L. de Hoyer et Mme Némirovsky», *L'Ordre,* 1. Juni 1940.

36 A. Labarthe, «La ligne Maginot, bouclier de la France», *L'Intransigeant,* 16. April 1940.

37 Werbung in *Gringoire,* 30. Mai 1940.

38 Philippe Pétain, Rede vom 25. Juni 1940.

39 A. Labarthe, *L'Intransigeant,* 22. Mai 1940.

40 *La Jeunesse de Tchekhov,* «Variété historique inédite», *Les Œuvres libres,* Nr. 226, Mai 1940; *La Vie de Tchekhov,* XIV.

41 Caroline Wyatt, «French Novel Survives Auschwitz», BBC News Paris, 27. Januar 2005.

42 «Monsieur Rose», *Candide,* 28. August 1940; in *Dimanche,* S. 369.

43 Die Linie wird mittels topographischer Messungen endgültig erst Ende 1941 festgelegt. Vgl. J. Gillot-Voisin, *La Saône-et-Loire sous Hitler. Périls et Violences,* Mâcon 1996.

44 Maréchal Pétain, «L'Éducation nationale», *Revue des Deux Mondes,* 15. August 1940.

45 F. Brouty, Brief an Irène Némirovsky, 27. Juli 1940.

46 «La Voleuse», unveröffentlichte Novelle.

47 *La Vie de Tchekhov,* XXII.

48 Brief an R. Esménard, 25. September 1940.

49 *La Vie de Tchekhov,* XXVIII.

50 L. Werth, *Déposition. Journal de guerre 1940–1944,* Paris 1992 (8. Oktober).

51 M. Epstein, Brief an C.-A. de Boissieu, 26. Oktober 1940.

52 C.-A. de Boissieu, Brief an M. Epstein, 14. Oktober 1940.

53 Vgl. E. Haymann, a.a.O., S. 234.

54 J. Fayard, Brief an Irène Némirovsky, 14. Oktober 1940.

55 Brief an J. Fayard, 16. Oktober 1940.

56 J. Vignaud, Gespräch mit C. Chonez, *Marianne,* 8. April 1936.

57 Brief an J. Vignaud, 3. Dezember 1940.

58 J. Fayard, Antwort auf die Frage «Que pensez-vous de la collaboration franco-allemande?», *Aujourd'hui,* 16. November 1940.

59 Ph. Henriot, *Gringoire,* 31. Oktober 1940.

60 Gespräch mit J.-L. de Carbuccia, 28. September 2005.

61 H. de Carbuccia, «Mémoire en réponse aux *Raisons d'un silence*», in H. Béraud, *Gringoire. Écrits 1940–1943*, Versailles 2005, S. 464 f.

62 «La Confidente», *Gringoire*, 20. März 1941, in *Dimanche*, S. 245.

63 *Aujourd'hui*, 15. September 1940.

64 «Die Juden haben es sich nicht ausgesucht, Juden zu sein, und meine Verachtung gilt vor allem denen, die ihre Rasse verleugnen» (M. Duran, «Les abjects», *Aujourd'hui*, 22. Oktober 1940).

65 «Un inédit de M. Louis Destouches dit … Louis-Ferdinand Céline», *Aujourd'hui*, Nr. 177, 7. März 1941.

66 R. Desnos, *Aujourd'hui*, 26. Oktober 1940; zitiert von H. Jeanson, *Soixante-dix ans d'adolescence*, Paris 1971, S. 55.

67 *Suite française*, I, 11.

68 *La Vie de Tchekhov*, XXIV.

69 *Suite française*, I, 14.

70 Ebd., I, 27.

71 Ebd., I, 27.

72 H. du Moulin de Labarthète, *Le Temps des illusions. Souvenirs (juillet 1940–avril 1942)*, Paris 1946, S. 238.

73 Titel eines Films von Luis Buñuel (Anm. d. Ü.).

74 *Suite française*, I, 3.

75 Zwei Jahre vor Hitler wies Lœwel, der den blökenden Pazifismus und die mangelnde Bewaffnung der Franzosen beklagt, Faschismus und Bolschewismus gleichermaßen zurück und prophezeite den totalen Krieg: «Morgen wird Europa in Flammen stehen. Millionen Menschen, Hunderte von Städten, eine ganze Zivilisation werden in einer beispiellosen Katastrophe untergehen» (*Inventaire 1931*, Paris 1931, S. 250). 1938 meinte er jedoch in einem Artikel in *Samedi*, dass die Juden «die gegen sie gerichtete Kritik aufgeschlossen berücksichtigen» sollten, und wäre sie wahnwitzig wie die eines Céline in *Bagatelles pour un massacre* (vgl. D. H. Weinberg, *Les Juifs à Paris de 1933 à 1939*, Paris 1974, S. 100).

76 *Suite française*, I, 22.

77 Ebd., I, 22.

78 Ebd., I, 29.

79 Ebd., I, 10.

80 Ebd., I, 6.

81 Ebd., I, 28.

82 Ebd., I, 30.

83 Brief, zitiert von M. Perroy, in *Sacerdos Alter Christus*, a. a. O., S. 75 f.

84   H. Pourrat, «Un mort du 20 juin» (1943), ebd., S. 88.
85   *Suite française,* I, 30.
86   Ebd., I, 4.
87   M.-J. Viel, «Comment travaille une romancière», a.a.O.
88   *Les Biens de ce monde,* XXV.
89   *La Vie de Tchekhov,* XV.
90   *Le Bal,* V.
91   W. Weressajew, *La Vie de Pouchkine,* gefolgt von Texten Puschkins, ausgewählt und mit Anmerkungen versehen von J. E. Pouterman, Paris 1937.
92   Colette, «Fin juin 1940», in *Journal à rebours,* März 1941.
93   «Leider ist in dieser Zeit/das Herz reich und das Geld knapp./Statt schöner Geschenke/nimm deshalb, liebste Mama/eine noch seltenere Gabe:/ Die innigen Küsse deiner Kinder!»
94   Brief an Madeleine Cabour, 27. März 1941.
95   «L'Honnête Homme», *Gringoire,* 30. Mai 1941; in *Dimanche,* S. 192.
96   *Suite française,* I, 30.
97   *La Vie de Tchekhov,* XXVI.
98   «L'Ogresse», *Gringoire,* 24. Oktober 1941; in *Dimanche,* S. 328.
99   *Les Biens de ce monde,* I.
100 Ebd., XXX.
101 «Quäl dich nicht, Bouboule, weine nicht, reg dich nicht auf, Sorgen machen krank …»
102 H. Béraud, «Et les Juifs?», *Gringoire,* 23. Januar 1941; in *Sans haine ni crainte,* Paris 1942, S. 227 und 232.
103 «Tod dem Juden! (…) Der Jude ist kein Mensch. Er ist ein stinkendes Tier. Man schafft sich Läuse vom Hals, man bekämpft Epidemien. Man kämpft gegen die Invasion von Mikroben. Man schützt sich gegen das Übel, gegen den Tod – also gegen die Juden» (P. Riche, *Le Pilori,* 14. März 1941).
104 F. Vinneuil (L. Rebatet), *Les Tribus du théâtre et du cinéma,* «Les Juifs en France», IV, Paris 1941, S. 59.
105 *David Golder,* I.

11. Hass + Verachtung

1   *Les Feux de l'automne,* III, III.
2   Michel Epstein spricht in einem Brief von 2300 Francs. Die Place du Monument wurde am 2.9.2005 in Place Irène Némirovsky umbenannt.

3   É. Gilles an M. Anissimov, «Les filles d'Irène Némirovsky», a. a. O., S. 72.

4   *Suite française*, II, 8.

5   Auszüge aus Berichten des Unterpräfekten von Autun, Archives départementales de Saône-et-Loire, Serie W., zitiert von R. Voyard, «Le tragique destin d'une femme de lettres. Irène Némirovsky. Kiev … Paris … Issy-l'Évêque … Auschwitz», Gueugnon 2005.

6   «Cour de justice. Quand les passions sont déchaînées …», *Le Courrier de Saône-et-Loire*, 21.–22. Oktober 1945.

7   *Suite française*, II, 20.

8   Ebd., II, 11. Es kann sein, dass sich Irène Némirovsky an Henri Falk erinnerte, den Dialogschreiber von *Le Bal*.

9   Ebd., II, 17.

10 Ebd., II, 11.

11 Ebd., II, 3.

12 «Dimanche», *Revue de Paris*, 1. Juni 1934; in *Dimanche*, a. a. O.

13 M. Proust, *Im Schatten junger Mädchenblüte*.

14 *Chaleur du sang*, S. 22.

15 *Suite française*, II, 3.

16 Brief an M. Bergeret, 27. September 1941.

17 «Les Revenants», *Gringoire*, 5. September 1941. Das Schreibmaschinenmanuskript dieser Novelle ist unterzeichnet mit «Pierre Imphy».

18 Brief an W. I. Pahlen Heyberg, 9. August 1941, als Antwort auf sein Schreiben vom 6.: «Madame Jane Nemirovski hat mich beauftragt, ihr ihre Pelze zurückzubringen, die sie in den in ihrer Wohnung zurückgebliebenen Koffern gelassen hatte. Diese Koffer sind jedoch geleert worden, und die Hausmeisterin des Gebäudes sagte mir, daß Sie gekommen seien und mitgenommen hätten, was diese Koffer enthielten. Ich habe Ihrer Frau Mutter geschrieben, um sie davon zu unterrichten. Wiederum habe ich mehrere Karten von ihr erhalten, in denen sie mich aufforderte, mich an Sie zu wenden, damit Sie mir die mitgenommenen Dinge übergeben. Daher erlaube ich mir, Sie zu bitten, mir einen Termin zu nennen, damit ich ihrem Wunsch nachkommen kann» (IMEC).

19 Zitiert von A. Lacroix-Riz, *Industriels et Banquiers sous l'Occupation. La collaboration économique avec le Reich et Vichy*, Paris 1999, S. 265.

20 *L'Appel*, 30. September 1941.

21 Brief an R. Esménard, 4. Oktober 1941. Jean Fréville (1895–1971) veröffentlichte zuerst unter seinem jüdisch-russischen Namen Eugène Schkaff ein kleines Werk über *La Question agraire en Russie* (1922),

gefolgt von einer Untersuchung über *La Dépréciation monétaire, ses effets en droit privé* (1926). Nachdem er 1925 die französische Staatsbürgerschaft erhalten hat, ist er Redakteur bei *Commune*, Literaturkritiker bei *L'Humanité* ab 1931, Romancier (*Pain de brique*, 1937), Übersetzer und Herausgeber von Texten von Marx, Engels, Lenin und Stalin. Als halbamtlicher «Ghostwriter» von Maurice Thorez schreibt er später zu dessen Ruhm eine von Louis Durey vertonte Ode. Unter der Besatzung erschien heimlich nur ein einziger seiner Texte mit dem eindeutigen Titel *Pétain, maréchal de la trahison.*

22 R. Esménard, Brief an I. Némirovsky, 10. Oktober 1941.

23 Brief an R. Esménard, 30. Oktober 1941.

24 Brief an A. Sabatier, 20. November 1941.

25 Ebd.

26 Brief an A. Sabatier, 21. Dezember 1941.

27 Pierre Lepage (I. Némirovsky), «Un beau mariage», in *Destinées*, S. 263.

28 Pierre Neyret (I. Némirovsky), «L'Incendie», *Gringoire*, 27. Februar 1942; in *Dimanche*, S. 221.

29 A. Suarès, *Vita Nova*, Paris 1977, S. 33 f.

30 «L'Incendie», a.a.O., S. 213.

31 *Les Feux de l'automne*, I, VI. Détang ist ein Name aus der Region von Issy-l'Évêque.

32 Ebd., I, IX.

33 Ebd., II, IX.

34 Ebd., III, IV.

35 Ebd., III, I.

36 Ebd., II, IX.

37 Ebd., III, X.

38 M. Epstein, Brief an Paul Epstein, 23. Januar 1942.

39 Brief an die Kreiskommandantur von Autun, 11. Februar 1942, von Irène Némirovsky auf Deutsch verfasst.

40 Brief an Hélène Morand, 12. Februar 1942, Fonds Paul Morand, Bibliothèque de l'Institut.

41 Die Gerichtssitzungen des Prozesses von Riom werden am 11. April 1942 auf Druck von Otto Abetz vertagt. In seinem Schlusswort bekräftigte Léon Blum erneut voller Stolz die Legitimität seiner «der republikanischen und demokratischen Tradition» verhafteten Arbeit und macht die offizielle Doktrin von Vichy lächerlich.

42 M. Anissimov, «Les filles d'Irène Némirovsky», a.a.O., S. 72.

43 *Suite française*, II, 16.
44 Denise Epstein, Brief an ihre Eltern, 8. April 1942.
45 Gespräch mit Denise Epstein, 12. Januar 2005.
46 Denise Epstein, Brief an ihre Eltern, 28. April 1942.
47 M. Anissimov, «Les filles d'Irène Némirovsky», a.a.O., S. 72.
48 Vgl. J. Gillot-Voisin, *La Saône-et-Loire sous Hitler*, a.a.O., S. 71.
49 Vgl. S. Klarsfeld, «La tragédie juive de 1942 en France: ombres et lumière», *Le Monde*, 26. August 2003.
50 «Mama hat nie genäht. Außer den gelben Stern» (Gespräch mit Denise Epstein, Moskau, Januar 2006).
51 Gespräch mit Denise Epstein, 10. Januar 2005.
52 *Suite française*, II, 12.
53 Das *Kammerkonzert op. 87* von Aulis Sallinen wurde am 2. März 2006 in Espoo (Finnland) uraufgeführt. Es enthält drei Sätze: I. *Sturm im Juni.* II. *Dolce.* III. *Fragiles Epitaph.*
54 J. Benoist-Méchin, *L'Ukraine*, «Note liminaire», Paris, Juli 1941.
55 Brief an A. Sabatier, 17. Mai 1942.
56 Ebd.
57 Denise Mérande (I. Némirovsky), «Les Vierges», *Présent*, 15. Juli 1942.
58 Brief an A. Sabatier, 4. Mai 1942.
59 Brief an A. Sabatier, 17. Mai 1942.
60 Katherine Mansfield, *Tagebuch*, 19. Dezember 1920.
61 Zeugnis von Denise Epstein, in *Convoi*, Nr. 6, Paris 2005, S. 163 f.
62 Katherine Mansfield, *Tagebuch*, 19. Dezember 1920: «*Everything in life that wie really accept undergoes a change. So suffering must become Love. That is the mystery.*»

12. Wie bei einem Schiffbruch

1 Brief von M. Epstein an A. Sabatier, 14. Juli 1942.
2 *Suite française*, II, 19.
3 Brief von M. Epstein an A. Sabatier, 29. September 1942.
4 Gespräch mit Denise Epstein, 10. Januar 2005.
5 *Les Feux de l'automne*, III, III.
6 Dieser Brief von Alexandra Epstein an eine Freundin wird ohne Quellenangabe zitiert von S. Klarsfeld in seinem *Calendrier de la persécution des Juifs de France*, a.a.O., S. 580 f.: «Mein Liebes, wir sind in Drancy.

Sam ist mit Paul. Ich sehe sie, wenn man uns zur Toilette bringt. Vergeßt uns nicht. Natascha ist Französin. Wir hoffen, daß die Ehemänner und ihre Frauen gemeinsam ins Exil geschickt werden. Wir brauchen warme Sachen. Die warmen Handschuhe, den grauen Pullover mit dem roten Dreieck, einen kleinen Spiegel, Zahnbürste (hart), Schnürsenkel, Unterhosen, Unterröcke, Büstenhalter, vor allem Bücher, ich habe 4 Bände Tolstoi zurechtgelegt, Wollsocken, Wintermantel, warme Unterwäsche für Sam, seinen Schal, seine blaue Weste. Der Anwalt kann vielleicht Schritte unternehmen. Ich habe eine reizende Nachbarin. Sie hat 86jährige Eltern allein und ohne Sprachkenntnisse zurückgelassen. Man muß sie entlasten. Die Adresse: M. Simon, 123 boulevard Bessières Paris 17ᵉ. Das Elend und die Not ringsum sind unbeschreiblich. Meine Nachbarinnen auf der anderen Seite sind 9 Waisenkinder aus einem Waisenhaus. Die Verpflegung ist die des Militärgefängnisses. Schmutz wie in einem Kohlenkeller. Strohsack voller Läuse und Wanzen. Grauenhafte Enge. 86 Frauen, 6 Wasserhähne, man hat keine Zeit, sich zu waschen. Es sind schwangere Frauen darunter, taubstumme, blinde Frauen auf Tragbahren, die ihre kleinen Kinder zurückgelassen haben. 63 Jahre alte Frauen. 16 Stunden lang gehen wir nicht auf die Toilette. Wir haben eine Abreise der Männer beobachtet. Die Männer wurden im Hof rasiert. Die Frauen erkannten ihre Ehemänner, schrien und weinten. Man hat die Männer auf Tragen weggebracht. In der Nacht ließ man die Frauen herunterkommen, um sich von ihren Männern zu verabschieden. Zwei sind verrückt geworden. Gefangene Jungen helfen den Frauen. Es sind Arier mit dem Stern und der Inschrift ‹Judenfreund›. Sagen Sie Natascha, sie soll tapfer sein, wenn sie uns nicht wiedersieht, und daß wir sie unendlich lieben, daß wir ihr unseren makellosen Namen hinterlassen. Sie solle ehrlich und sauber sein. Niemals glücklich auf Kosten der anderen. Meine Eltern suchen. (…)» Natascha, die nach Nordafrika geflohen ist, wird nicht deportiert. Sie heiratet später den Journalisten und Literaten Jean Duché.

7 Hélène Morand, Brief an Michel Epstein, 17. Juli 1942.
8 Michel Epstein, Brief an Otto Abetz, 27. Juli 1942. Dieses Schreiben wird vollständig im Anhang zu *Suite française* zitiert, auf den wir den Leser verweisen.
9 A. Sabatier, Brief an Hélène Morand, 29. Juli 1942.
10 A. Sabatier, Brief an Michel Epstein, 12. August 1942.
11 Novelle von P. Morand (Anm. d. Ü.).
12 Brief von Mavlik an Michel Epstein, 2. August 1942.

13 V. N. Kokowtzow, *Le Bolchevisme à l'œuvre. La Ruine morale et écono-
    mique dans le pays des Soviets,* Paris 1931.
14 A. Sabatier, Brief an Michel Epstein, 12. August 1942.
15 Hélène Morand, Brief an André Sabatier, 17. September 1942.
16 Gespräch mit Denise Epstein, 10. Januar 2005.
17 Der Unterpräfekt von Autun, Präfekt für die Besatzungszone Saône-et
    Loire, Abteilung Chalon-sur-Saône, 21. Oktober 1942.
18 Denise Epstein an Myriam Anissimov, «Les filles d'Irène Némirovsky»,
    a. a. O., S. 74.
19 Denise Epstein, Reuters, 9. März 2006.

Epilog

1 Gespräch mit Denise Epstein.
2 A. Sabatier, Brief an Julie Dumot, 9. November 1944.
3 *Deux,* XXIX.
4 Vgl. Olga Wormser-Migot, *Le Retour des deportés,* Paris 1985.
5 Brief von Madame Ginoux an Julie Dumot, 2. Juni 1945.
6 Gespräch mit Francis Esménard, 27. September 2005.
7 André Sabatier, Brief an Julie Dumot, 1. Juni 1945.
8 J.-J. Bernard, Einführung in «La Mort de Tchékov», *La Nef,* Nr. 20, Juli
    1946, S. 13 f.
9 Élisabeth Gille an Myriam Anissimov, «Les filles d'Irène Némirovsky»,
    a. a. O., S. 71.

Bibliographie

I. Werke von Irène Némirovsky

Romane

Le Malentendu (Das Mißverständnis), in *Les Œuvres libres,* Nr. 56, 1926; 1930.

L'Ennemie (Die Feindin), in *Les Œuvres libres,* Nr. 85, Juli 1928 (Pierre Nerey).

David Golder, 1929 (dt.: *David Golder,* übers. v. Dora Winkler, Frankfurt/M. 1995; München 2008).

Les Mouches d'automne, ou la Femme d'autrefois, 1931 (dt.: *Herbstfliegen,* übers. v. Eva Moldenhauer, Zürich 2008).

L'Affaire Courilof, 1933 (dt.: *Der Fall Kurilow,* übers. v. Dora Winkler, Frankfurt/M. 1995; München 2006).

Le Pion sur l'échiquier (Die Figur auf dem Schachbrett), 1934.

Le Vin de solitude (Der Wein der Einsamkeit), 1935.

Jézabel, 1936 (dt.: *Jesabel,* übers. v. Eva Moldenhauer, München 2006).

La Proie (Die Beute), 1938.

Deux (Zwei), 1939.

Les Chiens et les Loups, 1940 (dt.: *Die Hunde und die Wölfe,* übers. v. Eva Moldenhauer, München 2007).

Les Biens de ce monde (Die Güter dieser Welt) (1940–1941), 1947.

Les Feux de l'automne (1941–1942), 1957 (dt. *Feuer im Herbst,* übers. v. Eva Moldenhauer, München 2008).

Suite française (1940–1942), 2004 (dt.: *Suite française,* übers. v. Eva Moldenhauer, München 2005; 2007).

Le Maître des âmes (*Les Échelles du Levant,* in *Gringoire,* 1939), 2005 (dt.: *Herr der Seelen,* übers. v. Eva Moldenhauer, München 2009).

Chaleur du sang (1941, 1942), 2007 (dt.: *Leidenschaft,* übers. v. Eva Moldenhauer, München 2009).

Biographische Werke

«La Jeunesse de Tchekhov» (Tschechows Jugend), *Les Œuvres libres,* Nr. 226, Mai 1940.
«La Mort de Tchekhov» (Tschechows Tod), *La Nef,* Nr. 20, Juli 1946.
«Le Mariage de Tchekhov» (Tschechows Heirat), *Les Œuvres libres,* Nr. 13 (239), 4. Quartal 1946.
La Vie de Tchekhov (Tschechows Leben), Oktober 1946.

Novellen

«Nonoche chez l'extra-lucide» («Nonoche bei der Hellseherin»), *Fantasio,* Nr. 348, 1. August 1921 *(Popsy),* unveröffentlicht.
«Nonoche au Louvre» («Nonoche im Louvre») (1921), unveröffentlicht.
«Nonoche au vert» («Nonoche auf dem Land») (1921), unveröffentlicht.
«Nonoche au ciné» («Nonoche im Kino») (1921) *(Topsy),* unveröffentlicht.
«La Niania», *Le Matin,* 9. Mai 1924.
«L'Enfant génial» («Das geniale Kind»), *Les Œuvres libres,* Nr. 70, April 1927; *Un enfant prodige* («Das Wunderkind»), Vorwort von Élisabeth Gille, 1992.
«Le Bal», *Les Œuvres libres,* Nr. 92, Februar 1929 *(Pierre Nerey);* 1930 (dt.: *Der Ball,* übers. v. Grit Zoller, Wien/Hamburg 1986; übers. v. Claudia Kalscheuer, Wien 2005; München 2007).
«Film parlé» («Tonfilm»), *Les Œuvres libres,* Nr. 92, Februar 1929 *(Pierre Nerey);* Juli 1931; wiederaufgenommen in *Films parlés,* 1934.
«La Comédie bourgeoise» («Die bürgerliche Komödie»), *Les Œuvres libres,* Nr. 132, Juni 1932; wiederaufgenommen in *Films parlés,* 1934.
«Un déjeuner en septembre» («Ein Essen im September»), *Revue de Paris,* Bd. 3, 1. Mai 1933.
«Nativité» («Christi Geburt»), *Gringoire,* 8. Dezember 1933.
«Ida», *Marianne,* Nr. 82, 16. Mai 1934; wiederaufgenommen in *Films parlés,* 1934.
«Dimanche» («Sonntag»), *Revue de Paris,* Bd. 3, 1. Juni 1934.
«Les Fumées du vin» («Die Dünste des Weins»), *Le Figaro,* 12./19. Juni 1934, wiederaufgenommen in *Films parlés,* 1934.
«Écho», *Noir et Blanc,* Nr. 24, 22. Juli 1934, unveröffentlicht.
«Les Rivages heureux» («Die glücklichen Gestade»), *Gringoire,* 2. Nov. 1934.
«Jour d'été» («Sommertag»), *Revue des Deux Mondes,* Nr. 581, 1. April 1935.
«Le Commencement et la Fin» («Der Anfang und das Ende»), *Gringoire,* 20. Dezember 1935.

«Un amour en danger» («Eine Liebe in Gefahr»), *Le Figaro littéraire*, 22. Februar 1936, unveröffentlicht.

«Liens du sang» («Blutsbande»), *Revue des Deux Mondes*, 15. März und 1. April 1936.

«Fraternité» («Brüderlichkeit»), *Gringoire*, 5. Februar 1937.

«Épilogue», *Gringoire*, 28. Mai 1937.

«Magie», *L'Intransigeant*, 4. August 1938, unveröffentlicht.

«Nous avons été heureux» («Wir sind glücklich gewesen»), *Marie Claire*, Nr. 75, 5. August 1938, unveröffentlicht.

«Espoirs» («Hoffnungen»), *Gringoire*, 19. August 1938.

«La Confidence» («Die vertrauliche Mitteilung»), *Revue des Deux Mondes*, 15. Oktober 1938.

«La Femme de Don Juan» («Don Juans Frau»), *Candide*, 2. November 1938.

«La Nuit en wagon» («Die Nacht im Waggon»), *Gringoire*, 5. Oktober 1939.

«Comme de grands enfants» («Wie große Kinder»), *Marie Claire*, Nr. 139, 27. Oktober 1939.

«En raison des circonstances» («Aufgrund der Umstände»), November 1939, unveröffentlicht.

«Le Spectateur» («Der Zuschauer»), *Gringoire*, 7. Dezember 1939.

«Aïno», *Revue des Deux Mondes*, Bd. LV, 1. Januar 1940.

«Le Sortilège» («Der Zauber»), *Gringoire*, 1. Februar 1940.

«... et je l'aime encore» («... und ich liebe ihn noch immer»), *Marie Claire*, Nr. 153, 2. Februar 1940.

«Le Départ pour la fête» («Der Aufbruch zum Fest»), *Gringoire*, 11. April 1940.

«L'Autre Jeune Fille» («Das andere junge Mädchen»), *Marie Claire*, 3. Mai 1940, unveröffentlicht.

«M. Rose», *Candide*, 28. August 1940.

«La Peur («Die Angst»), Herbst 1940 *(C. Michaud)*, unveröffentlicht.

«Les Cartes» («Die Karten»), Herbst 1940 *(C. Michaud,* dann *J. Dumot)*, unveröffentlicht.

«Destinées» («Schicksale»), *Gringoire*, 5. Dezember 1940 *(Pierre Nerey)*.

«La Confidente» («Die Vertraute»), *Gringoire*, 20. März 1941 *(Pierre Nerey)*.

«L'Inconnue» («Die Unbekannte»), (April 1941?), *(C. Michaud,* dann *J. Dumot)*, unveröffentlicht.

«La Voleuse» («Die Diebin»), (April 1941?), unveröffentlicht.

«L'Honnête Homme» («Der ehrbare Mann»), *Gringoire*, 30. Mai 1941 *(Pierre Nerey)*.

«L'Inconnue» («Die Unbekannte»), *Gringoire,* 8. August 1941 *(«Nouvelle écrite par une jeune femme»).*

«Les Revenants» («Die Wiedergänger»), *Gringoire,* 5. September 1941 *(Pierre Nerey),* unveröffentlicht.

«L'Ogresse» («Die Menschenfresserin»), *Gringoire,* 24. Oktober 1941 *(Charles Blancat).*

«L'Incendie» («Die Feuersbrunst»), *Gringoire,* 27. Februar 1942 *(Pierre Neyret).*

«La Grande Allée» («Die große Allee»), (Juni 1942?), unveröffentlicht.

«Les Vierges» («Die Jungfrauen»), *Présent,* 15. Juli 1942 *(Denise Mérande),* unveröffentlicht.

«Un beau mariage» («Eine schöne Heirat»), *Présent,* 23. Februar 1943 *(Denise Mérande).*

«L'Ami et la Femme» («Der Freund und die Frau»), (o.D.), unveröffentlicht.

«Ce soir-là» («An jenem Abend»), (o.D.), unveröffentlicht.

Achtundzwanzig dieser Novellen wurden in zwei Anthologien zusammengefasst: Dimanche, et autres nouvelles, *Vorwort von Laure Adler, Paris 2000;* Destinées, et autres nouvelles, *Vorwort von Denise Epstein, Pin-Balma 2004.*

Originaldrehbücher

Irène Némirovsky hat vier Filmdrehbücher bei der Association des autres films, rue Ballu, hinterlegt:

«La Symphonie de Paris», 12. September 1931.

«La Comédie bourgeoise», 15. Januar 1932.

«Noël», 21. Mai 1932.

«Carnaval de Nice», 21. Mai 1932.

Einige von Irène Némirovsky veröffentlichte Aufsätze

«*Tristan et Iseut,* 10 tableaux de MM. Joseph Bédier, de l'Académie française, et Louis Artur. Airs et chants de M. Paul Ladmirault», *Aujourd'hui,* Nr. 268, 14. Januar 1934.

«Une femme qu'a le cœur trop petit *(Fernand Crommelynck)*», *Aujourd'hui,* Nr. 272, 18. Januar 1934.

«Au théâtre Saint-Georges. *L'Homme,* de Denys Amiel. (*Mise en scène de Raymond Rouleau)*», *Aujourd'hui,* Nr. 275, 21. Januar 1934.

«Au Studio des Champs-Élysées, *Émile et les détectives*», *Aujourd'hui*, Nr. 282, 28. Januar 1934.

«Impressions de ‹générale›. Théâtre de la Michodière. *Les Temps difficiles*, pièce en trois actes de M. É. Bourdet», *Aujourd'hui*, Nr. 284, 30. Januar 1934.

«Théâtre de la Michodière. *Les Temps difficiles*, pièce en trois actes de M. É. Bourdet», *Aujourd'hui*, Nr. 285, 31. Januar 1934.

«Théâtre de l'Athénée. *File indienne*, comédie en 3 actes de MM. Albert Acremant et Max Daireaux», *Aujourd'hui*, Nr. 316, 3. März 1934.

«Théâtre de l'Œuvre. *Les Races*, 8 tableux de Ferdinand Brückner, adaptation de René Cave», *Aujourd'hui*, Nr. 323, 10. März 1934.

«Théâtre des Ambassadeurs. *La Bête noire*, pièce en 3 actes de M. Stève Passeur», *Aujourd'hui*, Nr. 325, 12. März 1934.

«Deux romans américains: *La Mère* de Pearl S. Buck et *Le Facteur sonne toujours deux fois* de James M. Cain», *La Revue hebdomadaire*, Nr. 4, 26. Januar 1935.

«Deux Romans russes: *Complète remise à neuf* de L. Sobolev et *Le Quartier allemand* de Lew Nitobourg», *La Revue hebdomadaire*, Nr. 8, 23. Februar 1935.

«Deux romans anglais: *Voyage dans les ténèbres* de J. Rhys *et Des étoiles étaient nées* de Barbara Lucas», *La Revue hebdomadaire*, Nr. 18, 4. Mai 1935.

«Le Mariage de Pouchkine et sa mort», *Marianne*, 25. März 1936.

II. Interviews und Zeugnisse

Frédéric Lefèvre, «Une révélation. Une heure avec Irène Némirovsky», *Les Nouvelles littéraires*, 11. Januar 1930.

(«Souvenir de Stockholm»), *Nord-Sud, Revue bi-mensuelle franco-scandinave*, 15. Februar 1930.

Nina Gurinkel, «L'expérience juive d'Irène Némirovsky. Une interview de l'auteur de *David Golder*», *L'Univers israélite*, 28. Februar 1930.

Claude Pierrey, «En coup de foudre, le succès …», *Chantecler*, 8. März 1930.

«Estimez-vous que le cinéma ait eu ou puisse avoir une influence sur le roman? Et laquelle?», Antwort auf die Umfrage von René Groos, *L'Ordre*, 18. Oktober 1930.

«Et vous, y croyez-vous? Quelques petits sons de cloche», Antwort auf eine Umfrage, *Bravo*, Sondernummer «La chance», Nr. 26, Februar 1931.

«J'aime beaucoup le cinéma. …», *Poslednie Novosti*, 1. Mai 1931.

«Une femme de lettres peut-elle réussir sans accepter certains hommages de ses juges?», Antwort auf eine Umfrage, *Candide*, Juni 1931».

Michelle Deroyer, «Irène Némirovsky et le cinéma. ‹Je ne pense qu'en images …› nous dit-elle», *Pour vous*, Juni 1931.

«En marge de *l'Affaire Courilof*. Radio-Dialogue entre F. Lefèvre et Mme I. Némirovsky», Radio Paris, *Sud de Montpellier*, 7. Juni 1933.

«Vacances d'écrivains», Antwort auf die Umfrage von Joseph Van Melle, *Toute l'édition*, Nr. 188, 29. Juli 1933.

Marie-Jeanne Viel, «Comment travaille une romancière», Rundfunkinterview (1934).

Janine Auscher, «Sous la lampe. Irène Némirovsky», *Marianne*, Nr. 121, 13. Februar 1935.

J. d'Assac, «Maris de femmes. Monsieur Irène Némirovsky», unbestimmte Quelle (1935).

Janine Auscher, «Nos interviews: Irène Némirovsky», *L'Univers israélite*, 5. Juli 1935.

Jeanine Bouissounouse, «Femmes écrivains: leurs débuts», *Les Nouvelles littéraires*, 2. November 1935.

Robert Bourget-Pailleron, «La nouvelle équipe», *Revue des Deux Mondes*, Nr. 591, 1936.

Pierre Langers, «Mme Irène Némirovsky, peintre de mœurs», *Toute l'édition*, Nr. 331, 4. Juli 1936.

«Où avez-vous passé vos vacances? Qu'avez-vous fait de vos vacances?», Antwort auf die Umfrage von Joseph Van Melle, *Toute l'édition*, Nr. 386, 18. September 1937.

«Une enquête en marge des souliers de Noël. Ce que voudraient lire les enfants des écrivains», *Toute l'édition*, Nr. 397, 4. Dezember 1937.

«Comment elles travaillent», Antwort auf die Umfrage von Yvonne Moustiers, *Toute l'édition*, Nr. 410, 5. März 1938.

Jeanine Delpech, «Chez Irène Némirovsky, ou la Russie boulevard des Invalides», *Les Nouvelles littéraires*, 4. Juni 1938.

«Naissance d'une révolution. Scènes vues par une petite fille», *Le Figaro littéraire*, 4. Juni 1938.

«Où avez-vous passé vos vacances? À quoi faire?», Antwort auf die Umfrage von Joseph Van Melle, *Toute l'édition*, 3. September 1938.

«Les femmes de lettres et la guerre», Antwort auf die Umfrage von Yvonne Moustiers, *Toute l'édition*, Nr. 483, Dezember 1939.

«Les Conrad français», Antwort auf die Umfrage von Georges Higgins, *Les Nouvelles littéraires*, 6. April 1940.

III. Archive

Institut Memoires de l'Édition Contemporaine (IMEC)

- Fonds Irène Némirovsky: Kladden, Manuskripte (*Suite française*, verschiedene Novellen), Korrekturfahnen, private und berufliche Korrespondenz, Verträge, Werkverzeichnis, Pressemappe, Ikonographie usw.
- Fonds Albin Michel: Manuskripte, Kladden, Arbeitsjournale, Korrekturfahnen (*David Golder, Le Pion sur l'échiquier, Le Vin de solitude, Les Échelles du Levant, Les Chiens et les Loups, Tempête en juin, Les Biens de ce monde, Les Feux de l'automne, Dolce, Captivité, Chaleur du sang*), verschiedene Novellen usw.
- Fonds Grasset & Fasquelle: Pressemappen von *David Golder, Le Bal, Les Mouches d'automne, L'Affaire Courilof*.
- Fonds *Revue des Deux Mondes*: Briefwechsel mit René Doumic, André Chaumeix.
- Fonds Pierre Brisson: Briefwechsel.

Archives Grasset & Fasquelle

Briefwechsel mit Bernard Grasset, Pierre Tisné, Verkaufsverzeichnisse usw.

Bibliothek des Instituts

Briefwechsel mit Jacques-Émile Blanche, Hélène Morand, Henri de Régnier, Marie de Régnier.

Staatsarchive

Studentenakte (Sorbonne).

Sammlungen: *Action française, Aujourd'hui* (1934), *Aujourd'hui* (1940–1944), *Candide, Fantasio, Gringoire, L'Intransigeant, Journal de Saint-Péters-bourg, Marianne, Maire Claire, Le Matin, Les Nouvelles littéraires, Présent* (1941–1944), *Revue des Deux Mondes, Revue hebdomadaire, Toute l'édition* usw.

IV. Gespräche

Edwige Becquart (Versailles, 26. März 2005).
Jean-Luc de Carbuccia (Paris, 28. September 2005).
Samuel Chymisz (Neuilly-sur-Seine, 5. März 2005).
Denise Epstein (Toulouse, 10.–12. Januar 2005; Moskau 27.-30. Januar 2006).
Francis Esménard (Paris, 27. September 2005).
Tatjana Morosowa (Moskau, 27.–30 Januar 2006).
Marc Sabatier (Telefongespräch, 28. Februar 2006).
Élisabeth Zehrfuss (Paris, 21. März 2006).

V. Sekundärliteratur

Von den Werken und Artikeln, die wir zurate gezogen haben, nennen wir hier nur diejenigen, die uns zum Verständnis Irène Némirovskys, ihres Werks und ihrer Zeit am nützlichsten erscheinen.

Aleikhem, Cholem, *Menahem-Mendl le rêveur,* aus dem Jiddischen übers. v. Léa und Marc Rittel, Paris 1975 (dt.: Scholem-Alejchem, *Menachem Mendel der Spekulant,* übers. v. Siegfried Schmitz, Frankfurt/M. 1962).

Andrieu, Claire, *La Banque sous l'Occupation. Paradoxes de l'histoire d'une profession 1936–1946,* Paris 1990.

Anissimov, Myriam, «Les filles d'Irène Némirovsky», *Les Nouveaux Cahiers,* Nr. 108, Frühjahr 1992, S. 70–74.

Asch, Sholem (Schalom), *Pétersbourg,* aus dem Deutschen übers. v. Alexandre Vialatte, Vorwort von Stefan Zweig, Paris 1933; 1985; 1999.

–, *La Sanctification du nom,* aus dem Jiddischen übers. v. Aby Wieviorka und Henri Raczymov, Vorwort von Itzhok Niborski, Lausanne 1985.

Aubéry, Pierre, *Milieux juifs de la France contemporaine,* Paris 1957.

Babel, Isaac, *Contes d'Odessa*, aus dem Russischen übers. v. Adèle Bloch, Paris 1967; 1999.

–, *Chronique de l'an 18 et autres chroniques*, aus dem Russischen übers. v. Irène Markowicz und Cécile Térouanne, Arles 1996.

–, *Entre chien et loup*, Bearbeitung von Koukou Chanska und François Marié, gefolgt von *Marie*, aus dem Russischen übers. v. Adèle Bloch, Paris 1970.

Barré, Jean-Luc, *Jacques et Raïssa Maritain. Les Mendiants du Ciel*, Paris 1995.

Benoit-Meschin, Jacques, *À l'épreuve du temps. Souvenirs, II. 1940–1947*, Paris 1989.

–, *L'Ukraine. Des origines à Staline;* Paris 1941.

Béraud, Henri, *Gringoire. Écrits 1940–1943*, Versailles 2005.

–, *Les Derniers Beaux Jours*, Paris 1953.

–, *Les Raisons d'un silence*, Paris 1944.

Berberova, Nina, *C'est moi qui souligne, Disparition de la Bibliothèque Tourgueniev*, Arles 1998.

Bernstein, Henry, *Samson; Israël*, in *Théâtre*, Paris 1997.

Bernstein-Gruber, Georges, und Maurin, Gilbert, *Bernstein le Magnifique. 50 ans de théâtre, de passions et de vie parisienne*, Paris 1988.

Biarritz. Villas et jardins 1900–1930, Fotografien von Dominique Delaunay, Paris 1992.

Biélinky, Jacques, *Journal 1940–1942. Un journaliste juif à Paris sous l'Occupation*, vorgestellt von René Poznanski, Paris 1992.

Biély, Andréi, *Pétersbourg*, aus dem Russischen übers. v. Georges Nivat und Jacques Catteau, Lausanne 1967 (dt.: Andrey Belyj, *Petersburg*, übers. v. Gabriele Leupold, Frankfurt/M. 2005).

Bonnefille, Éric, *Julien Duvivier. Le mal aimant du cinéma français*, Bd. 1: *1896–1940*, Paris 2002.

Bory, Jean-Louis, *Mon village à l'heure allemande*, Paris 1945; 1977.

Bothorel, Jean, *Bernard Grasset. Vie et Passions d'un éditeur*, Paris 1989.

Boulgakov, Mikhaïl, *La Garde blanche. Nouvelles, récits, articles de variété*, Paris 1997 (dt.: Bulgakow, Michail, «Kiew – die Stadt», übers. v. Thomas Reschke, in *Gesammelte Werke*, Berlin 1993, Bd. 5; *Die weiße Garde*, übers. v. Larissa Robiné, München 2005, S. 64).

Bounine, Ivan, *La Vie d'Arséniev. Jeunesse*, aus dem Russischen übers. und mit Anm. versehen von Claire Hauchard, Vorwort von Jacques Catteau, Paris 1999 (dt.: Iwan Bunin, *Das Leben Arsenjews*, übers. v. G. Schwarz, Berlin /Weimar 1979).

Bourdet, Édouard, *Vient de paraître*, Paris 1928; 2004.

Brasillach, Robert, *Notre avant-guerre*, Paris 1941.

–, *Œuvres complètes*, Bd. XI: *Articles de «L'Action française», articles de «La Revue française», La causerie littéraire de «L'Action française»*, Paris 1964.

Brihoum-Reus, Malik, «Irène Némirovsky, les lieux d'une identité juive», Dissertation, Toulouse o. J.

Broglie, Gabriel de, *Histoire politique de la «Revue des Deux Mondes» de 1829 à 1979*, Paris 1979.

Bromfield, Louis, *La Mousson*, aus dem Englischen (Vereinigte Staaten) übers. v. Berthe Vulliemin, Paris 1937; 1960 (dt.: *Der große Regen*, übers. v. Rudolf Frank, Bern 1946).

Calimani, Riccardo, *Destins et Aventures de l'intellectuel juif en France 1650–1945*, aus dem Italienischen übers. v. Loïc Cohen, Toulouse 2002.

Carbuccia, Adrey de, *Du tango à Lily Marlène. 1900–1940*, Paris 1987.

Chirat, Raymond, «Julien Duvivier», *Premier Plan*, Nr. 50, Lyon 1968.

Colette, *Journal à rebours*, Paris 1941.

Coquet, James de, *Le Procès de Riom*, Paris 1954.

Coston, Henry (Hg.), «Partis, Journaux et Hommes politiques d'hier et d'aujourd'hui», *Lectures françaises*, Sondernummer, Dezember 1960.

Cotta, Michèle, *La Collaboration 1940–1944*, Paris 1964.

Culot, Maurice, und Toulier, Bernard (Hg.), *Le Pays basque. Architectures des années 20 et 30*, Fotografien von Dominique Delaunay, Paris 1993.

Darrieux, Danielle, *Danielle Darrieux, filmographie commentée par elle-même*, zusammen mit Jean-Pierre Ferrière, Vorwort von Jean-Claude Brialy, Paris 1995; 2003.

Delage, Jean, *La Russie en exil*, Paris 1930.

Deutscher, Isaac, *Essais sur le problème juif*, Vorwort von Tamara Deutscher, aus dem Englischen übers. v. Élisabeth Gille-Némirovsky, Paris 1969.

Dreyfus, Jean-Marc, «Banquiers et financiers juifs de 1929 à 1962: transitions et ruptures», *Archives juives. Revue d'histoire des Juifs de France*, Nr. 29/2, 1996, S. 83–99.

Dubois-Jallais, Denise, *La Tzarine. Hélène Lazareff et l'aventure de «Elle»*, Paris 1984.

Edallin, Alexandre, *La Révolution russe par un témoin*, Paris 1920.

Eisenberg, Josy, *Une histoire des Juifs*, Paris 1970; 1976.

Ellis LeRoy, *La Colonie russe dans les Alpes-Maritimes des origines à 1939*, Nizza 1988.

Epstein, Efim, *Les Banques de commerce russes. Leur rôle dans l'évolution économique de la Russie. Leur nationalisation,* Vorwort von Yves-Guyot, Paris 1925.

–, *La Circulation monétaire et les banques de dépôt,* Vorwort von Roger Picard, Paris 1936.

Fayard, Jean, *Dans le monde où l'on s'abuse,* mit Illustrationen von G. Arnoux, Marty, Sem und Chas Laborde, Paris 1926.

Fleury, Robert, *Marie de Régnier, l'inconstante,* Paris 1932.

Fralie, Mario, *Le Secret d'Ivar Kreuger,* Paris 1990.

Galili-Lafon, Jeanne, «Irène Némirovsky, le trouble d'une œuvre», Dissertation, Paris o. J.

Garbarz, Moshè und Éli, *Un survivant. Auschwitz-Birkenau-Buchenwald 1942–1945,* Paris 2006.

Ghika, Prinz Vladimir I., *Pensées pour la suite des jours* Paris 1936.

Gille, Élisabeth, *Le Mirador. Mémoires rêvés,* Paris 1992; mit einem Vorwort von René de Cécatty, Paris 2000.

Gillot-Voisin, Jeanne, *La Saône-et-Loire sous Hitler, Périls et Violences,* Vorwort von Lucie Aubrac, Mâcon 1996.

Gorboff, Marina, *La Russie fantôme. L'émigration russe de 1920 à 1950,* Lausanne 1995.

Gorki, Maxim, *Pensées intempestives,* aus dem Russischen übers. v. Lucile Nivàt und Sylvaine Drablier, Vorwort von Boris Souvarine, Lausanne 1975 (dt.: *Unzeitgemäße Gedanken über Kultur und Revolution,* übers. v. Bernd Scholz, Frankfurt/M. 1974).

Gouze, Roger, *Les Bêtes à Goncourt. Un demi-siècle de batailles littéraires,* Paris 1973.

Grasset, Bernard, *La Chose littéraire,* Paris 1929.

Gugelot, Frédéric, «De Ratisbonne à Lustiger. Les convertis à l'époque contemporaine», *Archives juives. Revue d'histoire des Juifs de France,* Nr. 35/1, 2002, S. 8–26.

Gurfinkel, Michel, *Le Roman d'Odessa. Ukraine, utopie russe et génie juif,* Paris 2005.

Halévy, Daniel, «Lœwenstein ou la vie d'un joueur», in *Courrier de Paris,* Paris 1932.

Hayet, Pierre, «Mgr Vladimir Ghika, prince de l'Église», *La Nef,* Nr. 155, Dezember 2004, S. 36 f.

Haymann, Emmanuel, *Albin Michel, le roman d'un éditeur,* Paris 1993.

Hrushevsky, Mykhailo, *History of Ukraine-Rus',* aus dem Russischen übers. v. Marta Skorupsky, Toronto 1997.

Jaffres, Bleuenn, «La relation auteur-éditeur. Irène Némirovsky et les éditions Albin Michel 1933–1942», DEA-Abhandlung, unter der Leitung von Jean-Pierre Dufief, Université Bretagne occidentale, 2002–2003.

Jankowski, Paul, *Cette vilaine affaire Stavisky. Histoire d'un scandale politique*, Paris 2000.

Jeancolas, Jean-Pierre, *Le Cinéma des Français. 15 ans d'années trente (1929–1944)*, Paris 2005.

Jevakhoff, Alexandre, *Les Russes blancs*, Paris 2007.

Joly, Laurent, *Vichy dans la «Solution finale». Histoire du Commissariat général aux questions juives 1941–1944*, Paris 2006.

Jullian, Philippe, *Sarah Bernhardt*, Paris 1977.

Jutikkala, Eino, und Pirinen, Kauko, *Histoire de la Finlande*, aus dem Finnischen übers. v. Claude Sylvian, Neuchâtel 1978.

Kaspi, André, *Les Juifs pendant l'Occupation*, Paris 1991; 1997.

Kessel, Joseph, *Nuits des Princes*, Paris 1927.

Klarsfeld, Serge, *La Shoah en France*, Bd., 2, *Le Calendrier de la persécution des Juifs de France 1940–1944*, I, *1er juillet 1940–31 août 1942*, Paris 2001.

Korliakov, Andreï, *L'Émigration russe en photos. France 1917–1947*, Paris 2001.

Kovalevsky, W. de (Hg.), *La Russie à la fin du 19e siècle*, Paris 1900.

Lacroix-Riz, Annie, *Le Choix de la défaite. Les élites françaises dans les années 1930*, Paris 2006.

–, *Industriels et Banquiers sous l'Occupation. La collaboration économique avec le Reich et Vichy*, Paris 1999.

Lalou, René, *Le Roman français depuis 1900*, Paris 1947.

Landau, Lazare, *De l'aversion à l'estime. Juifs et catholiques en France de 1919 à 1939*, Vorwort von Jacques Madaule, Paris 1980.

Laurent, François, und Mousli, Béatrice, *Les Éditions du Sagittaire 1919–1979*, Paris 2003.

Léautaud, Paul, *Journal littéraire*, I, *Novembre 1893-juin 1928*, Paris 1986.

Lecache, Bernard, *Quand Israël meurt … Au pays des pogromes*, Paris 1927.

Ledré, Charles, *Les Émigrés russes en France. Ce qu'ils sont, ce qu'ils pensent*, Paris 1930.

Lessing, Theodor, *La Haine de soi. Le refus d'être juif*, aus dem Deutschen übers. v. Maurice-Ruben Hayoun, Paris 1990 (dt.: *Der jüdische Selbsthaß*, München 1984).

Lévy, Jacob, *Juifs d'aujourd'hui*, I, *Les Pollaks*, Paris 1925.

Leymarie, Michel, «Les frères Tharaud. De l'ambiguité du ‹filon juif› dans les années 1920», *Archives juives. Revue d'histoire des Juifs de France*, Nr. 329/1, 2006, S. 89–109.

Liebman, Marcel, *La Révolution russe. Origine, étapes et signification de la victoire bolchevique*, Vorwort von Isaac Deutscher, Verviers (Belgien) 1967.

Lied, Jonas, *Prospector in Siberia*, New York 1945; *Pionnier en Sibérie et dans la mer de Kara*, übers. v. René Jouan, Paris 1951.

Lo Gatto, Ettore, *Le Mythe de Saint Pétersbourg*, aus dem Italienischen übers. v. Christine Ginoux, Vorwort von Jean Kéhayan, Paris 1995.

Louvier, Pascal, und Canal-Gorgues, Éric, *Paul Morand, le sourire du hara-kiri*, Paris 1994; 2006.

Malinovitch, Nadia, «Littérature populaire et romans juifs dans la France des années 1920», *Archives juives. Revue d'histoire des Juifs de France*, Nr. 39/1, 2006, S. 46–62.

Mansfield, Katherine, *Journal*, Paris 1973 (dt.: *Tagebuch 1904–1922*, übers. v. Max A. Schwendimann, München 1979).

Marie, Jean-Jacques, *Trotsky. Naissance d'un destin*, Paris 1998.

Marrus, Michaël, und Paxton, Robert O., *Vichy et les Juifs*, Paris, 1981.

Martin du Gard, Maurice, *Les Mémorables 1918–1945*, Vorwort von François Nourissier, Paris 1999.

Maurois, André, *Le Cercle de famille*, Paris 1932; 1996.

Maxence, Jean-Luc, *L'Ombre d'un père*, Paris 1978.

Maxence, Jean-Pierre, *Histoire de dix ans 1927–1927*, Paris 1937; 2005.

McKean, Robert B., *St. Petersburg Between the Revolutions. Workers & Revolutionaries June 1907–February 1917*, New Haven/London 1990.

Mémoires du convoi N° 6 und Mercier, Antoine, *Convoi n° 6. Destination: Auschwitz 17 juillet 1942*, Vorwort von Elie Wiesel und Serge Klarsfeld, Paris 2005.

Mennevée, Roger, *Monsieur Ivar Kreuger et le Trust suédois des allumettes*, Paris 1932.

Millman, Richard, «Les Croix-de-Feu et l'antisémitisme», *Vingtième Siècle*, Bd. 28, Nr. 38, 1993, S. 47–61.

Miribel, Élisabeth de, *La Mémoire des silences. Vladimir Ghika 1873–1954*, Paris 1987.

Mony, Olivier, «Jours heureux à Hendaye», *Le Festin en Aquitaine*, Nr. 54, Sommer 2005, S. 79 ff.

Morand, Paul, *La Nuit de Putney*, in *Les Œuvres libres*, Nr. XV, September 1922; *Nouvelles complètes*, I, Paris 1991.

–, *Lewis et Irène*, Paris 1924; 1976 (dt. *Lewis und Irene*, übers. v. Hans Jacob, Wien/Leipzig 1924).

–, *Nouvelles complètes*, I, Paris 1992.

Muller, Henry, *Trois pas en arrière*, Paris 1952; 2002.

Neboit-Mombet, Janine, *L'Image de la Russie dans le roman français (1859–1900)*, Clermont-Ferrand 2005.

Neher-Bernheim, Renée, *Histoire juive. Faits et documents*, Bd. III, 20e siécle, Paris 1973–1974.

Owen, Thomas C., *Capitalism and Politics in Russia. A Social History of the Moscow Merchants, 1855–1905*, Cambridge 1981.

Paléologue, Maurice, *La Russie des tsars pendant la Grande Guerre*, 3 Bde., Paris 1922.

Paoustovski, Constantin, *L'Histoire d'une vie*, I, *Les Années lointaines*, aus dem Russischen übers. v. Lydia Delt und Paule Martin, Paris 1963.

Perroy, Marguerite, *Sacerdos Alter Christus: l'abbé Roger Bréchard*, Vorwort von Mgr Piquet, Clermont-Ferrand 1949.

Peschanski, Denis, *La France des camps. L'internement 1938–1946*, Paris 2002.

Plunkett, Jacques de, *Fantômes et Souvenirs de la Porte Saint-Martin. Cent soixante ans de théâtre*, Paris 1946.

Poliakov, Léon, *La Causalité diabolique*, I, *Essai sur l'origine des persécutions*, gefolgt von II, *Du joug mongol à la victoire de Lénine 1250–1920*, Vorwort von Pierre-André Taguieff, Paris 2006.

–, *Histoire de l'antisémitisme*, Paris 1951; 1955; 1981 (dt.: *Geschichte des Antisemitismus*, 6 Bde., übers. v. Rudolf Pfisterer, Worms 1977).

Ponteil, Félix, *Les Classes bourgeoises et l'avènement de la démocratie 1815–1914*, Paris 1968.

Prazan, Michaël, und Mendès France, Tristan, *La Maladie n° 9*, historische Erzählung, Paris 2001.

Prévost, Marcel, *Les Demi-Vierges*, Vorwort von François Nourissier, Paris 2001.

Privat, Maurice, *La Vie et la Mort d'Alfred Lœwenstein*, Paris 1929.

Rabon, Isroel, *Balut*, aus dem Jiddischen übers. v. Rachel Ertel, Montreuil 2006.

Rachmanowa, Alia, *Aube de vie, aube de mort. Journal d'une étudiante russe pendant la Révolution*, aus dem Deutschen übers. v. Tony Lesnée, Paris 1935 (dt.: Alexandra Rachmanowa, *Symphonie des Lebens. Tagebuch einer russischen Studentin*, übers. v. Arnulf v. Hoyer, Salzburg 1935).

Radzinsky, Edvard, *Rasputine. L'ultime vérité*, Paris 2000.

Rajsfus, Maurice, *Les Français de la Débâcle. Juin-septembre 1940, un si bel été*, Paris 2003.

Rebatet, Lucien, *Les Tribus du cinéma et du théâtre*, Paris 1941.

Reed, John, *Dix jours qui ébranlèrent le monde*, Paris 1927; 1958 (dt.: *Zehn Tage, die die Welt erschütterten*, o.Ü., Vorworte von W.I. Lenin und N.K. Krupskaja, Berlin 1957).

Régnier, Henri de, *Les Cahiers inédits 1887–1936*, Paris 2002.

Riasanovsky, Nicholas V., *Histoire de la Russie*, Paris ⁵1994.

Sapiro, Gisèle, *La Guerre des écrivains 1940–1953*, Paris 1999.

Schor, Ralph, *L'Antisémitisme en France pendant les années 30*, Brüssel 1991; 2005.

Schwob, René, *Itinéraire d'un Juif vers l'Église*, Paris 1940.

Spire, André, *Quelques Juifs et demi-Juifs*, 2 Bde., Paris 1928.

Spridovitch, Alexandre (General), *Histoire du terrorisme russe 1886–1917*, aus dem Russischen übers. v. Vladimir Lazarevski, Paris 1930.

Tchekhov, Anton, *Carnets*, aus dem Russischen übers. v. Macha Zonina und Jean-Pierre Thibaudat, Paris 2005 (dt.: Anton Čechov, *Tagebücher*, übers. v. Peter Urban, Zürich 1983).

Tharaud, Jérôme und Jean, *Quand Israël n'est plus roi*, Paris 1933.

–, *Un royaume de Dieu*, Paris 1920.

Thau, Norman David, *Romans de l'impossible identité. Être juif en Europe occidentale (1918–1940)*, Bern 2001.

Tolstoi, Léon, *La Mort d'Ivan Ilitch*, Paris 1993 (dt.: Leo Tolstoi, *Der Tod des Iwan Iljitsch*, übers. v. Konrad Fuhrmann, 1965).

Trotsky, Léon, *Histoire de la révolution russe*, aus dem Russischen übers. v. Maurice Parijanine, Paris 1950; 1979; 1995 (dt.: Leo Trotzki, *Geschichte der russischen Revolution*, 3 Bde., übers. v. Alexandra Ramm, Frankfurt/M. 1973).

Verneuil, Henri, *Rideau à neuf heures. Souvenirs de théâtre*, Paris 1945.

Vignaud, Jean, *Niky. Roman de l'émigration russe*, Paris 1922.

Voyard, René, «Le tragique destin d'une femme de lettres. Irène Némirovsky. Kiev … Paris … Issy-l'Évêque … Auschwitz», Gueugnon 2005.

Wardi, Charlotte, *Le Juif dans le roman français. 1933–1948*, Paris 1973.

Werth, Léon, *Déposition. Journal de guerre 1940–1944*, Paris 1992.

–, *33 jours*, Paris 1992.

Wieczynski, Joseph L., *The Modern Encyclopedia of Russian and Soviet History*, USA, Academic International Press, Bd. 24, 1981; Bd. 38, 1984.

Wieviorka, Annette, *Auschwitz, 60 ans après*, Paris 2005.

–, *Les Biens des internés des camps de Drancy, Pithiviers et Beaune-la-Rolande*, Paris 2000.

–, *Déportation et Génocide. Entre la mémoire et l'oubli*, Paris 1992; 2003.

Youssoupoff, Félix (Prinz), *Mémoires*, Paris 2005.

Zangwill, Israël, *Comédies du ghetto*, übers. v. Mme Marcel Girette, Paris 1997.

Zipperstein, Steven J., *The Jews of Odessa. A Cultural History, 1794–1881*, Stanford, Kalifornien, 1985.

Zola, Émile, *La Débâcle* (1892), Paris 2003 (dt.: *Der Zusammenbruch*, übers. v. Hans Balzer, Berlin ^{5}1978).

Zweig, Stefan, *Destruction d'un cœur*, aus dem Deutschen übers. v. Alzir Hella und Olivier Bournac, Paris 1928; 2004 (dt.: «Untergang eines Herzens», in *Verwirrung der Gefühle*, Leipzig 1928).

Dank

Dass Irène Némirovsky in diesem Buch lebt, verdankt sie in erster Linie ihrer ältesten Tochter, Denise Epstein, der natürlich unser unendlicher Dank gebührt.

Liebe Denise, du hast unseren Plan einer solchen Biographie nicht nur von Anfang bis Ende des Sommers 2004 begrüßt, sondern du wolltest auch, dass wir in aller Ruhe arbeiten können, und hast uns den ungehinderten Zugang zu allen verfügbaren Archiven erleichtert, einschließlich deines überraschenden Gedächtnisses. Möge dieses Buch unser Dank sein.

Namenregister